대비 **최신판**

박문각 공무원

기 본 서

브랜드만족
1위
박문각

2025

공무원 7급 압축 기본서

개정법령과 **최신판례** 완벽 반영

중요 **기출지문 OX 문제** 수록

군무원 7급 대비 **군사행정법 추가 수록**

유대웅 편저

동영상 강의 www.pmg.co.kr

박문각

유대웅 행정법각론 핵심정리

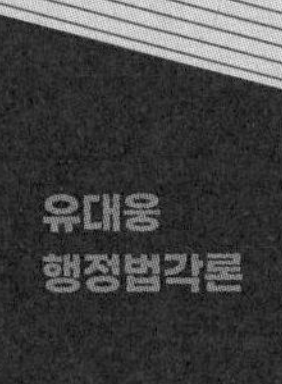

이 책의 머리말

행정법각론의 출제 비중

행정법각론은 국가직 7급과 지방직 7급, 국회직 8급, 군무원 7급, 군무원 9급(0~2문제 정도), 소방간부, 변호사, 5급 승진, 행정사 시험에서 출제가 되고 있습니다. 그리고 군무원 9급을 제외하고는 대체로 20~25문제 중 4~7문제 정도의 비중으로 출제가 이루어지고 있습니다.

행정법각론의 학습 분량

본래 행정법각론은 행정법총론보다 분량이 방대합니다. 다만, 실제로 시험에 출제되고 있는 사항들은 그리 많지 않기 때문에, '수험' 행정법각론을 위해 필요한 공부량은 얼마 되지 않습니다. 그래서 이 책도 행정법총론보다 분량이 적은 것입니다.

행정법각론의 출제 경향

행정법각론은 기출의 반복출제 비중이 총론보다 높습니다. 그래서 각론에서도 기출문제가 중요합니다. 한편, 최초출제는 ㉠ 판시한 지 2~3년 정도 된 최신판례들을 출제하거나, ㉡ 한 시험(예 : 국회직 8급)에서 최초로 출제한 것들을 다른 시험(예: 지방직 7급)에서 그 해나 이듬해에 최초로 출제하는 방식으로 이루어지고 있습니다. ㉢ 또 순수하게 변별력을 확보하기 목적으로, 기존의 그 어떤 두꺼운 책에도 실려 있지 않았던 법령 규정 자체를 최초출제하는 일도 최근에는 잦아지고 있습니다.

행정법각론의 공부 방법

이와 같은 출제경향을 고려해서 이 책은 공무원시험에 그 동안 출제가 '된' 모든 사항과 최근 2~3년간의 최신판례들을 다루고 있습니다. 문제는 ㉢부분인데, 이건 수험생으로서 대응할 수 있는 부분이 아닙니다. 그리고 이러한 점은 모든 수험생이 동일합니다. 시험장에 들어가서 '최선의 합리적 추론'을 통해 찍는 수밖에 없습니다. 수험생은 그저 최신판례와 지금껏 출제된 모든 기출사항들만을 꼼꼼하게 학습하는 방법으로 공부를 하면 충분하고, 그것이 수험생으로서 할 수 있는 최선입니다.

구체적 회독 방법

이 책에는 출제 가능성은 없음에도 불구하고 논의의 매끄러움과 이해의 필요를 위해 적어 넣은 내용들도 꽤 있습니다. ① 1회독 시에는 책의 전체를 다 읽으시기 바랍니다. 다만, 이때에도 최신판례(사건번호가 2016 이후인 판례들)와 기출표시가 있는 부분은 정독을 하시고 나머지는 대충 빠르게 읽으시면 됩니다. ② 그리고 2회독부터는 최신판례와 기출표시가 된 부분들만 보시면 됩니다. ③ 그리고 2회독과 동일한 방법으로 다시 한 번 더 3회독을 하고 나면 행정법각론의 공부는 끝입니다. 이 한 권으로 각론 공부가 충분하도록 이 책을 구성했기 때문입니다. 저를 믿으십시오. 이 책 한 권으로 각론 공부는 충분합니다. 그러면 수험생으로서 할 수 있는 한 최선을 다한 것입니다.

군사행정법 부분

이 책의 맨 끝에는 '군사행정법'이라는 부분이 추가되어 있습니다. 이 부분은 본래는 행정법각론의 범위는 아닙니다. 군무원 7급을 준비하는 수험생분들이 별도로 책을 구매하실 필요가 없게 하기 위해 추가한 부분입니다. 따라서 군사행정법 부분은 군무원 7급을 준비하시는 분들만 보시면 됩니다.

감사의 말

이 책이 출간되기까지 많은 분들의 도움이 있었습니다. 지면을 빌려 감사의 뜻을 전합니다.

2024년 4월

유대웅

행정법각론의 **전체 체계**

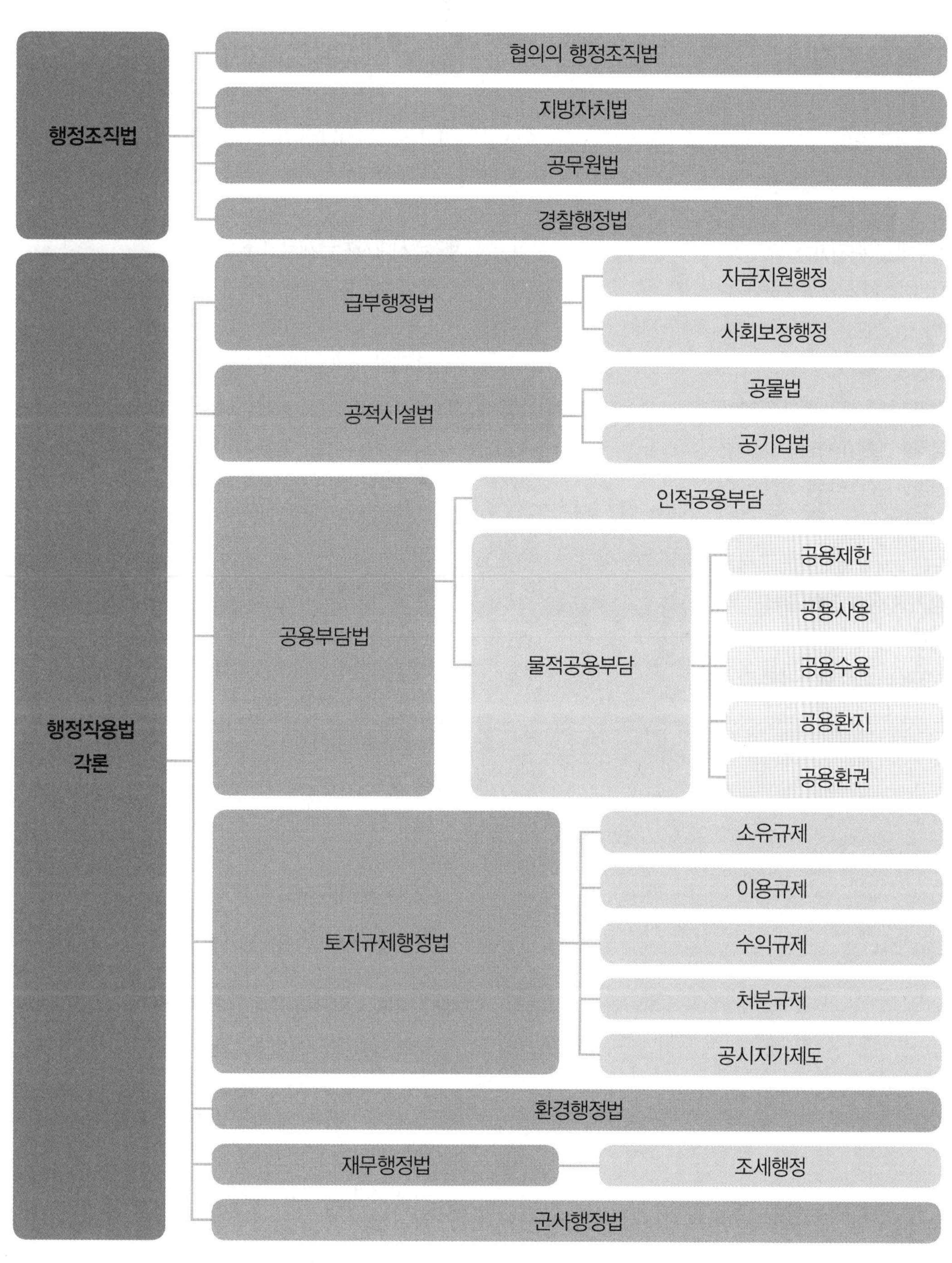
행정조직법
협의의 행정조직법
지방자치법
공무원법
경찰행정법
행정작용법
각론
급부행정법
자금지원행정
사회보장행정
공적시설법
공물법
공기업법
공용부담법
인적공용부담
물적공용부담
공용제한
공용사용
공용수용
공용환지
공용환권
토지규제행정법
소유규제
이용규제
수익규제
처분규제
공시지가제도
환경행정법
재무행정법
조세행정
군사행정법

이 책의 차례

제1편 행정조직법

제2편 지방자치법

제3편 공무원법

제4편 경찰행정법

제5편 급부행정법

제6편 공적시설법

이 책의 **차례**

제7편 공용부담법

제8편 토지규제행정법(지역개발행정법)

제9편 환경행정법

제10편 재무행정법

제11편 군사행정법

유대웅
행정법각론

핵심정리

www.pmg.co.kr

PART

01

행정조직법

제1장 행정조직법 개설

제2장 행정주체와 행정기관

제3장 행정청의 권한

제4장 행정기관 상호 간의 관계

Chapter

01 행정조직법 개설

핵심 정리 1 행정조직법 개설

01 행정조직법의 의의

① 넓은 의미의 행정조직법은 행정주체를 구성하는 행정기관의 설치·조직·폐지와 이들의 사무범위 및 이들 상호 간의 관계를 규율하는 법이다. 넓은 의미의 행정조직법은, ㉠ 국가와 지방자치단체 및 기타 공공단체의 행정조직에 관한 법(주로 정부조직법·지방자치법 등)과 ㉡ 공무원법(주로 국가공무원법·지방공무원법·교육공무원법 등)으로 구성된다.

② 이 중 국가의 행정조직에 관한 법을 '좁은 의미의 행정조직법'이라 한다. 이하에서는 '행정조직법'이라는 표현을 좁은 의미의 행정조직법이라는 의미로 사용하기로 한다.

③ 행정작용법이 행정주체가 외부적으로 행하는(즉, 국민과의 관계에서 행하는) 행정작용을 법치주의의 관점에서 규율하는 법이라면, 행정조직법은 행정주체의 내부, 즉 행정조직을 법치주의의 관점에서 규율하는 법이다.

02 행정조직 법정주의(法定主義)

헌법 제96조 행정각부의 설치·조직과 직무범위는 법률로 정한다.

① 헌법 제96조는 행정각부의 설치와 행정각부의 조직, 행정각부의 직무범위를 '법률'로 정하도록 하고 있는데, 이를 행정조직 법정주의라 한다. [13년 행정사 1] 행정조직 법정주의에서 말하는 '조직'은 단순히 조직뿐만 아니라, 설치나 직무범위까지도 포함하는 개념이다. 행정기관의 설치 여부는 국민생활에 지대한 영향을 미칠뿐더러, 행정기관의 설치·운영은 일반국민에게 상당한 경제적 부담을 가하게 되기 때문에 이를 법률로 정할 것을 원칙으로 하고 있는 것이다.

② 한편, 행정권한(Kompetenz)의 분배 역시 행정조직에 포함되므로 법률로 정해져야 하는데, 이것을 행정'권한' 법정주의라 한다. 행정권한 법정주의는 행정조직 법정주의의 파생원칙이다.

OX 1

현행 헌법은 행정조직 법정주의를 채택하고 있다. [ ]
[13년 행정사]

정답

1. ○

Chapter

02 행정주체와 행정기관

핵심 정리 2 행정주체와 행정기관

01 행정주체

① 행정주체란 행정작용을 하고 그로 인하여 발생하게 되는 권리와 의무를 보유하게 되는 행정법관계의 당사자를 말한다.

② 행정주체에는 ㉠ 국가(즉, 대한민국), ㉡ 지방자치단체, ㉢ 영조물법인, ㉣ 공공조합(공법상 사단), ㉤ 공공재단(공법상재단)이 있으며, ㉥ 사인(私人)도 행정권한을 부여받은 경우에는 그 권한을 행사하는 범위 내에서는 '공무수탁사인'으로서 행정주체가 된다.

02 행정기관

1. 의의

① 행정주체는 보통 법인으로서 관념적 존재이기 때문에 권리능력(즉, 권리나 의무를 보유할 수 있는 능력)을 갖기는 하지만, 공무수탁사인과 같은 예외적인 경우를 제외하고는 스스로 현실적인 행위를 할 수가 없다. 이에 행정주체는 자연인(혹은 자연인의 집단)으로 하여금 현실적인 행정작용을 수행하게 하는데, 이를 '행정기관'이라 한다. 행정기관이 그 권한의 범위 내에서 행한 행위의 법적 효과는 행정주체에게 귀속된다는 점에서 행정기관 개념의 존재 의의가 있다.

② 한편, 행정기관은 개념상으로 공무원과 구별된다. ㉠ 공무원은 공무원법의 관점에서 행정주체의 구성원인 자연인을 지칭하는 표현인데, 공무원은 행정주체와는 구분되는 독립한 법주체로서 행정주체에 대하여 일정한 권리와 의무를 갖는다. ㉡ 이에 반해 행정기관은 행정조직법의 관점에서 그 구성원인 자연인을 지칭하는 표현인데, 행정기관은 독립적인 법주체가 아니고 당해 행정주체의 사무를 담당하는 일정한 범위 내에서 행정권한을 갖는 데 그친다. 이 같은 구분은 같은 사람을 어떤 법적 관점에서 포착하느냐의 차이일 뿐이다.

2. 독임제(獨任制) 행정기관과 합의제(合議制) 행정기관

(1) 독임제의 원칙

① 행정기관을 구성하는 구성원의 수에 따라, 행정기관을 독임제 행정기관과 합의제 행정기관으로 구분할 수 있다. 독임제는 1명으로 구성되는 행정기관을 말하고, 합의제는 복수의 사람으로 구성되어 합의로 의사를 결정하는 행정기관을 말한다. 합의제 행정기관은 '위원회'라고도 한다.

② 합의제 행정기관은 ㉠ 의결권과 대외적 표시권한을 모두 갖는 행정청인 경우도 있고, ㉡ 의결권만을 갖는 의결기관인 경우도 있으며, ㉢ 동의권만을 갖는 동의기관이나, ㉣ 자문권만을 갖는 자문기관인 경우도 있다.

③ 대륙법계에서는 독임제 행정기관을, 영・미법계에서는 합의제 행정기관을 행정기관의 원칙적인 형태로 하는 경향이 있다. 우리나라의 경우 대륙법계를 따르고 있으므로 독임제 행정기관을 원칙으로 한다(독임제 원칙).

(2) 합의제 행정기관의 예외적 설치

1) 중앙행정기관인 합의제 행정기관 설치

① 정부조직법에 따라 중앙행정기관인 위원회의 설치와 직무범위는 법률로 정해야 한다(정부조직법 제2조 제1항, 제2항). [19년 행정사] 정부조직법 제5조는 이를 구체화하여, 행정기관의 소관사무의 일부를 독립하여 수행할 필요가 있는 경우에는 법률로 정하는 바에 따라 행정위원회 등 합의제 행정기관을 둘 수 있다고 규정하고 있다. [22년 군무원 7급 1, 18년 행정사]

② 다만, 자문기관에 불과한 행정기관은 대통령령에 근거하여서도 설치할 수 있다(정부조직법 제4조).

2) 지방자치단체의 합의제 행정기관 설치

① 지방자치단체는 그 소관 사무의 일부를 독립하여 수행할 필요가 있으면 법령이나 그 지방자치단체의 조례로 정하는 바에 따라 합의제 행정기관을 설치할 수 있다(지방자치법 제129조 제1항). [18년 행정사, 14년 국가 7급 2] 조례로 정하는 것을 허용한 취지는 각 지방자치단체의 특수성을 고려하여 그 실정에 맞게 합의제 행정기관을 조직하도록 한 것이다.

② 지방자치단체는 그 소관 사무의 범위에서 법령이나 그 지방자치단체의 조례로 정하는 바에 따라 심의회・위원회 등의 자문기관도 설치・운영할 수 있다(지방자치법 제130조 제1항). [19년 행정사]

3) 「행정기관 소속 위원회의 설치・운영에 관한 법률」

행정기관 소속의 합의제 행정기관(위원회)의 설치 및 운영에 필요한 사항을 규정하기 위한 목적으로 「행정기관 소속 위원회의 설치・운영에 관한 법률」이 제정이 되어 있는데, 이 법은 ㉠ 「헌법」에 따라 설치되는 위원회나, ㉡ 중앙행정기관으로 설치되는 위원회에 대하여는 적용되지 않는다(행정기관 소속 위원회의 설치・운영에 관한 법률 제3조 제2항). [19년 행정사 3]

3. 행정기관의 종류

(1) 권한을 기준으로 한 분류

행정청	① 행정청이란 행정주체의 의사를 결정하고 이를 외부에 표시할 수 있는 권한을 가진 행정기관을 말한다. [17년 국가 7급] ② 행정청은 행정심판에서는 피청구인이 되고, 항고소송에서는 피고가 된다는 점에서 중요하다(행정심판법 제17조, 행정소송법 제13조). ③ 행정청도 그것을 구성하는 자연인의 수에 따라 독임제 행정청과 합의제 행정청으로 구분된다. 우리 행정조직법은 독임제 행정청을 원칙으로 하고, 예외적으로 특별한 필요가 있는 경우에 합의제 행정청을 두는 방식을 취하고 있다. ④ 독임제 행정청의 예로는 각부 장관(長官), 처장(處長), 청장(廳長), 경찰서장이나 소방서장 등의 서장(署長), 지방자치단체장(특별시장・광역시장・도지사・시장・군수 등) 등이 있고, 합의제 행정청의 예로는 공정거래위원회, 토지수용위원회, 감사원, 소청심사위원회, 행정심판위원회 등이 있다. [17년 국가 7급, 13년 행정사 4]

OX 1
행정기관에는 그 소관사무의 일부를 독립하여 수행할 필요가 있는 때에는 대통령령으로 정하는 바에 따라 행정위원회 등 합의제행정기관을 둘 수 있다.
[ ] [22년 군무원 7급]

OX 2
지방자치단체는 그 소관사무의 일부를 독립하여 수행할 필요가 있으면 법령으로 정하는 바에 따라 합의제 행정기관을 설치할 수 있지만, 이를 지방자치단체의 조례로 정할 수는 없다.
[ ] [14년 국가 7급]

OX 3
헌법에 따라 설치되는 위원회에 대하여는 '행정기관 소속 위원회의 설치・운영에 관한 법률'을 적용한다. [ ] [19년 행정사]

OX 4
행정각부의 장관과 지방자치단체의 장은 행정청에 해당한다.
[ ] [13년 행정사]

정답
1. × 2. × 3. × 4. ○

보조(補助) 기관	① 보조기관이란 행정청에 소속되어 행정청의 의사결정을 보조하거나 그 명을 받아 사무에 종사하는 기관을 말한다. [17년 국가 7급] ② 보조기관의 예로는 행정 각부의 차관, 차장, 실장, 국장(局長), 부장(部長), 과장(課長), 지방자치단체의 부지사 등이 있다. [17년 국가 7급] ③ 다만, 보조기관도 행정청으로부터 위임된 권한을 행사하는 경우에는 그 범위 내에서 행정청의 지위를 가진다(정부조직법 제6조 제1항 및 2항). [13년 행정사]
보좌(補佐) 기관❶	① 보좌기관은 행정청이나 그 보조기관을 보좌하는 행정기관을 말한다. ② 보좌기관의 예로는 대통령 비서실, 국무총리 비서실, 국무조정실 및 각 부의 차관보(補) 등이 있다. [17년 국가 7급]
의결기관	① 의결기관이란 행정주체의 의사를 결정하는 권한만을 가질 뿐, 이를 외부에 표시할 권한은 갖지 못하는 합의제 행정 기관을 말한다. [22년 행정사1, 19년 지방 7급2, 17년 국가 7급] 결정한 의사를 외부에 표시할 권한이 없다는 점에서 합의제 행정청과 구별된다. [19년 행정사3] ② 의결기관의 예로는 각종 징계위원회, 교육위원회, 지방의회 등이 있다. [17년 국가 7급] ③ 다만, 지방의회가 지방의회 의장(議長)이나 의원의 지위와 관련된 처분을 하는 경우에는 행정청으로서 기능하는 것으로 인정된다. ④ 의결기관의 결정은 최종 결정권자인 행정청을 구속한다. 따라서 의결기관의 결정과 다른 내용으로 행정청이 처분을 한 경우 그 처분은 위법하게 되고, 특히 통설은 이 경우 무효가 된다고 보고 있다. 또 의결을 거치지 않고 처분을 한 경우도 무권한의 처분으로서 무효가 된다고 본다. 이를 절차상의 하자가 아니라 주체상의 하자의 문제로 보는 것이다.
자문기관 (심의기관)	① 자문기관이란 행정청의 지문에 응하여 또는 스스로 행정청의 권한행사에 대하여 의견을 제시함을 주된 임무로 하는 행정기관을 의미한다. 자문기관을 심의기관과 구분하기도 하지만 구별의 실익은 없다. ② 심의기관의 예로는 「공공기관의 정보공개에 관한 법률」상 정보공개심의회 등이 있다. [20년 군무원 7급] ③ 자문기관의 의견은 행정청의 의사를 구속하지는 못하지만, 법률상 자문절차가 규정된 경우에는 이를 거치지 않으면 그 행위는 절차상 하자있는 행위가 되며, 그 하자는 원칙적으로 취소사유에 해당한다고 본다. [19년 행정사4]
집행기관	① 집행기관이란 결정된 행정청의 의사를 현실적으로 집행하는 기관을 말한다. 행정청의 명을 받아 행정청이 발한 의사를 집행하여 행정상 필요한 상태를 실현하는 기관이라 표현하기도 한다. [17년 국가 7급] ② 집행기관의 예로는 경찰공무원, 소방공무원, 세무공무원 등이 있다. [17년 국가 7급]

판례

구 학교보건법 소정의 학교환경위생정화구역 내에서 금지행위 및 시설의 해제 여부에 관한 행정처분을 하면서 절차상 요구되는 심의를 누락한 흠이 있다면 그와 같은 흠을 가리켜 위 행정처분의 효력에 아무런 영향을 주지 않는다거나 경미한 정도에 불과하다고 볼 수는 없으므로, 특별한 사정이 없는 한 이는 행정처분을 위법하게 하는 취소사유가 된다(2006두15806).

❶ 보조기관과 보좌기관이 엄밀하게 구분되는 것인지에 대해서는 논란이 있다. 각각에 해당하는 예시 정도만 기억하면 된다.

OX 1
징계위원회 같은 의결기관으로서의 위원회는 의결권은 물론이고 정해진 의사를 대외적으로 표시할 권한을 갖는다. [ ] [22년 행정사]

OX 2
법령상 주어진 권한의 범위 내에서 행정주체의 행정에 관한 의사를 결정할 뿐 이를 외부에 표시하는 권한을 갖지 못하는 합의제 행정기관을 의결기관이라 한다. [ ] [19년 지방 7급]

OX 3
의결권만을 갖는 의결기관인 위원회는 결정된 의사의 대외적 표시권한을 갖지 못한다. [ ] [19년 행정사]

OX 4
심의기관의 결정에는 특별한 규정이 없는 한 법적 구속력이 없다. [ ] [19년 행정사]

정답
1. × 2. ○ 3. ○ 4. ○

(2) 소관사무의 기능에 따른 분류

구분	내용
감사(監査)기관	① 감사기관이란 행정기관의 회계처리 및 사무집행을 감시하고 검사하는 권한을 가진 행정기관을 말한다. ② 감사기관의 예로는 감사원이 있다. [17년 국가 7급]
공기업기관	① 공기업기관이란 국가기업의 경영을 담당하는 행정기관을 말한다. ② 공기업기관의 예로는 우체국이 있다.
영조물기관	① 영조물기관이란 영조물(공공시설)의 관리를 담당하는 행정기관을 말한다. ② 영조물기관의 예로는 국립병원, 국립대학, 국립도서관 등이 있다. [17년 국가 7급]
부속기관	① 부속기관이란 행정기관에 부속하여 그 기관을 지원하는 행정기관을 말한다. ② 부속기관의 예로는 중앙공무원교육원, 국립의료원, 국가기록원, 국립과학수사연구소 등이 있다. [17년 국가 7급] ③ 부속기관을 설치하기 위해서는 법령의 근거가 있어야 한다. [13년 행정사 1] ④ 정부조직법 제4조는 대통령령으로 정하는 바에 따라 부속기관을 둘 수 있도록 일반적인 근거를 제공하고 있다.

OX 1
각종 징계위원회나 지방의회와 같은 부속기관의 설치에는 법령의 근거를 요하지 않는다. [ ]
[13년 행정사]

정부조직법 제4조(부속기관의 설치) 행정기관에는 그 소관사무의 범위에서 필요한 때에는 대통령령으로 정하는 바에 따라 시험연구기관·교육훈련기관·문화기관·의료기관·제조기관 및 자문기관 등을 둘 수 있다.

(3) 소속에 따른 분류

구분			내용
국가행정기관	중앙행정기관		① 전국을 관할하는 국가에 속하는 행정기관을 말한다. 정부조직법과 다른 법률에 특별한 규정이 있는 경우를 제외하고는 부·처·청으로 한다(정부조직법 제2조 제2항). ② 소관사무를 수행하기 위해 필요한 때에는 특히 법률로 정하는 경우를 제외하고는 중앙행정기관에는 대통령령으로 정하는 바에 따라 지방행정기관을 둘 수 있다(정부조직법 제3조 제1항). [22년 군무원 7급 2, 19년 지방 7급] 이 규정에 따라 국가지방행정기관 개념이 등장하게 된다.
	국가지방행정기관	보통지방행정기관	① 관할구역 내에서 국가의 행정사무를 일반적으로 수행하기 위해 지방에 설치되는 국가에 속하는 행정기관을 말한다. ② 현행법상 별도로 보통지방행정기관을 설치하지 않고, 지방자치단체의 장에게 국가사무를 기관위임하여 처리하도록 하고 있다(지방자치법 제115조). ③ 기관위임사무를 수행하는 지방자치단체의 장은 국가사무를 처리하는 범위 내에서 국가의 보통지방행정기관의 지위에 있게 된다. [19년 지방 7급]
		특별지방행정기관	① 관할구역 내에서 국가의 특정행정사무를 수행하기 위해 지방에 설치되는 국가에 속하는 행정기관을 말한다. ② 시·도경찰청장, 지방병무청장, 지방세무서장, 지방국토관리청장 등이 그 예에 해당한다. [19년 지방 7급 3]
지방행정기관			지방자치단체에 속하여 지방자치단체의 사무를 수행하는 행정기관을 말한다.

OX 2
중앙행정기관에는 소관사무를 수행하기 위하여 필요한 때에는 특히 법률로 정한 경우를 제외하고는 대통령령으로 정하는 바에 따라 지방행정기관을 둘 수 있다. [ ] [22년 군무원 7급]

OX 3
일정한 관할 구역 내에서 널리 일반국가사무를 수행하는 행정기관을 국가의 보통지방행정기관이라 하고 세무서장이나 경찰서장이 이에 속한다. [ ]
[19년 지방 7급]

정답
1. × 2. ○ 3. ×

Chapter 03 행정청의 권한

핵심 정리 3 행정청의 권한 개설

01 권한의 의의

① 행정청이 법령상 유효하게 행정주체의 의사를 결정·표시할 수 있는 범위를 행정청의 권한이라 한다. 실정법상으로는 "직무범위" 등의 용어로 표현된다(정부조직법 제2조 제1항 참조).

② 권리(權利)가 자신의 이익을 실현하기 위해 타인에 대하여 주장할 수 있는 법적인 힘인데 반해, 행정기관의 권한(權限)은 기관 고유의 이익을 위해서가 아니라 기관의 배후에 있는 행정주체의 이익을 위하여 행사되는 것이라는 점에서 구별된다.

02 권한행사의 효과

행정청이 소관 사무에 관하여 권한을 행사한 경우, 행정청은 독립적인 법인격이 인정되지 않으므로 그 행위의 법적 효과는 국가 등 행정주체에게 귀속된다. [20년 소방간부] 예컨대, 국방부장관이 행한 처분으로 인한 법적 효과는 대한민국에 귀속된다.

03 행정권한 법정주의

① 행정권한 법정주의란 어떤 행정기관이 어떤 행정권한을 가지는지, 그리고 어느 범위의 권한을 갖는지는 법률로 정해야 한다는 원칙을 말한다. 행정조직 법정주의의 파생원칙이다. ㉠ 국가기관의 권한은 「정부조직법」과 그 위임을 받아 제정된 대통령령인 「행정권한의 위임 및 위탁에 관한 규정」이 규율하고 있고, ㉡ 지방자치단체의 권한은 「지방자치법」이 규율하고 있다.

② 행정청의 권한은 그 권한이 부여된 특정의 행정청만이 행사할 수 있고, 타 행정청은 특별한 사유가 없는 한 이를 행사할 수 없다. [13년 국가 7급]

③ 행정권한 법정주의에 반하는 처분은 주체상의 하자가 있게 되는 경우로서 원칙적으로 무효사유에 해당하는 하자로 본다.

핵심 정리 4 권한의 위임

01 권한 위임의 의의

① 행정청의 권한의 위임이란, 행정청이 그의 권한의 일부를 대외적으로(즉, 국민과의 관계에서도) 다른 행정기관으로 이전하여 그 수임기관의 권한으로서 행사하게 하는 것을 말한다.

② 권한의 위임이 있으면 그 권한은 위임의 범위 안에서 대외적으로도 수임기관의 권한이 되며, 수임기관은 그 권한을 자신의 명의와 책임하에 행사하게 된다. [19년 2월 서울 7급] 국민과의 관계에서도 권한이 이전되기 때문에 행정쟁송법상으로도 위임청이 아니라 수임청이 피청구인 또는 피고가 되는 것이 원칙이다. [22년 소방간부]

③ '위임'은 하급기관에 대하여 권한을 이전하는 것을 말하고 '위탁'이란 동급의 기관이나, 다른 행정주체에 속하는 기관에 권한을 이전하는 것을 말하는 것으로서, 양자를 구분하곤 하는데 구별의 실익은 없다. 따라서 이 책에서도 특별한 사정이 없는 한 양자를 구별하지 않기로 한다.

02 구별개념

1. 권한의 대리와의 구별

권한의 대리 부분에서 다루기로 한다.

2. 내부위임과의 구별

내부위임 부분에서 다루기로 한다.

3. 권한 이양(移讓)과의 구별

① 권한의 위임은 어떤 행정기관에 권한을 할당(분배)하는 법령 즉, 수권규범은 그대로 둔 채 별도로 다시 분배받은 권한을 위임규정에 근거하여 다른 행정기관에 넘기는 것을 말하는 반면, 권한의 이양은 아예 처음부터 권한을 할당(분배)하는 수권규범 자체를 개정하여 권한을 다른 행정기관의 고유권한으로 이전시키는 것을 말한다. [13년 국가 7급]

② 권한 위임의 경우에는 위임기관은 수임기관의 권한행사를 지휘·감독할 수 있지만, 권한 이양의 경우에는 지휘·감독관계가 성립하지 않는다는 점에서 양자는 구별된다. [13년 국가 7급]

③ 권한의 이양은 권한의 '이관'(移管)이라고도 부른다. 다만 '이양'이라는 표현을 강학상의 개념으로서 사용하는 경우도 있지만, 단순히 '넘긴다'는 의미로 사용하는 경우도 있다. 문맥에 따라 구분해서 읽어야 한다.

4. 민법상 위임과의 구별

민법상 위임은 계약의 일종인데 반하여, 권한의 위임은 법률의 규정·행정행위 등에 의해 설정되는 공법상 제도의 일종이라는 점에서 양자는 구별된다.

5. 촉탁과의 구별

행정사무의 처리와 관련하여 등기, 소송 등에 관한 사무처리를 위탁하는 촉탁은 행정청의 권한의 이전을 수반하지 않는다는 점에서 위임과 구별된다. [22년 소방간부 1]

03 위임의 법적 근거

1. 의의

① 권한의 위임은 수권법률(A)이 이미 정한 권한의 귀속을 대외적으로 변경하는 것이다. 따라서 행정권한 법정주의에 따라 별도로 법률(B)의 명시적 근거가 있는 경우에만 허용된다(91누5792, 89누5287). [23년 소방간부, 23년 소방승진, 22년 행정사 2, 20년 군무원 7급, 19년 소방간부, 19년 국회 8급, 18년 서울 7급, 16년 서울 7급, 15년 국회 8급]

② 즉, 적법한 권한의 위임이 있기 위해서는 당해 행정권한에 관하여 2개 이상의 법률 규정이 존재하여야 한다. 예컨대, 인사혁신처장의 공무원연금법상 각종 급여 지급결정 권한은 공무원연금관리공단에 위임되곤 하는데, 이 권한은 일단 공무원연금법 제29조 제1항에 의하여 인사혁신처장에게 부여가 되고, 제29조 제2항의 위임허용 규정에 근거하여 공무원연금관리공단으로 위임이 이루어진다.

③ 법령의 근거가 없는 권한의 위임은 무효이다. [14년 서울 7급]

2. 일반적 근거만으로 충분한지의 문제

정부조직법 제6조(권한의 위임 또는 위탁) ① 행정기관은 법령으로 정하는 바에 따라 그 소관사무의 일부를 보조기관 또는 하급행정기관에 위임하거나 다른 행정기관·지방자치단체 또는 그 기관에 위탁 또는 위임할 수 있다. 이 경우 위임 또는 위탁을 받은 기관은 특히 필요한 경우에는 법령으로 정하는 바에 따라 위임 또는 위탁을 받은 사무의 일부를 보조기관 또는 하급행정기관에 재위임할 수 있다. [22년 군무원 7급]

지방자치법 제117조(사무의 위임 등) ① 지방자치단체의 장은 조례나 규칙으로 정하는 바에 따라 그 권한에 속하는 사무의 일부를 보조기관, 소속 행정기관 또는 하부행정기관에 위임할 수 있다.
② 지방자치단체의 장은 조례나 규칙으로 정하는 바에 따라 그 권한에 속하는 사무의 일부를 관할 지방자치단체나 공공단체 또는 그 기관(사업소·출장소를 포함한다)에 위임하거나 위탁할 수 있다.

행정권한의 위임 및 위탁에 관한 규정 제4조(재위임) 특별시장·광역시장·특별자치시장·도지사 또는 특별자치도지사(특별시·광역시·특별자치시·도 또는 특별자치도의 교육감을 포함한다. 이하 같다)나 시장·군수 또는 구청장(자치구의 구청장을 말한다. 이하 같다)은 행정의 능률향상과 주민의 편의를 위하여 필요하다고 인정될 때에는 수임사무의 일부를 그 위임기관의 장의 승인을 받아 규칙으로 정하는 바에 따라 시장·군수·구청장(교육장을 포함한다) 또는 읍·면·동장, 그 밖의 소속기관의 장에게 다시 위임할 수 있다.

① 「정부조직법」 제6조 1문은 행정권한의 위임이, 2문은 재위임이 일반적으로 가능하다는 것을 규정하고 있다. 또한 「지방자치법」 제117조도 위임과 재위임이, 「행정권한의 위임 및 위탁에 관한 규정」 제3조는 행정권한의 위임이, 제4조는 재위임이 일반적으로 가능하다는 내

OX 1
행정사무의 처리와 관련하여 등기, 소송 등에 관한 사무처리를 위탁하는 촉탁은 행정청의 권한의 이전을 수반하지 않는다는 점에서 권한의 위임과 구별된다.
[ ] [22년 소방간부]

OX 2
권한의 위임은 반드시 법적 근거를 요하는 것은 아니다. [ ]
[22년 행정사]

정답
1. ○ 2. ×

용을 규정하고 있다. 이때, 이 규정들 이외에 개별 행정영역에서 위임이나 재위임을 허용하는 별도의 규정이 존재하지 않는 경우, 이 일반적인 규정들에만 근거하여서도 행정권한의 위임이나 재위임이 가능한지가 문제된다. 이 점이 문제가 되는 이유는 특히 「정부조직법」 제6조의 경우에는 "법령으로 정하는 바에 따라"라고 하여, 별도의 개별적 근거가 필요한 것처럼 규정하고 있기 때문이다.

② 결론적으로 대법원은 이것이 가능하다고 보는 입장이다(94누4615, 89누5287). 위임에 대한 개별 근거규정이 없는 경우라 하더라도, 위 「정부조직법」 규정이나, 「행정권한의 위임 및 위탁에 관한 규정」 등의 일반규정만을 근거로 권한의 위임이나 재위임을 할 수 있다고 본다. [24년 소방간부❶, 23년 국가 7급❷, 21년 국회 8급, 20년 서울 7급, 16년 국회 8급]

판례

구 건설업법 제57조 제1항, 같은 법 시행령 제53조 제1항 제1호에 의하면 건설부장관의 권한에 속하는 같은 법 제50조 제2항 제3호 소정의 영업정지 등 처분권한은 서울특별시장 · 직할시장 또는 도지사에게 위임되었을 뿐 시 · 도지사가 이를 구청장 · 시장 · 군수에게 재위임할 수 있는 근거규정은 없으나, 정부조직법 제6조 제1항과 이에 기한 행정권한의 위임 및 위탁에 관한 규정 제4조에 재위임에 관한 일반적인 근거규정이 있으므로, 시 · 도지사는 그 재위임에 관한 일반적인 규정에 따라 위임받은 위 처분권한을 구청장 등에게 재위임할 수 있다(94누4615 전원합의체). [22년 소방간부, 19년 5급 승진❸, 19년 10월 서울 7급❹]

04 위임 및 위탁시 준수사항

① 행정기관의 장은 행정권한을 위임 및 위탁할 때에는 위임 및 위탁하기 전에 수임기관의 수임능력 여부를 점검하고, 필요한 인력 및 예산을 이관하여야 한다(행정권한의 위임 및 위탁에 관한 규정 제3조 제2항). [24년 소방간부, 11년 국회 8급]

② 행정기관의 장은 행정권한을 위임 및 위탁할 때에는 위임 및 위탁하기 전에 단순한 사무인 경우를 제외하고는 수임 및 수탁기관에 대하여 수임 및 수탁사무 처리에 필요한 교육을 하여야 하고 또한 수임 및 수탁사무의 처리지침을 통보하여야 한다(행정권한의 위임 및 위탁에 관한 규정 제3조 제3항). [11년 국회 8급]

05 위임의 성립 및 범위

① 권한의 위임은 법령 자체에 의하여 직접 이루어지는 경우가 있고, 법령에 근거한 위임행위에 의하여 이루어지는 경우가 있다.

② 전자의 경우든 후자의 경우든, 상대방의 동의가 있을 것은 요구되지 않는다고 본다. [13년 행정사] 법령에서 이를 허용하고 있는 경우에만 가능하기 때문에 동의 없이 위임을 할 수 있다고 해석하더라도 문제가 없다고 보는 것이다.

③ 한편, 권한의 위임은 위임청의 권한의 일부에 한해서만 가능하다고 본다. [20년 행정사❺, 14년 서울 7급] 권한 전부의 위임은 사실상 위임청의 권한의 폐지를 뜻하기 때문이다.

OX 1
「정부조직법 제6조 제1항과 「행정권한의 위임 및 위탁에 관한 규정」 제3조 제1항은 권한위임의 일반적 근거규정이다.
[ ] [24년 소방간부]

OX 2
「정부조직법」 제6조 제1항은 권한위임 등에 관한 대강을 정한 것에 불과할 뿐 권한위임의 근거규정이 될 수 없으므로 권한의 위임을 위해서는 법률의 개별적 근거가 필요하다. [ ]
[23년 국가 7급]

OX 3
국가사무의 권한을 위임받은 서울특별시장은 위임받은 권한의 재위임에 관한 개별 법령상의 근거규정이 없더라도 「정부조직법」 및 「행정권한의 위임 및 위탁에 관한 규정」에 따라 위임받은 권한을 구청장에게 재위임할 수 있다. [ ] [19년 5급 승진]

OX 4
「정부조직법」 제6조 제1항과 이에 근거한 「행정권한의 위임 및 위탁에 관한 규정」 제4조는 행정기관의 권한의 재위임에 관한 일반적인 근거규정이 된다.
[ ] [19년 10월 서울 7급]

OX 5
권한의 일부에 대한 위임뿐만 아니라 권한 전부의 위임도 가능하다.
[ ] [20년 행정사]

정답
1. ○ 2. × 3. ○ 4. ○ 5. ×

06 권한 위임의 형태

1. 보조기관 또는 하급기관에 대한 위임

① 가장 전형적인 형태의 위임이다. 권한의 위임은 자신의 지휘·감독하에 있는 보조기관(예 환경부장관이 대기보전국장에게 위임하는 것) 또는 하급기관(예 경찰청장이 시·도경찰청장에게 위임하는 것)에 대해 이루어진다.

② 법령으로 정하는 바에 따라 행정기관의 소관사무의 일부를 위임받은 보조기관은 그 위임받은 사항에 대하여는 그 범위에서 행정기관으로서 그 사무를 수행한다(정부조직법 제6조 제2항). [23년 경찰간부]

2. 대등행정청 또는 지휘·감독하에 있지 않은 하급기관에 대한 위임

위임청과 대등한 위치에 있거나 지휘계통을 달리하는 하급기관에 대해서도 위임이 이루어질 수 있다. 이 경우를 특별히 '위탁'이라고 부르기도 한다.

3. 국가의 지방자치단체 또는 그 기관에 대한 위임

국가는 그 행정권한의 일부를 지방자치단체나 그 기관에 위임할 수 있다. 지방자치단체에 위임하는 경우를 단체위임이라고 하고, 지방자치단체의 기관에 위임하는 경우를 기관위임이라 한다. 기관위임에 있어서 권한의 위임을 받은 지방자치단체의 기관은 국가기관의 지위에 있게 되며, 상급 국가기관의 지휘나 감독을 받게 된다. [18년 서울 7급 1]

4. 민간에 대한 위탁

① 행정기관의 소관사무 중 조사·검사·검정·관리 사무와 같이 국민의 권리나 의무와 직접 관계되지 아니한 사무의 경우에는, 지방자치단체가 아닌 법인이나 단체 또는 그 기관이나 개인에게 위임할 수도 있다(정부조직법 제6조 제3항). [22년 군무원 7급] 이를 '민간위탁'이라 한다.

② 「행정권한의 위임 및 위탁에 관한 규정」은 이를 구체화하여, ㉠ 단순 사실행위인 행정작용, ㉡ 공익성보다 능률성이 현저히 요청되는 사무, ㉢ 특수한 전문지식 및 기술이 필요한 사무, ㉣ 그 밖에 국민 생활과 직결된 단순 행정사무에 대하여 민간위탁을 할 수 있다고 규정하고 있다(제11조 제1항). [23년 경찰간부]

③ 다만, 개별 규정이 존재하는 경우에는 국민의 권리나 의무와 직접 관련이 되어 있는 사항도 위임할 수 있다고 본다. [16년 국가 7급]

OX 1
위임청은 기관위임사무의 수행에 대하여 지방자치단체의 기관을 지휘·감독할 수 없다. [ ]
[18년 서울 7급]

정답
1. ×

07 재위임

① 특히 필요한 경우 행정청은 자신이 위임받은 권한의 일부를 법령으로 정하는 바에 따라 다시 보조기관이나 하급기관에 위임할 수 있다(행정권한의 위임 및 위탁에 관한 규정 제3조 제1항). [19년 2월 서울 7급❶, 14년 서울 7급]

② 다만, 그 위임받은 사무가 지방자치단체의 장에 대한 기관위임사무인 경우에는, ㉠ 위임기관의 장의 승인을 받아야 하고, ㉡ 지방자치단체의 행정입법인 '규칙'으로 정하여 위임하여야 한다(행정권한의 위임 및 위탁에 관한 규정 제4조). [23년 소방승진, 23년 군무원 5급, 22년 지방 7급, 22년 소방간부❷, 22년 행정사, 22년 군무원 5급, 20년 군무원 7급, 16년 서울 7급❸, 16년 국회 8급]

③ 따라서 기관위임사무를 규칙이 아닌 조례를 통해 재위임한 경우, ㉠ 이와 같은 조례는 법령을 위반한 것으로서 무효가 되고, ㉡ 이때 이러한 무효인 조례에 근거한 처분에 존재하는 하자의 정도가 문제되는데, 대법원은 이를 취소사유에 해당하는 것으로 본다. [13년 국회 8급]

판례

서울특별시장이 건설부장관으로부터 위임받은 국가사무를 구청장에게 재위임한 내용으로서 무효인 「서울특별시행정권한위임조례」의 규정에 근거하여 구청장이 건설업영업정지처분을 한 경우, 그 처분은 결과적으로 적법한 위임 없이 권한 없는 자에 의하여 행하여진 것과 마찬가지가 되어 그 하자가 중대하나, 지방자치단체의 사무에 관한 조례와 규칙은 조례가 보다 상위규범이라고 할 수 있고, 또한 헌법 제107조 제2항의 "규칙"에는 지방자치단체의 조례와 규칙이 모두 포함되는 등 이른바 규칙의 개념이 경우에 따라 상이하게 해석되는 점 등에 비추어 보면 위 처분의 위임 과정의 하자가 객관적으로 명백한 것이라고 할 수 없으므로 이로 인한 하자는 결국 당연무효사유는 아니라고 봄이 상당하다(94누4615). [23년 서울 7급❹, 19년 10월 서울 7급, 16년 지방 7급, 15년 국회 8급]

비교판례

㉠ 사립학교법 제4조 제1항, 제20조의2 제1항에 규정된 교육감의 학교법인 임원취임의 승인취소권은 구 지방교육자치에관한법률(1995. 7. 26. 법률 제4951호로 개정되기 전의 것) 제36조 제1항, 제44조에 따르면 조례에 의하여서만 교육장에게 권한위임이 가능하다 할 것이므로, 행정권한의위임및위탁에관한규정 제4조에 근거하여 교육감의 학교법인 임원취임의 승인취소권을 교육장에게 위임함을 규정한 대전직할시교육감소관행정권한의위임에관한규칙 제6조 제4호는 조례로 정하여야 할 사항을 규칙으로 정한 것이어서 무효이다. [23년 지방 7급❺, 19년 5급 승진❻]

✐ 교육감의 학교법인 임원취임 승인취소는 기관위임사무가 아니기 때문에, 규칙으로 위임할 수 있는 것이 아니고, 자치사무의 일종이기 때문에, 규칙이 아니라 조례로 위임하여야 한다는 말이다.

㉡ 무효인 대전직할시교육감소관행정권한의위임에관한규칙 제6조 제4호에 근거하여 한 교육장의 임원취임의 승인취소처분은 결과적으로 적법한 위임 없이 권한 없는 자에 의하여 행하여진 것과 마찬가지가 되어 그 하자가 중대하다 할 것이나, … 임원취임의 승인취소처분에 관한 권한위임 과정의 하자가 객관적으로 명백하다고 할 수는 없다고 보아 당연무효 사유라고는 볼 수 없다(95누8669 전원합의체).

OX 1 행정권한의 위임을 받은 자는 특히 필요한 때, 법령이 정하는 바에 의하여 위임받은 사무의 일부를 보조기관 또는 하급행정기관 등에 재위임 할 수 있다. [ ] [19년 2월 서울 7급]

OX 2 도지사 등은 「정부조직법」과 「행정권한의 위임 및 위탁에 관한 규정」에 정한 바에 의하여 위임기관의 장이 승인이 있으면 그 규칙이 정하는 바에 의하여 그 수임된 권한을 시장, 군수 등 소속 기관의 장에게 다시 위임할 수 있다. [ ] [22년 소방간부]

OX 3 국가사무로서 지방자치단체의 장에게 위임된 기관위임사무의 경우에는 지방자치단체의 조례에 의하여 구청장 등에게 재위임할 수 있다. [ ] [16년 서울 7급]

OX 4 무효인 권한위임조례에 근거하여 구청장이 건설업영업정지처분을 할 경우, 그 처분은 하자가 중대하고 객관적으로 명백하여 당연무효이다. [ ] [23년 서울 7급]

OX 5 교육감의 학교법인 임원취임의 승인취소권을 조례가 아닌 규칙에 의하여 교육장에게 위임한 경우 해당 규칙은 무효이다. [ ] [23년 지방 7급]

OX 6 구 사립학교법에 규정된 교육감의 학교법인 임원취임의 승인취소권은 교육감이 정부조직법상의 국가행정기관의 일부로서 가지는 권한이므로 조례에 의해서는 교육장에게 위임할 수 없다. [ ] [19년 5급 승진]

정답
1. ○ 2. ○ 3. × 4. × 5. ○ 6. ×

08 권한의 위임의 효과

① 권한의 위임이 있으면, 위임청은 그 사무를 처리할 권한을 상실하고, 그 사항은 수임기관의 권한이 된다. [20년 군무원 9급] 따라서 수임기관은 자신의 이름과 책임하에 그 권한을 행사하게 된다(96다21331). [22년 소방간부, 19년 국가 7급, 16년 국회 8급]

② 위임된 권한 행사에 대한 항고소송의 피고는 수임기관이 되는 것이 원칙이다. [22년 소방간부, 19년 2월 서울 7급**1**, 14년 서울 7급] 다만, 대법원은 국민의 쟁송상의 편의를 위해, 수임기관과 위임기관을 불문하고 국민과의 관계에서 처분의 명의자로 표시된 자에게 피고적격이 있다고 본다. [23년 소방승진**2**, 13년 행정사**3**]

판례

도로의 유지·관리에 관한 상위 지방자치단체의 행정권한이 행정권한 위임조례에 의하여 하위 지방자치단체장에게 위임되었다면 그것은 기관위임이지 단순한 내부위임이 아니고 권한을 위임받은 하위 지방자치단체장은 도로의 관리청이 되며 위임관청은 사무처리의 권한을 잃는다(96다21331). [22년 군무원 5급, 19년 소방간부]

09 수임기관에 대한 지휘·감독권 및 감사권

① 권한을 위임한 위임기관은 수임기관의 사무처리에 대한 지휘·감독권을 갖는다. 본래 자신의 지휘·감독하에 있지 않던 기관에 위탁을 한 경우에도, 지휘·감독권을 갖는다. [18년 서울 7급**4**, 18년 소방간부] 수임기관의 그 사무 처리가 위법하거나 부당하다고 인정될 때에는 이를 취소하거나 정지시킬 수 있다(행정권한의 위임 및 위탁에 관한 규정 제6조). [23년 경찰간부, 20년 서울 7급, 19년 2월 서울 7급**5**] 취소·정지를 요구할 수만 있는 것이 아니라, 직접 취소하거나 정지시킬 수 있다.

② 위임기관은 위임사무의 처리에 있어 적정성을 확보하기 위하여 필요한 경우에는 수임기관의 수임사무 처리상황을 수시로 감사(監査)할 수 있다(행정권한의 위임 및 위탁에 관한 규정 제9조).

10 권한 위임의 제한

수임 및 수탁사무의 처리에 관하여 위임 및 위탁기관이 수임 및 수탁기관에 대하여 사전승인을 받거나 협의를 할 것을 요구하는 것은 허용되지 않는다(행정권한의 위임 및 위탁에 관한 규정 제7조). [23년 지방 7급**6**, 23년 경찰간부, 21년 국회 8급, 16년 국가 7급, 11년 국회 8급] 위임사무의 처리에 관하여 사전승인을 받게 하거나 협의를 하게 한다면 위임의 취지가 무색해지기 때문이다.

11 권한 위임의 종료

① 권한의 위임은 ㉠ 법령의 규정에 의하여 직접 위임된 경우에는 그 근거규정의 개정이나 폐지로 종료되고, ㉡ 위임행위에 의하여 위임된 경우에는 위임의 해제, 종기의 도래 등에 의해 위임이 실효됨으로써 종료된다. [14년 서울 7급]

② 위임이 종료되면 위임사항에 관한 수임기관의 권한은 소멸하고, 그 사항은 다시 위임기관의 권한에 속하게 된다. [14년 서울 7급]

OX 1
행정권한의 위임 또는 위탁이 있는 때 취소소송에서의 피고는 위임청이 된다. [ ] [19년 2월 서울 7급]

OX 2
행정청의 권한의 위임이 있는 경우 위임청은 그 사무를 처리할 권한을 상실하고 그 사항은 수임청의 권한으로 되므로 처분을 위임청의 명의로 하였더라도 항고소송의 피고적격은 수임청에게 있다. [ ] [23년 소방승진]

OX 3
권한의 위임이 있는 경우에는 처분의 명의자가 수임기관으로 되어 있다 하더라도 그 처분에 대한 취소소송의 피고는 위임기관이 된다. [ ] [13년 행정사]

OX 4
위임청은 기관위임사무의 수행에 대하여 지방자치단체의 기관을 지휘·감독할 수 없다. [ ] [18년 서울 7급]

OX 5
위임기관은 수임기관의 수임사무처리에 대하여 지휘·감독하고, 그 처리가 위법 또는 부당하다고 인정되는 때에는 이를 취소하거나 정지시킬 수 있다. [ ] [19년 2월 서울 7급]

OX 6
수임사무의 처리에 관하여 위임기관은 수임기관에 대하여 사전승인을 받거나 협의를 할 것을 요구할 수 있다. [ ] [23년 지방 7급]

정답
1. × 2. × 3. × 4. × 5. ○ 6. ×

핵심 정리 5 권한의 내부위임

01 내부위임의 의의

1. 의의

① 행정청이 보조기관 또는 하급기관에게 내부적으로 일정한 사항의 결정권을 위임하여 수임기관이 위임청의 이름으로 그 권한을 사실상 행사하게 하는 것을 내부위임이라 한다(91누5792). [19년 국회 8급]

② 실무상으로는 내부위임에 따른 처분발급을 '(위임)전결' 또는 '대결(代決)'이라 부른다. 정확히 말하면, 내부위임은 상하행정청 간에 행하여지는 것이고, 위임전결은 행정청과 보조기관 간에 행하여지는 것이나, 구별의 실익은 없다. [11년 지방 7급 1]

③ 대통령령인 「행정 업무의 운영 및 혁신에 관한 규정」 제10조 제2항에는 "행정기관의 장은 업무의 내용에 따라 보조기관 또는 보좌기관이나 해당 업무를 담당하는 공무원으로 하여금 위임전결하게 할 수 있으며, 그 위임전결 사항은 해당 기관의 장이 훈령이나 지방자치단체의 규칙으로 정한다."라는 내부위임에 대한 명문의 규정을 두고 있다. [19년 소방간부]

OX 1
권한의 내부위임은 위임전결과는 달리 법률적 근거가 필요하다. [ ] [11년 지방 7급]

2. 권한의 위임과의 구별

행정권한의 위임은 법률이 위임을 허용하고 있는 경우에 한하여 인정되는 반면, 권한의 내부위임은 권한을 대외적으로 이전하는 것이 아니라 내부적으로만 사실상 행사하게 하는 것이어서 법률에서 정한 권한분배에 변경을 가하는 것이 아니므로 법률의 근거가 없어도 가능하다. [23년 지방 7급, 22년 국회 8급 2, 22년 소방간부, 20년 행정사, 16년 서울 7급, 14년 지방 7급, 13년 국회 8급] 권한의 위임과 내부위임은 다음과 같이 비교된다.

OX 2
행정권한의 내부위임은 법률의 근거가 없이도 가능하나 행정권한의 위임은 법률의 근거를 요한다. [ ] [22년 국회 8급]

구분	권한의 위임	내부위임
권한의 이전 여부	권한의 이전 ○	권한의 이전 ×
법적 근거 요부(要否)	필요 ○	필요 ×
법적효과의 귀속	수임기관이 한 것으로 봄.	위임기관이 한 것으로 봄.

판례

행정권한의 위임은 위임관청이 법률에 따라 하는 특정권한에 대한 법정귀속의 변경임에 대하여, 내부위임은 행정관청의 내부적인 사무처리의 편의를 도모하기 위하여 그 보조기관 또는 하급행정관청으로 하여금 그 권한을 사실상 행하게 하는데 그치는 것이므로, 권한위임의 경우에는 수임자가 자기의 명의로 권한을 행사할 수 있으나 내부위임의 경우에는 수임자는 위임관청의 명의로 이를 할 수 있을 뿐이다(88누10985). [24년 소방간부, 16년 서울 7급, 14년 서울 7급, 13년 국가 7급, 13년 국회 8급, 13년 행정사]

전결과 같은 행정권한의 내부위임은 법령상 처분권자인 행정관청이 내부적인 사무처리의 편의를 도모하기 위하여 그의 보조기관 또는 하급행정관청으로 하여금 그의 권한을 사실상 행사하게 하는 것으로서 법률이 위임을 허용하지 않는 경우에도 인정되는 것이다(97누1105). [22년 소방간부, 19년 소방간부, 15년 국회 8급]

정답
1. × 2. ○

02 수임기관의 명의로 발급한 처분의 효력(본안판단의 문제)

내부위임에 따라 권한을 행사하는 경우, 수임기관은 위임행정청의 이름으로만 그 권한을 행사할 수 있을 뿐, 자기의 이름으로는 그 권한을 행사할 수 없다. [21년 국회 8급, 20년 행정사, 11년 지방 7급] 내부위임을 받은 자가 위임청의 명의가 아니라 자신의 이름으로 처분을 한 경우, 이는 무권한자의 행위로서 당연무효가 된다. [23년 군무원 5급, 21년 국회 8급, 21년 군무원 7급, 17년 변호사, 13년 국회 8급]

판례

광역시장의 권한을 사실상 행사하도록 내부위임 받은 구청장은 광역시장의 이름으로 권한을 행사하여야 한다(88누10985).

시장으로부터 체납취득세에 대한 압류처분권한을 내부위임받은 구청장이 자신의 이름으로 한 압류처분은 권한 없는 자에 의하여 행하여진 위법무효의 처분이다(93누6621). [23년 군무원 7급, 21년 군무원 7급, 19년 5급 승진❶]

OX 1

시장으로부터 체납취득세에 대한 압류처분권한을 내부위임받은 구청장이 자신의 이름으로 한 압류처분은 권한 없는 자에 의하여 행하여진 위법무효의 처분이다. [ ] [19년 5급 승진]

03 항고소송의 피고적격(본안전판단의 문제)

① 내부위임에 따라 처분이 발급된 경우, 그 처분은 위임기관의 명의로 발급되어야 하고 따라서 원칙적으로는 처분청인 위임기관이 피고가 된다.

② 다만, 판례는 행정기관의 실수로 수임기관의 이름으로 처분이 발급되었다면, 국민의 소송수행상의 편의를 위해 수임기관에게 피고적격이 있는 것으로 본다. 즉, 누구의 명의로 처분이 발급되었는지를 기준으로 피고적격을 인정하고 있다. ㉠ 내부위임을 받은 수임기관의 명의로 처분을 한 경우에는 수임기관을 피고로 하여야 하고, ㉡ 위임기관의 명의로 처분을 한 경우에는 위임기관을 피고로 하여야 한다고 본다. [23년 지방 7급, 22년 행정사, 21년 국회 8급, 20년 국가 7급, 19년 소방간부, 19년 5급 승진, 15년 변호사, 14년 지방 7급]

판례

㉠ 행정처분의 취소 또는 무효확인을 구하는 행정소송은 다른 법률에 특별한 규정이 없는 한 소송의 대상인 행정처분 등을 외부적으로 그의 명의로 행한 행정청을 피고로 하여야 하는 것으로서 그 행정처분을 하게 된 연유가 상급행정청이나 타행정청의 지시나 통보에 의한 것이라 하여 다르지 않다. [19년 10월 서울 7급]

㉡ 권한의 위임이나 위탁을 받아 수임행정청이 정당한 권한에 기하여 그 명의로 한 처분에 대하여는 말할 것도 없고, 내부위임이나 대리권을 수여받은 데 불과하여 원행정청 명의나 대리관계를 밝히지 아니하고는 그의 명의로 처분 등을 할 권한이 없는 행정청이 권한 없이 그의 명의로 한 처분에 대하여도 처분명의자인 행정청이 피고가 되어야 할 것이다(95누14688). [22년 군무원 5급]

04 내부위임 규정 위반의 효과

행정조직 내부에서만 권한을 이전하여 수임기관으로 하여금 그 권한을 행사하게 하는 내부위임에 관한 행정입법 즉, '전결규정'은 대내적 효력만 있는 행정규칙에 불과하므로, 위반하더라도 위법하지 않다. 따라서 전결규정에도 불구하고 전결규정에 따른 수임기관(A)이 아닌 다른 기관(B)이 위임기관(C)의 이름으로 그 권한을 행사한 경우에도, 그 처분은 적법한 것으로 취급된다.

정답

1. ○

판례

행정관청 내부의 사무처리규정인 전결규정을 위반하여 원래의 전결권자가 아닌 보조기관 등이 처분권자인 행정관청의 이름으로 행정처분을 하였더라도, 그 처분은 권한 없는 자에 의하여 행하여진 무효의 처분이라 볼 수 없다(97누1105). [22년 국회 8급 1, 22년 군무원 5급, 20년 5급 승진, 20년 군무원 7급, 20년 소방간부, 19년 10월 서울 7급, 19년 국가 9급]

OX 1

전결규정에 위반하여 원래의 전결권자 아닌 보조기관 등이 처분권자인 행정관청의 이름으로 행정처분을 한 경우 그 처분은 권한 없는 자에 의하여 행하여진 무효의 처분이다. [ ]
[22년 국회 8급]

핵심 정리 6 권한의 대리

01 권한의 대리의 의의

1. 의의

권한의 대리라 함은 어떤 행정청(A)이 가진 권한의 전부 또는 일부를, 다른 행정기관(B)이 피대리행정청(A)을 위한 것임을 표시하여(이를 '현명'이라 한다) 자기의 이름(B)으로 행사함으로써, 그 행위가 피대리행정청의 행위로서의 효력이 발생하게 하는 것을 말한다. 실정법상으로는 '권한의 대행'이나 '직무대행'이라고 표현된다.

2. 권한의 위임과의 구별

① 권한대리의 경우 현명이 있어야 하기는 하지만 권한의 위임처럼 행위자인 대리기관의 이름으로 권한이 행사된다는 점에서 권한의 위임과 동일하다.

② 권한의 위임은 권한 자체가 수임자에게 이전되는 것이라는 점에서, 권한 자체가 이전되지는 않는 권한의 대리와 구분된다. [13년 행정사] 권한의 대리는 피대리행정청의 권한을 대신 행사하는 것에 불과하다.

③ 대리는 권한의 위임과 다음과 같이 비교된다.

구분	권한의 위임	권한의 대리
공통점	㉠ 행위자❶의 명의로 권한이 행사됨. ㉡ 피대리기관과 위임기관이 지휘·감독권을 가짐.	
현명(顯名)요부	현명이 필요하지 않음.	현명을 해야 함.
권한의 이전 여부	권한의 이전 ○	권한의 이전 ×
법적 근거 요부(要否)	필요 ○	㉠ 법정대리는 당연히 필요 ○ ㉡ 임의대리는 필요 ×(通說)
법적 효과의 귀속	수임기관이 한 것으로 봄.	피대리기관이 한 것으로 봄.
행위자	보통 보조기관	보통 하급기관

❶ 여기에서 '행위자'는 권한 대리의 경우 대리기관을 가리키는 말이고, 권한 위임의 경우 수임기관을 가리키는 말이다.

정답

1. ×

02 권한대리의 종류

1. 임의대리와 법정대리의 구분

권한의 대리는 그 대리관계의 발생 원인을 기준으로 ㉠ 임의대리(수권대리)와, ㉡ 법정대리로 구분된다. 양자의 차이는 다음과 같다.

구분	임의대리	법정대리
의의	피대리청의 수권에 의하여 대리관계가 발생하는 경우	대리관계 발생 사유가 법령에 정해진 경우
법적 근거 요부(要否)	임의대리를 위한 별도의 법적 근거는 필요하지 않다는 것이 통설	개념상 필연적으로 법적 근거가 존재할 수밖에 없으므로 문제되지 않음.
범위	권한의 일부에 대해서만 가능	법에서 정한 바에 따름. ➡ 다만, 특별한 언급이 없으면, 권한의 전부에 대해 대리권이 발생 [20년 행정사 1]
감독 및 책임	㉠ 피대리청은 지휘·감독권이 있다. ㉡ 대리기관도 책임을 지고, 피대리청도 선임·감독상의 책임을 진다.	㉠ 궐위로 인한 경우, 대리자만 책임을 진다. ㉡ 사고로 인한 경우, 임의대리의 경우와 동일하게 취급된다.

OX 1
법정대리는 특별한 규정이 없는 한 피대리관청의 권한 전부에 미친다. [ ] [20년 행정사]

2. 법정대리의 구분

(1) 개념

한편, 법정대리는 법에서 정하고 있는 일정한 사실이 발생한 경우에 ㉠ 그 사실의 발생 자체로 별도의 행위가 없이도 당연히(ipso iure) 대리관계가 발생하는 경우와, ㉡ 일정한 자의 지정행위에 의하여 대리관계가 발생하는 경우로 구분된다. 전자를 협의의 법정대리라 하고, 후자를 지정대리라 한다. [22년 행정사 2] 협의의 법정대리와 지정대리는 '누가' 대리를 하게 될 것인지에 대해 법령에서 규정을 하고 있는지 여부에 있어서 차이가 있다.

OX 2
지정대리란 법정사실이 발생하면 법상 당연히 특정한 자에게 대리권이 부여되어 대리관계가 성립하는 것을 말한다. [ ] [22년 행정사]

법정대리의 구분	법령에 정해져 있는 것
협의의 법정대리	대리관계 발생사유 ○, 대리할 자 ○
지정대리	대리관계 발생사유 ○, 대리할 자 ×

(2) 실정법상 사례

1) 대통령 권한 대행(헌법 제71조)

헌법 제71조 대통령이 궐위되거나 사고로 인하여 직무를 수행할 수 없을 때에는 국무총리, 법률이 정한 국무위원의 순서로 그 권한을 대행한다.

정부조직법 제26조(행정각부) ① 대통령의 통할하에 다음의 행정각부를 둔다. 〈개정 2023. 3. 4.〉

1. 기획재정부
2. 교육부
3. 과학기술정보통신부
4. 외교부
5. 통일부
6. 법무부
7. 국방부
8. 행정안전부
9. 국가보훈부
10. 문화체육관광부
11. 농림축산식품부
12. 산업통상자원부
13. 보건복지부
14. 환경부
15. 고용노동부
16. 여성가족부
17. 국토교통부
18. 해양수산부
19. 중소벤처기업부

정답
1. ○ 2. ×

헌법 제71조는 대통령의 권한 대행과 관련하여, 협의의 법정대리를 규정하고 있다. 이에 따르면 대통령이 궐위되거나 사고로 인하여 직무를 수행할 수 없을 때에는 ㉠ 일단 국무총리가 그 권한을 대행하고, ㉡ 국무총리에 의한 권한 대행이 여의치 않을 경우에는 법률에서 정하고 있는 국무위원의 순서대로 그 권한을 대행하도록 하고 있다. 여기에서 '법률이 정하고 있는 국무위원의 순서'는 정부조직법 제26조 제1항에서 규정하는 순서를 말한다.

2) 국무총리 권한 대행(정부조직법 제22조)

> 정부조직법 제22조(국무총리의 직무대행) 국무총리가 사고로 직무를 수행할 수 없는 경우에는 기획재정부장관이 겸임하는 부총리, 교육부장관이 겸임하는 부총리의 순으로 직무를 대행하고, 국무총리와 부총리가 모두 사고로 직무를 수행할 수 없는 경우에는 대통령의 지명이 있으면 그 지명을 받은 국무위원이, 지명이 없는 경우에는 제26조 제1항에 규정된 순서에 따른 국무위원이 그 직무를 대행한다. 〈개정 2014. 11. 19.〉

정부조직법 제22조는 사고로 인하여 국무총리가 직무를 수행할 수 없는 경우에, ㉠ 일단 기획재정부장관이 그 직무를 대행하고, ㉡ 그것이 여의치 않을 경우에는 교육부장관이 그 직무를 대행하며, ㉢ 그것도 여의치 않을 경우에는 대통령이 지명하는 국무위원이 국무총리의 직무를 대행하고, ㉣ 다시 대통령이 지명하는 것도 여의치 않을 경우에는 정부조직법 제26조 제1항의 순서에 따라 국무총리의 직무를 대행하도록 규정을 하고 있다. 여기서 ㉠, ㉡, ㉣은 협의의 법정대리를 규정한 것이고, ㉢은 지정대리를 규정한 것이다.

03 대리권 행사의 효과

대리권을 갖는 대리기관이 현명을 하고(대리관계를 표시하고) 적법하게 대리권을 행사한 경우, 대리권 행사의 법적 효과는 피대리행정청이 속한 행정수체에게 귀속된다. [22년 소방간부, 20년 소방간부]

04 피고적격

① 권한의 대리행사가 있을 경우 현명행위가 수반되므로 국민과의 관계에서도 여전히 피대리 행정청의 권한을 행사하는 것으로 취급되기 때문에, 피대리 행정청(A)의 권한을 대리하여 처분이 발급된 경우, 그에 대한 항고소송의 피고적격은 원칙적으로 피대리 행정청(A)이 갖는다. [23년 소방승진, 23년 국가 7급, 22년 소방간부, 21년 국회 8급, 20년 소방간부, 20년 행정사, 16년 국가 7급]

② 다만, 대리기관(B)이 대리관계를 밝힘이 없이 자신(B)을 처분명의자로 하여 처분을 한 경우에는, 대법원은 대리기관(B)이 피고가 되어야 한다고 본다. [19년 10월 서울 7급, 16년 국회 8급, 15년 변호사**1**] 그러나 이 법리에도 예외가 있어서, 대리관계를 밝히지 않은 경우라 하더라도, ㉠ 처분명의자가 피대리청 산하의 행정기관으로서 실제로 피대리청으로부터 대리권한을 수여받아, ㉡ 피대리청을 대리한다는 의사로 행정처분을 하였고, ㉢ 처분명의자는 물론 그 상대방도 그 행정처분이 피대리청을 대리하여 한 것임을 알고서 이를 받아들인 예외적인 경우에는 피대리청이 피고적격을 갖는다고 본다(2005부4).

OX 1

도지사로부터 대리권을 수여받은 시장이 대리관계를 밝히지 않고 자신의 명의로 행정처분을 한 경우에도 항고소송의 피고는 도지사가 되어야 하는 것이 원칙이다. [ ] [15년 변호사]

정답

1. ×

판례에 따른 피고적격 정리

<table>
<tr><th colspan="2">경우</th><th>피고적격</th></tr>
<tr><td rowspan="2">대리</td><td>원칙</td><td>피대리 행정청</td></tr>
<tr><td>대리관계를 표시하지 않은 경우</td><td>① 원칙 : 대리기관
② 실제로 대리권한을 수여받아 피대리 행정청을 대리한다는 의사로 행정처분을 하였고, 처분명의자는 물론 그 상대방도 그 행정처분이 피대리 행정청을 대리하여 한 것임을 알고서 이를 받아들인 경우 : 피대리 행정청</td></tr>
<tr><td>위임</td><td colspan="2">수임기관</td></tr>
<tr><td rowspan="2">내부위임</td><td>원칙</td><td>위임청</td></tr>
<tr><td>수임기관의 명의로 처분을 한 경우</td><td>수임기관</td></tr>
</table>

Chapter

04 행정기관 상호 간의 관계

핵심 정리 7 상 · 하 행정기관 간의 관계

01 감독권

① 상급기관은 하급기관을 감독할 권한을 갖는다. 이러한 감독의 수단으로서 감사권, 훈령권, 인가(승인)권, 취소 · 정지권, 주관쟁의결정권 등이 인정된다. 다만, 권한대집행 권한은 감독권의 일반적인 내용으로 인정되지는 않는다고 본다. 이때의 '대집행'은 행정의 실효성 확보수단인 행정대집행이 아니라, 타 기관을 대신하여 권한을 행사하는 것을 말한다.

② 하급기관이 직무상 독립이 보장되는 기관인 경우 직무내용에 간섭하는 감독은 할 수 없으나, 친절의무나 품위유지의무 위반 등에 대한 감독은 할 수 있다고 본다.

02 감사권(감시권)

① 상급기관은 하급기관 또는 보조기관(이하에서는 이 둘을 합하여 '하급기관'이라 부르기로 한다)의 업무처리상황을 파악하기 위하여 하급기관의 보고를 받거나, 하급기관의 서류 · 장부를 검사하고, 사무감사를 할 권한을 갖는다.

② 상급기관이 하급기관을 감사할 수 있는 권한을 행사하기 위해 별도로 법적인 근거가 있을 것은 요구되지 않는다고 본다. [19년 행정사]

03 훈령권

1. 의의

① 상급기관이 하급기관의 권한행사를 지휘하는 권한을 '훈령권'이라고 하며, 이를 위하여 발하는 명령을 '훈령'이라 한다. [22년 행정사]

② 훈령은 행정규칙의 일종으로서 원칙적으로 내부적 효력만을 갖는다. 따라서 재판의 기준이 되지 않고, 법조문의 형식으로 발령될 필요도 없다.

③ 훈령은 상급행정기관의 '권한'행사의 일환으로 발하는 것이지 상급 공무원 개인이 자신의 개인적인 권리의 행사로서 발하는 것이 아니므로, 훈령을 발한 공무원이 교체되더라도 당해 훈령은 효력을 상실하지 않는다.

2. 직무명령과 훈령의 구별

① 훈령은 상급기관이 하급기관의 소관사무에 대하여 발하는 명령이라는 점에서, 상관이 부하 공무원 개인에게 직무와 관련하여 발하는 명령인 직무명령과는 다르다. 직무명령은 직무명령을 받은 공무원 개인에 대해서만 효력을 갖기 때문에 부하 공무원이 그 지위에서 물러나면 효력을 상실한다. 다만, 훈령은 하급기관을 구성하는 공무원에 대해서는 동시에 직무명령으로서의 성질도 아울러 갖는다.

② 훈령은 행정입법 중 행정규칙의 일종으로서 일반적 · 추상적 규율인데 반하여, 직무명령은 일반적 · 추상적인 경우도 있고, 개별적 · 구체적인 경우도 있다는 점에서 양자는 다르다.

3. 훈령권의 법적 근거

법령의 구체적 근거 없이도 직권으로 훈령을 발할 수 있다. [19년 행정사 1] ㉠ 훈령은 행정규칙에 해당하기 때문이기도 하고, ㉡ 훈령발령권이 상급기관의 하급기관에 대한 감독권의 당연한 내용이기 때문이기도 하다.

OX 1
상급관청의 훈령권에는 법령상 근거가 요구된다. [ ] [19년 행정사]

4. 훈령의 적법요건과 하급기관의 심사권

(1) 훈령의 적법요건 [23년 군무원 7급 2]

구분	내용
형식적 적법요건	① 훈령권이 있는 상급기관이 발하여야 한다. ② 하급기관의 권한에 속하는 사항에 대하여 발하여야 한다. ③ 하급기관의 독립성이 보장되는 사무에 대한 것이 아니어야 한다.
실질적 적법요건	① 적법 · 타당한 것이어야 한다. ② 이행가능하고 명백한 것이어야 한다.

OX 2
훈령은 하급행정기관의 권한에 속하는 사항에 대하여 발하여야 하고 적법 · 타당 · 가능해야 한다. [ ] [23년 군무원 7급]

(2) 하급기관의 훈령심사권

① 하급기관이 훈령의 적법요건을 심사한 결과 그것이 위법하다고 판단될 경우에는 복종을 거부할 수 있는지가 문제된다. 형식적 요건은 이를 심사하여 위법한 경우 불복할 수 있다고 본다.

② 다만 실질적 요건에 대해서는, 이를 심사하여 위법한 경우 불복할 수 있는지에 대해 견해가 대립한다. ㉠ 훈령이 중대하고 명백하게 위법하거나 그 훈령에 따른 행위가 범죄행위가 되는 경우에만 불복할 수 있다고 보는 견해도 있고, ㉡ 훈령이 명백하게 위법하기만 해도 불복할 수 있다고 보는 견해도 있다.

5. 훈령에 따르지 않고 하급기관이 행한 처분의 효력

① 훈령은 행정규칙의 일종이기 때문에 행정조직 내부에서만 하급기관을 구속하는 힘을 가질 뿐, 외부적 효력을 갖는 것은 아니다. 따라서 하급기관이 훈령에 반하는 처분을 하더라도 이는 행정조직 내부에서의 직무상 의무 위반에 불과하여 징계책임이 문제될 뿐이고, 당해 처분 자체가 위법하게 되는 것은 아니다(79누99). [23년 군무원 7급, 22년 행정사 3, 19년 행정사]

OX 3
공무원이 대외적 구속력이 없는 훈령에 위반한 경우에도 위법은 아니며 징계책임이 부과될 수 있을 뿐이다. [ ] [22년 행정사]

정답
1. × 2. ○ 3. ○

② 다만, ㉠ 훈령을 근거로 한 행정관행이 형성된 때에는, 그 행정관행에 반하는 처분을 한 것이, 행정의 자기구속의 원칙이나 평등의 원칙의 위배를 이유로 위법하게 될 수는 있다. [23년 군무원 7급] ㉡ 또 상위법령의 수권에 따라 훈령이 상위법령의 내용을 보충하는 법규명령의 성질(법령보충규칙)을 갖게 되는 때에도 훈령에 반하는 처분은 위법하게 된다. [23년 군무원 7급]

판례

상급행정기관의 지시는 일반적으로 행정조직 내부에서만 효력을 가질 뿐 대외적으로 국민이나 법원을 구속하는 효력이 없다. 대외적으로 처분 권한이 있는 처분청이 상급행정기관의 지시를 위반하는 처분을 하였다고 해서 그러한 사정만으로 처분이 곧바로 위법하게 되는 것은 아니고, 처분이 상급행정기관의 지시를 따른 것이라고 해서 적법성이 보장되는 것도 아니다. 처분이 적법한지는 상급행정기관의 지시를 따른 것인지 여부가 아니라, 헌법과 법률, 대외적으로 구속력 있는 법령의 규정과 입법 목적, 비례·평등원칙과 같은 법의 일반원칙에 적합한지 여부에 따라 판단해야 한다(2017두38874). [23년 국가 7급 1, 23년 군무원 5급]

「재산제세조사사무처리규정」이 국세청장의 훈령형식으로 되어 있다 하더라도 이에 의한 거래지정은 소득세법시행령의 위임에 따라 그 규정의 내용을 보충하는 기능을 가지면서 그와 결합하여 대외적인 구속력이 있는 법령명령으로서의 효력을 갖게 되므로 「재산제세조사사무처리규정」에 위반한 행정처분은 위법하게 된다(87누1028). [23년 군무원 7급 2]

OX 1

대외적으로 처분 권한이 있는 처분청이 상급행정기관의 지시를 위반하는 처분을 한 경우, 그러한 사정만으로 처분이 곧바로 위법하게 되는 것은 아니다. [ ] [23년 국가 7급]

OX 2

양도소득세 부과 근거인 재산제세조사사무처리규정은 국세청 훈령이므로 그에 위반한 행정처분은 위법하지 않다. [ ] [23년 군무원 7급]

04 인가(승인)권

1. 의의

① 상급기관의 인가권(또는 승인권)은, 하급기관이 일정한 권한을 행사하기 전에 권한행사에 대하여 미리 상급기관의 인가를 받게 하는 권한을 말한다. 하급기관이 행하는 행정작용의 적법·유효성을 담보하는 사전예방적 감독수단의 일종이다.

② 법령의 근거가 없어도 상급기관은 하급기관에 대해 당연히 인가권을 갖는다고 보는 것이 통설의 입장이다.

2. 행정행위인 인가와의 구별

① 하급기관에 대한 상급기관의 감독수단으로서의 인가는 행정조직 내부에서의 행위이기 때문에, 대외적 작용인 행정행위로서의 인가와는 다르다.

② 상급기관의 하급기관에 대한 승인·동의·지시 등은 행정기관 상호 간의 내부행위로서 국민의 권리·의무에 직접 영향을 미치는 것이 아니므로 항고소송의 대상이 되는 행정처분에 해당하지 않는다(97누8540). [19년 행정사] 따라서 감독수단으로서의 인가가 거부되었다고 하더라도 하급기관은 행정쟁송절차로 그것에 대해 다툴 수는 없다.

정답

1. ○ 2. ×

05 취소 · 정지권

1. 의의

상급기관은 직권이나 행정심판을 통해 하급기관의 위법 또는 부당한 행위를 취소 또는 정지시킬 수 있는 권한을 갖는다. [22년 행정사1] 이를 취소 · 정지권이라 하며, 사후적 · 교정적 감독수단에 해당한다.

2. 법적 근거 요부

① 법률상의 근거가 있는 경우에만 상급기관이 취소 · 정지권을 갖는 것인지에 대해 견해가 대립한다.

② 그러나 정부조직법 제11조 제2항, 제18조 제2항과 지방자치법 제188조 제1항, 행정권한의 위임 및 위탁에 관한 규정 제6조에서 대통령, 국무총리, 주무부장관, 시 · 도지사, 위임청의 취소 · 정지권에 대한 일반적인 규정을 두고 있기 때문에, 법적 근거가 필요하다고 보는 견해에 따른다 하더라도 이 일반적인 규정들에 근거하여 상급기관은 하급기관의 행위를 취소 또는 정지시킬 수 있다. 따라서 현실적으로는 견해 대립의 실익이 크지는 않다.

> 정부조직법 제11조(대통령의 행정감독권) ① 대통령은 정부의 수반으로서 법령에 따라 모든 중앙행정기관의 장을 지휘 · 감독한다. [22년 군무원 7급]
> ② 대통령은 국무총리와 중앙행정기관의 장의 명령이나 처분이 위법 또는 부당하다고 인정하면 이를 중지 또는 취소할 수 있다. [22년 군무원 7급]

> 정부조직법 제18조(국무총리의 행정감독권) ① 국무총리는 대통령의 명을 받아 각 중앙행정기관의 장을 지휘 · 감독한다. [22년 군무원 7급]
> ② 국무총리는 중앙행정기관의 장의 명령이나 처분이 위법 또는 부당하다고 인정될 경우에는 대통령의 승인을 받아 이를 중지 또는 취소할 수 있다. [22년 군무원 7급2]

OX 1
상급관청은 직권에 의해 하급관청의 위법 · 부당한 행위의 취소를 명할 수 있다. [ ] [22년 행정사]

OX 2
국무총리는 중앙행정기관의 장의 명령이나 처분이 위법 또는 부당하다고 인정될 경우에는 스스로 이를 중지 또는 취소할 수 있다. [ ] [22년 군무원 7급]

06 주관쟁의결정권

① 하급기관 상호 간에 그 권한에 관하여 다툼이 발생한 경우, 상급기관은 이에 대해 결정할 수 있는 권한을 갖는다. 이를 주관쟁의결정권이라 한다. [22년 행정사]

② 주관쟁의는 하급기관들이 어떠한 권한을 서로 자기의 권한이라고 주장하는 상황에 대한 "적극적 주관쟁의"와 하급기관들이 어떠한 권한을 서로 자기의 권한이 아니라고 주장하는 상황에 대한 "소극적 주관쟁의"로 구분된다.

③ 주관쟁의가 있는 경우에는 ㉠ 원칙적으로 쌍방의 공통상급기관이 결정하고, 그러한 기관이 없을 때는 쌍방의 상급기관이 협의하여 결정한다(행정절차법 제6조). ㉡ 이 협의가 이루어지지 않을 때에는 최종적으로 국무회의의 심의를 거쳐 대통령이 결정한다(헌법 제89조 제10호).

정답
1. ○ 2. ×

07 상급기관의 하급기관에 대한 권한 정리

구분	내용
감사권	하급기관의 업무처리상황을 파악하기 위하여 보고를 받고, 서류・장부를 검사하고, 사무감사를 행할 수 있는 권한
훈령권	하급기관의 권한행사를 지휘하기 위하여 명령을 발할 수 있는 권한
인가・승인권	상급기관의 감독권의 내용으로서 하급기관이 일정한 권한을 행사하기 전에 권한행사에 대하여 미리 상급기관의 인가를 받게 하는 권한
취소・정지권	하급기관의 위법・부당한 행위를 취소 또는 정지할 수 있는 권한
주관쟁의결정권	하급기관 상호 간에 권한에 관한 다툼이 있는 경우 이를 결정할 수 있는 권한

핵심 정리 8 대등한 행정기관 간의 관계

01 협의

① 행정업무가 둘 이상의 행정청의 권한과 관련이 있을 때, 하나의 행정청이 주된 지위에 있고 다른 행정청은 부차적인 지위에 있다면, 주된 지위에 있는 행정청이 '주무행정청'이 되고 부차적인 지위에 있는 행정청은 '관계행정청'이 된다.

② 이 경우 주무행정청이 업무처리에 관한 결정권을 갖게 되며 관계행정청은 협의권을 갖는다. 이때 관계기관의 협의의견은 원칙적으로 주무행정청을 구속하지 않는다.

③ 다만, 법에서 협의를 거치도록 규정이 되어 있음에도 불구하고, 협의 자체를 거치지 않았다면 그 점은 절차상의 하자로서 위법하게 된다. 협의절차를 이행하지 않고 한 주무행정청의 처분에는 취소사유에 해당하는 위법이 있는 것으로 본다.

판례

국방・군사시설 사업에 관한 법률 및 구 산림법에서 보전임지를 다른 용도로 이용하기 위한 사업에 대하여 승인 등 처분을 하기 전에 미리 산림청장과 협의를 하라고 규정한 의미는, 그의 자문을 구하라는 것이지 그 의견을 따라 처분을 하라는 의미는 아니라 할 것이므로, 이러한 협의를 거치지 아니하였다고 하더라도 이는 당해 승인처분을 취소할 수 있는 원인이 되는 하자 정도에 불과하고 그 승인처분이 당연무효가 되는 하자에 해당하는 것은 아니라고 봄이 상당하다(2005두14363). **[21년 변호사 1, 15년 지방 7급 2]**

OX 1

법령에서 사업의 승인 이전에 관계행정청과의 협의를 거치도록 규정한 취지가 미리 자문을 구하라는 의미인 경우에는 비록 승인 전에 이러한 협의를 거치지 아니하였더라도 그 승인처분이 당연무효가 되는 것은 아니다. [ ] [21년 변호사]

OX 2

「국방・군사시설 사업에 관한 법률」 및 구 산림법에서 보전임지를 다른 용도로 이용하기 위한 사업에 대하여 승인 등 처분을 하기 전에 미리 산림청장과 협의를 하라고 규정한 의미는 그 의견에 따라 처분을 하라는 것이므로, 이러한 협의를 거치지 아니하고서 행해진 승인처분은 당연무효이다. [ ] [15년 지방 7급]

정답

1. ○ 2. ×

02 동의

① 행정업무가 둘 이상의 행정청의 권한과 관련이 있고 관계행정청들이 모두 주된 지위에 있는 경우에는, 업무처리의 편의를 위하여 업무와 보다 깊은 관계가 있는 행정청이 주무행정청으로 정해진다. 이 경우 다른 행정청은 관계행정청이 된다.

② 이 경우에는 주무행정청이 업무처리에 관한 결정권을 갖게 되고, 관계행정청은 동의권을 갖는다. 주무행정청은 관계행정청의 동의 또는 부동의 의견에 구속된다. 이 점이 협의와의 차이점이다. 다만, 협의와 동의는 명칭에 따라 구분되는 것이 아니라 그 실질에 따라 구분되는 것이기 때문에 명칭이 "협의"이어도 강학상 동의일 수 있다. [19년 행정사 1]

③ 한편, 관계행정청의 부동의는 행정조직 내부에서의 행위로서 처분이 아니므로 개인은 그에 대하여 항고소송을 제기할 수는 없고, 주무행정청이 관계행정청의 부동의를 이유로 거부처분을 하면 주무행정청을 피고로 하여 그 거부처분에 대한 취소를 구하면서, 처분사유가 된 관계행정청의 부동의에 대해 다투어야 한다. [17년 변호사]

판례

문화유산의 보존 및 활용에 관한 법률의 입법목적과 문화재의 보존·관리 및 활용은 원형유지라는 문화재보호의 기본원칙 등에 비추어 볼 때, 건설공사시 문화재보존의 영향 검토에 관한 문화유산의 보존 및 활용에 관한 법률 제74조 제2항 및 같은 법 시행령 제43조의2 제1항에서 정한 '문화재청장과 협의'는 '문화재청장의 동의'를 말하는 것으로 보아야 한다(2004추119). [20년 소방간부 2]

㉠ 자율형 사립고등학교(이하 '자사고'라 한다) 제도의 성격, 자사고 지정을 취소하는 과정에서 교육감의 재량을 절차적으로 통제할 필요가 있는 점, 구 초·중등교육법 시행령 제91조의3의 개정이유 등에 비추어 볼 때, 구 초·중등교육법 시행령 제91조의3 제5항에서 말하는 교육부장관과의 '사전 협의'는 특별한 사정이 없는 한 교육부장관의 적법한 사전 동의를 의미한다.

㉡ 따라서 교육감이 자율형 사립고등학교의 지정취소를 함에 있어서 초·중등교육법령상 규정된 교육부장관과의 사전 협의를 거치지 아니한 경우 해당 지정취소는 위법하다(2014추33). [20년 5급 승진]

OX 1

'동의'를 의미하는 관계기관의 '협의'의견은 주무관청을 구속하지 않는다. [ ] [19년 행정사]

OX 2

건설공사 시 문화재보전의 영향 검토에 관한 구 「문화유산의 보존 및 활용에 관한 법률」 제72조 제2항 및 동법 시행령 제43조의2 제1항에서 정한 '문화재청장과 협의'는 '문화재청장과 동의'를 의미하는 것은 아니다. [ ] [20년 소방간부]

정답

1. × 2. ×

유대웅
행정법각론

핵심정리

www.pmg.co.kr

PART

02

지방자치법

Chapter 01

지방자치법 개설

핵심 정리 9 지방자치법 개설

01 지방자치의 개념

1. 지방자치의 의의

지방자치는 민주주의 요청과 지방분권주의를 기초로 하여 성립한 제도적 관념이다. 연혁적으로 지방자치는 ㉠ 일정 지역 내의 행정은 그 지역사회의 주민에 의해 자율적으로 행하여져야 한다는 주민자치의 이념에 기초하는 경우와, ㉡ 지방 사무는 지방에 국가로부터 독립된 단체를 두어 자주적으로 처리하게 해야 한다는 단체자치의 이념에 기초하는 경우로 나눌 수 있다. 우리나라의 지방자치제도는 주민자치에 기초한 요소와 단체자치에 기초한 요소가 혼합되어 있는 것으로 평가된다.

2. 지방자치의 본질

① 지방자치단체가 독자적으로 주민의 복리에 관한 사무를 처리할 수 있는 권한이 어디에서 비롯된 것인지에 대해 견해가 대립한다.

② 이와 관련하여 ㉠ 역사적으로 지방자치단체는 본래 중앙정부로부터 독립한 고유의 권리를 가져왔고, 오늘날의 지방자치제도는 그것을 헌법질서하에서 법적으로 정비한 것뿐이라고 보는 고유권설과, ㉡ 중앙정부가 갖는 권한의 일부를 지방에 할당하여 줌으로써 비로소 지방의 사무를 독립적으로 처리할 수 있는 권리를 갖게 된 것이라고 보는 전래권설이 대립한다.

③ 고유권설은 오랜 시간 지방분권화된 상태로 존재하였던 독일과 일본의 역사적 맥락을 토대로 하여 제기된 견해이다. 우리나라(대한민국)의 경우, 전래권설이 다수설의 입장이다.

02 지방자치단체의 법적 지위 및 종류

1. 지방자치단체의 법적 지위

(1) 행정주체

① 지방자치단체는 일정한 구역 내에서 그 주민을 상대로 지배권을 행사하는 행정주체이다. 행정주체이기 때문에 권리나 의무의 주체가 된다. 지방자치법 제3조는 '지방자치단체를 법인으로 한다'고 규정하여 지방자치단체에 법인격을 부여하고 있다. [21년 국회 8급, 20년 군무원 7급 **1**, 13년 국회 8급] (이하, 제2편에서 특별한 언급이 없으면 「지방자치법」을 의미한다.)

② 지방자치단체는 독립된 법인격(주체)이므로 소송의 당사자가 될 수 있다. [13년 지방 7급] 즉, 사법상 권리와 관련된 경우에는 민사소송의 당사자가 될 수 있고, 공법상 권리와 관련된 경우

OX 1

지방자치단체는 법인으로 한다.
[ ] [20년 군무원 7급]

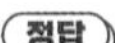
정답

1. ○

에는 당사자소송의 당사자가 될 수 있다. 예컨대, 국가배상청구소송은 민사소송이기 때문에, 국가배상청구소송에서는 지방자치단체가 피고적격을 갖는다.

③ 다만, 행정청의 지위는 그에 소속된 지방자치단체의 장이 갖는다. 따라서 지방자치단체 자체는 항고소송의 피고가 되지는 못한다.

(2) 기본권 주체성 – 인정×

① 다만, 헌법재판소는 지방자치단체에 기본권 주체성이 인정되지는 않는다고 본다. [21년 국회 8급] 따라서 헌법소원심판을 청구할 수 있는 자격(권리)이 인정되지 않는다. [13년 지방 7급 1]

② 또 지방자치단체의 기관인 지방의회에도 헌법소원심판을 청구할 자격(권리)이 인정되지 않는다고 본다(96헌마345). 애초에 지방의회는 권리나 의무를 보유할 수 있는 단위(즉, 주체)가 아니기 때문에 당연한 것이다.

판례

기본권의 보장에 관한 각 헌법규정의 해석상 국민(또는 국민과 유사한 지위에 있는 외국인과 사법인)만이 기본권의 주체라 할 것이고, 국가나 국가기관 또는 국가조직의 일부나 공법인은 기본권의 '수범자(受範者)'이지 기본권의 주체로서 그 '소지자'가 아니고 오히려 국민의 기본권을 보호 내지 실현해야 할 책임과 의무를 지니고 있는 지위에 있을 뿐이므로, 공법인인 지방자치단체의 의결기관인 청구인 의회는 기본권의 주체가 될 수 없고 따라서 헌법소원을 제기할 수 있는 적격이 없다(96헌마345). [20년 소방간부, 18년 서울 7급 2]

서울시의회가 헌법소원심판을 청구했던 사건이다.

(3) 권한쟁의심판의 당사자적격 – 헌법학의 영역

① ㉠ 국가기관 상호 간, ㉡ 국가기관과 지방자치단체 간, ㉢ 지방자치단체 상호 간에 권한의 존부 또는 범위에 관하여 다툼이 있을 때에는 당해 국가기관 또는 지방자치단체는 헌법재판소에 권한쟁의심판을 청구할 수 있다(헌법재판소법 제61조 제1항).

② 자치사무나 단체위임사무는 지방자치단체의 사무이므로 그에 대해서는 지방자치단체가 권한쟁의심판의 청구인 적격을 갖는다.

③ 그러나, 기관위임사무는 지방자치단체의 권한에 속하지 아니하는 사무이므로, 지방자치단체는 기관위임 사무의 집행에 관한 권한의 존부 및 범위에 관한 권한분쟁을 이유로 기관위임사무를 집행하는 국가기관 또는 다른 지방자치단체의 장을 상대로 권한쟁의심판을 청구할 당사자적격을 갖지 못한다. 청구할 경우 부적법한 청구가 된다(2009헌라4, 2005헌라11). [20년 국가 7급 3] 이 경우에는 지방자치단체의 장이 국가기관의 지위에서 청구인적격을 갖는다(2003헌라1). [20년 국가 7급 4]

(4) 양벌규정의 적용대상

지방자치단체 소속 공무원이 ㉠ 자치사무를 수행하다 행정법규를 위반한 경우 지방자치단체는 양벌규정의 적용을 받아 형벌을 부과받을 수 있지만, ㉡ 기관위임사무를 수행하다 행정법규를 위반한 경우에는 양벌규정의 적용을 받지 않는다고 본다. [13년 지방 7급]

PART 02

OX 1
지방자치단체도 기본권 주체성이 인정되어 헌법소원심판청구권이 인정된다. [ ]
[13년 지방 7급]

OX 2
지방자치단체의 의결기관인 의회는 기본권의 주체가 될 수 없고 따라서 헌법소원을 제기할 수 있는 적격이 없다. [ ]
[18년 서울 7급]

OX 3
지방자치단체는 기관위임사무의 집행에 관한 권한의 존부 및 범위에 관한 권한분쟁을 이유로 기관위임사무를 집행하는 국가기관을 상대로 권한쟁의심판을 청구할 당사자적격이 없다. [ ]
[20년 국가 7급]

OX 4
지방자치단체의 장이 국가가 위임한 사무에 대해 국가기관의 지위에서 처분을 한 경우 그 지방자치단체의 장은 권한쟁의 심판청구의 당사자가 될 수 없다. [ ] [20년 국가 7급]

정답
1. × 2. ○ 3. ○ 4. ×

판례

㉠ 헌법 제117조, 지방자치법 제3조 제1항, 제9조, 제93조, 도로법 제54조, 제83조, 제86조의 각 규정을 종합하여 보면, 국가가 본래 그의 사무의 일부를 지방자치단체의 장에게 위임하여 그 사무를 처리하게 하는 기관위임사무의 경우에는 지방자치단체는 국가기관의 일부로 볼 수 있는 것이지만, 지방자치단체가 그 고유의 자치사무를 처리하는 경우에는 지방자치단체는 국가기관의 일부가 아니라 국가기관과는 별도의 독립한 공법인이므로, 지방자치단체 소속 공무원이 지방자치단체 고유의 자치사무를 수행하던 중 도로법 제81조 내지 제85조의 규정에 의한 위반행위를 한 경우에는 지방자치단체는 도로법 제86조의 양벌규정에 따라 처벌대상이 되는 법인에 해당한다. [23년 군무원 7급, 21년 지방 7급❶, 19년 서울 9급]

㉡ 지방자치단체 소속 공무원이 압축트럭청소차를 운전하여 고속도로를 운행하던 중 제한 축중을 초과 적재 운행함으로써 도로관리청의 차량운행제한을 위반한 경우, 해당 지방자치단체가 도로법 제86조의 양벌규정에 따른 처벌대상이 된다(2004도2657). [17년 서울 7급]

지방자치단체 소속 공무원이 지정항만순찰 등의 업무를 위해 관할관청의 승인 없이 개조한 승합차를 운행함으로써 구 자동차관리법을 위반한 경우, 지방자치법, 구 항만법, 구 항만법 시행령 등에 비추어 위 항만순찰 등의 업무가 지방자치단체의 장이 국가로부터 위임받은 기관위임사무에 해당하여, 해당 지방자치단체가 구 자동차관리법 제83조의 양벌규정에 따른 처벌대상이 될 수 없다(2008도6530). [18년 경행경채 3차❷, 17년 서울 7급]

OX 1

지방자치단체 소속 공무원이 지방자치단체 고유의 자치사무를 수행하던 중 「도로법」 규정에 의한 위반행위를 한 경우에는 지방자치단체는 「도로법」의 양벌규정에 따라 처벌대상이 되는 법인에 해당한다. [ ]
[21년 지방 7급]

OX 2

지방자치단체가 국가로부터 위임받은 기관위임사무를 처리하는 경우, 지방자치단체는 양벌규정에 의한 처벌 대상이 되는 법인에 해당한다. [ ]
[18년 경행경채 3차]

2. 지방자치단체의 종류

지방자치법 제2조(지방자치단체의 종류) ① 지방자치단체는 다음의 두 가지 종류로 구분한다.
1. 특별시, 광역시, 특별자치시, 도, 특별자치도 [22년 군무원 7급❸, 13년 지방 7급]
2. 시, 군, 구 [22년 군무원 7급, 13년 지방 7급, 13년 행정사]

② 지방자치단체인 구(이하 "자치구"라 한다)는 특별시와 광역시의 관할 구역 안의 구만을 말하며, 자치구의 자치권의 범위는 법령으로 정하는 바에 따라 시·군과 다르게 할 수 있다.

OX 3

지방자치단체는 1. 특별시, 광역시, 도, 특별자치도와 2. 시, 군, 구의 두 가지 종류로 구분한다. [ ] [22년 군무원 7급]

지방자치법 제3조(지방자치단체의 법인격과 관할) ② 특별시, 광역시, 특별자치시, 도, 특별자치도(이하 "시·도"라 한다)는 정부의 직할(直轄)로 두고, 시는 도 또는 특별자치도의 관할 구역 안에, 군은 광역시·도 또는 특별자치도의 관할 구역 안에 두며, 자치구는 특별시와 광역시의 관할 구역 안에 둔다. 다만, 특별자치도의 경우에는 법률이 정하는 바에 따라 관할 구역 안에 시 또는 군을 두지 아니할 수 있다. 〈개정 2023. 6. 7.〉

③ 특별시·광역시 또는 특별자치시가 아닌 인구 50만 이상의 시에는 자치구가 아닌 구를 둘 수 있고, 군에는 읍·면을 두며, 시와 구(자치구를 포함한다)에는 동을, 읍·면에는 리를 둔다.

④ 제10조 제2항에 따라 설치된 시에는 도시의 형태를 갖춘 지역에는 동을, 그 밖의 지역에는 읍·면을 두되, 자치구가 아닌 구를 둘 경우에는 그 구에 읍·면·동을 둘 수 있다.

(1) 광역지방자치단체

① 특별시, 광역시, 특별자치시, 도, 특별자치도를 광역지방자치단체라 한다. 현행법상 특별자치시로는 세종특별자치시가 있고, 특별자치도로는 제주특별자치도(2006년 7월 1일부터), 강원특별자치도(2023년 6월 11일부터), 전북특별자치도(2024년 1월 18일부터)가 있다.

정답
1. ○ 2. × 3. ×

② 일반적으로 광역지방자치단체는 '시 · 도'라는 표현으로 약칭되는데, 이때의 '시'는 특별시, 광역시, 특별자치시를 가리키는 것이지 기초지방자치단체인 '시'를 가리키는 것이 아니기 때문에 주의해야 한다.

(2) 기초지방자치단체

① 시, 군, 구를 기초지방자치단체라 한다.

② 구에는 단순한 행정구역으로서의 행정구와 지방자치단체로서의 자치구가 있는데, 후자만 기초지방자치단체에 속한다. 자치구는 특별시와 광역시의 관할 구역 안의 구(區)만을 말한다. 그 이외의 구(區)는 행정구라 한다. [13년 서울 7급 1]

③ 제주특별자치도의 제주시와 서귀포시는 기초자치단체가 아닌 행정시이다. [13년 서울 7급 2] 제주도가 제주특별자치도가 되기 전에는 제주시와 서귀포시는 지방자치단체 중 하나에 해당하였으나, 「제주특별자치도 설치 및 국제자유도시 조성을 위한 특별법」을 제정하여 제주도 전체를 '제주특별자치도'라는 하나의 지방자치단체로 묶으면서, 그 아래의 자치단체들은 행정시로 변화되었다.

(3) 양자의 관계

> 지방자치법 제14조(지방자치단체의 종류별 사무배분기준) ① 제13조에 따른 지방자치단체의 사무를 지방자치단체의 종류별로 배분하는 기준은 다음 각 호와 같다. (단서 생략)
> 1. 시 · 도
> 가. 행정처리 결과가 2개 이상의 시 · 군 및 자치구에 미치는 광역적 사무
> 나. 시 · 도 단위로 동일한 기준에 따라 처리되어야 할 성질의 사무
> 다. 지역적 특성을 살리면서 시 · 도 단위로 통일성을 유지할 필요가 있는 사무
> 라. 국가와 시 · 군 및 자치구 사이의 연락 · 조정 등의 사무
> 마. 시 · 군 및 자치구가 독자적으로 처리하기에 부적당한 사무
> 바. 2개 이상의 시 · 군 및 자치구가 공동으로 설치하는 것이 적당하다고 인정되는 규모의 시설을 설치하고 관리하는 사무
> 2. 시 · 군 및 자치구
> 제1호에서 시 · 도가 처리하는 것으로 되어 있는 사무를 제외한 사무. 다만, 인구 50만 이상의 시에 대하여는 도가 처리하는 사무의 일부를 직접 처리하게 할 수 있다.
>
> ② 제1항의 배분기준에 따른 지방자치단체의 종류별 사무는 대통령령으로 정한다.
>
> ③ 시 · 도와 시 · 군 및 자치구는 사무를 처리할 때 서로 경합하지 아니하도록 하여야 하며, 사무가 서로 경합하면 시 · 군 및 자치구에서 먼저 처리한다.

① 광역지방자치단체와 기초지방자치단체 둘 다 독립된 법인이기 때문에 법령에 특별한 규정이 없는 한 양자 사이에 상하관계나 감독관계는 성립하지 않는다. 다만, 지방자치법은 기초지방자치단체에 대해서는 1차로 시 · 도지사를 감독기관으로 정하고 있는데, 이는 광역자치단체의 장으로서의 지위에서 인정되는 권한이 아니라, 국가기관으로서의 지위에서 인정되는 권한이다.

② 한편, 기초지방자치단체가 주민과 더 밀접하게 위치하고 있으므로 지방자치법상 시 · 도가 처리하는 것으로 되어 있는 사무가 아니라면 나머지 지방자치단체의 사무는 기초지방자치

OX 1
경기도 성남시 분당구는 지방자치단체가 아니다. [ ]
[13년 서울 7급]

OX 2
제주특별자치도의 제주시와 서귀포시는 기초자치단체이다. [ ]
[13년 서울 7급]

정답
1. ○ 2. ×

단체의 사무로 본다(제14조 제1항 제2호 본문). 심지어 본래 도가 처리하는 사무라 하더라도 인구 50만 이상의 시에 대해서는 그 사무를 그 시가 직접 처리하게 할 수도 있다(제14조 제1항 제2호 단서). [20년 국회 8급 1]

③ 시·도와 시·군 및 자치구는 사무를 처리할 때에는 서로 경합하지 아니하도록 하여야 하며(불경합성의 원칙), 사무가 서로 경합하면 시·군 및 자치구에서 먼저 처리한다(기초지방자치단체 우선의 원칙)(제14조 제3항). [21년 군무원 5급, 19년 행정사, 12년 국가 7급]

판례

학교급식의 '실시'에 관한 사항은 고등학교 이하 각급 학교의 설립·경영·지휘·감독에 관한 사무로서 지방자치단체 중 특별시·광역시·도의 사무에 해당하나, 학교급식 '시설의 지원'에 관한 사무는 고등학교 이하 각급 학교에서 학교급식의 실시에 필요한 경비의 일부를 보조하는 것이어서 그것이 곧 학교급식의 실시에 관한 사무에 해당한다고 보기 어려울 뿐만 아니라, 지방교육재정교부금법 제11조 제5항은 시·군·자치구가 관할구역 안에 있는 고등학교 이하 각급 학교의 교육에 소요되는 경비의 일부를 보조할 수 있다고 규정하고 있으므로, 학교급식시설의 지원에 관한 사무는 시·군·자치구의 자치사무에 해당한다(96추84). [08년 지방 7급 2]

(4) 보통지방자치단체와 특별지방자치단체의 구별

지방자치법 제2조(지방자치단체의 종류) ③ 제1항의 지방자치단체 외에 특정한 목적을 수행하기 위하여 필요하면 따로 특별지방자치단체를 설치할 수 있다. 이 경우 특별지방자치단체의 설치 등에 관하여는 제12장에서 정하는 바에 따른다.

지방자치법 제199조(설치) ① 2개 이상의 지방자치단체가 공동으로 특정한 목적을 위하여 광역적으로 사무를 처리할 필요가 있을 때에는 특별지방자치단체를 설치할 수 있다. 이 경우 특별지방자치단체를 구성하는 지방자치단체(이하 "구성 지방자치단체"라 한다)는 상호 협의에 따른 규약을 정하여 구성 지방자치단체의 지방의회 의결을 거쳐 행정안전부장관의 승인을 받아야 한다.

① 지방자치법 제2조 제1항에서 규정하고 있는 지방자치단체를 보통지방자치단체라 하고(제2조 제3항 반대해석), 2개 이상의 지방자치단체가 공동으로 특정한 목적을 위하여 광역적으로 사무를 처리할 필요가 있을 때 설치되는 지방자치단체를 특별지방자치단체라 한다(제199조 제1항). 예컨대, 제주특별자치도와 세종특별자치시는 여전히 보통지방자치단체에 속한다. [20년 행정사 3]

② 특별자치단체를 설치하기 위해서는 ㉠ 상호 협의에 따라 규약을 제정하고 ㉡ 각 지방의회의 의결을 받은 후 ㉢ 행정안전부장관의 승인을 받아야 한다(제199조 제1항). [23년 국회 8급 4]

OX 1
「지방자치법」상 시·도가 처리하는 것으로 되어 있는 사무를 제외한 사무는 기초지방자치단체(시·군 및 자치구)의 사무로 한다. 다만, 인구 50만 이상의 시에 대하여는 도가 처리하는 사무의 일부를 직접 처리하게 할 수 있다. [ ] [20년 국회 8급]

OX 2
학교급식시설의 지원에 관한 사무는 광역자치단체의 자치사무이다. [ ] [08년 지방 7급]

OX 3
제주특별자치도와 세종특별자치시는 지방자치법상 특별지방자치단체에 해당한다. [ ] [20년 행정사]

OX 4
2개 이상의 시·군 또는 자치구가 공동으로 특정한 목적을 위하여 광역적으로 사무를 처리할 필요가 있을 때에는 상호 협의에 따른 규약을 정하여 구성 지방자치단체의 지방의회 의결을 거쳐 시·도지사의 승인을 받아 특별지방자치단체를 설치할 수 있다. [ ] [23년 국회 8급]

정답
1. ○ 2. × 3. × 4. ×

Chapter

02 지방자치단체의 조직

PART 02

● 핵심 정리 10 지방자치단체의 조직

01 개설

① 지방자치단체 자체는 법인이라는 관념적 존재이기 때문에, 실제 활동은 그에 속하는 기관을 통해 이루어진다.

② 지방자치단체는 의결기관으로 지방의회를, 집행기관으로 지방자치단체의 장을 두고 있다. 지방자치법은 주민자치를 실현한다는 목표 아래, 지방의원과 지방자치단체의 장을 모두 선거를 통해 선발하는 기관분립주의를 원칙으로 택하고 있다.

③ 다만, 교육, 과학, 체육에 대해서는 별도의 집행기관으로 교육감을 두고 있는데, 역시 선거를 통해 선출하도록 하고 있다(임기는 4년이며, 계속 재임은 3기에 한한다). 교육감은 광역지방자치단체를 단위로 하여서만 선출하도록 하고 있다. 기초지방자치단체를 단위로 하는 교육감은 별도로 존재하지 않는다.

02 지방의회

1. 의의 및 지위

헌법 제118조 ① 지방자치단체에 의회를 둔다.

지방자치법 제37조(의회의 설치) 지방자치단체에 주민의 대의기관인 의회를 둔다.

지방자치법 제38조(지방의회의원의 선거) 지방의회의원은 주민이 보통・평등・직접・비밀선거에 따라 선출한다.

(1) 의의

① 지방의회란 지방자치단체에서 자신의 의사를 형성하는 기관으로, 단체의 의결기관이자 주민의 대표기관을 의미한다.

② 지방의회는 스스로 권리능력을 갖지 못한다. 권리능력은 지방자치단체가 갖는 것이고, 지방의회는 지방자치단체의 한 구성부분일 뿐이다.

③ 지방의회는 헌법에 근거를 두고 설치되는 기관이다(헌법 제118조 제1항). **[15년 행정사]**

(2) 지위

대표기관으로서의 지위	지방의회는 주민에 의해 선출된 의원들로 구성되므로 주민들의 대표기관이다.
의결기관으로서의 지위	지방의회는 당해 자치구역 내의 최상위 의결기관으로서, 원칙적으로 모든 자치사무에 관한 의사결정권한을 가진다.
집행기관에 대한 통제기관으로서의 지위	지방의회는 지방자치단체 내부에서 집행기관의 행정을 통제하는 기관으로서의 지위를 갖는다. 지방의회의 집행기관에 대한 통제는 예산의 심의·확정(제47조), 결산의 승인(제47조), 서류제출 요구(제48조), 행정사무감사 및 조사(제49조), 지방자치단체장이나 관계 공무원에 대한 출석·답변요구(제51조) 등에 의해 이루어진다.
행정기관으로서의 지위	지방자치단체 자체도 하나의 행정조직이므로, 그 기관인 지방의회는 행정기관으로서의 지위도 갖는다.

판례

지방의회의원이 그 의원의 자격이라기보다 지방자치단체의 전체 주민의 대표자라는 지위에서 주민의 권리신장과 공익을 위하여 행정정보공개조례안의 행정정보공개심의위원회에 집행기관의 공무원 및 전문가 등과 동수의 비율로 참여하는 것이 반드시 법령에 위배된다고 볼 수 없다(92추17). [23년 군무원 7급]

청주시의회 의원들이 행정정보공개심의위원회에 집행기관의 공무원 및 전문가 등과 동수의 비율로 참여하도록 하는 내용의 조례안이 제정되어 문제가 된 사건이다.

2. 지방의회의 구성

(1) 의장

의장의 직무상 지위	① 의장은 의사를 정리하며 회의장 내의 질서를 유지한다(제58조). 의장은 회의의 주재자로서 회의를 소집하고 회의를 운영한다(회의의 주재자). ② 의장은 지방의회의 대표자로서 지방의회의 외부에 대하여 지방의회를 대표한다(지방의회의 대표자).
의장의 신분상 지위	① 지방의회의 의장이나 부의장이 법령을 위반하거나 정당한 사유 없이 직무를 수행하지 아니하면 지방의회는 불신임을 의결할 수 있다(제62조 제1항). 제1항의 불신임의결은 재적의원 4분의 1 이상의 발의와 재적의원 과반수의 찬성으로 행한다(제62조 제2항). ② 지방의회 의장에 대한 불신임의결은 행정소송의 대상인 행정처분의 일종으로서 항고소송의 대상이 된다. 이 경우 피고는 지방의회가 된다(94누23). [20년 5급승진, 17년 서울 7급, 15년 국회 8급 1, 12년 국회 8급 2]
의장의 권한	의장은 지방의회대표권(제58조), 임시회소집공고권(제54조 제4항), 회의장 내 질서유지권(제58조), 의회사무감독권(제103조 제2항), 의결된 조례안의 지방자치단체장에게의 이송권(제32조 제1항), 확정된 조례의 예외적인 공포권(제32조 제6항), 폐회 중 의원의 사직허가권(제89조), 지방의회 소속 사무직원 임용권(제103조) 등을 갖는다. 의장이 사고가 있을 때에는 지방의회의 부의장이 그 직무를 대리한다(제59조).

OX 1

지방의회 의장에 대한 불신임의결은 의장으로서의 권한을 박탈하는 것으로서 행정처분에 해당한다. [ ] [15년 국회 8급]

OX 2

지방의회 의장의 불신임의결과 지방의회의원의 징계는 취소소송 등의 대상이 되며, 이때 소송의 피고는 지방의회가 된다. [ ] [12년 국회 8급]

정답

1. ○ 2. ○

(2) 지방의회의원

1) 지방의회의원의 지위

지방의회 구성원으로서의 지위	지방의회의원은 주민의 대표기관인 지방의회의 구성원으로서의 지위를 가진다. 지방의회의원 역시 넓은 의미의 공무원으로서, 헌법 제7조의 공무원에 해당한다.
주민대표자로서의 지위	지방의회의원은 자치구역주민의 대표자이다.

2) 지방의회의원의 권리

직무상 권리	① 지방의회의원은 발의권(제76조 제1항), 질문권(제51조 제1·2항), 질의권·토론권·표결권을 가진다. ② 지방의회의원은 지방의회 의장과 부의장의 선거권(제57조 제1항), 지방의회의 임시회의 소집요구권(제54조 제3항) 등의 권리를 갖는다.
재산상 권리	① 지방의회의원에게는 ㉠ 의정 자료를 수집하고 연구하거나 이를 위한 보조활동에 사용되는 비용을 보전하기 위하여 매월 지급하는 의정활동비, ㉡ 본회의 의결, 위원회의 의결 또는 의장의 명에 따라 공무로 여행할 때 지급하는 여비, ㉢ 지방의회의원의 직무활동에 대하여 지급하는 월정수당이 지급된다(제40조 제1항). ② 지방의회의원이 회기 중 직무로 인하여 신체에 상해를 입거나 사망한 경우와 그 상해나 직무로 인한 질병으로 사망한 경우에는 보상금을 지급할 수 있다(제42조 제1항).
특권의 문제	① 지방의회는 국회가 아니며, 정치적 기관이라기보다 행정적 기관이다. 따라서 지방의회의원에게는 면책특권이나 불체포특권이 인정되지 아니한다. 다만, 지방자치법 제45조는 체포나 구금된 지방의회의원이 있으면 관계 수사기관의 장은 지체 없이 해당 의장에게 영장의 사본을 첨부하여 그 사실을 알려야 한다는 규정은 두고 있다. **[15년 행정사]** ② 또한 지방의회의원에 대하여 형사사건으로 공소가 제기되어 그 판결이 확정되면 각급 법원장은 이를 의장에게 알려야 함도 규정하고 있다.

판례

지방자치법 제40조 제1항은 지방의회 의원에게 지급하는 비용으로 의정활동비(제1호)와 여비(제3호) 외에 월정수당(제2호)을 규정하고 있는바, 이 규정의 입법연혁과 함께 특히 월정수당(제2호)은 지방의회 의원의 직무활동에 대하여 매월 지급되는 것으로서, 지방의회의원이 전문성을 가지고 의정활동에 전념할 수 있도록 하는 기틀을 마련하고자 하는 데에 그 입법 취지가 있다는 점을 고려해 보면, 지방의회의원에게 지급되는 비용 중 적어도 월정수당(제2호)은 지방의회 의원의 직무활동에 대한 대가로 지급되는 보수의 일종으로 봄이 상당하다(2007두13487). **[12년 변호사]**

(3) 위원회

① 지방의회는 조례로 정하는 바에 따라 위원회를 둘 수 있다(제64조 제1항). 위원회의 위원은 본회의에서 선임한다(제64조 제3항). 위원회에는 위원장과 전문위원을 둔다(제68조 제1항).

② 위원회의 종류는 소관 의안과 청원 등을 심사·처리하는 상임위원회와 특정한 안건을 일시적으로 심사·처리하기 위한 특별위원회 두 가지로 한다(제64조 제2항). 의원의 윤리강령과 윤리실천규범 준수 여부 및 징계에 관한 사항을 심사하기 위하여 윤리특별위원회를 둔다(제65조). 지방자치법 개정으로 윤리특별위원회 설치가 의무화되었다.

3. 지방의회의 운영

(1) 정례회와 임시회

지방의회는 매년 2회 정례회를 개최하며(제53조 제1항), 지방의회의장은 지방자치단체의 장이나 조례로 정하는 수 이상의 의원이 요구하면 15일 이내에 임시회를 소집하여야 한다(제54조 제3항). [16년 국회 8급] 정례회와 임시회 모두 의장이 소집한다.

(2) 회의의 원칙

회의의 공개원칙	지방의회의 회의는 공개를 원칙으로 한다. 다만, 의원 3명 이상이 발의하고 출석의원 3분의 2 이상이 찬성한 경우 또는 의장이 사회의 안녕질서 유지를 위하여 필요하다고 인정하는 경우에는 공개하지 아니할 수 있다(제75조). [15년 행정사]
회기계속의 원칙	지방의회에 제출된 의안은 회기 중에 의결되지 못한 것 때문에 폐기되지 아니한다. 다만, 지방의회의원의 임기가 끝나는 경우에는 그러하지 아니하다(제79조).
일사부재의의 원칙	지방의회에서 부결된 의안은 같은 회기 중에 다시 발의하거나 제출할 수 없다(제80조).

4. 지방의회의 권한

(1) 개설

지방의회의 권한으로는 의결권, 행정사무 감사·조사권, 출석·답변요구권, 서류제출요구권, 선거권, 자율권, 청원의 심사·처리권 등이 있다. 이 중 의결권, 행정사무·감사조사권이 특히 중요하다.

(2) 의결권

① 지방의회의 의결권이란 중요한 사항에 대해 의사와 정책을 결정하는 권한을 말한다. 특히 지방의회는 재정과 관련하여서는 ㉠ 예산의 심의·확정, ㉡ 결산의 승인, ㉢ 기금의 설치·운용 등에 관해 의결권을 갖는다.

② 다만, 지방의회는 새로운 재정부담을 수반하는 조례나 안건을 의결하려면 미리 지방자치단체의 장의 의견을 들어야 한다(제148조). [13년 서울 7급]

③ 지방의회의 의결권은 지방의회 자체의 권한이라 볼 것이지, 의회를 구성하는 의원 개개인의 권한으로는 볼 수 없다는 것이 대법원의 입장이다.

(3) 행정사무감사권 및 조사권

의의	사무감사는 지방자치단체의 사무 전반에 대하여 실시하는 것을 말하고, 사무조사는 특정한 사안에 대하여 실시하는 것을 말한다. 이러한 사무감사권 및 조사권은 지방의회 자체의 권한이지, 의원 개인이나 의장 개인의 권한은 아니다(93추175). [12년 지방 7급 1]
사무감사권	① 지방의회는 매년 1회 그 지방자치단체의 사무에 대하여 시·도에서는 14일의 범위에서, 시·군 및 자치구에서는 9일의 범위에서 감사를 실시한다. [12년 국가 7급] 이를 연례감사라 한다. 연례감사의 대상이 되는 것은 자치사무에 한하는 것으로 본다. ② 지방자치단체 및 그 장이 위임받아 처리하는 국가사무와 시·도의 사무의 경우(즉, 단체위임사무와 기관위임사무의 경우)에는, 국회와 시·도의회가 직접 감사하기로 한 사무 외에 대해서만 그 감사를 각각 해당 시·도의회와 시·군 및 자치구의회가 할 수 있다. [20년 국회 8급, 15년 행정사 2] 이 경우 국회와 시·도의회는 그 감사결과에 대하여 그 지방의회에 필요한 자료를 요구할 수 있다(제49조 제3항).
사무조사권	① 지방자치단체의 사무 중 특정 사안에 관하여 본회의 의결로 본회의나 위원회에서 조사하게 할 수 있다(제49조 제1항). [12년 국가 7급] 사무조사는 자치사무와 단체위임사무에 대해서만 이루어질 수 있다고 본다. ② 조사를 발의할 때에는 이유를 밝힌 서면으로 하여야 하며, 재적의원 3분의 1 이상의 찬성이 있어야 한다(제49조 제2항).

OX 1
지방자치단체의 사무에 대한 행정사무감사 및 조사권은 지방의회의 권한이다. [ ] [12년 지방 7급]

OX 2
지방의회는 지방자치단체 및 그 장이 위임받아 처리하는 국가사무와 시·도의 사무에 대하여 국회와 시·도 의회가 직접 감사하기로 한 사무도 감사할 수 있다. [ ] [15년 행정사]

PART 02

(4) 자율권

① 지방의회는 운영, 조직, 내부질서유지, 의원의 신분에 관하여 자율권을 갖는다. 특히 의원의 신분에 관한 자율권이 중요한데, 지방의회는 의원의 자격을 심사하고, 자격상실을 의결할 수 있는 권한을 갖는다(제91조, 제92조). 의원의 징계에 관한 결정은 지방의회가 행하며, 특히 징계 중 제명에는 재적의원 3분의 2 이상의 찬성이 있어야 한다(제100조).

② 대법원은 지방의회의원에 대한 징계의결의 처분성을 인정하고 있다(93누7341). 다만, 의원에 대한 징계에 대해서도 일반징계처분에서의 재량권의 한계에 관한 법리가 적용된다고 본다(2014두40616).

03 집행기관

1. 지방자치단체의 장

(1) 지방자치단체장의 지위

① 지방자치단체의 장은 독임제행정청으로서 지방자치단체를 대표하고, 그 사무를 총괄한다(제114조). 지방자치단체의 장으로서 특별시에 특별시장, 광역시에 광역시장, 특별자치시에 특별자치시장, 도와 특별자치도에 도지사를 두고, 시에 시장, 군에 군수, 자치구에 구청장을 둔다(제106조).

② 다만, 지방자치단체의 장이 국가의 기관위임사무를 처리하는 경우에는 예외적으로 국가의 하급행정기관으로서의 지위를 갖는다.

정답
1. ○ 2. ×

(2) 지방자치단체의 장의 선출

① 선거일 현재 계속하여 60일 이상 해당 지방자치단체의 관할구역에 주민등록이 되어 있는 주민으로서 18세 이상의 국민은 그 지방의회의원 및 지방자치단체의 장의 피선거권이 있다(공직선거법 제16조 제3항).

② 외국인에게도 일정 요건하에서 지방자치단체의 의회의원 및 장에 대한 선거권이 인정된다. [11년 국가 7급]

(3) 지방자치단체의 장의 권한

지방자치단체장은 의회출석권 및 진술권, 지방의회 임시회 소집요구권, 지방자치단체 소속 행정기관들에 대한 통할·대표권, 사무관리·집행권, 하부기관에 대한 감독권, 사무의 위임·위탁권, 소속 직원에 대한 임면권, 규칙제정권, 선결적 처분권, 예산의 편성, 지방채발행권, 직무이행명령권, 재의요구권, 제소권, 주민투표실시권, 의안발의권 등의 권한을 갖는다.

의회출석권 및 진술권	지방자치단체의 장이나 관계 공무원은 지방의회나 그 위원회에 출석하여 행정사무의 처리상황을 보고하거나 의견을 진술하고 질문에 응답할 수 있다(제51조).
사무 관리·집행권	지방자치단체의 장은 그 지방자치단체의 사무와 법령에 따라 그 지방자치단체의 장에게 위임된 사무를 관리하고 집행한다(제116조).
하부기관에 대한 감독권	지방자치단체의 장은 하부행정기관에 대해 지도·감독권을 갖는다. 자치구가 아닌 구를 가진 시의 시장은 구청장을, 시장 또는 군수는 읍장·면장을, 시장(구가 없는 시의 시장)이나 구청장(자치구의 구청장을 포함한다)은 동장을 지휘·감독한다(제133조).
사무의 위임·위탁권한	후술한다.
소속직원에 대한 권한	① 지방자치단체의 장은 소속 직원을 지휘·감독하고 법령과 조례·규칙으로 정하는 바에 따라 그 임면·교육훈련·복무·징계 등에 관한 사항을 처리한다(제118조). 지방자치단체 공무원들에 대한 임면권을 지방자치단체장이 갖는다는 점은 조례제정의 한계와 관련하여 매우 중요해진다. ② 시·도지사는 부시장·부지사의 임명에 대한 제청권도 갖는다(제123조 제3항).
재정에 관한 권한	지방자치단체의 장은 재정과 관련하여 예산편성권(제142조), 지방채발행권(제139조) 등의 권한을 갖는다.
선결처분권	후술한다.
재의요구권	지방자치단체의 장은 지방의회의 의결이 월권이거나 법령에 위반되거나 공익을 현저히 해친다고 인정되면 그 의결사항을 이송받은 날부터 20일 이내에 이유를 붙여 재의를 요구할 수 있다(제120조 제1항). [14년 국가 7급]
주민투표실시권	지방자치단체의 장은 주민에게 과도한 부담을 주거나 중대한 영향을 미치는 지방자치단체의 주요 결정사항 등에 대하여 주민투표에 부칠 수 있다(제18조). 뒤에서 자세히 다룬다.

(4) 사무의 위임 또는 위탁

하급기관에의 위임 또는 위탁	지방자치단체의 장은 조례나 규칙으로 정하는 바에 따라 그 권한에 속하는 사무의 일부를 보조기관, 소속 행정기관 또는 하부행정기관에 위임할 수 있다(제117조 제1항). [24년 소방간부❶, 23년 군무원 5급❷, 13년 행정사]
관할 지방자치단체 또는 공공단체 등에의 위임 또는 위탁	지방자치단체의 장은 조례나 규칙으로 정하는 바에 따라 그 권한에 속하는 사무의 일부를 관할 지방자치단체나 공공단체 또는 그 기관(사업소 · 출장소를 포함)에 위임하거나 위탁할 수 있다(제117조 제2항).
민간위탁	지방자치단체의 장은 조례나 규칙으로 정하는 바에 따라 그 권한에 속하는 사무 중 주민의 권리 · 의무와 직접 관련되지 아니하는 사무를 법인 · 단체 또는 그 기관이나 개인에게 위탁할 수 있다(제117조 제3항). 지방자치단체장의 권한에 대한 민간위탁을 조례로 정하는 바에 따라 할 수 있다는 점은 조례제정의 한계와 관련해서 매우 중요해진다.
재위임 · 위탁	지방자치단체의 장이 위임받거나 위탁받은 사무의 일부를 제1항부터 제3항까지의 규정에 따라 다시 위임하거나 위탁하려면 미리 그 사무를 위임하거나 위탁한 기관의 장의 승인을 받아야 한다(제117조 제4항).

(5) 선결처분권

1) 의의

지방자치단체의 장은 지방의회가 성립되지 아니한 때와 지방의회의 의결사항 중 주민의 생명과 재산보호를 위하여 긴급하게 필요한 사항으로서 지방의회를 소집할 시간적 여유가 없거나 지방의회에서 의결이 지체되어 의결되지 아니할 때에는 선결처분을 할 수 있다(제122조 제1항). [15년 국가 7급, 14년 국가 7급❸] 선결처분에서 말하는 '처분'은 항고소송의 대상이 되는 처분만이 아니라 널리 지방자치단체장의 결정을 의미한다는 것이 일반적 견해이다.

2) 요건

지방의회가 성립되지 아니한 경우	'지방의회가 성립되지 아니한 때'라 함은 의원이 구속되는 등의 사유로 의결정족수에 미달하게 될 때를 말한다(제122조 제1항). 즉, 의원이 구속되는 사유로 의결정족수에 미달하게 된 때에는, 그것만으로도 선결처분권 행사가 가능하다. [15년 국가 7급]
지방의회가 성립된 경우	이 경우에는 ㉠ 지방의회의 의결사항일 것, ㉡ 주민의 생명과 재산의 보호를 위하여 필요할 것, ㉢ 시간적으로 긴급할 것, ㉣ 지방의회를 소집할 시간적 여유가 없거나 지방의회에서 의결이 지체되어 의결되지 아니할 때일 것의 네 가지 요건을 모두 충족하여야 한다(제122조 제1항). [15년 국가 7급❹]

3) 통제

① 선결처분은 지체 없이 지방의회에 보고하여 승인을 받아야 한다(제122조 제2항). [14년 국가 7급] 지방의회에서 승인을 받지 못하면 그 선결처분은 그때부터 효력을 상실한다(제122조 제3항). [14년 국가 7급] 지방자치단체의 장은 이러한 사항을 지체 없이 공고하여야 한다(제122조 제4항).

② 지방의회의 승인거부는 지방의회의 의결에 해당한다. 따라서 지방의회의 승인거부에 대해서는, 지방자치법상 지방자치단체장의 재의요구 및 감독기관의 재의요구지시, 제소지시, 직접 제소가 가능하다고 본다(각각의 제도들에 대해서는 뒤에서 다룬다).

OX 1
「지방자치법」에 의하면 지방자치단체의 장은 필요할 경우 그 권한에 속하는 사무의 전부를 보조기관, 소속 행정기관 또는 하부행정기관에 위임할 수 있다.
[ ] [24년 소방간부]

OX 2
지방자치단체의 장은 조례나 규칙으로 정하는 바에 따라 그 권한에 속하는 사무의 일부를 보조기관, 소속 행정기관 또는 하부행정기관에 위임할 수 있다.
[ ] [23년 군무원 5급]

OX 3
지방자치단체의 장은 지방의회가 성립되지 아니한 때와 지방의회의 의결사항 중 주민의 생명과 재산보호를 위하여 긴급하게 필요한 사항으로서 지방의회를 소집할 시간적 여유가 없거나 지방의회에서 의결이 지체되어 의결되지 아니할 때에는 선결처분을 할 수 있다. [ ] [14년 국가 7급]

OX 4
지방의회가 성립되어도 지방자치단체장이 선결처분권을 행사할 수 있는 경우가 있다. [ ] [15년 국가 7급]

정답
1. × 2. ○ 3. ○ 4. ○

PART 02

③ 선결처분이 수익적 행정행위이거나 제3자효 행정행위인 경우, 지방의회의 승인거부는 이들 행위의 효력을 상실시키는 행정소송법상 처분에 해당한다. 따라서 수익적 행정행위의 상대방이거나 제3자효 행정행위로 인하여 이익을 받은 자는 지방의회의 승인거부에 대하여 항고소송을 제기할 수 있다. [15년 국가 7급1]

OX 1
제3자효 행정행위의 성질을 가진 선결처분이 지방의회에서 승인이 거부된 경우, 그 처분의 제3자는 지방의회의 승인 거부에 대하여 항고소송을 제기할 수 없다.
[ ] [15년 국가 7급]

(6) 의무

① 지방자치단체의 장은 대통령, 국회의원, 헌법재판소재판관 등 일정한 직을 겸임할 수 없다(제109조 제1항).

② 지방자치단체의 장은 재임 중 그 지방자치단체와 영리를 목적으로 하는 거래를 하거나, 그 지방자치단체와 관계있는 영리사업에 종사할 수 없다(제109조 제2항).

③ 퇴직할 때에는 그 소관 사무의 일체를 후임자에게 인계하여야 한다(제119조).

2. 보조기관 등

(1) 보조기관

① 보조기관은 행정청인 집행기관의 장의 의사결정을 보조하는 기관이다.

② 특별시·광역시 및 특별자치시에 부시장을, 도와 특별자치도에 부지사를, 시에 부시장을, 군에 부군수를, 자치구에 부구청장을 둔다(제123조 제1항). 이들은 지방자치'법'에 의해 설치된 기관이지, 조례에 의하여 설치되는 기관이 아니다. [17년 국회 8급]

(2) 소속행정기관

① 소속행정기관으로는 직속기관(제126조), 사업소(제127조), 출장소(제128조), 합의제 행정기관(제129조), 자문기관(제130조) 등이 있다.

② 지방자치단체는 그 소관사무의 일부를 독립하여 수행할 필요가 있으면 법령이나 그 지방자치단체의 조례로 정하는 바에 따라 합의제 행정기관을 설치할 수 있다(제129조 제1항). [18년 행정사, 14년 국가 7급2] 합의제 행정기관을 설치할 수 있는 권한은 지방자치단체의 장의 고유권한이고, 이러한 고유권한에는 그 설치를 위한 조례안의 제안권이 포함된다. [21년 소방간부3]

OX 2
지방자치단체는 그 소관사무의 일부를 독립하여 수행할 필요가 있으면 법령으로 정하는 바에 따라 합의제 행정기관을 설치할 수 있지만, 이를 지방자치단체의 조례로 정할 수는 없다. [ ]
[14년 국가 7급]

OX 3
지방자치단체의 장은 합의제 행정기관을 설치할 고유의 권한을 가지며 이러한 고유권한에는 그 설치를 위한 조례안의 제안권이 포함된다. [ ] [21년 소방간부]

③ 지방자치단체는 그 소관사무의 범위에서 법령이나 그 지방자치단체의 조례로 정하는 바에 따라 심의회·위원회 등의 자문기관을 설치·운영할 수 있다(제130조 제1항). [19년 행정사]

(3) 하부행정기관

1) 의의

① 하부행정기관이란 지방자치단체의 장에 소속되어 그 장의 지휘·감독을 받으면서도 어느 정도 독립성을 갖고 소속 지방자치단체의 사무를 지역적으로 분담하여 처리하는 기관을 의미한다. 면장, 읍장, 동장 등이 이에 해당한다. [13년 서울 7급4]

OX 4
면장은 지방자치단체의 하부행정기관이다. [ ]
[13년 서울 7급]

② 하부행정기관은 스스로 사무를 처리한다는 점에서, 내부적으로 보조만 하는 보조기관과 구별되고, 처리하는 사무가 일반적이라는 점에서, 그 처리사무가 전문적인 직속기관과도 구별된다.

정답
1. × 2. × 3. ○ 4. ○

2) 법적 지위

하부행정기관의 장은 지방자치단체의 하급행정청의 지위를 가짐과 동시에, 국가사무를 위임받아 처리하는 경우에는 국가의 하급행정관청의 지위도 갖는다.

판례

군수가 군사무위임조례의 규정에 따라 무허가 건축물에 대한 철거대집행사무를 하부행정기관인 읍·면에 위임하였다면, 읍·면장에게는 관할구역 내의 무허가 건축물에 대하여 그 철거대집행을 위한 계고처분을 할 권한이 있다(96누15478). [20년 군무원 7급]

04 지방의회와 지방자치단체의 장의 관계

1. 상호 독립

① 지방의회를 구성하는 지방의회의원과 지방자치단체의 장은 별도의 선거를 통해 선출된다(기관분립주의). 또 지방의회는 의결기관이고 지방자치단체의 장은 집행기관이라는 점에서 서로 독립된 별도의 권한이 부여되어 있다.

② 다만, 22년 개정 「지방자치법」은, 지방의회와 집행기관에 관하여, 「지방자치법」 이외의 법률로 따로 정하는 바에 따라 지방자치단체의 장의 선임방법을 포함한 지방자치단체의 기관구성 형태를 달리하는 것을 허용하고 있다. 다만, 그렇게 달리할 때에는 「주민투표법」에 따른 주민투표를 거칠 것을 요구하고 있다(지방자치법 제4조). [23년 국회 8급 1]

OX 1

지방의회와 집행기관의 구성을 따로 법률로 정하는 경우에는 「지방자치법」의 규정과 달리할 수 있으며, 이 경우 「주민투표법」에 따른 주민투표를 거쳐야 한다. [ ] [23년 국회 8급]

2. 상호 견제

(1) 의의

지방자치법은 지방의회와 지방자치단체의 장이 상호 견제를 함으로써 권력의 남용을 방지하고 있다. 다만, 양자의 권한은 지방자치법이라는 법률에 의하여 상호 독립적으로 부여되는 것이기 때문에, 법률에 특별한 규정이 없는 한, 견제라는 명목으로 견제의 범위를 넘어 지방자치법이 부여한 상대방의 고유권한을 침해하는 조례를 제정할 수는 없다(2011추87, 96추15). [19년 변호사, 13년 국회 8급]

판례

㉠ 지방자치법은 지방자치단체의 의사를 내부적으로 결정하는 최고의결기관으로 지방의회를, 외부에 대하여 지방자치단체의 대표로서 지방자치단체의 의사를 표명하고 그 사무를 통할하는 집행기관으로 단체장을 독립한 기관으로 두고, 의회와 단체장에게 독자적인 권한을 부여하여 상호 견제와 균형을 이루도록 하고 있으므로 법률에 특별한 규정이 없는 한 조례로써 견제의 범위를 넘어서 상대방의 고유권한을 침해하는 규정을 제정할 수 없다.

㉡ 지방의회는 조례의 제정 및 개폐, 예산의 심의·확정, 결산의 승인, 기타 지방자치법 제39조 제1항에 규정된 사항에 대한 의결권을 가지는 외에 지방자치법 제41조 등의 규정에 의하여 지방자치단체사무에 관한 행정사무 감사권 및 조사권 등을 가지므로, 이처럼 법령에 의하여 주어진 권한의 범위 내에서 집행기관을 견제할 수 있는 것이지 법령에 규정이 없는 새로운 견제장치를 만드는 것은 집행기관의 고유권한을 침해하는 것이 되어 허용할 수 없다(2011추18).

정답

1. ○

(2) 한계원리

① 고유권한이 아니라 하더라도, 집행기관의 집행권을 본질적으로 침해하는 조례를 제정하는 것은 지방자치법에 위배되어 허용되지 않는다(2001추57). [16년 변호사]

② 일방의 고유권한을 타방이 행사하게 하는 내용의 조례도 지방자치법에 위배되어 허용되지 않는다.

③ 지방자치법상 존재하지 않는 새로운 견제장치를 만드는 조례는 지방자치법에 위배되어 허용되지 않는다(2011추18). [21년 소방간부 1, 18년 5급 승진]

④ 지방의회가 집행기관의 고유권한 행사에 소극적 · 사후적으로 개입하는 것은 허용되지만, 적극적 · 사전적으로 개입하는 것은 허용되지 않는다(2009추53). [17년 국가 9급]

⑤ 상위법령에서 어떤 기관의 구성원 임명 · 위촉권한을 지방자치단체장에게 전속적으로 부여한 경우, 조례로써 이를 제약할 수 없다(2003추44). 상위 법령에서 지방자치단체의 장에게 기관구성원 임명 · 위촉권한을 부여하면서도 임명 · 위촉권의 행사에 대한 지방의회의 동의를 받도록 하는 등의 견제나 제약을 규정하고 있거나 그러한 제약을 조례 등에서 할 수 있다고 규정하고 있지 아니하는 한, 당해 법령에 의한 임명 · 위촉권은 지방자치단체의 장에게 전속적으로 부여된 것이라고 보아야 한다. 그리고 이 경우 지방의회의 지방자치단체 사무에 대한 비판, 감시, 통제를 위한 행정사무감사 및 조사권 행사의 일환으로 위와 같은 제약을 규정하는 조례를 제정할 수도 없다(2014추644). 그러나 그 임명 · 위촉권한이 조례에 의해 비로소 부여된 경우에는 당연히 조례로 이를 제한할 수 있다. 물론 이 경우에도 소극적 · 사후적 개입만이 허용된다(2000추36). [10년 국회 8급 2]

⑥ 집행기관의 구성원의 전부 또는 일부를 지방의회가 임면하도록 하는 것은 지방의회가 집행기관의 인사권에 사전에 적극적으로 개입하는 것이어서 원칙적으로 허용되지 않지만, 지방자치단체의 집행기관의 구성원을 집행기관의 장이 임면하되 다만 그 임면에 지방의회의 동의를 얻도록 하는 것은 지방의회가 집행기관의 인사권에 소극적으로 개입하는 것으로서 지방자치법이 정하고 있는 지방의회의 집행기관에 대한 견제권의 범위 안에 드는 적법한 것이다(96추138).

⑦ 지방의회가 집행기관의 인사권을 독자적으로 행사하거나 집행기관과 동등한 지위에서 합의를 거쳐 집행기관으로 하여금 행사하도록 하는 것은 허용되지 않는다.

⑧ 지방자치법령은 지방자치단체의 장으로 하여금 지방자치단체의 대표자로서 당해 지방자치단체의 사무와 법령에 의하여 위임된 사무를 관리 · 집행하는 데 필요한 행정기구를 설치할 고유한 권한과 이를 위한 조례안의 제안권을 가지도록 하는 반면, 지방의회로 하여금 지방자치단체의 장의 행정기구의 설치권한을 견제하도록 하기 위하여 지방자치단체의 장이 조례안으로써 제안한 행정기구를 축소, 통폐합할 수 있는 권한을 갖도록 하고 있다(2009추53).

⑨ 지방자치단체 집행기관의 사무집행에 관한 감시 · 통제기능은 지방의회의 고유권한이므로 이러한 지방의회의 권한을 제한 · 박탈하거나 제3의 기관 또는 집행기관 소속의 어느 특정 행정기관에 일임하는 내용의 조례를 제정한다면 이는 지방의회의 권한을 본질적으로 침해하거나 그 권한을 스스로 저버리는 내용의 것으로서 지방자치법령에 위반되어 무효이다(96추138). [14년 변호사]

OX 1

지방의회는 해당 지방의 실정에 맞게 집행기관에 대하여 법령에 규정이 없는 새로운 견제장치를 조례로 만들 수 있다. [ ] [21년 소방간부]

OX 2

지방자치단체장이 조례에 의해 만들어진 위원회의 위원을 위촉 또는 해촉할 때 지방의회의 동의를 받도록 하는 것은 허용된다. [ ] [10년 국회 8급]

정답

1. × 2. ○

(3) 구체적 적용

1) 허용례

① 행정불만처리조정위원회 위원의 위촉이나 해촉에 지방의회의 동의를 받도록 하는 것은 인사권에 대한 사후적·소극적 개입으로서 허용된다(93추175). [15년 변호사] 지방자치단체장이 원하는 사람 중에서 임명할 수 있는 것은 여전하기 때문이다.

② 지방의회가 조례로써 옴부즈맨의 위촉(임명)·해촉 시에 지방의회의 동의를 얻도록 정하였다고 해서 집행기관의 인사권을 침해한 것이라 할 수 없다(96추138).

③ 공유(公有)재산의 관리는 그 취득이나 처분과 마찬가지로 지방자치단체장의 고유권한에 속하지 않는 것으로서 지방의회의 사전관여가 허용된다(2000추29). [22년 지방 7급❶, 17년 국가 7급❷] 「지방자치법」과 「지방재정법」에서 공유재산의 '취득과 처분'은 지방의회의 의결을 받으라고 하고 있었는데, '관리'에 대해서는 규정이 없어 문제가 되었다. 대법원은 별도의 규정이 없으므로 관리도 취득이나 처분과 다를 바 없다고 본 것이다.

④ 지방자치단체가 「지방자치법」상 합의제 행정기관의 일종인 민간위탁적격자 심사위원회 위원의 정수 및 위원의 구성비를 어떻게 정할 것인지는 조례제정권의 범위 내에 있다(2011추87). [19년 국회 8급]

⑤ 민간위탁적격자 심사위원회의 위원을 시의원 중에서 위촉하도록 정한 것은 법령상 근거 없는 새로운 견제장치에 해당하지 않으므로 허용된다(2011추87). [13년 국회 8급] 합의제 행정기관의 설치도 조례로 정하는 바에 따라 행할 수 있는 것으로 지방자치법상 규정(제129조 제1항)되어 있음을 논거로 들었다.

⑥ 조례안이 지방자치단체사무의 민간위탁에 관하여 지방의회의 사전동의를 받도록 하는 것은 허용된다(2010추11, 2009추121). [22년 경찰간부❸, 19년 국회 8급, 19년 행정사, 19년 5급 승진] 지방자치법 제117조 제3항에 의하면 지방자치단체 장의 민간위탁 권한은 조례나 규칙으로 정하는 바에 따라 정해지는 것이기 때문이다.

⑦ 조례로 지방자치단체의 공유재산심의회 위원의 수와 범위를 정한 것을 위법하다고 볼 수 없다(96추15). 지방재정법상 공유재산심의회의 구성과 운영에 관한 사항은 조례에 의해 정해지는 것이었기 때문이다.

⑧ 시장으로 하여금 가스공급시설 공사계획의 수립 또는 도시가스의 공급조건에 관한 공급규정의 승인이나 변경 시 시의회에 보고하고 의견을 청취하도록 규정한 지방자치단체의 조례안은 시장의 집행권을 본질적으로 침해하는 것이라거나 법령에 위배되는 것이라고는 볼 수 없다(2001추57). 시장이 시의회의 의결이나 의견에 따라야 하는 법적 구속력이 없으므로 시장의 권한을 본질적으로 침해하는 것이 아니라고 보았다.

⑨ 전라북도교육청 직속기관들이 교육청 직속기관임을 분명하게 하기 위해, 전라북도교육연수원 등의 명칭에 '교육청'을 추가하거나 지역 명칭을 일부 변경하는 것에 불과한, '전라북도교육청 행정기구 설치 조례 일부 개정조례안'은, 직속기관의 명칭을 결정하는 것이 교육감의 고유 권한에 해당한다고 볼 만한 근거가 없을 뿐만 아니라, 지방의회가 '이미 설치된 교육청의 직속기관'의 명칭을 변경하는 것은 사후적·소극적 개입에 해당한다(2020추5138). [22년 경찰간부❹]

OX 1
공유재산의 관리는 지방자치단체장의 고유권한에 속하는 것으로서 지방의회가 사전에 관여하여서는 아니 되는 사항이므로 그에 관하여 조례로써 별도로 정하는 것은 허용될 수 없다. [ ]
[22년 지방 7급]

OX 2
지방자치법 및 지방재정법에 따르면, 공유재산관리는 그 행위의 성질 등에 있어 그 취득이나 처분과는 달리 지방자치단체장의 고유권한에 속하는 것으로서 지방의회가 사전에 관여하여서는 아니되는 사항이다. [ ]
[17년 국가 7급]

OX 3
'순천시 지방공기업단지 조성 및 분양에 관한 조례 일부개정 조례안' 등이 지방자치단체 사무의 민간위탁에 관하여 지방의회의 사전 동의를 받도록 한 것은 지방자치단체장의 집행권한을 본질적으로 침해하는 것이다. [ ]
[22년 경찰간부]

OX 4
전라북도의회가 의결한 '전라북도교육청 행정기구 설치 조례 일부 개정조례안'은 직속기관들이 전라북도교육청 소속임을 분명하게 하기 위하여 해당 직속기관의 명칭에 '교육청'을 추가하거나 지역 명칭을 일부 변경하는 것에 불과하므로, 위 조례 개정안이 교육감의 지방교육행정기관조직편성권을 부당하게 침해한다고 볼 수는 없다. [ ]
[22년 경찰간부]

정답
1. × 2. × 3. × 4. ○

PART 02

OX 1

도지사 소속 행정불만처리조정위원회 위원의 위촉·해촉에 도의회의 동의를 받도록 한 조례안은 사후에 소극적으로 개입하는 것으로서 적법하나, 위원의 일부를 도의회 의장이 위촉하도록 한 조례안은 위법하다. [ ] [15년 변호사]

OX 2

지방자치법상 주민투표의 실시여부는 지방자치단체장의 재량에 맡겨져 있다 하더라도, 지방의회가 특정한 사항에 대하여 일정한 기간 내에 반드시 주민투표를 실시하도록 규정한 조례안은 지방자치단체장의 고유권한을 침해하는 것이 아니다. [ ] [17년 10월 국가 7급]

OX 3

지방의회의원이 지방자치단체의 장이 조례안으로써 제안한 행정기구를 종류 및 업무가 다른 행정기구로 전환하는 수정안을 발의한 경우, 지방의회는 그 수정안을 의결 및 재의결할 수 있다. [ ] [21년 지방 7급]

정답

1. ○ 2. × 3. ×

2) 불허례

① 행정불만처리조정위원회 위원의 일부를 지방의회의 의장이 위촉하도록 하는 조례안은 인사권에 대한 사전적·적극적 개입으로서 허용되지 않는다(93추175). [15년 변호사 1]

② 정부업무평가기본법에 의하여 지방자치단체의 장의 권한사항으로 규정된 자체평가업무에 지방의회가 견제의 범위 내에서 소극적·사후적으로 개입한 정도가 아니라 사전에 적극적으로 개입하는 내용을 지방자치단체의 조례로 정하는 것은 허용되지 않는다(2006추45). [17년 10월 국가 7급]

③ 지방자치단체의 장으로 하여금 지방자치단체가 설립한 지방공기업 등의 대표에 대한 임명권의 행사에 앞서 지방의회의 인사청문회를 거치도록 하는 조례안은 지방자치단체의 장의 임명권에 대한 견제나 제약에 해당하여 허용되지 않는다(2003추44). [18년 소방간부] 상위법령에서 행정 기관의 구성원 임명·위촉권한을 지방자치단체장에게 전속적으로 부여하고 있었기 때문이다.

④ 주민들이 행정기관의 행정처분에 대해 행정심판청구를 하는 것을 지원하면서, 그 지원여부를 결정하기 위한 전제로서 당해 행정처분의 정당성 여부를 지방의회에서 판단하도록 규정하고 있는 조례안은, 법률에 근거가 없는 새로운 견제장치를 만드는 것으로서 허용되지 않는다(96추60). [13년 국회 8급]

⑤ 지방자치단체의 주민을 상대로 한 모든 행정기관의 행정처분에 대한 행정심판청구를 지원하는 조례안은 허용되지 않는다(96추60). [17년 국가 7급]

⑥ 지방의회가 조례로 정한 특정한 사항에 관하여 일정한 기간 내에 반드시 주민투표를 실시하도록 하는 것은 지방자치단체의 장의 고유권한을 침해하는 것으로서 허용되지 않는다(2002추23). [20년 법무사, 19년 10월 서울 7급, 17년 10월 국가 7급 2] 「지방자치법」 제18조에 따라 주민투표의 대상이 되는 사항이라 하더라도 주민투표의 시행여부는 지방자치단체의 장의 임의적 재량에 맡겨져 있기 때문이다.

⑦ 지방자치단체장이 제안하지도 않은 합의제 행정기관의 설치에 관한 조례안을, 지방의회가 발의하여 이를 그대로 의결·재의결하는 것은 지방자치단체의 장의 고유권한에 속하는 사항의 행사에 관하여 지방의회가 사전에 적극적으로 개입하는 것으로서 허용되지 않는다(2013추111, 2009추53). [22년 경찰간부, 19년 국회 8급, 16년 변호사, 13년 국회 8급]

⑧ 제주특별자치도의회가 발의하여 의결 및 재의결한 「제주특별자치도 연구위원회 설치 및 운영에 관한 조례안」은 제주특별자치도지사의 고유권한에 속하는 사항과 인사권에 관하여 제주특별자치도의회가 사전에 적극적으로 개입한 것으로서 그 조례안에 대한 재의결은 효력이 없다(2009추53). [15년 국회 8급]

⑨ 지방자치단체의 장이 조례안으로써 제안한 행정기구를 지방의회의원이 그 종류 및 업무가 다른 행정기구로 전환하는 수정안을 발의하여 지방의회가 의결 및 재의결하는 것은 지방자치단체의 장의 고유권한에 속하는 사항의 행사에 관하여 사전에 적극적으로 개입하는 것으로서 허용되지 않는다(2005추48). [21년 지방 7급 3, 17년 국회 8급]

⑩ 제주특별자치도 연구위원회의 연구위원 11명 중 5명을 제주특별자치도의회가 추천하는 자로 위촉하도록 한 조례안은 지방의회가 집행기관의 인사권에 사전에 적극적으로 개입하는 것으로서 허용되지 않는다(2005추48). [15년 국회 8급]

⑪ 공유재산심의회 위원 중 9명을 시의원으로 구성하고 그 위원이 될 시의원을 의장이 추천하여 시장이 위촉하도록 한 것은 사실상 인사권을 공동 행사하자는 것으로서, 집행기관의 인사권에 사전에 적극적으로 개입하는 것이기에 특별한 사정이 없는 한 허용되지 않는다(96추15).

⑫ 지방의회가 선임한 검사위원이 결산에 대한 검사 결과, 필요한 경우 검사의견서에 지방자치단체장에 대한 추징, 환수, 변상 등의 시정조치에 관한 의견을 담을 수 있는 등의 개정조례안은 지방의회가 법령에 의해 주어진 권한의 범위를 넘어서 집행기관의 고유권한을 침해하는 것으로 허용되지 않는다(2007추103). [17년 10월 국가 7급]

⑬ 조례안에서 지방자치단체의 장이 재단법인 광주비엔날레의 업무 수행을 지원하기 위하여 소속 지방공무원을 위 재단법인에 파견함에 있어 그 파견기관과 인원을 정하여 지방의회의 동의를 얻도록 하고 이미 위 재단법인에 파견된 소속 지방공무원에 대하여는 조례안이 조례로서 시행된 후 최초로 개회되는 지방의회에서 동의를 얻도록 규정하고 있는 경우 그 조례안 규정은 법령에 위반된다(2000추67). [22년 경찰간부, 19년 국회 8급] 위 이 조례안 규정은 지방자치단체의 장의 고유권한에 속하는 소속 지방공무원에 대한 임용권 행사에 대하여 지방의회가 동의 절차를 통하여 단순한 견제의 범위를 넘어 적극적으로 관여하는 것이기 때문이다.

⑭ 개정조례안 중 동정(洞政)자치위원회를 구성하는 위원의 위촉과 해촉에 관한 권한을 동장에게 부여하면서 그 위촉과 해촉에 있어서 당해 지역 구의원과 협의하도록 한 규정은 위법하다(92추31). [19년 국회 8급 **1**] 지자체장에 대한 견제권한은 지방의회의 권한이지 의원의 권한이 아니기 때문이다.

⑮ 지방의회가 재의결한 조례안에서 구청장이 주민자치위원회 위원을 위촉함에 있어 동장과 당해 지역 구의원 개인과의 사전 협의 절차가 필요한 것으로 규정한 것은 지방자치법상 허용되지 아니한다(2000추36).

⑯ 시장으로 하여금 가스사업자에 대하여 가스공급계획에 의한 가스공급시설의 미설치 승인시 일정 규모 이상의 가스공급시설을 추가 설치할 수 있도록 가스공급계획을 변경하도록 하고, 가스공급시설 설치지역의 우선순위도 민원을 제기한 지역의 주민의 수만으로 결정하도록 규정한 지방자치단체의 조례안은 시장의 집행권을 본질적으로 침해하는 것으로서 법령에 위배된다(2001추57). 구체적인 집행의 내용까지 조례로 다 정함으로써 지방자치단체의 장을 기계적으로 그것을 집행하는 자로 전락시킨 것이기 때문이다.

⑰ 전라북도지사가 임명하는 출연기관장 등에 대한 도의회의 인사검증을 내용으로 하는 '전라북도 출연기관 등의 장에 대한 인사검증 조례안'은 상위 법령의 근거 없이 조례로써 도지사의 임명·위촉권을 제약하는 것이므로 허용되지 않는다(2014추644).

⑱ 부산광역시장이 임명 또는 추천하는 공공기관장에 대한 사후 인사검증을 내용으로 하는 '부산광역시 공공기관의 인사검증 운영에 관한 조례안'은, 상위 법령의 근거 없이 부산광역시장의 임명·위촉권을 본질적으로 제약하거나 법률의 위임 없이 주민의 의무 부과에 관한 사항을 조례로 정한 것으로 지방자치법 제28조 제1항 단서 등에 위반되므로 위법하다(2022추5118).

OX 1

개정조례안 중 동정자치위원회를 구성하는 위원의 위촉과 해촉에 관한 권한을 동장에게 부여하면서 그 위촉과 해촉에 있어서 당해 지역 구의원과 협의하도록 한 규정은 적법하다.
[ ] [19년 국회 8급]

정답

1. ×

05 교육감

① 시·도의 교육·학예에 관한 사무의 집행기관으로 시·도에 교육감을 둔다(교육자치법 제18조 제1항).

② 교육감은 교육·학예에 관한 소관 사무로 인한 소송이나 재산의 등기 등에 대하여 해당 시·도를 대표한다(제18조 제2항).

③ 교육감의 임기는 4년으로 하며, 교육감의 계속 재임은 3기에 한정한다(제21조).

④ 교육감은 시·도를 단위로 하여 선출한다(제45조).

판례

지방자치단체로서의 도는 1개의 법인이 존재할 뿐이고, 다만 사무의 영역에 따라 도지사와 교육감이 별개의 집행 및 대표기관으로 병존할 뿐이므로 도 교육감이 도를 대표하여 도지사가 대표하는 도를 상대로 제기한 소유권 확인의 소는 자기가 자기를 상대로 제기한 것으로 권리보호의 이익이 없어 부적법하다(99다69341). [21년 지방 7급]

Chapter

03 지방자치단체의 구성요소

제1절 구역

핵심 정리 11 지방자치단체의 구역

01 구역의 의의

지방자치법 제5조(지방자치단체의 명칭과 구역) ① 지방자치단체의 명칭과 구역은 종전과 같이 하고 …

제정 지방자치법(1949년 7월 4일) 제4조 지방자치단체의 명칭과 구역은 … 모두 종전에 의하고 …

① 지방자치단체의 구역이란 지방자치단체의 권한이 미치는 지역적인 범위를 말하며, 육지뿐만 아니라 상공이나 지하나 하천 등의 수면 및 해면에도 미친다. 지방자치단체는 구역을 갖고 있다는 점에서 다른 공공단체와 구별된다.

② 현행법상 지방자치단체의 구역은 "종전과 같이" 하는데(제5조 제1항), 이는 대한민국 정부수립일인 1948년 8월 15일 당시에 관습법상 존재하던 관할구역을 의미하는 것으로 해석된다(2013도14334, 2009헌라5).

02 구역의 변경

1. 의의

① 지방자치단체의 구역은 ㉠ 좁은 의미의 구역변경과, ㉡ 경계변경, ㉢ 폐치·분합에 의해 변경된다.

② 좁은 의미의 구역변경이란 지방자치단체의 구역 자체를 새롭게 정하는 것으로서 기존 지방자치단체의 정체성을 훼손하는 경우를 말한다.

③ 경계변경이란 기존 지방자치단체의 정체성하에서 단지 경계만을 변경하는 것을 말한다. 기존 지방자치단체의 존폐가 발생하지 않는다는 점에서, 좁은 의미의 구역변경이나 폐치·분합과 차이가 있다. '구역변경'이 넓은 의미로 사용될 때는 좁은 의미의 구역변경과 경계변경을 통틀어 일컫는 의미로 쓰인다.

④ 폐치(廢置)란 지방자치단체를 폐지하거나 설치하는 것을 말하며, 분합(分合)이란 지방자치단체를 나누거나 합치는 것을 말한다.

2. 절차

지방자치법 제5조(지방자치단체의 명칭과 구역) ① 지방자치단체의 명칭과 구역은 종전과 같이 하고, 명칭과 구역을 바꾸거나 지방자치단체를 폐지하거나 설치하거나 나누거나 합칠 때에는 법률로 정한다.
② 제1항에도 불구하고 지방자치단체의 구역변경 중 관할 구역 경계변경(이하 "경계변경"이라 한다)과 지방자치단체의 한자 명칭의 변경은 대통령령으로 정한다. 이 경우 경계변경의 절차는 제6조에서 정한 절차에 따른다. ➡ 경한대
③ 다음 각 호의 어느 하나에 해당할 때에는 관계 지방자치단체의 의회(이하 "지방의회"라 한다)의 의견을 들어야 한다. 다만, 「주민투표법」 제8조에 따라 주민투표를 한 경우에는 그러하지 아니하다.
1. 지방자치단체를 폐지하거나 설치하거나 나누거나 합칠 때
2. 지방자치단체의 구역을 변경할 때(경계변경을 할 때는 제외한다)
3. 지방자치단체의 명칭을 변경할 때(한자 명칭을 변경할 때를 포함한다)

① 지방자치단체를 폐지하거나 설치하거나 나누거나 합칠 때 또는 그 구역이나 명칭을 바꿀 때에는 법률로 정한다(제5조 제1항). [13년 국회 8급 1] 다만, 지방자치단체의 관할 구역 경계변경과 한자 명칭의 변경은 대통령령으로 정한다(제5조 제2항). [19년 소방간부 2, 11년 국회 8급]

② 지방자치단체를 폐지하거나 설치하거나 나누거나 합칠 때 또는 그 명칭이나 구역을 변경할 때에는 관계 지방자치단체의 의회의 의견을 들어야 한다. 다만, 주민투표법상의 주민투표를 한 경우라면 관계된 지방자치단체의 의회의 의견을 듣지 않을 수 있다(제5조 제3항). [19년 소방간부 3]

③ 한편, 자치구가 아닌 구와 읍·면·동을 폐지하거나 설치하거나 나누거나 합칠 때에는 행정안전부장관의 승인을 받아 그 지방자치단체의 조례로 정한다. [13년 국회 8급] 다만, 구역과 명칭의 변경은 그 지방자치단체의 조례로 정하고 그 결과를 특별시장·광역시장·도지사에게 보고하여야 한다(제7조 제1항).

3. 구역변경에 대한 권리구제

① 구역변경이 대통령령으로 이루어지고, 그 대통령령이 처분적 법규명령에 해당할 때에는 당해 지역주민은 취소소송을 제기할 수 있다.

② 구역변경이 법률로 이루어지고, 그 법률에 의하여 주민의 기본권이 직접 침해될 때에는 당해 지역주민은 헌법소원을 제기할 수 있다(94헌마201).

4. 경계변경에 대한 조정과 대통령령의 입안

① 지방자치단체의 장은 관할 구역과 생활권과의 불일치 등으로 인하여 주민생활에 불편이 큰 경우 등 대통령령으로 정하는 사유가 있는 경우에는 행정안전부장관에게 경계변경이 필요한 지역 등을 명시하여 경계변경에 대한 조정을 신청할 수 있다. 이 경우 지방자치단체의 장은 지방의회 재적의원 과반수의 출석과 출석의원 3분의 2 이상의 동의를 받아야 한다(제6조 제1항). [23년 행정사]

② 행정안전부장관은 조정절차를 거쳐 지체 없이 그 내용을 검토한 후 이를 반영하여 경계변경에 관한 대통령령안을 입안하여야 한다(제6조 제9항).

OX 1
지방자치단체의 명칭과 구역은 종전과 같이 하고, 명칭과 구역을 바꾸거나 지방자치단체를 폐지하거나 설치하거나 나누거나 합칠 때에는 대통령령으로 정한다.
[ ] [13년 국회 8급]

OX 2
지방자치단체의 구역을 바꿀 때에는 법률로 정하되, 관할 구역의 경계변경은 대통령령으로 정한다. [ ] [19년 소방간부]

OX 3
지방자치법 조항에 따라 지방자치단체를 폐지하거나 설치할 때에 주민투표법상의 주민투표를 한 경우라면 관계된 지방자치단체의 의회의 의견을 듣지 않을 수 있다. [ ] [19년 소방간부]

정답
1. × 2. ○ 3. ○

5. 사무와 재산의 승계

① 지방자치단체의 구역을 변경하거나 지방자치단체를 폐지하거나 설치하거나 나누거나 합칠 때에는 새로 그 지역을 관할하게 된 지방자치단체가 그 사무와 재산을 승계한다(제8조).

② 여기에서 "재산"이라 함은 현금 이외의 모든 재산적 가치가 있는 물건 및 권리만을 말하는 것으로서 채무는 포함되지 않는다(92다45292). [23년 군무원 7급, 20년 소방간부❶, 11년 국회 8급] 이는 새로 신설되는 지방자치단체에 채무를 부담시키지 않으려는 취지에서 비롯된 것이다.

③ 다만, 종전의 두 지방자치단체가 완전히 폐지되고 그 지방자치단체들이 관할하는 전(全) 구역을 그 관할구역으로 하여 새로운 지방자치단체가 설치되는 흡수합병 내지 합체의 경우에는, 그 채무를 부담할 주체인 기존의 지방자치단체는 소멸되었으므로 그 기존의 지방자치단체가 부담하고 있던 채무는 새로운 지방자치단체가 이를 승계한다(95다36053).

6. 조례와 규칙의 존속

지방자치단체를 나누거나 합하여 새로운 지방자치단체가 설치되거나 지방자치단체의 격이 변경되면, 그 지방자치단체의 장은 필요한 사항에 관하여 새로운 조례나 규칙이 제정·시행될 때까지 종래 그 지역에 시행되던 조례나 규칙을 계속 시행할 수 있다(제31조). [19년 소방간부]

03 지방자치단체의 경계에 관한 분쟁(협의 ➡ 분쟁조정 ➡ 권한쟁의)

지방자치법 제165조(지방자치단체 상호 간의 분쟁조정) ① 지방자치단체 상호 간이나 지방자치단체의 장 상호 간 사무를 처리할 때 의견이 달라 다툼(이하 "분쟁"이라 한다)이 생기면, 다른 법률에 특별한 규정이 없으면 행정안전부장관이나 시·도지사가 당사자의 신청에 따라 조정(調整)할 수 있다. 다만, 그 분쟁이 공익을 현저히 저해하여 조속한 조정이 필요하다고 인정되면 당사자의 신청이 없어도 직권으로 조정할 수 있다.

③ 행정안전부장관이나 시·도지사가 제1항의 분쟁을 조정하고자 할 때에는 관계 중앙행정기관의 장과의 협의를 거쳐 제166조에 따른 지방자치단체 중앙분쟁조정위원회나 지방자치단체 지방분쟁조정위원회의 의결에 따라 조정하여야 한다.

헌법 제111조 ① 헌법재판소는 다음 사항을 관장한다.

4. 국가기관 상호 간, 국가기관과 지방자치단체 간 및 지방자치단체 상호 간의 권한쟁의에 관한 심판

① 지방자치단체의 경계 분쟁에 관해서는 별도의 명문 규정이 존재하지 않는다. 따라서 경계에 관한 분쟁이 있는 때에는 원칙적으로 관계 지방자치단체 등 간에 협의에 의하여 해결하여야 할 것으로 본다.

② 다만, 협의에 의한 해결이 불가능한 때에는 지방자치단체 상호 간의 분쟁 일반에 관한 규정인 지방자치법 제165조에 따라, ㉠ 분쟁당사자가 광역지방자치단체인 때에는 행정안전부장관이 지방자치단체 중앙분쟁조정위원회의 의결에 따라, ㉡ 분쟁당사자가 기초지방자치단체인 때에는 시·도지사가 지방자치단체 지방분쟁조정위원회의 의결에 따라 이를 조정할 수 있다. 조정은 당사자의 신청에 따라 개시된다. [11년 국회 8급❷] 다만, 예외적으로 그 분쟁이 공익을 현저히 저해하여 조속한 조정이 필요하다고 인정하는 경우에만 직권으로 조정이 이

OX 1

지방자치단체의 구역변경이나 폐치·분합이 있는 때에 새로 그 지역을 관할하게 된 지방자치단체가 그 사무와 재산을 승계하도록 규정되어 있으며, 「지방자치법」에 의해 규정된 '재산'은 현금 외의 모든 재산적 가치가 있는 물건 및 권리와 채무를 포함하고 있다. [ ]
[20년 소방간부]

OX 2

기초자치단체의 경계에 관해 분쟁이 있는 경우, 당해 지방자치단체 간의 협의가 성립하지 않을 때에는 시·도지사가 직권으로 조정한다. [ ]
[11년 국회 8급]

정답
1. × 2. ×

루어질 수 있다(분쟁조정제도 자체에 대해서는 뒤에서 다시 다룬다).

③ 그러나 조정은 당사자가 조정안을 받아들인 경우에만 효력이 있기 때문에, 당사자가 그 결과에 대해 불복하는 경우 조정에 의해서도 분쟁이 종결되지 않을 수 있다. 이 경우에는 헌법재판소의 권한쟁의심판을 통하여 해결하여야 한다.

04 해상경계의 확정(불문법 ➡ 형평의 원칙)

① 종래 헌법재판소는 국가기본도상의 해상경계선에 관습법적(불문법적) 효력을 인정하여 이를 기준으로 지방자치단체 간의 해상에 관한 관할 구역을 결정하였었다. 그러나 헌법재판소는 국가기본도상 해상경계선의 효력을 부인하고, ㉠ 해상경계에 관한 불문법이 있으면 그에 따르되, ㉡ 그에 관한 불문법이 없으면 지리상의 자연적 조건, 관련법령의 현황, 연혁적인 상황, 행정권한 행사 내용, 사무 처리의 실상, 사회・경제적 편익, 등거리 중간선의 원칙 등을 종합하여 형평의 원칙에 따라 합리적이고 공평하게 해상경계선을 획정하여야 한다고 판례를 변경하였다(2010헌라2). [19년 소방간부 1]

OX 1
헌법재판소는 현재 국가기본도상의 해상경계선을 공유수면에 대한 불문법상의 해상경계선으로 인정하고 있다. [ ]
[19년 소방간부]

② 다만, 최근에는 국가기본도에 표시된 해상경계선은 그 자체로 불문법상 해상경계선으로 인정되는 것은 아니라 하더라도, 관할 행정청이 국가기본도에 표시된 해상경계선을 기준으로 하여 과거부터 현재에 이르기까지 반복적으로 처분을 내리고, 지방자치단체가 허가, 면허 및 단속 등의 업무를 지속적으로 수행하여 왔다면 국가기본도상의 해상경계선은 여전히 지방자치단체 관할 경계에 관하여 불문법으로서 그 기준이 될 수는 있다고 하였다(2015헌라7).

05 공유수면매립지의 구역결정에 관한 분쟁(행정안전부장관이 결정)

1. 규정의 신설

지방자치법 제5조(지방자치단체의 명칭과 구역) ④ 제1항 및 제2항에도 불구하고 다음 각 호의 지역이 속할 지방자치단체는 제5항부터 제8항까지의 규정에 따라 행정안전부장관이 결정한다.

1. 「공유수면 관리 및 매립에 관한 법률」에 따른 매립지
2. 「공간정보의 구축 및 관리 등에 관한 법률」 제2조 제19호의 지적공부(이하 "지적공부"라 한다)에 등록이 누락되어 있는 토지

⑤ 제4항 제1호의 경우에는 「공유수면 관리 및 매립에 관한 법률」 제28조에 따른 면허관청 또는 관련 지방자치단체의 장이 같은 법 제45조에 따른 준공검사 전에, 제4항 제2호의 경우에는 「공간정보의 구축 및 관리 등에 관한 법률」 제2조 제18호에 따른 소관청(이하 "지적소관청"이라 한다)이 지적공부에 등록하기 전에, 각각 행정안전부장관에게 해당 지역이 속할 지방자치단체의 결정을 신청하여야 한다. 이 경우 제4항 제1호에 따른 매립지의 매립면허를 받은 자는 면허관청에 해당 매립지가 속할 지방자치단체의 결정 신청을 요구할 수 있다.

⑥ 행정안전부장관은 제5항에 따른 신청을 받은 후 지체 없이 그 사실을 20일 이상 관보나 인터넷 등의 방법으로 널리 알려야 한다. 이 경우 알리는 방법, 의견의 제출 등에 관하여는 「행정절차법」 제42조・제44조 및 제45조를 준용한다.

⑦ 행정안전부장관은 제6항에 따른 기간이 끝나면 다음 각 호에서 정하는 바에 따라 결정하고, 그 결과를 면허관청이나 지적소관청, 관계 지방자치단체의 장 등에게 통보하고 공고하여야 한다.

정답
1. ×

1. 제6항에 따른 기간 내에 신청내용에 대하여 이의가 제기된 경우 : 제166조에 따른 지방자치단체 중앙분쟁조정위원회(이하 이 조 및 제6조에서 "위원회"라 한다)의 심의·의결에 따라 제4항 각 호의 지역이 속할 지방자치단체를 결정
2. 제6항에 따른 기간 내에 신청내용에 대하여 이의가 제기되지 아니한 경우 : 위원회의 심의·의결을 거치지 아니하고 신청내용에 따라 제4항 각 호의 지역이 속할 지방자치단체를 결정

⑧ 위원회의 위원장은 제7항 제1호에 따른 심의과정에서 필요하다고 인정되면 관계 중앙행정기관 및 지방자치단체의 공무원 또는 관련 전문가를 출석시켜 의견을 듣거나 관계 기관이나 단체에 자료 및 의견 제출 등을 요구할 수 있다. 이 경우 관계 지방자치단체의 장에게는 의견을 진술할 기회를 주어야 한다.
⑨ 관계 지방자치단체의 장은 제4항부터 제7항까지의 규정에 따른 행정안전부장관의 결정에 이의가 있으면 그 결과를 통보받은 날부터 15일 이내에 대법원에 소송을 제기할 수 있다.
⑩ 행정안전부장관은 제9항에 따라 대법원의 인용결정이 있으면 그 취지에 따라 다시 결정하여야 한다.

공유수면매립으로 인하여 형성된 육지 즉, 공유수면매립지의 구역결정과 관련된 분쟁도 지방자치단체의 구역에 관한 분쟁의 일종이다. 다만, 특히 공유수면매립지의 구역결정과 관련하여서는 분쟁이 빈발함에 따라, 이를 해결하기 위하여 2009년 4월 1일 별도의 규정을 신설하였다. 이 규정의 신설 전에는 매립지의 귀속에 대한 분쟁은 주로 권한쟁의심판을 통하여 해결되었었다.

판례

지방자치법 제4조(현 제5조) 제4항은 매립지 관할 귀속에 관하여 이해관계가 있는 매립면허관청이나 관련 지방자치단체의 장이 준공검사 전까지 행정안전부장관에게 관할 귀속 결정을 신청하도록 함으로써 행정안전부장관으로 하여금 가급적 신속하고 적절한 시점에 매립지 관할 귀속 결정을 하도록 촉구하고, 이를 통해 행정안전부장관의 매립지 관할 귀속 결정 전에 토지소유자 또는 매립면허취득자가 임의로 특정 지방자치단체의 장에게 토지 신규등록을 신청하여 당연무효인 지적공부 등록이 이루어지는 상황을 예방하려는 데에 입법 취지가 있다(2015추528).

2. 행정안전부장관에 대한 결정 신청

① 매립지에 대한 준공검사 전에 면허관청 또는 관련 지방자치단체의 장은 해당 매립지가 속할 지방자치단체의 결정을 행정안전부장관에게 신청하여야 한다(제5조 제5항). [15년 국가 7급 1] 이 '관련 지방자치단체의 장'에는 기초 및 광역 지방자치단체의 장을 모두 포함한다(2015추528). 매립지의 매립면허를 받은 자는 면허관청에 해당 매립지가 속할 지방자치단체의 결정 신청을 요구할 수 있다.

② 이러한 신청을 받은 행정안전부장관은 지체 없이 그 사실을 20일 이상 관보나 인터넷 등을 통해서 널리 알려야 한다(제5조 제6항).

③ 매립면허관청이나 관련 지방자치단체의 장이 준공검사 전까지 관할 귀속 결정을 신청하지 않았다고 하더라도 그것이 후에 있은 행정안전부장관의 관할 귀속결정을 취소하여야 할 위법사유는 아니라고 본다(2015추528). 신청이 이루어지지 않았다고 해서 그것이 행정안전부장관의 관할 귀속 결정 권한에 어떤 영향을 미친다고 볼 수는 없기 때문이다.

OX 1

공유수면매립 면허관청이나 관련 지방자치단체의 장은 매립공사가 완료되어 준공검사를 받은 토지에 대해서 행정안전부장관에게 해당 지역이 속할 지방자치단체의 결정을 신청하여야 한다. [ ] [15년 국가 7급]

정답

1. ×

판례

해상 공유수면 매립지의 경우 지방자치법 제4조(현 제5조) 제1항 본문에 의하여 법률의 형식으로 관할 지방자치단체를 정하지 않는 이상 지방자치법 제4조 제3항에 의하여 행정안전부장관의 관할 귀속 결정이 반드시 있어야 하므로, 지방자치법 제4조 제4항이 정한 대로 신청이 이루어지지 않았다고 하더라도 해당 매립지에 관하여 관할 귀속 결정을 하여야 할 행정안전부장관의 권한·의무에 어떤 영향을 미친다고 볼 수 없다. 매립면허관청이나 관련 지방자치단체의 장이 준공검사 전까지 관할 귀속 결정을 신청하지 않았다고 하더라도 그것이 행정안전부장관의 관할 귀속 결정을 취소하여야 할 위법사유는 아니라고 보아야 한다(2015추528).

3. 행정안전부장관의 결정

매립지가 속할 지방자치단체는 행정안전부장관이 결정하고, 그 결과를 면허관청이나 관계 지방자치단체의 장 등에게 통보하고 공고하여야 한다(제5조 제7항). [19년 소방간부, 17년 국회 8급, 16년 국가 7급] 다만, 행정안전부장관의 공고에 대해 이의제기가 있었는지 여부에 따라 중간 절차가 다음과 같이 달라진다.

판례

지방자치법 제4조(현 제5조) 제4항, 공유수면 관리 및 매립에 관한 법률 제45조에 따르면 안전행정부장관은 매립공사가 완료된 토지에 대해서만 준공검사 전에 그 귀속 지방자치단체를 결정할 수 있고, 매립이 예정되어 있기는 하지만 매립공사가 완료되지 않은 토지에 대해서는 귀속 지방자치단체를 결정할 수 없다고 보아야 한다(2010추73).

(1) 이의제기가 있었던 경우(제5조 제7항 제1호)

① 지방자치단체 중앙분쟁조정위원회의 심의·의결에 따라 행정안전부장관이 매립지가 속할 지방자치단체를 결정한다.

② 지방자치단체 중앙분쟁조정위원회의 위원장은 심의과정에서 필요하다고 인정되면 관계 중앙행정기관 및 지방자치단체의 공무원 또는 관련 전문가를 출석시켜 의견을 듣고자 기타 관계기관이나 단체에 자료 및 의견제출 등을 요구할 수 있다. 이 경우 관계 지방자치단체의 장에게는 의견진술의 기회를 의무적으로 주어야 한다(제5조 제8항). 이때 관계 지방의회의 의견청취절차를 거칠 필요는 없다(2010추73). [21년 변호사❶, 16년 국가 7급❷] (지방자치단체의 폐치·분합이나 명칭 또는 구역변경 시에 지방의회의 의견을 청취하여야 하는 것과 혼동하면 안 된다.)

③ 다만, 지방자치단체 중앙분쟁조정위원회의 심의·의결과정에서, 공고 및 의견제출 절차를 통해 이해관계인의 의견제출 기회가 부여되어 지방자치단체장이 여러 차례 서면으로 의견을 제출하였다면, 단지 최종 심의·의결 단계에서 그 지방자치단체 소속 공무원에게 구두로 의견을 진술할 기회를 부여하지 않았다는 사정만으로 위원회의 심의·의결에 절차적 정당성이 상실되었다고 볼 수는 없다(2015추528). [21년 경찰 2차]

OX 1

매립지가 귀속될 지방자치단체를 결정할 때 행정안전부장관은 관계 지방의회의 의견청취절차를 거쳐야 한다. [ ] [21년 변호사]

OX 2

매립지가 속할 지방자치단체를 결정할 때는 관계 지방의회의 의견청취절차를 거쳐야 한다. [ ] [16년 국가 7급]

정답

1. × 2. ×

(2) 이의제기가 없었던 경우(제5조 제7항 제2호)

행정안전부장관의 공고에 대해 이의제기가 없었던 경우, 중앙분쟁조정위원회의 심의·의결을 거치지 아니하고 행정안전부장관이 신청내용에 따라 매립지가 속할 지방자치단체를 결정한다.

(3) 결정의 기준

① 종래 대법원은 국가기본도(지형도)상 해상경계선에 관습법적 효력을 인정하여, 이를 기준으로 당해 매립지가 어느 지방자치단체의 구역에 속하는지를 판단하였었다.

② 그러나 2009년 4월 1일에 매립지의 귀속결정과 관련된 위의 규정들이 신설됨에 따라, 대법원은 태도를 변경하여 지형도상 해상경계선의 관습법적 효력을 부인하고, 행정안전부장관이 그 매립지 귀속에 대한 상당한 형성의 자유(재량)를 갖는다고 보았다. 다만, 이 재량이 무제한의 것은 아니라고 판시하였다(2010추73). [16년 국가 7급 1]

판례

㉠ 지방자치법 제5조 제4항, 제6항, 제7항, 제8항, 제9항, 제10항 등 관계 법령의 내용, 형식, 취지 및 개정 경과 등에 비추어 보면, 2009. 4. 1. 법률 제9577호로 지방자치법이 개정되기 전까지 종래 매립지 등 관할 결정의 준칙으로 적용되어 온 지형도상 해상경계선 기준이 가지던 관습법적 효력은 위 지방자치법의 개정에 의하여 변경 내지 제한되었다고 보는 것이 타당하고, 행정안전부장관은 매립지가 속할 지방자치단체를 정할 때에 상당한 형성의 자유를 가지게 되었다.

㉡ 다만, 그 관할 결정은 계획재량적 성격을 지니는 점에 비추어 위와 같은 형성의 자유는 무제한의 재량이 허용되는 것이 아니라 여러 가지 공익과 사익 및 관련 지방자치단체의 이익을 종합적으로 고려하여 비교·교량해야 하는 제한이 있다. 따라서 행정안전부장관이 위와 같은 이익형량을 전혀 행하지 않거나 이익형량의 고려 대상에 마땅히 포함시켜야 할 사항을 누락한 경우, 또는 이익형량을 하였으나 정당성·객관성이 결여된 경우에는 그 매립지가 속할 지방자치단체 결정은 재량권을 일탈·남용한 것으로서 위법하다고 보아야 한다(2010추73).

4. 대법원에 제소

행정안전부장관의 결정에 대하여 관계 지방자치단체의 장이 불복하는 경우, 그 결정을 통보받은 날부터 15일 이내에 대법원에 소송을 제기할 수 있으며, 만약 대법원의 인용결정이 있는 경우 행정안전부장관은 그 취지에 따라 다시 결정하여야 한다(기속력)(제5조 제9항, 제10항). [17년 국회 8급 2, 16년 국가 7급 3]

판례

지방자치단체의 구역에 관하여 지방자치법은, 공유수면 관리 및 매립에 관한 법률에 따른 매립지가 속할 지방자치단체는 행정안전부장관이 결정한다고 규정하면서(제4조 제3항), 관계 지방자치단체의 장은 그 결정에 이의가 있으면 결과를 통보받은 날로부터 15일 이내에 대법원에 소송을 제기할 수 있다고 규정하고 있다(제4조 제8항). 따라서 매립지가 속할 지방자치단체를 정하는 결정에 대하여 대법원에 소송을 제기할 수 있는 주체는 관계 지방자치단체의 장일 뿐 지방자치단체가 아니다(2010추73). [22년 군무원 5급, 19년 10월 서울 7급]

OX 1
매립지가 속할 지방자치단체를 결정할 때에는 국가기본도(지형도)상의 해상경계선이 정한 대로 따라야 한다. [ ] [16년 국가 7급]

OX 2
공유수면 관리 및 매립에 관한 법률에 따른 매립지의 지방자치단체 귀속과 관련된 분쟁이 있는 경우 지방자치단체중앙분쟁조정위원회의 심의·의결에 따라 행정안전부장관이 그 귀속여부를 정하고, 이에 대하여서 관계 지방자치단체의 장이 이의가 있을 때에는 헌법재판소에 제소할 수 있다. [ ] [17년 국회 8급]

OX 3
관계 지방자치단체는 관할구역 결정에 이의가 있으면 그 결과를 통보 받은 날부터 15일 이내에 대법원에 소송을 제기할 수 있다. [ ] [16년 국가 7급]

정답
1. × 2. × 3. ×

제2절 주민

핵심 정리 12 지방자치단체의 주민

01 의의

① 지방자치단체의 구역 안에 주소를 가진 자는 그 지방자치단체의 주민이 된다(제16조). '지방자치단체의 구역 안에 주소를 가지고 있다'는 말은 ㉠ 자연인의 경우 관할구역 내에 주민등록지를 갖고 있다는 의미이고, ㉡ 법인의 경우 그 주된 사무소 또는 본점의 소재지(경우에 따라 사업소)가 지방자치단체의 관할구역 내에 있다는 의미이다.

판례

법인이 해당 지방자치단체의 구역 안에 주된 사무소 또는 본점을 두고 있지 않더라도 '사업소'를 두고 있다면 구 지방자치법 제138조에 따른 분담금 납부의무자인 '주민'에 해당한다(2020두58427).

② 외국인도 일정한 요건을 갖추면 지방자치단체의 주민이 될 수 있으나, 참정권 등의 권리가 제한된다. [20년 행정사]

③ 다만, 「지방자치법」 전체가 단일한 주민개념을 전제로 하고 있는 것은 아니므로, 관련 규정별로 의미하는 주민의 범위가 조금씩 달라질 수 있다(2016두45240).

02 주민의 권리

1. 개설

① 주민은 지방자치단체에 대하여 여러 가지 개인적 공권을 갖는다. 지방자치법상 주민의 권리로는 공공시설이용권, 행정수혜권, 선거권 및 피선거권, 청원권, 주민투표권, 조례의 제정·개폐청구권, 주민감사청구권, 주민소송제기권, 주민소환청구권 등이 있다.

② 다만, ㉠ 주민이 본회의 또는 위원회의 안건심의 중 방청인으로서 안건에 관하여 발언하는 것은 선거제도를 통한 대표제원리에 정면으로 위반되는 것으로서 허용될 수 없고, ㉡ 다만 간접민주제를 보완하기 위하여 의회대표제의 본질을 해하지 않고 의회의 기능수행을 저해하지 아니하는 범위 내에서 주민이 의회의 기능수행에 참여하는 것(예 공청회에서 발언하거나 본회의, 위원회에서 참고인, 증인, 청원인의 자격으로 발언하는 것)은 허용된다(92추1090). [18년 행정사 1]

2. 주민참여권 강화와 공공시설이용권 및 행정수혜권(제17조)

지방자치법 제17조(주민의 권리) ① 주민은 법령으로 정하는 바에 따라 주민생활에 영향을 미치는 지방자치단체의 정책의 결정 및 집행 과정에 참여할 권리를 가진다.
② 주민은 법령으로 정하는 바에 따라 소속 지방자치단체의 재산과 공공시설을 이용할 권리와 그 지방자치단체로부터 균등하게 행정의 혜택을 받을 권리를 가진다. [12년 국가 7급]
③ 주민은 법령으로 정하는 바에 따라 그 지방자치단체에서 실시하는 지방의회의원과 지방자치단체의 장의 선거(이하 "지방선거"라 한다)에 참여할 권리를 가진다.

OX 1

주민이 지방의회 본회의의 안건심의 중 방청인으로서 안건에 관하여 발언하는 것은 선거제도를 통한 대표제의 원리에 위반되지 않는다. [ ] [18년 행정사]

정답

1. ×

(1) 주민참여권 강화

① 개정 전 지방자치법에서 주민의 권리를 ㉠ 자치단체 재산과 공공시설 이용권, ㉡ 균등한 행정수혜권, ㉢ 참정권으로 제한하고 있던 것과 달리, 개정 지방자치법에서는 이에 더해 주민생활에 영향을 미치는 정책결정 및 집행과정에 참여할 권리를 신설하여 주민참여권을 강화하였다.

② 재산·공공시설 이용권, 균등한 혜택을 받을 권리의 경우 자연인만을 주민으로 하는 규정이라고 볼 수 없다(2016두45240).

(2) 공공시설이용권

① 주민은 법령에 정하는 바에 의하여 소속 지방자치단체의 재산과 공공시설을 이용할 권리를 가진다(제17조 제2항). 주민의 공공시설이용권의 내용과 한계는 법령과 조례에 의하여 정하여지며, 공용지정의 목적에 의하여 제한된다. 또한 그 공공시설의 수용능력이나 정원과 같은 사실적 한계에 의해서 제한되기도 한다. 예컨대, 지방자치단체는 공공시설의 이용으로 인하여 위험이 발생하는 경우 또는 공공시설이 손상될 우려가 있는 경우에는 그 이용을 제한할 수 있다.

② 공공시설 이용관계의 성질은 설정행위의 성질에 따라 달라진다. 이용관계가 허가나 특허 또는 행정행위에 의해 형성된 경우에는 공법관계에 해당하고, 일반재산의 대부와 같은 사법상 계약에 의하는 경우에는 사법관계에 해당한다.

(3) 균등한 행정수혜권

지방자치법 제17조 제2항은, 주민이 지방자치단체로부터 행정적 혜택을 균등하게 받을 수 있다는 권리를 추상적이고 선언적으로 규정한 것으로서, 위 규정에 의하여 주민이 지방자치단체에 대하여 구체적이고 특정한 권리가 발생하는 것이 아니고, 지방자치단체가 주민에 대하여 균등한 행정적 혜택을 부여할 구체적인 법적 의무가 발생하는 것도 아니다(2007추42). [18년 국가 7급 1, 12년 국가 7급]

3. 선거권 및 피선거권

국민인 주민은 법령이 정하는 바에 의하여 그 지방자치단체에서 실시하는 지방의회의원 및 지방자치단체장의 선거에 참여할 권리를 가진다(제17조 제3항). 외국인인 주민에게도 일정한 요건하에서 지방자치단체 의회의원 및 장에 대한 선거권이 인정된다(공직선거법 제15조 제2항). [11년 국가 7급] 다만, 법인에게는 선거권이 부여되지 않는다.

4. 청원권

주민은 지방의회에 청원할 수 있다. 이에 대해서는 지방자치법 제85조 내지 제88조에서 규정을 두고 있다. 이 규정들은 청원권 행사에 관한 일반법인 청원법에 대한 특별법으로서 기능한다.

OX 1

「지방자치법」은 주민이 지방자치단체로부터 행정적 혜택을 균등하게 받을 수 있는 권리를 규정하고 있지만, 위 규정에 의하여 주민에게 지방자치단체에 대한 구체적 권리가 발생하는 것은 아니다. [ ] [18년 국가 7급]

정답

1. ○

❶ 주민투표권, 조례제정 개・폐청구권, 주민감사청구권, 주민소환청구권에 대해서는 행정학이나 헌법에서 자세히 다루기 때문에 이 책에서는 기출지문 위주로 다루기로 한다. 다만 주민소송은 행정법의 주요 주제이다.

OX 1
주민투표권은 헌법이 보장하는 참정권 또는 헌법상 제도적으로 보장되는 주관적 공권에 해당한다. [ ] [14년 지방 7급]

OX 2
주민투표권은 법률이 보장하는 권리라고 할 수 있으므로, 주민투표권이 침해되더라도 헌법상 기본권으로서 참정권의 침해에 해당하지 않는다. [ ] [23년 국가 7급]

OX 3
서울특별시의 주민투표사무는 주민투표법에 특별한 규정이 있는 경우를 제외하고 서울특별시 선거관리위원회가 관리한다. [ ] [19년 소방간부]

OX 4
지방자치단체의 장은 주민에게 과도한 부담을 주거나 중대한 영향을 미치는 지방자치단체의 주요 결정사항 등에 대하여 주민투표에 부쳐야 한다. [ ] [23년 서울 7급]

정답
1. × 2. ○ 3. ○ 4. ×

5. 주민투표권❶

(1) 지방자치법 제18조

> 지방자치법 제18조(주민투표) ① 지방자치단체의 장은 주민에게 과도한 부담을 주거나 중대한 영향을 미치는 지방자치단체의 주요 결정사항 등에 대하여 주민투표에 부칠 수 있다.
> ② 주민투표의 대상・발의자・발의요건, 그 밖에 투표절차 등에 관한 사항은 따로 법률로 정한다.

① 지방자치법은 주민투표권에 대하여 규정하고 있다. 지방행정의 대의민주제를 보완하기 위하여 마련된 직접민주주의적 제도이다.

② 다만, 이 주민투표권은 헌법상 기본권이나 헌법상 제도적으로 보장되는 주관적 공권이 아니라, 단지 법률상 권리에 불과하다고 본다(2000헌마735). [23년 경찰간부, 19년 10월 서울 7급, 19년 소방간부, 14년 지방 7급1] 따라서 주민투표권의 침해를 이유로 한 헌법소원심판의 청구는 적법하지 않다(2011헌마484). [23년 국가 7급2, 20년 5급 승진]

(2) 주민투표법

「지방자치법」은 주민투표의 대상・발의자・발의요건・투표절차 등에 대해서는 따로 법률로 정하도록 규정하고 있는데(제18조 제2항), 이에 따라 「주민투표법」이 제정되어 이에 관하여 별도로 정하고 있다.

(3) 투표권자

① 18세 이상의 주민 중 그 지방자치단체의 관할구역에 주민등록이 되어 있는 등 일정한 요건을 갖춘 주민에게 주민투표권이 있다. 외국인도 출입국관리 관계 법령에 따라 국내에 계속 거주할 수 있는 자격을 갖춘 경우로서 조례로 정한 사람은 주민투표권이 있다(주민투표법 제5조 제1항 제2호). [19년 소방간부]

② 주민투표는 그 지방자치단체의 관할구역 전체를 대상으로 실시한다. 다만, 특정한 지역 또는 주민에게만 이해관계가 있는 사항인 경우 지방자치단체의 장은 그 지방자치단체의 관할구역 중 일부를 대상으로 지방의회의 동의를 얻어 주민투표를 실시할 수 있다(주민투표법 제16조). [23년 경찰간부]

(4) 투표사무의 관리

주민투표사무는 특별시・광역시 또는 도에 있어서는 특별시・광역시・도 선거관리위원회가, 자치구・시 또는 군에 있어서는 구・시・군 선거관리위원회가 관리한다(주민투표법 제3조 제1항). [19년 소방간부3]

(5) 주민투표의 대상

1) 지방자치단체의 주요결정사항

① 주민에게 과도한 부담을 주거나 중대한 영향을 미치는 지방자치단체의 주요결정사항은 주민투표에 부칠 수 있다. 지방자치단체의 주요결정사항이라고 해서 반드시 주민투표에 부쳐야하는 것은 아니고, 주민투표의 실시여부는 재량에 속한다. [23년 서울 7급4, 22년 군무원 7급]

② 다만, ㉠ 법령에 위반되거나 재판중인 사항이나, ㉡ 국가 또는 다른 지방자치단체의 권한 또는 사무에 속하는 사항, ㉢ 예산 편성 · 의결 및 집행사무의 처리에 관한 사항, ㉣ 회계 · 계약 및 재산관리사무의 처리에 관한 사항, ㉤ 지방세 · 사용료 · 수수료 · 분담금 등 각종 공과금의 부과 또는 감면에 관한 사항, ㉥ 행정기구의 설치 · 변경에 관한 사항과 공무원의 인사 · 정원 등 신분과 보수에 관한 사항, ㉦ 다른 법률에 의하여 주민대표가 직접 의사결정주체로서 참여할 수 있는 공공시설의 설치에 관한 사항, ㉧ 동일한 사항(그 사항과 취지가 동일한 경우를 포함)에 대하여 주민투표가 실시된 후 2년이 경과되지 아니한 사항은 주민투표에 부칠 수 없다(제7조). [23년 경찰간부 1]

③ 지방자치단체장 및 지방의회는 주민투표결과에 구속되고, 주민투표결과에 의해 확정된 내용대로 행정 · 재정상의 필요한 조치를 해야 할 법적 의무를 부담한다(제24조 제5항). 또 주민투표로 확정된 사항은 2년 이내에는 이를 변경하거나 새로운 결정을 하는 것이 허용되지 않는다(제24조 제6항).

판례

지방자치단체의 장은 어떠한 사항이나 모두 주민투표에 붙일 수 있는 것은 아니고, … 주민에게 과도한 부담을 주거나 중대한 영향을 미치는 지방자치단체의 주요 결정사항 등에 한하여 주민투표를 붙일 수 있도록 하여 그 대상을 한정하고 있음을 알 수 있다. … 미군부대이전은 인천광역시 부평구청장이 그 권한에 의하여 결정할 수 있는 사항이 아님이 명백하므로 … 주민투표의 대상이 될 수 없다 할 것이다(2002추23). [23년 경찰간부, 19년 소방간부 2, 18년 5급 승진 3]

국가 또는 다른 지방자치단체의 권한 또는 사무에 속하는 사항에 속하기 때문이다.

2) 국가정책

① 중앙행정기관의 장이 국가정책의 수립에 관하여 주민의 의견을 듣기 위하여 필요하다고 인정하는 사항도 주민투표의 대상이 된다.

② 다만, 중앙행정기관의 장은 주민투표의 결과에 구속되지 않는다(제8조 제4항). [08년 국회 8급]

(6) 형식

주민투표는 ㉠ 특정한 사항에 대하여 찬성 또는 반대의 의사표시를 하거나 ㉡ 두 가지 사항 중 하나를 선택하는 형식으로 실시하여야 한다(제15조). [23년 서울 7급 4]

(7) 불복

① 주민투표의 효력에 관하여 이의가 있는 주민투표권자는 주민투표권자 총수의 100분의 1 이상의 서명으로 주민투표결과가 공표된 날부터 14일 이내에 관할 선거관리위원회 위원장을 피소청인으로 하여 시 · 군 및 자치구에 있어서는 특별시 · 광역시 · 도 선거관리위원회에, 특별시 · 광역시 및 도에 있어서는 중앙선거관리위원회에 소청할 수 있다(주민투표법 제25조 제1항).

② 소청에 대한 위 결정에 관하여 불복이 있는 소청인은 관할 선거관리위원회 위원장을 피고로 하여 그 결정서를 받은 날(결정서를 받지 못한 때에는 결정기간이 종료된 날을 말한다)부터 10일 이내에 특별시 · 광역시 및 도에 있어서는 대법원에, 시 · 군 및 자치구에 있어서는 관할 고등법원에 소

OX 1
행정기구의 설치 · 변경에 관한 사항은 주민투표에 부칠 수 있다. [ ] [23년 경찰간부]

OX 2
지방자치법 규정에 따라 지방자치단체의 장은 어떠한 사항이나 모두 주민투표에 붙일 수 있는 것은 아니고 그 대상이 한정되어 있다. [ ] [19년 소방간부]

OX 3
미군부대이전에 대한 주민투표 실시를 내용으로 하는 조례는 주민투표의 대상이 될 수 없는 것을 대상으로 하므로 위법하다. [ ] [18년 5급 승진]

OX 4
주민투표는 특정한 사항에 대하여 찬성 또는 반대의 의사표시를 하는 형태로 실시하여야 하고, 두 가지 사항 중 하나를 선택하는 형식으로 실시할 수는 없다. [ ] [23년 서울 7급]

정답
1. × 2. ○ 3. ○ 4. ×

를 제기할 수 있다(주민투표법 제25조 제2항). 이 소송은 행정소송인 민중소송의 일종이다. [19년 소방간부 1]

6. 조례제정 · 개폐청구권

지방자치법 제19조(조례의 제정과 개정 · 폐지 청구) ① 주민은 지방자치단체의 조례를 제정하거나 개정하거나 폐지할 것을 청구할 수 있다. [22년 군무원 7급]
② 조례의 제정 · 개정 또는 폐지 청구의 청구권자 · 청구대상 · 청구요건 및 절차 등에 관한 사항은 따로 법률로 정한다.

(1) 의의

① 만 18세 이상의 주민은 일정 수 이상의 연서로 지방의회에 조례를 제정하거나 개정하거나 폐지할 것을 청구할 수 있다. 이를 위하여 「주민조례발안에 관한 법률」이 제정되어 있다.

② 다만, 규칙에 대해서는 제정 · 개폐청구권은 인정되지 않고, 단지 의견제출권(제20조)만 인정되고 있다. [23년 국가 7급 2]

(2) 청구의 대상

지방의회의 조례제정권에 속하는 사항이 대상이 된다. 다만, ㉠ 법령을 위반하는 사항이나 ㉡ 지방세 · 사용료 · 수수료 · 부담금의 부과 · 징수 또는 감면에 관한 사항, ㉢ 행정기구를 설치하거나 변경하는 것에 관한 사항이나 ㉣ 공공시설의 설치를 반대하는 사항은 이에서 제외된다(주민조례발안에관한법률 제4조). [19년 변호사 3, 18년 국가 7급 4, 17년 서울 7급 5]

(3) 주민청구조례안에 대한 이행력

지방의회에 수리된 주민청구조례안은 지방의회가 1년 이내 심의 · 의결하여야 한다(필요시 1년 연장가능)(주민조례발안에 관한 법률 제13조 제1항). 이와 더불어 주민이 청구한 조례안의 경우 지방의원의 임기만료 시 자동폐기되지 않고, 차기 지방의회의원의 임기까지 폐기되지 않게 하고 있다(주민조례발안에 관한 법률 제13조 제3항).

7. 주민감사청구권

지방자치법 제21조(주민의 감사청구) ① 지방자치단체의 18세 이상의 주민으로서 다음 각 호의 어느 하나에 해당하는 사람(「공직선거법」 제18조에 따른 선거권이 없는 사람은 제외한다. 이하 이 조에서 "18세 이상의 주민"이라 한다)은 시 · 도는 300명, 제198조에 따른 인구 50만 이상 대도시는 200명, 그 밖의 시 · 군 및 자치구는 150명 이내에서 그 지방자치단체의 조례로 정하는 수 이상의 18세 이상의 주민이 연대 서명하여 그 지방자치단체와 그 장의 권한에 속하는 사무의 처리가 법령에 위반되거나 공익을 현저히 해친다고 인정되면 시 · 도의 경우에는 주무부장관에게, 시 · 군 및 자치구의 경우에는 시 · 도지사에게 감사를 청구할 수 있다.
1. 해당 지방자치단체의 관할 구역에 주민등록이 되어 있는 사람
2. 「출입국관리법」 제10조에 따른 영주(永住)할 수 있는 체류자격 취득일 후 3년이 경과한 외국인으로서 같은 법 제34조에 따라 해당 지방자치단체의 외국인등록대장에 올라 있는 사람

OX 1
주민투표의 효력은 행정쟁송의 대상이 되지 않으며 이에 대한 이의가 있는 경우 헌법재판소에 권한쟁의심판을 제기하여야 한다. [ ] [19년 소방간부]

OX 2
주민은 주민의 권리 · 의무와 직접 관련되는 사항에 한하여 지방자치단체의 규칙을 제정하거나 개정하거나 폐지할 것을 해당 지방자치단체의 장에게 청구할 수 있으며 그 청구 절차 등에 관한 사항은 법률로 정한다. [ ] [23년 국가 7급]

OX 3
지방자치단체의 주민은 공공시설의 설치를 반대하는 내용의 조례의 제정이나 개폐를 청구할 수 없다. [ ] [19년 변호사]

OX 4
지방세 · 사용료 · 수수료 · 부담금의 부과 · 징수 또는 감면에 관한 사항은 주민의 조례제정개폐청구 대상에서 제외된다. [ ] [18년 국가 7급]

OX 5
조례개폐청구권은 지방세 및 부담금 등의 부과 · 징수를 포함한 조례제정권이 미치는 모든 조례규정 사항을 대상으로 한다. [ ] [17년 서울 7급]

정답
1. × 2. × 3. ○ 4. ○ 5. ×

(1) 의의

선거권이 있는 지방자치단체의 18세 이상의 주민은 그 지방자치단체의 조례로 정하는 수 이상의 18세 이상의 주민 수 이상의 연서로 그 지방자치단체와 그 장의 권한에 속하는 사무의 처리가 법령에 위반되거나 공익을 현저히 해한다고 인정되면 시·도에서는 주무부장관에게, 시·군 및 자치구에서는 시·도지사에게 감사를 청구할 수 있다(제21조 제1항). [18년 국가 7급 1]

(2) 청구의 적법요건

규정상 '사무의 처리가 법령에 위반되거나 공익을 현저히 해친다고 인정될 것'을 요구하고 있는데, 감사청구를 하기 위해서는 단지 사무의 처리가 법령에 반하거나 공익을 현저히 해친다고 인정될 가능성을 주장한 것으로 충분하고, 사무의 처리가 법령에 반하거나 공익을 현저히 해친다고 실제로 인정될 것까지는 요구되지 않는다고 본다(2018두67251).

판례

㉠ 지방자치법 제16조(현 제21조) 제1항에서 규정한 '해당 사무의 처리가 법령에 위반되거나 공익을 현저히 해친다고 인정되면'이란 감사기관이 감사를 실시한 결과 피감기관에 대하여 시정요구 등의 조치를 하기 위한 요건 및 주민소송에서 법원이 본안에서 청구를 인용하기 위한 요건일 뿐이고, 주민들이 주민감사를 청구하거나 주민소송을 제기하는 단계에서는 '해당 사무의 처리가 법령에 반하거나 공익을 현저히 해친다고 인정될 가능성'을 주장하는 것으로 족하며, '해당 사무의 처리가 법령에 반하거나 공익을 현저히 해친다고 인정될 것'이 주민감사청구 또는 주민소송의 적법요건이라고 볼 수는 없다.

㉡ 왜냐하면 '해당 사무의 처리가 법령에 위반되거나 공익을 현저히 해친다고 인정되는지 여부'는 감사기관이나 주민소송의 법원이 구체적인 사실관계를 조사·심리해 보아야지 비로소 판단할 수 있는 사항이기 때문이다. 만약 이를 주민감사청구의 적법요건이라고 볼 경우 본안의 문제가 본안 전 단계에서 먼저 다루어지게 되는 모순이 발생할 뿐만 아니라, 주민감사를 청구하는 주민들로 하여금 주민감사청구의 적법요건으로서 '해당 사무의 처리가 법령에 위반되거나 공익을 현저히 해친다고 인정될 것'을 증명할 것까지 요구하는 불합리한 결과가 야기될 수 있다(2018두67251).

(3) 대상사무

① 주민감사청구의 대상은 '그 지방자치단체와 그 장의 권한에 속하는 사무 처리'로서 지방자치단체 또는 지방자치단체의 장에 의해 행해지는 모든 사무다. 자치사무, 단체위임사무, 기관위임사무가 모두 주민감사청구의 대상이 된다고 본다. [23년 지방 7급] 예컨대, 시의회의 의회운영공동경비 사용 등에 관해서도 주민감사를 청구할 수 있다. [13년 변호사]

② 다만, ㉠ 수사 또는 재판에 관여하게 되는 사항, ㉡ 개인의 사생활을 침해할 우려가 있는 사항, ㉢ 다른 기관에서 감사하였거나 감사 중인 사항(다만, 다른 기관에서 감사한 사항이더라도 새로운 사항이 발견되거나 중요 사항이 감사에서 누락된 경우나 주민소송의 대상이 되는 경우에는 다시 감사청구의 대상이 된다), ㉣ 동일한 사항에 대하여 주민소송이 계속 중이거나 그 판결이 확정된 사항은 주민감사청구의 대상에서 제외된다(제21조 제2항).

OX 1

주민감사청구의 상대방은 시·도에서는 행정안전부장관, 시·군 및 자치구에서는 시·도지사이다. [ ] [18년 국가 7급]

정답

1. ×

(4) 청구기간

주민감사청구는 사무처리가 있었던 날이나 끝난 날부터 3년이 지나면 제기할 수 없다(제21조 제3항). [23년 지방 7급] 정당한 사유가 있다고 하여도 다르지 않다. 지방자치단체의 행정의 안정을 도모하기 위한 것이다.

(5) 청구에 따른 감독기관의 의무

① 주무부장관이나 시 · 도지사는 감사청구를 수리한 날부터 60일 이내에 감사청구된 사항에 대하여 감사를 끝내야 하며, 감사결과를 청구인의 대표자와 해당 지방자치단체의 장에게 서면으로 알리고, 공표하여야 한다. 다만, 그 기간에 감사를 끝내기가 어려운 정당한 사유가 있으면 그 기간을 연장할 수 있다. 이 경우 이를 미리 청구인의 대표자와 해당 지방자치단체의 장에게 알리고, 공표하여야 한다(제21조 제9항).

② 주무부장관이나 시 · 도지사는 감사 결과에 따라 기간을 정하여 해당 지방자치단체의 장에게 필요한 조치를 요구할 수 있다. 이 경우 그 지방자치단체의 장은 이를 성실히 이행하여야 하고, 그 조치 결과를 지방의회와 주무부장관 또는 시 · 도지사에게 보고하여야 한다(제21조 제12항).

8. 주민소송제기권

분량이 많기 때문에 항목을 바꾸어 뒤에서 다루기로 한다.

9. 주민소환청구권

(1) 의의

> 지방자치법 제25조(주민소환) ① 주민은 그 지방자치단체의 장 및 지방의회의원(비례대표 지방의회의원은 제외한다)을 소환할 권리를 가진다. [22년 군무원 7급]
> ② 주민소환의 투표 청구권자 · 청구요건 · 절차 및 효력 등에 관하여는 따로 법률로 정한다.

① 지방자치단체의 주민은 자신이 선출한 지방자치단체의 장이나 지방의회의원을 임기만료 이전에 해임시킬 수 있는 권리를 갖는다(제25조). [16년 국회 8급, 12년 변호사 1] 다만, 권리의 행사를 위해서는 일정비율 이상의 주민소환청구권자의 서명을 받아서 주민소환청구를 하여야 한다(주민소환에 관한 법률 제7조 제1항 제1호~제3호).

② 주민소환청구권은 헌법상 지방자치제도의 본질적인 내용이 아니므로, 이를 보장하지 않는다 하더라도 그것이 위헌이 되거나 어떤 특정한 내용의 주민소환청구권을 반드시 보장해야 한다는 헌법적인 요구가 있는 것도 아니다(2010헌바368). 그러나 우리 입법자들은 지방자치법 제25조에서 주민소환제도를 인정하면서 제2항에서 주민소환에 관한 자세한 내용을 따로 법률로 정하도록 하고 있다. 이에 따라 「주민소환에 관한 법률」이 따로 제정되어 있다. 주민소환청구권은 법률상의 권리에 불과하다.

OX 1

지방자치법에 의하면 지방자치단체의 주민은 그 지방자치단체의 장 및 비례대표 지방의회의원을 포함한 지방의회의원에 대해 소환할 권리를 가진다.
[ ] [12년 변호사]

정답

1. ×

(2) 청구대상

선거에 의해 선출되는 모든 지방자치단체의 장과 지역구 지방의회의원이 주민소환의 대상이 된다. 비례대표 지방의회의원(시 · 도의회의원, 자치구 · 시 · 군의회의원 불문)은 주민소환의 대상이 되지 않는다. [20년 행정사 1, 16년 국회 8급, 14년 변호사, 13년 변호사]

(3) 청구사유

「주민소환에 관한 법률」상 주민소환의 청구사유에는 제한이 없다. [14년 지방 7급] 주민소환의 청구사유에 제한을 두지 않은 것은 주민소환제를 기본적으로 정치적인 절차로 설계함으로써 위법행위를 한 공직자뿐만 아니라 정책적으로 실패하거나 무능하고 부패한 공직자까지도 그 대상으로 삼아 공직에서의 해임이 가능하도록 하여 책임정치 혹은 책임행정의 실현을 기하려는 데 그 입법목적이 있다(2007헌마843). 헌법재판소는 청구사유에 대하여 아무런 제한 규정을 두지 않은 것이 과잉금지원칙에 반하지도 않는다고 보았다(2007헌마843).

(4) 청구기간의 제한

주민소환투표 청구기간에는 제한이 있다. ㉠ 임기 개시일부터 1년이 경과하지 아니하였거나, ㉡ 또는 임기만료일부터 1년 미만이 남아 있거나 ㉢ 해당 선출직 공무원에 대해 주민소환투표를 실시한 날부터 1년이 지나지 않은 경우에는 주민소환투표청구를 할 수 없다(주민소환에 관한 법률 제8조). [11년 국가 7급 2]

(5) 주민소환투표청구의 효력

주민소환투표대상자는 주민소환투표안을 공고한 때부터 주민소환투표결과를 공표할 때까지 권한 행사가 정지된다(주민소환에 관한 법률 제21조 제1항). [08년 국회 8급] 지방자치단체의 장의 권한이 정지된 경우에는 부지사 · 부시장 · 부군수 · 부구청장 등의 부단체장이 그 권한을 대행한다(주민소환에 관한 법률 제21조 제2항).

(6) 개표

주민소환투표자의 수가 주민소환투표권자 총수의 3분의 1에 미달하는 경우에는 개표를 하지 않는다(주민소환에 관한 법률 제22조 제2항). [16년 행정사]

OX 1

비례대표 지방의회의원에 대해서는 주민소환을 할 수 없다. [ ] [20년 행정사]

OX 2

임기개시일부터 1년이 경과하지 아니하였거나 또는 임기만료일부터 1년 미만이 남아 있는 지방자치단체의 장에 대해서는 주민소환투표의 실시를 청구할 수 없다. [ ] [11년 국가 7급]

PART 02

정답

1. ○ 2. ○

03 주민소송제기권

지방자치법 제22조(주민소송) ① 제21조 제1항에 따라 공금의 지출에 관한 사항, 재산의 취득·관리·처분에 관한 사항, 해당 지방자치단체를 당사자로 하는 매매·임차·도급 계약이나 그 밖의 계약의 체결·이행에 관한 사항 또는 지방세·사용료·수수료·과태료 등 공금의 부과·징수를 게을리한 사항을 감사청구한 주민은 다음 각 호의 어느 하나에 해당하는 경우에 그 감사청구한 사항과 관련이 있는 위법한 행위나 업무를 게을리 한 사실에 대하여 해당 지방자치단체의 장(해당 사항의 사무처리에 관한 권한을 소속 기관의 장에게 위임한 경우에는 그 소속 기관의 장을 말한다. 이하 이 조에서 같다)을 상대방으로 하여 소송을 제기할 수 있다.

1. 주무부장관이나 시·도지사가 감사청구를 수리한 날부터 60일(제21조 제9항 단서에 따라 감사기간이 연장된 경우에는 연장기간이 끝난 날을 말한다)이 지나도 감사를 끝내지 아니한 경우
2. 제21조 제9항 및 제10항에 따른 감사결과 또는 같은 조 제12항에 따른 조치요구에 불복하는 경우
3. 제21조 제12항에 따른 주무부장관이나 시·도지사의 조치요구를 지방자치단체의 장이 이행하지 아니한 경우
4. 제21조 제12항에 따른 지방자치단체의 장의 이행 조치에 불복하는 경우

② 제1항에 따라 주민이 제기할 수 있는 소송은 다음 각 호와 같다.

1. 해당 행위를 계속하면 회복하기 곤란한 손해를 발생시킬 우려가 있는 경우에는 그 행위의 전부나 일부를 중지할 것을 요구하는 소송 [22년 행정사, 21년 지방 7급]
2. 행정처분인 해당 행위의 취소 또는 변경을 요구하거나 그 행위의 효력 유무 또는 존재 여부의 확인을 요구하는 소송
3. 게을리한 사실의 위법 확인을 요구하는 소송
4. 해당 지방자치단체의 장 및 직원, 지방의회의원, 해당 행위와 관련이 있는 상대방에게 손해배상청구 또는 부당이득반환청구를 할 것을 요구하는 소송. 다만, 그 지방자치단체의 직원이 「회계관계직원 등의 책임에 관한 법률」 제4조에 따른 변상책임을 져야 하는 경우에는 변상명령을 할 것을 요구하는 소송을 말한다.

1. 의의 및 특징

① 지방자치법은 지방자치단체의 주민에게 주민소송을 제기할 수 있는 권리를 인정하고 있다. 주민소송은 주민이 지방자치단체의 위법한 재무·회계행위를 시정하기 위하여 법원에 제기하는 소송을 말한다. 우리나라는 별도의 주민소송법을 제정하지 않고 「지방자치법」에서 주민소송에 관하여 규율하고 있다.

② 주민소송제도는 지방자치단체 주민이 지방자치단체의 위법한 재무·회계행위의 방지 또는 시정을 구하거나 그로 인한 손해의 회복 청구를 요구할 수 있도록 함으로써 지방자치단체의 재무행정의 적법성과 지방재정의 건전하고 적정한 운영을 확보하려는 데 목적이 있는 제도이다(2014두8490).

③ 주민소송은 행정소송법에서 말하는 민중소송에 해당한다. [20년 행정사, 14년 행정사, 13년 국가 7급 1, 12년 국회 8급] 따라서 법률이 정하는 사항에 대하여 법률이 정하는 자만이 제기할 수 있다(행정소송법 제45조). 이에 대해서는 지방자치법 제22조에서 규정하고 있다.

OX 1
주민소송은 행정소송법 제3조에서 규정하고 있는 민중소송에 해당한다. [ ] [13년 국가 7급]

정답
1. ○

2. 조문의 구조

① 제22조 제1항은 ㉠ 누가(원고적격), ㉡ 누구를 상대로(피고적격), ㉢ 무엇에 관하여, ㉣ 어떤 사유로 주민소송을 제기할 수 있는지에 대하여 규정하고 있다.

② 제22조 제2항은 이 요건을 갖추었을 경우에 어떠한 종류의 소송을 제기할 수 있는지에 대해 규정을 하고 있다. 총 4가지 종류의 소송을 인정하고 있다.

3. 원고적격

① 주민소송은 지방자치단체의 재무・회계와 관련하여 감사청구를 했던 주민만이 제기할 수 있다. 즉, 주민소송은 감사청구를 전제로 한다(감사청구 전치주의). [23년 변호사, 22년 행정사, 21년 행정사, 17년 국회 8급1, 15년 서울 7급2, 14년 행정사, 13년 국가 7급, 12년 국회 8급] 다만, 감사청구를 했던 주민이라면 감사청구와 달리, 1인이라도 단독으로 주민소송을 제기할 수 있다. [22년 변호사, 14년 행정사]

② 주민감사청구는 선거권이 있는 자만 청구할 수 있기 때문에, 주민 중 선거권이 없는 자는 주민소송에서 말하는 '주민'에서 제외된다. 따라서 법인 등 단체에게는 선거권이 인정되지 않으므로, 주민소송을 제기할 당사자적격도 인정되지 않는다. [14년 행정사3]

4. 피고적격

① 주민소송은 지방자치단체를 대표하는 해당 지방자치단체의 장을 상대로 하여 제기하여야 한다. 지방자치단체라는 법인(즉, 행정주체)이나 비위를 저지른 공무원을 상대로 하여 제기하는 소송이 아니다. [15년 서울 7급4, 14년 행정사, 13년 변호사5]

② 지방자치단체장이 문제가 된 사무에 관한 권한을 소속기관의 장에게 위임한 경우에는 그 소속기관의 장이 피고적격을 갖는다(제22조 제1항).

5. 대상("…사항에 대해 감사청구를 했었는데")

① 주민감사를 청구했던 모든 경우에 주민소송을 제기할 수 있는 것이 아니다. ㉠ 공금의 지출에 관한 사항, ㉡ 재산의 취득・관리・처분에 관한 사항, ㉢ 해당 지방자치단체를 당사자로 하는 매매・임차・도급 계약이나 그 밖의 계약의 체결・이행에 관한 사항, ㉣ 또는 지방세・사용료・수수료・과태료 등 공금의 부과・징수를 게을리한 사항에 대해 감사청구를 했던 경우에만, 그에 불복하여 주민소송을 제기할 수 있다. 즉, 주민감사청구의 대상은 '지방자치단체와 그 장의 권한에 속하는 사무'인 반면, 주민소송의 대상은 그 중에서도 재무・회계와 관련된 사항으로 국한되는 것이다. 주민소송의 대상이 되는 범위가 더 좁다. [14년 국회 8급6]

② 다만, 주민소송의 대상이 되는 위법한 행위나 해태사실은 주민감사를 청구한 사항과 관련이 있는 것으로 충분하고, 주민감사를 청구한 사항과 반드시 동일할 필요는 없다. [23년 지방 7급, 23년 국가 7급, 22년 변호사7, 21년 국회 8급, 21년 행정사] 주민감사를 청구한 사항과 관련성이 있는지는 주민감사청구사항의 기초인 사회적 사실관계와 기본적인 점에서 동일한지에 따라 결정되는 것이며, 그로부터 파생되거나 후속하여 발생하는 행위나 사실은 주민감사청구사항과 관련이 있다고 보아야 한다(2017두63467).

OX 1
주민소송의 원고는 주민이 되며, 주민소송은 감사청구를 반드시 거칠 필요가 없다. [ ] [17년 국회 8급]

OX 2
주민소송은 지방자치단체장의 부당이나 위법행위로 인해 권익이 침해되거나 재산상 손실을 입은 자만이 제기할 수 있다. [ ] [15년 서울 7급]

OX 3
법인 등 단체는 주민소송을 제기할 당사자적격이 없다. [ ] [14년 행정사]

OX 4
주민소송의 피고는 지방자치단체이다. [ ] [15년 서울 7급]

OX 5
A시(市) 시의회 의원 10명이 의회운영공동경비를 전용하여 친목등산회에서 신을 등산화를 구입한 경우, A시 시민들은 위 시의회 의원 10명에 대하여 직접 부당이득의 반환을 청구하는 주민소송을 제기할 수 있다. [ ] [13년 변호사]

OX 6
주민감사청구와 주민소송은 '지방자치단체와 그 장의 권한에 속하는 사무의 처리가 법령에 위반된다고 인정되는 경우'가 그 대상이라는 점에서 공통점이 있다. [ ] [14년 국회 8급]

OX 7
주민소송의 대상은 주민감사를 청구한 사항과 관련이 있는 것만으로는 불충분하고, 주민감사를 청구한 사항과 동일하여야 한다. [ ] [22년 변호사]

정답
1. × 2. × 3. ○ 4. × 5. × 6. × 7. ×

③ 재무·회계와 관련이 없는 행위라면, 그것이 지방자치단체의 재정에 어떤 영향을 미친다고 하더라도, 주민소송의 대상이 되는 '재산의 관리·처분에 관한 사항'이나 '공금의 부과·징수를 게을리한 사항' 등에 해당하지 않는다(2013두16746). [22년 국회 8급 1]

④ 여기서 '공금의 지출에 관한 사항'이란 지방자치단체의 공금의 지출원인행위 등에 한하고, 그러한 지출원인행위를 수반하게 하는 당해 지방자치단체의 장 및 직원, 지방의회의원의 결정 등 선행행위까지 포함하는 것은 아니라고 본다(2009두14309). [19년 10월 서울 7급 2, 13년 국가 7급]

판례

주민소송의 대상으로서 '공금의 지출에 관한 사항'이란 지출원인행위 즉, 지방자치단체의 지출원인이 되는 계약 그 밖의 행위로서 당해 행위에 의하여 지방자치단체가 지출의무를 부담하는 예산집행의 최초 행위와 그에 따른 지급명령 및 지출 등에 한정되고, 특별한 사정이 없는 한 이러한 지출원인행위 등에 선행하여 그러한 지출원인행위를 수반하게 하는 당해 지방자치단체의 장 및 직원, 지방의회의원의 결정 등과 같은 행위는 포함되지 않는다고 보아야 한다(2009두14309). [17년 국회 8급]

✓ 대법원은 지출의 '원인행위'와 그 원인행위에 대한 '선행행위'라는 개념을 설정하여 양자를 서로 다르게 취급하고 있다.

주민소송제도는 주민으로 하여금 지방자치단체의 위법한 재무회계행위의 방지 또는 시정을 구할 수 있도록 함으로써 지방재무회계에 관한 행정의 적법성을 확보하려는 데 목적이 있다. 그러므로 주민소송은 원칙적으로 지방자치단체의 재무회계에 관한 사항의 처리를 직접 목적으로 하는 행위에 대하여 제기할 수 있고, 지방자치법 제17조(현 제22조) 제1항, 제2항 제2호, 제3호 등에 따라 주민소송의 대상이 되는 '재산의 관리·처분에 관한 사항'이나 '공금의 부과·징수를 게을리한 사항'이란, 지방자치단체의 소유에 속하는 재산의 가치를 유지·보전 또는 실현함을 직접 목적으로 하는 행위 또는 그와 관련된 공금의 부과·징수를 게을리한 행위를 말하고, 그 밖에 재무회계와 관련이 없는 행위는 그것이 지방자치단체의 재정에 어떤 영향을 미친다고 하더라도, 주민소송의 대상이 되는 '재산의 관리·처분에 관한 사항' 또는 '공금의 부과·징수를 게을리한 사항'에 해당하지 않는다(2013두16746).

주민소송은 원칙적으로 지방자치단체의 재무회계에 관한 사항의 처리를 '직접 목적'으로 하는 행위에 대하여 제기할 수 있고, 지방자치법 제17조(현 제22조) 제1항에서 주민소송의 대상으로 규정한 … '해당 지방자치단체를 당사자로 하는 계약의 체결·이행에 관한 사항' 등에 해당하는지 여부도 그 기준에 의하여 판단하여야 한다(2017두63467).

✓ 용인시 주민들이 피고 용인시장에게 "용인경전철 사업의 추진·실시 과정에서 용인시장 등 용인시 공무원, 민간투자사업 관련자들의 불법행위로 인하여 용인시에 손해가 발생하였다"며 지방자치법에 따라 그 관련자들에게 손해배상청구 등을 하라고 요구하는 주민소송을 제기한 사안이다. 대법원은 한국교통연구원과 소속 연구원들이 위 용역보고서를 작성하면서 용인경전철의 실제 수요를 예측하지 못한 경우도 재무회계행위에 해당한다고 보면서, 연구원들로부터 오류가 있는 용역보고서를 제출받은 것은 재무회계행위와 관련이 있는 위법한 행위이거나 업무를 게을리한 사실이고, 이러한 용역업무의 수행이 민사상 채무불이행이나 불법행위에 해당할 때에는 용인시는 그 상대방인 한국교통연구원이나 그 연구원들에게 손해배상청구 등을 하여야 한다고 하였다.

OX 1

주민소송의 대상이 되는 '재산의 관리·처분에 관한 사항'이나 '공금의 부과·징수를 게을리 한 사항'이란 지방자치단체의 소유에 속하는 재산의 가치를 유지·보전 또는 실현함을 직접 목적으로 하는 행위 또는 그와 관련된 공금의 부과·징수를 게을리한 행위, 그 밖에 재무회계와 관련이 없는 행위 중 지방자치단체의 재정에 영향을 미치는 행위 등을 포함한다. [ ] [22년 국회 8급]

OX 2

주민소송의 대상으로서의 '공금의 지출에 관한 사항'은 지출원인행위를 의미하며, 이에는 지출원인행위를 수반하게 하는 당해 지방자치단체의 장 및 직원, 지방의회의원의 결정 등과 같은 행위도 포함된다. [ ] [19년 10월 서울 7급]

정답

1. × 2. ×

도로 등 공물이나 공공용물을 특정 사인이 배타적으로 사용하도록 하는 점용허가가, 도로 등의 본래 기능 및 목적과 무관하게 그 사용가치를 실현·활용하기 위한 것으로 평가되는 경우에는 주민소송의 대상이 되는 재산의 관리·처분에 해당한다(2014두8490). [23년 지방 7급, 22년 경찰간부, 22년 변호사❶, 20년 5급 승진, 19년 국회 8급, 19년 지방 7급, 19년 10월 서울 7급, 17년 서울 7급❷, 17년 지방 7급]

㉠ 서울시 서초구에 있는 사랑의교회가 지하공간에 건축되는 예배당 시설의 일부로 사용할 목적으로 서초구청장에게 공물인 도로의 지하 부분에 대한 도로점용허가를 신청하였는데, 서초구청장이 약 2억 3천 5백만원을 받고 약 9년 8개월 간 사랑의교회가 이를 점용할 수 있도록 하는 도로점용허가를 내주었던 사안이다. ㉡ 1심과 2심은 도로점용허가권은 재산상의 가치가 있는 물건이나 재산이 아니라고 보아 이에 대한 주민소송을 각하하였으나, 대법원은 이 도로점용허가는 일반 공중의 통행이라는 도로 본래의 기능 및 목적과 직접적인 관련성이 없는 도로점용허가이므로(공공용물의 목적외 사용허가) 지방자치단체의 재산인 도로부지의 재산적 가치에 영향을 미치는 지방자치법 제17조 제1항의 '재산의 관리·처분에 관한 사항'에 해당한다고 보았다. 사랑의교회가 이를 예배당 시설의 일부로 사용할 경우 일반 공중은 그 도로를 도로로 사용할 수 없게 되기 때문이다.

OX 1
도로점용허가가 도로 등의 본래 기능 및 목적과 무관하게 그 사용가치를 실현·활용하기 위한 것으로 평가되는 경우에는 주민소송의 대상이 되는 재산의 관리·처분에 해당한다. [ ] [22년 변호사]

OX 2
대법원은 점용허가가 도로 등의 본래 기능 및 목적과 무관하게 그 사용가치를 실현·활용하기 위한 것으로 평가되는 경우에 주민소송의 대상이 되는 재산의 관리·처분에 해당하지 않는다고 본다. [ ] [17년 서울 7급]

PART 02

6. 제소사유("그런데도 결과가 … 였다")(주민감사청구 전치)

① 재무·회계와 관련된 사항에 대하여 감사청구를 하였으나 ㉠ 주무부장관 또는 시·도지사가 감사청구를 수리한 날부터 60일(감사기간이 연장된 경우에는 연장기간이 종료된 날)을 경과하여도 감사를 종료하지 아니하였거나(제1항 제1호)❶, ㉡ 감사결과 또는 감사결과에 따른 조치요구에 불복이 있거나(제1항 제2호), ㉢ 감사결과에 따른 조치요구를 지방자치단체의 장이 이행하지 아니하였거나(제1항 제3호), ㉣ 조치요구에 대한 지방자치단체의 장의 이행조치에 불복이 있는 경우(제1항 제4호)에만 제기할 수 있다.

② 주민감사청구를 거친 것으로 판단되기 위해서는 주민감사청구가 제21조에서 정한 적법요건을 모두 갖춘 것이었어야 한다. 다만, 주민감사청구가 적법함에도 불구하고 감사기관이 주민감사청구가 부적법하다고 오인하여 각하결정을 한 경우에도 적법요건을 갖춘 주민감사청구를 거친 것으로 본다(2018두67251). 이 경우 감사청구한 주민은 위법한 각하결정 자체를 별도의 항고소송으로 다툴 필요 없이, 곧바로 주민소송을 제기할 수 있다고 보았다. [22년 경찰간부]

❶ 지방자치법 제21조 제9항에 따르면 주무부장관이나 시도지사는 감사청구를 수리한 날로부터 60일 이내에 감사를 끝내야 하므로, 이 이상의 기간이 도과한 경우에는 감사가 지체되고 있다는 의미가 되기 때문이다.

판례

㉠ 지방자치법 제17조(현 제22조) 제1항은 주민감사를 청구한 주민에 한하여 주민소송을 제기할 수 있도록 하여 '주민감사청구 전치'를 주민소송의 소송요건으로 규정하고 있으므로, 주민감사청구 전치 요건을 충족하였는지 여부는 주민소송의 수소법원이 직권으로 조사하여 판단하여야 한다. [22년 경찰간부, 22년 행정사]

㉡ 주민소송이 주민감사청구 전치 요건을 충족하였다고 하려면 주민감사청구가 지방자치법 제16조(현 제21조)에서 정한 적법요건을 모두 갖추고, 나아가 지방자치법 제17조(현 제22조) 제1항 각호에서 정한 사유에도 해당하여야 한다.

㉢ 지방자치법 제17조(현 제22조) 제1항 제2호에 정한 '감사결과'에는 감사기관이 주민감사청구를 수리하여 일정한 조사를 거친 후 주민감사청구사항의 실체에 관하여 본안판단을 하는 내용의 결정을 하는 경우뿐만 아니라, 감사기관이 주민감사청구가 부적법하다고 오인하여 위법한 각하결정을 하는 경우까지 포함한다.

정답
1. ○ 2. ×

OX 1
감사기관이 해당 주민감사청구가 부적법하다고 오인하거나 구체적인 조사나 판단을 하지 않은 채 각하결정을 한 경우, 감사청구한 주민은 주민소송을 제기할 수는 없고 위법한 각하결정 자체를 별도의 항고소송으로 다투어야 한다. [ ]
[23년 지방 7급]

OX 2
주민의 감사청구가 적법요건을 모두 갖추었음에도 감사기관이 각하하는 결정을 한 경우, 감사청구한 주민은 주민소송을 제기할 수 있다. [ ]
[23년 국가 7급]

OX 3
해당 행위를 계속하면 회복하기 곤란한 손해를 발생시킬 우려가 있는 경우 그 행위의 전부나 일부를 중지할 것을 요구하는 소송은 「지방자치법」상 주민소송의 한 종류로 규정되어 있다.
[ ] [21년 지방 7급]

OX 4
「지방자치법」 제22조 제2항 제2호에 규정된 주민소송에서 다툼의 대상이 된 처분은 그 처분으로 인해 지방자치단체의 재정에 손실이 발생하였다는 사실만으로도 위법성이 인정된다.
[ ] [20년 국가 7급]

정답
1. × 2. ○ 3. ○ 4. ×

㉣ 주민감사청구가 지방자치법에서 정한 적법요건을 모두 갖추었음에도, 감사기관이 해당 주민감사청구가 부적법하다고 오인하여 더 나아가 구체적인 조사·판단을 하지 않은 채 각하하는 결정을 한 경우에는, 감사청구한 주민은 위법한 각하결정 자체를 별도의 항고소송으로 다툴 필요 없이, 지방자치법이 규정한 다음 단계의 권리구제절차인 주민소송을 제기할 수 있다(2018두67251). [23년 지방 7급 1, 23년 국가 7급 2, 22년 경찰간부]

감사기관이 지방자치법 제16조 제1항(현 제21조 제1항)의 '해당 사무의 처리가 법령에 위반되거나 공익을 현저히 해친다고 인정될 것'이 주민감사청구의 적법요건에 해당한다고 오인하여, 감사청구가 주민감사청구의 적법요건을 모두 갖추고 있음에도 불구하고 동법 제16조 제1항(현 제21조 제1항)을 근거로 각하결정을 한 사건이다. (i) 1, 2심 법원은 감사기관이 주민감사청구를 수리해 실제 감사가 진행된 경우에 한해 '주민감사청구 전치 요건'을 충족한 것으로 보아야 한다고 보았으나, (ii) 대법원은 '해당 사무의 처리가 법령에 위반되거나 공익을 현저히 해친다고 인정되는지 여부'는 감사기관이 본안전 단계에서 검토·판단해야 할 주민감사청구의 적법요건이 아니라, 주민감사청구사항의 실체에 관하여 본안에서 판단하여야 할 사항이므로, 각하결정은 위법하고, 원고들은 위법한 각하결정에도 불구하고 곧바로 주민소송을 제기할 수 있다고 보았다.

7. 주민소송의 유형(제2항)("그래서 … 을 요구하는 소송을 제기한다")

(1) 중지청구소송(부작위청구소송)(제1호)

① 어떤 행위를 계속할 경우 회복하기 곤란한 손해를 발생시킬 우려가 있는 경우에는 그 행위의 전부 또는 일부의 중지를 구하는 유형의 주민소송을 제기할 수 있다(제2항 제1호). [22년 행정사, 21년 지방 7급 3, 21년 행정사] 이를 중지청구소송 또는 부작위청구소송이라 한다.

② 그러나 중지청구소송은 당해 행위를 중지함으로써 생명 또는 신체에 대한 중대한 위해가 생길 우려가 있거나 그 밖의 공공복리를 현저하게 저해할 우려가 있는 때에는 제기할 수 없다(제3항).

(2) 취소 또는 무효등확인소송(제2호)

① 문제되는 행위가 행정처분인 경우 그 처분의 위법성을 주장하여, 그 처분의 취소 또는 변경을 구하거나 효력의 유무 또는 존재 여부의 확인을 구하는 유형의 주민소송을 제기할 수도 있다(제2항 제2호). 이를 취소 또는 무효등확인소송이라 한다.

② 주민소송에서 다툼의 대상이 된 처분의 위법성은 행정소송법상 항고소송에서와 마찬가지로 헌법, 법률, 그 하위의 법규명령, 법의 일반원칙 등 객관적 법질서를 구성하는 모든 법규범에 위반되는지 여부를 기준으로 판단하여야 하는 것이지, 해당 처분으로 지방자치단체의 재정에 손실이 발생하였는지만을 기준으로 판단할 것은 아니다(2018두104). [23년 서울 7급, 20년 국가 7급 4]

판례

㉠ 주민소송에서 해당 처분이 명시적인 재무회계 관련 법률을 위반한 경우뿐만 아니라 비례·평등·신뢰보호의 원칙 등 법의 일반원칙을 위반함으로써 재량권을 일탈·남용하여 위법한 경우에도 해당 처분을 취소하여야 한다.

㉡ 특정교회의 예배당, 성가대실, 방송실과 같은 지하구조물 설치를 통한 지하의 점유는 원상회복이 쉽지 않을 뿐 아니라 유지·관리·안전에 상당한 위험과 책임이 수반되고, 이러한 형태의 점용을 허가하여 줄 경우 향후 유사한 내용의 도로점용허가신청을 거부하기 어려워져 도로의 지하 부분이 무분별하게 사용되어 공중안전에 대한 위해가 발생할 우려가 있으며, 이 사건 도로 지하 부분이 교회 건물의 일부로 사실상 영구적·전속적으로 사용되게 됨으로써 도로 주변의 상황 변화에 탄력적·능동적으로 대처할 수 없게 되므로 이 사건 도로점용허가는 비례·형평의 원칙을 위반하였다.

㉢ 이 사건 주민소송에서 이 사건 도로점용허가를 취소하는 판결이 확정되면, 피고는 취소판결의 기속력에 따라 위법한 결과를 제거하는 조치의 일환으로서 이 사건 도로의 점용을 중지하고 원상회복할 것을 명령하고, 이를 이행하지 않을 경우 행정대집행이나 이행강제금 부과 조치를 하는 등 이 사건 도로점용허가로 인한 위법상태를 제거하는 것이 가능하게 된다(2018두104). [23년 변호사]

주민소송에서의 취소판결에도 취소소송에서의 취소판결과 동일하게 기속력을 인정하고 있는 것이다.

PART 02

(3) 부작위위법확인소송(태만사실 위법확인소송)(제3호)

① 어떤 행위를 게을리한 경우 그 게을리한 사실의 위법확인을 요구하는 유형의 주민소송을 제기할 수도 있다(제2항 제3호). [21년 행정사] 이를 부작위위법확인소송이라 한다.

② 지방자치법 제22조 제1항, 제2항 제3호의 주민소송 요건인 '위법하게' 공금의 부과·징수를 '게을리'한 사실이 인정되기 위해서는 전제로서, 관련 법령상의 요건이 갖추어져 지방자치단체의 집행기관 등의 공금에 대한 부과·징수가 가능하여야 한다(2013두16746).

판례

이행강제금은 지방자치단체의 재정수입을 구성하는 재원 중 하나로서 '지방세외수입금의 징수 등에 관한 법률'에서 이행강제금의 효율적인 징수 등에 필요한 사항을 특별히 규정하는 등 그 부과·징수를 재무회계 관점에서도 규율하고 있으므로, 이행강제금의 부과·징수를 게을리한 행위는 주민소송의 대상이 되는 공금의 부과·징수를 게을리한 사항에 해당한다(2013두16746). [22년 경찰간부, 21년 국가 7급 1, 21년 행정사 20년 지방 7급]

OX 1

이행강제금의 부과·징수를 게을리 한 행위는 주민소송의 대상이 되는 공금의 부과·징수를 게을리 한 행위에 해당한다.
[ ] [21년 국가 7급]

(4) 손해배상 또는 부당이득반환청구 '요구'소송(손해배상청구 등의 이행소송)(제4호)

지방자치법 제23조(손해배상금 등의 지급청구 등) ① 지방자치단체의 장(해당 사항의 사무처리에 관한 권한을 소속 기관의 장에게 위임한 경우에는 그 소속 기관의 장을 말한다. 이하 이 조에서 같다)은 제22조 제2항 제4호 본문에 따른 소송에 대하여 손해배상청구나 부당이득반환청구를 명하는 판결이 확정되면 그 판결이 확정된 날부터 60일 이내를 기한으로 하여 당사자에게 그 판결에 따라 결정된 손해배상금이나 부당이득반환금의 지급을 청구하여야 한다. 다만, 손해배상금이나 부당이득반환금을 지급하여야 할 당사자가 지방자치단체의 장이면 지방의회 의장이 지급을 청구하여야 한다.

② 지방자치단체는 제1항에 따라 지급청구를 받은 자가 같은 항의 기한 내에 손해배상금이나 부당이득반환금을 지급하지 아니하면 손해배상·부당이득반환의 청구를 목적으로 하는 소송을 제기하여야 한다. 이 경우 그 소송의 상대방이 지방자치단체의 장이면 그 지방의회 의장이 그 지방자치단체를 대표한다.

정답

1. ○

OX 1
지방의회의원에게 손해배상청구를 할 것을 요구하는 주민소송은 인정되지 않는다. [ ]
[21년 행정사]

1) 의의

① 지방자치단체의 장 및 직원, 지방의회의원, 당해 행위와 관련이 있는 상대방에게 손해배상청구 또는 부당이득반환청구를 할 것을 요구하는 유형의 주민소송을 제기할 수도 있다(제2항 제4호). [21년 행정사1] 이를 손해배상 또는 부당이득반환청구 요구소송이라 한다.

② 주의해야 할 것은 이 소송도 주민소송이므로 피고가 기본적으로 지방자치단체의 장(A)이라는 점이다. 이 소송에서 승소한다고 해서 곧바로 손해배상이나 부당이득을 반환해야 하는 의무가 있는 자(B)에게 법적으로 어떤 변동이 생기는 것이 아니다. 이 소송에서 승소하면 '지방자치단체의 장'(A)에게, 손해배상이나 부당이득을 반환해야 하는 의무가 있는 자(B)를 상대로 손해배상청구나 부당이득반환청구를 해야 할 의무가 발생하게 될 뿐이다.

③ 한편, 당해 지방자치단체의 직원이 「회계관계직원 등의 책임에 관한 법률」 제4조의 규정에 의하여 변상책임을 져야 하는 경우에는, 지방자치단체의 장을 상대로 당해 변상명령을 할 것을 요구하는 소송을 제기할 수 있다(제22조 제2항 제4호 단서).

2) 손해배상금 등의 지급청구(제23조)

① 이 소송의 결과로 손해배상청구나 부당이득반환청구를 명하는 판결이 확정되면 지방자치단체의 장(A)은 그 판결이 확정된 날부터 60일 이내에 당사자(B)에게 그 판결에 따라 결정된 손해배상금이나 부당이득반환금의 지급을 청구하여야 한다. 다만, 손해배상이나 부당이득반환금을 지급하여야 할 당사자가 지방자치단체의 장이면 지방의회 의장이 지급을 청구하여야 한다(제23조 제1항). [15년 변호사]

② 만약 지급청구를 받은 자(B)가 청구에 응하지 않는 경우에는, 법문상 "지방자치단체"는 B를 상대로 손해배상청구소송이나 부당이득반환청구소송(2차소송)을 제기해야 한다(제23조 제2항)(2차소송 제기의무). 그런데 지방자치단체의 사무는 지방자치단체의 장이 대표하여 처리하기 때문에 결국에는 지방자치단체의 장(A)에게 의무를 부과하고 있는 것이 된다. 물론 그 당사자(B)가 지방자치단체의 장인 경우에는 지방의회의 의장이 지방자치단체의 장을 상대로 소송을 제기하여야 한다.

판례

① 지방자치법 제17조(현 제22조) 제2항 제1호부터 제3호까지의 주민소송은 해당 지방자치단체의 장을 상대방으로 하여 위법한 재무회계행위의 방지, 시정 또는 확인 등을 직접적으로 구하는 것인 데 반하여, 제4호 주민소송은 감사청구한 사항과 관련이 있는 위법한 행위나 업무를 게을리한 사실에 대하여 지방자치단체의 장 및 직원, 지방의회의원, 해당 행위와 관련이 있는 상대방(이하 '상대방'이라 통칭한다)에게 손해배상청구, 부당이득반환청구, 변상명령 등을 할 것을 요구하는 소송이다. 따라서 제4호 주민소송 판결이 확정되면 지방자치단체의 장인 피고는 상대방에 대하여 판결에 따라 결정된 손해배상금이나 부당이득반환금의 지불 등을 청구할 의무가 있으므로, 제4호 주민소송을 제기하는 자는 상대방, 재무회계행위의 내용, 감사청구와의 관련성, 상대방에게 요구할 손해배상금 내지 부당이득금 등을 특정하여야 한다.

정답
1. ×

② 지방자치단체의 장은 지방자치법 제17조 제2항 제4호 주민소송에 따라 손해배상청구나 부당이득반환청구를 명하는 판결 또는 회계관계직원 등의 책임에 관한 법률(이하 '회계직원책임법'이라 한다)에 따른 변상명령을 명하는 판결이 확정되면 위법한 재무회계행위와 관련이 있는 상대방에게 손해배상금이나 부당이득반환금을 청구하여야 하거나 변상명령을 할 수 있다(지방자치법 제17조 제2항 제4호, 제18조 제1항, 회계직원책임법 제6조 제1항). 그리고 이에 더 나아가 상대방이 손해배상금 등의 지급을 이행하지 않으면 지방자치단체의 장은 손해배상금 등을 청구하는 소송을 제기하여야 한다(지방자치법 제18조 제2항).

③ 이때 상대방인 지방자치단체의 장이나 공무원은 국가배상법 제2조 제2항, 회계직원책임법 제4조 제1항의 각 규정 내용 및 취지 등에 비추어 볼 때, 그 위법행위에 대하여 고의 또는 중대한 과실이 있는 경우에 제4호 주민소송의 손해배상책임을 부담하는 것으로 보아야 한다(2017두63467).

제4호 소송에서의 본안판단의 기준에 대한 판시이다.

8. 제소기간 및 관할법원

지방자치법 제22조(주민소송) ④ 제2항에 따른 소송은 다음 각 호의 구분에 따른 날부터 90일 이내에 제기하여야 한다.
1. 제1항 제1호 : 해당 60일이 끝난 날(제21조 제9항 단서에 따라 감사기간이 연장된 경우에는 연장기간이 끝난 날을 말한다)
2. 제1항 제2호 : 해당 감사결과나 조치요구내용에 대한 통지를 받은 날
3. 제1항 제3호 : 해당 조치를 요구할 때에 지정한 처리기간이 끝난 날
4. 제1항 제4호 : 해당 이행 조치결과에 대한 통지를 받은 날

① 주민소송은 ㉠ 감사청구를 수리한 날부터 60일이 종료된 날로부터 90일 이내(제1호 소송), [15년 변호사 1] ㉡ 또는 감사결과 또는 조치요구내용에 대한 통지를 받은 날로부터 90일 이내(제2호 소송), ㉢ 또는 조치요구 시 지정한 처리기간이 끝난 날로부터 90일 이내(제3호 소송), ㉣ 또는 이행조치결과에 대한 통지를 받은 날로부터 90일 이내(제4호 소송)에 제기하여야 한다(제22조 제4항). [23년 변호사 2, 22년 변호사]

② 주민소송은 해당 지방자치단체의 사무소 소재지를 관할하는 행정법원(행정법원이 설치되지 아니한 지역의 경우에는 행정법원의 권한에 속하는 사건을 관할하는 지방법원본원)의 관할로 한다(제22조 제9항). [09년 국가 7급]

9. 동일사항에 대한 소송금지

이미 주민소송이 진행중이라면 다른 주민은 같은 사항에 대하여 별도의 소송을 제기할 수 없다(제22조 제5항). [22년 행정사, 15년 서울 7급 3, 15년 변호사] 주관소송의 경우 각자의 이익이 저마다 개별적인 것이어서 개별적으로 승소를 받을 이익이 있지만, 주민소송은 객관소송으로서 그것을 통해 달성하려는 공익이 동일한 것이기 때문이다.

OX 1
재무회계에 속하는 사항을 감사청구한 주민은 감사기관이 법률이 정한 기간 내에 감사를 끝내지 아니한 경우 바로 소송을 제기할 수 있다. [ ] [15년 변호사]

OX 2
도로점용허가의 취소를 구하는 주민소송에 대해서는 「행정소송법」에서 정한 취소소송의 제소기간이 적용된다. [ ] [23년 변호사]

OX 3
주민소송이 진행 중이라도 다른 주민도 같은 사항에 대하여 별도의 소송을 제기할 수 있다. [ ] [15년 서울 7급]

정답
1. ○ 2. × 3. ×

10. 소송의 중단과 포기

① 소송의 계속 중에 소송을 제기한 주민이 사망하거나 주민의 자격을 잃으면 소송절차는 중단된다. 소송대리인(보통 변호사)이 있는 경우라 하더라도 중단된다(제22조 제6항). [23년 서울 7급, 22년 행정사, 22년 변호사**1**, 15년 서울 7급**2**, 15년 국회 8급**3**] 다만, 감사 청구에 연대 서명한 다른 주민은 제6항에 따른 사유가 발생한 사실을 안 날부터 6개월 이내에 소송절차를 수계(受繼)할 수 있다. 이 기간에 수계절차가 이루어지지 아니할 경우 그 소송절차는 종료된다(제22조 제7항).

② 주민소송에서 당사자는 법원의 허가를 받지 않고서는 소의 취하, 소송의 화해 또는 청구의 포기를 할 수 없다. [23년 변호사, 14년 국회 8급**4**, 13년 국가 7급]

11. 비용청구

소송을 제기한 주민은 승소(일부 승소를 포함)한 경우 그 지방자치단체에 대하여 변호사 보수 등의 소송비용, 감사청구절차의 진행 등을 위하여 사용된 여비, 그 밖에 실제로 든 비용을 보상할 것을 청구할 수 있다. 이 경우 지방자치단체는 청구된 금액의 범위에서 그 소송을 진행하는 데에 객관적으로 사용된 것으로 인정되는 금액을 지급하여야 한다(제22조 제17항).

04 주민의 의무

1. 비용분담의무

① 주민은 법령으로 정하는 바에 따라 소속 지방자치단체의 비용을 분담하여야 하는 의무를 진다(제27조). 즉, 주민은 공과금(지방세 · 사용료 · 수수료 · 분담금 등)의 납부의무를 진다.

② 사기나 그 밖의 부정한 방법으로 사용료 · 수수료 또는 분담금의 징수를 면한 자에게는 그 징수를 면한 금액의 5배 이내의 과태료를, 공공시설을 부정사용한 자에게는 50만원 이하의 과태료를 부과하는 규정을 조례로 정할 수 있다. 과태료의 부과 · 징수, 재판 및 집행 등의 절차에 관한 사항은 「질서위반행위규제법」에 따른다(제156조). [22년 국가 7급]

판례

어떤 법인이 특정한 지방자치단체에서 인적 · 물적 설비를 갖추고 계속적으로 사업을 영위하면서 해당 지방자치단체의 재산 또는 공공시설의 설치로 특히 이익을 받는 경우에는 구 지방자치법 제138조에 따른 분담금 납부의무자가 될 수 있고, 구 지방자치법 제138조에 따라 분담금 제도를 구체화한 조례에서 정한 부과 요건을 충족하는 경우에는 이중부과 등과 같은 특별한 사정이 없는 한 그 조례에 따라 분담금을 납부할 의무가 있다(2020두58427).

2. 공적시설 이용강제의무

① 공적인 필요가 있는 경우 주민에게 하수도 등 일정한 시설의 이용이 강제될 수 있다. 이러한 이용강제는 공공시설의 설치 및 이용의 경제성을 보장하기 위한 것이다.

② 공적시설의 이용강제의무에 대해서는 지방자치법에는 규정이 없고, 개별법인 하수도법 등에서 규정을 두고 있다. [14년 지방 7급**5**]

3. 기타의무

이 밖에 개별법에 의해 노역이나 물품제공의무 등을 부담하기도 한다.

OX 1
주민소송의 계속 중에 소송을 제기한 주민이 사망하더라도 소송절차는 중단되지 아니한다.
[ ] [22년 변호사]

OX 2
소송의 계속 중에 소송을 제기한 주민이 사망한 경우 소송절차는 중단된다. 소송대리인이 있는 경우에도 또한 같다. [ ]
[15년 서울 7급]

OX 3
주민소송의 계속 중에 소송을 제기한 주민이 사망하거나 지방자치법 제16조에 따른 주민의 자격을 잃으면 소송절차는 중단된다.
[ ] [15년 국회 8급]

OX 4
주민소송에서 당사자는 법원의 허가를 받지 않고서 소의 취하, 소송의 화해 또는 청구의 포기를 할 수 없다. [ ]
[14년 국회 8급]

OX 5
지방자치법상 주민의 의무로서 소속 지방자치단체의 비용분담 의무와 상하수도와 같은 공적 시설의 이용강제의무가 규정되어 있다. [ ] [14년 지방 7급]

정답
1. × 2. ○ 3. ○ 4. ○ 5. ×

Chapter
04 자치입법권

제1절 조례

핵심 정리 13 조례의 의의와 한계

01 조례의 의의

조례란 지방자치단체가 그 권한에 속하는 사무에 관하여 지방의회의 의결로 제정하는 자치법규를 말한다.

02 조례의 한계

헌법 제117조 ① 지방자치단체는 주민의 복리에 관한 사무를 처리하고 재산을 관리하며, 법령의 범위 안에서 자치에 관한 규정을 제정할 수 있다.

지방자치법 제28조(조례) ① 지방자치단체는 법령의 범위에서 그 사무에 관하여 조례를 제정할 수 있다. 다만, 주민의 권리 제한 또는 의무 부과에 관한 사항이나 벌칙을 정할 때에는 법률의 위임이 있어야 한다.
② 법령에서 조례로 정하도록 위임한 사항은 그 법령의 하위 법령에서 그 위임의 내용과 범위를 제한하거나 직접 규정할 수 없다. [23년 변호사]

지방자치법 제30조(조례와 규칙의 입법한계) 시·군 및 자치구의 조례나 규칙은 시·도의 조례나 규칙을 위반하여서는 아니 된다.

1. 조례의 제정범위

① "지방자치단체는 … 그 사무에 관한 조례를 제정할 수 있다"(제28조 제1항). 이때의 '그 사무'는 자치사무와 단체위임사무를 가리키는 것으로 본다. 기관위임사무는 지방자치단체의 사무가 아니기 때문이다. [23년 군무원 5급, 22년 군무원 5급 1]

② 따라서 지방자치단체는 원칙적으로 기관위임사무에 대해서는 조례를 제정할 권한을 갖지 못한다(2012추145). [23년 군무원 7급, 23년 변호사, 21년 소방간부, 20년 군무원 7급 2, 19년 국가 7급, 19년 5급 승진] 물론 개별 법령에 규정을 두어, 기관위임사무에 관한 조례를 제정할 수 있게 하는 것은 가능하고, 이 경우에는 기관위임사무에 대해서도 조례를 제정할 수 있다(99추85, 90추30). [23년 군무원 5급, 22년 국회 8급 3, 19년 변호사 4, 19년 행정사, 18년 서울 7급 5, 17년 서울 7급] 이에 따라 제정되는 조례를 '위임조례'라고 부른다. 참고로, 자치사무나 단체위임사무에 관하여 제정된 조례를 단순히 '조례'라고 부르기도 하지만, 위임조례에 대비시켜 '자치조례'라 부르기도 한다.

OX 1
지방자치단체가 자치조례를 제정할 수 있는 사항은 지방자치단체의 고유사무인 자치사무에 한하는 것이고, 개별법령에 의하여 지방자치단체에 위임된 단체위임사무와 국가사무가 지방자치단체의 장에게 위임된 기관위임사무는 원칙적으로 자치조례의 제정범위에 속하지 않는다. [ ] [22년 군무원 5급]

OX 2
국가사무가 지방자치단체의 장에게 위임된 기관위임사무와 같이 지방자치단체의 장이 국가기관의 지위에서 수행하는 사무라고 할 수 있는 것은 원칙적으로 자치조례의 제정범위에 속한다. [ ] [20년 군무원 7급]

OX 3
기관위임사무는 자치조례의 제정범위에 속하지 않는다 할 것이므로 기관위임사무에 관한 사항을 조례로 정하도록 위임하는 법령은 위헌·위법에 해당하여 무효가 된다. [ ] [22년 국회 8급]

OX 4
지방자치단체의 장에게 위임된 국가사무인 기관위임사무에 대하여 개별법령에서 그에 관한 일정한 사항을 조례로 정하도록 하는 것은 기관위임사무의 성질상 허용될 수 없다. [ ] [19년 변호사]

OX 5
지방자치단체는 개별 법령에서 특별히 위임하고 있을 경우에도 기관위임사무에 관하여는 조례를 제정할 수 없다. [ ] [18년 서울 7급]

정답
1. × 2. × 3. × 4. × 5. ×

판례

지방자치법 제22조, 제9조에 의하면, 지방자치단체가 자치조례를 제정할 수 있는 사항은 지방자치단체의 고유사무인 자치사무와 개별법령에 의하여 지방자치단체에 위임된 단체위임사무에 한(限)하는 것이고, 국가사무가 지방자치단체의 장에게 위임된 기관위임사무는 원칙적으로 자치조례의 제정범위에 속하지 않는다 할 것이다. 다만 기관위임사무에 있어서도 그에 관한 개별법령에서 일정한 사항을 조례로 정하도록 위임하고 있는 경우에는 위임받은 사항에 관하여 개별법령의 취지에 부합하는 범위 내에서 이른바 위임조례를 정할 수 있다(99추85). [23년 경찰간부, 22년 지방 7급 1, 21년 국회 8급 2, 16년 서울 7급, 16년 변호사, 15년 행정사]

교원인사에 관한 사항을 심의하기 위하여 공립학교에 교원인사자문위원회를 두도록 하고 그 심의사항에 관하여 규정한 '광주광역시 학교자치에 관한 조례안'은 국가사무인 교원의 지위에 관한 사항에 관하여 법령의 위임 없이 조례로 정한 것으로 조례제정권의 한계를 벗어나 위법하다(2013추36). [19년 변호사 3]

주정차 위반행위에 대한 과태료 부과·징수에 관한 사무는 전국적으로 통일적인 규율이 요구되는 국가사무에 해당하므로, 이와 관련한 지방자치단체의 장의 사무는 국가행정기관의 지위에서 하는 기관위임사무이다. '부산광역시 납품도매업 지원에 관한 조례안' 제9조 제1항은 기관위임사무인 주정차 위반행위에 대한 과태료 부과처분에 관한 사항을 법령의 위임 없이 조례로 정한 경우에 해당하므로 조례제정권의 한계를 벗어난 것으로서 위법하다(2021추5036).

OX 1

기관위임사무에 있어서 그에 관한 개별 법령에서 일정한 사항을 조례로 정하도록 위임하고 있는 경우 지방의회는 지방자치단체의 자치조례 제정권과 무관하게 위임조례를 정할 수 없다. [ ] [22년 지방 7급]

OX 2

지방자치단체가 자치조례를 제정할 수 있는 사항은 지방자치단체의 고유사무인 자치사무에 한하는 것이고, 개별법령에 의하여 지방자치단체에 위임된 단체위임사무나 국가사무가 지방자치단체의 장에게 위임된 기관위임사무는 원칙적으로 자치조례의 제정범위에 속하지 않는다. [ ] [21년 국회 8급]

OX 3

법령의 위임 없이, 교원인사에 관한 사항을 심의하기 위하여 공립학교에 교원인사자문위원회를 두도록 하고 그 심의사항에 관하여 규정한 조례는 조례제정권의 한계를 벗어나 위법하다. [ ] [19년 변호사]

OX 4

지방자치단체가 제정한 조례가 법령에 위반되는 경우에도 그 조례가 취소되기 전까지는 유효하다. [ ] [16년 서울 7급]

2. 조례와 법률우위의 원칙

(1) 의미

① 헌법 제117조 제1항과 지방자치법 제28조 제1항에 따라 조례는 '법령의 범위 안에서'만 제정될 수 있다. '법령의 범위 안에서'라는 표현은 법령을 위반하지 않는 한 조례를 제정할 수 있다는 의미이기 때문에 헌법 제117조 제1항과 지방자치법 제28조 제1항은 조례제정에 있어 법률우위의 원칙이 적용됨을 규정하고 있는 것이다. [16년 서울 7급] 따라서 지방자치단체가 제정한 조례가 법령에 위배되는 경우 그것은 위법한 조례로서 효력이 없다(2007추103). [16년 지방 7급, 16년 서울 7급 4]

② 그리고 이때의 '법령'에는 법규명령과 법규명령으로서 기능하는 행정규칙도 포함된다고 본다(2001헌라1). [13년 서울 7급]

③ 한편, 지방자치법 제30조는 시·군·자치구의 조례는 시·도의 조례나 규칙에도 위반하여서는 안 된다고 하여 법률우위의 원칙을 확장하여 적용하고 있다. 지방자치법 제12조 제3항도 "시·군 및 자치구는 해당 구역을 관할하는 시·도의 조례를 위반하여 사무를 처리할 수 없다."고 하여 이를 다시 한번 확인적으로 규정하고 있다. [20년 군무원 7급, 19년 국가 7급]

정답

1. × 2. × 3. ○ 4. ×

판례

원고는 이 사건 인천광역시 중구의 인천광역시 중구 주민에 대한 지하수 개발비 등의 지원 조례안(이하 '이 사건 조례안')이 '인천광역시의 수도급수조례'(이하 '수도급수조례') 제11조 제1항의 '급수공사비용은 당해 급수공사 신청인의 부담으로 한다'는 내용과 배치되는 것으로, 지방자치법 제8조(현 제12조) 제3항의 '지방자치단체는 법령이나 상급 지방자치단체의 조례를 위반하여 그 사무를 처리할 수 없다'는 지방자치단체의 사무처리 원칙을 위반한 것이라고 주장한다. 그러나 이 사건 조례안에 의해 혜택을 받게 되는 지역은 인천광역시 중구 지역 중 아직까지 상수도가 설치되지 않은 수도 미설치 지역으로 수도급수조례가 적용될 수 없는 지역이어서 이 사건 조례안과 수도급수조례 제11조는 그 규율 대상을 서로 달리하고 있다고 할 것이므로 이 사건 조례안이 지방자치법 제8조(현 제12조) 제3항을 위반하고 있지 않다(2008추87). [17년 서울 7급 1]

인천광역시 중구의 조례가 인천광역시 조례에 위배되는지가 문제된 사건이다.

건축위원회의 위원이 되려는 자에게 정보공개동의서에 서명하도록 하고, 건축위원회의 회의를 녹취하도록 하며, 행정사무조사 시 위원 전원의 실명으로 회의록을 제출하도록 한 「부산광역시 건축조례 일부개정 조례안」 규정들은 법률유보원칙, 개인정보 보호법 등 상위법령에 위배되지 않는다(2021추5067).

전라북도전주교육지원청교육장이 갑 주식회사가 운영하는 독서실에 대한 현장점검을 실시하여 열람실의 남녀별 좌석 구분 배열이 준수되지 않고 배치도상 남성 좌석으로 지정된 곳을 여성이 이용하거나 여성 좌석으로 지정된 곳을 남성이 이용하여 남녀 이용자가 뒤섞여 있는 것을 적발하고, 학원의 설립·운영 및 과외교습에 관한 법률 제8조, 독서실의 운영자에게 열람실의 남녀 좌석을 구분하여 배열하도록 하고 위반 시 교습정지처분을 할 수 있도록 규정한 '전라북도 학원의 설립·운영 및 과외교습에 관한 조례' 제3조의3 제2호, 제11조 제1호 등에 따라 10일간 교습정지를 명하는 처분을 한 사안에서, 대법원은 위 조례 조항은 과잉금지의 원칙에 반하여 독서실 운영자의 직업수행의 자유와 독서실 이용자의 일반적 행동자유권 내지 자기결정권을 침해하는 것으로 헌법에 위반된다고 보았다(2019두59851).

공유재산법은 공유재산 및 물품을 적정하게 보호하고 효율적으로 관리·처분하는 것을 목적으로 한다(제1조). 이를 위해 공유재산법은 … 행정재산의 사용허가를 받은 자가 다른 사람에게 사용·수익하게 하는 것을 금지한다(제20조 제3항). 이와 같이 공유재산법이 공유재산에 대한 사용·수익을 제한한 것은 공유재산을 사유화할 경우 사회적 형평에 배치되는 결과가 발생할 우려가 있어 이를 방지하기 위한 취지로 이해된다. 이 같은 공유재산법의 입법 목적, 공유재산에 대한 사용·수익 제한 규정을 둔 취지 등을 종합하면, 행정재산에 대한 제3자의 사적 이용을 허용할 것인지 여부는 각 지방자치단체의 자율적 규율에 맡겨져 있다고 보기 어려우므로 지방자치단체가 조례를 통해 공유재산법에 반하는 내용으로 행정재산의 제3자 사용·수익을 허용하는 것은 위법하다고 보아야 한다(2022추5057). [24년 변호사]

(2) 법령합치적 조례해석

어느 조례의 규정이 상위법에 저촉되는지가 명백하지 아니하는 경우에는 상위법과 조례의 다른 규정들과 그 입법 취지, 연혁 등을 종합적으로 살펴 상위법에 합치된다는 해석도 가능한 경우라면 그 규정을 상위법 위반으로 무효라고 선언하여서는 안 된다(2013추579).

PART 02

OX 1

대법원은 인천광역시 중구의 수도 미설치 지역에 거주하는 주민들의 지하수 개발·이용에 따른 경제적 부담을 해소시키기 위한 재정적 지원을 내용으로 하는 인천광역시 중구 지하수 개발·이용 주민 조례안이 그 상위법령인 지방자치법 제8조 제3항 등에 위배되지 않는다고 본다. [ ] [17년 서울 7급]

정답

1. ○

(3) 초과조례 · 추가조례의 문제

1) 문제점

① 문제는 법령 위반 여부에 대한 판단에 있다. ㉠ 조례가 규율하려는 특정사항에 관하여 그것을 규율하는 국가의 법령이 존재하지 않거나, ㉡ 국가의 법령이 존재한다 하더라도 조례가 그 법령과 다른 목적을 의도하는 것으로서 그 조례로 인하여 법령이 의도하는 목적과 효과를 저해하지 않는 경우에는 그 조례는 법령에 반하지 않는다고 본다.

② 그러나 조례와 법령이 동일한 목적을 의도하지만 조례의 내용이 법령보다 가중되어 있거나 법령에 없는 사항을 추가하는 조례(이른바 초과조례 · 추가조례)인 경우 이것이 법령의 범위를 벗어난 것인지 즉, 법률우위의 원칙에 위배되는 것은 아닌지가 문제된다.

2) 학설

이에 대해서는 ㉠ 어떠한 법률이 제정되어 있으면 그것은 모든 경우에 대한 최대한의 규제를 정하고 있는 것이므로, 조례로서 규제범위를 확대하거나 기준을 강화하는 것은 법률우위의 원칙에 반한다는 견해(법률선점론)와, ㉡ 법률이 전국에 걸쳐 일률적으로 동일한 내용을 규율하는 취지의 것이 아니라면 법령의 내용을 초과하거나 법령의 내용에 추가하는 내용의 조례를 제정하는 것이 가능하다는 견해(수정법률선점이론)가 대립하고 있다.

3) 판례

① 대법원은 수익적인 조례와 침익적인 조례로 경우를 나누어 판단하고 있다. ㉠ 수익적인 조례의 경우에는, 법령이 각 지방자치단체의 실정에 맞게 별도로 규율하는 것을 용인하는 취지라고 보이는 경우에는 추가조례나 초과조례의 제정이 가능하다고 본다. [23년 군무원 7급 1] ㉡ 그러나 침익적인 조례의 경우에는, 추가조례나 초과조례는 법률우위의 원칙에 반하는 것으로서 무효라고 보고 있다.

상위 법령과 다른 내용으로 제정된 조례(법률우위의 문제)(판례의 태도)	
법률과 조례의 규율목적이 서로 다른 경우	적법 · 유효
법률과 조례의 규율목적이 서로 같은 경우 (추가 · 초과조례의 문제)	㉠ 수익적 조례 : 법령이 지방의 실정에 맞게 별도로 조례로 규율하는 것을 허용하는 취지라면(법령이 최소한의 기준을 정하고 있는 경우) 조례 제정 가능 ㉡ 침익적 조례 : 상위법령에서 정한 기준을 초과하는 경우 법률우위의 원칙에 반하여 무효 [18년 서울 9급 2]

② 한편, 법령에서 조례로 위임을 하면서 상한을 정해준 경우에는, 당연히 초과조례나 추가조례는 법령에 반하는 것으로 무효이다. 상한을 정해준 취지에 반하는 것으로서, 법률우위의 원칙에 반하기 때문이다.

OX 1
국가법령에서 정하고 있지 않더라도 지방자치단체가 특정사항에 대하여 그 지방의 실정에 맞게 제정한 조례는 법령의 범위를 벗어난 것으로서 위법하다. [ ] [23년 군무원 7급]

OX 2
법령의 규정보다 더 침익적인 조례는 법률유보원칙에 위반되어 위법하며 무효이다. [ ] [18년 서울 9급]

정답
1. × 2. ×

(4) 조례와 법률우위원칙 관련 판례

판례

지방자치단체는 법령에 위반되지 아니하는 범위 내에서 그 사무에 관하여 조례를 제정할 수 있는 것이고, 조례가 규율하는 특정 사항에 관하여 그것을 규율하는 국가의 법령이 이미 존재하는 경우에도, ㉠ 조례가 법령과 별도의 목적에 기하여 규율함을 의도하는 것으로서 그 적용에 의하여 법령의 규정이 의도하는 목적과 효과를 전혀 저해하는 바가 없는 때, ㉡ 또는 양자가 동일한 목적에서 출발한 것이라고 할지라도 국가의 법령이 반드시 그 규정에 의하여 전국에 걸쳐 일률적으로 동일한 내용을 규율하려는 취지가 아니고 각 지방자치단체가 그 지방의 실정에 맞게 별도로 규율하는 것을 용인하는 취지라고 해석되는 때에는 그 조례가 국가의 법령에 위반되는 것은 아니다(2006추38, 96추244). [23년 군무원 5급, 19년 변호사 1]

판시는 일반론으로 이렇게 하고 있지만 침익적 조례의 경우에는 위의 요건을 갖춘 경우에도 위법성을 인정하고 있다.

지방자치법 제22조에서 말하는 '법령의 범위 안'이라는 의미는 '법령에 위반되지 아니하는 범위 안'이라는 의미로 풀이되는 것으로서, 특정 사항에 관하여 국가법령이 이미 존재할 경우에도 그 규정의 취지가 반드시 전국에 걸쳐 일률적인 규율을 하려는 것이 아니라 각 지방자치단체가 그 지방의 실정에 맞게 별도로 규율하는 것을 용인하고 있다고 해석될 때에는 조례가 국가법령에서 정하지 아니하는 사항을 규정하고 있다고 하더라도 이를 들어 법령에 위반되는 것이라고 할 수가 없다(2013추81, 2000추29). [16년 지방 7급, 15년 지방 7급 2, 12년 변호사]

생활유지의 능력이 없거나 생활이 어려운 자에게 보호를 행하여 이들의 최저생활을 보장하고 자활을 조성함으로써 구민의 사회복지의 향상에 기여함을 목적으로 하는 조례안은, 「생활보호법」과 그 목적 및 취지를 같이 하는 것이나, 보호대상자 선정의 기준 및 방법, 보호의 내용을 「생활보호법」의 그것과는 다르게 규정함과 동시에 「생활보호법」 소정의 자활보호대상자 중에서 사실상 생계유지가 어려운 자에게 「생활보호법」과는 별도로 생계비를 지원하는 것을 그 내용으로 하는 것이라는 점에서 「생활보호법」과는 다른 점이 있고, 당해 조례안에 의하여 「생활보호법」 소정의 자활보호대상자 중 일부에 대하여 생계비를 지원한다고 하여 「생활보호법」이 의도하는 목적과 효과를 저해할 우려는 없다고 보이며, 비록 「생활보호법」이 자활보호대상자에게는 생계비를 지원하지 아니하도록 규정하고 있다고 할지라도 그 규정에 의한 자활보호대상자에게는 전국에 걸쳐 일률적으로 동일한 내용의 보호만을 실시하여야 한다는 취지로는 보이지 아니하고, 각 지방자치단체가 그 지방의 실정에 맞게 별도의 생활보호를 실시하는 것을 용인하는 취지라고 보아야 할 것이므로 당해 조례안의 내용이 「생활보호법」의 규정과 모순·저촉되는 것이라고 할 수 없다(96추244). [15년 변호사]

차고지확보 대상을 자가용자동차 중 승차정원 16인 미만의 승합자동차와 적재정량 2.5t 미만의 화물자동차까지로 정하여 자동차운수사업법령이 정한 기준보다 확대하고, 차고지확보 입증서류의 미제출을 자동차등록 거부사유로 정하여 자동차관리법령이 정한 자동차 등록기준보다 더 높은 수준의 기준을 부가하고 있는 차고지확보제도에 관한 조례안은 비록 그 법률적 위임근거는 있지만 그 내용이 차고지 확보기준 및 자동차등록기준에 관한 상위법령의 제한범위를 초과하여 무효이다(96추251). [23년 군무원 7급 3]

OX 1
지방자치단체의 조례가 규율하는 특정사항에 관하여 그것을 규율하는 국가의 법령이 이미 존재하는 경우에도 조례가 법령과 별도의 목적에 기하여 규율함을 의도하는 것으로서 그 적용에 의하여 법령의 규정이 의도하는 목적과 효과를 전혀 저해하는 바가 없는 때에는 그 조례가 국가의 법령에 위반되는 것은 아니다. [ ] [19년 변호사]

OX 2
특정 사안에 관하여 국가법령이 이미 존재하지만 그 규정의 취지가 반드시 전국에 걸쳐 일률적인 규율을 하려는 것이 아니라 각 지방자치단체가 그 지방의 실정에 맞게 별도로 규율하는 것을 용인하고 있다고 해석될 경우, 조례가 국가법령에서 정하지 아니하는 사항을 규정하고 있다면 법령에 위반되는 것이라고 할 수 있다. [ ] [15년 지방 7급]

OX 3
자동차관리법령이 정한 자동차 등록기준보다 더 높은 수준의 기준을 정한 차고지확보제도에 관한 조례안은 무효이다. [ ] [23년 군무원 7급]

정답
1. ○ 2. × 3. ○

(5) 법령에 의하여 부여된 권한의 조례에 의한 침해

지방의회와 지방자치단체장의 상호 견제에 관하여 앞에서 다루었던 내용들은 조례에 대한 법률우위의 원칙과도 관련이 있다. 법령에서 부여한 권한을 조례로 침해하는 것이 허용되지 않는 이유는 조례가 법령에 위배되는 것이 되기 때문이다.

판례

지방자치단체가 그 자치사무에 관하여 조례로 제정할 수 있다고 하더라도, 상위법령에 위배할 수는 없고(지방자치법 제15조), 특별한 규정이 없는 한 지방자치법이 규정하고 있는 지방자치단체의 집행기관과 지방의회의 고유권한에 관하여는 조례로 이를 침해할 수 없고, 나아가 지방의회가 지방자치단체장의 고유권한이 아닌 사항에 대하여도 그 사무집행에 관한 집행권을 본질적으로 침해하는 것은 지방자치법의 관련 규정에 위반되어 허용될 수 없다(2001추57).

3. 조례와 법률유보의 원칙

(1) 문제점

① 헌법 제117조 제1항은 '법령의 범위 안에서' 지방자치단체가 자치에 관한 규정을 제정할 수 있다고 규정하고 있어 조례제정에 있어 법률우위의 원칙이 적용된다는 점만을 언급하고 있다.

② 그런데 법률인 지방자치법 제28조 제1항 단서는 조례로 정할 수 있는 사항 중 ㉠ 주민의 권리 제한, ㉡ 의무 부과, ㉢ 벌칙에 관한 사항을 정할 때에는 법률의 위임이 있어야 한다고 하고 있어, 이러한 경우에는 조례제정에 있어 법률유보의 원칙까지 적용됨을 규정하고 있다. [22년 변호사, 16년 국회 8급, 13년 행정사, 12년 변호사] 따라서 지방자치법 제28조 제1항 단서가 헌법 제117조 제1항에 반하여 위헌인 것은 아닌지에 대해 학설상으로 위헌설과 합헌설의 대립이 있다.

(2) 판례

대법원은 지방자치법 제28조(당시 제22조) 제1항 단서는, 기본권 제한에 대하여 법률유보원칙을 선언한 헌법 제37조 제2항에 의하여 정당화되는 것으로서 헌법에 반하지 않는다고 본다(94추28).

판례

지방자치법 제22조(현 제28조)는 원칙적으로 헌법 제117조 제1항의 규정과 같이 지방자치단체의 자치입법권을 보장하면서, 그 단서에서 국민의 권리제한・의무부과에 관한 사항을 규정하는 조례의 중대성에 비추어 입법・정책적 고려에서 법률의 위임을 요구한다고 규정하고 있는바, 이는 기본권 제한에 대하여 법률유보원칙을 선언한 헌법 제37조 제2항의 취지에 부합하므로 조례제정에 있어서 위와 같은 경우에 법률의 위임근거를 요구하는 것이 위헌성이 있다고 할 수 없다(94추28).

(3) 제28조 제1항 단서의 해석

① 제28조 제1항 단서는 주민의 권리를 제한하거나 의무를 부과하거나 벌칙에 관하여 조례를 제정할 때는 법적 근거 즉, 법률의 위임이 필요하다고 규정하고 있기 때문에, 반대로 이 이외의 사항들에 대해서는 그것이 자치사무나 단체위임사무에 대한 것이라면, 법률의 위임이 없어도 조례를 제정할 수 있다고 본다. [20년 군무원 7급 1, 20년 지방 9급 2]

② 한편, 주민의 권리를 제한하거나 의무를 부과하거나, 벌칙에 관한 조례이어서 법률의 위임이 필요하다 하더라도, 이 경우에는 포괄위임금지의 원칙의 적용을 받지 않아 포괄적으로 위임하는 규정만에 의해서도 조례제정이 가능하다고 본다(2008헌마32, 90누6613). [23년 군무원 5급] 정리하면 아래와 같다.

원칙	㉠ 법률유보원칙이 적용되지 않는다. ㉡ 법령의 위임이 없어도 헌법 제117조에 근거하여 조례 제정이 가능하다.
법령의 위임이 있어야 하는 경우 (법률유보원칙이 적용되는 경우)	㉠ 기관위임사무에 대한 조례(구체적 위임이어야 함) ㉡ 주민의 권리제한(단, 포괄위임 가능) ㉢ 주민에 대한 의무부과(단, 포괄위임 가능) ㉣ 벌칙(단, 포괄위임 가능)

③ 법률유보의 원칙에 반하는 조례는 위법하여 무효가 된다(2014추644).

(4) 법률유보 원칙 관련 판례

판례

법률이 주민의 권리의무에 관한 사항에 관하여 구체적으로 아무런 범위도 정하지 아니한 채 조례로 정하도록 포괄적으로 위임하였다고 하더라도, 행정관청의 명령과는 달리 조례도 주민의 대표기관인 지방의회의 의결로 제정되는 지방자치단체의 자주법인 만큼 지방자치단체가 법령에 위반되지 않는 범위 내에서 주민의 권리의무에 관한 사항을 조례로 제정할 수 있는 것이다(90누6613). [21년 소방간부, 18년 국회 8급 3]

조례의 제정권자인 지방의회는 선거를 통해서 그 지역적인 민주적 정당성을 지니고 있는 주민의 대표기관이고, 헌법이 지방자치단체에 대해 포괄적인 자치권을 보장하고 있는 취지로 볼 때 조례제정권에 대한 지나친 제약은 바람직하지 않으므로 조례에 대한 법률의 위임은 법규명령에 대한 법률의 위임과 같이 반드시 구체적으로 범위를 정하여 할 필요가 없으며 포괄적인 것으로 족하다(2008헌마32). [23년 경찰간부, 23년 변호사 4, 16년 서울 7급 5, 16년 변호사, 15년 지방 7급]

영유아보육법이 보육시설 종사자의 정년에 관한 규정을 두거나 이를 지방자치단체의 조례에 위임한다는 규정을 두고 있지 않음에도 보육시설 종사자의 정년을 규정한 '서울특별시 중구 영유아 보육조례 일부개정조례안' 제17조 제3항은, 법률의 위임 없이 헌법이 보장하는 직업을 선택하여 수행할 권리의 제한에 관한 사항을 정한 것이어서 그 효력을 인정할 수 없으므로, 위 조례안에 대한 재의결은 무효이다(2007추134). [21년 소방간부, 20년 군무원 7급 6, 20년 지방 9급 7]

OX 1
지방자치단체는 법률의 위임이 있는 경우에 자치사무에 관한 사항을 조례로 정할 수 있다. [ ] [20년 군무원 7급]

OX 2
지방자치단체는 법령에 위반되지 않는 범위 내에서 자치사무에 관하여 주민의 권리를 제한하거나 의무를 부과하는 사항이 아닌 한 법률의 위임 없이 조례를 제정할 수 있다. [ ] [20년 지방 9급]

OX 3
법률이 주민의 권리의무에 관한 사항에 관하여 구체적으로 범위를 정하지 않은 채 조례로 정하도록 포괄적으로 위임한 경우에도 지방자치단체는 법령에 위반되지 않는 범위 내에서 주민의 권리의무에 관한 사항을 조례로 제정할 수 있다. [ ] [18년 국회 8급]

OX 4
법률에서 조례에 위임한 사항이 헌법 제75조 소정의 행정입법에 위임한 사항보다 더 포괄적이라면 헌법에 위반된다. [ ] [23년 변호사]

OX 5
헌법재판소는 법률이 주민의 권리·의무에 관한 사항을 조례에 위임하는 경우 그 위임의 정도는 구체적 위임이어야 한다고 본다. [ ] [16년 서울 7급]

OX 6
법률의 위임 없이 보육시설 종사자의 정년을 규정한 조례안에 대한 재의결은 무효이다. [ ] [20년 군무원 7급]

OX 7
영유아 보육시설 종사자의 정년을 조례로 규정하고자 하는 경우에는 법률의 위임이 필요 없다. [ ] [20년 지방 9급]

정답
1. × 2. ○ 3. ○ 4. × 5. ×
6. ○ 7. ×

원칙적으로 당해 지역 내에서의 담배자판기의 설치를 금지한 후, 예외적으로 성인이 출입하는 업소 내부에서만 담배자판기 설치를 허용하는 것을 내용으로 하는 부천시 조례와 서울특별시 강남구의 조례는 담배소매업을 영위하는 주민들의 직업선택의 자유, 특히 직업수행의 자유를 제한하는 것이 되어 지방자치법 제22조 단서 소정의 주민의 권리의무에 관한 사항을 규율하는 조례라고 할 수 있으므로 지방자치단체가 이러한 조례를 제정함에 있어서는 법률의 위임을 필요로 한다(92헌마264). [23년 경찰간부 1, 22년 군무원 5급, 20년 지방 9급, 20년 국회 8급]

OX 1
지방자치단체가 담배소매업자인 주민들에게 담배자동판매기의 설치를 제한하고 철거하도록 규정한 조례를 제정할 때에는 법률의 위임을 필요로 하지 않는다.
[ ] [23년 경찰간부]

지방자치법 제22조에 의하면 지방자치단체는 그 내용이 주민의 권리의 제한 또는 의무의 부과에 관한 사항이거나 벌칙에 관한 사항이 아닌 한 법률의 위임이 없더라도 그의 사무에 관하여 조례를 제정할 수 있는바, 지방자치단체의 세 자녀 이상 세대 양육비 등 지원에 관한 조례안은 저출산 문제의 국가적·사회적 심각성을 십분 감안하여 향후 지방자치단체의 출산을 적극 장려토록 하여 인구정책을 보다 전향적으로 실효성 있게 추진하고자 세 자녀 이상 세대 중 세 번째 이후 자녀에게 양육비 등을 지원할 수 있도록 하는 것으로서, 위와 같은 사무는 지방자치단체 고유의 자치사무 중 주민의 복지증진에 관한 사무를 규정한 지방자치법 제9조 제2항 제2호 (라)목에서 예시하고 있는 아동·청소년 및 부녀의 보호와 복지증진에 해당되는 사무이고, 또한 위 조례안에는 주민의 편의 및 복리증진에 관한 내용을 담고 있어 그 제정에 있어서 반드시 법률의 개별적 위임이 따로 필요한 것은 아니다(2006추38). [23년 경찰간부, 20년 지방 9급 2]

OX 2
군민의 출산을 장려하기 위하여 세 자녀 이상 세대 중 세 번째 이후 자녀에게 양육비 등을 지원할 수 있도록 하는 조례의 제정에는 법률의 위임이 필요 없다.
[ ] [20년 지방 9급]

법령의 근거 없이 택지개발사업의 사업시행자에게 주민편익시설 설치비용에 상응하는 금액까지 납부할 의무를 부과하도록 하고 있는 「서울특별시 송파구 택지개발에 따른 폐기물처리시설 설치비용 산정에 관한 조례」의 규정은 법률의 위임이 없어 효력이 없다(2016두54039). [19년 10월 서울 7급 3]

OX 3
폐기물처리시설 설치비용 부과처분의 근거가 된 「서울특별시 송파구 택지개발에 따른 폐기물처리시설 설치비용 산정에 관한 조례」의 규정은 사업시행자에게 주민편익시설 설치비용에 상응하는 금액까지 납부할 의무를 부과하도록 하고 있는데 이는 법률의 위임이 없어 효력이 없다.
[ ] [19년 10월 서울 7급]

학기당 2시간 정도의 인권교육을 편성·실시하도록 한 전라북도 학생인권 조례안은 전체적으로 헌법과 법률의 테두리 안에서 이미 관련 법령에 의하여 인정되는 학생의 권리를 열거하여 그와 같은 권리가 학생에게 보장되는 것임을 확인하고, 학교생활과 학교 교육과정에서 학생의 인권 보호가 실현될 수 있도록 내용을 구체화하고 있는 데 불과할 뿐, 법령에 의하여 인정되지 아니하였던 새로운 권리를 학생에게 부여하거나 학교운영자나 학교의 장, 교사 등에게 새로운 의무를 부과하고 있는 것이 아니고, 정규교과 시간 외 교육활동의 강요 금지, 학생인권 교육의 실시 등의 규정 역시 교육의 주체인 학교의 장이나 교사에게 학생의 인권이 학교 교육과정에서 존중되어야 함을 강조하고 그에 필요한 조치를 권고하고 있는 데 지나지 아니하여 그 규정들이 교사나 학생의 권리를 새롭게 제한하는 것이라고 볼 수 없으므로, 국민의 기본권이나 주민의 권리 제한에서 요구되는 법률유보원칙에 위배된다고 할 수 없고, 내용이 법령의 규정과 모순·저촉되어 법률우위원칙에 어긋난다고 볼 수 없다(2013추98).

위임명령의 한계와 재위임의 한계에 관한 법리는 조례가 지방자치법 제22조 단서에 따라 주민의 권리제한 또는 의무부과에 관한 사항을 법률로부터 위임받은 후, 이를 다시 지방자치단체장이 정하는 '규칙'이나 '고시' 등에 재위임하는 경우에도 마찬가지이다(2013두14238).

정답
1. × 2. ○ 3. ○

(5) **벌칙의 제정**

조례를 통해 벌칙으로서 과태료를 제정할 수는 있으나, 형벌을 제정할 수는 없다(93추83). [23년 군무원 7급 1, 17년 소방간부, 12년 변호사] 과거에는 지방자치법에서 조례로 3월 이하의 징역 등 형벌을 가할 수 있도록 규정되어 있었으나, 1994년 지방자치법의 개정으로 형벌권을 삭제하여 조례로써 조례 위반에 대하여 과태료만을 부과할 수 있도록 규정하고 있기 때문이다.

판례

지방자치법 제15조(현 제22조) 단서는 지방자치단체가 법령의 범위 안에서 그 사무에 관하여 조례를 제정하는 경우에 벌칙을 정할 때에는 법률의 위임이 있어야 한다고 규정하고 있는데, 불출석 등의 죄, 의회모욕죄, 위증 등의 죄에 관하여 형벌을 규정한 조례안에 대하여 법률에 의한 위임이 없었으므로, 조례 위반에 형벌을 가할 수 있도록 규정한 조례안 규정들은 (형벌제정권을 제거한) 현행 지방자치법 제20조에 위반되고, 또 적법한 법률의 위임 없이 제정된 것이 되어 지방자치법 제15조 단서에 위반되고, 나아가 죄형법정주의를 선언한 헌법 제12조 제1항에도 위반된다(93추83). [12년 변호사]

OX 1

조례위반에 대하여 벌금 등 형벌을 과하도록 한 조례는 위헌·위법한 조례이다. [ ]

[23년 군무원 7급]

PART 02

핵심 정리 14 조례의 하자

01 위법한 조례의 효력

조례는 행정입법의 일종이다. 행정입법에 대해서는 공정력이 인정되지 않으므로, 위법한 경우 곧바로 무효가 된다. 다만 '처분적 행정입법'의 경우 행정행위와 마찬가지로 취급하는 바, 처분적 조례의 경우에는 취소할 수 있는 행정입법이 존재할 수 있다.

02 조례 중 일부만 위법한 경우의 처리

대법원은 의결의 일부에 대한 재의 요구나 수정재의 요구가 지방자치법상 허용되지 않는 점을 고려하여(제32조 제3항), 조례의 일부만 위법한 경우에도 조례 전부의 효력을 부인하고 있다(전부무효설).

03 위법한 조례에 근거한 처분의 효력

조례가 위법한 경우 그 조례는 무효이다. 따라서 위법한 조례에 근거한 처분은 무효인 조례에 근거하여 발급된 위법한 처분이 된다. 그런데 조례가 법원에 의해 위법한 것으로 선언되기 전까지는 그 조례에 근거한 처분의 위법성이 일반인의 관점에서 명백하지 않은 것이 보통이므로, 특별한 사정이 없는 한 취소할 수 있는 처분에 불과하다고 봄이 타당하다.

정답

1. ○

판례

하자 있는 행정처분이 당연무효로 되려면 그 하자가 법규의 중요한 부분을 위반한 중대한 것이어야 할 뿐 아니라 객관적으로 명백한 것이어야 하므로, 행정청이 위법하여 무효인 조례를 적용하여 한 행정처분이 당연무효로 되려면 그 규정이 행정처분의 중요한 부분에 관한 것이어서 결과적으로 그에 따른 행정처분의 중요한 부분에 하자가 있는 것으로 귀착되고, 또한 그 규정의 위법성이 객관적으로 명백하여 그에 따른 행정처분의 하자가 객관적으로 명백한 것으로 귀착되어야 하는바, 일반적으로 조례가 법률 등 상위법령에 위배된다는 사정은 그 조례의 규정을 위법하여 무효라고 선언한 대법원의 판결이 선고되지 아니한 상태에서는 그 조례 규정의 위법 여부가 해석상 다툼의 여지가 없을 정도로 명백하였다고 인정되지 아니하는 이상 객관적으로 명백한 것이라 할 수 없으므로, 이러한 조례에 근거한 행정처분의 하자는 취소사유에 해당할 뿐 무효사유가 된다고 볼 수는 없다(2007두26285). [18년 국회 8급 1]

조례제정권의 범위를 벗어나 국가사무를 대상으로 한 '서울특별시 행정권한 위임조례'의 규정에 근거하여 영등포구청장이 건설업 영업정지처분을 한 경우, 그 처분은 결과적으로 적법한 위임 없이 권한 없는 자에 의하여 행하여진 것과 마찬가지가 되어 그 하자가 중대하나 지방자치단체의 사무에 관한 조례와 규칙은 조례가 보다 상위규범이라고 할 수 있고, 또한 헌법 제107조 제2항의 '규칙'에는 지방자치단체의 조례와 규칙이 모두 포함되는 등 이른바 규칙의 개념이 경우에 따라 상이하게 해석되는 점 등에 비추어 보면 위 처분의 위임 과정의 하자가 객관적으로 명백한 것이라고 할 수 없으므로 이로 인한 하자는 결국 당연무효사유는 아니라고 봄이 상당하다(94누4615 전원합의체). [23년 서울 7급, 19년 10월 서울 7급 2, 16년 지방 7급, 15년 국회 8급]

OX 1

조례가 법률 등 상위법령에 위배되면 비록 그 조례를 무효라고 선언한 대법원의 판결이 선고되지 않았더라도 그 조례에 근거한 행정처분은 당연무효가 된다.
[ ] [18년 국회 8급]

OX 2

조례 제정권의 범위를 벗어나 국가사무를 대상으로 한 무효인 「서울특별시 행정권한 위임조례」에 근거하여 영등포구청장이 건설업영업정지처분을 한 경우 그 하자는 중대하나 당연무효는 아니다. [ ]
[19년 10월 서울 7급]

핵심 정리 15 하자 있는 조례에 대한 통제

01 지방자치단체의 장에 의한 조례 통제

1. 재의요구와 대법원에의 제소가부

지방자치법 제32조(조례와 규칙의 제정 절차 등) ① 조례안이 지방의회에서 의결되면 의장은 의결된 날부터 5일 이내에 그 지방자치단체의 장에게 이송하여야 한다.
② 지방자치단체의 장은 제1항의 조례안을 이송 받으면 20일 이내에 공포하여야 한다. [13년 행정사]
③ 지방자치단체의 장은 이송 받은 조례안에 대하여 이의가 있으면 제2항의 기간에 이유를 붙여 지방의회로 환부(還付)하고, 재의(再議)를 요구할 수 있다. [11년 국가 7급] 이 경우 지방자치단체의 장은 조례안의 일부에 대하여 또는 조례안을 수정하여 재의를 요구할 수 없다.
④ 지방의회는 제3항에 따라 재의요구를 받으면 조례안을 재의에 부치고 재적의원 과반수의 출석과 출석의원 3분의 2 이상의 찬성으로 전과 같은 의결을 하면 그 조례안은 조례로서 확정된다.
⑥ 지방자치단체의 장은 제4항 또는 제5항에 따라 확정된 조례를 지체 없이 공포하여야 한다. 이 경우 제5항에 따라 조례가 확정된 후 또는 제4항에 따라 확정된 조례가 지방자치단체의 장에게 이송된 후 5일 이내에 지방자치단체의 장이 공포하지 아니하면 지방의회의 의장이 공포한다.

정답
1. × 2. ○

> 지방자치법 제120조(지방의회의 의결에 대한 재의요구와 제소) ① 지방자치단체의 장은 지방의회의 의결이 월권이거나 법령에 위반되거나 공익을 현저히 해친다고 인정되면 그 의결사항을 이송 받은 날부터 20일 이내에 이유를 붙여 재의를 요구할 수 있다.
> ② 제1항의 요구에 대하여 재의한 결과 재적의원 과반수의 출석과 출석의원 3분의 2 이상의 찬성으로 전과 같은 의결을 하면 그 의결사항은 확정된다.
> ③ 지방자치단체의 장은 제2항에 따라 재의결된 사항이 법령에 위반된다고 인정되면 대법원에 소(訴)를 제기할 수 있다. 이 경우에는 제192조 제4항을 준용한다.

(1) 재의요구

① 지방자치단체(A)의 지방의회(B)가 조례안을 의결해서 그 지방자치단체의 장(C)에게 이송한 경우, 그 조례안을 이송 받은 지방자치단체의 장은 조례안에 대하여 이의가 있으면 이송 받은 날로부터 20일 이내에 이유를 붙여 지방의회로 환부하고, 재의를 요구할 수 있다. 이 경우 지방자치단체의 장(C)은 조례안의 일부에 대하여 또는 조례안을 수정하여 재의를 요구할 수는 없다(제32조 제3항). [13년 행정사, 13년 서울 7급]

② 이 재의요구권은 조례안의 완성에 대한 조건부의 정지적 권한에 지나지 않으므로, 철회 가부에 대한 명문의 규정은 없지만, 지방의회가 재의결을 하기 전까지는 재의요구를 철회할 수 있다고 본다(2012헌라1).

(2) 대법원에의 제소

1) 근거규정

① 의결된 조례안에 대한 지방자치단체장(C)의 재의요구 권한을 규정한 제32조에는 재의결된 조례안에 대해 법원에 제소가 가능한지에 대해서는 규정을 두고 있지 않다.

② 그런데 지방자치법 제120조는 지방의회(B)의 의결 전반에 대한 지방자치단체장(C)의 재의요구 권한을 규정하면서(제120조 제1항)❶, 재의결된 사항이 법령에 위반되는 경우(공익을 현저히 해하는 경우×, 이의가 있는 경우×) 대법원에 제소할 수 있는 권한도 규정하고 있다(제120조 제3항). 따라서 대법원은 조례안에 대한 재의결의 경우에도 그것이 법령에 위반되는 경우에는 제120조 제3항에 근거하여 대법원에, 조례안이 무효인지 여부에 대한 확인❷을 구하는 소의 제기가 가능하다고 보고 있다(99추23).

판례

> 지방자치법 제26조 제3항(현 제32조 제3항)은 지방의회의 의결사항 중 하나인 조례안에 대하여 지방자치단체의 장에게 재의요구권을 폭넓게 인정한 것으로서 지방자치단체의 장의 재의요구권을 일반적으로 인정한 지방자치법 제107조 제1항에 대한 특별규정이라고 할 것이므로, 지방자치단체의 장의 재의요구에도 불구하고 조례안이 원안대로 재의결되었을 때에는 지방자치단체의 장은 지방자치법 제107조 제3항(현 제120조 제3항)에 따라 그 재의결에 법령위반이 있음을 내세워 대법원에 제소할 수 있는 것이다(99추23).

2) 피고적격

이 소송은 지방의회를 피고로 하여 제기한다. 따라서 지방자치단체의 장(C)과 지방의회(B) 간의 다툼이 되므로 기관소송에 해당하는 것으로 본다.

❶ 참고로, 제120조 제1항의 재의요구권은 제32조 제1항의 조례에 대한 재의요구권과 달리, 단순한 이의만으로는 행사가 불가능하고 월권이나 법령위반이나 공익을 현저히 해하는 경우에만 가능하다는 점에서 양자는 차이가 있다. 제32조 제1항이 제120조 제1항에 대한 특칙인 셈이다.

❷ 조례에는 공정력이 없어서 위법하면 무효가 된다. 그래서 위법한지 여부에 대한 확인을 무효여부의 확인을 구하는 방법으로 제기한다.

OX 1
지방자치단체의 장에 의해 제기되는 위법한 조례안의 재의결에 대한 무효확인소송은 대법원에 제기된다. [ ]
[19년 2월 서울 7급]

OX 2
지방자치단체의 장이 제기하는 조례안의 재의결에 대한 무효확인소송은 조례가 공포된 경우에도 소의 이익이 있으므로 제소기간 내이면 제기될 수 있다.
[ ] [19년 2월 서울 7급]

OX 3
지방자치단체장의 재의요구에 따라 지방의회가 재의결한 사항이 법령에 위반되거나 공익을 현저히 해친다고 인정되면 지방자치단체의 장은 대법원에 소를 제기할 수 있다. [ ]
[20년 5급 승진]

OX 4
조례안 재의결 내용 전부가 아니라 일부가 법령에 위반되어 위법한 경우에도 대법원은 재의결 전부의 효력을 부인하여야 한다.
[ ] [18년 국회 8급]

OX 5
재의요구에 따라 지방의회가 한 재의결의 내용 일부만이 위법한 경우에도 대법원은 의결 전부의 효력을 부인하여야 한다. [ ]
[18년 10월 서울 7급]

정답
1. ○ 2. ○ 3. × 4. ○ 5. ○

3) 제소기간 및 관할법원

① 이 소송은 재의결된 날부터 20일 이내에 대법원에 하여야 한다. [19년 2월 서울 7급 1] 이때 필요하다고 인정되면 그 의결의 집행을 정지하게 하는 집행정지 결정을 신청할 수 있다(제120조 제3항 제2문, 제192조 제4항). 여기서도 집행부정지의 원칙을 따르고 있는 것이다. 집행이 정지되게 하려면 별도로 집행정지결정을 신청해야 한다.

② 재의결 후 대법원에 소를 제기하기 전에 이미 조례가 공포되었다 하더라도, 소의 이익이 부정되지 않는다(제192조 제8항 참조). 20일의 제소기간 내라면 여전히 소를 제기할 수 있으며 집행정지의 신청 역시 가능하다. [19년 2월 서울 7급 2]

4) 사유

법원은 법률상의 문제를 다루는 기관이기 때문에, 대법원에의 제소는 언제나 법령에 위반되는 점이 있다는 점을 이유로 해서만 가능하다. [20년 5급 승진 3, 11년 국가 7급]

사유 비교

경우	사유
제32조의 조례안 의결에 대한 재의요구	단순히 이의가 있는 것만으로도 가능
제120조의 지방의회의 의결에 대한 재의요구	월권이거나 법령에 위반되거나 공익을 현저히 해한다는 이유로만 가능
제120조 제3항에 따른 제소	법령에 위반된다는 이유로만 가능

5) 심리의 대상

조례안 재의결 무효확인소송의 심리대상은 지방자치단체의 장이 지방의회에 재의를 요구할 당시 이의사항으로 지적하여 재의결에서 심의의 대상이 된 것에 국한된다(2013추98). [15년 지방 7급]

6) 일부취소판결 불가

재의결 내용의 일부만이 위법한 경우, 대법원은 의결 전부의 효력을 부인하여야 한다(93추144, 92추31).
[24년 변호사, 23년 군무원 5급, 20년 5급 승진, 18년 국회 8급 4, 18년 10월 서울 7급 5, 17년 서울 7급, 16년 지방 7급]

판례

의결의 일부에 대한 효력의 배제는 결과적으로 전체적인 의결의 내용을 변경하는 것에 다름 아니어서 의결기관인 지방의회의 고유권한을 침해하는 것이 될 뿐 아니라, 그 일부만의 효력배제는 자칫 전체적인 의결내용을 지방의회의 당초의 의도와는 다른 내용으로 변질시킬 우려가 있으며, 또한 재의요구가 있는 때에는 재의요구에서 지적한 이의사항이 의결의 일부에 관한 것이라고 하여도 의결 전체가 실효되고 재의결만이 의결로서 효력을 발생하는 것이어서 의결의 일부에 대한 재의요구나 수정재의 요구가 허용되지 않는 점에 비추어 보면, 재의결의 내용 전부가 아니라 그 일부만이 위법한 경우에도 그 재의결 전부의 효력을 부인하여야 한다(93추144, 92추31).

2. 감독기관의 지시에 따른 재의요구와 대법원에의 제소

뒤에서 다루기로 한다.

02 감독기관(D)에 의한 조례통제

뒤에서 다루기로 한다.

03 일반법원에 의한 조례 통제

1. 구체적 규범통제

(1) 명령 · 규칙 심사(헌법 제107조 제2항)

> 헌법 제107조 ② 명령 · 규칙 또는 처분이 헌법이나 법률에 위반되는 여부가 재판의 전제가 된 경우에는 대법원은 이를 최종적으로 심사할 권한을 가진다.

조례에 근거한 처분에 의하여 법률상 이익의 침해를 받은 주민은 그 처분에 대한 항고소송에서 당해 처분이 위법하다는 이유로 그 근거법규인 조례의 위법을 주장할 수 있다. 여기에서 수소법원은 선결문제로서 당해 조례의 위법 여부에 대해 헌법 제107조 제2항에 근거하여 부수적으로 심리할 수 있다.

(2) 조례 자체에 대한 항고소송

① 조례는 원칙적으로 일반적 · 추상적 규율이기 때문에 처분성이 인정되지 않는다. 이에 따라 항고소송의 대상이 되지 않는다. 다만, 조례가 예외적으로 개별적 · 구체적 규율의 형태를 취하는 경우에는(처분적 조례) 처분성이 인정되므로 때문에 항고소송으로 다툴 수 있다. [15년 지방 7급, 14년 지방 7급]

② 이때 항고소송의 피고는 조례의 의결기관인 지방의회가 아니라 조례의 공포권이 있는 지방자치단체의 장(교육에 관한 조례의 경우에는 시 · 도 교육감)이 된다는 것이 판례의 입장이다(95누8003). [20년 지방 7급, 19년 2월 서울 7급 1, 15년 지방 7급, 15년 변호사, 14년 지방 7급]

2. 사전적 · 추상적 규범통제

① 위법한 조례안에 대한 지방자치단체장(C)이나 감독기관(D)의 제소가 있으면 대법원은 사전적 · 추상적 규범통제를 행할 수 있다(제120조 제3항, 제192조 제4항, 제5항, 제8항). [19년 10월 서울 7급 2] 앞에서 다루었던 내용을 대법원의 권한의 관점에서 다시 한 번 더 표현한 것이다.

② 지방자치단체장이나 감독기관에 의한 제소가 사전적 · 추상적 규범통제가 되는 이유는 국민에게 적용됨으로써 발생한 구체적인 사건이 없는 상황에서도 제소를 하는 것이기 때문이다.

04 헌법재판소에 의한 통제

조례가 집행행위의 매개 없이 주민의 기본권을 직접 침해한 경우(집행적 조례)에는 헌법소원을 통하여 다툴 수 있다고 본다(92헌마264, 92헌마216). [19년 2월 서울 7급 3, 18년 서울 7급 4, 13년 변호사]

OX 1
조례가 처분성을 갖는 경우 항고소송의 대상이 되며 이 경우 피고는 조례를 의결한 지방의회가 된다. [ ] [19년 2월 서울 7급]

OX 2
지방자치단체의 장, 주무부장관, 시 · 도지사에 의해 제기되는 위법한 조례안의 재의결에 대한 무효확인소송은 사전적 · 구체적 규범통제의 성질을 갖는다. [ ] [19년 10월 서울 7급]

OX 3
조례 자체에 의해 직접 기본권을 침해받은 자는 조례 자체에 대하여 헌법소원을 제기할 수 있다. [ ] [19년 2월 서울 7급]

OX 4
조례 자체로 인하여 직접 그리고 현재 자기의 기본권을 침해받은 자는 그 권리구제의 수단으로서 조례에 대한 헌법소원을 제기할 수 있다. [ ] [18년 서울 7급]

정답
1. × 2. × 3. ○ 4. ○

제2절 규칙

● 핵심 정리 16 지방자치단체의 규칙

01 의의

지방자치법 제29조(규칙) 지방자치단체의 장은 법령 또는 조례의 범위에서 그 권한에 속하는 사무에 관하여 규칙을 제정할 수 있다.

지방자치법 제30조(조례와 규칙의 입법한계) 시·군 및 자치구의 조례나 규칙은 시·도의 조례나 규칙을 위반하여서는 아니 된다.

① 규칙이란 지방자치단체의 장이 법령 또는 조례가 위임한 범위 안에서 그 권한에 속하는 사무에 관하여 제정하는 규범을 말한다(제29조). 따라서 조례와 규칙 중에서는 조례가 상위규범이다(94누5694 전원합의체). [17년 소방간부, 13년 서울 7급 1] 다만, 지방자치법 제30조에 따르면 시·군·자치구의 조례는 시·도의 규칙을 위반할 수 없으므로, 기초지방자치단체의 조례보다는 광역지방자치단체의 규칙이 우월하다고 본다.

② 규칙은 보통 외부적 효력을 갖는 일반적·추상적 규율로서 실질적 의미의 법규명령의 성격을 갖는 것으로 본다. 그러나 단순히 행정내부의 사무처리 지침으로서 행정규칙의 성격을 갖는 경우도 있다.

③ 한편, 교육·학예에 관한 사무의 집행기관인 교육감이 제정하는 규칙도 있는데 이를 '교육규칙'이라 한다. 성질, 규정사항, 제정절차 등은 일반적인 규칙의 경우와 동일하다.

OX 1

판례는 지방자치단체의 사무에 관한 조례와 규칙 중 조례가 상위규범이라고 한다. [ ]
[13년 서울 7급]

02 주민의 규칙 입법에 대한 의견 제출권

주민은 규칙(권리·의무와 직접 관련되는 사항으로 한정한다)의 제정, 개정 또는 폐지와 관련된 의견을 해당 지방자치단체의 장에게 제출할 수 있다(제20조). [22년 국회직 8급]

03 한계

① 규칙으로 새로운 법규사항을 정하기 위해서는 법령이나 조례의 위임이 있어야만 한다고 본다. 또 이때의 위임은 조례와 달리 개별적·구체적인 위임이어야 하는 것으로 본다. 규칙은 지방의회에서 제정하는 것이 아니기 때문이다.

② 그러나 규칙이 새로운 법규사항을 정하는 것이 아니라, 단지 법령이나 조례를 시행하기 위해 제정되는 경우에는 위임이 없이도 제정할 수 있다고 본다.

04 공포 및 효력발생

규칙은 특별한 규정이 없는 한 공포한 날로부터 20일이 경과함으로써 효력이 발생한다(제32조 제8항).

정답

1. ○

05 위법한 규칙

① 규칙이 위법한 경우, 조례와 마찬가지로 특별한 사정이 없는 한 곧바로 무효가 된다. 따라서 위법한 규칙에 근거하여 발급된 처분의 경우, 무효인 규칙에 근거하여 발급된 처분 즉, 권한 없이 발급된 처분이 된다.

② 조례로 정하여야 하는 사항을 규칙으로 정한 경우에도, 그 규칙은 무효이다(95누8669). [17년 소방간부]

Chapter

05 지방자치단체의 사무

핵심 정리 17 지방자치단체의 사무

01 국가와 지방자치단체 간 사무분배

1. 지방자치단체가 처리할 수 없는 국가사무(제15조)

지방자치법 제15조(국가사무의 처리제한) 지방자치단체는 다음 각 호에 해당하는 국가사무를 처리할 수 없다. 다만, 법률에 이와 다른 규정이 있는 경우에는 국가사무를 처리할 수 있다.

1. 외교, 국방, 사법(司法), 국세 등 국가의 존립에 필요한 사무
2. 물가정책, 금융정책, 수출입정책 등 전국적으로 통일적 처리를 요하는 사무
3. 농산물·임산물·축산물·수산물 및 양곡의 수급조절과 수출입 등 전국적 규모의 사무 [17년 10월 국가 7급 1, 16년 국회 8급 2]
4. 국가종합경제개발계획, 국가하천, 국유림, 국토종합개발계획, 지정항만, 고속국도·일반국도, 국립공원 등 전국적 규모나 이와 비슷한 규모의 사무
5. 근로기준, 측량단위 등 전국적으로 기준을 통일하고 조정하여야 할 필요가 있는 사무
6. 우편, 철도 등 전국적 규모나 이와 비슷한 규모의 사무
7. 고도의 기술을 요하는 검사·시험·연구, 항공관리, 기상행정, 원자력개발 등 지방자치단체의 기술과 재정능력으로 감당하기 어려운 사무

판례

지방자치법 제11조(현 제15조)는 "지방자치단체는 다음 각호에 해당하는 국가사무를 처리할 수 없다. 다만 법률에 이와 다른 규정이 있는 경우에는 국가사무를 처리할 수 있다."라고 정하고 있는데, 그 제4호에서 국가하천을 '전국적 규모나 이와 비슷한 규모의 사무'로서 지방자치단체가 처리할 수 없는 국가사무의 예로 정하고 있다. 하천법은 국가하천의 하천관리청은 국토교통부장관이고(제8조 제1항), 하천공사와 하천의 유지·보수는 원칙적으로 하천관리청이 시행한다고 정하고 있다(제27조 제5항). 위와 같은 규정에 따르면, 국가하천에 관한 사무는 다른 법령에 특별한 정함이 없는 한 국가사무로 보아야 한다. 지방자치단체가 비용 일부를 부담한다고 해서 국가사무의 성격이 자치사무로 바뀌는 것은 아니다(2020두37406). [21년 국회 8급 3]

OX 1

농산물·임산물·축산물·수산물 및 양곡의 수급조절과 수출입 등의 사무는 지방자치단체만이 처리할 수 있다. [ ] [17년 10월 국가 7급]

OX 2

지방자치단체는 다른 법률에 특별한 규정이 없는 한 농산물·임산물·축산물·수산물 및 양곡의 수급조절과 수출입 등 전국적 규모의 사무를 처리할 수 없다. [ ] [16년 국회 8급]

OX 3

국가하천에 관한 사무는 다른 법령에 특별한 정함이 없는 한 국가사무로 보아야 하고, 지방자치단체가 비용 일부를 부담한다고 해서 국가사무의 성격이 자치사무로 바뀌는 것은 아니다. [ ] [21년 국회 8급]

정답

1. × 2. ○ 3. ○

2. 지방자치단체가 처리할 수 있는 사무

(1) 지방자치법에 예시된 사무

지방자치법 제13조(지방자치단체의 사무범위) ② 제1항에 따른 지방자치단체의 사무를 예시하면 다음 각 호와 같다. 다만, 법률에 이와 다른 규정이 있으면 그러하지 아니하다.
1. 지방자치단체의 구역, 조직, 행정관리 등
가. 관할 구역 안 행정구역의 명칭 · 위치 및 구역의 조정
… (중략) …
카. 지방자치단체에 필요한 각종 조사 및 통계의 작성
2. 주민의 복지증진
가. 주민복지에 관한 사업
… (중략) …
차. 지방공기업의 설치 및 운영
3. 농림 · 상공업 등 산업 진흥
가. 못 · 늪지 · 보(洑) 등 농업용수시설의 설치 및 관리
… (중략) …
하. 우수지역특산품 개발과 관광민예품 개발
4. 지역개발과 주민의 생활환경시설의 설치 · 관리
가. 지역개발사업
… (중략) …
더. 지역경제의 육성 및 지원
5. 교육 · 체육 · 문화 · 예술의 진흥
가. 어린이집 · 유치원 · 초등학교 · 중학교 · 고등학교 및 이에 준하는 각종 학교의 설치 · 운영 · 지도
… (중략) …
마. 지방문화 · 예술단체의 육성
6. 지역민방위 및 지방소방
가. 지역 및 직장 민방위조직(의용소방대를 포함한다)의 편성과 운영 및 지도 · 감독
나. 지역의 화재예방 · 경계 · 진압 · 조사 및 구조 · 구급
7. 국제교류 및 협력
가. 국제기구 · 행사 · 대회의 유치 · 지원
나. 외국 지방자치단체와의 교류 · 협력

(2) 지방자치법에 예시되지 않은 사무

지방자치법 제13조 제2항에서도 예시되어 있지 아니하고 다른 법률에도 특별한 규정이 없으며, 제15조의 해석상 국가사무의 범위로 포함된다고 보기 어려운 경우, 지역과 관련된 사무는 지방자치단체의 사무로 추정한다. 이를 전(全)권한성의 원칙 또는 포괄성의 원칙이라고 한다.

02 지방자치단체의 사무의 유형

① 지방자치단체의 사무는 자치사무와 위임사무로 구분된다. 그리고 위임사무는 다시 위임이 지방자치단체 자체에 대하여 이루어진 단체위임사무와, 지방자치단체의 기관에 대하여 이루어진 기관위임사무로 나뉜다.

② 사무의 종류에 따라 국가의 감독관계, 조례제정 가부, 비용부담자, 손해배상책임의 귀속 등에서 다르게 취급되기 때문에 이 점에서 사무유형을 구별할 실익이 있다.

03 지방자치단체 사무유형의 종류

1. 자치사무

(1) 의의

> 지방자치법 제13조(지방자치단체의 사무범위) ① 지방자치단체는 관할 구역의 자치사무와 법령에 따라 지방자치단체에 속하는 사무를 처리한다.

자치사무란, 지방자치단체가 자신의 고유한 업무로서 자기책임하에 처리하는 사무를 말한다. 고유사무라고도 한다. 지방자치법 제13조 제2항에서는 이러한 자치사무의 종류를 예시적으로 규정하고 있다.

(2) 국가의 감독

① 자치사무에 대한 국가의 감독은 적법성 감독으로 한정되고 합목적성에 대한 감독은 할 수 없다. [19년 행정사 1] 자치사무는 지방자치단체가 국가나 다른 지방자치단체의 간섭을 받지 않고 자기책임하에 처리하는 사무이기 때문이다. 이를 두고, 타당성(즉, 부당한 점이 있는지)에 대한 감사는 불가능하고, 위법성에 대한 감사만이 가능하다고 표현하기도 한다. [12년 지방 7급 2]

> 제190조(지방자치단체의 자치사무에 대한 감사) ① 행정안전부장관이나 시·도지사는 지방자치단체의 자치사무에 관하여 보고를 받거나 서류·장부 또는 회계를 감사할 수 있다. 이 경우 감사는 법령 위반사항에 대해서만 한다. [23년 국회 8급, 23년 군무원 5급, 22년 국가 7급 3]

② 또한 자치사무에 대한 국가의 감독권은 사전적·일반적인 포괄감사권이 아니라 그 대상과 범위가 한정적인 제한된 감사권이다(2006헌라6). [20년 5급 승진, 15년 국회 8급 4, 12년 국회 8급 5]

(3) 경비부담

자치사무는 지방자치단체의 사무이므로 그에 소요되는 경비는 당해 지방자치단체가 부담한다(지방재정법 제20조).

(4) 지방의회의 관여

자치사무의 처리에 대하여는 해당 지방자치단체의 지방의회의 관여가 인정된다. 지방의회는 매년 1회 그 지방자치단체의 사무에 대하여 시·도에서는 14일의 범위에서, 시·군 및 자치구에서는 9일의 범위에서 감사를 실시하고, 지방자치단체의 사무 중 특정 사안에 관하여 본회의 의결로 본회의나 위원회에서 조사하게 할 수 있다(제49조 제1항). [12년 국가 7급] 이를 지방의회의 행정사무 조사·감사권이라 한다.

(5) 국가배상법상의 책임

지방자치단체소속 공무원이 자치사무수행 중 불법행위를 저질러 손해가 발생된 경우, 지방자치단체는 그 공무원의 선임·감독자(사무귀속주체)로서 배상책임을 부담한다(국가배상법 제2조).

OX 1
자치사무에 대한 국가의 감독은 적법성 통제에 그친다. [ ] [19년 행정사]

OX 2
행정안전부장관은 지방자치단체의 자치사무의 적법성과 타당성에 대하여 감사를 실시할 수 있다. [ ] [12년 지방 7급]

OX 3
행정안전부장관이나 시·도지사는 지방자치단체의 자치사무에 관하여 보고를 받거나 서류·장부 또는 회계를 감사할 수 있으나, 감사는 법령 위반사항에 대해서만 한다. [ ] [22년 국가 7급]

OX 4
중앙행정기관의 지방자치단체의 자치사무에 대한 감사권은 사전적·일반적인 포괄감사권이 아니라, 그 대상과 범위가 한정적인 제한된 감사권이다. [ ] [15년 국회 8급]

OX 5
지방자치법 제171조에서 규정하는 지방자치단체의 자치사무에 대한 감사는 위법성 여부에 한정되지만 그 대상과 범위는 일반적·포괄적일 수 있다. [ ] [12년 국회 8급]

정답
1. ○ 2. × 3. ○ 4. ○ 5. ×

2. 단체위임사무

(1) 의의

> 지방자치법 제13조(지방자치단체의 사무범위) ① 지방자치단체는 관할 구역의 자치사무와 법령에 따라 지방자치단체에 속하는 사무를 처리한다.

① 단체위임사무는 개념상으로는 본래 지방자치단체의 사무는 아니지만, 법령에 의하여 국가나 다른 공공단체로부터 지방자치단체로 위임된 사무를 말한다. 그러나 단체위임사무와 자치사무는 실제로는 구별하기 매우 어려우며 지방자치법 제13조 제2항 역시 양자를 구별하지 않고 지방자치단체의 사무를 열거하고 있다.

② 실무상으로도 단체위임사무의 예로 거론되고 있는 것은 거의 없다. ㉠ 시·군이 자신의 관할 구역 내에서 의무교육대상자를 모두 취학시키기가 곤란한 경우, 인접한 다른 시·군에 의무교육대상자에 대한 교육을 위탁하는 경우(초·중등교육법 제12조 제3항), ㉡ 국가하천의 점용료 징수업무가 시·도로 위임되는 경우(하천법 제37조 제2항)정도가 단체위임사무의 예로 거론되고 있다.

(2) 국가의 감독

① 지방자치단체에 사무를 위임한 국가나 시·도는 광범위한 일반적 감독권을 갖는다. 합법성뿐만 아니라 합목적성에 대해서도 통제를 할 수 있다. [18년 3월 서울 7급 1] 즉, 법령위반이 있는지 여부뿐만 아니라, 최선의 방법으로 업무가 처리되고 있는지까지도 감독할 수 있다.

② 이때 국가가 사무를 위임한 경우, ㉠ 시·도에 위임한 사무에 대해서는 주무부장관이 감독권을 갖고, ㉡ 시·군 및 자치구에 위임한 사무에 대해서는 1차로는 시·도지사가, 2차로는 주무부장관이 감독권을 갖는다. [23년 군무원 5급, 12년 지방 7급]

(3) 경비의 부담

> 지방재정법 제21조(부담금과 교부금) ② 국가가 스스로 하여야 할 사무를 지방자치단체나 그 기관에 위임하여 수행하는 경우 그 경비는 국가가 전부를 그 지방자치단체에 교부하여야 한다.

위임주체인 국가나 광역지방자치단체가 그 경비를 부담하여야 한다고 보는 것이 통설의 입장이다. 국가가 사무를 지방자치단체에 위임하는 경우에 대해서는 지방재정법에 국가가 경비 전부를 교부하여야 한다는 명문의 규정이 있다(지방재정법 제21조 제2항). [13년 국가 7급 2]

(4) 지방의회의 관여

① 단체위임사무에 관하여서도 법령의 위임이 없이도 조례를 제정할 수 있다. [18년 3월 서울 7급 3]

② 단체위임사무에 관하여 국회나 시·도의회가 직접 감사하기로 한 사무가 아닌 경우에만 해당 지방의회가 직접 감사할 수 있다(지방자치법 제49조 제3항). [20년 국회 8급]

OX 1
국가가 위임한 단체위임사무는 국가사무가 지방자치단체에 위임되었기 때문에 국가의 감독은 적법성 감독과 더불어 합목적성 감독을 포함한다. [ ]
[18년 3월 서울 7급]

OX 2
국가가 스스로 하여야 할 사무를 지방자치단체나 그 기관에 위임하여 수행하는 경우 국가가 그 경비의 일부를 그 지방자치단체에 교부하여야 한다. [ ]
[13년 국가 7급]

OX 3
지방자치단체는 원칙적으로 그 고유사무인 자치사무에 대하여는 자치조례를 제정할 수 있으나, 법령에 의하여 위임된 단체위임사무에 관하여는 조례를 제정할 수 없다. [ ]
[18년 3월 서울 7급]

정답
1. ○ 2. × 3. ×

(5) 국가배상법상의 책임

단체위임사무에 대해 지방자치단체는 공무원의 선임·감독자로서 국가배상책임을 지거나(국가배상법 제2조), 형식적(대외적) 비용부담자로서 국가배상책임을 진다(국가배상법 제6조 제1항).

3. 기관위임사무

(1) 의의

① 기관위임사무란 국가 또는 다른 지방자치단체 등으로부터 당해 지방자치단체의 기관에 위임된 사무를 의미한다.

② 기관위임사무는 지방자치단체의 사무가 아니다. 지방자치단체의 장 및 기타 기관은 기관위임사무를 처리하는 범위 안에서 그 사무를 위임한 국가 등의 기관의 지위에 서게 된다(2000헌라2). 또한 지방자치단체 장에 대한 기관위임사무는 그 법적 처리의 효과가 그 사무를 위임한 행정주체에게 귀속된다.

(2) 국가의 감독

① 지방자치단체의 장에게 사무를 위임한 국가나 시·도는 광범위한 일반적 감독권을 갖는다. 국가의 기관위임사무에 대한 감독은 국가의 하급기관에 대한 감독에 해당하기 때문에, 적법성 여부뿐만 아니라 합목적성 여부에 대한 감독까지 이루어진다. [18년 3월 서울 7급 1]

> **OX 1**
> 국가의 기관위임사무에 대한 감독은 국가의 하급행정기관에 대한 감독에 해당하기 때문에 적법성 여부뿐만 아니라 합목적성 여부에 대한 감독까지 포함한다.
> [ ] [18년 3월 서울 7급]

② 이때 국가가 사무를 위임한 경우, ㉠ 시·도의 기관에 위임한 사무에 대해서는 주무부장관이 감독권을 갖고, ㉡ 시·군 및 자치구의 기관에 위임한 사무에 대해서는 1차로는 시·도지사가, 2차로는 주무부장관이 감독권을 갖는다. [23년 군무원 5급, 12년 지방 7급]

(3) 경비의 부담

기관위임사무는 위임주체의 사무이므로, 위임주체가 그에 소요되는 경비를 부담하여야 한다. 지방재정법은 국가가 그 사무를 지방자치단체의 기관에게 위임하는 경우에는 국가가 그 경비의 전부를 교부하여야 한다는 명문의 규정을 두고 있다(지방재정법 제21조 제2항).

(4) 지방의회의 관여

① 국가의 기관위임사무는 법률에 특별한 규정이 없는 한 지방의회의 (자치)조례의 규율대상이 되지 않는다(2012추145). [21년 군무원 5급, 20년 군무원 7급, 19년 국가 7급, 19년 5급 승진, 18년 3월 서울 7급] 법령에서 이를 허용하고 있는 경우에만 예외적으로 기관위임사무에 관한 조례를 제정할 수 있다(99추85, 90추30). [23년 군무원 5급, 19년 변호사, 19년 행정사, 17년 서울 7급, 17년 국회 8급] 이에 따라 제정되는 조례를 '위임조례'라 부른다. 앞서 다룬 내용들이다.

② 기관위임사무에 관하여 국회나 시·도의회가 직접 감사하기로 한 사무가 아닌 경우에만 해당 지방의회가 직접 감사할 수 있다(지방자치법 제49조 제3항). [20년 국회 8급 2]

> **OX 2**
> 「지방자치법」상 지방자치단체 및 그 장이 위임받아 처리하는 국가사무와 시·도의 사무에 대하여 국회와 시·도의회가 직접 감사하기로 한 사무 외에는 그 감사를 각각 해당 시·도의회와 시·군 및 자치구의회가 할 수 있다.
> [ ] [20년 국회 8급]

정답
1. ○ 2. ○

(5) 국가배상법상의 책임

지방자치단체의 장이 기관위임된 국가행정사무를 처리하면서 불법행위를 저지른 경우 당해 지방자치단체는 국가배상법 제6조 제1항 소정의 (형식적) 비용부담자로서 공무원의 불법행위로 인한 같은 법에 의한 손해를 배상할 책임이 있다(94다38137). [19년 5급 승진]

04 지방자치단체 사무유형의 구별기준

1. 구별기준

① 법령상 지방자치단체의 장이 처리하도록 하고 있는 사무가 자치사무인지 아니면 기관위임사무인지 여부를 판단함에 있어서는❶, ㉠ 그에 관한 법령의 규정 형식과 취지를 우선 고려하여야 할 것이지만(개별 법령에서 처음부터 국가기관의 권한으로 규정하였으나 이것이 지방자치단체장에게 위임된 경우에는 기관위임사무로 본다. 반대로 처음부터 지방자치단체의 장의 권한으로 규정한 것은 자치사무로 본다), 규정이 불분명한 경우에는 ㉡ 그 밖에 그 사무의 성질이 전국적으로 통일적인 처리가 요구되는 사무인지(그렇다면 기관위임사무), ㉢ 그에 관한 경비부담과 최종적인 책임귀속의 주체가 누구인지(국가라면 기관위임사무) 등도 함께 고려하여 판단하여야 한다(2012추145, 2008다71575, 2002두10483). [21년 군무원 7급❶, 20년 소방간부, 19년 5급 승진, 17년 서울 7급❷, 12년 변호사]

② 따라서 법령의 규정이 최우선이 되는데, 예컨대, 현행 「가족관계의 등록 등에 관한 법률」은 가족관계 등록사무를 국가사무로 규정하고 있으나, 그 전신(前身)인 구「호적법」에서는 호적사무는 국가의 기관위임사무가 아니라 지방자치법 제9조가 정하는 지방자치단체의 사무였다(94다45654). [21년 지방 7급, 19년 행정사, 14년 국회 8급❸]

③ 한편, 지방자치법 제13조는 자치사무를 예시적으로 나열하고 있고, 제15조는 국가사무에 해당하는 것들에 대해 언급하고 있으므로, 판단이 어려운 경우에는 제13조와 제15조에 규정된 사무와 유사한지 여부로 사무의 유형을 가를 수도 있다. 출제는 개별 사건에 대한 대법원 판례를 암기할 것을 요구하는 방식으로 이루어지고 있다.

❶ 어떤 사무가 단체위임사무인지 여부는 실무상으로는 거의 문제되지 않는다.

OX 1

법령상 지방자치단체의 장이 처리하도록 규정하고 있는 사무가 자치사무인지 기관위임사무인지를 판단할 때 그에 관한 경비부담의 주체는 사무의 성질결정의 본질적 요소가 아니므로 부차적인 것으로도 고려요소가 될 수 없다. [ ] [21년 군무원 7급]

OX 2

대법원은 법령상 지방자치단체의 장이 처리하도록 하고 있는 사무가 자치사무인지, 기관위임사무에 해당하는지 여부를 판단하면서는 그에 관한 법령의 규정 형식과 취지를 우선 고려하여야 할 것이지만, 그 외에도 그 사무의 성질이 전국적으로 통일적인 처리가 요구되는 사무인지 여부나 그에 관한 경비부담과 최종적인 책임귀속의 주체 등도 아울러 고려하여 판단하여야 한다고 본다. [ ] [17년 서울 7급]

OX 3

현행 「가족관계의 등록 등에 관한 법률」은 가족관계 등록사무를 국가사무로 규정하나 (구)호적법에서 호적사무는 국가의 기관위임사무가 아니라 지방자치법 제9조가 정하는 지방자치단체의 사무였다. [ ] [14년 국회 8급]

정답

1. × 2. ○ 3. ○

OX 1

교원의 지위에 관한 사항은 법률로 정하여 전국적으로 통일적인 규율이 필요한 것이고 국가가 이를 위하여 상당한 경비를 부담하고 있으므로, 이에 관한 사무는 국가사무로 보아야 한다. [ ] [22년 경찰간부]

OX 2

교육감의 교육청 소속 국가공무원인 교사에 대한 징계사무는 자치사무에 해당한다. [ ] [21년 국가 7급]

OX 3

교육감이 담당 교육청 소속 국가공무원인 교사에 대하여 하는 징계의결요구 사무는 국가위임사무이며, 또한 사립 초등·중·고등학교 교사징계에 관하여 규정한 교육감의 징계요구권은 국가사무로서 시·도 교육감에 위임된 사무이다. [ ] [20년 소방간부]

OX 4

공립·사립학교의 장이 행하는 학생생활기록부 작성에 관한 교육감의 지도·감독 사무는 국가사무로서 교육감에 위임된 기관위임사무이다. [ ] [14년 국회 8급]

OX 5

법령상 지방자치단체의 장이 처리하도록 정하고 있는 사무가 자치사무인지 아니면 기관위임사무인지 여부를 판단함에 있어서 법령의 규정내용과 취지를 근거로 판단하여야 하는바, 골재채취법상 골재채취업 등록사무는 자치사무에 해당한다. [ ] [17년 10월 국가 7급]

OX 6

서울신용보증재단의 사무 중 특히, 업무감독과 감독상 필요한 명령에 관한 사무는 중소기업청장의 위임에 의하여 국가사무가 지방자치단체의 장에게 위임된 기관위임사무에 해당한다. [ ] [22년 경찰간부]

OX 7

시장·군수·구청장은 약국 개설자가 구「약사법」을 위반한 경우 업무의 정지를 명하거나 그 업무정지처분을 갈음하여 과징금을 부과할 수 있는 바 이러한 사무는 지방자치단체 고유의 자치사무이다. [ ] [22년 경찰간부]

정답

1. ○ 2. × 3. ○ 4. ○ 5. × 6. ○ 7. ○

주요 대법원 판례

기관위임사무로 본 사무들(본래 국가사무인 것)	자치사무로 본 사무들
① 교원의 지위에 관한 사무(2012추145) [22년 경찰간부 **1**]	① 고등학교 이하 각급 학교의 설립·경영·지휘·감독에 관한 사무(96추84)(광역자치단체의 사무)
② 교육감의 담당교육청 소속 국가공무원인 도교육청 교육국장 및 그 하급자들에 대한 징계의결요구신청 사무(2013추517)	② 학교급식시설의 지원에 관한 사무(96추84)(기초자치단체의 사무)
③ 교육감의 담당교육청 소속 국가공무원인 교사에 대한 징계의결요구 사무(2009추206) [21년 국가 7급 **2**, 21년 군무원 5급, 20년 소방간부]	③ 인천국제공항 고속도로를 이용하는 지역주민에게 통행료를 지원하는 사무(2007추42) [21년 군무원 7급]
④ 교육감의 사립 초등·중·고등학교 교사에 대한 징계요구 사무(2009추206) [20년 소방간부 **3**]	④ 수업료, 입학금의 지원에 관한 사무(2012추22) [21년 군무원 5급]
⑤ 공립·사립학교의 장이 행하는 학교생활기록부 작성에 관한 교육감의 지도·감독 사무(2013추517) [23년 경찰간부, 20년 소방간부, 14년 국회 8급 **4**]	⑤ 지방자치단체가 설립·경영하는 학교의 부지 확보, 부지의 사용료 지급 등의 사무(2010다69704)
⑥ 교육감의 교원능력개발평가 사무(2011추56) [20년 소방간부]	⑥ 지방자치단체의 자치사무 및 단체위임사무와 관련된 행정정보의 공개 사무(95추32)
⑦ 골재채취업등록 및 골재채취허가 사무(2004추34) [17년 10월 국가 7급 **5**]	⑦ 공유재산의 사용허가에 관한 사용료율을 정하는 사무(2002두7135)
⑧ 자동차운전면허시험 관리 업무(91다34097) [20년 군무원 9급]	⑧ 도지사의 의료기관 감독에 관한 사무(94누3599)
⑨ 읍·면·동·출장소가 주택임대차계약서에 확정일자를 부여하는 업무(98추40)	⑨ 공유재산의 무단점유로 인한 변상금 부과·징수(2017추5039)
⑩ 읍·면·동·출장소의 주민등록담당 공무원이 전입신고수리 시 주택임대차계약서의 확정일자에 관하여 고지, 안내, 확정일자부여 청구 여부를 확인하는 업무(98추40) [23년 경찰간부]	⑩ 사립초등학교·중학교·고등학교 및 이에 준하는 각종 학교를 설치·경영하는 학교법인의 임시이사 선임에 관한 교육감의 권한(2019두58650) [22년 경찰간부]
⑪ 지방자치단체소속 공무원의 지정항만 순찰 등의 업무(2008도6530) [23년 경찰간부]	⑪ 지방자치단체의 소속 공무원에 대한 승진처분(2005추62) [22년 군무원 5급, 21년 국회 8급, 21년 변호사, 21년 소방간부]
⑫ 부랑인선도시설 및 정신질환자요양시설에 대한 지방자치단체장의 지도·감독사무(2004다759) [23년 경찰간부, 21년 군무원 7급]	⑫ 기업체의 생산실적 사실증명에 관한 사무(73다1212) [18년 소방간부]
⑬ 서울신용보증재단의 사무 중 특히, 업무감독과 감독상 필요한 명령에 관한 사무(2002두10483) [22년 경찰간부 **6**]	⑬ 약국 개설자가 구「약사법」을 위반한 경우 시장·군수·구청장이 업무의 정지를 명하거나 그 업무정지처분을 갈음하여 과징금을 부과하는 사무(2012두15920) [22년 경찰간부 **7**]

Chapter
06 지방자치단체 상호 간의 관계

핵심 정리 18 지방자치단체 상호 간의 관계

01 개설

① 각 지방자치단체는 독립적인 법인격을 갖고 있기 때문에 이론상으로는 그 사무수행에 타기관이 간여할 수 없는 것이 원칙이다(불간섭의 원칙). 따라서 지방자치단체 간에 갈등이 발생할 경우, 그에 타기관이 간여하기 위해서는 명문의 규정에 의하여 인정되는 제도적 장치가 있어야 한다. 이를 위해 지방자치법에 분쟁조정제도를 두고 있다(제165조).

② 한편, 지방자치법은 지방자치단체 간의 관계에 대하여 각 지방자치단체의 일반적인 협력의무를 규정하고 있으며(제164조), 협력의 방법으로 사무위탁(제168조), 행정협의회(제169조), 지방자치단체조합(제176조), 지방자치단체의 장 등의 협의체의 구성(제182조) 등을 규정하고 있다.

③ 그리고 불간섭의 원칙과의 조화를 이루는 한도 내에서 중앙행정기관의 장이나 시・도지사의 타지방자치단체의 자치사무에 관한 조언권한 또는 권고권한, 지도권한을 인정하고 있다. 그리고 그에 수반하여 자료제출 요구권한도 인정하고 있다(제184조 제1항). 더불어 지방자치법의 개정으로 중앙행정기관의 장이나 시・도지사의 조언, 권고, 지도에 대한 지방자치단체장의 의견제출권이 신설되었다(제184조 제3항).

> 지방자치법 제184조(지방자치단체의 사무에 대한 지도와 지원) ① 중앙행정기관의 장이나 시・도지사는 지방자치단체의 사무에 관하여 조언 또는 권고하거나 지도할 수 있으며, 이를 위하여 필요하면 지방자치단체에 자료 제출을 요구할 수 있다. [22년 국가 7급 1]
> ② 국가나 시・도는 지방자치단체가 그 지방자치단체의 사무를 처리하는 데 필요하다고 인정하면 재정지원이나 기술지원을 할 수 있다.
> ③ 지방자치단체의 장은 제1항의 조언・권고 또는 지도와 관련하여 중앙행정기관의 장이나 시・도지사에게 의견을 제출할 수 있다.

OX 1
중앙행정기관의 장이나 시・도지사는 지방자치단체의 사무에 관하여 조언 또는 권고하거나 지도할 수 있다. [ ]
[22년 국가 7급]

02 행정협의회(제169조)

① 행정협의회는 2개 이상의 지방자치단체에 관련된 사무의 일부를 공동으로 처리하기 위하여 설립하는 임의기구이다. 행정협의회 자체에는 법인격이 없다. 지방자치단체와 독립된 별개의 법인이 아니다. 지방자치단체조합과 이 점에서 다르다.

② 행정협의회(제169조)와 관련하여, 개정 전 지방자치법에 따르면 설립 시 지방의회의 의결이 필요하고 자치단체 간 협력에 대한 지원 근거가 없었으나, 지방자치법의 개정으로 인하여 ㉠ 설립 시 지방의회에 보고로 절차가 간소화되었으며 ㉡ 관계 중앙행정기관의 장은 협력 활성화를 위해 필요한 지원을 가능하게 하는 등 행정협의회를 활성화하고자 하였다.

정답
1. ○

03 지방자치단체조합(제176조)

① 2개 이상의 지방자치단체가 사무를 공동으로 처리할 필요가 있을 때에는 규약을 정하여 그 지방의회의 의결을 거쳐, 시·도는 행정안전부장관의, 시·군 및 자치구는 시·도지사의 승인을 받아 지방자치단체조합을 설립할 수 있다. 다만, 지방자치단체조합의 구성원인 시·군 및 자치구가 2개 이상의 시·도에 걸치는 지방자치단체조합은 행정안전부장관의 승인을 받아야 한다(제176조 제1항).

② 지방자치단체조합은 법인으로 한다(제176조 제2항). [23년 국회 8급 1]

OX 1
2개 이상의 지방자치단체가 사무를 공동으로 처리할 목적으로 설립하는 지방자치단체조합은 법인으로 한다. [ ]
[23년 국회 8급]

04 분쟁의 조정(제165조)

1. 분쟁조정의 개시(제1항)

> 지방자치법 제165조(지방자치단체 상호 간의 분쟁조정) ① 지방자치단체 상호 간이나 지방자치단체의 장 상호 간 사무를 처리할 때 의견이 달라 다툼(이하 "분쟁"이라 한다)이 생기면, 다른 법률에 특별한 규정이 없으면, 행정안전부장관이나 시·도지사가 당사자의 신청에 따라 조정할 수 있다. 다만, 그 분쟁이 공익을 현저히 해쳐 조속한 조정이 필요하다고 인정되면 당사자의 신청이 없어도 직권으로 조정할 수 있다.

① 지방자치단체 상호 간이나 지방자치단체의 장 상호 간 사무를 처리할 때 의견이 달라 분쟁이 생기면 행정안전부장관이나 시·도지사가 당사자의 신청에 따라 조정할 수 있다. 다만, 그 분쟁이 공익을 현저히 저해하여 조속한 조정이 필요하다고 인정되면 당사자의 신청이 없어도 직권으로 조정할 수 있다(제165조 제1항).

② 지방자치단체의 자치사무도 당해 지방자치단체에 내부적인 효과만을 발생시키는 것이 아니라 그 사무로 인하여 다른 지방자치단체나 그 주민의 보호할 만한 가치가 있는 이익을 침해하는 경우에는 지방자치법 제165조에서 정한 분쟁조정 대상 사무가 될 수 있다(2012추121).
[23년 국가 7급, 18년 5급 승진, 18년 국가 7급 2, 18년 지방 7급]

OX 2
지방자치단체의 자치사무라도 당해 지방자치단체에 내부적인 효과만을 발생시키는 것이 아니라 그 사무로 인하여 다른 지방자치단체의 주민의 보호할 만한 가치가 있는 이익을 침해 하는 경우에는 「지방자치법」상 분쟁조정 대상이 될 수 있다. [ ]
[18년 국가 7급]

판례

㉠ 영주시가 … 그 관할 구역 안의 '단산면'의 명칭을 '소백산면'으로 변경하는 것은 지방자치법 제9조 제2항 제1호 (가)목(현 제13조 제2항 제1호 (가)목)에서 정한 '관할 구역 안 행정구역의 명칭·위치 및 구역의 조정' 사무로서 자치사무에 해당한다.

㉡ 그런데 영주시가 그 관할 구역 안에서 면의 명칭으로 사용하려고 하는 '소백산'은 전국적으로 알려진 산의 고유명사로서 영주시뿐만 아니라 단양군 등 소백산에 인접한 여러 지방자치단체와 주민들이 다양한 이해관계를 맺고 있는 곳이다. 소백산에 인접한 여러 지방자치단체와 주민들은 오랜 기간 동안 특정 지방자치단체의 읍·면·동의 명칭으로 정해지지 않은 상태에서의 소백산이라는 명칭을 함께 사용해 왔으므로, 소백산이라는 명칭에 특정 지방자치단체의 행정구역 명칭이라는 의미는 없고 소백산 그 자체를 가리키는 의미만 있는 상태에서 이를 사용함으로써 발생하는 이익을 향유하고 있다고 볼 수 있다.

㉢ 따라서 영주시가 그 관할 구역 안의 면의 명칭을 변경하는 것이 자치사무라고 하더라도 '단산면'의 명칭을 '소백산면'으로 변경하는 것은 지방자치법 제148조(현 제165조)에서 정한 분쟁조정 대상 사무에 해당한다(2012추121).

정답
1. ○ 2. ○

2. 분쟁의 조정(제3항, 제4항)

① 행정안전부장관이나 시·도지사가 분쟁을 조정하고자 할 때에는 관계 중앙행정기관의 장과의 협의를 거쳐 지방자치단체 중앙분쟁조정위원회나 지방자치단체 지방분쟁조정위원회의 의결에 따라 조정하여야 한다(제165조 제3항).

② 행정안전부장관이나 시·도지사는 조정에 대하여 결정을 하면 서면으로 지체 없이 관계 지방자치단체의 장에게 통보하여야 한다(제165조 제4항).

3. 조정사항의 이행(제4항, 제5항, 제7항)

> 지방자치법 제165조(지방자치단체 상호 간의 분쟁조정) ⑦ 행정안전부장관이나 시·도지사는 제4항부터 제6항까지의 규정에 따른 조정결정사항이 성실히 이행되지 아니하면 그 지방자치단체에 대하여 제189조를 준용하여 이행하게 할 수 있다.

> 지방자치법 제189조(지방자치단체의 장에 대한 직무이행명령) ① 지방자치단체의 장이 법령에 따라 그 의무에 속하는 국가위임사무나 시·도위임사무의 관리와 집행을 명백히 게을리하고 있다고 인정되면 시·도에 대하여는 주무부장관이, 시·군 및 자치구에 대하여는 시·도지사가 기간을 정하여 서면으로 이행할 사항을 명령할 수 있다.
> ⑥ 지방자치단체의 장은 제1항 또는 제4항에 따른 이행명령에 이의가 있으면 이행명령서를 접수한 날부터 15일 이내에 대법원에 소를 제기할 수 있다. 이 경우 지방자치단체의 장은 이행명령의 집행을 정지하게 하는 집행정지결정을 신청할 수 있다. [21년 지방 7급]

① 조정결정을 통보받은 지방자치단체의 장은 그 조정결정사항을 이행하여야 한다(제165조 제4항). 조정결정사항 중 예산이 수반되는 사항에 대하여는 관계 지방자치단체는 필요한 예산을 우선적으로 편성하여야 한다(제165조 제5항). 만약 조정결정사항이 성실히 이행되지 아니하면 분쟁조정권자는 그 지방자치단체에 대하여 제189조의 직무이행에 관한 규정을 준용하여 직무이행명령을 내려 이행하게 할 수 있다(제165조 제7항). 직무이행명령에 대해서는 뒤에서 자세히 다룬다.

② 본래 제189조의 직무이행명령은 기관위임사무에 대해서만 가능하지만, 분쟁조정 대상사무가 자치사무였던 경우에는 자치사무에 대해서도 직무이행명령이 이루어질 수 있다고 본다 (2012추121).

판례

지방자치법 제148조(현 제165조)에서 정한 분쟁조정 대상 사무가 될 수 있는 자치사무에 관하여 분쟁조정결정이 있었음에도 조정결정사항을 성실히 이행하지 않은 지방자치단체에 대하여는 지방자치단체를 대표하는 지방자치단체의 장에 대하여 조정결정사항의 이행을 위하여 직무이행명령을 할 수 있다(2012추121).

4. 불복수단

(1) 분쟁조정결정 자체의 취소를 구하는 소송(허용 ×)

① 분쟁조정결정은 그 상대방이나 내용 등에 비추어 처분에 해당한다고 볼 수 없다. 따라서 분쟁조정결정에 대하여 항고소송으로 불복할 수는 없다(2014추613). [23년 국가 7급❶, 21년 국가 7급❷]

② 또한 지방자치법은 분쟁조정결정에 대한 불복방법은 별도로 규정하고 있지 아니하다. 따라서 별도로 항고소송 이외에 분쟁조정결정 자체의 취소를 구하는 소송을 대법원에 제기하는 것도 허용되지 아니한다(2014추613). [23년 국가 7급, 19년 지방 7급❸, 18년 지방 7급❹]

(2) 조정결정사항이 이행되지 않아 직무이행명령을 받은 경우 이에 대한 소를 제기하는 방법

분쟁조정결정에도 불구하고 조정결정사항이 성실히 이행되지 않았다는 이유로 직무이행명령이 내려진 경우, 지방자치단체의 장은 이행명령서를 접수한 날로부터 15일 이내에 직무이행명령을 대상으로 하여 대법원에 소송을 제기할 수 있다(제165조 제7항, 제189조 제6항). 제165조 제7항에 의하여 준용되는 제189조 제6항에서 직무이행명령에 대한 대법원에의 제소를 허용하고 있기 때문이다. 이 소송에서 이행의무의 존부와 관련하여 분쟁조정결정의 위법까지 함께 다툴 수 있다(2014추613).

판례

㉠ 지방자치법 제148조(현 제165조)는 제4항에서 분쟁조정결정의 통보를 받은 지방자치단체장은 조정결정사항을 이행하여야 한다고 규정하고, 제7항에서 행정안전부장관 등은 조정결정사항이 성실히 이행되지 아니하면 국가위임사무 등의 직무이행명령에 관한 지방자치법 제170조(현 제189조)를 준용하여 해당 지방자치단체의 장으로 하여금 이를 이행하게 할 수 있도록 규정하고 있다. 한편, 지방자치법은 제170조 제3항(현 제189조 제6항)에서 이행명령에 이의가 있는 지방자치단체의 장은 이행명령서를 접수한 날부터 15일 이내에 대법원에 소를 제기할 수 있다고 규정하고 있으나, 분쟁조정결정에 대한 불복방법은 별도로 규정하고 있지 아니하다.

㉡ 이러한 지방자치법 규정의 내용과 체계, 분쟁조정결정의 법적 성격 및 분쟁조정결정과 이행명령 사이의 관계 등에 비추어 보면, 행정안전부장관 등의 분쟁조정결정에 대하여는 그 후속의 이행명령을 기다려 대법원에 이행명령을 다투는 소를 제기한 후 그 사건에서 이행의무의 존부와 관련하여 분쟁조정결정의 위법까지 함께 다투는 것이 가능할 뿐, 별도로 분쟁조정결정 자체의 취소를 구하는 소송을 대법원에 제기하는 것은 지방자치법상 허용되지 아니한다고 보아야 한다. 나아가 분쟁조정결정은 그 상대방이나 내용 등에 비추어 행정소송법상 항고소송의 대상이 되는 처분에 해당한다고 보기 어려우므로, 통상의 항고소송을 통한 불복의 여지도 없다(2014추613).

OX 1
지방자치단체 또는 지방자치단체의 장 상호 간의 분쟁조정결정의 통보를 받은 지방자치단체의 장은 분쟁조정결정 자체에 대하여 대법원에 직접 제소할 수는 없고 「행정소송법」상의 항고소송을 통해 불복할 수 있다. [ ] [23년 국가 7급]

OX 2
행정안전부장관의 지방자치단체 또는 지방자치단체의 장 상호 간 분쟁에 대한 조정결정은 항고소송의 대상이 된다. [ ] [21년 국가 7급]

OX 3
행정안전부장관이 지방자치단체 상호 간의 사무비용 분담에 관한 다툼에 대하여 지방자치법에 따른 분쟁조정결정을 한 경우 분쟁조정결정 자체의 취소를 구하는 소송을 대법원에 제기하는 것은 지방자치법상 허용되지 아니한다. [ ] [19년 지방 7급]

OX 4
지방자치단체 상호 간이나 지방자치단체의 장 상호 간 사무를 처리할 때 의견이 달라 다툼이 생겨서 내린 행정안전부장관의 분쟁조정결정에 대해 지방자치단체가 불복하는 경우, 지방자치단체가 분쟁조정결정 자체의 취소를 구하는 소송을 대법원에 제기하는 것은 지방자치법상 허용되지 아니한다. [ ] [18년 지방 7급]

정답
1. × 2. × 3. ○ 4. ○

Chapter 07 지방자치단체에 대한 감독기관의 관여

핵심 정리 19 시정명령과 취소 · 정지

지방자치법 제188조(위법 · 부당한 명령 · 처분의 시정) ① 지방자치단체의 사무에 관한 지방자치단체의 장(제103조 제2항에 따른 사무의 경우에는 지방의회의 의장을 말한다. 이하 이 조에서 같다)의 명령이나 처분이 법령에 위반되거나 현저히 부당하여 공익을 해친다고 인정되면 시 · 도에 대하여는 주무부장관이, 시 · 군 및 자치구에 대하여는 시 · 도지사가, 기간을 정하여 서면으로 시정할 것을 명하고, 그 기간에 이행하지 아니하면 이를 취소하거나 정지할 수 있다.

② 주무부장관은 지방자치단체의 사무에 관한 시장 · 군수 및 자치구의 구청장의 명령이나 처분이 법령에 위반되거나 현저히 부당하여 공익을 해침에도 불구하고 시 · 도지사가 제1항에 따른 시정명령을 하지 아니하면 시 · 도지사에게 기간을 정하여 시정명령을 하도록 명할 수 있다. [22년 국회 8급, 22년 국가 7급 1]

③ 주무부장관은 시 · 도지사가 제2항에 따른 기간에 시정명령을 하지 아니하면 제2항에 따른 기간이 지난 날부터 7일 이내에 직접 시장 · 군수 및 자치구의 구청장에게 기간을 정하여 서면으로 시정할 것을 명하고, 그 기간에 이행하지 아니하면 주무부장관이 시장 · 군수 및 자치구의 구청장의 명령이나 처분을 취소하거나 정지할 수 있다.

④ 주무부장관은 시 · 도지사가 시장 · 군수 및 자치구의 구청장에게 제1항에 따라 시정명령을 하였으나 이를 이행하지 아니한 데 따른 취소 · 정지를 하지 아니하는 경우에는 시 · 도지사에게 기간을 정하여 시장 · 군수 및 자치구의 구청장의 명령이나 처분을 취소하거나 정지할 것을 명하고, 그 기간에 이행하지 아니하면 주무부장관이 이를 직접 취소하거나 정지할 수 있다.

⑤ 제1항부터 제4항까지의 규정에 따른 자치사무에 관한 명령이나 처분에 대한 주무부장관 또는 시 · 도지사의 시정명령, 취소 또는 정지는 법령을 위반한 것에 한정한다.

⑥ 지방자치단체의 장은 제1항, 제3항 또는 제4항에 따른 자치사무에 관한 명령이나 처분의 취소 또는 정지에 대하여 이의가 있으면 그 취소처분 또는 정지처분을 통보받은 날부터 15일 이내에 대법원에 소를 제기할 수 있다.

01 의의

지방자치단체의 사무에 관한 그 장의 명령이나 처분이 법령에 위반되거나 현저히 부당하여 공익을 해한다고 인정되면, ㉠ 감독기관이 기간을 정하여 서면으로 시정을 명(命)하고, ㉡ 그 기간 내에 이행하지 아니하면 감독기관이 지방자치단체장의 명령이나 처분을 취소하거나 정지시킬 수 있다 (제188조 제1항). [19년 5급 승진 2, 15년 국회 8급 3, 12년 변호사, 12년 지방 7급 4]

OX 1 주무부장관은 지방자치단체의 사무에 관한 시장 · 군수 및 자치구의 구청장의 명령이나 처분이 법령에 위반되거나 현저히 부당하여 공익을 해침에도 불구하고 시 · 도지사가 시정명령을 하지 아니하면 시 · 도지사에게 기간을 정하여 시정명령을 하도록 명할 수 있다. [ ] [22년 국가 7급]

OX 2 지방자치단체의 자치사무에 관한 그 장의 명령이나 처분이 법령에 위반되면 시 · 도에 대하여는 주무부장관이, 시 · 군 및 자치구에 대하여는 시 · 도지사가 기간을 정하여 서면으로 시정할 것을 명하고, 그 기간에 이행하지 아니하면 이를 취소하거나 정지할 수 있다. [ ] [19년 5급 승진]

OX 3 자치사무에 대한 시 · 도의 명령이나 처분이 법령에 위반되거나, 현저히 공익을 해친다고 인정되면 주무부장관은 해당 법령이나 처분을 취소할 수 있다. [ ] [15년 국회 8급]

OX 4 지방자치단체의 사무에 관한 그 장의 명령이나 처분에 대하여 감독청은 시정명령을 내릴 수 있다. [ ] [12년 지방 7급]

정답
1. ○ 2. ○ 3. × 4. ○

02 대상("지방자치단체의 사무에 관한 지방자치단체의 장의 명령이나 처분")

1. 사무

① 시정명령 및 정지·취소의 대상이 되는 사무는 지방자치법 제188조 제1항에서 "지방자치단체의 사무"라고 표현하고 있으므로 자치사무와 단체위임사무로 한정된다고 보는 것이 다수설과 판례의 입장이다(2012추183). [20년 행정사]

② 기관위임사무는 지방자치법 제188조에 의한 시정명령이나 취소·정지의 대상은 되지 않지만, 「행정권한의 위임 및 위탁에 관한 규정」 제6조에 의해 국가기관의 일반적인 지휘감독을 받기 때문에, 그에 근거하여 취소 또는 정지될 수 있다.

2. 객체

① "명령"이란 지방자치단체의 장이 제정하는 자치법규인 규칙을 의미한다.

② 한편, "처분"의 경우, 항고소송과 시정명령 및 정지·취소 제도는 각각 존재 이유가 다른 것이기 때문에, 이때의 "처분"은 항고소송의 대상인 행정처분으로 제한되지 않는다는 것이 대법원의 입장이다(2016추5087). [21년 국가 7급 1, 21년 소방간부, 19년 국가 7급 2, 19년 지방 7급 3, 17년 지방 7급] 그러면서 지방의회의원 개인별 유급보좌인력의 도입을 목적으로 한 서울특별시장의 채용공고 역시 이때의 처분에 해당한다고 보았다(2016추5087).

03 사유("법령에 위배되거나 현저히 부당하여 공익을 해친다고 인정되면")

1. 위법성 또는 부당성

㉠ 단체위임사무가 시정명령 및 정지·취소의 대상이 될 때에는 위법성뿐만 아니라 현저한 부당성(합목적성의 현저한 결여)도 사유가 되나(제188조 제1항), ㉡ 자치사무가 시정명령 및 정지·취소의 대상이 될 때에는 위법성만이 사유가 된다(제188조 제5항). [21년 군무원 7급 4, 20년 군무원 7급]

판례

교육감의 명령이나 처분이 '법령에 위반되는 경우'란, '명령·처분이 현저히 부당하여 공익을 해하는 경우', 즉 합목적성을 현저히 결하는 경우와 대비되는 개념이다(2014추33). [19년 지방 7급 5]

2. 재량권의 일탈·남용의 취급

(1) 문제점

① 일반적인 행정작용의 경우, 행정청이 부여된 재량권한의 범위를 일탈하거나 남용하면 그것도 위법의 일종에 해당하는 것으로 본다.

② 그러나 지방자치단체의 권한존중이념에 비추어 보았을 때 지방자치법 제188조 제5항의 '법령위반'에 일반적인 경우와 마찬가지로 '재량의 일탈·남용'이 포함된다고 보아야 하는지가 문제된다.

(2) 결론

전원합의체 다수의견은 이때의 법령위반에도 '재량권의 일탈·남용'이 포함된다고 보았다.

OX 1
「지방자치법」에 따른 자치사무에 관한 명령이나 처분에 대한 취소 또는 정지의 적용대상은 항고소송의 대상이 되는 행정처분에 제한되지 않는다. [ ] [21년 국가 7급]

OX 2
「지방자치법」 제169조 제1항에 따라 주무부장관이 시·도에 대하여 법령위반을 이유로 행하는 직권취소의 대상은 항고소송의 대상이 되는 처분으로 제한된다. [ ] [19년 국가 7급]

OX 3
지방자치단체의 사무에 관한 그 장의 명령이나 처분이 법령에 위반되거나 현저히 부당하여 공익을 해친다고 인정되면 시·도지사나 주무부장관은 시정명령을 내릴 수 있는데, 이때 시정명령의 대상인 처분은 행정소송법상 처분에 한정되지 않는다. [ ] [19년 지방 7급]

OX 4
지방자치단체의 자치사무에 관한 그 장의 명령이나 처분에 대한 시정명령의 경우 법령을 위반하는 것에 한한다. [ ] [21년 군무원 7급]

OX 5
교육·학예에 관한 사무 중 자치사무에 대한 교육감의 명령이나 처분이 합목적성을 현저히 결하였다면 그러한 사무의 집행은 재량권을 일탈·남용한 경우로서 교육부장관은 그 시정을 명할 수 있다. [ ] [19년 지방 7급]

정답
1. ○ 2. × 3. ○ 4. ○ 5. ×

(3) **판례 소개**(대법원 2007. 3. 22. 2005추62 전원합의체 다수의견)

판례

㉠ 지방자치법 제169조 제1항(현 제188조 제1항) 전문 및 후문에서 규정하고 있는 지방자치단체의 사무에 관한 그 장의 명령이나 처분이 '법령에 위반되는 경우'라 함은 명령이나 처분이 현저히 부당하여 공익을 해하는 경우, 즉 합목적성을 현저히 결하는 경우와 대비되는 개념으로, (i) 시·군·구의 장의 사무의 집행이 명시적인 법령의 규정을 구체적으로 위반한 경우뿐만 아니라, (ii) 그러한 사무의 집행이 재량권을 일탈·남용하여 위법하게 되는 경우를 포함한다고 할 것이다. [21년 변호사1, 21년 소방간부]

㉡ 따라서 시·군·구의 장의 자치사무의 일종인 당해 지방자치단체 소속 공무원에 대한 승진처분이 재량권을 일탈·남용하여 위법하게 된 경우 시·도지사는 지방자치법 제169조 제1항 후문(현 제188조 제5항)에 따라 그에 대한 시정명령이나 취소 또는 정지를 할 수 있다. [22년 군무원 5급, 21년 국회 8급, 21년 변호사2, 21년 소방간부, 12년 국가 7급]

울산광역시 북구청 소속 공무원에 대한 울산광역시 북구청장의 승진처분을 울산광역시장이 취소·정지하자, 북구청장이 울산광역시장을 상대로 소를 제기하였던 사건이다. 울산광역시 북구청 소속 공무원 6명이 2004. 10. 15.경 이루어진 전국공무원노동조합 불법 총파업에 참여하여, 울산광역시장이 북구청장에 대하여 그 6명에 대한 징계의결을 요구할 것을 지시하였으나, 북구청장이 오히려 이들을 승진임용하였다. 이에 대해 울산광역시장이 승진임용처분에 재량권의 일탈·남용이 있어 위법하다는 이유로 시정명령을 내렸다가 불응하자 후에 승진임용처분을 취소했던 사안이다. 승진임용처분이 재량행위이자 자치사무에 속하는 것이었기 때문에 문제가 되었다.

04 지방자치단체의 제소

1. "자치사무에 관한"

지방자치법 제188조 제6항은 자치사무에 관한 명령이나 처분의 취소 또는 정지에 대하여서만 소를 제기할 수 있다고 규정하고 있으므로, 단체위임사무에 관한 취소 또는 정지처분에 대해서는 소송을 제기할 수 없다. 자치사무에 관한 명령이나 처분을 취소하거나 정지한 것에 대해서만 소를 제기할 수 있으므로, 이 소송에 의해서는 위법 여부만이 법원에서 문제가 된다.

2. "취소 또는 정지에 대하여"

(1) **시정명령에 대한 제소**(허용 ×)

지방자치법 제169조 제2항(현 제188조 제6항)은 자치사무에 관한 명령이나 처분의 '취소 또는 정지'에 대하여서만 소를 제기할 수 있다고 규정하고 있고, 주무부장관이 지방자치법 제169조 제1항(현 제188조 제1항)에 따라 시·도에 대하여 행한 시정명령에 대하여 대법원에 소를 제기할 수 있다는 규정을 두고 있지 않으므로, '시정명령'의 취소를 구하는 소송은 허용되지 않는다(2016추5148, 2012추183). [23년 국가 7급3, 23년 군무원 5급, 21년 지방 7급, 21년 변호사, 21년 소방간부, 20년 5급 승진, 18년 지방 7급4]

OX 1

A도 B시의 단체장인 甲은 불법파업에 참가한 소속 지방공무원 乙을 사무관으로 승진 발령하였다('승진처분'). 한편, A도의 도지사 丙은 甲이 乙에 대하여 B시 인사위원회에 불법파업 참가를 이유로 징계의결을 요구하여야 함에도 불구하고 이를 하지 아니한 채 승진시킨 것은 문제가 있다고 판단한다. 이 경우 승진처분이 현저히 부당하여 공익을 해한다고 인정되면 丙은 甲에 대하여 서면으로 시정명령을 할 수 있다. [ ] [21년 변호사]

OX 2

A도 B시의 단체장인 甲은 불법파업에 참가한 소속 지방공무원 乙을 사무관으로 승진 발령하였다('승진처분'). 한편, A도의 도지사 丙은 甲이 乙에 대하여 B시 인사위원회에 불법파업 참가를 이유로 징계의결을 요구하여야 함에도 불구하고 이를 하지 아니한 채 승진시킨 것은 문제가 있다고 판단한다. 이 경우 甲이 丙으로부터 시정명령을 받고 기간 내에 시정하지 아니한 경우, 丙은 승진처분에 재량권의 일탈·남용이 있다면 이를 취소할 수 있다. [ ] [21년 변호사]

OX 3

구청장이 징계사유가 있는 공무원을 승진임용하는 처분을 하자 광역시장이 그 처분에 대한 시정명령을 내린 경우, 구청장은 그 시정명령의 취소를 구하는 소송을 제기할 수 있다. [ ] [23년 국가 7급]

OX 4

지방자치단체의 사무에 관한 그 장의 명령이나 처분이 법령에 위반되거나 현저히 부당하여 공익을 해친다고 인정되면 시·군 및 자치구에 대하여는 시·도지사가 기간을 정하여 서면으로 시정할 것을 명하고, 그 기간에 이행하지 아니하면 이를 취소하거나 정지할 수 있는데, 이와 관련해서 시·군 및 구청장은 시·도지사의 시정명령의 취소를 구하는 소를 대법원에 제기할 수 없다. [ ] [18년 지방 7급]

정답

1. × 2. ○ 3. × 4. ○

판례

㉠ 전라북도교육감이 2010. 8. 9. 법정부담금의 납부가 불확실하고, 고교평준화 정책에 부정적인 영향을 미치며, 불평등 교육을 심화시킨다는 이유로 학교법인 甲 산하의 A고등학교와 학교법인 乙 산하의 B고등학교에 대한 자율형 사립고등학교 지정·고시 처분을 취소하고(이하 '이 사건 각 취소처분'이라 한다), 2010. 8. 10. 위 2011학년도 신입생 입학전형 모집요강 승인 또한 취소하였다.

㉡ 그러자 교육과학기술부장관은 2010. 8. 23. 전라북도교육감에 대하여 이 사건 각 취소처분은 재량권을 현저히 일탈·남용한 것이므로 2010. 9. 7.까지 이를 취소하라는 취지의 시정명령을 하였으나 이에 응하지 않았다.

㉢ 이에 전라북도교육감은 이 시정명령에 응하지 않은 채, 2010. 9. 7. 지방자치법 제169조 제2항(현 제188조 제6항)에 따라 대법원에 이에 대한 이의의 소를 제기하였으나(2010추42), 시정명령에 대한 소제기에 대해서는 규정이 없다는 이유로 2011. 1. 27. 각하 되었다(2010헌라4). [17년 10월 국가 7급 1]

(2) **취소·정지에 대한 제소**

지방자치단체의 장은 자치사무에 관한 자신의 처분이 감독기관에 의해 취소 또는 정지된 경우, 이에 이의가 있으면 그 취소 또는 정지통보를 받은 날로부터 15일 이내에 대법원에 소를 제기할 수 있다. [21년 지방 7급, 21년 변호사, 21년 소방간부 2, 12년 국회 8급 3]

●핵심 정리 20 직무이행명령 및 이의소송

지방자치법 제189조(지방자치단체의 장에 대한 직무이행명령) ① 지방자치단체의 장이 법령에 따라 그 의무에 속하는 국가위임사무나 시·도위임사무의 관리와 집행을 명백히 게을리하고 있다고 인정되면 시·도에 대하여는 주무부장관이, 시·군 및 자치구에 대하여는 시·도지사가 기간을 정하여 서면으로 이행할 사항을 명령할 수 있다. [20년 5급 승진 4]

② 주무부장관이나 시·도지사는 해당 지방자치단체의 장이 제1항의 기간에 이행명령을 이행하지 아니하면, 그 지방자치단체의 비용부담으로 대집행하거나 행정상·재정상 필요한 조치(이하 이 조에서 "대집행등"이라 한다)를 할 수 있다. 이 경우 행정대집행에 관하여는 「행정대집행법」을 준용한다.

③ 주무부장관은 시장·군수 및 자치구의 구청장이 법령에 따라 그 의무에 속하는 국가위임사무의 관리와 집행을 명백히 게을리하고 있다고 인정됨에도 불구하고 시·도지사가 제1항에 따른 이행명령을 하지 아니하는 경우 시·도지사에게 기간을 정하여 이행명령을 하도록 명할 수 있다.

④ 주무부장관은 시·도지사가 제3항에 따른 기간에 이행명령을 하지 아니하면 제3항에 따른 기간이 지난 날부터 7일 이내에 직접 시장·군수 및 자치구의 구청장에게 기간을 정하여 이행명령을 하고, 그 기간에 이행하지 아니하면 주무부장관이 직접 대집행등을 할 수 있다.

⑤ 주무부장관은 시·도지사가 시장·군수 및 자치구의 구청장에게 제1항에 따라 이행명령을 하였으나 이를 이행하지 아니한 데 따른 대집행등을 하지 아니하는 경우에는 시·도지사에게 기간을 정하여 대집행등을 하도록 명하고, 그 기간에 대집행등을 하지 아니하면 주무부장관이 직접 대집행등을 할 수 있다.

OX 1

대법원은 전라북도교육감이 행한 자율형 사립고등학교 지정·고시처분의 취소처분에 대해 정부가 내린 시정명령에 대하여 전라북도교육감이 취소를 구한 사건에서 시정명령에 대한 소제기규정이 없다는 이유로 각하하였다. [ ]

[17년 10월 국가 7급]

OX 2

A광역시의 B구 소속 공무원 甲은 불법파업에 참가하였다. A광역시장은 B구청장으로 하여금 불법파업에 참가한 甲에 대한 '징계의결요구'를 지시·촉구하였다. 그러나 B구청장은 징계의결요구를 하지 않고 오히려 甲을 승진임용하였다. 이에 A광역시장은 B구청장에게 서면으로 총 세 차례나 甲에 대한 승진처분을 취소할 것을 지시(즉, 시정명령)하였다. 그러나 B구청장은 이 역시 응하지 않았다. 그러자 A광역시장은 甲에 대한 B구청장의 승진처분을 직접 취소하였다. B구청장은 A광역시장이 甲에 대한 승진처분을 직접 취소한 것에 대하여 이의가 있으면 그 취소처분을 통보받은 날부터 15일 이내에 대법원에 소를 제기할 수 있다. [ ]

[21년 소방간부]

OX 3

지방자치법 제169조에 따라 시·도지사는 시장, 군수 또는 자치구청장에 의한 위법한 자치사무에 관한 명령이나 처분에 대하여 취소 또는 정지를 행할 수 있고, 해당 시장, 군수 또는 자치구청장은 이의가 있으면 대법원에 제소할 수 있다. [ ]

[12년 국회 8급]

OX 4

시·도지사가 법령의 규정에 따라 그 의무에 속하는 국가의 기관위임사무의 관리 및 집행을 명백히 게을리 하고 있는 경우에 주무부장관은 직무이행명령을 내릴 수 있다. [ ]

[20년 5급 승진]

정답

1. ○ 2. ○ 3. ○ 4. ○

01 의의

① 직무이행명령이란 지방자치단체의 장이 그 의무에 속하는 기관위임사무의 관리와 집행을 명백히 게을리하는 경우에 감독기관(즉, 주무부장관 또는 시·도지사)이 그 이행을 명하여 이를 시정하는 제도를 말한다. 단순히 '이행명령'이라 부르기도 한다. 그리고 '이의소송'이란 그에 대한 불복수단으로서의 지방자치단체장의 대법원에의 제소를 말한다.

② 직무이행명령 및 이에 대한 이의소송 제도의 취지는, 지방자치단체의 장이 해당 기관위임사무에 관한 사실관계의 인식이나 법령의 해석·적용에서 감독기관과 견해를 달리하여 해당 사무의 관리·집행을 하지 아니할 때, ㉠ 감독기관에게는 그 사무집행의 실효성을 확보하기 위하여 지방자치단체의 장에 대한 직무이행명령과 그 불이행에 따른 후속 조치를 할 권한을 부여하는 한편, ㉡ 해당 지방자치단체의 장에게는 직무이행명령에 대한 이의의 소를 제기할 수 있도록 함으로써, 기관위임사무의 관리·집행에 관한 두 기관 사이의 분쟁을 대법원의 재판을 통하여 합리적으로 해결함으로써 그 사무집행의 적법성과 실효성을 보장하려는 데 있다(2017추5060).

③ 최근 지방자치법의 개정으로 시·군 및 자치구에 대하여 시·도지사가 조치를 취하지 않을 경우 보충적으로 시·군·구의 위법한 처분 및 부작위에 대하여 주무부장관이 직접 시정·이행명령을 할 수 있도록 하였는데, 시·군·구의 사무수행 책임성을 강화하기 위한 목적이다.

02 직무이행명령의 대상사무－기관위임사무

직무이행명령은 기관위임사무를 그 대상으로 한다(2009추206). [21년 변호사] 기관위임사무를 수행함에 있어서 지방자치단체의 장은 국가의 하급기관의 지위를 가진다. 그러나 지방자치단체의 장은 국민의 선거를 통해 선출된 민선기관이므로 상급기관에 의한 징계의 대상이 되지 않는다. 따라서 기관위임사무의 집행을 태만히 할 경우 이를 통제할 수단이 필요하다. 이를 위해 존재하는 것이 직무이행명령제도이다.

② 자치사무에 대해서는 직무이행명령을 할 수 없다. [21년 지방 7급 1, 12년 국가 7급 2] 지방자치단체는 독립된 법인으로서 이를 허용하는 것은 타 행정주체의 사무에 대한 간섭을 허용하는 것이 되기 때문이다.

③ 다만, 이미 다룬 바와 같이, 자치사무에 관하여 지방자치법 제165조의 분쟁조정결정이 있음에도 불구하고 이를 성실히 이행하지 않은 지방자치단체에 대해서는 지방자치법 제189조를 준용하여 이행하게 할 수 있으므로 이런 경우에는 예외적으로 자치사무도 직무이행명령의 대상이 된다(2012추121).

OX 1
지방자치단체의 장에 대한 직무이행명령의 대상은 법령의 규정에 의하여 지방자치단체의 업무에 속하는 자치사무이다. [ ] [21년 지방 7급]

OX 2
지방자치단체의 장이 법령의 규정에 따라 그 의무에 속하는 자치사무의 관리 및 집행을 명백히 게을리하고 있다고 인정되면 시·도에 대하여는 주무부장관이, 시·군 및 자치구에 대하여는 시·도지사가 기간을 정하여 서면으로 이행할 사항을 명령할 수 있다. [ ] [12년 국가 7급]

정답
1. × 2. ×

03 사유("법령의 규정에 따라 그 의무에 속하는 … 사무의 관리와 집행을 명백히 게을리")

1. 법령상 의무의 존재("그 의무에 속하는")

① 직무이행명령을 하기 위해서는 지방자치단체장에게 문제가 된 기관위임사무를 관리·집행할 법령상 의무가 있어야 한다. 지방자치단체의 장이 사무의 관리·집행을 하지 아니한 데 합리적 이유가 있는지 여부는 법령상 의무의 존부 판단에 영향을 주지 않는다(2017추5060). [21년 변호사1]

② 법령상 의무의 존부는 원칙적으로 직무이행명령 당시의 사실관계에 관련 법령을 해석·적용하여 판단하되, 그 직무이행명령 이후의 정황도 고려할 수 있다(2017추5060, 2009추206).

2. 명백히 게을리(정당한 이유의 부존재)

① 지방자치단체의 장이 그 의무에 속하는 기관위임사무의 관리와 집행을 명백히 게을리하고 있다고 인정되어야 한다. 지방자치단체장은 의무에 속한 국가위임사무를 이행하는 것이 원칙이므로, 지방자치단체장이 특별한 사정(정당한 이유)이 없이 의무를 이행하지 아니한 때에는 이를 충족한다(2013추517). [21년 변호사2]

② 여기서 '특별한 사정(정당한 이유)'이란, 국가위임사무를 관리·집행할 수 없는 법령상 장애사유 또는 지방자치단체의 재정상 능력이나 여건의 미비, 인력의 부족 등 사실상의 장애사유를 뜻한다(2013추517).

③ 지방자치단체장이 특정 기관위임사무를 관리·집행할 의무가 있는지에 관하여 감독기관과 다른 견해를 취하여 이를 이행하고 있지 아니하다는 사정은 '특별한 사정'에 해당하지 않는다(2013추517). [21년 변호사3] 직무이행명령제도는 이미 그러한 견해의 대립을 전제로 하는 것이어서 그러한 사정은 더 이상 고려할 필요가 없기 때문이다.

④ 또한 명백히 위법하거나 부당하다 하더라도 작위(직무집행행위)는 직무이행명령의 사유가 되지 않는다.

04 직무이행명령 불이행에 대한 감독기관의 후속조치

주무부장관이나 시·도지사는 해당 지방자치단체의 장이 이행명령시에 정해준 기간 내에 이행명령을 이행하지 아니하면, 그 지방자치단체의 비용부담으로 대집행하거나 행정상·재정상 필요한 조치를 할 수 있다. [21년 변호사, 20년 5급 승진4, 08년 국가 7급, 08년 지방 7급] 이 경우 행정대집행에 관하여는 「행정대집행법」을 준용한다(제189조 제2항). [23년 국회 8급]

OX 1
법령의 규정에 따라 지방자치단체의 장에게 특정 국가위임사무를 관리·집행할 의무가 있는지 여부의 판단대상에는 그 법령상 의무의 존부뿐만 아니라, 지방자치단체의 장이 그 사무의 관리·집행을 하지 아니한 데 합리적 이유가 있는지 여부도 포함된다. [ ] [21년 변호사]

OX 2
지방자치단체의 장은 그 의무에 속한 국가위임사무를 이행하는 것이 원칙이므로, 지방자치단체의 장이 특별한 사정 없이 그 의무를 이행하지 아니한 때에는 '국가위임사무의 관리와 집행을 명백히 게을리하고 있다'는 요건을 충족한다고 해석하여야 한다. [ ] [21년 변호사]

OX 3
지방자치단체의 장이 특정 국가위임사무를 관리·집행할 의무가 있는지 여부에 관하여 주무부장관과 다른 견해를 취하여 이를 이행하고 있지 아니한 사정은 의무불이행의 정당한 이유가 되지 못한다. [ ] [21년 변호사]

OX 4
시·도지사가 주무부장관이 행한 직무이행명령을 그 명령서에서 정한 기간 내에 이행하지 아니하는 경우, 주무부장관은 그 시·도의 비용부담으로 대집행을 할 수 있다. [ ] [20년 5급 승진]

정답
1. × 2. ○ 3. ○ 4. ○

05 지방자치단체의 장의 제소(이의소송)(제189조 제6항)

① 지방자치단체의 장은 직무이행명령에 이의가 있는 때에는 이행명령서를 접수한 날로부터 15일 이내에 대법원에 소를 제기할 수 있다. [23년 군무원 5급, 17년 10월 국가 7급 1, 16년 국회 8급 2] 이 경우 지방자치단체의 장은 이행명령의 집행을 정지하게 하는 집행정지결정을 신청할 수 있다.

② 이 소송의 법적 성질에 대해서는, ㉠ 지방자치법이 특별히 인정한 특수한 소송으로 보는 견해와 ㉡ 기관소송으로 보는 견해가 대립하고 있다. [08년 국가 7급 3]

판례

㉠ 구 교원 등의 연수에 관한 규정 제18조에 따른 교원능력개발평가 사무와 관련된 법령의 규정 내용과 취지, 그 사무의 내용 및 성격 등에 비추어 보면, 교원능력개발평가는 국가사무로서 각 시・도 교육감에게 위임된 기관위임사무라고 보는 것이 타당하다.

㉡ 교육부장관이 '2011년 교원능력개발평가제 시행 기본계획(이하 '2011년 기본계획'이라 한다)'을 수립한 후 각 시・도에 대하여 교원능력개발평가제 추진계획을 제출하게 하자, 전라북도교육감이 '2011년 교원능력개발평가제 추진계획(이하 '전북추진계획'이라 한다)'을 제출하였으나 교육부장관이 전북추진계획이 교원 등의 연수에 관한 규정(이하 '교원연수규정'이라 한다) 등에 위반된다는 이유로, 위 추진계획을 취소하고 시정하여 새로 제출하라는 시정명령과 2011년 전북교육청 교원능력개발평가 추진계획에 대한 직무이행명령을 한 사안에서, 대법원은, (i) 위 시정명령은 기관위임사무에 관하여 행하여진 것이어서 지방자치법 제169조 제2항(현 제188조 제6항) 소정의 소를 제기할 수 있는 대상에 해당하지 않으므로 시정명령에 대한 취소청구 부분은 부적법하고, (ii) 전북추진계획이 여러 항목에서 교원연수규정과 이에 따른 2011년 기본계획에 반하므로 전라북도교육감으로서는 교원연수규정 및 2011년 기본계획을 준수한 2011년 교원능력개발평가 추진계획을 제출하지 않았다고 볼 수 있고, 전라북도교육감이 교육부장관으로부터 교원연수규정 등을 준수한 추진계획을 제출하라는 취지의 시정명령을 받았으나 이를 제대로 이행하지 않았으므로 전라북도교육감은 기관위임사무인 교원능력개발평가 사무의 관리와 집행을 명백히 게을리 하였다고 인정할 수 있어 직무이행명령은 지방자치법 제170조 제1항(현 제189조 제1항)에 정해진 요건을 충족한 것으로서 적법하다고 보았다(2011추56).

06 시정명령과 직무이행명령의 비교

구분	시정명령(제188조)	직무이행명령(제189조)
대상사무	① 자치사무 O(단, 위법한 경우만) ② 단체위임사무 O ③ 기관위임사무 ×	① 자치사무 × ② 단체위임사무 ×(多, 判) ③ 기관위임사무 O
상황	작위가 위법 혹은 현저히 부당	명백한 해태(부작위)
불복종에 대한 후속조치	취소 또는 정지	대집행 또는 행정상・재정상 필요한 조치
대법원 제소	① 시정명령 자체는 제소 대상 × ② 그 후속조치인 자치사무에 대한 취소나 정지만 제소 대상 O ③ 취소 또는 정지통보를 받은 날로부터 15일 이내	① 직무이행명령에 대한 제소 O ② 이행명령서를 접수한 날로부터 15일 이내

OX 1
광역지방자치단체장이 국가로부터 위임받은 기관위임사무의 집행을 명백히 게을리할 경우 주무부장관은 기간을 정하여 서면으로 이행할 사항을 명령할 수 있으며, 광역지방자치단체장은 이 명령에 이의가 있더라도 대법원에 제소할 수 없다. [ ]
[17년 10월 국가 7급]

OX 2
지방자치단체의 장은 주무부장관 또는 시・도지사의 직무이행명령에 이의가 있으면, 주무부장관의 이행명령에 대해서는 대법원에, 시・도지사의 이행명령에 대해서는 고등법원에 각각 소를 제기할 수 있다. [ ]
[16년 국회 8급]

OX 3
직무이행명령에 이의가 있는 지방자치단체의 장은 그 이행명령에 대하여 취소소송의 형식으로 불복할 수 있다. [ ]
[08년 국가 7급]

정답
1. × 2. × 3. ×

핵심 정리 21 감독기관의 재의결 요구요청권와 (직접)제소(지시)권

01 규정

1. 개설

지방자치법 제192조(지방의회 의결의 재의와 제소) ① 지방의회의 의결이 법령에 위반되거나 공익을 현저히 해친다고 판단되면 시·도에 대해서는 주무부장관이, 시·군 및 자치구에 대해서는 시·도지사가 해당 지방자치단체의 장에게 재의를 요구하게 할 수 있고, 재의 요구 지시를 받은 지방자치단체의 장은 의결사항을 이송받은 날부터 20일 이내에 지방의회에 이유를 붙여 재의를 요구하여야 한다. [10년 지방 7급 1]

② 시·군 및 자치구의회의 의결이 법령에 위반된다고 판단됨에도 불구하고 시·도지사가 제1항에 따라 재의를 요구하게 하지 아니한 경우 주무부장관이 직접 시장·군수 및 자치구의 구청장에게 재의를 요구하게 할 수 있고, 재의 요구 지시를 받은 시장·군수 및 자치구의 구청장은 의결사항을 이송받은 날부터 20일 이내에 지방의회에 이유를 붙여 재의를 요구하여야 한다. [22년 지방 7급 2]

③ 제1항 또는 제2항의 요구에 대하여 재의한 결과 재적의원 과반수의 출석과 출석의원 3분의 2 이상의 찬성으로 전과 같은 의결을 하면 그 의결사항은 확정된다.

④ 지방자치단체의 장은 제3항에 따라 재의결된 사항이 법령에 위반된다고 판단되면 재의결된 날부터 20일 이내에 대법원에 소를 제기할 수 있다. 이 경우 필요하다고 인정되면 그 의결의 집행을 정지하게 하는 집행정지결정을 신청할 수 있다.

⑤ 주무부장관이나 시·도지사는 재의결된 사항이 법령에 위반된다고 판단됨에도 불구하고 해당 지방자치단체의 장이 소를 제기하지 아니하면 시·도에 대해서는 주무부장관이, 시·군 및 자치구에 대해서는 시·도지사(제2항에 따라 주무부장관이 직접 재의 요구 지시를 한 경우에는 주무부장관을 말한다. 이하 이 조에서 같다)가 그 지방자치단체의 장에게 제소를 지시하거나 직접 제소 및 집행정지결정을 신청할 수 있다.

⑥ 제5항에 따른 제소의 지시는 제4항의 기간(재의결된 날부터 20일)이 지난 날부터 7일 이내에 하고, 해당 지방자치단체의 장은 제소 지시를 받은 날부터 7일 이내에 제소하여야 한다.

⑦ 주무부장관이나 시·도지사는 제6항의 기간(제소 지시를 한 날부터 7일)이 지난 날부터 7일 이내에 제5항에 따른 직접 제소 및 집행정지결정을 신청할 수 있다.

✐ 일단 제소지시부터 해보고 안 하면, 직접 제소할 수 있는 것임.

⑧ 제1항 또는 제2항에 따라 지방의회의 의결이 법령에 위반된다고 판단되어 주무부장관이나 시·도지사로부터 재의 요구 지시를 받은 해당 지방자치단체의 장이 재의를 요구하지 아니하는 경우(법령에 위반되는 지방의회의 의결사항이 조례안인 경우로서 재의 요구 지시를 받기 전에 그 조례안을 공포한 경우를 포함한다)에는 주무부장관이나 시·도지사는 제1항 또는 제2항에 따른 기간이 지난 날부터 7일 이내에 대법원에 직접 제소 및 집행정지 결정을 신청할 수 있다. [20년 5급 승진 3, 12년 국회 8급]

⑨ 제1항 또는 제2항에 따른 지방의회의 의결이나 제3항에 따라 재의결된 사항이 둘 이상의 부처와 관련되거나 주무부장관이 불분명하면 행정안전부장관이 재의 요구 또는 제소를 지시하거나 직접 제소 및 집행정지 결정을 신청할 수 있다. [18년 국회 8급 4]

① 지방자치법 제192조는 주무부장관과 시·도지사를 지방의회의 의결사항에 대한 감독기관으로서 기능하도록 하면서, ㉠ 지방자치단체장에 대한 재의요구요청(지시)권과 ㉡ 제소지시권, ㉢ 직접 제소권을 규정하고 있다.

② 시·도의회에 대해서는 주무부장관이 감독을 하게 하고 있고, 시·군·구의회에 대해서는 1차적으로 시·도지사가 감독을 하고, 2차적으로 주무부장관이 감독을 하게 하고 있다.

OX 1

지방의회의 의결이 법령에 위반되거나 공익을 현저히 해친다고 판단되면 시·도에 대하여는 주무부장관이, 시·군 및 자치구에 대하여는 시·도지사가 재의를 요구하게 할 수 있고, 재의요구를 받은 지방자치단체의 장은 의결사항을 이송받은 날부터 20일 이내에 지방의회에 이유를 붙여 재의를 요구하여야 한다. [ ] [10년 지방 7급]

OX 2

조례안에 대한 군의회의 의결이 법령에 위반된다고 판단됨에도 불구하고 도지사가 군수에게 재의를 요구하게 하지 아니한 경우, 주무부장관이 직접 군수에게 재의를 요구하게 할 수는 없다. [ ] [22년 지방 7급]

OX 3

주무부장관이 시·도 지방의회의 의결이 법령에 위반된다고 판단되어 재의요구 지시를 하였음에도 시·도지사가 재의를 요구하지 아니하는 경우, 주무부장관은 그 지방의회를 피고로 대법원에 직접 제소할 수 있다. [ ] [20년 5급 승진]

OX 4

시·도의회에 의하여 재의결된 사항이 법령에 위반된다고 판단되면 주무부장관은 시·도지사에게 대법원에 제소를 지시하거나 직접 제소할 수 있다. 다만 재의결된 사항이 둘 이상의 부처와 관련되거나 주무부장관이 불분명하면 행정안전부장관이 제소를 지시하거나 직접 제소할 수 있다. [ ] [18년 국회 8급]

정답

1. ○ 2. × 3. ○ 4. ○

③ 교육·학예와 관련된 조례에 대해서는 「지방교육자치에 관한 법률」에서 동일한 내용의 권한을 교육감과 교육부장관에게 부여하고 있다.

판례

㉠ 지방의회에 의하여 재의결된 사항이 둘 이상의 부처와 관련되거나 주무부장관이 불분명하면 행정안전부장관이 재의요구 또는 제소를 지시하거나 직접 제소와 집행정지결정을 신청할 수 있다는 지방자치법 제172조 제8항(현 제192조 제9항) 규정은 주무부처가 중복되거나 주무부장관이 불분명한 경우에 행정안전부장관이 소송상의 필요에 따라 재량으로 주무부장관의 권한을 대신 행사할 수 있다는 것일 뿐이고, 언제나 주무부장관의 권한 행사를 배제하고 오로지 행정안전부장관만이 그러한 권한을 전속적으로 행사하도록 하려는 취지는 아니다.

㉡ 지방의회에 의하여 재의결된 사항이 둘 이상의 부처와 관련된 경우, 둘 이상의 주무부장관이 공동원고가 되어 조례안재의결 무효확인의 소를 제기하였다 하더라도, 부적법한 소를 제기한 것이 아니다(2016추5162).

2. 재의요구요청(지시)권

감독기관이 직접 지방의회에 재의요구를 할 수 있는 권한은 인정되지 않는다. 재의요구요청(지시)권만 인정되고 있다. 재의요구는 언제나 해당 지방자치단체의 장만이 할 수 있다.

3. 제소지시권 및 직접 제소권

① 지방자치단체장이 재의요구에 지시에 불응하는 경우에는 제소지시 개념이 등장하지 않는다. 곧바로 직접 제소를 할 수 있게 하고 있다. 재의요구조차 따르지 않고 있는 와중에 제소를 할 리 없기 때문이다.

② 주무부장관이 시·군·구청장에게 재의요구요청을 한 경우에는, 시·도지사가 간섭을 할 수 있다는 규정도 존재하지 않는다.

③ 시·군·구의회에 대하여 시·도지사가 재의요구요청을 한 경우에는, 주무부장관의 개입권한이 인정되지 않는다.

④ 시·군·구의회에 대하여 주무주장관이 재의요구요청을한 경우에는, 시·도지사의 개입권한이 인정되지 않는다.

⑤ 조례안이 감독기관의 재의요구지시를 받기 전에 공포되어 버린 경우에도 제192조 제8항에 근거하여 감독기관이 대법원에 직접 제소 및 집행정지결정 신청을 할 수 있다.

4. 규정이 없는 경우－정리

시·도에 대한 통제

주무부장관이 시·도지사에게 재의요구요청함.	➡	시·도지사가 재의요구 안 함.	➡	주무부장관의 제소지시	규정 없음.

OX 1
도지사의 재의요구지시 및 군수의 재의요구에 따른 군의회의 재의결이 법령에 위반된다고 판단됨에도 군수가 제소하지 않고 도지사도 제소를 지시하거나 직접 제소하지 않는 경우, 주무부장관은 그 재의결에 대하여 군수에게 제소를 지시할 수 있다. [ ] [23년 국가 7급]

시·군·구에 대한 통제

<table>
<tr><td rowspan="3">시·도지사가 시·군·구청장에게 재의요구 요청함.</td><td>➡ 시·군·구청장이 재의요구함.</td><td>➡ 시·군·구청장이 제소는 안 함.</td><td>➡ 시·도지사가 제소 지시도 직접 제소도 안 하는 경우, 주무부장관의 권한</td><td>규정 없음. [23년 국가 7급 1]</td></tr>
<tr><td rowspan="2">➡ 시·군·구청장이 재의요구 안 함.</td><td colspan="2">➡ 시·도지사의 제소지시(but 직접 제소有)</td><td>규정 없음.</td></tr>
<tr><td colspan="2">➡ 시·도지사가 제소지시도 직접 제소도 안 하는 경우, 주무부장관의 권한</td><td>규정 없음.</td></tr>
</table>

<table>
<tr><td rowspan="3">시·도지사가 시·군·구청장에게 재의요구요청 안 해서, 주무부장관의 시·군·구청장에게 재의요구요청함.</td><td>➡ 시·군·구청장이 재의요구함.</td><td>➡ 시·군·구청장이 제소는 안 한 경우, 시·도지사의 권한</td><td>규정 없음.</td></tr>
<tr><td rowspan="2">➡ 시·군·구청장이 재의요구 안 함.</td><td>➡ 시·도지사의 권한</td><td>규정 없음.</td></tr>
<tr><td>➡ 주무부장관의 제소지시 (but 직접 제소有)</td><td>규정 없음.</td></tr>
</table>

OX 2
지방의회의 의결이 법령에 위반되거나 공익을 현저히 해친다고 판단되면 주무부장관은 시·도에 대하여 재의를 요구하게 할 수 있는 동시에 그 시·도지사에게 그 의결에 대한 제소를 지시하거나 직접 제소 및 집행정지결정을 신청할 수 있다. [ ] [20년 군무원 7급]

02 대법원 제소 시 제소사유

제소의 문제이므로 제소지시나 직접 제소사유는 법령위반으로 한정된다. [20년 군무원 7급 2]

03 대법원 제소 시 심리의 대상

판례

조례안재의결 무효확인소송에서의 심리대상은 지방자치단체의 장이 지방의회에 재의를 요구할 당시 이의사항으로 지적하여 재의결에서 심의의 대상이 된 것에 국한된다. 이러한 법리는 주무부장관이 지방자치법 제172조 제7항(현 제192조 제8항)에 따라 지방의회의 의결에 대하여 직접 제소함에 따른 조례안의결 무효확인소송에도 마찬가지로 적용되므로, 조례안의결 무효확인소송의 심리대상은 주무부장관이 재의요구 요청에서 이의사항으로 지적한 것에 한정된다(2013추98). [15년 지방 7급]

04 지자체장의 재의요구권과 감독기관의 재의요구요청권의 관계

① 지방자치법 제32조 제3항에 따른 지방자치단체장의 재의요구권과 감독기관의 재의요구요청권은 각각 다른 규정과 다른 취지에 근거한 별개의 독립된 권한으로서 ㉠ 양자는 중복하여 행사될 수 있고(2012추15) ㉡ 지방자치단체장이 감독기관의 재의요구 요청이 있기 전에 자신의 재의요구 권한을 행사 하였다가 이를 철회하였다 하더라도 그것은 감독기관의 재의요구 요청권한에 대한 침해가 되지 않는다(2012헌라1).

② 재의요구지시는 지방의회의 의결사항을 이송 받은 날부터 20일 이내에 하여야 한다(2012추15). 지방자치단체장이 재의요구를 할 수 없다면 그에 대한 감독기관의 재의요구 요청도 무의미기 때문이다(2012헌라1). 따라서 이 기간이 지난 뒤의 재의요구 요청은 부적법하게 되고, 이 부적법한 재의요구 요청이 있다고 하여 지방자치단체장이 조례안에 대하여 재의요구를 하여야 할 헌법이나 법률상의 작위의무를 갖게 된다고 볼 수 없다(2012헌라1).

정답
1. × 2. ×

판례

구 지방교육자치에 관한 법률 제28조 제1항, 제3조, 지방자치법 제172조(현 제192조) 제1항, 제7항의 내용, 형식, 체제 및 취지와 헌법이 지방자치를 보장하는 취지 등을 함께 종합해보면, 교육·학예에 관한 시·도의회의 의결 사항에 대한 교육감의 재의요구 권한과 교육부장관의 재의요구 '요청' 권한은 별개의 독립된 권한이다(2012추15).

교육이나 학예에 관한 의결인 경우 교육감이 지방자치단체의 장의 역할을 한다.

㉠ 교육감이 자신의 재의요구를 철회할 수 있는지 여부에 대한 명문의 규정은 없지만, 조례안에 대한 교육감의 재의요구 권한은 조례안의 완성에 대한 조건부의 정지적인 권한에 지나지 않으므로, 교육감은 지방교육자치에 관한 법률 제28조 제1항 제1문에 따라 자신의 독자적인 권한으로 행한 재의요구를, 지방의회가 재의결을 하기 전까지는 철회할 수 있다고 보아야 한다. [20년 국가 7급 1]

㉡ 한편 지방교육자치에 관한 법률 제28조 제1항 제1문이 규정한 교육·학예에 관한 시·도의회의 의결사항에 대한 교육감의 재의요구 권한과, 같은 항 제2문이 규정한 교육부장관의 재의요구 요청 권한은 중복하여 행사될 수 있는 별개의 독립된 권한이다. 따라서 교육감이 동법 제28조 제1항 제1문에 근거한 자신의 재의요구를 철회하였다 하더라도, 교육부장관은 여전히 동법 제28조 제2항에 근거하여 재의요구를 요청할 수 있으므로, (교육부장관의 재의요구 요청이 교육감의 철회 이전에 있었더라면 모르되, 그 이전에 재의요구 요청이 별도로 없었다면) 이러한 교육감의 철회 행위는 교육부장관의 재의요구 요청 권한을 침해하지 아니한다.

㉢ 또한 지방교육자치에 관한 법률 제28조 제1항과 헌법이 지방자치를 보장하는 취지 등을 종합하여 보면, 교육부장관의 재의요구 요청과 관계없이 교육감이 재의요구를 할 수 있는 기간은 '시·도의회의 의결사항을 이송 받은 날부터 20일 이내'이다. 따라서 이 기간이 지난 뒤의 재의요구 요청은 부적법하므로 이 기간이 지난 뒤에 재의요구 요청이 있다고 하더라도 서울특별시교육감에게 조례안에 대하여 재의요구를 하여야 할 헌법이나 법률상의 작위의무가 있다고 볼 수는 없다. 따라서 시·도의회의 의결사항을 이송받은 날부터 20일이 지난 후에 있었던 교육부장관의 조례안 재의요구 요청에 교육감이 응하지 않은 행위는 교육부장관의 재의요구 요청권한을 침해하지 아니한다(2012헌라1).

OX 1

교육감이 「지방교육자치에 관한 법률」에 따라 독자적인 권한으로 지방의회의 조례안 의결에 대해 재의요구를 한 경우 지방의회가 재의결하기 전이라도 교육감은 그 재의요구를 철회할 수 없다. [ ] [20년 국가 7급]

정답

1. ×

PART 02

핵심 정리 22 지방자치단체의 사무 복습

01 지방자치단체의 사무구분의 실익

지방자치단체의 사무구분			
구분	자치사무	단체위임사무	기관위임사무
사무귀속주체	지방자치단체	지방자치단체	위임주체
상급기관❶의 감독의 범위	① 제190조에 근거 ② 적법 여부 : ○ ③ 합목적(타당) 여부 : × ④ 사전적·일반적 포괄감사권 ×, 대상·범위 한정된 제한적 감사권 ○	① 제185조에 근거 ② 적법 여부 : ○ ③ 합목적(타당) 여부 : ○ ④ 사전적·일반적 포괄 감사권	① 제185조에 근거 ② 적법 여부 : ○ ③ 합목적(타당) 여부 : ○ ④ 사전적·일반적 포괄 감사권
조례제정	① 법률 위임없이 제정가능 ② 권리제한, 의무부과, 벌칙에 대한 경우만 법령의 위임 要(단, 포괄위임가능)	① 법률 위임없이 제정 가능 ② 권리제한, 의무부과, 벌칙에 대한 경우만 법령의 위임 要(단, 포괄위임가능)	법률에 의한 구체적 위임이 있어야 제정 가능
시정명령의 대상 (제188조 제1항)	대상 ○(단, 위법한 경우만)	대상 ○	대상 ×
취소·정지권 (제188조 제1항)	위법한 경우만 대상이 됨.	위법 또는 현저히 부당한 경우에 대상이 됨.	대상 × ➡ 다만, 위법 또는 부당한 경우 「행정권한의 위임 및 위탁에 관한 규정」 제6조에 근거한 취소·정지의 대상은 됨.
제188조의 취소·정지에 대한 대법원 제소 (제188조 제6항)	가능 ○	가능 ×	가능 ×
직무이행명령의 대상(제189조)	×	× (多, 判)	① 대상 ○ ② 불복제소 가능 ○ (제3항)
관여 의회	해당 지방자치단체 의회	① 수임주체의회 : ○ (단, 위임주체의회가 감사하기로 한 사무 제외) ② 위임주체의회 : ○	① 수임주체의회 : ○ (단, 위임주체의회가 감사하기로 한 사무 제외) ② 위임주체의회 : ○

❶ 참고로, 감사원의 감사는 자치사무에 대해서도 합목적성 감사가 가능할 뿐만 아니라 사전적·일반적인 포괄감사도 가능하다(2005헌라3). 다만, 이는 헌법학의 영역이다.

02 복습문제

A장관을 주무부장관으로 하는 국가사무인 ×사무가 법령에 의해 B지방자치단체의 장에게 위임되었다. ×사무의 처리에 관한 설명으로 옳은 것은? (다툼이 있으면 판례에 따름) [20년 행정사]

① 법령이 ×사무에 대해 조례에 위임하는 경우 포괄적 위임도 가능하다.

② A장관은 ×사무의 처리가 위법한 경우에 한하여 B지방자치단체의 장을 감독할 수 있다.

③ A장관이 ×사무의 처리에 관하여 시정명령을 발한 경우 B지방자치단체의 장은 이에 대해 대법원에 제소할 수 있다.

④ B지방자치단체의 장이 ×사무를 처리하면서 불법행위를 하여 국가배상책임이 성립하는 경우 B지방자치단체도 배상책임이 있다.

⑤ A장관이 ×사무의 해태를 이유로 직무이행명령을 발한 경우 B지방자치단체의 장은 이에 대해 대법원에 제소할 수 없다.

해설 ① (×) 기관위임사무를 조례로 위임하는 것이 예외적으로 허용되는 경우라 하더라도 포괄위임금지원칙은 준수하여야 한다(2000추29).

② (×) 기관위임사무에 대해서는 적법 여부뿐만 아니라 합목적성 여부에 대해서도 감독이 가능하다.

③ (×) 시정명령 자체에 대해서는 대법원 제소가 불가능하다(2016추5148). 뿐만 아니라 기관위임사무는 시정명령의 대상도 되지 않는다.

④ (○) 옳은 내용이다(94다38137). 국가배상법 제6조 제1항에 의해 비용부담자로서 배상책임을 진다. 총론에서 다루었다.

⑤ (×) 이행명령서를 접수한 날부터 15일 이내에 대법원에 소를 제기할 수 있다(제189조 제6항).

6 ④

유대웅
행정법각론

핵심정리

www.pmg.co.kr

PART

03

공무원법

Chapter

01 공무원관계의 발생 · 변경 · 소멸

● 핵심 정리 23 공무원관계의 발생 – 임명

01 임명의 의의

① 임명(任命)이란 특정인에게 공무원으로서 신분을 부여하여 공무원 관계를 발생시키는 행위를 말한다.

② 실정법상으로는 '임용'(任用)이라는 표현으로 자주 쓰인다. 이 책에서도 특별한 사정이 없는 한 '임명'과 '임용'을 혼용하기로 한다.

02 임명의 성격

① 일반직 공무원의 임명은 상대방의 신청 또는 동의를 전제로 하는 협력을 요하는 행정행위의 성격을 갖는다. 판례도 국·공립대학교 교원의 임용이 행정행위에 해당함을 전제로, 신규임용거부(2001두7053)와 재임용거부 취지의 임용기간만료통지(2000두7735)가 항고소송의 대상이 된다고 판시하였다. [14년 서울 7급, 12년 국가 7급, 12년 변호사]

② 반면, 계약직 공무원의 임명은 공법상 계약의 성격을 갖는다고 본다. 판례도 공중보건의사 채용계약(95누10617)과 지방전문직공무원 채용계약(92누4611)이 공법상 계약에 해당함을 전제로, 채용계약 해지에 대해서 공법상 당사자소송으로 그 의사표시의 무효확인을 청구할 수 있다고 하였다. [14년 서울 7급]

03 공무원 근무관계의 법적 성격

대법원은 공무원의 근무관계를 공법관계로 보면서도, 공무원에 대한 「근로기준법」의 적용가능성을 인정하고 있다(78다163). [13년 서울 7급] 공무원이라고 해서 순수하게 국가를 위하여 봉사하는 자에 불과한 것이 아니라, 자신의 생계를 위해 일하는 근로자로서의 성격도 겸유하고 있는 것이라 본 것이다.

판례

근로기준법 제14조에 의하면 근로자라 함은 직업의 종류를 불문하고 사업 또는 사업장에 임금을 목적으로 근로를 제공하는 자를 말한다고 규정하고 있으므로 국가 또는 지방공무원도 임금을 목적으로 근로를 제공하는 근로기준법 제14조 소정의 근로자라 할 것이니 그들에 대하여 적극적으로 근로기준법의 적용을 배제하는 규정이 없는 한 원칙적으로 근로자의 퇴직금에 관한 규정인 근로기준법 제28조가 적용되어야 할 것이다(78다163).

㉠ 공무원은 국민 전체에 대한 봉사자이며, 국민에 대하여 책임을 진다(헌법 제7조). 공무원은 노무의 대가로 얻는 수입에 의존하여 생활한다는 점에서 근로자로서의 성격을 가지지만, 국민 전체에 대한 봉사자로서 공공성, 공정성, 성실성, 중립성 등이 요구되기 때문에 일반 근로자와는 다른 특별한 근무관계에 있다. 공무원과 국가 또는 지방자치단체 사이의 근무관계는 사법상 근로계약으로 형성되는 관계가 아니라 임용주체의 행정처분인 임명행위로 인하여 설정되는 공법상 신분관계이다.

ⓛ 일반 근로자가 사용자에 대하여 취업규칙이 정한 복무규율에 따라 직무상 명령에 복종할 의무 등을 부담하는 것과 달리, 공무원은 국가공무원법 및 지방공무원법 규정에 따라 소속 상관의 직무상 명령에 복종할 의무를 비롯하여 국민 전체의 봉사자로서 친절하고 공정하게 직무를 수행할 의무, 청렴의 의무, 종교중립의 의무 등 헌법과 법령이 정한 다양한 의무를 부담하고, 근무시간 외에도 영리를 목적으로 하는 업무에 종사하지 못하며, 정치운동이 금지되고 집단행위도 원칙적으로 금지된다(국가공무원법 제56조 내지 제66조, 지방공무원법 제48조 내지 제58조). 이처럼 공무원은 업무 내·외적으로 일반 근로자보다 무거운 책임과 높은 윤리성을 요구받는 지위에 있다(2016다255941).

04 임명의 (적법)요건

1. 결격사유가 없을 것

국가공무원법 제33조(결격사유) 다음 각 호의 어느 하나에 해당하는 자는 공무원으로 임용될 수 없다. 〈개정 2023. 4. 11.〉

1. 피성년후견인
2. 파산선고를 받고 복권되지 아니한 자
3. 금고 이상의 실형을 선고받고 그 집행이 끝나거나(집행이 끝난 것으로 보는 경우를 포함한다) 집행이 면제된 날부터 5년이 지나지 아니한 자 [22년 군무원 7급 1]
4. 금고 이상의 형의 집행유예를 선고받고 그 유예기간이 끝난 날부터 2년이 지나지 아니한 자 [22년 군무원 7급 2]
5. 금고 이상의 형의 선고유예를 받은 경우에 그 선고유예 기간 중에 있는 자
6. 법원의 판결 또는 다른 법률에 따라 자격이 상실되거나 정지된 자

6의2. 공무원으로 재직기간 중 직무와 관련하여 「형법」 제355조 및 제356조에 규정된 죄를 범한 자로서 300만원 이상의 벌금형을 선고받고 그 형이 확정된 후 2년이 지나지 아니한 자 [22년 군무원 7급 3]

6의3. 다음 각 목의 어느 하나에 해당하는 죄를 범한 사람으로서 100만원 이상의 벌금형을 선고받고 그 형이 확정된 후 3년이 지나지 아니한 사람
- 가. 「성폭력범죄의 처벌 등에 관한 특례법」 제2조에 따른 성폭력범죄 [22년 군무원 7급 4]
- 나. 「정보통신망 이용촉진 및 정보보호 등에 관한 법률」 제74조 제1항 제2호 및 제3호에 규정된 죄
- 다. 「스토킹범죄의 처벌 등에 관한 법률」 제2조 제2호에 따른 스토킹범죄

6의4. 미성년자에 대한 다음 각 목의 어느 하나에 해당하는 죄를 저질러 파면·해임되거나 형 또는 치료감호를 선고받아 그 형 또는 치료감호가 확정된 사람(집행유예를 선고받은 후 그 집행유예기간이 경과한 사람을 포함한다)
- 가. 「성폭력범죄의 처벌 등에 관한 특례법」 제2조에 따른 성폭력범죄
- 나. 「아동·청소년의 성보호에 관한 법률」 제2조 제2호에 따른 아동·청소년대상 성범죄 [22년 군무원 7급 5] ➡ 2024. 5. 31.을 시한으로 개정될 예정(헌법불합치)

7. 징계로 파면처분을 받은 때부터 5년이 지나지 아니한 자
8. 징계로 해임처분을 받은 때부터 3년이 지나지 아니한 자

① 공무원으로 임명되기 위해서는 「국가공무원법」이나 「지방공무원법」상의 결격사유가 없어야 한다(국가공무원법 제33조, 지방공무원법 제31조)(국가공무원법과 지방공무원법의 규정 내용은 대개 동일하므로, 특별히 다른 부분이 아닌 한, 이하에서는 국가공무원법만 제시하기로 한다).

② 결격사유가 존재하는지 여부는 임명 당시를 기준으로 하여 판단한다. 즉, 임명이 적법하기 위해서는 임명 당시에 결격사유가 없어야 한다.

OX 1
금고 이상의 실형을 선고받고 그 집행이 종료되거나 집행을 받지 아니하기로 확정된 후 1,500일이 된 자는 공무원으로 임용될 수 있다. [ ] [22년 군무원 7급]

OX 2
금고 이상의 형을 선고받고 그 집행유예 기간이 끝난 날부터 1,500일 된 자는 공무원으로 임용될 수 있다. [ ] [22년 군무원 7급]

OX 3
공무원으로 재직기간 중 직무와 관련하여 「형법」 제355조 및 제356조에 규정된 죄를 범한 자로서 100만원의 벌금형을 선고받고 그 형이 확정된 후 2년이 지나지 아니한 자는 공무원으로 임용될 수 있다. [ ] [22년 군무원 7급]

OX 4
「성폭력범죄의 처벌 등에 관한 특례법」 제2조에 규정된 죄를 범한 사람으로서 100만원 이상의 벌금형을 선고받고 그 형이 확정된 후 3년이 지나지 아니한 자는 공무원으로 임용될 수 있다. [ ] [22년 군무원 7급]

OX 5
미성년자에 대한 「아동·청소년의 성보호에 관한 법률」 제2조 제2호에 따른 아동·청소년대상 성범죄를 저질러 해임된 사람은 공무원으로 임용될 수 있다. [ ] [22년 군무원 7급]

정답
1. × 2. ○ 3. ○ 4. × 5. ×

PART 03

판례

「국가공무원법」에 규정되어 있는 공무원임용 결격사유는 공무원으로 임용되기 위한 절대적인 소극적 요건으로서 공무원관계는 「국가공무원법」 제38조, 「공무원임용령」 제11조의 규정에 의한 채용후보자명부에 등록한 때가 아니라 국가의 임용이 있는 때에 설정되는 것이므로 공무원임용 결격사유가 있는지의 여부는 채용후보자명부에 등록한 때가 아닌 임용 당시에 시행되던 법률을 기준으로 하여 판단하여야 한다(86누459). [22년 행정사❶, 20년 행정사, 19년 지방 7급, 18년 5급 승진, 17년 국회 8급, 16년 서울 7급]

OX 1
공무원임용 결격사유가 있는지의 여부는 임용 당시가 아닌 채용후보자 명부에 등록한 때에 시행되던 법률을 기준으로 하여 판단하여야 한다. [ ]
[22년 행정사]

2. 자격요건(능력요건)의 구비

임명에 학력이나 경력을 요구하는 경우에는, 그 학력이나 경력도 갖추어야 한다. 공무원 시보(試補)제도의 도입으로 인해, 현재는 공무원을 신규임명하는 경우에는 일정기간의 시보경력이 자격요건으로서 요구되고 있다.

3. 성적요건

공무원 임용은 원칙적으로 시험성적·근무성적 그밖의 능력의 실증에 따라 행한다(제26조). 이를 위해 공무원의 채용은 공개경쟁 채용시험을 원칙으로 하고 있다(제28조 제1항). 다만, 일정한 경우에는 예외적으로 경력경쟁 채용시험에 의할 수 있다(제28조 제2항).

05 임명요건이 결여된 경우의 효과

1. 결격사유가 있는 경우

(1) 결격사유 있는 자에 대한 임용행위의 효력

1) 학설

결격사유가 있는 자에 대한 공무원 임용행위는 ㉠ 재직 중에도 결격사유에 해당하게 되면 당연퇴직사유가 되도록 하고 있다는 점(제69조)과 공무에 대한 국민의 신뢰를 확보하고자 하는 취지 등을 이유로 당연무효로 보아야 한다는 견해와(당연무효설), ㉡ 임용결격사유를 간과한 임용행위의 하자가 중대하지만 외견상 일견 명백하다고는 볼 수 없으므로 취소사유에 불과하다고 보는 견해(취소사유설)가 대립하고 있다.

2) 판례(判例)

① 대법원은 결격사유 있는 자에 대한 임용을 일관되게 당연무효인 것으로 보고 있다. 설사 임용결격자임을 밝혀내지 못한 것에 대해 국가에 과실이 있었다 하더라도 여전히 그 임용행위를 당연무효로 보고 있다(2017두62587, 97누16985, 86누459). [23년 경찰간부❷, 22년 국회 8급❸, 22년 행정사, 21년 국가 7급, 20년 행정사, 18년 국가 7급, 17년 국회 8급❹, 16년 서울 7급, 16년 변호사, 15년 국회 8급]

② 또 결격사유가 소멸된 후 장기간 사실상의 공무원으로 계속 근무를 하였다고 하더라도 그것만으로는 임용권자가 묵시적으로 새로운 임용처분을 한 것으로 볼 수도 없고(95누9617), 임용결격사유가 해소된 때부터 종전의 임용행위가 유효로 되어 적법한 공무원으로서의 신분을 회복하는 것도 아니다(2003헌바64). [17년 변호사]

OX 2
임용 당시 구 「군인사법」 제10조 제2항 제5호에 따른 임용결격사유가 있는데도, 장교·준사관 또는 하사관으로 임용된 경우 그러한 임용행위는 당연무효가 된다.
[ ] [23년 경찰간부]

OX 3
공무원임용결격사유가 있는지의 여부는 임용 당시에 시행되던 법률을 기준으로 하여 판단하여야 하고, 임용 당시 공무원임용결격사유가 있었다면 비록 국가의 과실에 의하여 임용결격자임을 밝혀내지 못하였다 하더라도 그 임용행위는 당연무효이다. [ ]
[22년 국회 8급]

OX 4
국가가 중대한 과실에 의하여 임용결격자임을 밝혀내지 못한 경우라면 임용결격자인 甲에 대한 임용행위는 당연무효가 아닌 취소사유가 있는 행위가 된다.
[ ] [17년 국회 8급]

정답
1. × 2. ○ 3. ○ 4. ×

③ 다만, 소년(19세 미만인 자)이었을 때 범한 죄에 대해 형의 선고를 받았던 경우에는, 후에 공무원 임용과 관련하여서는 「소년법」 규정에 의하여 형의 선고를 받지 않았던 것으로 간주된다(소년법 제67조). 따라서 과거 소년이었을 때 죄를 범하여 형의 집행유예를 선고받은 사람이, 그 집행유예기간이 종료되지 않은 상태에서 장교나 준사관 또는 하사관으로 임용된 경우에도, 그 임용이 유효하게 된다(2017두62587). [21년 소방간부 1]

판례

㉠ 甲이 경찰공무원으로 임용된 후 70일 만에, 과거 선고받은 형이 사면 등으로 실효되어 결격사유가 소멸된 후, 30년 3개월 동안 사실상 공무원으로 계속 근무를 하였다고 하더라도, 그것만으로는 임용권자가 묵시적으로 새로운 임용처분을 한 것으로 볼 수 없다. [24년 소방간부 2]

㉡ 또 임용 당시 결격자였다는 사실이 후에 밝혀졌는데도 서울특별시 경찰국장이 일반사면령 등의 공포로 현재 결격사유에 해당하지 아니한다는 이유로 당연퇴직은 불가하다는 조치를 내려서 그 후 정년퇴직 시까지 계속 사실상 근무하도록 하였다 하더라도 그것이, 임용권자가 일반사면령의 시행으로 공무원자격을 구비한 후의 근무행위를 유효한 것으로 추인하였다거나 장래에 향하여 그를 공무원으로 새로 임용하는 효력이 있다고 볼 수도 없다(95누9617).

'당연퇴직은 불가하다는 조치'를 내릴 당시에 甲의 임용권자는 서울특별시장이지 경찰국장이 아니었다. 그래서 경찰국장에게는 추인을 하거나 새로운 임용을 할 수 있는 권한이 없었다. 甲에 대하여 이루어졌던 경찰공무원 임용행위는 당연무효라고 보았다.

OX 1
과거 소년이었을 때 죄를 범하여 형의 집행유예를 선고받은 사람이 장교·준사관 또는 하사관(현 부사관)으로 임용된 경우, 그 임용은 당연무효이다. [ ] [21년 소방간부]

OX 2
임용결격자가 경찰공무원으로 임용된 후 70일 만에 선고받은 형이 사면 등으로 실효되었고, 결격사유가 소멸된 후 30년 3개월 동안 사실상 공무원으로 계속 근무를 하였다면, 결격사유 소멸 후 임용권자가 묵시적으로 새로운 임용처분을 한 것으로 볼 수 있다. [ ] [24년 소방간부]

(2) 결격사유 있는 자에 대해 행해지는 임용처분취소(임용취소처분) 또는 임용취소통지의 처분성 여부

① 결격사유 있는 자에 대한 임용은 당연무효이기 때문에, 후에 임용 당시부터 결격사유가 있었음이 밝혀진 자에 대하여 형식적으로 이루어지는 임용처분취소나 이 사실을 당사자에게 알려주는 임용취소통지는 그 상대방의 권리나 의무에 아무런 영향을 주지 않는 행위이어서 처분성이 인정되지 않는다고 본다(86누459).

② 또한 이 경우에는 임용취소처분을 할 때 상대방의 신뢰도 보호되지 않는다고 본다(86누459). [21년 국가 7급]

판례

국가가 공무원임용 결격사유가 있는 자에 대하여 결격사유가 있는 것을 알지 못하고 공무원으로 임용하였다가 사후에 결격사유가 있는 자임을 발견하고 공무원 임용행위를 취소하는 것은 당사자에게 원래의 임용행위가 당초부터 당연무효이었음을 통지하여 확인시켜 주는 행위에 지나지 아니하는 것이므로, 그러한 의미에서 당초의 임용처분을 취소함에 있어서는 신의칙 내지 신뢰의 원칙을 적용할 수 없고 또 그러한 의미의 취소권은 시효로 소멸하는 것도 아니다(86누459). [23년 변호사, 22년 행정사, 17년 국회 8급, 17년 서울 7급, 16년 서울 7급, 15년 국가 7급 3]

OX 3
임용 당시 공무원임용 결격사유가 있더라도 국가의 과실로 임용결격자임을 밝혀내지 못하였다면 신뢰보호의 원칙이 적용되고 임용취소권은 시효로 소멸된다. [ ] [15년 국가 7급]

정답
1. × 2. × 3. ×

PART 03

원고가 허위의 고등학교 졸업증명서를 제출하는 사위(詐僞)의 방법에 의하여 하사관을 지원하여 입대한 이상, 원고로서는 자신에 대한 하사관 임용이 소정의 지원요건을 갖추지 못한 자에 대하여 위법하게 이루어진 것을 알고 있어 그 취소가능성도 예상할 수 있었다 할 것이므로, 피고(국방부장관)가 33년이 경과한 후 뒤늦게 원고에 대한 하사관 및 준사관 임용을 취소함으로써 원고가 입는 불이익이 적지 않다 하더라도 위 취소행위가 신뢰이익을 침해하였다고 할 수 없음은 물론 비례의 원칙에 위배하거나 재량권을 남용하였다고 볼 수 없어, 결국 원고에 대한 하사관 및 준사관 임용을 취소한 처분은 적법하다(2001두5286). [19년 변호사, 16년 서울 7급 1, 13년 경행특채]

OX 1
허위의 고등학교 졸업증명서를 제출하는 사위의 방법에 의한 하사관 지원의 하자를 이유로 하사관 임용일로부터 33년이 경과한 후에 행정청이 행한 하사관 및 준사관 임용취소처분은 적법하다. [ ] [16년 서울 7급]

(3) 결격사유자에게 그동안 지급한 '급여'가 부당이득인지 여부

결격사유가 있더라도 그동안 지급받은 급여는 이미 제공한 노무에 대한 대가로 볼 수 있으므로 부당이득으로 볼 수 없다. 따라서 결격사유자가 급여를 반환하여야 할 의무는 인정되지 않는다.

(4) 결격사유가 있음에도 불구하고 사실상 공무원으로 근무한 자의 퇴직급여 청구의 가부(可否)

① 「공무원연금법」상의 퇴직급여의 청구는 적법한 공무원 관계의 성립을 전제로 한다. 따라서 결격사유자는 「공무원연금법」상의 퇴직급여를 받을 수는 없다. [21년 국가 7급, 21년 군무원 7급]

② 한편, 「근로자퇴직급여 보장법」에서 정한 퇴직급여도 적법한 근로고용관계가 성립하여 근무하다가 퇴직하는 경우에 지급되는 것이다. 따라서 임용결격자가 공무원으로 임용되어 사실상 근무하여 왔다 하더라도 적법한 공무원으로서의 신분을 취득하지 못한 자로서는 「근로자퇴직급여 보장법」에서 정한 퇴직급여도 청구할 수 없다(2012다200486).

판례

공무원연금법에 의한 퇴직급여 등은 적법한 공무원으로서의 신분을 취득하여 근무하다가 퇴직하는 경우에 지급되는 것이고, 당연무효인 임용결격자에 대한 임용행위에 의하여 공무원의 신분을 취득할 수는 없으므로, 임용결격자가 공무원으로 임용되어 사실상 근무하여 왔다고 하더라도 적법한 공무원으로서의 신분을 취득하지 못한 자로서는 공무원연금법 소정의 퇴직급여 등을 청구할 수 없으며, 나아가 임용결격사유가 소멸된 후에 계속 근무하여 왔다고 하더라도 그때부터 무효인 임용행위가 유효로 되어 적법한 공무원의 신분을 회복하고 퇴직급여 등을 청구할 수 있다고 볼 수는 없다(95누9617). [21년 국회 8급, 19년 변호사, 18년 서울 7급 2, 17년 국회 8급, 16년 서울 7급, 15년 국가 7급]

OX 2
「공무원연금법」에 의한 퇴직연금 등은 임용결격자가 공무원으로 임용되어 사실상 근무하여 왔고 또 공무원연금제도가 공무원의 재직 중의 성실한 복무에 대한 공로보상적 성격과 사회보장적 기능을 가지고 있으므로, 적법한 공무원으로서의 신분을 취득하지 못한 자라고 하더라도 공무원연금법 소정의 퇴직연금을 청구할 수 있다고 할 것이다. [ ] [18년 서울 7급]

㉠ 「공무원연금법」이나 「근로자퇴직급여 보장법」에서 정한 퇴직급여는 적법한 공무원으로서의 신분을 취득하거나 근로고용관계가 성립하여 근무하다가 퇴직하는 경우에 지급되는 것이다. 임용 당시 공무원 임용결격사유가 있었다면, 비록 국가의 과실에 의하여 임용결격자임을 밝혀내지 못하였다 하더라도 임용행위는 당연무효로 보아야 하고, 당연무효인 임용행위에 의하여 공무원의 신분을 취득한다거나 근로고용관계가 성립할 수는 없다.

㉡ 따라서 임용결격자가 공무원으로 임용되어 사실상 근무하여 왔다 하더라도 적법한 공무원으로서의 신분을 취득하지 못한 자로서는 「공무원연금법」이나 「근로자퇴직급여 보장법」에서 정한 퇴직급여를 청구할 수 없다. [23년 국가 7급, 22년 군무원 7급 3, 18년 국가 7급 4]

㉢ 나아가 이와 같은 법리는 임용결격사유로 인하여 임용행위가 당연무효인 경우뿐만 아니라 임용행위의 하자로 임용행위가 취소되어 소급적으로 지위를 상실한 경우에도 마찬가지로 적용된다(2012다200486). [22년 국회 8급 5]

OX 3
임용결격자가 공무원으로 임용되어 사실상 근무하여 온 경우 임용결격의 하자가 치유되어 「공무원연금법」이나 「근로자퇴직급여보장법」에서 정한 퇴직급여를 청구할 수 있다. [ ] [22년 군무원 7급]

OX 4
임용 당시 乙에게 임용결격사유가 있음에도 임용되어 근무하다가 퇴직한 경우, 乙은 「공무원연금법」상 퇴직급여 청구 또는 「근로자퇴직급여 보장법」상 퇴직금 청구를 할 수 없다. [ ] [18년 국가 7급]

OX 5
임용행위의 하자로 임용행위가 취소되어 소급적으로 지위를 상실한 경우에 해당 공무원은 「공무원연금법」에서 정한 퇴직급여를 청구할 수 없다. [ ] [22년 국회 8급]

정답
1. ○ 2. × 3. × 4. ○ 5. ○

③ 다만, 대법원은 「공무원연금법」상의 퇴직급여를 청구할 수는 없다 하더라도, 「공무원연금법」상의 퇴직급여액❶ 중 ㉠ 공무원이 스스로 적립한 기여금 관련 금액, ㉡ 순수한 근로의 대가(그 액수는 최소한 근로자퇴직급여 보장법상 퇴직금 상당액에는 달함)는 부당이득으로서 반환청구를 할 수 있다고 본다. 공무원의 지위를 전제로 하는 경우에만 얻을 수 있는 금전을 돌려받을 수는 없지만, 단순 근로자로서도 얻을 수 있는 금전은 돌려줘야 한다고 보는 것이다(2012다200486).

❶ 공무원연금법상의 퇴직급여는 (i) 공무원이 스스로 적립한 기여금 관련 금액 부분, (ii) 순수한 근로의 대가 부분, (iii) 공무원의 지위에 대한 공로보상적 부분, (iv) 사회보장적 부분으로 이루어져 있다.

판례

임용행위가 구 국가공무원법에 위배되어 당연무효임에도 계속 근무하여 온 경우, 임용시부터 퇴직시까지의 근로는 법률상 원인 없이 제공된 부당이득이므로 임금을 목적으로 계속하여 근로를 제공하여 온 퇴직자에 대하여 퇴직급여 중 적어도 「근로기준법」상 퇴직금에 상당하는 금액은 그가 재직기간 중 제공한 근로에 대한 대가로서 지급되어야 한다(2004다10350). [23년 소방간부 1]

OX 1

임용행위가 당연무효임에도 계속 근무하여 온 퇴직자에 대한 퇴직급여 중 적어도 「근로기준법」상 퇴직금에 상당하는 금액은 지급되어야 한다. [ ] [23년 소방간부]

㉠ 임용행위가 당연무효이거나 취소된 공무원(이하 이를 통칭하여 '임용결격공무원 등'이라 한다)의 공무원 임용 시부터 퇴직 시까지의 사실상의 근로(이하 '이 사건 근로'라 한다)는 법률상 원인 없이 제공된 것으로서, 국가 및 지방자치단체는 이 사건 근로를 제공받아 이득을 얻은 반면 임용결격공무원 등은 이 사건 근로를 제공하는 손해를 입었다 할 것이므로, 손해의 범위 내에서 국가 및 지방자치단체는 위 이득을 민법 제741조에 의한 부당이득으로 반환할 의무가 있다.

㉡ 즉, 국가 또는 지방자치단체는 공무원연금법이 적용될 수 있었던 임용결격공무원 등의 이 사건 근로 제공과 관련하여 매월 지급한 월 급여 외에 공무원연금법상 퇴직급여의 지급을 면하는 이익을 얻는데, 퇴직급여 가운데 임용결격공무원 등이 스스로 적립한 기여금 관련 금액은 임용기간 중의 이 사건 근로의 대가에 해당하고, 기여금을 제외한 나머지 금액 중 순수한 근로에 대한 대가로서 지급되는 부분(공무원의 지위에 대한 공로보상적, 사회보장적 차원에서 지급되는 부분을 제외하는 취지이다) 상당액이 퇴직에 따라 이 사건 근로의 대가로 지급되는 금액이라 할 수 있다.

㉢ 한편 근로자퇴직급여 보장법 제8조에서 정한 퇴직금 제도는 퇴직하는 근로자의 근로조건에 대한 최하한의 기준으로서 본질적으로 근로제공의 대가인 후불적 임금의 성질을 지니고 있음에 비추어 보면, 퇴직에 따라 지급받을 수 있는 이 사건 근로의 대가라고 평가될 수 있는 금액은 적어도 근로자퇴직급여 보장법상 퇴직금 상당액으로 볼 수 있으므로, 임용결격공무원 등은 이 사건 근로를 제공함으로써 그 상당의 손해를 입는다고 할 수 있다.

㉣ 그리고 앞에서 본 것과 같이 부당이득은 손해액과 이득액 중 적은 범위 내에서 반환의무를 지므로(☞ 이것은 민법학의 영역이다), 위와 같이 임용결격공무원 등이 입은 손해, 즉 임용기간 중 이 사건 근로의 대가로서의 손해액에 해당하는 공무원연금법상 기여금 관련 금액 및 퇴직에 따라 지급받을 수 있는 이 사건 근로의 대가로서의 손해액에 해당하는 근로자퇴직급여 보장법상 퇴직금 상당액의 합계가 국가 또는 지방자치단체의 이득액에 해당하는 공무원연금법상 퇴직급여 상당액을 넘는 경우에, 국가 또는 지방자치단체가 반환하여야 할 부당이득액은 공무원연금법상 퇴직급여 상당액으로 제한된다(2012다200486).

(5) 임용결격자가 행한 행정처분의 효력

1) 문제점

임용결격자가 공무원으로 재직하는 동안 업무와 관련하여 이루어진 행정처분의 경우, 그 처분의 위법 여부와 효력이 어떻게 되는지가 문제된다.

정답

1. ○

2) 행정처분의 성립과정에 임용결격자가 간접적으로 관여한 경우

임용결격자가 보조기관이나 보좌기관 또는 자문기관 등으로서, 처분 발급에 간접적으로만 관여한 경우에는 행정청은 이들 기관의 의사에 구속되지 않으므로, 당해 행정처분에 다른 위법사유가 없는 한 하자가 있다고 볼 수 없다.

3) 임용결격자가 행정청인 경우

① 이 경우 당해 행정처분은 공무원이 아닌 자가 행한 것으로서 주체의 하자가 있는 처분이 된다.

② 학설상으로는 이 경우 임용결격자가 행한 처분이라 하더라도, 처분상대방이 임용결격자에게 정당한 권한이 있다고 믿을 만한 상당한 이유가 있는 경우에는, 상대방의 신뢰를 보호하기 위하여 당해 행정행위를 유효로 보아야 한다는 견해가 제시되고 있다. 이를 '사실상 공무원 이론'이라 한다. [21년 국가 7급]

2. 자격요건이나 성적요건의 결여

임용결격사유가 있는 경우가 아니라, 자격요건을 결여하거나, 성적요건을 결여한 자에 대하여 행해진 임용처분의 경우에는 취소사유에 해당하는 하자가 있는 것으로 본다.

판례

당초 임용 이래 공무원으로 근무하여 온 경력에 바탕을 두고 구 지방공무원법 제27조 제2항 제3호 등을 근거로 하여 특별임용 방식으로 임용이 이루어졌다면 이는 당초 임용과는 별도로 그 자체가 하나의 신규임용이라고 할 것이므로, 그 효력도 특별임용이 이루어질 당시를 기준으로 판단하여야 할 것인데, 당초 임용 당시에는 집행유예기간 중에 있었으나 특별임용 당시 이미 집행유예기간 만료일로부터 2년이 경과하였다면 같은 법 제31조 제4호에서 정하는 공무원 결격사유에 해당할 수 없고, 다만 당초 임용과의 관계에서는 공무원 결격사유에 해당하여 당초 처분 이후 공무원으로 근무하였다고 하더라도 그것이 적법한 공무원 경력으로 되지 아니하는 점에서 특별임용의 효력에 영향을 미친다고 할 수 있으나, 위 특별임용의 하자는 결국 소정의 경력을 갖추지 못한 자에 대하여 특별임용시험의 방식으로 신규임용을 한 하자에 불과하여 취소사유가 된다고 함은 별론으로 하고, 그 하자가 중대·명백하여 특별임용이 당연무효로 된다고 할 수는 없다(98두12932). [13년 국가 7급❶]

임용결격자에 대한 공무원 임용처분은 당연무효이다. 그러나 여기서 문제된 것은 적법하지 않은 공무원 경력을 전제로 하여 이루어진 특별임용이 무효인지 여부이다. 이 특별임용에서 적법한 공무원 경력은 자격요건이다. 따라서 적법하지 않은 공무원 경력을 전제로 하여 이루어진 특별임용은 위법하지만 취소사유에 해당하는 하자가 있는 것에 불과하다고 보는 것이다.

❶ 13년 국가직 7급 시험에서는, 임용결격자임에도 불구하고 임용권자의 과실로 인해 시보공무원으로 임용된 A에 대해, 임용결격사유가 해소된 후에 정규공무원으로의 임용이 있었던 사례로 출제되었다. 본문의 판례와 마찬가지로, 당초임용처분인 시보공무원임용은 당연무효이지만, 결격사유가 해소되었다면, 당연무효인 이 경력을 토대로 이루어진 정규임용처분에는 취소사유에 불과한 하자가 있는 것으로 보아야 한다.

06 임명절차

1. 채용후보자 명부 작성·등재

시험 실시기관의 장은 공개경쟁 채용시험에 합격한 사람을 대통령령등으로 정하는 바에 따라 채용후보자 명부에 등재하여야 한다(제38조 제1항). 채용후보자 명부는 직급별로 시험성적순에 따라 작성된다(공무원임용령 제12조).

2. 채용후보자의 추천

시험 실시기관의 장은 채용후보자 명부에 등재된 채용후보자를 대통령령등으로 정하는 바에 따라 임용권이나 임용제청권을 갖는 기관(예 대통령, 소속장관 등)에 추천하여야 한다. 다만, 공개경쟁채용시험 합격자의 우선임용을 위하여 필요하면 인사혁신처장이 채용후보자를 근무할 기관을 지정하여 임용하거나 임용제청할 수 있다(제39조 제1항).

3. 우선 임용

① 공무원을 임용할 때에 법령으로 정하는 바에 따라 국가유공자를 우선 임용하여야 한다(제42조 제1항). [10년 국가 7급]

② 임용권자나 임용제청권자는 결원을 보충할 때 ㉠ 공개경쟁 임용시험 합격자와 ㉡ 공개경쟁 승진시험 합격자를 우선하여 임용하거나 임용제청하여야 한다(국가공무원법 제31조, 지방공무원법 제30조).

③ 교육부장관 또는 행정안전부장관은 지방자치단체의 5급 이상 공무원의 결원을 보충할 때 공개경쟁임용시험 합격자, 공개경쟁승진시험 합격자 및 일반승진시험 합격자의 보충임용이 적절한 균형을 유지하도록 조정할 수 있다(지방공무원법 제30조 제2항). [21년 지방 7급 1]

4. 시보 임용

① 공무원을 신규 채용하는 경우 5급 공무원의 경우 1년, 6급 이하의 공무원의 경우 6개월간 각각 일단 시보(試補)로 임용하고 그 기간의 근무성적·교육훈련성적과 공무원으로서의 자질을 고려하여 정규 공무원으로 임용한다. 다만, 대통령령등으로 정하는 경우에는 시보 임용을 면제하거나 그 기간을 단축할 수 있다(제29조 제1항).

② 시보 임용 기간 중에 있는 공무원이 근무성적·교육훈련성적이 나쁘거나 국가공무원법이나 국가공무원법에 따른 명령을 위반하여 공무원으로서의 자질이 부족하다고 판단되는 경우에는, 면직시키거나 면직을 제청할 수 있다(제29조 제3항).

③ 정규공무원 임용행위는 시보임용행위와는 별도의 임용행위이므로 그 요건과 효력은 개별적으로 판단된다(2003두469). [16년 행정사]

5. 근무 시간의 단축 임용

① 국가기관의 장은 업무의 특성이나 기관의 사정 등을 고려하여 소속 공무원을 대통령령등으로 정하는 바에 따라 통상적인 근무시간보다 짧게 근무하는 공무원으로 임용할 수 있다(제26조의2).

② 지방자치단체의 장과 지방의회의 의장은 업무의 특성 또는 기관의 사정 등을 고려하여 신규임용되는 공무원 또는 소속 공무원을 대통령령 또는 조례로 정하는 바에 따라 통상적인 근무시간보다 짧게 근무하는 공무원으로 임용할 수 있다(지방공무원법 제25조의3). [21년 지방 7급]

07 임명의 효력발생시기

공무원은 임용장이나 임용통지서에 적힌 날짜에 임용된 것으로 본다(공무원임용령 제6조, 지방공무원임용령 제5조). [20년 행정사] 다만, 특수한 사정으로 말미암아 임용장에 적힌 날짜까지 임용장을 받지 못한 경우에는 임용장을 실제 받은 날에 임용된 것으로 본다(지방공무원임용령 제5조 제1항 단서).

PART 03

OX 1

교육부장관 또는 행정안전부장관은 지방자치단체의 5급 이상 공무원의 결원을 보충할 때 공개경쟁임용시험 합격자, 공개경쟁승진시험 합격자 및 일반승진시험 합격자의 보충임용이 적절한 균형을 유지하도록 조정할 수 있다. [ ] [21년 지방 7급]

정답

1. ○

● 핵심 정리 24 공무원관계의 변경

01 개설

공무원관계의 변경이란, 공무원으로서의 신분은 유지하면서 공무원 근무관계의 내용이 변동되는 경우들 중, 공무원관계 발생과 소멸을 제외한 일체를 통틀어 일컫는 개념이다. 공무원관계의 변경은 승진, 전직, 전보, 전입·전출, 휴직, 정직, 직위해제, 강임, 감봉, 복직 등에 의하여 이루어진다.

02 승진(昇進)

1. 의의

승진이란 동일한 직렬 내에서, 하위직급에서 상위직급으로 임용되는 것을 말한다.

2. 승진임용의 성질

① 승진임용은 공무원의 법적 지위의 변경을 가져오는 행위이므로 처분에 해당하고, 또 임용권자가 공무원의 능력과 경력 등을 고려하여 행하는 재량행위이다(2005추62). 또한 지방직 공무원에 대한 승진임용은 자치사무에 속한다(2005추62). [21년 소방간부]

② 신규임용이 당연무효였던 경우, 승진임용도 당연무효에 해당한다(96누3333).

③ 한편, 헌법재판소는 승진시험의 응시제한이나 이를 통한 승진기회의 보장문제는 헌법상 공무담임권의 보호영역에 포함되지 않는다고 본다(2005헌마1179). [20년 5급 승진]

3. 승진배제에 대한 권리구제

(1) 승진임용 거부행위

① 대법원은 별도의 규정이 없는 한 공무원의 조리상의 승진임용신청권도 원칙적으로 인정하지 않으면서 일정한 경우에만 예외적으로 인정하고 있다. 따라서 승진임용 거부행위에 대해서는 승진임용신청권이 예외적으로 인정되는 경우에만, 그에 대해 항고소송으로 다툴 수 있다.

판례

지방공무원법 제8조, 제38조 제1항, 지방공무원임용령 제38조의3의 각 규정을 종합하면, 2급 내지 4급 공무원의 승진임용은 임용권자가 행정실적·능력·경력·전공분야·인품 및 적성 등을 고려하여 하되 인사위원회의 사전심의를 거치도록 하고 있는바, 4급 공무원이 당해 지방자치단체 인사위원회의 심의를 거쳐 3급 승진대상자로 결정되고 임용권자가 그 사실을 대내외에 공표까지 하였다면, 그 공무원은 승진임용에 관한 법률상 이익을 가진 자로서 임용권자에 대하여 3급 승진임용 신청을 할 조리상의 권리가 있다(2008두10560, 2007두18611). [24년 소방간부, 15년 국가 7급, 14년 서울 7급]

예외적으로 승진임용신청권을 인정한 판례이다.

비교판례

군인사법령에 의하여 진급예정자명단에 포함된 자에 대하여 의견제출의 기회를 부여하지 아니한 채 진급선발을 취소하는 처분을 한 것은 절차상의 하자가 있어 위법하다(2006두20631). [19년 국회 8급, 18년 국가 7급 1, 12년 국가 7급]

이 진급선발 취소에 처분성이 있음을 전제로 한 판시이다. 처분성을 인정하였기 때문에 행정절차법 적용이 문제된 것이다. 진급선발을 하였다가 그것을 직권취소 한 경우이다.

② 한편, 대법원은 교육공무원법상 승진후보자명부에 의한 승진심사방식으로 행해지는 승진임용에서, 승진후보자명부에 포함되어 있던 후보자를 승진임용인사발령에서 제외하는 행위에 대해서는 처분성을 인정하였다(2015두47492). [20년 변호사, 19년 지방 9급 2, 19년 교행 9급, 19년 국회 8급, 19년 지방 7급] 승진임용신청권의 문제를 회피하기 위해 승진임용인사발령에서 제외하는 행위는 거부행위가 아니라 적극적인 불이익 처분에 해당한다는 논리를 전개한 것으로 평가되고 있다.

(2) 승진후보자 명부삭제 행위

① 학설은 승진후보자명부에의 등재를 강학상 확약으로 보고 있다.

② 대법원은 시험승진후보자명부에서의 삭제행위에 대해서는 행정청의 내부 준비과정에 불과하다는 이유로 처분성을 부정하였다(97누7325). [23년 소방간부, 22년 행정사, 17년 국가 9급, 15년 경행특채, 14년 지방 7급, 12년 변호사 3]

03 전보(轉補)

1. 의의 및 성질

국가공무원법 제5조(정의) 이 법에서 사용하는 용어의 뜻은 다음과 같다.
6. "전보(轉補)"란 같은 직급 내에서의 보직 변경 또는 고위공무원단 직위 간의 보직 변경을 말한다.

① 전보란 같은 직렬 내에서 동일한 직급으로의 보직변경을 말한다. 보직이란 담당하는 직무를 말한다.

② 전보는 행정조직 내부에서의 행위로서 직무명령에 해당한다고 보는 것이 일반적인 견해이다.

2. 처분성 인정 여부

① 전보의 법적 성질을 행정조직 내부에서의 행위로 본다 하더라도, 현실적으로 전보는 정실(情實)인사나 은폐된 징계수단으로 남용되는 경우가 있기 때문에 행정쟁송을 통해 다투는 것을 허용할 필요가 있다.

② 그래서 하급심 판례 중에는 전보발령의 처분성을 인정하여 항고소송의 대상으로 본 경우(서울고등법원 94구1496)가 있고, 헌법재판소도 전보발령의 처분성을 인정하여 보충성 요건 결여를 이유로 헌법소원심판청구를 각하한 바 있다(92헌마247).

OX 1
처분의 사전통지 및 의견청취에 등에 관한 「행정절차법」 규정은 「국가공무원법」상 직위해제처분에 대해서는 적용되지만, 「군인사법」상 진급선발취소처분에 대해서는 적용되지 않는다. [ ] [18년 국가 7급]

OX 2
「교육공무원법」상 승진후보자명부에 의한 승진심사 방식으로 행해지는 승진임용에서 승진후보자 명부에 포함되어 있던 후보자를 승진임용인사발령에서 제외하는 행위는 항고소송의 대상인 처분에 해당하지 않는다. [ ] [19년 지방 9급]

OX 3
공무원법령에 의하여 시험승진후보자명부에 등재되어 있던 자가 그 명부에서 삭제됨으로써 승진임용의 대상에서 제외된 경우에 이러한 삭제행위는 그 자체가 공무원 승진임용에 관한 권리나 의무를 설정하거나 법률상 이익에 직접적인 변동을 초래하는 별도의 행정처분이 된다. [ ] [12년 변호사]

정답
1. × 2. × 3. ×

판례

법관인 청구인은 위 각 법률조항이 정한 절차에 따라 인사처분에 대하여 그 구제를 청구할 수 있고, 그 절차에서 구제를 받지 못한 때에는 국가공무원법 제16조, 법원조직법 제70조, 행정소송법 제1조의 규정에 미루어 다시 행정소송을 제기하여 그 구제를 청구할 수 있음에도 불구하고, 청구인이 위와 같은 구제절차를 거치지 아니한 채 제기한 헌법소원심판청구는 부적법한 심판청구가 아니라 할 수 없다(92헌마247).

3. 전보에 대한 손해배상청구

전보가 다소 부적절하게 행해진 것만으로는 손해배상청구를 할 수 없지만, 전보인사가 건전한 사회통념이나 사회상규상 도저히 용인될 수 없음이 분명한 경우에는 예외적으로 공무원은 그에 대한 손해배상을 청구할 수 있다고 본다.

판례

㉠ 공무원에 대한 전보인사가 법령이 정한 기준과 원칙에 위배되거나 인사권을 다소 부적절하게 행사한 것으로 볼 여지가 있다 하더라도 그러한 사유만으로 그 전보인사가 당연히 불법행위를 구성한다고 볼 수는 없고, 인사권자가 당해 공무원에 대한 보복감정 등 다른 의도를 가지고 인사재량권을 일탈·남용하여 객관적 정당성을 상실하였음이 명백한 경우 등 전보인사가 우리의 건전한 사회통념이나 사회상규상 도저히 용인될 수 없음이 분명한 경우에, 그 전보인사는 위법하게 상대방에게 정신적 고통을 가하는 것이 되어 당해 공무원에 대한 관계에서 불법행위를 구성한다.

㉡ 시청 소속 공무원이 시장을 부패방지위원회에 부패혐의자로 신고한 후 동사무소로 하향 전보된 사안에서, 대법원은, 그 전보인사 조치가 해당 공무원에 대한 다면평가 결과, 원활한 업무수행의 필요성 등을 고려하여 이루어진 것으로 볼 여지가 있다면, 사회통념상 용인될 수 없을 정도로 객관적 상당성을 결여하였다고 단정할 수 없어 불법행위를 구성하지 않는다고 판시하였다(2006다16215). [19년 소방간부 1, 11년 경찰 1차]

OX 1

공무원에 대한 전보인사가 법령이 정한 기준과 원칙에 위배되거나 인사권을 다소 부적절하게 행사한 것으로 볼 여지가 있더라도 그 사유만으로, 당연히 해당 전보인사가 불법행위를 구성한다고 볼 수는 없다. [ ]
[19년 소방간부]

04 직위해제

국가공무원법 제73조의3(직위해제) ① 임용권자는 다음 각 호의 어느 하나에 해당하는 자에게는 직위를 부여하지 아니할 수 있다.

1. 삭제 〈1973.2.5.〉
2. 직무수행 능력이 부족하거나 근무성적이 극히 나쁜 자
3. 파면·해임·강등 또는 정직에 해당하는 징계 의결이 요구 중인 자
4. 형사사건으로 기소된 자(약식명령이 청구된 자는 제외한다)
5. 고위공무원단에 속하는 일반직공무원으로서 제70조의2 제1항 제2호부터 제5호까지의 사유로 적격심사를 요구받은 자
6. 금품비위, 성범죄 등 대통령령으로 정하는 비위행위로 인하여 감사원 및 검찰·경찰 등 수사기관에서 조사나 수사 중인 자로서 비위의 정도가 중대하고 이로 인하여 정상적인 업무수행을 기대하기 현저히 어려운 자

정답

1. ○

1. 의의

직위해제란 공무원으로서의 신분은 보유하게 하면서도 직무(직무담임, 직무담당, 보직)를 잠정적으로 박탈하는 행위를 말한다(신분상 불이익처분). [12년 국가 7급, 12년 국회 8급] 당해 공무원이 장래에 있어서 계속 직무를 담당하게 될 경우 예상되는 업무상의 장애 등을 예방하기 위하여 일시적으로 당해 공무원에게 직위를 부여하지 아니함으로써 직무에 종사하지 못하도록 하는 잠정적인 조치이다(2003두5945).

2. 성질

① 직위해제처분은 잠정적인 성격을 갖는다는 점을 제외하고는 상대방의 법률관계에 변동을 일으키는 통상적인 행정행위와 다를 바가 없다. 따라서 직위해제처분은 취소소송의 대상이 되는 처분에 해당하는 것으로 본다. [13년 지방 7급]

② 다만, 직위해제처분은 그 자체로도 공무원에 대한 불이익 처분의 일종이기는 하지만, 징계처분의 일종인 것은 아니라고 본다(83누489). [23년 군무원 7급, 22년 행정사 1, 21년 행정사, 20년 지방 7급, 15년 서울 7급] 따라서 ㉠ 직위해제처분 후 동일한 사유로 다시 직권면직이나 징계처분(예 해임)을 하여도 양자는 별개의 처분으로서 일사부재리의 원칙에 반하지 않는다고 본다(83누340, 83누489). [23년 서울 7급, 23년 군무원 7급, 21년 국가 7급 2, 21년 행정사 3, 16년 변호사] 따라서 직위해제 중에 있는 자에 대해서도 징계처분이 가능하다. ㉡ 또 징계처분을 할 때 준수해야 하는 정도의 엄격한 절차적 보장을 할 필요도 없다고 본다(2012두26180).

판례

직위해제에 관한 규정은 징계절차 및 그 진행과는 관계가 없는 규정이므로 비위사건에 관하여 현재 형사사건으로 기소되어 직위해제 중에 있는 자에 대하여 한 징계처분이라 하더라도 위법사유가 될 수 없다(82누46). [22년 군무원 7급 4]

직위해제는 일시적인 인사조치로서 당해 공무원에게 직위를 부여하지 아니함으로써 직무에 종사하지 못하도록 하는 잠정적이고 가처분적인 성격을 가진 조치이다. 따라서 그 성격상 과거공무원의 비위행위에 대한 공직질서 유지를 목적으로 행하여지는 징벌적 제재로서의 징계 등에서 요구되는 것과 같은 동일한 절차적 보장을 요구할 수는 없다(2012두26180). [15년 지방 7급 5]

구 국가공무원법상 직위해제는 일반적으로 공무원이 직무수행능력이 부족하거나 근무성적이 극히 불량한 경우, 공무원에 대한 징계절차가 진행중인 경우, 공무원이 형사사건으로 기소된 경우 등에 있어서 당해 공무원이 장래에 있어서 계속 직무를 담당하게 될 경우 예상되는 업무상의 장애 등을 예방하기 위하여 일시적으로 당해 공무원에게 직위를 부여하지 아니함으로써 직무에 종사하지 못하도록 하는 잠정적인 조치로서의 보직의 해제를 의미하므로 과거의 공무원의 비위행위에 대하여 기업질서 유지를 목적으로 행하여지는 징벌적 제재로서의 징계와는 그 성질이 다르다(2003두5945). [18년 5급 승진, 17년 소방간부]

OX 1
직위해제는 징계처분에 해당한다. [ ] [22년 행정사]

OX 2
공무원에 대한 직위해제처분은 공무원에 대하여 불이익한 처분에 해당하므로 동일한 사유에 대한 직위해제처분이 있은 후 다시 해임처분이 있었다면 일사부재리의 법리에 어긋난다. [ ] [21년 국가 7급]

OX 3
직위해제처분과 그 후속 직권면직 처분은 별개 독립의 처분으로 일사부재리원칙에 위배되지 않는다. [ ] [21년 행정사]

OX 4
국가공무원법상 직위해제에 관한 규정은 징계절차 및 그 진행과는 관계가 없는 규정이므로 직위해제 중에 있는 자에 대하여도 징계처분을 할 수 있다. [ ] [22년 군무원 7급]

OX 5
직위해제처분은 당해 공무원에게 직위를 부여하지 아니함으로써 직무에 종사하지 못하도록 하는 잠정적이고 가처분적인 성격을 갖는 조치이므로, 징벌적 제재로서의 징계 등에서 요구되는 것과 같은 동일한 절차적 보장을 요구할 수는 없다. [ ] [15년 지방 7급]

정답
1. × 2. × 3. ○ 4. ○ 5. ○

3. 직위해제사유

직위해제의 사유로는 ㉠ 직무수행 능력이 부족하거나 근무성적이 극히 나쁜 경우, ㉡ 파면·해임·강등 또는 정직(중징계)에 해당하는 징계 의결이 요구 중인 경우, [21년 지방 7급 1] ㉢ 형사사건으로 기소된 경우(약식명령이 청구된 경우는 제외), ㉣ 고위공무원단에 속하는 일반직공무원으로서 제70조의2 제1항 제2호부터 제5호까지의 사유로 적격심사❶를 요구받은 경우, ㉤ 금품비위, 성범죄 등 대통령령으로 정하는 비위행위로 인하여 감사원 및 검찰·경찰 등 수사기관에서 조사나 수사 중인 경우로서 비위의 정도가 중대하고 이로 인하여 정상적인 업무수행을 기대하기 현저히 어려운 경우가 열거되어 있다. [20년 소방간부 2] 위 사유가 있는 경우 직위해제를 할 수 있다(재량행위).

OX 1
파면, 해임, 강등, 견책에 해당하는 징계의결요구 중인 공무원에 대하여 임용권자는 직위를 부여하지 아니할 수 있다. [ ] [21년 지방 7급]

❶ 고위공무원으로서 적합한 자격이 있는지 여부에 대해 이루어지는 심사를 말한다(제70조의2).

OX 2
금품비위, 성범죄 등 대통령령으로 정하는 비위행위로 인하여 감사원 및 검찰·경찰 등 수사기관에서 조사나 수사 중인 자는 직위해제 대상이 되지 않는다. [ ] [20년 소방간부]

판례

㉠ 형사사건으로 기소되었다는 이유만으로 직위해제처분을 하는 것은 정당화될 수 없고, 당사자가 당연퇴직 사유인 국가공무원법 제33조 제1항 제3호 내지 제6호에 해당하는 유죄판결을 받을 고도의 개연성이 있는지 여부, 당사자가 계속 직무를 수행함으로 인하여 공정한 공무집행에 위험을 초래하는지 여부 등 구체적인 사정을 고려하여 그 위법 여부를 판단하여야 할 것이다. [23년 군무원 7급, 22년 국회 8급 3]

㉡ 단순히 일반 형사사건이 아닌 국가보안법 위반으로 기소되었다는 사유만으로 구 국가공무원법 제73조의2 제1항 제4호에 의하여 직위해제처분을 한 것은 재량권의 범위를 일탈·남용한 것이다(98두15412). [18년 5급 승진 4, 17년 서울 7급]

OX 3
형사사건으로 기소되었다는 이유만으로 직위해제처분을 하는 것은 정당화될 수 없다. [ ] [22년 국회 8급]

OX 4
형사소추를 받은 공무원이 계속 직위를 보유하고 직무를 수행한다면 공무집행의 공정성을 저해할 구체적인 위험이 생길 우려가 있는 것이므로 형사사건으로 기소되었다는 이유만으로도 직위해제처분을 할 수 있다. [ ] [18년 5급 승진]

㉠ 국가공무원법 제73조의3 제1항 제3호는 파면·해임·강등 또는 정직에 해당하는 징계의결(이하 '중징계의결'이라 한다)이 요구 중인 자에 대하여 직위해제처분을 할 수 있음을 규정하였는바, 이는 중징계의결 요구를 받은 공무원이 계속 직위를 보유하고 직무를 수행한다면 공무집행의 공정성과 그에 대한 국민의 신뢰를 저해할 구체적인 위험이 생길 우려가 있으므로 이를 사전에 방지하고자 하는 데 목적이 있다.

㉡ 이러한 직위해제제도의 목적 및 취지는 물론 이로 인한 불이익의 정도와 침익적 처분의 성질에 비추어 보면, 단순히 '중징계의결 요구'가 있었다는 형식적 이유만으로 직위해제처분을 하는 것이 정당화될 수는 없고, 직위해제처분의 대상자가 중징계처분을 받을 고도의 개연성이 인정되는 경우임을 전제로 하여, 대상자의 직위·보직·업무의 성격상 그가 계속 직무를 수행함으로 인하여 공정한 공무집행에 구체적인 위험을 초래하는지 여부 등에 관한 제반 사정을 면밀히 고려하여 그 요건의 충족 여부 등을 판단해야 한다(2022두45623).

4. 직위해제의 효력

공무원보수규정 제29조(직위해제기간 중의 봉급 감액) 직위해제된 사람에게는 다음 각 호의 구분에 따라 봉급(외무공무원의 경우에는 직위해제 직전의 봉급을 말한다. 이하 이 조에서 같다)의 일부를 지급한다. 〈개정 2022. 1. 4.〉

1. 「국가공무원법」 제73조의3 제1항 제2호, 「교육공무원법」 제44조의2 제1항 제1호 또는 「군무원인사법」 제29조 제1항 제1호에 따라 직위해제된 사람 : 봉급의 80퍼센트
2. 「국가공무원법」 제73조의3 제1항 제5호에 따라 직위해제된 사람 : 봉급의 70퍼센트. 다만, 직위해제일부터 3개월이 지나도 직위를 부여받지 못한 경우에는 그 3개월이 지난 후의 기간 중에는 봉급의 40퍼센트를 지급한다.

정답
1. × 2. × 3. ○ 4. ×

3. 「국가공무원법」 제73조의3 제1항 제3호 · 제4호 · 제6호, 「교육공무원법」 제44조의2 제1항 제2호부터 제4호까지 또는 「군무원인사법」 제29조 제1항 제2호부터 제4호까지의 규정에 따라 직위해제된 사람 : 봉급의 50퍼센트. 다만, 직위해제일부터 3개월이 지나도 직위를 부여받지 못한 경우에는 그 3개월이 지난 후의 기간 중에는 봉급의 30퍼센트를 지급한다.

① 직위해제가 이루어지면 당해 공무원은 직무에 종사하지 못하고 출근할 수도 없다.

② 직위해제가 된 자에 대하여는 봉급이 삭감되는데 사유에 따라 삭감액이 다르다(공무원보수규정 제29조). [12년 국회 8급] 지급이 정지되는 것은 아니다. [24년 소방간부]

③ 또 직위해제기간은 일정한 경우를 제외하고는 원칙적으로 승진소요최저연수의 계산에 있어서 산입되지 않는다(공무원임용령 제31조 제2항).

④ 직무수행 능력이 부족하거나 근무성적이 극히 나쁘다는 이유(제73조의3 제1항 제2호)로 직위해제가 이루어진 경우 임용권자는 직위해제된 자에게 3개월의 범위에서 대기를 명하여야 한다(제73조의3 제3항). 임용권자 또는 임용제청권자는 이 대기명령을 받은 자에게 능력 회복이나 근무성적의 향상을 위한 교육훈련 또는 특별한 연구과제의 부여 등 필요한 조치를 하여야 한다(제73조의3 제4항).

5. 직위해제의 절차

국가공무원법 제75조(처분사유 설명서의 교부) ① 공무원에 대하여 징계처분 등을 할 때나 강임 · 휴직 · 직위해제 또는 면직처분을 할 때에는 그 처분권자 또는 처분제청권자는 처분사유를 적은 설명서를 교부(交付)하여야 한다. 다만, 본인의 원(願)에 따른 강임 · 휴직 또는 면직처분은 그러하지 아니하다. 〈개정 2010. 3. 22., 2018. 10. 16.〉

② 처분권자는 피해자가 요청하는 경우 다음 각 호의 어느 하나에 해당하는 사유로 처분사유 설명서를 교부할 때에는 그 징계처분결과를 피해자에게 함께 통보하여야 한다.

1. 「성폭력범죄의 처벌 등에 관한 특례법」 제2조에 따른 성폭력범죄
2. 「양성평등기본법」 제3조 제2호에 따른 성희롱
3. 직장에서의 지위나 관계 등의 우위를 이용하여 업무상 적정범위를 넘어 다른 공무원 등에게 부당한 행위를 하거나 신체적 · 정신적 고통을 주는 등의 행위로서 대통령령등으로 정하는 행위

① 직위해제를 할 때는 처분사유를 적은 처분사유 설명서를 교부하여야 하고(제75조), 이 처분사유 설명서를 받은 공무원은 그 처분에 불복할 때에는 그 설명서를 받은 날부터 30일 이내에 소청심사위원회에 이에 대한 심사를 청구할 수 있다(제76조 제1항). 이 경우 변호사를 대리인으로 선임할 수 있다.

② 이러한 별도의 절차를 규정하고 있으므로 직위해제에는 행정절차법이 적용되지 않는다. 따라서 직위해제 시에는 행정절차법상의 사전통지(제21조)나 의견청취(제22조)를 하지 않아도 된다(2012두16180). [22년 군무원 7급, 20년 행정사, 20년 국회 8급, 19년 10월 서울 7급, 19년 지방 7급, 19년 사복 9급, 18년 국가 7급, 18년 지방 7급, 17년 서울 7급]

6. 직위해제처분의 존속기간

① 직위해제를 하였다가 그 후에 직위해제 사유가 소멸되면 임용권자는 지체 없이 직위를 부여하여야 한다(제73조의3 제2항).

② 따라서 국가공무원법 제1항 제3호의 '중징계의결이 요구 중인 자'인 이유로 직위가 해제된 경우 징계의결이 끝나면 지체 없이 직위를 부여해야 하는데, 공무원에 대한 신분보장의 취지상, 징계의결에 대해 징계의결요구권자가 심사·재심사를 청구하였다고 해서, 지체 없이 직위를 부여해야 하는 시한이 심사·재심사청구에 대한 결정이 있을 때까지로 연장되는 것은 아니다. 이때에도 마찬가지로 징계의결이 이루어졌다면 지체 없이 직위를 부여해야 한다(2022두45623). [23년 국회 8급 1]

OX 1

'중징계의결이 요구 중인 자'에 해당하는 공무원에 대하여 직위해제 처분을 한 경우에는 징계의결이 있기 전까지만 직위해제를 하여야 하나, 해당 공무원에 대하여 징계의결이 있었고 이에 대하여 징계의결요구권자가 심사·재심사 청구를 하였다면 그에 대한 결정이 있을 때까지 직위해제를 유지할 수 있다. [ ]
[23년 국회 8급]

7. 직위해제 후 직권면직

(1) 의의

> 국가공무원법 제73조의3(직위해제) ① 임용권자는 다음 각 호의 어느 하나에 해당하는 자에게는 직위를 부여하지 아니할 수 있다.
> 2. 직무수행 능력이 부족하거나 근무성적이 극히 나쁜 자
>
> ③ 임용권자는 제1항 제2호에 따라 직위해제된 자에게 3개월의 범위에서 대기를 명한다. 〈개정 2008. 3. 28.〉

> 국가공무원법 제70조(직권면직) ① 임용권자는 공무원이 다음 각 호의 어느 하나에 해당하면 직권으로 면직시킬 수 있다.
> 5. 제73조의3 제3항에 따라 대기명령을 받은 자가 그 기간에 능력 또는 근무성적의 향상을 기대하기 어렵다고 인정된 때
>
> ② 임용권자는 제1항 제3호부터 제8호까지의 규정에 따라 면직시킬 경우에는 미리 관할 징계위원회의 의견을 들어야 한다. 다만, 제1항 제5호에 따라 면직시킬 경우에는 징계위원회의 동의를 받아야 한다. 〈개정 2008. 3. 28.〉

① 앞서 다룬 바와 같이, 직무수행 능력이 부족하거나 근무성적이 극히 나쁘다는 이유로 직위해제가 이루어진 경우, 3개월의 범위에서 기간을 정하여 대기명령이 함께 발령된다(제73조의3 제3항).

② 그런데 이 대기명령 기간 내에 능력 또는 근무성적의 향상을 기대하기가 어렵다고 인정되는 경우, 임용권자는 징계위원회의 동의를 얻어 직권으로 면직시킬 수 있다(제70조 제1항 제5호, 제2항 단서). 이를 '직위해제 후 직권면직'이라 부른다.

(2) 하자 승계의 인정 여부

직위해제 처분과 '직위해제 후 직권면직' 사이에 하자가 승계되는지가 문제된다. 대법원은 하자가 승계되지 않는다고 보는 입장이다(68누10). [23년 군무원 7급, 21년 소방간부, 17년 10월 국가 7급 2] 그러나 학계의 다수설은, 현실적으로 직위해제처분을 받은 공무원은 다시 직위를 부여받기 위해 근신할 수밖에 없어, 대기기간 동안 직위해제처분에 대해 소송을 통해 다투는 것을 사실상 기대하기 어렵기 때문에 하자의 승계를 인정하여야 한다고 본다.

OX 2

공무원에 대한 직위해제처분은 직권면직 또는 징계와 그 목적과 성질이 동일한 처분이므로 선행하는 직위해제처분의 위법사유를 들어 후행하는 면직처분의 효력을 다툴 수 있다. [ ]
[17년 10월 국가 7급]

정답

1. × 2. ×

판례

직위해제처분이 있은 후 면직처분이 된 경우 전자에 대하여 소청심사청구 등 불복을 함이 없고 그 처분이 당연무효인 경우도 아닌 이상 그 후의 면직처분에 대한 불복의 행사소송에서 전자의 취소사유를 들어 위법을 주장할 수 없다(68누10). [19년 소방간부 1]

OX 1
직위해제처분에 대해 소정기간 내에 소청심사청구나 행정소송을 제기하지 않은 상황에서 그 후에, 직권면직처분에 대한 행정소송에서 직위해제처분의 취소사유를 들어 다시 위법을 주장할 수 없다. [ ]
[19년 소방간부]

8. 직위해제처분 소멸 후 소의 이익

(1) 문제점

① 직위해제처분 후 직위해제 기간이 만료되거나, 직위해제에 후속하는 직권면직 또는 징계면직처분(예 파면처분)이 있으면 직위해제처분은 장래를 향하여 효력을 상실하게 된다(2007두18406, 2006다33999, 84누677). [23년 경찰간부, 17년 10월 국가 7급]

② 이때 이미 효력이 소멸된 직위해제처분에 대해 보수지급, 승진상의 불이익의 제거를 위하여 그 직위해제처분의 취소를 구할 소의 이익을 인정할 수 있는지가 문제된다.

(2) 판례(判例)

대법원은 직위해제처분 후에 직위해제사유와 동일한 사유를 이유로 징계처분이 발급됨에 따라 직위해제처분의 효력이 상실되었다 하더라도, 직위해제의 효력이 소급적으로 소멸하는 것이 아니므로, 인사규정 등에서 직위해제처분에 따른 효과로 승진·승급에 제한을 가하는 등의 법률상 불이익을 규정하고 있는 경우라면 직위해제처분을 받은 자는 이러한 법률상 불이익을 제거하기 위하여 그 실효된 직위해제처분에 대한 구제를 신청할 이익이 있다고 보았다(2007두18406). [15년 지방 7급 2]

OX 2
인사규정 등에서 직위해제처분에 따른 효과로 승진·승급에 제한을 가하는 등의 법률상 불이익을 규정하고 있는 경우에는 직위해제처분을 받은 근로자는 이러한 법률상 불이익을 제거하기 위하여 그 실효된 직위해제처분에 대한 구제를 신청할 이익이 있다. [ ] [15년 지방 7급]

9. 관련 판례

(1) 직위해제 후 별도의 사유에 근거하여 새로운 직위해제처분이 발급된 경우

행정청이 공무원에 대하여 새로운 직위해제사유에 기한 새로운 직위해제처분을 한 경우에는 그 이전에 한 직위해제처분은 이를 묵시적으로 철회하였다고 본다. [17년 5급 승진] 따라서 그 이전 처분의 취소를 구하는 부분은 존재하지 않는 행정처분을 대상으로 한 것으로서 그 소의 이익이 없어 부적법하다고 본다(2003두5945). [19년 2월 서울 7급 3, 16년 지방 7급]

OX 3
행정청이 공무원에 대하여 새로운 직위해제 사유에 의한 직위해제처분을 한 경우 그 이전에 한 직위해제처분의 취소를 구하는 것은 소의 이익이 없어 부적법하다. [ ]
[19년 2월 서울 7급]

(2) 직위해제처분에 대해 항고소송으로 다투던 도중 정년이 지나버린 경우

직위해제처분의 무효확인 또는 취소소송 계속 중 정년을 초과하여 직위해제처분의 무효확인 또는 취소로 공무원 신분을 회복할 수는 없다고 할지라도, 그 무효확인 또는 취소로 직위해제일부터 직권면직일까지의 기간에 대한 감액된 봉급 등의 지급을 구할 수 있는 경우에는 직위해제처분의 무효확인 또는 취소를 구할 법률상 이익이 있다고 보았다(2012두26180).

(3) 직위해제처분을 받았다가 다른 직위를 부여받은 경우

공무원이 직위해제처분을 받았다가 얼마 후에 다른 직위를 다시 부여받았다면 직위가 이미 회복되었으므로, 그 직위해제처분에 어떤 하자가 있음을 이유로 그 무효확인을 구할 소송상의 이익이 없다고 본다(87누560). [21년 소방간부]

정답
1. ○ 2. ○ 3. ○

05 전입(轉入) · 전출(轉出)

국가공무원법 제28조의2(전입) 국회, 법원, 헌법재판소, 선거관리위원회 및 행정부 상호 간에 다른 기관 소속 공무원을 전입하려는 때에는 시험을 거쳐 임용하여야 한다. 이 경우 임용 자격 요건 또는 승진소요최저연수 · 시험과목이 같을 때에는 대통령령 등으로 정하는 바에 따라 그 시험의 일부나 전부를 면제할 수 있다.

지방공무원법 제29조의3(전입) 지방자치단체의 장 또는 지방의회의 의장은 공무원을 전입시키려고 할 때에는 해당 공무원이 소속된 지방자치단체의 장 또는 지방의회의 의장의 동의를 받아야 한다.

지방공무원법 제30조의2(인사교류) ② 시 · 도지사는 해당 시 · 도와 관할 구역의 시 · 군 · 구 간, 관할 구역의 시 · 군 · 구 간, 해당 시 · 도 또는 관할 구역의 시 · 군 · 구와 교육 · 연구기관 또는 공공기관 간에 인사교류가 필요하다고 인정하면 해당 시 · 도에 두는 인사교류협의회에서 정한 인사교류 기준에 따라 인사교류안을 작성하여 관할 구역의 지방자치단체의 장 등에게 인사교류를 권고할 수 있다. 이 경우 해당 지방자치단체의 장 등은 정당한 사유가 없으면 인사교류를 하여야 한다. 〈2021. 10. 8.〉

① 전입 · 전출이란 임명권자가 서로 다른 국회 · 법원 · 헌법재판소 · 선거관리위원회 및 행정부 상호 간, 지방자치단체 상호 간에 다른 소속 공무원을 받아들이거나 자기 소속 공무원을 다른 소속으로 보내는 것을 말한다. 공무원에 대한 전입명령과 전출명령은 처분에 해당한다.

② 국회, 법원, 헌법재판소, 선거관리위원회 및 행정부 상호 간에 다른 기관 소속 공무원을 전입하려는 때에는 시험을 거쳐 임용하여야 한다(제28조의2).

③ 지방공무원법상 기초자치단체장인 시장의 인사교류에 관한 처분은 상급 지방자치단체인 시 · 도지사의 인사교류권고를 기반으로 하여 이루어지게 하고 있는데, 그것이 없음에도 불구하고 이루어진 시장의 인사교류에 관한 처분은 무효라고 보고 있다(2004두10968). [20년 지방 7급]

④ 지방자치단체 간의 지방공무원의 전입 · 전출은 한 지방자치단체의 전출명령과 다른 지방자치단체의 전입명령으로 행해진다. ㉠ 이때 지방자치단체의 장은 다른 지방자치단체의 장이나 지방의회 의장의 동의를 얻어야 그 소속공무원을 전입할 수 있다(지방공무원법 제29조의3). [21년 지방 7급] ㉡ 또 지방공무원법 제29조의3에서는 본래 그 공무원이 속하던 지방자치단체의 장과 지방의회 의장의 동의에 대해서만 언급하고 있을 뿐, 전입 · 전출되는 당사자인 그 소속공무원의 동의에 대해서는 언급하고 있지 않지만, 대법원은 당연히 전입 · 전출되는 당사자인 그 소속공무원의 동의도 받아야 하는 것으로 본다. 따라서 그 소속공무원의 동의를 받지 않고 이루어진 전출명령에는 취소사유에 해당하는 하자가 있는 것으로 본다(99두1823). [19년 2월 서울 7급 1, 19년 지방 7급 2]

OX 1

지방자치단체의 장은 다른 지방자치단체의 장의 동의를 얻어 그 소속 공무원이 전입하도록 할 수 있는데, 공무원 본인의 동의가 반드시 있어야 한다. [ ] [19년 2월 서울 7급]

OX 2

지방자치단체의 장이 소속 공무원을 다른 지방자치단체로 전출하는 것은 임명권자를 달리하는 지방자치단체로의 이동인 점에 비추어 이 경우에는 반드시 당해 공무원의 동의를 전제로 하므로, 당해 공무원의 동의 없는 전출명령은 무효이다. [ ] [19년 지방 7급]

정답

1. ○ 2. ×

판례

㉠ 지방공무원법 제30조의2 제2항은 시·도지사로 하여금 당해 지방자치단체 및 관할구역 안의 지방자치단체 상호 간에 인사교류의 필요성이 있다고 인정할 경우 당해 시·도에 두는 인사교류협의회에서 정한 인사교류기준에 따라 인사교류안을 작성하여 관할구역 안의 지방자치단체의 장에게 인사교류를 권고할 수 있도록 하고, 이 경우 당해 지방자치단체의 장은 정당한 사유가 없는 한 이에 응하도록 규정하고 있으므로, 시·도지사의 인사교류안의 작성과 그에 의한 인사교류의 권고가 선행되지 아니하면 위 조항에 의한 인사교류를 실시할 수 없다.

㉡ 도지사의 인사교류안 작성과 그에 따른 인사교류의 권고가 전혀 이루어지지 않은 상태에서 행하여진 관할구역 내 시장의 인사교류에 관한 처분은 지방공무원법 제30조의2 제2항의 입법 취지에 비추어 그 하자가 중대하고 객관적으로 명백하여 당연무효라고 보아야 한다(2004두10968). [20년 지방 7급]

㉠ 지방공무원법 제29조의3은 지방자치단체의 장은 다른 지방자치단체의 장의 동의를 얻어 그 소속 공무원을 전입할 수 있다고 규정하고 있는바, 위 규정에 의하여 동의를 한 지방자치단체의 장이 소속 공무원을 전출하는 것은 임명권자를 달리하는 지방자치단체로의 이동인 점에 비추어 반드시 당해 공무원 본인의 동의를 전제로 하는 것이고, 위 법규정도 본인의 동의를 배제하는 취지의 규정은 아니어서 위헌·무효의 규정은 아니다. [15년 국가 7급]

㉡ 당해 공무원의 동의 없는 지방공무원법 제29조의3의 규정에 의한 전출명령은 위법하여 취소되어야 하므로,

㉢ 그 전출명령이 적법함을 전제로 내린 징계처분은 그 전출명령이 공정력에 의하여 취소되기 전까지는 유효하다고 하더라도 징계양정에 있어 재량권을 일탈하여 위법하다(99두1823). [16년 변호사, 14년 변호사]

이 판례는 ㉠ 지방공무원법 제29조의3 규정의 위헌성, ㉡ 동의없이 이루어진 전출명령의 위법성, ㉢ 전출명령이 적법함을 전제로 하여 이루어진 징계처분의 위법성을 논점으로 한 것이다. 다른 지방자치단체로의 전출명령을 받은 공무원이 그 지방자치단체로 출근을 하지 않아, 그에 대하여 징계처분이 이루어졌던 사건이다.

지방공무원법 제30조의2 제2항에 정한 인사교류에 따라 지방자치단체의 장이 소속 공무원을 전출하는 것은 임명권자를 달리하는 지방자치단체로의 이동인 점에 비추어 반드시 당해 공무원 본인의 동의를 전제로 하는 것이고, 따라서 위 법 규정의 위임에 따른 지방공무원 임용령 제27조의5 제1항도 본인의 동의를 배제하는 취지의 규정은 아니라고 해석하여야 한다(2008두5749). [11년 지방 7급 1]

OX 1
대법원은 지방공무원법상 인사교류에 의한 전출도 당해 공무원의 동의를 요한다고 본다. [ ]
[11년 지방 7급]

06 휴직(休職)

1. 의의

① 휴직이란 공무원의 신분을 유지하면서도 당해 직위로부터 일정기간 동안 공무원의 직무담임을 해제하는 행위를 말한다. 휴직에는 ㉠ 당사자의 의사에도 불구하고 임용권자가 행하는 직권휴직과, ㉡ 공무원 본인의 원함에 따라 이루어지는 의원휴직이 있다.

② 한편, 비교개념으로서 휴가(休暇)가 존재하는데, 휴가는 현재 직무에 종사하고 있음을 전제로 하는 개념이다. 따라서 휴직 중에는 휴가가 개념적으로 불가능하다.

정답
1. ○

판례

㉠ 출산휴가와 육아휴직은 그 목적과 근거 법령을 달리하는 제도이므로 여성 교육공무원은 육아휴직과 별도로 출산휴가를 신청할 수 있으나, 휴직 중인 공무원은 직무에 종사하지 못하므로, 직무에 종사하는 것을 전제로 하여 일정한 사유가 발생한 경우 그 의무를 면제해 주는 휴가를 받을 수 없고, 육아휴직 중인 여성 교육공무원이 출산휴가를 받기 위해서는 복직이 선행되어야 한다. [19년 2월 서울 7급 1]

㉡ 자녀양육을 위한 육아휴직 기간 중 다른 자녀를 출산하거나 또는 출산이 예정되어 있어 구 국가공무원 복무규정 제20조 제2항에 따른 출산휴가 요건을 갖춘 경우에는 더 이상 기존 자녀의 양육을 위하여 휴직할 필요가 없는 사유가 발생한 때에 해당한다. 따라서 육아휴직 중인 여성 교육공무원이 출산휴가 요건을 갖추어 복직신청을 하는 경우는 물론, 그 이전에 미리 출산을 이유로 복직신청을 하는 경우에도 임용권자는 출산휴가 개시 시점에 휴직사유가 없어졌다고 보아 복직명령과 동시에 출산휴가를 허가하여야 한다(2012두4852).

✐ 휴가가 가능하다면 휴직할 필요가 없음을 전제로 이와 같이 판시하고 있다.

OX 1

여성 교육공무원은 육아휴직과 별도로 출산휴가를 신청할 수 있으나, 육아휴직 중인 여성 교육공무원이 출산휴가를 받기 위해서는 복직이 선행되어야 한다.
[ ] [19년 2월 서울 7급]

2. 직권휴직(제71조 제1항)

㉠ 신체·정신상의 장애로 장기 요양이 필요할 때, ㉡ 「병역법」에 따른 병역 복무를 마치기 위하여 징집 또는 소집된 때, ㉢ 천재지변이나 전시·사변, 그 밖의 사유로 생사(生死) 또는 소재(所在)가 불명확하게 된 때, ㉣ 그 밖에 법률의 규정에 따른 의무를 수행하기 위하여 직무를 이탈하게 된 때, ㉤ 「공무원의 노동조합 설립 및 운영 등에 관한 법률」에 따라 노동조합 전임자로 종사하게 된 때에 해당하는 사유가 발생하면 임용권자는 휴직을 명하여야 한다. 기속행위로 규정되어 있다.

3. 의원휴직(제71조 제2항)

① ㉠ 국제기구, 외국 기관, 국내외의 대학·연구기관, 다른 국가기관 또는 대통령령으로 정하는 민간기업, 그 밖의 기관에 임시로 채용된 때, ㉡ 국외 유학을 하게 된 때, ㉢ 중앙인사관장기관의 장이 지정하는 연구기관이나 교육기관 등에서 연수하게 된 때, ㉣ 만 8세 이하 또는 초등학교 2학년 이하의 자녀를 양육하기 위하여 필요하거나 여성공무원이 임신 또는 출산하게 된 때, ㉤ 사고나 질병 등으로 장기간 요양이 필요한 조부모, 부모(배우자의 부모를 포함한다), 배우자, 자녀 또는 손자녀를 간호하기 위하여 필요한 때, ㉥ 외국에서 근무·유학 또는 연수하게 되는 배우자를 동반하게 된 때, ㉦ 대통령령 등으로 정하는 기간 동안 재직한 공무원이 직무 관련 연구과제 수행 또는 자기개발을 위하여 학습·연구 등을 하게 된 때에는 공무원이 휴직을 원하는 경우, 임용권자는 휴직을 명할 수 있다.

② 원칙적으로 재량행위로 규정이 되어 있으나, ㉣사유의 경우에는 기속행위로 규정되어 있다.

4. 휴직의 효력(제73조)

① 휴직 중인 공무원은 신분은 보유하나 직무에 종사하지 못한다.

② 휴직 기간 중 그 사유가 없어지면 30일 이내에 임용권자 또는 임용제청권자에게 신고하여야 하며, 임용권자는 지체 없이 복직을 명하여야 한다. 복직명령은 기속행위에 해당한다. 따

정답

1. ○

라서 휴직사유의 소멸을 이유로 복직을 신청하는 경우, 임용권자는 지체없이 복직명령을 하여야 한다(2012두4852). [20년 5급 승진]

③ 휴직 기간이 끝난 공무원이 30일 이내에 복귀 신고를 하면 당연히 복직된다.

07 복직(復職)

복직이란 휴직 · 직위해제, 정직 중이거나 강등으로 직무에 종사하지 못한 공무원을 직위에 복귀시키는 것을 말한다(공무원임용령 제2조 제3호). 단순히 '직위'가 회복되는 것일 뿐, 공무원 '신분'을 새롭게 부여하는 것은 아니라는 점에서 임용과 다르다.

판례

직위해제처분은 당해 공무원에게 직위를 부여하지 아니하는 처분이고, 복직처분은 직위해제사유가 소멸되었을 때 직위해제된 공무원에게 다시 직위를 부여하는 처분일 뿐, 이들 처분들이 공무원의 신분을 박탈하거나 설정하는 처분은 아닌 것이다. 따라서 임용권자가 임용결격사유의 발생 사실을 알지 못하고 직위해제되어 있던 중 임용결격사유가 발생하여 당연퇴직된 자에게 복직처분을 하였다고 하더라도 이 때문에 그 자가 공무원의 신분을 회복하는 것은 아니다(96누4275). [20년 5급 승진 1, 12년 변호사]

OX 1

직위해제되어 있던 중에 임용결격사유가 발생하여 당연퇴직된 자에게 임용권자가 임용결격사유의 발생 사실을 알지 못하고 복직처분을 하였다면 그 자는 공무원의 신분을 회복하게 된다. [ ] [20년 5급 승진]

08 강임(降任)

① 강임이란 ㉠ 같은 직렬 내에서 하위 직급에 임명하거나, ㉡ 하위 직급이 없어 다른 직렬의 하위 직급으로 임명하거나, ㉢ 고위공무원단에 속하는 일반직공무원을 고위공무원단 직위가 아닌 하위 직위에 임명하는 것을 말한다(제5조 제4호).

② 강임은 ㉠ 직제 또는 정원의 변경이나 예산의 감소 등으로 직위가 폐지되거나, 하위의 직위로 변경되어 과원이 된 경우 또는 ㉡ 본인이 동의한 경우에 이루어진다. [10년 지방 7급] 강임은 징계처분의 일종이 아니다. 징계처분이 이루어지는 경우와는 사유가 다르다. 징계처분의 일종인 강등(降等)과 구분하여야 한다.

핵심 정리 25 공무원관계의 소멸

01 개설

공무원관계는 당연퇴직과 면직에 의해 소멸된다. [13년 서울 7급]

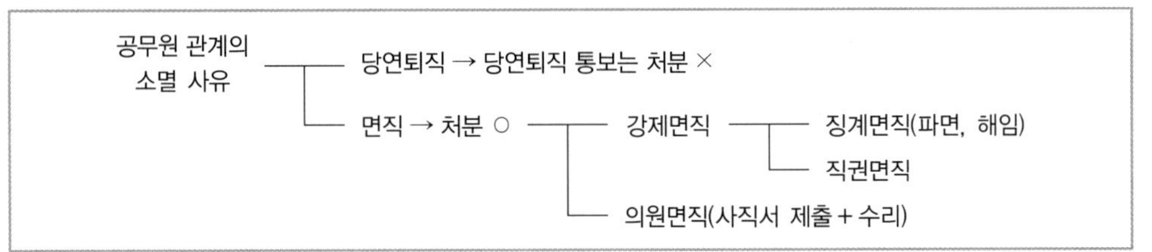

정답

1. ×

02 당연퇴직

1. 의의

① 당연퇴직은 일정한 사유가 발생하면 법률 규정에 의해 그것만으로 당연히 공무원관계가 소멸되는 경우를 말한다. 임용권자의 면직의 의사표시나, 이를 위한 별도의 통지가 없더라도 '당연히' 공무원관계가 소멸된다. [19년 2월 서울 7급 1]

② 따라서 당연퇴직 사유가 발생한 경우, 퇴직발령을 하더라도 이 발령으로 '인하여' 공무원관계가 소멸되는 것이 아니기 때문에, 이 퇴직발령은 퇴직된 사실을 알리는 관념의 표시에 불과하고 처분에 해당하지 않는다(95누2036, 84누374). [22년 군무원 5급, 21년 소방간부, 20년 행정사]

③ 또 당연퇴직의 사유가 있으면 그것으로 인하여 곧바로 공무원의 신분을 상실하게 되기 때문에, 그 후에도 계속해서 공무원으로 근무하여 왔다 하더라도, 그것은 사실상의 공무원으로서 근무한 것에 불과하게 된다.

OX 1
퇴직사유가 발생하면 공무원법관계는 당연 소멸하는 것이 원칙이나 임용권자의 면직의 의사표시가 있어야 하며 이를 위한 별도의 통지를 갖추어야 한다.
[ ] [19년 2월 서울 7급]

판례

당연퇴직의 통보는 법률상 당연히 발생하는 퇴직사유를 공적으로 확인하여 알려주는 사실의 통보에 불과한 것이지 그 통보 자체가 징계파면이나 직권면직과 같이 공무원의 신분을 상실시키는 새로운 형성적 행위는 아니므로 항고소송의 대상이 되는 독립한 행정처분이 될 수는 없다(84누374). [15년 지방 7급]

공무원연금법에 의한 퇴직금은 적법한 공무원으로서의 신분을 취득하여 근무하다가 퇴직하는 경우에 지급되는 것이므로, 당연퇴직사유에 해당되어 공무원으로서의 신분을 상실한 자가 그 이후 사실상 공무원으로 계속 근무하여 왔다고 하더라도 당연퇴직 후의 사실상의 근무기간은 공무원연금법상의 재직기간에 합산될 수 없다(2001두205). [17년 변호사, 16년 5급 승진, 14년 서울 7급 2]

OX 2
당연퇴직 사유에 해당되어 공무원으로서의 신분을 상실한 자가 그 이후 사실상 공무원으로 계속 근무한 경우 당연퇴직 후의 사실상의 근무기간은 「공무원연금법」상의 재직기간에 합산된다.
[ ] [14년 서울 7급]

2. 당연퇴직사유

국가공무원법 제69조(당연퇴직) 공무원이 다음 각 호의 어느 하나에 해당할 때에는 당연히 퇴직한다. 〈개정 2022. 12. 27.〉
1. 제33조 각 호의 어느 하나에 해당하는 경우. 다만, 제33조 제2호는 파산선고를 받은 사람으로서 「채무자 회생 및 파산에 관한 법률」에 따라 신청기한 내에 면책신청을 하지 아니하였거나 면책불허가 결정 또는 면책 취소가 확정된 경우만 해당하고, 제33조 제5호는 「형법」 제129조부터 제132조까지, 「성폭력범죄의 처벌 등에 관한 특례법」 제2조, 「정보통신망 이용촉진 및 정보보호 등에 관한 법률」 제74조 제1항 제2호·제3호, 「스토킹범죄의 처벌 등에 관한 법률」 제2조 제2호, 「아동·청소년의 성보호에 관한 법률」 제2조 제2호 및 직무와 관련하여 「형법」 제355조 또는 제356조에 규정된 죄를 범한 사람으로서 금고 이상의 형의 선고유예를 받은 경우만 해당한다.
2. 임기제공무원의 근무기간이 만료된 경우

국가공무원법 제33조(결격사유) 다음 각 호의 어느 하나에 해당하는 자는 공무원으로 임용될 수 없다. 〈개정 2022. 12. 27.〉
2. 파산선고를 받고 복권되지 아니한 자
5. 금고 이상의 형의 선고유예를 받은 경우에 그 선고유예기간 중에 있는 자

정답
1. × 2. ×

① 당연퇴직사유로는 ㉠ 국가공무원법이나 지방공무원법상의 임용결격사유가 발생한 경우, ㉡ 임기제공무원❶의 근무기간이 만료된 경우, ㉢ 공무원이 사망한 경우, ㉣ 공무원이 정년에 도달한 경우 등이 있다. 당연퇴직사유가 발생하면 그것으로 공무원 지위를 상실하게 되는 것이다.

② 다만, 모든 임용결격사유가 언제나 당연퇴직사유가 되는 것은 아니고, 국가공무원법 제69조 제1호 단서에 의한 제한이 존재한다. [16년 국회 8급1, 15년 국회 8급2]

③ 또 공무원이 정년에 도달한 경우도 곧바로 당연퇴직이 되는 것은 아니고, 정년에 이른 날이 1월부터 6월 사이에 있으면 6월 30일에, 7월부터 12월 사이에 있으면 12월 31일에 당연퇴직된다(제74조 제4항).

④ 정년은 공무원 임용신청 당시의 공무원인사기록카드에 기재된 생년월일이 아니라, 공무원의 정년퇴직 시 구비서류로 요구되는 가족관계기록사항에 관한 증명서 중 기본증명서에 기재된 실제의 생년월일을 기준으로 산정한다(2008두21300). [20년 국가 7급3]

⑤ 사망으로 인한 면직은 사망한 다음 날에 면직된 것으로 본다(공무원임용령 제6조 제2항). [23년 경찰간부]

3. 당연퇴직 후에 당연퇴직사유가 소멸한 경우

당연퇴직사유가 한번 발생하면 공무원의 신분을 상실하게 되고, 후에 당연퇴직의 사유가 사라진다 하더라도 ㉠ 공무원의 지위를 당연히 회복하게 되거나, ㉡ 기존의 공무원 지위를 회복하여 줄 것을 요구할 수 있는 신청권이 인정되는 것도 아니다. 따라서 이러한 신청에 대하여 그와 같은 조치가 불가능하다는 행정청의 거부행위도 처분에 해당하지 않는다고 본다(2004두12421).

판례

구 국가공무원법 제69조에서 규정하고 있는 당연퇴직제도는 같은 법 제33조 제1항 각 호에 규정되어 있는 결격사유가 발생하는 것 자체에 의하여 임용권자의 의사표시 없이 결격사유에 해당하게 된 시점에 당연히 공무원 신분을 상실하게 하는 것이고, 당연퇴직의 효력이 생긴 후에 당연퇴직사유가 소멸한다는 것은 있을 수 없으므로, 국가공무원이 금고 이상의 형의 집행유예를 받은 경우에는 그 이후 형법 제65조에 따라 형의 선고가 효력을 잃게 되었다 하더라도 이미 발생한 당연퇴직의 효력에는 영향이 없다(2008다92022). [23년 국가 7급, 23년 군무원 5급, 21년 국가 7급, 20년 국가 7급4, 19년 변호사]

과거에 법률에 의하여 당연퇴직된 공무원이 자신을 복직 또는 재임용시켜 줄 것을 요구하는 신청에 대하여 그와 같은 조치가 불가능하다는 행정청의 거부행위는 당연퇴직의 효과가 계속하여 존재한다는 것을 알려주는 일종의 안내에 불과하므로, 이와 같은 경우 행정청의 복직 또는 재임용거부행위는 항고소송의 대상이 되는 행정처분에 해당한다고 할 수 없다(2004두12421). [17년 국회 8급]

경찰공무원이 재직 중 자격정지 이상의 형의 선고유예를 받음으로써 임용결격사유에 해당하게 되면, 임용권자의 별도의 행위(공무원의 신분을 상실시키는 행위)를 기다리지 아니하고 그 선고유예 판결의 확정일에 당연히 경찰공무원의 신분을 상실(당연퇴직)하게 되는 것이고, 나중에 선고유예기간(2년)이 경과하였다고 하더라도 이미 발생한 당연퇴직의 효력이 소멸되어 경찰공무원의 신분이 회복되는 것은 아니다(96누4275). [21년 국가 7급5, 12년 국가 7급]

❶ "임기제공무원"이란 전문지식·기술이 요구되거나 임용관리에 특수성이 요구되는 업무를 담당하게 하기 위하여 경력직공무원을 임용할 때에 일정기간을 정하여 근무하는 공무원을 말한다(제26조의5).

OX 1
국가공무원이 파산선고를 받았다고 하여도 「채무자 회생 및 파산에 관한 법률」에 따라 신청기한 내에 면책신청을 하지 아니하였거나 면책불허가결정 또는 면책취소가 확정된 때에만 당연퇴직된다. [ ] [16년 국회 8급]

OX 2
공무원임용의 결격사유가 모두 재직 중 당연퇴직사유가 되는 것은 아니다. [ ] [15년 국회 8급]

OX 3
공무원법상 정년은 공무원의 정년퇴직 시 구비서류로 요구되는 가족관계기록사항에 관한 증명서 중 기본증명서에 기재된 실제의 생년월일이 아니라, 공무원 임용신청 당시의 공무원인사기록카드에 기재된 생년월일을 기준으로 산정해야 한다. [ ] [20년 국가 7급]

OX 4
국가공무원이 금고 이상의 형의 집행유예를 선고받고 집행유예기간의 경과로 형의 선고가 효력을 잃게 되었다면, 이미 발생한 그 공무원에 대한 당연퇴직의 효력은 소멸한다. [ ] [20년 국가 7급]

OX 5
직위해제 중에 자격정지 이상의 형의 선고유예를 받아 당연퇴직된 경찰공무원에게 임용권자가 복직처분을 한 상태에서 선고유예 기간이 경과된 경우 그 공무원의 신분이 회복된다 할 것이다. [ ] [21년 국가 7급]

정답
1. ○ 2. ○ 3. × 4. × 5. ×

PART 03

03 면직

1. 개설

면직은 공무원의 신분을 상실시키는 행정행위이다. 면직에는 ㉠ 공무원 본인의 의사에 따라 이루어지는 의원면직과, ㉡ 본인의 의사와 관계없이 이루어지는 강제(일방적)면직이 있다.

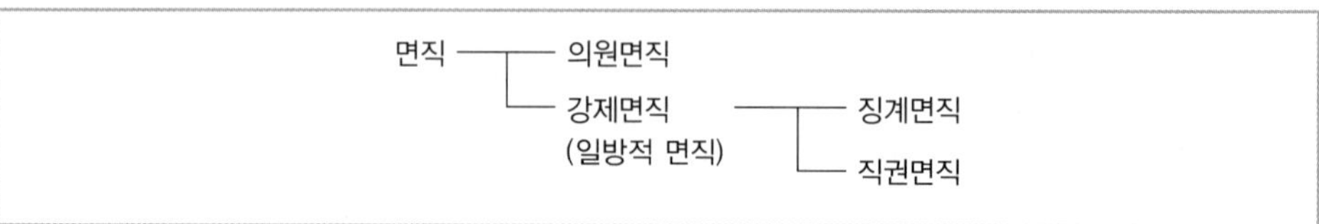

2. 의원면직

(1) 의의

① 공무원 자신의 사의의 표시에 따라 공무원관계를 소멸시키는 행정청의 행위이다. '권고사직'이나 '명예퇴직'의 형식으로 이루어지는 면직도 의원면직에 속한다. [12년 지방 7급 1]

OX 1
권고사직과 명예퇴직은 의원면직에 속한다. [ ]
[12년 지방 7급]

② 공무원의 사의표시만으로 공무원관계가 소멸되는 것은 아니고 그에 따르는 행정청의 면직처분(사직원의 수리)이 있어야만 공무원관계가 소멸된다(쌍방적 행정행위). [17년 서울 7급, 14년 행정사] 따라서 사직원만 제출하고 직장을 무단이탈하는 경우에는 여전히 공무원의 지위를 보유하고 있는 중이므로 공무원관계가 종료되는 것과는 별도로 징계 등의 사유가 될 수 있다.

(2) 사직서의 철회

① 공무원이 한 사직의 의사표시는 그에 터잡은 의원면직처분이 있을 때까지만 철회나 취소를 할 수 있고, 의원면직처분이 있고 난 이후에는 철회나 취소를 할 수 없다고 본다(99두9971). [23년 지방 9급, 19년 경찰 2차, 17년 국가 9급, 16년 서울 9급]

② 공무원의 사직의 의사표시는 사인의 공법행위이므로 여기에는 민법상의 비진의 의사표시의 무효에 관한 규정은 적용되지 않는다(99두9971, 99두5481, 93누10057). [19년 소방간부, 19년 경찰 2차, 18년 5급 승진, 16년 지방 7급]

OX 2
사직원의 제출 또는 그 철회에는 대리가 허용되지 않는다. [ ]
[12년 지방 7급]

③ 또 사직원의 제출 또는 그 철회에는 대리가 허용되지 않는다고 본다. [12년 지방 7급 2]

(3) 징계사유 확인 및 퇴직제한 제도(2020년 신설)

① 임용권자 또는 임용제청권자는 공무원이 퇴직을 희망하는 경우에는 징계사유가 있는지 등을 감사원과 검찰·경찰 등 조사 및 수사기관의 장에게 확인하여야 한다.

② 확인 결과 퇴직을 희망하는 공무원이 ㉠ 파면, 해임, 강등 또는 정직에 해당하는 징계사유가 있거나, ㉡ 비위(非違)와 관련하여 형사사건으로 기소된 때, ㉢ 징계위원회에 파면·해임·강등 또는 정직에 해당하는 징계의결이 요구 중인 때 ㉣ 조사 및 수사기관에서 비위와 관련하여 조사 또는 수사 중인 때 ㉤ 각급 행정기관의 감사부서 등에서 비위와 관련하여 내부 감사 또는 조사 중인 때에는 징계의결요구권자는 지체 없이 징계의결 등을 요구하여야 하고, 퇴직을 허용하여서는 아니 된다(제78조의4).

정답
1. ○ 2. ○

3. 강제(일방적)면직

(1) 징계면직

① 징계면직이란 징계로서 이루어지는 면직을 말한다. 징계면직에는 파면(罷免)과 해임(解任)이 있다. [19년 소방간부❶, 12년 지방 7급]

② ㉠ 파면의 경우에는 해임과 달리 퇴직급여 및 퇴직수당이 감액되어 지급된다는 점(공무원연금법 제65조 제1항 제2호), ㉡ 파면의 경우에는 5년 동안 재임용이 금지되나, 해임의 경우에는 3년 동안 재임용이 금지된다는 점(국가공무원법 제33조)에서 파면과 해임은 차이가 있다. [22년 군무원 7급❷, 16년 행정사❸]

③ 다만, 해임이라 하더라도 금품 및 향응수수, 공금의 횡령 또는 유용으로 인하여 해임된 경우에는 파면과 같이 퇴직급여 및 퇴직수당이 감액되어 지급된다(공무원연금법 제65조 제1항 제3호).

(2) 직권면직(제70조)

국가공무원법 제70조(직권 면직) ① 임용권자는 공무원이 다음 각 호의 어느 하나에 해당하면 직권으로 면직시킬 수 있다.
1. 삭제 〈1991. 5. 31.〉
2. 삭제 〈1991. 5. 31.〉
3. 직제와 정원의 개폐 또는 예산의 감소 등에 따라 폐직(廢職) 또는 과원(過員)이 되었을 때
4. 휴직 기간이 끝나거나 휴직 사유가 소멸된 후에도 직무에 복귀하지 아니하거나 직무를 감당할 수 없을 때
5. 제73조의3 제3항에 따라 대기 명령을 받은 자가 그 기간에 능력 또는 근무성적의 향상을 기대하기 어렵다고 인정된 때
6. 전직시험에서 세 번 이상 불합격한 자로서 직무수행 능력이 부족하다고 인정된 때
7. 병역판정검사·입영 또는 소집의 명령을 받고 정당한 사유 없이 이를 기피하거나 군복무를 위하여 휴직 중에 있는 자가 군복무 중 군무(軍務)를 이탈하였을 때
8. 해당 직급·직위에서 직무를 수행하는 데 필요한 자격증의 효력이 없어지거나 면허가 취소되어 담당 직무를 수행할 수 없게 된 때
9. 고위공무원단에 속하는 공무원이 제70조의2에 따른 적격심사 결과 부적격 결정을 받은 때

② 임용권자는 제1항 제3호부터 제8호까지의 규정에 따라 면직시킬 경우에는 미리 관할 징계위원회의 의견을 들어야 한다. 다만, 제1항 제5호에 따라 면직시킬 경우에는 징계위원회의 동의를 받아야 한다.

1) 의의

직권면직이란 법정의 사유가 있는 경우에, 본인의 의사에도 불구하고 임용권자가 직권으로 행하는 면직처분을 말한다. 징계면직과 달리 어떤 잘못에 대한 '제재'로서 가해지는 것이 아니라는 점에서 다르다. 직권면직은 징계처분의 일종이 아니다.

2) 사유

① 직권면직의 사유로는 ㉠ 직제와 정원의 개폐 또는 예산의 감소 등에 따라 폐직 또는 과원이 되었을 때, ㉡ 휴직 기간이 끝나거나 휴직 사유가 소멸된 후에도 직무에 복귀하지 아니하거나 직무를 감당할 수 없을 때, ㉢ 제73조의3 제3항에 따라 대기 명령을 받은 자가 그 기간에 능력 또는 근무성적의 향상을 기대하기 어렵다고 인정된 때, ㉣ 전직시험에서 세 번 이상

OX 1
징계면직이란 공무원이 공무원법상 요구되는 의무를 위반한 때, 그에 대하여 가해지는 제재로서의 징계처분에 의한 파면과 해임을 의미한다. [ ]
[19년 소방간부]

OX 2
징계에 의하여 해임의 처분을 받은 때로부터 1,500일이 된 자는 공무원으로 임용될 수 있다.
[ ] [22년 군무원 7급]

OX 3
징계의 종류로서 파면과 해임은 둘 다 공무원 신분을 박탈시키며 공직취임 제한기간이 동일하다는 점에 있어서는 차이가 없다.
[ ] [16년 행정사]

정답
1. ○ 2. ○ 3. ×

불합격한 자로서 직무수행 능력이 부족하다고 인정된 때, ⓜ 병역판정검사·입영 또는 소집의 명령을 받고 정당한 사유 없이 이를 기피하거나 군복무를 위하여 휴직 중에 있는 자가 군복무 중 군무를 이탈하였을 때, ⓗ 해당 직급·직위에서 직무를 수행하는 데 필요한 자격증의 효력이 없어지거나 면허가 취소되어 담당 직무를 수행할 수 없게 된 때, ⓢ 고위공무원단에 속하는 공무원이 적격심사 결과 부적격 결정을 받은 때가 있다.

② 고위공무원단에 속하는 일반 공무원이 국가공무원법상 적격심사를 요구받은 것은 직위해제의 사유가 되고(제73조의3 제1항 제5호), 적격심사의 결과 부적격 결정을 받은 것은 직권면직의 사유가 된다(제70조 제1항 제9호). 이때 징계위원회의 의견청취는 절차적 요건으로 요구되지 않는다(제70조 제2항 본문 반대해석). [12년 국회 8급 **1**]

③ 「지방공무원법」의 경우, 임용권자는 직제와 정원이 개정되거나 폐지되어 과원이 됨에 따라 소속 공무원을 면직시킬 때에는 ㉠ 임용형태, 업무실적, 직무수행능력, 징계처분 사실 등을 고려하여 면직 기준을 정하여야 하며, ㉡ 이 경우 미리 해당 인사위원회의 의결을 거쳐야 한다는 추가적인 규정까지 두고 있다(지방공무원법 제62조). [19년 지방 7급]

판례

재직 중 장애를 입은 지방공무원이 장애로 지방공무원법 제62조 제1항 제2호에서 정한 '직무를 감당할 수 없을 때'에 해당하는지는, 장애의 유형과 정도에 비추어, 장애를 입을 당시 담당하고 있던 기존 업무를 감당할 수 있는지만을 기준으로 판단할 것이 아니라, 그 공무원이 수행할 수 있는 다른 업무가 존재하는지 및 소속 공무원의 수와 업무 분장에 비추어 다른 업무로의 조정이 용이한지 등을 포함한 제반 사정을 종합적으로 고려하여 합리적으로 판단하여야 한다(2015두45113). [23년 소방간부 **2**]

OX 1

고위공무원단에 속하는 일반 공무원이 국가공무원법상 적격심사를 요구받으면 직위해제의 사유가 되고, 적격심사의 결과 부적격 결정을 받으면 직권면직이 될 수 있다. 이때 징계위원회의 의견청취절차는 같은 법상 요건이 아니다. [ ] [12년 국회 8급]

OX 2

재직 중 장애를 입은 공무원이 「지방공무원법」에서 정한 '직무를 감당할 수 없을 때'에 해당하는지 여부는 담당하고 있던 기존 업무를 감당할 수 있는지만을 기준으로 판단할 것이 아니라 소속공무원의 수, 업무 분장과 다른 업무로 조정이 용이한지 등을 포함하여 종합적으로 고려하여 판단하여야 한다. [ ] [23년 소방간부]

정답

1. ○ 2. ○

Chapter

02 공무원의 권리 · 의무 · 책임

핵심 정리 26 공무원의 권리

01 개설

① 공무원이 갖는 권리는 신분상의 권리와 재산상의 권리로 크게 구분된다.

② 재산상의 권리는 다시 보수청구권, 연금수급권, 실비변상을 받을 권리로 구분된다.

02 신분상의 권리

1. 신분보장권

헌법 제7조 ② 공무원의 신분과 정치적 중립성은 법률이 정하는 바에 의하여 보장된다.

국가공무원법 제68조(의사에 반한 신분 조치) 공무원은 형의 선고, 징계처분 또는 이 법에서 정하는 사유에 따르지 아니하고는 본인의 의사에 반하여 휴직·강임 또는 면직을 당하지 아니한다. 다만, 1급 공무원과 제23조에 따라 배정된 직무등급이 가장 높은 등급의 직위에 임용된 고위공무원단에 속하는 공무원은 그러하지 아니하다.

① 공무원은 ㉠ 형의 선고, ㉡ 징계처분 또는 ㉢ 국가공무원법이나 지방공무원법에서 정하는 사유에 따르지 아니하고는 본인의 의사에 반하여 휴직·강임 또는 면직을 당하지 아니한다(국가공무원법 제68조, 지방공무원법 제60조). [20년 소방간부]

② 이러한 신분보장권은 경력직공무원(직업공무원)에 한하여 인정된다. 참고로 국가공무원과 지방공무원은 아래와 같이 구분된다.

경력직공무원		특수경력직공무원	
실적과 자격에 따라 임용되고 그 신분이 보장되며 평생 동안(근무기간을 정하여 임용하는 공무원의 경우에는 그 기간 동안) 공무원으로 근무할 것이 예정되는 공무원		경력직공무원 외의 공무원	
일반직 공무원	특정직공무원	정무직공무원	별정직 공무원
기술·연구 또는 행정 일반에 대한 업무를 담당하는 공무원	㉠ 국가공무원의 경우 : 법관, 검사, 외무공무원, 경찰공무원, 소방공무원, 교육공무원, 군인, 군무원, 헌법재판소 헌법연구관, 국가정보원의 직원, 경호공무원과 특수 분야의 업무를 담당하는 공무원으로서 다른 법률에서 특정직공무원으로 지정하는 공무원 [23년 국가 7급 1, 23년 행정사 2]	㉠ 선거로 취임하거나 임명할 때 국회(지방의회)의 동의가 필요한 공무원 ㉡ 고도의 정책결정업무를 담당하거나 이러한 업무를 보조하는 공무원으로서 법률이나 대통령령(법령 또는 조례)에서 정무직으로 지정하는 공무원	비서관·비서 등 보좌업무 등을 수행하거나 특정한 업무 수행을 위하여 법령에서 별정직으로 지정하는 공무원

OX 1
「국가공무원법」상 실적과 자격에 따라 임용되고 그 신분이 보장되며 평생 동안(근무기간을 정하여 임용하는 공무원의 경우에는 그 기간 동안) 공무원으로 근무할 것이 예정되는 공무원에는 법관이나 검사도 포함된다. [ ]
[23년 국가 7급]

OX 2
법관, 검사, 외무공무원은 일반직공무원에 해당한다. [ ]
[23년 행정사]

정답
1. ○ 2. ×

㉡ 지방공무원의 경우 : 공립 대학 및 전문대학에 근무하는 교육공무원, 교육감 소속의 교육전문직원 및 자치경찰공무원과 그 밖에 특수 분야의 업무를 담당하는 공무원으로서 다른 법률에서 특정직공무원으로 지정하는 공무원	㉢ 국무위원, 각 부의 차관, 청장 등이 이에 속한다. [16년 5급 승진]

③ 또한 ㉠ 1급공무원과 ㉡ 국가공무원법 제23조에 따라 배정된 직무등급이 가장 높은 등급의 직위에 임용된 고위공무원단에 속하는 공무원(제68조 단서), ㉢ 그리고 시보임용기간 중에 있는 공무원(제39조 제3항)은 신분보장을 받지 못한다.

2. 직위보유권

① 공무원은 일정한 직위를 보유할 권한을 갖는다. 따라서 공무원에 임명된 자에게는 일정한 직위가 부여되어야 한다. 다만 특정 공무원이 특정한 직위를 보유할 수 있는 권한을 의미하는 것은 아니다.

② 공무원으로 임용하여 놓고도 일정한 직위를 부여하지 않은 것은 위법하며, 법으로 정한 사유가 없으면 직위를 해제당하지도 않을 권리를 갖는다.

3. 직무수행권

공무원은 자기가 담당하는 직무를 타인의 방해를 받지 않고 수행할 권리를 갖는다. 따라서 임용권자나 상급자도 공무원의 직무수행을 부당하게 방해할 수는 없다.

4. 직명사용권 및 제복착용권

① 공무원은 직명(職名)을 사용할 권리를 갖는다.

② 또 군인이나 경찰관과 같이 특정한 사무를 담당하는 공무원은 제복과 제모를 착용할 권리도 갖는다.

5. 소청제기권

공무원은 위법 또는 부당하게 신분상의 불이익을 입은 경우, 소청이나 행정소송을 통하여 그 시정을 구할 수 있는 권리를 갖는다.

6. 고충심사청구권

> 국가공무원법 제76조의2(고충 처리) ① 공무원은 인사·조직·처우 등 각종 직무 조건과 그 밖에 신상 문제와 관련한 고충에 대하여 상담을 신청하거나 심사를 청구할 수 있으며, 누구나 기관 내 성폭력 범죄 또는 성희롱 발생 사실을 알게 된 경우 이를 신고할 수 있다. 이 경우 상담 신청이나 심사 청구 또는 신고를 이유로 불이익한 처분이나 대우를 받지 아니한다.

① 공무원은 자신의 직무상 고충에 관하여 심사를 청구할 권한을 갖는다.

② 신상에 관한 어떠한 문제에 대해서도 기간의 제한 없이 고충심사청구를 할 수 있다는 점에서 소청제도와 구별된다. 소청제도는 그 대상이 불이익한 처분으로 한정될뿐더러 제기기간에도 제한이 있다.

③ 다만, 소청심사위원회와 달리 고충심사위원회의 결정에는 기속력이 인정되지 않으며, 고충심사의 결정은 행정상 쟁송의 대상이 되는 행정처분에 해당하지 않는다(87누657). [22년 군무원 5급, 21년 군무원 7급, 19년 행정사 1, 16년 국회 8급]

④ 「군인사법」의 위임에 따라 제정된 「군인복무규율」에 규정된 건의제도와 고충심사제도는 군인의 재판청구권 행사에 앞서 반드시 거쳐야하는 군 내 사전절차로서의 의미를 갖는다고 보기 어렵다(2012두26401). [19년 국회 8급]

OX 1
지방공무원법에 따른 고충심사의 결정은 행정처분이 아니다. [ ] [19년 행정사]

7. 노동기본권

> 헌법 제33조 ① 근로자는 근로조건의 향상을 위하여 자주적인 단결권 · 단체교섭권 및 단체행동권을 가진다.
> ② 공무원인 근로자는 법률이 정하는 자에 한하여 단결권 · 단체교섭권 및 단체행동권을 가진다.

공무원 역시 근로자에 해당한다. 따라서 공무원도 헌법상 노동에 관한 기본권을 누린다. 다만 일반적인 근로자에 비해 더 많은 제약을 받을 뿐이다. 우리 헌법도 이를 전제로 공무원의 단결권, 단체교섭권, 단체행동권 제한에 관한 규정을 두고 있다(헌법 제33조 제2항).

판례

공무원은 공직자인 동시에 국민의 한 사람이기도 하므로 국민전체에 대한 봉사자로서의 지위와 기본권을 향유하는 기본권주체로서의 지위라는 이중적 지위를 가지는바, 공무원이라고 하여 기본권이 무시되거나 경시되어서는 안 되지만, 공무원의 신분과 지위의 특수성상 공무원에 대해서는 일반 국민에 비해 보다 넓고 강한 기본권 제한이 가능하게 된다(2010헌마97). [23년 행정사]

03 보수청구권

① 공무원의 보수(報酬)란 봉급과 각종 수당을 합산한 금액을 말한다. 공무원의 보수는 근로의 대가로서의 성질과 생활보장적 성질을 아울러 갖는다. 공무원은 국가 또는 지방자치단체에 대하여 보수의 지급을 청구할 수 있는 권리를 가진다.

판례

공무원에게 지급되는 보수는 근로의 대가로서의 성격만 가지는 것이 아니라 안정적인 직업공무원 제도의 유지를 위한 목적도 포함되어 있다. … 또한 공무원에게 지급되는 각 수당은 공무원 조직의 특수성을 반영하거나 공무원의 생활 보장 등 정책적 목적을 함께 가지고 있다(2016다255941).

② 공무원의 보수는 '근무조건 법정주의'에 따른다. 따라서 국가공무원법령 등 공무원의 보수에 관한 법률에 그 지급근거가 되는 명시적 규정이 존재하는 경우에만 보수청구권이 인정된다. 또한 대법원은 나아가 해당 보수 항목이 국가예산에도 계상되어 있어야만 하는 것으로 본다(2017두64606). [21년 군무원 7급, 20년 국가 7급, 19년 행정사 2]

OX 2
공무원이 보수에 해당하는 금원지급을 구할 경우 해당 보수항목이 국가예산에 계상되어 있어야만 하는 것은 아니다. [ ] [19년 행정사]

③ 공무원의 보수청구권은 「공무원보수규정」과 「지방공무원보수규정」이라는 대통령령에 의해 직접 발생하는 공권으로 본다. 따라서 보수지급청구소송이나 보수지급청구권 확인소송은 공법상 당사자소송에 의하여야 한다(90다10766).

정답
1. ○ 2. ×

④ 공무원의 보수청구권은 양도하거나 포기할 수 없으며, 보수에 대한 압류는 그 금액의 2분의 1이상에 대해서는 할 수가 없다(민사집행법 제246조 제1항 제4호).

⑤ 보수청구권의 소멸시효 기간이 문제된다. ㉠ 다수설은 공무원의 보수청구권이 공권이라는 점을 고려하여 국가재정법 제96조 제2항이나 지방재정법 제82조 제2항에 따라 5년으로 보고 있지만, ㉡ 대법원은 공무원의 보수청구권을 사법상의 급료채권과 동일하게 보아 민법 제163조 제1호에 따라 3년으로 보고 있다(65다2506).

04 연금수급권

1. 의의

① 연금(年金)이란 본래 일정한 기간 공무원으로서 근무하고 퇴직(사망으로 인한 퇴직 포함)한 경우에 공무원 또는 그 유족에게 지급되는 급여를 말한다.

② 다만, 현행법상으로는 공무원이 직무로 인하여 질병에 걸리거나 부상을 당한 경우에도 연금이 지급되고 있다. 공무원연금에 관한 법으로서 「공무원연금법」과 「공무원재해보상법」이 존재한다.

2. 성질

① 통설은 연금은 지급이 연기된 봉급(후불임금)으로서의 성격과 사회보장적 성격을 모두 갖고 있는 것으로 본다. [15년 국회 8급] 헌법재판소도 연금수급권은 재산권으로서의 성격과 사회보장수급권으로서의 성격을 모두 갖는다고 보고 있다(97헌마333). [19년 행정사] 연금이 공무원의 봉급에서 매월 납부되는 기여금으로 조성된다는 점을 고려하면 지급이 연기된 봉급으로서의 성격을 가진다고 보아야 하고, 연금이 공무원이 퇴직하는 경우뿐만 아니라 질병이나 부상이 발생한 경우에도 지급된다는 점을 고려하면 사회보장적 성격도 가지는 것으로 보아야 하기 때문이다.

② 연금청구권은 공권에 해당한다고 본다(2004두244).

3. 연금지급의 결정 및 쟁송수단

(1) 연금지급의 결정

① 공무원이 연금을 받기 위해서는 지급을 신청하여야 한다. '연금지급을 신청할 권리'는 공무원연금법이 정한 사유의 발생으로 당연히 발생한다고 본다.

② 그러나 '연금을 받을 권리(연금수급권)'는 위 신청에 따른 인사혁신처장의 연금지급결정에 의해 비로소 구체화되어 발생한다. 따라서 인사혁신처장의 연금지급결정은 처분에 해당하며❶, 이 신청에 대한 연금지급 거부결정도 처분에 해당하는 것으로 본다.

③ 연금지급결정 권한은 본래 인사혁신처장의 권한이지만 공무원연금법 시행령 제20조의3의 위임에 의하여 공무원연금관리공단이 행사하고 있다.

❶ [총론] 어떤 행정작용이 처분에 해당하기 위해서는 기본적으로 그것에 의해 비로소 국민의 권리나 의무를 변동시키는 효과가 있어야 한다고 본다.

(2) 쟁송수단

1) 급여결정에 불복하는 경우

공무원연금법 제87조(심사의 청구) ① 급여에 관한 결정, 기여금의 징수, 그 밖에 이 법에 따른 급여에 관하여 이의가 있는 사람은 대통령령으로 정하는 바에 따라 「공무원 재해보상법」 제52조에 따른 공무원재해보상연금위원회에 심사를 청구할 수 있다.
③ 급여에 관한 결정, 기여금의 징수, 그 밖에 이 법에 따른 급여에 관하여는 「행정심판법」에 따른 행정심판을 청구할 수 없다.

① 급여에 관한 결정(급여지급을 거부하거나, 신청한 급여 중 일부만을 지급하겠다는 결정)에 이의가 있는 자는 공무원재해보상연금위원회에 심사를 청구할 수 있다(공무원연금법 제87조 제1항). 이 심사는 행정심판에 해당하는 것으로 본다(제87조 제3항 참조).

② 공무원재해보상연금위원회의 결정에 다시 불복하는 경우에는, 공무원연금관리공단의 급여결정을 대상으로 취소소송을 제기하여 급여결정의 취소를 구하여야 한다(96누6417). 취소소송 제기에 대한 필수적 전심절차인 것은 아니다.

판례

㉠ 공무원연금법령상 급여를 받으려고 하는 자는 우선 관계 법령에 따라 공무원연금공단에 급여지급을 신청하여 공무원연금공단이 이를 거부하거나 일부 금액만 인정하는 급여지급결정을 하는 경우 그 결정을 대상으로 항고소송을 제기하는 등으로 구체적 권리를 인정받아야 하고, 구체적인 권리가 발생하지 않은 상태에서 곧바로 공무원연금공단을 상대로 한 당사자소송으로 권리의 확인이나 급여의 지급을 소구하는 것은 허용되지 아니한다. [23년 국가 7급]

㉡ 이러한 법리는 구체적인 급여를 받을 권리의 확인을 구하기 위하여 소를 제기하는 경우뿐만 아니라, 구체적인 급여수급권의 전제가 되는 지위의 확인을 구하는 경우에도 마찬가지로 적용된다(2014두43264).

2) 이미 지급결정이 있었던 연금을 지급하지 않고 있는 경우

① 일단 지급결정이 있으면 공무원연금수급권이 발생한다. 따라서 이미 지급결정이 있었던 연금을 행정청이 전부 지급하지 않거나 일부 지급하지 않는 경우에는 이미 발생한 자신의 권리인 연금수급권을 당사자소송으로 행사하면 된다(2008두5636). [19년 행정사 1] 이 경우에는 전부거부 또는 일부거부가 처분에 해당하지 않는다.

② 특히 최근 잇달아 이루어진 법령개정을 통한 연금액 삭감으로, 삭감된 연금 부분에 대해 '미지급액 지급청구'를 구하는 소송이 있었는데, 이들도 모두 당사자소송으로 제기되어야 한다고 본다.

판례

구 공무원연금법 소정의 퇴직연금 등의 급여는 급여를 받을 권리를 가진 자가 당해 공무원이 소속하였던 기관장의 확인을 얻어 신청하는 바에 따라 공무원연금관리공단이 그 지급결정을 함으로써 그 구체적인 권리가 발생하는 것이므로, 공무원연금관리공단의 급여에 관한 결정은 국민의 권리에 직접 영향을 미치는 것이어서 행정처분에 해당할 것이지만, 공무원연금관리공단의 인정에 의하여 퇴직연금을 지급받아 오던 중 구 공무원연금법령의 개정 등으로 퇴직연금 중 일부 금액의 지급이 정지된 경우에는 당연히 개정된 법령에 따라 퇴직연금이 확정되는 것이지 같은 법 제26조 제1항에 정해진 공무원연금관리공단의 퇴직연금 결정과 통지에

OX 1
지급결정된 연금의 지급청구소송은 공법상 당사자소송으로 제기되어야 한다. [ ] [19년 행정사]

정답
1. ○

의하여 비로소 그 금액이 확정되는 것이 아니므로, 공무원연금관리공단이 퇴직연금 중 일부 금액에 대하여 지급거부의 의사표시를 하였다고 하더라도 그 의사표시는 퇴직연금 청구권을 형성·확정하는 행정처분이 아니라 공법상의 법률관계의 한쪽 당사자로서 그 지급의무의 존부 및 범위에 관하여 나름대로의 사실상·법률상 의견을 밝힌 것일 뿐이어서 이를 행정처분이라고 볼 수는 없고, 이 경우 미지급퇴직연금에 대한 지급청구권은 공법상 권리로서 그의 지급을 구하는 소송은 공법상의 법률관계에 관한 소송인 공법상 당사자소송에 해당한다(2004두244).

05 실비변상을 받을 권리

공무원은 직무를 수행하는 데 사용된 비용(예 숙박비, 운임, 식비 등)에 대한 변상을 받을 권리를 갖는다(제48조).

핵심 정리 27 공무원의 의무

01 공무원의 의무 개설

공무원은 아래와 같은 의무를 부담한다. 이들 의무를 위반한 경우 이는 징계사유가 된다. 공무원의 의무 중 수험적으로 더 자세히 다뤄야 할 필요가 있는 부분에 대해서만 살펴보기로 한다.

의무	의의
선서의 의무(제55조)	공무원은 취임할 때 소속 기관장 앞에서 선서해야 하는 의무를 부담한다.
성실의무(제56조)	공무원은 성실히 직무를 수행해야 한다.
법령준수의무(제56조)	공무원은 법령을 준수하여야 한다.
복종의무(제57조)	공무원은 직무를 수행할 때 소속 상관의 직무상 명령에 복종하여야 한다.
직장이탈 금지의무(제58조)	공무원은 소속 상관의 허가나 정당한 사유가 없으면 직장을 이탈하지 못한다.
친절·공정의 의무(제59조)	공무원은 국민 전체의 봉사자로서 친절하고 공정하게 직무를 수행해야 한다.
종교중립의무(제59조의2)	공무원은 종교에 따른 차별이 없이 직무를 수행해야 한다. [14년 행정사 1]
비밀엄수의 의무(제60조)	공무원은 직무상 알게 된 비밀을, 재직 중은 물론 퇴직 후에도 누설하지 말아야 한다.
청렴의 의무(제61조)	공무원은 직무와 관련하여 직접적이든 간접적이든, 사례나 증여 또는 향응을 주거나 받을 수 없고, 직무상의 관계가 있든 없든 그 소속 상관에게 증여하거나 소속 공무원으로부터 증여를 받아서는 안 된다.
품위유지의무(제63조)	공무원은 직무의 내외를 불문하고 그 품위가 손상되는 행위를 하여서는 아니된다.
영리업무 및 겸직금지의무(제64조)	공무원은 공무 외에 영리를 목적으로 하는 업무에 종사하지 못하며, 소속 기관장의 허가 없이 다른 직무를 겸할 수 없다.
정치적 중립의무(제65조)	공무원은 정치적 중립의 의무를 부담한다.
집단행위 금지의무(제66조)	공무원은 사실상 노무에 종사하는 공무원과 대통령령으로 정하는 특수경력직 공무원 이외에는, 노동운동이나 그 밖에 공무 외의 일을 위한 집단행위를 해서는 안 된다.

OX 1
공무원은 소속 장관이 종교중립에 위배되는 직무상 명령을 한 경우에는 따르지 아니할 수 있다. [ ] [14년 행정사]

정답
1. ○

02 성실의무(제56조)

1. 의의

모든 공무원은 성실히 직무를 수행해야 할 의무를 부담한다. [23년 행정사] 성실의무는 공무원의 기본적 의무로서, 공무원은 최대한으로 공공의 이익을 도모하고 그 불이익을 방지하기 위해 전 인격과 양심을 바쳐서 성실히 직무를 수행하여야 한다는 것을 내용으로 한다(2017두47472).

2. 성질 및 범위

① 성실의무는 윤리성이 강하지만 법적인 의무에 해당한다. 따라서 성실의무를 위반한 경우에도 징계의 대상이 된다.

② 성실의무 위반이 있기 위해 반드시 법령위반이 있을 것이 요구되지는 않는다. 예컨대, 상습적인 음주 후 근무나 지각도 성실의무 위반이 된다.

③ 성실의무는 경우에 따라 ㉠ 근무시간 외에도 ㉡ 근무지 밖에까지도 미칠 수 있다고 본다(96누2125). [20년 소방간부 1, 18년 지방 7급] 예컨대, 공무원이 퇴근 후에 광장에 모여 '임금 인상이 있을 때까지는 최소한으로만 일을 하자'는 결의를 다지는 모임을 연 경우, 성실의무를 위반한 것에 해당한다.

판례

㉠ 정책을 수립 · 시행하는 고위 공무원이 국가적인 사업을 추진하는 경우에, 당시 정부의 정책, 산업 분야의 경제적 영향 등 다양한 정책적 요소에 대한 고도의 전문적 판단이 요구되므로 상당히 폭넓은 재량이 인정되며, 그 사업 추진 결과가 기대에 미치지 못한다고 하여 그 사유만을 징계사유로 삼기는 어렵다. [23년 군무원 5급]

㉡ 행정기관이 제작하는 보도자료는 국민의 알 권리를 보호하기 위한 차원에서 작성되어야 한다. 국정을 홍보하기 위하여 보도자료를 작성하는 과정에서 행정기관의 의견을 개진하거나 정책의 타당성 등을 옹호하는 것이 부당하다고 할 수는 없지만, 행정기관이 알고 있는 객관적인 사정과 달리 해당 사항의 긍정적인 측면만을 부각하거나 불확실한 점이 있음에도 과장 되거나 단정적인 표현을 사용하여 국민이 해당 사항에 관하여 잘못된 인식을 가지도록 하여서는 아니 된다. 특히 증권 거래 등 일반인들에게 영향을 미칠 수 있는 정보가 보도자료에 포함되는 경우에, 국민으로서는 마치 그 정보가 행정기관의 검증을 거치거나 합리적 근거에 기초한 것으로서 공적으로 인정받았다고 인식하게 되고 실질적으로 해당 정보가 주식시장에 공시되는 것과 유사한 결과를 초래하므로, 담당 공무원은 해당 정보의 진실성 여부 및 주식시장에 미칠 파급효과 등에 관하여 보다 면밀히 살펴 사실과 다르거나 오해를 낳을 수 있는 정보가 보도자료에 담기지 아니하도록 할 주의의무를 부담한다(2016두38167). [18년 국가 7급 2]

국무총리실 외교안보정책관 甲이 'Yokadouma 지역의 다이아몬드 추정 매장량은 최소 약 4.2억 캐럿'이라고 보도자료를 냄으로써 현지에서 광상에 대한 개발권을 부여받은 C&K마이닝의 주가가 폭등하였으나, 다이아몬드 매장량이 정확히 확인되지 않은 채 보도자료가 나갔다는 사실이 밝혀진 사건이다.

감사보고서의 내용이 직무상 비밀에 속하지 않는다고 할지라도 그 보고서의 내용이 그대로 신문에 게재되게 한 감사원 감사관의 행위는 감사자료의 취급에 관한 내부수칙을 위반한 것이고, 이로 인하여 관련 기업이나 관계 기관의 신용에 적지 않은 피해를 입힌 것으로서 공무

OX 1
공무원의 성실의무는 법적 의무로서 위반 시 징계의 대상이 될 수 있으며, 이는 근무시간 외에 근무지 밖에서 적용될 여지는 없다. [ ] [20년 소방간부]

OX 2
행정기관이 보도자료를 작성할 때 증권 거래 등 일반인들에게 영향을 미칠 수 있는 정보가 포함되는 경우에, 담당 공무원 丁은 해당 정보의 진실성 여부 및 주식시장의 파급효과 등을 보다 면밀히 살펴 사실과 다르거나 오해를 낳을 수 있는 정보가 보도자료에 담기지 아니하도록 할 주의의무를 부담한다. [ ] [18년 국가 7급]

정답
1. × 2. ○

원의 성실의무 등 직무상의 의무를 위반한 것으로서 국가공무원법 제78조 소정의 징계사유에 해당한다(94누7171). [21년 국회 8급]

감사원 감사관 이문옥이, 재벌들이 소유하고 있는 비(非) 업무용 부동산 보유 현황에 대한 감사원의 감사가 주요 재벌들의 로비로 인해 중단되었다는 사실을, 한겨레에 제보하여 그 점이 기사화된 사건이다.

03 복종의무 관련 논점

1. 직무명령의 적법성과 부하공무원의 심사권

(1) 직무명령의 의의

직무명령은 소속 상관이 부하공무원에게 직무에 관하여 발하는 일체의 명령을 말한다. 직무명령에는 일반적·추상적인 것도 있고, 개별적·구체적인 것도 있다.

(2) 직무명령의 적법요건

구분	내용
형식적 적법요건	㉠ 직무상의 소속 상관이 발한 것이어야 한다. ㉡ 부하공무원의 직무에 속하는 사항에 대한 것이어야 한다. ㉢ 부하공무원의 직무상 독립이 보장되어 있는 사항에 관한 것이 아니어야 한다. ㉣ 법정의 절차와 형식을 갖추어야 한다.
실질적 적법요건	명령의 내용이 헌법이나 법률 또는 상급자의 명령에 반하는 것이 아니어야 한다.

(3) 하자 있는 직무명령에 대한 부하공무원의 심사권 인정여부

1) 개설

공무원은 직무를 수행함에 있어서 상관의 명령에 복종하여야 할 의무를 부담한다(제57조). 다만, 상관의 직무상 명령이 위법·부당하다고 판단되면 부하공무원은 이에 대해 의견을 진술할 수 있다(지방공무원법 제49조). [19년 행정사 1, 14년 서울 7급] 그러나 상관의 직무상 명령이 위법하다고 판단하여 이에 복종하지 않을 수 있는지에 대해서는 견해가 대립한다.

2) 형식적 요건을 결여하여 위법하게 된 경우

① 부하공무원은 직무명령이 형식적 요건을 갖추었는지 여부를 심사할 수 있는 권한을 갖는다고 본다. 형식적 요건은 그 충족여부가 외관상 명백한 것이 일반적이기 때문이다. 심사결과 직무명령이 형식적 요건을 결여하여 위법하게 된 경우, 부하공무원은 그에 따를 의무가 없으며 복종을 거부하여도 징계사유에 해당하지 않는다.

② 대법원도 부하공무원인 검사가 대질신문을 받기 위하여 대검찰청에 출석하는 행위는 검사의 고유한 직무에 속하지 않으므로, 대질신문을 받기 위해 대검찰청에 출석하라는 검찰총장의 직무명령은 부하 검사에게 복종의무를 발생시키는 직무상의 명령이 아니라고 보았다. 따라서 이에 따르지 않았다는 이유로 징계처분을 내릴 수는 없다고 보았다(심재륜 고검장 사건, 2000두7704).

OX 1
지방공무원법에 따라 공무원은 직무수행시 소속 상사의 직무상 명령에 복종하여야 하지만, 이에 대한 의견을 진술할 수 있다. [ ] [19년 행정사]

정답
1. ○

3) 실질적 요건을 결여하여 위법하게 된 경우

① 직무명령이 실질적 요건을 갖추었는지를 심사할 수 있는 권한이 부하공무원에게 있는지에 대해서는 견해가 대립하고 있다. 이것은 공무원의 복종의무와 법령준수의무 사이의 충돌 문제이기도 하다.

② 대법원은 ㉠ 명백한 위법이나 불법을 명하는 경우에는 이에 따라야 할 의무가 없고, 오히려 따라서는 안 된다고 본다. ㉡ 다만, 단순 위법에 불과하다면 행정의 계층적 질서를 보장하기 위해 복종해야 한다고 본다. [14년 서울 7급 1]

③ 최근에는 심재륜 고검장 사건을 근거로 단지 "공무원이 상급행정기관이나 감독권자의 직무상 명령을 위반하였다는 점을 징계사유로 삼으려면 직무상 명령이 상위법령에 반하지 않는 적법·유효한 것이어야 한다"고만 판시한 것도 있다(2020두42262). [22년 경찰간부 2]

판례

공무원이 그 직무를 수행함에 있어 상관은 하관에 대하여 범죄행위 등 위법한 행위를 하도록 명령할 직권이 없는 것이고, 하관은 소속 상관의 적법한 명령에 복종할 의무는 있으나, 그 명령이 참고인으로 소환된 사람에게 가혹행위를 가하라는 등과 같이 명백한 위법 내지 불법한 명령인 때에는 이는 벌써 직무상의 지시명령이라 할 수 없으므로 이에 따라야 할 의무는 없다(87도2358). [23년 행정사]

공무원이 그 직무를 수행함에 즈음하여 상관은 하관에 대하여 범죄행위 등 위법한 행위를 하도록 명령할 직권이 없는 것이며, 또한 하관은 소속 상관의 적법한 명령에 복종할 의무는 있으나 그 명령이 대통령 선거를 앞두고 특정후보에 대하여 반대하는 여론을 조성할 목적으로 확인되지도 않은 허위의 사실을 담은 책자를 발간·배포하거나 기사를 게재하도록 하라는 것과 같이 명백히 위법 내지 불법한 명령인 때에는 이는 벌써 직무상의 지시명령이라 할 수 없으므로 이에 따라야 할 의무가 없다(99도636). [18년 3월 서울 7급]

OX 1 상관의 직무상 단순위법인 명령에 대해서 공무원이 복종하지 않더라도 징계는 받지 않는다. [ ] [14년 서울 7급]

OX 2 공무원이 상급행정기관이나 감독권자의 직무상 명령을 위반하였다는 점을 징계사유로 삼으려면 직무상 명령이 상위법령에 반하지 않는 적법·유효한 것이어야 한다. [ ] [22년 경찰간부]

2. 상관의 명령에 대해 재판청구권을 행사하는 행위의 가부

대법원은 상관의 지시나 명령 자체에 따르지 않는 행위와, 상관의 지시나 명령이 위헌·위법이라는 이유로 재판청구권을 행사하는 행위는 다른 것이기 때문에, 원칙적으로 상관의 명령에 대한 재판청구권의 행사 자체만으로 복종의무를 위반한 것이라고는 볼 수 없다고 하였다(2012두26401 전원합의체). [19년 경찰 2차]

판례

군인이 상관의 지시나 명령에 대하여 재판청구권을 행사하는 경우에, 그것이 위법·위헌인 지시와 명령을 시정하려는 데 목적이 있을 뿐, 군 내부의 상명하복관계를 파괴하고 명령불복종 수단으로서 재판청구권의 외형만을 빌리거나 그 밖에 다른 불순한 의도가 있지 않다면, 정당한 기본권의 행사이므로 군인의 복종의무를 위반하였다고 볼 수 없다(2012두26401 전원합의체). [23년 군무원 5급, 22년 군무원 5급, 20년 지방 7급]

재판청구권 행사의 목적이 무엇인지를 기준으로 복종의무 위반여부를 가르고 있다. 군법무관들이 국방부장관의 군내불온서적 차단대책 강구지시와 그 근거법령인 군인사법 규정, 군인복무규율 규정에 대해, 그 위헌성의 확인을 구하는 헌법소원을 제기했고, 그에 대해 복종의무위반으로 징계처분이 내려졌던 사건이다.

PART 03

정답

1. × 2. ○

04 비밀엄수의무(제60조)

1. 의의

① 공무원은 재직 중에 알게 된 비밀뿐만 아니라, 퇴직 후에 직무상 알게 된 비밀도 엄수하여야 한다.

② 비밀엄수의 대상이 되는 비밀의 의미에 대해 ㉠ 행정기관이 비밀로 지정한 것은 모두 누설이 금지되는 비밀에 해당한다고 보는 견해(형식설)와, ㉡ 행정기관의 비밀지정 여부와 무관하게, 실질적·객관적으로 비밀로 보호할 만한 가치가 있는 것은 모두 누설이 금지되는 비밀에 해당한다고 보는 견해(실질설)가 대립하고 있다.

③ 대법원은 실질설의 입장이다. 이에 따르면 행정기관에 의하여 비밀로 지정되지 않았다 하더라도 누설이 금지되는 사항이 존재할 수 있다.

판례

㉠ 국가공무원법상 직무상 비밀이라 함은 국가 공무의 민주적, 능률적 운영을 확보하여야 한다는 이념에 비추어 볼 때 당해 사실이 일반에 알려질 경우 그러한 행정의 목적을 해할 우려가 있는지 여부를 기준으로 판단하여야 하며, 구체적으로는 행정기관이 비밀이라고 형식적으로 정한 것에 따를 것이 아니라 실질적으로 비밀로서 보호할 가치가 있는지, 즉 그것이 통상의 지식과 경험을 가진 다수인에게 알려지지 아니한 비밀성을 가졌는지 또한 정부나 국민의 이익 또는 행정목적 달성을 위하여 비밀로서 보호할 필요성이 있는지 등이 객관적으로 검토되어야 한다(94누7171). [23년 국회 8급, 23년 군무원 5급, 23년 군무원 9급, 20년 지방 7급 1, 18년 서울 7급 2]

㉡ 개별법인의 비업무용 부동산 보유 실태는 오늘날과 같은 고도 정보사회에 있어서 일반인에게 알려지지 않은 비밀인지 의문이 … 므로 결국 이 사건 보고서는 그 내용이나 성격으로 보아 국가공무원법 제60조 소정의 직무상 비밀에 해당하지 아니한다(94누7171). [23년 군무원 9급]

이문옥 감사관 사건

OX 1
공무원의 비밀엄수의무의 대상이 되는 직무상 비밀은 행정기관이 비밀이라고 형식적으로 정한 것을 의미한다. [ ]
[20년 지방 7급]

OX 2
「국가공무원법」상 직무상 비밀이라 함은 국가 공무의 민주적, 능률적 운영을 확보하여야 한다는 이념에 비추어 볼 때 당해 사실이 일반에 알려질 경우 그러한 행정의 목적을 해할 우려가 있는지 여부를 기준으로 판단하여야 하며, 구체적으로는 행정기관이 비밀이라고 형식적으로 정한 것에 따를 것이 아니라 실질적으로 비밀로서 보호할 가치가 있는지 등이 객관적으로 검토되어야 한다. [ ]
[18년 서울 7급]

2. 타법상 의무와의 관계

① 공무원의 직무상 비밀엄수의무는 국회에서의 증언의무보다는 우선하지 못하는 것으로 입법화되어 있다. 즉, 공무원 또는 공무원이었던 사람이 국회로부터 증언의 요구를 받은 경우에, 증언할 사실이 직무상 비밀에 속한다는 이유로는 원칙적으로 증언을 거부할 수 없다(국회에서의 증언·감정 등에 관한 법률 제4조). [10년 국가 7급]

② 한편, 형사소송에서의 증인신문과 관련해서, 공무원 또는 공무원이었던 자가 그 직무에 관하여 알게 된 사실에 관하여, 본인 또는 당해 공무소가 직무상 비밀에 속한 사항임을 신고한 때에는 그 소속공무소 또는 감독관공서의 승낙 없이는 형사소송에서 증인으로 신문하지 못한다. 다만 그 소속공무소 또는 당해 감독관공서는 국가에 중대한 이익을 해하는 경우를 제외하고는 승낙을 거부하지 못한다(형사소송법 제147조). [14년 서울 7급]

3. 비밀엄수의무 위반의 효과

공무원이 비밀엄수의무를 위반한 경우 징계사유가 될 뿐만 아니라, 특히 법령에서 비밀로 지정한 사항을 누설한 경우에는 형사처벌도 받게 된다(형법 제127조).

정답
1. × 2. ○

05 품위유지의무(제63조)

① 공무원은 직무의 내외를 불문하고 그 품위가 손상되는 행위(예 도박, 축첩, 알코올중독 등)를 하여서는 아니 된다. 여기에서 '품위'라 함은 주권자인 국민의 수임자로서의 직책을 맡아 수행해 나가기에 손색이 없는 인품을 말한다. [23년 군무원 5급 1, 18년 10월 서울 7급] 다소 모호한 측면이 있기는 하지만 대법원은 헌법상 명확성의 원칙에 위배되지 않는 것으로 본다(2014두8469).

② 품위손상 행위란 국가의 권위 · 위신 · 체면 · 신용 등에 영향을 미칠 수 있는 공무원의 불량하거나 불건전한 행위를 말한다. 공무원의 품위유지의무는 직무집행 중일 때뿐만 아니라 직무 외 사생활에서의 행동에도 적용된다(97누18172). [18년 10월 서울 7급, 14년 서울 7급] 다만, 공직의 위신, 체면, 신용에 손상을 가하지 않는 정도의 단순한 사생활의 문제는 품위를 손상하는 행위라고 보지 않는다.

③ 또한 원칙적으로 공무원 임용 후의 행위만이 품위손상행위에 해당할 수 있지만, 공무원의 임용 전의 행위라 하더라도 이로 인하여 임용 후의 공무원의 체면 또는 위신을 손상하게 된 경우(예 뇌물을 공여하여 공립학교 교사로 임용된 경우)에는 징계사유로 삼을 수 있다고 본다(89누7368). [21년 국회 8급, 11년 지방 7급]

판례

출장근무 중 근무 장소를 벗어나 인근 유원지에 가서 동료 여직원의 의사에 반하여 성관계를 요구하다가 그 직원에게 상해를 입히고 강간치상죄로 형사소추까지 당하게 된 경우, 당해 공무원의 이러한 행위는 사회통념상 비난받을 만한 행위로서 공직의 신용을 손상시키는 것이므로 지방공무원법 제69조 제1항 제3호 소정의 품위손상행위에 해당한다(97누18172).

검사가 외부에 자신의 상사를 비판하는 의견을 발표하는 행위는, 그것이 비록 검찰조직의 개선과 발전에 도움이 되고, 궁극적으로 검찰권 행사의 적정화에 기여하는 면이 있다고 할지라도, 국민들에게는 그 내용의 진위나 당부와는 상관없이 그 자체로 검찰 내부의 갈등으로 비춰져, 검찰에 대한 국민의 신뢰를 실추시키는 요인으로 작용할 수 있는 것이고, 특히 그 발표 내용 중에 진위에 의심이 가는 부분이 있거나, 그 표현이 개인적인 감정에 휩쓸려 지나치게 단정적이고 과장된 부분이 있는 경우에는 그 자체로 국민들로 하여금 검사 본인은 물론 검찰조직 전체의 공정성 · 정치적 중립성 · 신중성 등에 대하여 의문을 갖게 하여 검찰에 대한 국민의 신뢰를 실추시킬 위험성이 더욱 크다고 할 것이므로, 그러한 발표행위는 검사로서의 체면이나 위신을 손상시키는 행위로서 징계사유에 해당한다(2000두7704). [18년 국가 7급 2]

심재륜 고검장 사건이다. 당해 사건의 경우 징계사유가 있기는 하지만, 이에 대해 징계면직을 한 것은 과하다고 보아 취소판결을 하였다.

공무원이 외부에 자신의 상사 등을 비판하는 의견을 발표하는 행위는 그것이 비록 행정조직의 개선과 발전에 도움이 되고, 궁극적으로 행정청의 권한행사의 적정화에 기여하는 면이 있다고 할지라도, 그러한 발표행위는 공무원으로서의 체면이나 위신을 손상시키는 행위에 해당한다(2014두8469).

OX 1
공무원의 품위 유지의무에서 품위란 직무에 따라서 국민의 수임자로서의 직책을 맡아 수행해나가기에 손색이 없는 인품을 의미한다. [ ] [23년 군무원 5급]

OX 2
공무원이 외부에 자신의 상사 등을 비판하는 의견을 발표한 경우, 비록 그 표현에 개인적 감정에 휩쓸려 지나치게 단정적이고 과장된 부분이 있더라도, 행정조직의 개선과 발전에 도움이 되고 궁극적으로 행정청의 권한행사의 적정화에 기여하는 면이 있으므로, 품위유지의무 위반이 인정되지 않는다. [ ] [18년 국가 7급]

정답
1. × 2. ×

PART 03

진도 연안 해상교통관제센터장이 그 센터에 설치된 CCTV 영상자료 원본파일을 삭제한 행위에 대하여 무죄판결을 받았다 하더라도, 그 행위는 변칙근무 행태를 은폐하기 위하여 센터장의 독단적인 판단에 따라 이루어진 것이고, 담당 공무원은 세월호 사고의 원인규명과 수습을 위하여 위 CCTV의 영상자료 원본파일을 수사기관에 제출할 것이라는 국민의 기대를 저버린 행위이므로, 국가공무원법 제56조의 성실의무와 국가공무원법 제63조의 품위유지의무를 위반한 징계사유에 해당한다(2017두47472).

06 직장이탈 금지의무(제58조)

1. 의의

① 공무원은 소속 상관의 허가가 있거나 정당한 사유가 있는 경우가 아니면 직장을 이탈해서는 아니 된다.

② 이 의무는 근무시간 중에만 부담하는 것이 원칙이지만, 시간 외 근무명령이 있는 경우에도 부담한다.

③ 수사기관이 공무원을 구속하려면 그 소속 기관의 장에게 미리 통보하여야 한다. 다만, 현행범은 그러하지 아니하다(제58조 제2항). [24년 소방간부, 20년 소방간부 1] 소속기관의 장에 대한 통보가 공무원의 신분보장권이라는 관점이 아니라 직장이탈금지 의무의 준수라는 관점에서 규정되어 있다.

OX 1

수사기관이 현행범인 공무원을 구속하려면 그 소속 기관의 장에게 미리 통보하여야 한다. [ ]
[20년 소방간부]

2. 관련 판례

판례

공무원이 그 법정 연가일수의 범위 내에서 연가를 신청하였다고 할지라도, 그에 대한 소속 행정기관의 장의 허가가 있기 이전에 근무지를 이탈한 행위는 특단의 사정이 없는 한 국가공무원법 제58조에 위반되는 행위로서 징계사유가 된다(96누2521). [20년 지방 7급, 16년 변호사]

공무원이 전국공무원노동조합의 결의에 따라 총파업에 참가하기 위하여 소속 학교장의 허가 없이 무단결근을 한 행위는 지방공무원법 제50조 제1항에서 금지하는 '무단직장이탈행위'에 해당한다(2006두19211).

공무원이 출장 중 점심시간대를 훨씬 지난 시각에 근무 장소(구로구 시흥동에 있는 아파트 단지)가 아닌 유원지(안양시 석수동에 있는 삼막사 부근)에 들어가 함께 출장근무 중이던 동료 여직원에게 성관계를 요구한 것은 직장이탈 금지의무를 위반한 것에 해당할 뿐만 아니라, 품위손상행위를 한 것에 해당한다(97누18172).

07 집단행위 금지의무(제66조 제1항)

국가공무원법 제66조(집단 행위의 금지) ① 공무원은 노동운동이나 그 밖에 공무 외의 일을 위한 집단 행위를 하여서는 아니 된다. 다만, 사실상 노무에 종사하는 공무원은 예외로 한다.

정답

1. ×

① 국가공무원법 제66조 제1항이 금지하고 있는 "공무 외의 일을 위한 집단행위"라 함은, 공무원으로서 직무에 관한 기강을 저해하거나 기타 그 본분에 배치되는 등 공무의 본질을 해치는 특정 목적을 위한 다수인의 행위로써 단체의 결성단계에는 이르지 아니한 상태에서의 행위를 말한다(91누9145). [15년 국회 8급, 12년 국회 8급]

② 또 공무에 속하지 아니하는 어떤 일을 위하여 공무원들이 하는 모든 집단적 행위를 의미하는 것이 아니라, ㉠ 공익에 반하는 목적을 위한 행위로서 ㉡ 직무전념의무를 해태하는 등의 영향을 가져오는 행위만을 의미하는 것으로 제한해석된다(2014두8469). [12년 국회 8급]

판례

㉠ 공무원들의 어느 행위가 국가공무원법 제66조 제1항에 규정된 '집단행위'에 해당하려면, 그 행위가 반드시 같은 시간, 장소에서 행하여져야 하는 것은 아니지만, 공익에 반하는 어떤 목적을 위한 다수인의 행위로서 집단성이라는 표지를 갖추어야만 한다. 예컨대, (i) 여럿이 같은 시간에 한 장소에 모여 집단의 위세를 과시하는 방법으로 의사를 표현하거나, (ii) 여럿이 단체를 결성하여 그 단체 명의로 의사를 표현하는 경우, (iii) 실제 여럿이 모이는 형태로 의사표현을 하는 것은 아니지만 발표문에 서명날인을 하는 등의 수단으로 여럿이 가담한 행위임을 표명하는 경우, (iv) 또는 일제 휴가나 집단적인 조퇴, 초과근무 거부 등과 같이 정부활동의 능률을 저해하기 위한 집단적 태업 행위로 볼 수 있는 경우에 속하거나, (v) 이에 준할 정도로 행위의 집단성이 인정되는 경우 국가공무원법 제66조 제1항의 '집단행위'에 해당하는 것으로 인정된다. [20년 5급 승진**1**, 18년 지방 7급**2**]

㉡ 국가인권위원회 공무원들이 동료 공무원에 대한 국가인권위원회의 계약연장거부결정을 비난하면서 행한 (i) 릴레이 1인 시위, (ii) 릴레이 언론기고, (iii) 릴레이 내부 전산망 게시 행위는 모두 후행자가 선행자에 동조하여 동일한 형태의 행위를 각각 한 것에 불과하여 위 경우 중 어디에도 속하지 않아 '공무 외의 일을 위한 집단행위'를 한 것으로 볼 수 없다(2014두8469). [20년 지방 7급**3**]

대법원과 달리, 원심인 서울고등법원은 집단성을 인정하였었기 때문에 오선지로 출제될 가능성이 높다.

08 영리업무 및 겸직금지의무(제64조)

① 공무원은 ㉠ 공무 외에 영리를 목적으로 하는 업무에 종사하지 못하며, ㉡ 소속 기관장의 허가 없이 다른 직무를 겸할 수 없다. 영리업무의 경우에는 소속 기관장의 허가를 받아도 금지된다.

② 영리업무 및 겸직금지의무는 퇴근시간 후의 취업에도 적용된다. [08년 관세사] 정력분산 방지에도 목적이 있기 때문이다.

③ 여기서 공무원으로서 겸직이 금지되는 '영리를 목적으로 하는 업무'는 영리적인 업무를 공무원이 스스로 경영하여 영리를 추구함이 현저한 업무를 의미한다(82누46).

판례

공무원으로서 겸직이 금지되는 '영리업무'는 영리적인 업무를 공무원이 스스로 경영하여 영리를 추구함이 현저한 업무를 의미하는 것으로서, 공무원 甲이 여관을 매수하여, 이를 스스로 경영하는 것이 아니라, 乙에게 임대하는 행위는, 여관의 매수행위가 부동산 투기행위가 된다고 볼만한 자료도 없다면, 영리업무에 종사하는 경우라고는 할 수 없다(82누46).

PART 03

OX 1
공무원들의 어느 행위가 「국가공무원법」상 금지되는 '집단행위'에 해당하려면, 그 행위가 다수인의 행위로서 집단성이라는 표지를 갖추어야 하지만 공익에 반하는 어떤 목적을 위한 행위일 것이 요구되는 것은 아니다. [ ] [20년 5급 승진]

OX 2
실제 여럿이 모이는 형태로 의사표현을 하는 것은 아니지만 발표문에 서명날인을 하는 등의 수단으로 여럿이 가담한 행위임을 표명하는 경우는 「국가공무원법」이 금지하는 '집단행위'에 해당한다. [ ] [18년 지방 7급]

OX 3
다수의 공무원이 일반계약직 공무원에 대한 계약연장 거부 결정을 비난하면서 릴레이 1인 시위 등을 한 행위는 '공무 외의 일을 위한 집단행위'에 해당하지 않는다. [ ] [20년 지방 7급]

정답
1. × 2. ○ 3. ○

09 정치적 중립의무(제65조)

① 공무원은 정치적 중립의 의무를 부담한다. 따라서 공무원은 정당이나 그 밖의 정치단체의 결성에 관여하거나 이에 가입할 수 없다(제65조 제1항).

② 공무원은 특정 정당 또는 특정인을 지지 또는 반대하기 위하여, ㉠ 투표를 하거나 하지 아니하도록 권유할 수 없고, ㉡ 서명운동을 기도·주재하거나 권유할 수 없다. ㉢ 또 문서나 도서를 공공시설 등에 게시하거나 게시하게 하는 등의 행위를 할 수 없고, ㉣ 기부금을 모집 또는 모집하게 하거나, 공공자금을 이용 또는 이용하게 할 수 없으며, ㉤ 타인에게 정당이나 그 밖의 정치단체에 가입하게 하거나 가입하지 아니하도록 권유 운동을 할 수 없다(제65조 제2항). [20년 소방간부 1]

OX 1
공무원은 선거에서 특정 정당 또는 특정인을 지지 또는 반대하기 위하여 투표를 하거나 하지 아니하도록 권유할 수 있고, 문서나 도서를 공공시설 등에 게시하거나 게시하게 할 수 있다. [ ] [20년 소방간부]

핵심 정리 28 공무원의 책임

01 징계책임

1. 징계의 의의

(1) 의의

징계란 공무원의 의무위반에 대하여 공무원관계의 질서를 유지하기 위해 국가 또는 지방자치단체가 사용자의 지위에서 과하는, 법에서 정하고 있는 제재들을 말한다. 이때 제재로서의 벌을 '징계벌'이라고 하고, 이 벌을 받아야 할 책임을 '징계책임'이라 한다. 현행법상으로는 '징계벌'이 '징계처분'이라는 표현으로 규정되어 있다.

(2) 형벌 – 비교개념1

1) 징계벌과 형벌의 차이

① 공무원의 의무위반행위가 징계벌의 대상이 됨과 동시에 형벌의 대상이 되는 경우가 있으나 양자는 다음과 같은 차이를 갖는다.

구분	징계벌	형벌
권력적 기초	특별권력관계	일반통치권
목적	공무원관계의 내부질서유지	일반사회의 법질서유지
대상	공무원법상의 의무위반	형법상의 비행

② 징계벌과 형벌은 위와 같이 그 성질을 달리 하기 때문에 양자는 병과될 수 있으며, 병과하더라도 일사부재리의 원칙에 반하지 않는다.

정답
1. ×

판례

민사책임과 형사책임은 지도이념과 증명책임, 증명의 정도 등에서 서로 다른 원리가 적용되므로, 징계사유인 성희롱 관련 형사재판에서 성희롱 행위가 있었다는 점을 합리적 의심을 배제할 정도로 확신하기 어렵다는 이유로 공소사실에 관하여 무죄가 선고되었다고 하여, 그러한 사정만으로 행정소송에서 징계사유의 존재를 부정할 것은 아니다(2017두74702). [22년 국회 8급, 22년 경찰간부]

공무원인 갑이 그 직무에 관하여 뇌물을 받았음을 징계사유로 하여 파면처분을 받은 후 그에 대한 형사사건이 항소심까지 유죄로 인정되었고 그 형사사건에서 갑이 수사기관과 법정에서 금품수수사실을 자인하였으나 그 후 대법원의 파기환송판결에 따라 무죄의 확정판결이 있었다면 위 징계처분은 근거없는 사실을 징계사유로 삼은 것이 되어 위법하다고 할 수는 있을지언정 그것이 객관적으로 명백하다고는 할 수 없으므로 위 징계처분이 당연무효인 것은 아니다(89누4963). [22년 군무원 5급]

2) 징계절차와 형사절차의 관계

① 형사절차와 징계절차는 상호 독립된 절차이다. 따라서 공무원에게 징계사유가 인정되는 이상 관련된 형사사건이 아직 유죄로 확정되지 아니하였다고 하더라도 징계처분을 할 수 있다(2001두4184). [23년 서울 7급 1, 22년 경찰간부, 17년 서울 7급]

② 검찰·경찰, 그 밖의 수사기관에서 공무원의 직무상 범죄에 대해 수사를 할 때는 이를 소속 기관의 장에게 통보하여야 하는데, 수사 중인 사건에 대해서는 수사개시 통보를 받은 날부터 징계 의결의 요구나 그 밖의 징계 절차를 진행하지 아니할 수 있다(제83조). [17년 행정사] 징계절차의 중지 여부는 재량이다.

③ 공무원이 형사소송으로 기소중인 경우, 형사법원의 최종판결이 날 때까지 기소된 공무원의 직위를 해제할 수 있다(제73조의3 제1항). 물론, 직위해제 여부는 재량이다.

(3) 복무명령 – 비교개념2

실무상 징계의 일종으로 직위해제나 휴직, 전보, 보직해임 등이 행해지곤 하지만, 이것들은 법에서 정하고 있는 징계조치(법정징계조치)에 해당하지 않는다. 이것들은 복무명령의 일종에 해당한다. [18년 5급 승진, 15년 서울 7급, 14년 행정사, 12년 지방 7급]

2. 징계벌과 일사부재리의 원칙

① 징계벌에도 일사부재리의 원칙이 적용된다고 본다. 따라서 하나의 징계사유에 대해 반복된 징계벌이 부과될 수는 없다.

② 그런데 직위해제는 징계벌에 해당하지 않으므로, 직위해제의 원인이 된 사유와 같은 사유로 징계처분을 하더라도 일사부재리의 원칙에 반하지 않는다(83누489). [23년 서울 7급, 21년 국가 7급, 19년 소방간부, 16년 변호사, 12년 국가 7급, 11년 국회 8급] 앞에서 다룬 내용이다.

OX 1

공무원에게 징계사유가 인정되는 이상 관련된 형사사건이 아직 유죄로 확정되지 아니하였다고 하더라도 징계처분을 할 수 있다. [ ] [23년 서울 7급]

정답

1. ○

3. 징계사유 및 징계절차

(1) 징계사유

> 국가공무원법 제78조(징계 사유) ① 공무원이 다음 각 호의 어느 하나에 해당하면 징계 의결을 요구하여야 하고 그 징계 의결의 결과에 따라 징계처분을 하여야 한다.
> 1. 이 법 및 이 법에 따른 명령을 위반한 경우
> 2. 직무상의 의무(다른 법령에서 공무원의 신분으로 인하여 부과된 의무를 포함한다)를 위반하거나 직무를 태만히 한 때
> 3. 직무의 내외를 불문하고 그 체면 또는 위신을 손상하는 행위를 한 때

징계사유로는 ㉠ 공무원법이나 공무원법에 의한 명령을 위반하였을 때, ㉡ 직무상의 의무(다른 법령에서 공무원의 신분으로 인하여 부과된 의무를 포함)를 위반하거나 직무를 태만한 때 [14년 국가 7급], ㉢ 직무의 내외를 불문하고 그 체면 또는 위신을 손상하는 행위를 한 때 세 가지가 있다(제78조 제1항).

판례

수 개의 징계사유 중 일부가 인정되지 않더라도 인정되는 다른 징계사유만으로도 당해 징계처분의 타당성을 인정하기에 충분한 경우에는 그 징계처분을 유지하여도 위법하지 아니하다(2002두6620). [23년 군무원 9급]

(2) 징계절차

1) 징계의결의 요구

① 국가공무원법 제78조 제1항에 따르면, 징계사유가 발생하면 징계요구권자는 징계의결을 요구하여야 한다. ㉠ 징계사유가 존재하는지 여부에 대한 징계요구권자의 판단에는 재량이 있지만(재량), ㉡ 징계사유가 존재하는 것으로 판단이 되는 경우 징계요구권자는 징계의결을 요구해야 한다(기속)(제78조 제1항). [22년 경찰간부 1, 21년 군무원 5급, 11년 국회 8급] 따라서 징계사유에 해당하는 것이 명백하다면 징계의결을 요구할 의무가 징계요구권자에게 있게 된다(2006도1390). [20년 국가 7급, 14년 국가 7급]

② 징계의결요구권자는 ㉠ 5급 이상 공무원 및 고위공무원단에 속하는 일반직 공무원에 대해서는 소속 장관이, ㉡ 6급 이하의 공무원에 대해서는 소속 기관의 장 또는 소속 상급기관의 장이 된다(제78조 제4항). [20년 국회 8급]

③ 징계의결 등의 요구는 징계 등의 사유가 발생한 날부터 3년이 지나면 하지 못한다. [23년 국회 8급 2] 다만, ㉠ 금전, 물품, 부동산, 향응 또는 그 밖에 대통령령으로 정하는 재산상 이익을 취득하거나 제공한 경우나, 「국가재정법」이나 「지방재정법」 등에 따른 예산 및 기금 등에 해당하는 것을 횡령(橫領), 배임(背任), 절도, 사기 또는 유용(流用)한 경우에는 사유가 발생한 날로부터 5년까지 징계의결 등의 요구를 할 수 있다. [20년 국회 8급, 15년 서울 7급, 12년 국회 8급] ㉡ 다만, 성범죄(성희롱 포함)를 저지른 경우에 대해서는 징계시효가 10년으로 규정이 되어있다(제83조의2 제1항).

④ 하나의 사건과 관련하여 여러 개의 비위행위가 저질러진 경우, 징계시효는 최종의 행위를 기준으로 하여 기산된다(85누841).

OX 1

징계권자이자 임용권자인 지방자치단체장은 소속공무원의 구체적인 행위가 과연 「지방공무원법」 해당 조례에 규정된 징계사유에 해당하는지 여부에 관하여 판단할 재량이 없으며, 징계사유에 해당하는 것이 명백한 경우에는 관할 인사위원회에 징계를 요구할 의무가 있다. [ ] [22년 경찰간부]

OX 2

공무원이 선거에서 특정인을 지지하기 위한 서명 운동을 권유함으로써 징계사유가 발생하였더라도 그 사유가 발생한 날부터 3년이 지나면 징계의결을 요구하지 못한다. [ ] [23년 국회 8급]

정답
1. × 2. ○

판례

원고의 비위가 모두 소송사건에 관련하여 계속적으로 행하여진 일련의 행위라면 설사 그 중에 본건 징계의결시 3년이 경과한 것이 있다 할지라도 그 징계시효의 기산점은 위 일련의 행위 중 최종의 것을 기준하여야 한다(85누841). [16년 5급 승진 1]

OX 1
비위가 모두 소송사건에 관련하여 계속적으로 행하여진 일련의 행위라면 설사 그중에 징계의결 시 3년이 경과한 것이 있다 할지라도 그 징계시효의 기산점은 그 일련의 행위 중 최종의 것을 기준으로 하여야 한다. [ ]
[16년 5급 승진]

2) 징계위원회의 징계의결

① 징계위원회가 징계혐의자에게 출석을 명할 때는 출석통지서로 하되, 징계위원회 개최일 3일 전에 징계혐의자에게 도달되도록 하여야 한다(공무원징계령 제10조).

② 징계위원회는 출석한 징계혐의자에게 혐의 내용에 관한 심문을 하고 필요하다고 인정할 때에는 관계인의 출석을 요구하여 심문할 수 있다. 이때 징계위원회는 징계혐의자에게 충분한 진술을 할 수 있는 기회를 주어야 한다(공무원징계령 제11조).

③ 출석통지서 송부・교부, 징계혐의자의 진술권보장은 강행규정으로 이를 위반하면 징계처분에는 취소사유에 해당하는 하자가 있게 된다(77누96).❶

❶ [비교] 소청심사위원회에서 진술의 기회를 부여하지 않은 채 이루어진 결정은 무효에 해당한다(국가공무원법 제13조 제2항).

④ 징계의결을 요구받은 징계위원회는 징계양정(즉, 징계 여부, 징계의 종류와 정도)에 대하여 재량을 갖는다.

⑤ 징계처분에는 행정절차법이 적용되지 않는다(행정절차법 시행령 제2조 제3호). 행정절차에 준하는 절차가 별도로 마련되어 있기 때문이다.

⑥ 수사기관이 사건을 수사 중인 경우와 달리, 감사원에서 조사 중인 사건에 대하여는 조사개시 통보를 받은 날부터 징계의결의 요구나 그 밖의 징계절차를 진행하지 못한다(제83조 제1항). [16년 국회 8급] 필수적이다.

3) 징계처분

① 징계권자는 징계위원회의 의결에 구속된다. 의결에 따라 징계처분을 하여야 한다(제78조 제1항). [12년 국회 8급]

② 징계권자는 징계위원회의 의결에 따라 징계처분을 하여야 하지만, 징계처분의 상대방인 공무원의 입장에서는 결국 징계처분은 재량고려의 결과로 발급되는 것이기 때문에, 징계처분은 재량행위에 해당한다.

판례

징계권자가 내부적인 징계양정기준을 정하고 그에 따라 징계처분을 하였을 경우 정해진 징계양정기준이 합리성이 없다는 등의 특별한 사정이 없는 한 당해 징계처분이 사회통념상 현저하게 타당성을 잃었다고 할 수 없다(2017두47472).

OX 2
파면과 해임은 징계위원회의 의결을 거쳐 각 임용권자 또는 임용권을 위임한 상급 감독기관의 장이 한다. [ ] [22년 국가 7급]

OX 3
「국가공무원법」 제82조(징계 등 절차)에 따른 공무원의 파면과 해임은 징계위원회의 의결을 거쳐 징계위원회가 설치된 소속 기관의 장이 한다. [ ]
[16년 국회 8급]

③ 징계권자는 ㉠ 원칙적으로 징계위원회가 설치된 소속 기관의 장(예 국무총리, 국방부장관, 인천광역시장 등)이 된다. ㉡ 다만, 국무총리 소속으로 설치된 징계위원회(국회・법원・헌법재판소・선거관리위원회에 있어서는 해당 중앙인사관장기관에 설치된 상급 징계위원회)에서 한 징계의결 등에 대하여는 중앙행정기관의 장이 된다. ㉢ 그리고 파면과 해임의 경우에는 각 임용권자 또는 임용권을 위임한 상급 감독기관의 장이 된다(제82조 제1항). [22년 국가 7급 2, 16년 국회 8급 3]

정답
1. ○ 2. ○ 3. ×

4) 재심사청구

징계의결 등을 요구한 기관의 장은 징계위원회의 의결이 가볍다고 인정하면 그 처분을 하기 전에, 징계의결을 통보받은 날부터 15일 이내에 아래 표에 따른 해당기관에 심사나 재심사를 청구할 수 있다(국가공무원법 제82조 제2항, 공무원징계령 제24조). [20년 국회 8급, 13년 국회 8급] 징계위원회는 심사나 재심사가 청구된 경우에는 다른 징계사건에 우선하여 심사나 재심사를 하여야 한다(국가공무원법 제82조 제3항).

경우	재심사청구기관
국무총리 소속으로 설치된 징계위원회의 의결	해당 징계위원회에 재심사를 청구
중앙행정기관에 설치된 징계위원회(중앙행정기관의 소속기관에 설치된 징계위원회는 제외한다)의 의결	국무총리 소속으로 설치된 징계위원회에 심사를 청구
이외의 징계위원회의 의결	직근 상급기관에 설치된 징계위원회에 심사를 청구

판례

㉠ 국가공무원법 제82조 제1항, 제2항 규정의 취지 및 내용을 종합하여 살펴보면, 국무총리 소속으로 설치된 징계위원회 및 국회 · 법원 · 헌법재판소 · 선거관리위원회의 중앙인사관장기관에 설치된 상급 징계위원회의 의결에 대하여는 징계의결요구권자가 당해 징계위원회에 재심사를 청구할 수 있지만, 이와 같이 법문에 의한 재심사 청구가 인정되지 않은 기관에 설치된 징계위원회 의결에 대하여는 그 기관의 상급기관에 징계위원회가 설치되어 있지 않다고 하더라도 개별 법령에서 당해 징계위원회에 재심사를 청구할 수 있도록 규정되어 있지 않은 이상 국가공무원법 제82조 제2항에 근거하여 징계의결요구권자가 당해 징계위원회에 재심사를 청구할 수는 없다. [18년 3월 서울 7급 1]

㉡ 그런데 국가정보원의 직근 상급기관인 대통령에는 징계위원회가 설치되어 있지 않고, 국가정보원 직원에 관한 징계절차 등을 규정한 국가정보원직원법 및 같은 법 시행령에는 징계의결요구권자가 당해 징계위원회에 재심사를 청구할 수 있는 규정을 두고 있지 않다. 따라서 앞서 본 법리에 비추어 볼 때 국가정보원직원법 제30조에서 직원에 대하여 특별한 규정이 있는 경우를 제외하고 국가공무원법 중 일반직공무원에 관한 규정을 준용하도록 하고 있지만, 국가정보원 직원의 징계에 관하여는 국가공무원법 제82조 제2항에 근거하여 징계의결요구권자가 당해 징계위원회에 재심사를 청구할 수 없다고 보아야 한다(2011두21003).

OX 1

법문에 의한 재심사 청구가 인정되지 않은 기관에 설치된 징계위원회 의결에 대하여는 그 기관의 상급기관에 징계 위원회가 설치되어 있지 않다고 하더라도 개별 법령에서 당해 징계위원회에 재심사를 청구할 수 있도록 규정되어 있지 않은 이상 「국가공무원법」에 근거하여 징계의결요구권자가 당해 징계위원회에 재심사를 청구할 수는 없다. [ ] [18년 3월 서울 7급]

(3) 징계부가금(제78조의2)

① 징계사유가 ㉠ 금전, 물품, 부동산, 향응 또는 그 밖에 대통령령으로 정하는 재산상 이익을 취득하거나 제공한 경우이거나, ㉡ 「국가재정법」이나 「지방재정법」 등에 따른 예산 및 기금 등에 해당하는 것을 횡령(橫領), 배임(背任), 절도, 사기 또는 유용(流用)한 경우인 때에는, 해당 징계 외에 그 행위로 취득하거나 제공한 금전 또는 재산상 이득의 5배 내의 징계부가금이 부과된다.

② 징계의결요구권자는 공무원의 징계의결을 요구하는 경우에, 징계부가금에 대한 의결도 징계위원회에 요구하여야 한다.

③ 공무원이 적극행정을 추진한 결과에 대하여 해당 공무원의 행위에 고의 또는 중대한 과실이 없다고 인정되는 경우에는 대통령령등으로 정하는 바에 따라 「국가공무원법」에 따른 징계 또는 징계부가금 부과 의결을 하지 아니한다(제50조의2). [23년 국회 8급]

정답

1. ○

4. 징계위원회

① 공무원의 징계처분 등을 의결하게 하기 위하여 대통령령 등으로 정하는 기관에 징계위원회를 둔다(제81조 제1항). [20년 국회 8급] 대통령령인 「공무원 징계령」은 징계위원회를 중앙징계위원회와 보통징계위원회로 나누어 규정하고 있다. 지방공무원에 대해서는 인사위원회가 징계위원회의 기능을 수행한다.

② 징계처분은 징계위원회의 명의가 아니라 징계권자의 명의로 이루어진다. 따라서 징계위원회는 행정청이 아닌 단순한 의결기관일 뿐이다.

5. 징계벌의 종류

(1) 개설

> **국가공무원법 제79조(징계의 종류)** 징계는 파면·해임·강등·정직·감봉·견책(譴責)으로 구분한다. 〈개정 2020. 1.29〉

① 「국가공무원법」과 「지방공무원법」은 일반직 공무원에 대한 징계를 파면·해임·강등·정직·감봉·견책의 6가지로 규정하고 있다. [21년 군무원 5급, 20년 지방 7급] 이 중 파면, 해임, 강등, 정직을 '중징계'라 하고, 감봉과 견책을 '경징계'라 한다(공무원 징계령 제1조의3). [17년 행정사]

② 공무원에 대한 징계는 공무원의 지위에 변동을 일으키는 행위로서 행정심판(소청)과 취소소송의 대상인 처분에 해당한다.

③ 한편, 공무원법상의 규정이 없음에도 불구하고 실무상 '불문경고조치'라는 것이 행해지고 있는데, 가장 가벼운 징계인 견책을 감경하는 경우에 이루어진다.

(2) 파면(罷免)

> **국가공무원법 제33조(결격사유)** 다음 각 호의 어느 하나에 해당하는 자는 공무원으로 임용될 수 없다.
> 7. 징계로 파면처분을 받은 때부터 5년이 지나지 아니한 자

> **공무원연금법 제65조(형벌 등에 따른 급여의 제한)** ① 공무원이거나 공무원이었던 사람이 다음 각 호의 어느 하나에 해당하는 경우에는 대통령령으로 정하는 바에 따라 퇴직급여 및 퇴직수당의 일부를 줄여 지급한다. (2문 생략)
> 2. 탄핵 또는 징계에 의하여 파면된 경우

> **공무원연금법 시행령 제61조(형벌 등에 따른 퇴직급여 및 퇴직수당의 감액)** ① 공무원 또는 공무원이었던 사람이 법 제65조 제1항 각 호의 어느 하나에 해당하게 되었을 때에는 다음 각 호의 구분에 따라 퇴직급여 및 퇴직수당을 감액한 후 지급한다. 이 경우 퇴직연금 또는 조기퇴직연금은 그 감액사유에 해당하는 날이 속하는 달까지는 감액하지 아니한다.
> 1. 법 제65조 제1항 제1호 및 제2호에 해당하는 사람
>   가. 재직기간이 5년 미만인 사람의 퇴직급여 : 4분의 1
>   나. 재직기간이 5년 이상인 사람의 퇴직급여 : 2분의 1
>   다. 퇴직수당 : 2분의 1

① 파면이란 공무원의 신분을 박탈하여 공무원관계에서 배제하는 징계처분을 말한다.

② 파면처분을 받은 자는 파면처분을 받은 후 5년이 경과하여야 공무원에 다시 임용될 수 있다.

③ 또 파면처분이 있으면, 공무원연금법과 동법 시행령에 의해 퇴직급여나 퇴직수당의 감액이 뒤따른다.

(3) 해임(解任)

> **국가공무원법 제33조(결격사유)** 다음 각 호의 어느 하나에 해당하는 자는 공무원으로 임용될 수 없다.
> 8. 징계로 해임처분을 받은 때부터 3년이 지나지 아니한 자

> **공무원연금법 제65조(형벌 등에 따른 급여의 제한)** ① 공무원이거나 공무원이었던 사람이 다음 각 호의 어느 하나에 해당하는 경우에는 대통령령으로 정하는 바에 따라 퇴직급여 및 퇴직수당의 일부를 줄여 지급한다. (2문 생략)
> 3. 금품 및 향응수수, 공금의 횡령·유용으로 징계에 의하여 해임된 경우

① 해임 역시 공무원의 신분을 공무원관계에서 배제하는 징계처분을 말한다.

② 다만, 파면과 달리 해임처분을 받은 후 3년이 경과하여야 공무원에 다시 임용될 수 있다. [15년 서울 7급]

③ 또 금품이나 향응수수, 공금의 횡령, 공금유용 때문에 해임이 된 경우가 아니면, 기본적으로 퇴직급여나 퇴직수당의 감액이 없다는 점에서도 파면과 구별된다(공무원연금법 제65조 제1항 제3호 반대해석).

(4) 강등(降等)

> **국가공무원법 제80조(징계의 효력)** ① 강등은 1계급 아래로 직급을 내리고(고위공무원단에 속하는 공무원은 3급으로 임용하고, 연구관 및 지도관은 연구사 및 지도사로 한다) 공무원신분은 보유하나 3개월간 직무에 종사하지 못하며 그 기간 중 보수는 전액을 감한다. 다만, 제4조 제2항에 따라 계급을 구분하지 아니하는 공무원과 임기제공무원에 대해서는 강등을 적용하지 아니한다.

① 강등은 직급을 1계급 아래로 내리는 징계처분을 말한다.

② 강등이 있으면, 공무원신분은 보유하지만 3개월간 직무에 종사하지 못한다.

③ 또 직무에 종사하지 못하는 기간 중 보수 전액이 삭감된다. [23년 국회 8급 1]

OX 1
강등이 된 공무원은 1계급 아래로 직급이 내려가고 3개월간 직무에 종사하지 못하며 그 기간 중 보수는 전액을 감한다. [ ] [23년 국회 8급]

(5) 정직(停職)

> **국가공무원법 제80조(징계의 효력)** ③ 정직은 1개월 이상 3개월 이하의 기간으로 하고, 정직 처분을 받은 자는 그 기간 중 공무원의 신분은 보유하나 직무에 종사하지 못하며 보수는 전액을 감한다.

① 정직이란 공무원의 신분은 보유하되 일정기간 직무에 종사하지 못하게 하는 징계처분을 말한다.

② 정직기간은 1개월 이상 3개월 이하로 하며, 이 기간 중 보수는 전액이 삭감된다. [15년 서울 7급]

정답
1. ○

(6) 감봉(減俸)

국가공무원법 제80조(징계의 효력) ④ 감봉은 1개월 이상 3개월 이하의 기간 동안 보수의 3분의 1을 감한다.

감봉이란 1개월 이상 3개월 이하의 기간 동안, 보수의 3분의 1을 깎는 징계처분을 말한다.

(7) 견책(譴責)

국가공무원법 제80조(징계의 효력) ⑤ 견책(譴責)은 전과(前過)에 대하여 훈계하고 회개하게 한다.

견책이란 전과(前過)❶에 대하여 훈계하고 회개하게 하는 징계처분을 말한다.

❶ 참고로, 여기에서 말하는 전과(前過)는 전과(前科)와 다르다. 후자는 전에 형사처벌을 받은 이력을 말한다. 전자는 널리 '이전에 저지른 잘못'이라는 의미일 뿐이다.

(8) 불문경고조치

① 불문경고조치는 공무원의 어떠한 과오에 대하여 법률상 규정된 징계처분을 하는 대신, 이를 불문에 부치기로 하면서 경고하는 것으로 그치는 것을 의미한다. 법정징계에는 해당하지 않는다. [20년 지방 7급]

② 대법원은 불문경고의 근거가 된 관련규정의 내용에 따라 처분성 판단을 달리하고 있다.

판례

행정규칙에 근거한 '불문경고조치'는 비록 법률상의 징계처분은 아니지만, 위 처분을 받지 아니하였다면 차후 다른 징계처분이나 경고를 받게 될 경우 징계감경사유로 사용될 수 있었던 표창공적의 사용가능성을 소멸시키는 효과와 1년 동안 인사기록카드에 등재됨으로써 그 동안은 장관표창이나 도지사표창 대상자에서 제외시키는 효과 등이 있다면 항고소송의 대상이 되는 행정처분에 해당한다(2001두3532). [18년 서울 7급❶, 16년 변호사, 11년 국회 8급]

따라서 행정규칙에 불과한 함양군 지방공무원 징계양정에 관한 규칙 제2조 제1항 및 [별표 1] '징계양정기준'에 의하여 부과된 불문경고조치의 경우에도, 항고소송의 대상이 되는 행정처분에 해당한다고 보았다.

서울특별시 교육·학예에 관한 감사규칙 제11조 '서울특별시 교육청 감사 결과 지적사항 및 법률위반 공무원 처분기준'에 따라 행해진 경고는, 인사기록카드에 등재되지도 않으며, '2001년도정부포상업무지침'에 정해진 포상추천 제외대상이나 교육공무원징계양정등에관한 규칙 제4조 제1항 단서에 정해진 징계감경사유 제외대상에 해당하지도 않으므로 행정처분에 해당하지 않는다(2003두13687).

공무원이 소속 장관으로부터 받은 "직상급자와 다투고 폭언하는 행위 등에 대하여 엄중 경고하니 차후 이러한 사례가 없도록 각별히 유념하기 바람"이라는 내용의 서면에 의한 경고는 공무원의 신분에 영향을 미치는 국가공무원법상의 징계의 종류에 해당하지 아니하고, 근무충실에 관한 권고행위 내지 지도행위로서 그 때문에 공무원으로서의 신분에 불이익을 초래하는 법률상의 효과가 발생하는 것도 아니므로, 경고가 국가공무원법상의 징계처분이나 행정소송의 대상이 되는 행정처분이라고 할 수 없다(91누2700).

OX 1

판례에 의하면, 행정규칙에 의한 불문경고조치는 차후 징계감경사유로 작용할 수 있는 표창대상자에서 제외되는 등의 인사상 불이익을 줄 수 있다 하여도 이는 간접적 효과에 불과하므로 항고소송의 대상인 행정처분에 해당하지 않는다. [ ] [18년 서울 7급]

정답

1. ×

6. 징계처분에 대한 구제

징계처분을 받은 자가 그 징계처분에 이의가 있는 때에는 소청심사위원회에 소청심사를 청구할 수도 있고(제76조 제1항), 행정소송을 제기할 수도 있다. 구제절차에 대해서는 뒤에서 다시 다룬다.

02 변상책임

1. 의의

① 변상책임이란 공무원이 의무위반행위를 함으로써 국가나 지방자치단체에 재산상의 손해가 발생하게 한 경우에, 그에 대하여 부담하게 하는 재산상의 책임을 말한다.

② 변상책임에는 「국가배상법」에 의한 변상책임과 「회계관계직원 등의 책임에 관한 법률」에 의한 변상책임이 있다.

2. 국가배상법상의 변상책임(간접적 변상책임)

① 공무원이 그 직무를 집행하는 과정에서 타인에게 손해를 가함에 따라 국가 또는 지방자치단체가 그 손해를 배상한 경우, 공무원에게 고의나 중과실이 있을 때에는 국가나 지방자치단체는 공무원에게 구상할 수 있다(국가배상법 제2조 제2항).

② 또한 영조물의 설치나 관리상의 하자로 인하여 타인에게 발생한 손해에 대해 국가나 지방자치단체가 배상을 한 경우, 공무원에게 그 원인에 대한 책임이 있을 때에는 국가나 지방자치단체는 그 공무원에게 구상할 수 있다(국가배상법 제5조 제2항).

3. 회계관계직원 등의 변상책임(직접적 변상책임)

> **회계관계직원 등의 책임에 관한 법률 제4조(회계관계직원의 변상책임)** ① 회계관계직원은 고의 또는 중대한 과실로 법령이나 그 밖의 관계 규정 및 예산에 정하여진 바를 위반하여 국가, 지방자치단체, 그 밖에 감사원의 감사를 받는 단체 등의 재산에 손해를 끼친 경우에는 변상할 책임이 있다.
> ② 현금 또는 물품을 출납·보관하는 회계관계직원은 선량한 관리자로서의 주의를 게을리하여 그가 보관하는 현금 또는 물품이 망실(亡失)되거나 훼손(毁損)된 경우에는 변상할 책임이 있다. [18년 3월 서울 7급]
> ③ 제2항의 경우 현금 또는 물품을 출납·보관하는 회계관계직원은 스스로 사무를 집행하지 아니한 것을 이유로 그 책임을 면할 수 없다.
> ④ 제1항 및 제2항의 경우 그 손해가 2명 이상의 회계관계직원의 행위로 인하여 발생한 경우에는 각자의 행위가 손해발생에 미친 정도에 따라 각각 변상책임을 진다. 이 경우 손해발생에 미친 정도가 분명하지 아니하면 그 정도가 같은 것으로 본다.

(1) 의의

「회계관계직원 등의 책임에 관한 법률」 및 「감사원법」에서 회계관계직원과 물품·재산관리공무원의 변상책임의 유형 및 배상액의 판정과 그 행사방법에 관하여 규정하고 있다. 일반 공무원에 대한 직접적 변상책임은 현행법상 인정하지 않고 있다.

(2) 감사원의 변상판정

① 회계관계공무원 등의 변상책임의 유무는 감사원이 판정한다(감사원법 제31조).

② 이 변상판정은 변상책임의 유무, 변상책임자 및 변상액을 결정하는 것으로, 행정처분(강학상 확인)에 해당한다.

(3) 소속기관 또는 감독기관의 변상명령

① 변상책임의 유무 및 배상액은 기본적으로 감사원이 판정하지만, 중앙관서의 장, 지방자치단체의 장, 감독기관의 장, 해당기관의 장 등은 감사원의 판정 전이라도 회계관계직원 등에 대하여 변상을 명할 수 있다(회계관계직원 등의 책임에 관한 법률 제6조 제1항). [18년 3월 서울 7급]

② 회계관계직원의 상급자가 회계관계직원에게 법령이나 그 밖의 관계 규정 및 예산에 정하여진 바를 위반하는 회계관계행위를 지시하거나 요구함으로써 그에 따른 회계관계행위로 인하여 변상의 책임이 있는 손해가 발생한 경우에는 그 상급자는 회계관계직원과 연대하여 제4조에 따른 변상의 책임을 진다(회계관계직원 등의 책임에 관한 법률 제8조). [18년 3월 서울 7급]

③ 변상명령이 내려진 사건에 대하여 감사원이 다시 판정하지 않으면 변상책임은 변상명령에 의해 확정되고, 감사원이 다시 판정을 하면 그 판정에 의해 비로소 확정된다.

(4) 감사원의 변상판정에 대한 불복절차

1) 재심의(再審議) 청구

감사원의 변상판정이 위법 또는 부당하다고 판단하는 본인 · 소속장관 · 감독기관의 장 등은 변상판정서가 도달한 날로부터 3개월 이내에 감사원에 재심의를 청구할 수 있다(감사원법 제36조 제1항).

2) 행정소송

① 감사원법 제40조 제2항은 감사원의 재심의(再審議) 판결 자체에 대해 행정소송을 제기할 수 있다고 규정하고 있는데, 원처분인 변상판정이 아니라 재심의 판결에 대해 행정소송을 제기할 수 있다고 하고 있으므로, 예외적으로 재결주의를 따르고 있는 것으로 본다(84누91). [20년 경찰 2차, 19년 국회 8급]

② 재결주의에 따라 재결에 대해 행정소송을 제기하기 위해서는 반드시 사전에 재심의 절차를 거쳐야 하므로, 당연히 필요적 행정심판 전치주의를 규정하고 있는 것으로도 본다.

판례

감사원의 변상판정처분에 대하여서는 행정소송을 제기할 수는 없고, 재결에 해당하는 재심의 판정에 대하여서만 감사원을 피고로 하여 행정소송을 제기할 수 있다(84누91).

Chapter

03 공무원의 권익보장 및 행정구제

핵심 정리 29 공무원의 권익보장 및 행정구제

01 처분사유 설명서 교부 제도

국가공무원법 제75조(처분사유 설명서의 교부) ① 공무원에 대하여 징계처분 등을 할 때나 강임・휴직・직위해제 또는 면직처분을 할 때에는 그 처분권자 또는 처분제청권자는 처분사유를 적은 설명서를 교부(交付)하여야 한다. 다만, 본인의 원(願)에 따른 강임・휴직 또는 면직처분은 그러하지 아니하다.

① 공무원에 대하여 징계처분을 행할 때나 강임・휴직・직위해제 또는 면직처분을 행할 때에는 그 처분권자 또는 처분제청권자는 처분의 사유를 기재한 설명서를 교부하여야 한다(제75조 제1항 본문). [21년 군무원 5급] 처분사유설명서는 공무원에 대한 불이익처분이 정당한 사유에 의한 것이라는 것을 설명하고, 피처분자가 이에 대하여 이의가 있는 경우, 불복수단의 기회를 부여하려는 취지에서 교부된다.

② 다만, 강임이나 휴직, 면직처분이 본인의 원에 의하는 경우에는 처분사유 설명서를 교부하지 않아도 된다(제75조 제1항 단서). [20년 국회 8급 1]

③ 처분사유 설명서의 교부는 처분의 효력발생요건이 아니다(90누1007). 처분의 절차적 적법요건에 불과하다. 처분사유 설명서를 교부하지 않은 경우에는 취소사유에 해당하는 하자가 있게 된다고 본다.

OX 1
본인의 원(願)에 따른 강임 휴직 또는 면직처분의 경우에도 그 처분권자 또는 처분제청권자는 처분사유를 적은 설명서를 교부하여야 한다. [ ]
[20년 국회 8급]

02 후임자의 보충발령의 유예제도

① 공무원이 본인의 의사에 반하여 ㉠ 파면 또는 해임된 경우 또는, ㉡ 대기명령을 받은 자가 그 기간 중 능력 또는 근무성적의 향상을 기대하기 어렵다고 인정되어 직권면직된 경우(직위해제 후 직권면직)에는 그 처분을 한 날부터 40일 이내에는 후임자의 보충발령을 하지 못한다(제76조 제2항 본문). [22년 국가 7급 2]

② 이를 "후임자의 보충발령의 유예제도"라 한다. 불이익처분을 받은 자가 후임자의 발령으로 인하여 입게 될 불이익을 미연에 방지하기 위한 것이다. 공무원의 권익보장을 위한 제도이다.

③ 다만, 인력 관리상 후임자를 보충하여야 할 불가피한 사유가 있고, 소청심사위원회의 후임자 보충발령 유예 임시결정이 없는 경우에는, 국회사무총장, 법원행정처장, 헌법재판소사무처장, 중앙선거관리위원회 사무총장 또는 인사혁신처장과 협의를 거쳐 후임자의 보충발령을 할 수 있다(제76조 제2항 단서).

OX 2
본인의 의사에 반하여 파면처분을 하면 그 처분을 한 날부터 60일 이내에는 후임자의 보충발령을 하지 못한다. [ ]
[22년 국가 7급]

정답
1. × 2. ×

03 소청(訴請)

1. 의의

① 공무원법상의 소청은 징계처분, 그 밖에 그 의사에 반하는 불이익한 처분을 받은 공무원이 그 처분에 불복이 있는 경우에 관할 소청심사위원회에 심사를 청구하는 특별법상의 행정심판을 말한다. 교육공무원의 소청에 대해서는 「교육공무원법」과 「교원의 지위향상 및 교육활동 보호를 위한 특별법」에서 별도로 규정하고 있다.

② 소청은 징계처분뿐만 아니라 본인의 의사에 반하는 불리한 처분이나 부작위를 대상으로 한다.

③ 소청에 대한 심사기관으로서 존재하는 소청심사위원회는 독립적인 합의제 행정청이다. [18년 행정사] 소청심사위원회는 다음과 같은 종류가 있다.

소청심사위원회의 종류	역할
인사혁신처 소속	행정기관 소속 공무원의 징계처분, 그 밖에 그 의사에 반하는 불리한 처분이나 부작위에 대한 소청심사 [20년 행정사1]
국회사무처, 법원행정처, 헌법재판소사무처 및 중앙선거관리위원회사무처 소속	국회, 법원, 헌법재판소 및 선거관리위원회 소속 공무원의 소청심사
교원소청심사위원회(교육부 소속)	각급학교 교원의 징계처분과 그 밖에 그 의사에 반하는 불리한 처분에 대한 소청심사 [22년 변호사]

2. 소청절차

(1) 제기

> **국가공무원법 제76조(심사청구와 후임자 보충 발령)** ① 제75조에 따른 처분사유 설명서를 받은 공무원이 그 처분에 불복할 때에는 그 설명서를 받은 날부터, 공무원이 제75조에서 정한 처분 외에 본인의 의사에 반한 불리한 처분을 받았을 때에는 그 처분이 있은 것을 안 날부터 각각 30일 이내에 소청심사위원회에 이에 대한 심사를 청구할 수 있다. 이 경우 변호사를 대리인으로 선임할 수 있다.

㉠ 징계・강임・휴직・직위해제 또는 면직처분 경우에는 처분사유 설명서를 받은 날로부터, ㉡ 그 밖의 불리한 처분을 받았을 때에는 그 처분이 있은 것을 안 날로부터, 각각 30일 이내에 소청심사위원회에 심사를 청구할 수 있다. [17년 국가 7급2] 이 경우에 변호사를 대리인으로 선임할 수 있다.

(2) 심사

① 소청심사위원회는 소청심사를 할 때 필요하면 검증・감정, 그 밖의 사실조사를 하거나 하거나 증인을 소환하여 질문하거나 관계 서류를 제출하도록 명할 수 있다(제12조). [22년 국가 7급3]

② 소청을 심사함에 있어서는 소청인 또는 대리인에게 진술의 기회를 부여하여야 하며, 진술의 기회를 부여하지 않은 결정은 무효이다(제13조). [21년 행정사, 20년 행정사4, 19년 5급 승진] 일반적으로 절차상의 하자는 단순 취소사유에 불과하지만 소청심사 절차의 경우에는 흠결이 있을 경우 무효로 한다고 명문으로 입법화한 것이다.

OX 1
행정기관소속 공무원의 소청을 심사하는 소청심사위원회는 법제처에 둔다. [ ] [20년 행정사]

OX 2
공무원이 그의 의사에 반하는 불리한 처분의 처분사유 설명서를 받은 경우에 한하여 소청심사위원회에 이에 대한 심사를 청구할 수 있다. [ ] [17년 국가 7급]

OX 3
소청심사위원회는 소청심사를 할 때 필요하면 검증・감정, 그 밖의 사실조사를 할 수 있으나 증인을 소환할 수 없다. [ ] [22년 국가 7급]

OX 4
소청심사위원회가 소청인에게 진술 기회를 주지 아니하고 내린 결정은 취소사유의 하자가 있다. [ ] [20년 행정사]

정답
1. × 2. × 3. × 4. ×

⑶ 소청의 유형

㉠ 처분의 취소 또는 변경을 구하거나, ㉡ 처분의 효력 유무 또는 존재 여부에 대한 확인을 구하는 소청심사청구를 할 수 있을 뿐만 아니라, ㉢ 위법 또는 부당한 거부처분이나 부작위에 대하여 의무이행을 구하는 소청심사청구도 할 수 있다고 본다. [20년 행정사❶, 17년 국가 7급❷] 소청심사위원회에 청구할 수 있는 소청의 내용이 무엇인지에 대해 명시적으로는 규정이 존재하지 않지만, 국가공무원법 제14조 제5항이 이것들이 가능함을 전제로 규정이 되어 있기 때문이다.

OX 1

소청을 통해 위법한 거부처분에 대하여 의무이행을 구하는 심사청구를 할 수 없다. [ ] [20년 행정사]

OX 2

처분의 취소 또는 변경을 구하거나 처분의 효력 유무 또는 존재 여부에 대한 확인을 구하는 심사청구를 할 수 있을 뿐, 위법 또는 부당한 거부처분이나 부작위에 대하여 의무 이행을 구하는 심사청구는 할 수 없다. [ ] [17년 국가 7급]

⑷ 결정

1) 결정의 종류

국가공무원법 제76조(심사청구와 후임자 보충 발령) ③ 소청심사위원회는 제1항에 따른 소청심사청구가 파면 또는 해임이나 제70조 제1항 제5호에 따른 면직처분으로 인한 경우에는 그 청구를 접수한 날부터 5일 이내에 해당 사건의 최종 결정이 있을 때까지 후임자의 보충발령을 유예하게 하는 임시결정을 할 수 있다.

⑤ 소청심사위원회는 제3항에 따른 임시결정을 한 경우 외에는 소청심사청구를 접수한 날부터 60일 이내에 이에 대한 결정을 하여야 한다. 다만, 불가피하다고 인정되면 소청심사위원회의 의결로 30일을 연장할 수 있다.

국가공무원법 제14조(소청심사위원회의 결정) ⑤ 소청심사위원회의 결정은 다음과 같이 구분한다.

1. 심사 청구가 이 법이나 다른 법률에 적합하지 아니한 것이면 그 청구를 각하(却下)한다.
2. 심사 청구가 이유 없다고 인정되면 그 청구를 기각(棄却)한다.
3. 처분의 취소 또는 변경을 구하는 심사 청구가 이유 있다고 인정되면 처분을 취소 또는 변경하거나 처분 행정청에 취소 또는 변경할 것을 명한다.
4. 처분의 효력 유무 또는 존재 여부에 대한 확인을 구하는 심사 청구가 이유 있다고 인정되면 처분의 효력 유무 또는 존재 여부를 확인한다.
5. 위법 또는 부당한 거부처분이나 부작위에 대하여 의무 이행을 구하는 심사 청구가 이유 있다고 인정되면 지체 없이 청구에 따른 처분을 하거나 이를 할 것을 명한다.

⑦ 소청심사위원회가 징계처분 또는 징계부가금 부과처분(이하 "징계처분등"이라 한다)을 받은 자의 청구에 따라 소청을 심사할 경우에는 원징계처분보다 무거운 징계 또는 원징계부가금 부과처분보다 무거운 징계부가금을 부과하는 결정을 하지 못한다.

국가공무원법 제15조(결정의 효력) 제14조에 따른 소청심사위원회의 결정은 처분 행정청을 기속(羈束)한다.

① 소청심사위원회의 결정에는 각하·기각·인용결정이 있고, 인용결정에는 ㉠ 취소, ㉡ 취소명령, ㉢ 변경, ㉣ 변경명령, ㉤ 무효등확인, ㉥ 처분, ㉦ 처분명령 결정이 있다. [17년 국가 7급] 일반 행정심판과 달리 '취소명령' 결정 제도가 여전히 존재한다.

② 여기에서 '변경 결정'은 일반 행정심판의 경우와 같이 적극적 변경, 즉 징계의 종류를 변경하는 것(예 감봉을 견책으로 변경하는 것)을 의미한다.

정답

1. × 2. ×

2) 결정 정족수

① 소청 사건의 결정은 재적위원 3분의 2 이상의 출석과, 출석 위원 과반수의 합의에 따른다. [16년 소방간부 1] 다만, 파면·해임·강등 또는 정직에 해당하는 징계처분을 취소 또는 변경하려는 경우와 효력 유무 또는 존재 여부에 대한 확인을 하려는 경우에는 재적 위원 3분의 2 이상의 출석과 출석 위원 3분의 2 이상의 합의가 있어야 한다(제14조 제1항, 제2항). [22년 국가 7급 2]

② 의견이 나뉠 경우에는 출석 위원 과반수에 이를 때까지 소청인에게 가장 불리한 의견에 차례로 유리한 의견을 더하여 그 중 가장 유리한 의견을 합의된 의견으로 본다(제14조 제2항). [17년 5급 승진 3]

3) 결정의 효력

① 소청심사위원회의 취소'명령' 또는 변경'명령', 처분'명령' 결정은 이행재결의 일종으로서, 이것만으로는 곧바로 처분의 효력이 변동되지 않는다. 이 점에서 형성재결과 차이가 있다. [17년 국가 7급 4, 14년 국가 7급]

② 소청심사위원회의 결정에는 기속력이 인정되어 처분행정청을 기속한다(제15조). [21년 행정사, 17년 5급 승진]

4) 결정의 형식

소청심사위원회의 결정은 그 이유를 구체적으로 밝힌 결정서로 하여야 한다. [21년 행정사, 17년 5급 승진]

5) 불이익변경금지 원칙

소청심사위원회의 결정에는 불이익변경금지의 원칙이 적용된다. [20년 행정사 5] 따라서 소청심사위원회가 징계처분 또는 징계부가금 부과처분을 받은 자의 청구에 따라 소청을 심사할 경우에는, 원징계처분보다 무거운 징계 또는 원징계부가금 부과처분보다 무거운 징계부가금을 부과하는 결정을 하지 못한다(제14조 제7항). [14년 국가 7급]

판례

국가공무원법 제14조 제7항은 소청심사결정에서 당초의 원처분청의 징계처분보다 청구인에게 불리한 결정을 할 수 없다는 의미인데, 의원면직처분에 대하여 소청심사청구를 한 결과 소청심사위원회가 의원면직처분의 전제가 된 사의표시에 절차상 하자가 있다는 이유로 의원면직처분을 취소하는 결정을 하였다고 하더라도, 그 효력은 의원면직처분을 취소하여 당해 공무원으로 하여금 공무원으로서의 신분을 유지하게 하는 것에 그치고, 이때 당해 공무원이 국가공무원법 제78조 제1항 각 호에 정한 징계사유에 해당하는 이상 같은 항에 따라 징계권자로서는 반드시 징계절차를 열어 징계처분을 하여야 하므로, 이러한 징계절차는 소청심사위원회의 의원면직처분취소 결정과는 별개의 절차로서 여기에 국가공무원법 제14조 제6항에 정한 불이익변경금지의 원칙이 적용될 여지는 없다(2008두11853). [19년 국회 8급 6]

㉠ 경찰관들이 도박현장을 적발하고도 판돈 395,000원만을 착복한 후 도박사건을 묵살하는 직무유기행위를 하였다가 발각되어 감찰조직으로부터 사직서 제출을 강요받아 의원면직 처분이 이루어졌던 사건이다. ㉡ 그런데 그 의원면직처분이 소청을 통하여 취소된 후에, 실질적으로 의원면직처분보다 불리한 처분인 파면처분이 내려졌기 때문에 불이익변경금지원칙 위반인 것은 아닌지가 문제되었다. ㉢ 대법원은 불이익변경금지의 원칙은 원처분과 소청심사의 결과 사이에 적용되는 법리이지, 원처분과 소청심사 결과에 후행하는 처분 사이에 적용되는 법리가 아니기 때문에, 파면처분은 문제가 없다고 보았다.

OX 1
소청 사건의 결정은 재적 위원 과반수의 출석과 출석 위원 과반수의 합의에 따른다. [ ]
[16년 소방간부]

OX 2
2022년 9월 30일 청구된 소청 사건에서 소청심사위원회가 정직처분을 취소하려는 경우에는 재적위원 3분의 2 이상의 출석과 출석위원 과반수의 합의가 있어야 한다. [ ]
[22년 국가 7급]

OX 3
소청 사건의 결정은 재적 위원 3분의 2 이상의 출석과 출석 위원 과반수의 합의에 따르되, 의견이 나뉠 경우에는 출석 위원 과반수에 이를 때까지 소청인에게 가장 유리한 의견에 차례로 불리한 의견을 더하여 그 중 가장 유리한 의견을 합의된 의견으로 본다. [ ] [17년 5급 승진]

OX 4
소청심사위원회의 취소명령 또는 변경명령 결정이 있게 되면 종전에 행한 징계처분은 당연히 효력이 소멸된다. [ ]
[17년 국가 7급]

OX 5
징계처분에 대한 소청에 대하여는 불이익변경금지원칙이 적용되지 아니한다. [ ]
[20년 행정사]

OX 6
소청심사위원회가 절차상 하자가 있다는 이유로 의원면직처분을 취소하는 결정을 한 후 징계권자가 징계절차에 따라 별도로 당해 공무원에 대하여 징계처분을 하는 경우 「국가공무원법」에서 정한 불이익변경금지의 원칙이 적용된다. [ ]
[19년 국회 8급]

정답
1. × 2. × 3. × 4. × 5. × 6. ×

PART 03

3. 교원(敎員)의 경우

① 교원(敎員)은 공무원인 경우도 있고, 공무원이 아닌 경우(예 사립학교 교원)도 있다. 「교원의 지위 향상 및 교육활동 보호를 위한 특별법」('교원지위법'으로 약칭)은 공무원이 아닌 교원에 대해서도 동법을 적용하여 교원의 지위를 보호하고 있다. [16년 국회 8급]

② 교원은 징계처분 등의 불이익처분에 대하여 그 처분이 있었던 것을 안 날부터 30일 이내에 교원소청심사위원회에 소청심사를 청구할 수 있다(교원지위법 제9조 제1항). [13년 국회 8급]

③ 교원소청심사위원회는 소청심사청구를 접수한 날부터 60일 이내에 이에 대한 결정을 하여야 한다(교원지위법 제10조 제1항).

④ 교원소청심사위원회의 결정은 처분권자를 기속한다(교원지위법 제10조의3). 기속력의 내용은 「행정심판법」에 따른 행정심판에서의 재결의 기속력의 내용과 동일하다. [22년 변호사 1]

판례

교원소청심사위원회의 소청심사결정 중 임용기간이 만료된 교원에 대한 재임용거부처분을 취소하는 결정은 재임용거부처분을 취소함으로써 학교법인 등에게 해당 교원에 대한 재임용심사를 다시 하도록 하는 절차적 의무를 부과하는 데 그칠 뿐, 학교법인 등에게 반드시 해당 교원을 재임용하여야 하는 의무를 부과하거나 혹은 그 교원이 바로 재임용되는 것과 같은 법적 효과까지 인정되는 것은 아니다(2008다6953). [11년 국회 8급]

재량행위에 대한 거부처분 취소결정의 기속력의 내용이다.

OX 1

국·공립학교 교원의 심사청구를 인용하거나 원 징계처분을 변경하는 위원회의 결정은 징계권자에 대하여 기속력을 가지고 이는 그 결정의 주문에 포함된 사항뿐 아니라 그 전제가 된 요건사실의 인정과 판단에까지 미친다. [ ] [22년 변호사]

04 행정소송

1. 일반 공무원인 경우

(1) 필요적 소청 전치주의

국가공무원법 제16조(행정소송과의 관계) ① 제75조에 따른 처분, 그 밖에 본인의 의사에 반한 불리한 처분이나 부작위(不作爲)에 관한 행정소송은 소청심사위원회의 심사·결정을 거치지 아니하면 제기할 수 없다.
② 제1항에 따른 행정소송을 제기할 때에는 대통령의 처분 또는 부작위의 경우에는 소속 장관(대통령령으로 정하는 기관의 장을 포함한다. 이하 같다)을, 중앙선거관리위원회 위원장의 처분 또는 부작위의 경우에는 중앙선거관리위원회 사무총장을 각각 피고로 한다.

공무원에 대한 공무원법상의 징계처분이나 불이익처분이나 부작위에 대해서는 소청심사위원회의 심사·결정을 거치지 아니하면 행정소송을 제기할 수 없다(필요적 전심절차). [22년 군무원 7급, 21년 군무원 7급 2, 21년 군무원 5급, 20년 행정사, 14년 국가 7급, 13년 지방 7급, 13년 국회 8급] 공무원법상의 소청은 행정심판의 일종이므로, 행정심판 전치주의를 규정하고 있는 것이다.

판례

구 경찰공무원법 제50조 제1항 제1호(직무수행능력의 부족), 제2호(소속부하에 대한 지휘감독능력의 현저한 부족) 소정의 부적격사유가 있는 자에 해당한다 하여 직위해제처분을 받은 자가, 그 처분에 대하여 동법 제52조의 규정에 따라 소청심사위원회에 심사청구를 한 바 없다면, 그 처분에 설사 위법사유가 있다 하더라도 그것이 당연무효 사유가 아닌 한 소송으로 다툴 수 없다(84누191). [21년 국가 7급 3]

OX 2

국가공무원에 대한 불리한 부작위에 대한 행정소송은 인사혁신처의 소청심사위원회의 심사·결정을 거치지 않아도 제기할 수 있다. [ ] [21년 군무원 7급]

OX 3

구 「경찰공무원법」 소정의 부적격사유가 있어 직위해제처분을 받은 자가 그 처분에 대하여 소청심사위원회에 심사청구를 하지 않았다면 그 처분이 당연무효 사유가 아닌 한 이를 행정소송으로 다툴 수 없다. [ ] [21년 국가 7급]

정답

1. ○ 2. × 3. ○

(2) 원처분주의

① 다만, 필요적 행정심판 전치주의를 취하고 있다고 해서, 그에 따른 행정심판의 재결을 행정소송의 대상으로 삼아야 하는 것은 아니다.

② 국가공무원법이나 지방공무원법에서 이에 관하여 별도의 규정을 두고 있지 않으므로, 행정소송법 제19조 본문(원처분주의)의 원칙에 따라 공무원법상의 불이익처분에 대해서도 원처분주의가 적용된다. 따라서 소청심사위원회의 결정이 아니라, 본래의 불이익처분이나 부작위에 대하여 행정소송을 제기하여야 한다. [22년 국회 8급, 13년 국회 8급]

(3) 피고적격

원칙적으로 징계처분을 한 처분청을 피고로 하되, 징계처분이나 불이익처분을 대통령이 한 경우에는 소속 장관을 피고로 삼아야 한다(제16조 제2항). [12년 국회 8급]

2. 교원의 경우

(1) 교원이 교육공무원인 경우

① 교육공무원의 경우에도 교원소청심사위원회의 소청결정을 거쳐 행정소송을 제기하여야 한다(필요적 소청 전치주의).

② 교육공무원이 교원소청심사위원회의 결정에 불복하여 행정소송을 제기하는 경우에도 원처분주의가 적용된다. [22년 변호사, 13년 국회 8급] 따라서 교원소청심사위원회의 결정이 아니라, 교육감 등 징계권자의 불이익처분이나 부작위를 대상으로 하여야 한다. 다만, 예외적으로 교원소청심사위원회의 결정에 고유한 위법이 인정되는 때에 한하여 소청심사위원회의 결정이 취소소송의 대상이 된다. [18년 서울 9급 1]

(2) 사립학교 교원의 경우

① 사립학교 교원과 사립학교 법인 사이의 법률관계는 사법상(私法上)의 고용관계에 해당한다.

② 따라서, 사립학교 교원에 대한 징계나 기타 불이익한 처분도 행정처분이 아니라 사법상(私法上) 행위에 해당하고, 사립학교 교원은 학교법인을 피고로 하여 민사소송을 제기하여 권리구제를 받을 수 있다. [18년 서울 9급, 15년 국가 9급 2]

③ 다만, 사립학교 교원이 교원소청심사위원회에 소청심사를 청구한 경우에는, 그 결정은 행정청의 결정에 해당하기 때문에 처분에 해당하여, 사립학교 교원은 행정소송도 제기할 수 있게 된다. 이때 교원소청심사위원회의 결정이 사립학교 교원에 대한 최초의 원처분이 되기 때문에 행정소송을 제기하는 경우에는 교원소청심사위원회의 결정을 대상으로, 교원소청심사위원회를 피고로 하여 행정소송을 제기하여야 한다(2012두12297). [22년 변호사 3, 18년 서울 9급 4, 13년 국회 8급 5]

PART 03

OX 1
국공립학교 교원의 경우에는 원처분주의에 따라 원처분만이 소의 대상이 된다. [ ] [18년 서울 9급]

OX 2
사립학교 교원에 대한 학교법인의 해임처분을 취소소송의 대상이 되는 행정청의 처분으로 볼 수 있으므로 학교법인을 상대로 한 불복은 행정소송에 의한다. [ ] [15년 국가 9급]

OX 3
사립학교 교원에 대한 징계처분의 경우에는 학교법인 등의 징계처분은 행정처분이 아니므로 그에 대한 소청심사청구에 따라 위원회가 한 결정이 행정처분이고, 행정소송에서의 심판대상은 학교법인 등의 원 징계처분이 아니라 위원회의 결정이 되며, 따라서 피고도 행정청인 위원회가 된다. [ ] [22년 변호사]

OX 4
사립학교 교원의 경우에는 소청심사위원회의 결정이 원처분이 된다. [ ] [18년 서울 9급]

OX 5
사립학교교원의 경우 교원소청심사위원회의 결정에 불복하는 경우 교원소청심사위원회를 피고로 하여 항고소송을 제기할 수 있다. [ ] [13년 국회 8급]

정답
1. × 2. × 3. ○ 4. ○ 5. ○

3. 학교법인 또는 사립학교 경영자나 학교장의 경우 – 특수논점

> 교원의 지위 향상 및 교육활동 보호를 위한 특별법 제10조(소청심사 결정 등) ④ 제1항에 따른 심사위원회의 결정에 대하여 교원, 「사립학교법」 제2조에 따른 학교법인 또는 사립학교 경영자 등 당사자(공공단체는 제외한다)는 그 결정서를 송달받은 날부터 30일 이내에 「행정소송법」으로 정하는 바에 따라 소송을 제기할 수 있다. 〈개정 2021. 3. 23.〉

(1) 학교법인 및 사립학교 경영자

① 과거 교원의 지위 향상 및 교육활동 보호를 위한 특별법 10조 제3항은 학교법인의 교원소청심사위원회 결정에 대한 소제기를 금지하고 있었다(정확히는 교원의 제소권한만을 규정하고 있었다).

② 그러나 헌법재판소가 동 조항에 대하여 위헌결정을 내림에 따라(2005헌가7), 법률이 개정되어 지금은 학교법인이나 사립학교 경영자도, 교원소청심사위원회의 결정에 대해 항고소송을 제기하여 불복할 수 있게 되었다. [22년 변호사 1, 15년 지방 7급]

OX 1

소청심사위원회가 사립학교 교원의 심사청구를 인용하거나 원징계처분을 변경하는 결정을 한 때에는 징계권자는 이에 기속되고 위원회의 결정에 불복할 수 없다. [ ] [22년 변호사]

(2) 학교장

① 학교장도 교원소청심사위원회의 결정에 불복하는 경우에 행정소송을 제기할 수 있는지가 문제된다. 개정된 교원의 지위 향상 및 교육활동 보호를 위한 특별법 제10조 제3항에서도 소청심사결정에 대한 제소권자로 교원, 학교법인, 사립학교 경영자만을 언급하고 있기 때문이다.

② 대법원은 학교의 장은 학교법인의 위임을 받아 교원에 대한 징계처분, 인사발령 등 각종 업무를 수행하는 등 독자적 기능을 수행하고 있어 하나의 활동단위로 특정될 수 있는 점을 상소하여, 교원소청심사위원회의 결정에 대하여 행정소송을 제기할 수 있는 자에는 학교의 장도 포함되는 것으로 보고 있다. [23년 경찰간부 2]

OX 2

교원소청심사위원회의 결정에 대하여 피청구인인 사립학교의 장은 항고소송을 제기할 수 없다. [ ] [23년 경찰간부]

판례

교원소청심사위원회의 결정에 대하여 행정소송을 제기할 수 있는 자에는 교원지위 향상을 위한 특별법 제10조 제3항에서 명시하고 있는 교원, 사립학교법 제2조에 의한 학교법인, 사립학교 경영자뿐 아니라 소청심사의 피청구인이 된 학교의 장도 포함된다고 보는 것이 타당하다(2008두9317).

정답

1. × 2. ×

PART

04

경찰행정법

유대웅
행정법각론
핵심정리

www.pmg.co.kr

Chapter 01

경찰행정법 개설

❶ 보통경찰기관이란 실질적 의미의 경찰작용을 수행하기 위한 목적으로 존재하는 행정기관을 말한다. 우리가 일상적으로 '경찰'이라고 부르는 것이라 생각해도 무방하다. 경찰작용은 보통경찰기관만이 수행하는 것이 아니라, 예컨대 식품위생과 공무원과 같이 일반 행정기관에 의해서도 이루어지기 때문에, 그 경우와 대비하기 위해 만들어진 개념이다.

● 핵심 정리 30 경찰행정법 개설

01 경찰의 개념

① 학문적 개념으로서의 경찰 즉, 실질적 의미의 경찰은 공공의 안녕과 질서에 대한 위험을 방지하고 장해를 제거하는 모든 작용을 의미한다. [15년 국가 7급] '공공의 안녕과 질서를 유지하기 위한 일체의 작용'이라 표현하기도 한다.

② 한편, 형식적 의미의 경찰 개념도 존재하는데, 실정법상 보통경찰기관❶(예 경찰청장 · 시 · 도경찰청장 · 경찰서장 · 해양경찰청장 · 해양경찰서장)의 권한에 속하는 모든 행정작용을 의미한다.

02 경찰의 종류

1. 행정경찰과 사법경찰

행정경찰은 공공의 안녕과 질서에 대한 위해를 방지하고 장해를 제거하는 실질적 의미의 경찰을 의미하는 반면(사전적 · 예방적 작용), 사법경찰은 범죄의 수사, 피의자의 체포 등을 목적으로 하는 형사 사법작용(사후적 · 제재적 작용)을 의미한다. 행정법학의 고찰대상은 행정경찰이다.

2. 보안경찰과 협의의 행정경찰

행정경찰은 다시 보안경찰과 협의의 행정경찰로 구분된다. 보안경찰은 보통경찰기관에 의하여 행하여지는 위해방지작용(예 교통경찰, 소방경찰, 해양경찰 등)인 반면, 협의의 행정경찰은 일반 행정기관에 의하여 행하여지는 위해방지작용(예 위생경찰, 건축경찰 등)을 말한다.

3. 국가경찰(중앙경찰)과 자치경찰(지방경찰)

(1) 개설

① 국가경찰은 경찰기관이 국가기관인 경찰을 의미하며, 자치경찰은 경찰기관이 지방자치단체의 기관인 경찰을 의미한다.

② 현재 「국가경찰과 자치경찰의 조직 및 운영에 관한 법률」(약칭 경찰법)이 제정되어 있는데, 이 법은 자치경찰집행조직은 별도로 설치하지 않고, 사무만 국가경찰사무와 자치경찰사무로 구분하고 있다. 또 국가경찰사무에 대한 의결기관으로 국가경찰위원회를, 자치경찰사무에 대한 의결기관으로 시 · 도자치경찰위원회를 두고 있다.

(2) 국가경찰위원회

① 국가경찰행정에 관한 사항을 심의 · 의결하기 위하여 행정안전부에 국가경찰위원회를 둔다(제7조 제1항).

② 국가경찰위원회 위원은 행정안전부장관의 제청으로 국무총리를 거쳐 대통령이 임명한다(제8조 제1항). 국가경찰위원회는 위원장 1명을 포함한 7명의 위원으로 구성하되, 위원장 및 5명의 위원은 비상임(非常任)으로 하고, 1명의 위원은 상임(常任)으로 한다(제7조 제2항).

③ 국가경찰위원회의 사무는 경찰청에서 수행하며 국가경찰위원회의 회의는 재적위원 과반수의 출석과 출석위원 과반수의 찬성으로 의결한다(동법 제11조). [22년 국가 7급]

(3) 시·도자치경찰위원회

① 자치경찰사무를 관장하게 하기 위하여 특별시장·광역시장·특별자치시장·도지사·특별자치도지사 소속으로 시·도자치경찰위원회를 둔다. 시·도에 2개의 시·도경찰청을 두는 경우에는 시·도지사 소속으로 2개의 시·도자치경찰위원회를 둘 수 있다(제18조 제1항). [22년 국가 7급 1]

② 시·도자치경찰위원회는 합의제 행정기관으로서 그 권한에 속하는 업무를 독립적으로 수행한다(제18조 제2항). [23년 지방 7급]

③ 시·도자치경찰위원회 위원은 시·도지사가 임명한다. 시·도자치경찰위원회는 위원장 1명을 포함한 7명의 위원으로 구성하되, 위원장과 1명의 위원은 상임으로 하고, 5명의 위원은 비상임으로 한다(제20조, 제19조).

(4) 시·도경찰청장

① 시·도경찰청장은 경찰청장이 시·도자치경찰위원회와 협의하여 추천한 사람 중에서 행정안전부장관의 제청으로 국무총리를 거쳐 대통령이 임용한다(제28조 제2항). [23년 지방 7급]

② 시·도경찰청장은 ㉠ 국가경찰사무에 대해서는 경찰청장의 지휘·감독을, ㉡ 자치경찰사무에 대해서는 시·도자치경찰위원회의 지휘·감독을 받는다. ㉢ 다만, 수사에 관한 사무에 대해서는 국가수사본부장의 지휘·감독을 받아 관할구역의 소관 사무를 관장하고 소속 공무원 및 소속 경찰기관의 장을 지휘·감독한다(제28조 제3항). [23년 지방 7급 2]

(5) 국가수사본부장

① 경찰청에 국가수사본부를 둔다(제16조 제1항).

② 국가수사본부장은 「형사소송법」에 따른 경찰의 수사에 관하여 각 시·도경찰청장과 경찰서장 및 수사부서 소속 공무원을 지휘·감독한다(제16조 제2항).

③ 국가수사본부장이 직무를 집행하면서 헌법이나 법률을 위배하였을 때에는 국회는 탄핵 소추를 의결할 수 있다(제16조 제5항). [23년 지방 7급]

OX 1
시·도에 2개의 시·도경찰청을 두는 경우라도 시·도지사 소속으로 2개의 시·도자치경찰위원회를 둘 수 없다. [ ]
[22년 국가 7급]

OX 2
시·도경찰청장은 수사에 관한 사무에 대해서는 경찰청장의 지휘·감독을 받아 관할구역의 소관 사무를 관장하고 소속 공무원 및 소속 경찰기관의 장을 지휘·감독한다. [ ]
[23년 지방 7급]

정답
1. × 2. ×

Chapter

02 경찰작용의 근거

핵심 정리 31 경찰작용의 근거

01 경찰작용과 법률유보의 원칙

① 경찰작용은 전형적인 침익적 행정작용이므로 법률유보의 원칙에 따라 반드시 작용법적 근거가 있어야 한다. [22년 해경승진, 17년 10월 국가 7급, 13년 국가 7급 1]

② 경찰작용에 대한 법적 근거를 두는 제도설정 방식에는 ㉠ 「식품위생법」이나, 「공중위생관리법」과 같은 특별경찰법을 통해 개별적인 수권을 하는 방식과, ㉡ 「경찰관 직무집행법」과 같은 경찰작용에 대한 일반법을 통해 개별적인 수권을 하는 방식, ㉢ 일반적(개괄적)인 수권조항을 통해 수권을 하는 방식이 있다.

③ 일반적(개괄적) 수권조항은 개별적 수권조항에 대해 보충적이므로, 입법자가 개별적 수권조항을 규정한 경우에는 개별적 수권조항이 일반적 수권조항보다 우선하여 적용된다. [18년 5급 승진]

OX 1

법률유보의 원칙상 국민의 권익을 침해하는 경찰권의 발동은 법률의 근거가 있어야 한다. [ ]
[13년 국가 7급]

02 현행법상 일반적 수권조항이 존재하는지 여부

경찰관 직무집행법 제2조(직무의 범위) 경찰관은 다음 각 호의 직무를 수행한다. 〈개정 2020.12.22.〉
7. 그 밖에 공공의 안녕과 질서 유지

1. 일반적 수권조항의 의의

일반적 수권조항(개괄적 수권조항)이란, 개별적 수권규정들이 미처 규율하지 못하는 예외적인 위험 발생 사태에 대비하여 마련된 일반적이고 포괄적인 내용의 수권조항을 말한다. 예컨대, 추상적으로 '경찰관은 공공의 안녕과 질서 유지를 위해 필요한 경우 경찰권을 발동할 수 있다'와 같은 식으로 존재하는 규정을 말한다.

2. 문제점

① 「경찰관 직무집행법」 제2조는 본래, 경찰관이 수행하는 업무가 무엇인지를 포괄적으로 규정한 규정이다. 제2조 제7호에 따르면 공공의 안녕과 질서 유지를 위한 직무 수행은 경찰관의 업무이다. 이 규정을 일반적으로 공공의 안녕과 질서 유지를 위해 필요한 상황에서 경찰권을 발동할 수 있게 작용법적 근거를 부여하는 규정 즉, 일반적 수권조항에 해당한다고 볼 수 있는지가 문제된다.

② 동 규정을 일반적 수권조항이 아니라고 보는 경우에는, 현행 법제상 이 규정 이외에 달리 일반적 수권조항으로 볼만한 규정이 존재하지 않으므로, 개별적 수권조항에 근거하지 않고 발동된 경찰작용은 법률유보원칙 위반으로 위법하게 된다.

정답
1. ○

3. 학설

이에 대해서는 ㉠ 「경찰관 직무집행법」 제2조 제7호는 일반적으로 작용법적 근거를 부여하는 수권조항이기도 한 것으로 보는 견해(긍정설)와, ㉡ 동 규정을 단순히 조직법상의 임무(할당)규정일 뿐이라고 보는 견해(부정설)가 대립한다.

4. 판례

판례의 태도는 분명하지 않다. 다만, 공무집행방해죄 성립 여부❶가 문제된 형사판례 중, 청원경찰이 동 규정에 근거하여 허가 없는 주택개축을 단속한 행위도 적법한 공무집행이라고 본 것이 있을 뿐이다. 이를 두고 대법원이 긍정설의 입장을 따르고 있는 것으로 해석하는 견해도 있다.

판례

청원경찰관법 제3조, 경찰관 직무집행법 제2조 규정에 비추어 보면 군 도시과 단속계 요원으로 근무하고 있는 청원경찰관이 허가 없이 창고를 주택으로 개축하는 것을 단속하는 것은 그의 정당한 공무집행에 속한다고 할 것이므로 이를 폭력으로 방해하는 소위(所爲)는 공무집행방해죄에 해당된다(85도2448, 85감도356). [20년 소방간부 1]

❶ 참고로, 적법하지 않은 공무수행에 대해서는 그 상대방이 저항하더라도, 범죄인 공무집행방해죄가 성립하지 않는다. 이는 형법학의 영역이다.

OX 1

군(郡) 도시과 단속계 요원인 청원경찰관이 「경찰관 직무집행법」 제2조에 따라 허가 없이 창고를 주택으로 개축하는 것을 단속하는 것은 정당한 공무집행에 해당하지 않는다. [ ]
[20년 소방간부]

03 경찰관 직무집행법 제2조

경찰관 직무집행법 제2조(직무의 범위) 경찰관은 다음 각 호의 직무를 수행한다. 〈개정 2020. 12.22.〉
1. 국민의 생명·신체 및 재산의 보호
2. 범죄의 예방·진압 및 수사
2의2. 범죄피해자 보호
3. 경비, 주요 인사(人士) 경호 및 대간첩·대테러 작전 수행 [16년 국가 7급 2]
4. 공공안녕에 대한 위험의 예방과 대응을 위한 정보의 수집·작성 및 배포
5. 교통 단속과 교통 위해(危害)의 방지
6. 외국 정부기관 및 국제기구와의 국제협력 [21년 군무원 5급]
7. 그 밖에 공공의 안녕과 질서 유지

OX 2

주요 인사 경호 및 대간첩·대테러 작전 수행은 경찰관의 직무범위에 포함된다. [ ]
[16년 국가 7급]

① 조직법적으로 보통경찰기관은 「경찰관 직무집행법」 제2조가 규정하고 있는 업무들을 수행한다.❷

② 법률유보의 원칙과 관련하여, 경찰청장이 17세 이상 모든 국민들의 지문정보를 보관하는 행위에 법적 근거가 있는지 여부가 문제되었는데, 헌법재판소는 경찰관 직무집행법 제2조는 범죄의 예방·진압 및 수사(제2호), 치안정보의 수집(제4호)을 경찰의 임무 내지 경찰관의 직무의 하나로 규정하고 있으므로 경찰관 직무집행법 제2조도 경찰청장의 지문정보 보관행위의 법적 근거가 된다고 보았다(2004헌마190). [19년 5급 승진]

❷ 경찰행정법에서는 보안경찰작용에 대한 일반법인 「경찰관 직무집행법」의 규정 자체를 물어보는 경우도 많다. 경찰관직무집행법은 총 12개 조로 구성된 단출한 법률이다.

정답

1. × 2. ○

Chapter

03 경찰권의 행사(발동)

핵심 정리 32 경찰관 직무집행법상 경찰권의 발동

01 경찰관 직무집행법상 개별적 수권조항

① 「경찰관 직무집행법」은 위해방지를 위하여 필수불가결한 일련의 경찰작용 중, 개인의 자유와 재산을 침해하는 일련의 작용, 이른바 '표준적 직무행위'에 대한 수권규정을 두고 있다. 표준적 직무행위를 다른 말로 '표준조치' 또는 '표준처분'이라고도 부른다.

② 표준적 직무행위에는 ㉠ 불심검문(제3조), ㉡ 보호조치(제4조), ㉢ 위험발생의 방지(제5조), ㉣ 범죄의 예방과 제지(제6조), ㉤ 위험방지를 위한 출입(제7조), ㉥ 사실의 확인(제8조), ㉦ 경찰장구의 사용(제10조 내지 제10조의4) 등이 있다.❶

❶ 경찰관 직무집행법 제3조 이하의 규정들이 경찰작용에 대한 개별적 수권조항이라는 점에 대해서는 이견이 없다. 다만 제2조가 단순한 조직법적 규정인지, 경찰작용에 대한 일반적 수권조항이기까지 한지에 대해 논란이 있는 것뿐이다.

02 불심(不審)검문(제3조)

1. 개설

① 불심검문이란 경찰관의 직무와 관련하여 무언가 석연치 않거나 의심스러운 정황이 있을 때 이에 대해 조사하는 행위를 말한다. 불심검문의 방법으로 ㉠ 질문, ㉡ 흉기소지검사, ㉢ 임의동행에 대해 규정하고 있다.

② 경찰관이 불심검문 대상자 해당 여부를 판단할 때에는 불심검문 당시의 구체적 상황은 물론 사전에 얻은 정보나 전문적 지식 등에 기초하여 객관적・합리적 기준에 따라 판단하여야 하나, 반드시 불심검문 대상자에게 「형법」이나 「형사소송법」상 체포나 구속에 이를 정도의 혐의가 있을 것을 요한다고 할 수는 없다(2011도13999). [22년 해경승진, 20년 국가 7급, 19년 5급 승진, 18년 지방 7급, 17년 국가 7급, 16년 5급 승진]

2. 질문

> 경찰관 직무집행법 제3조(불심검문) ① 경찰관은 다음 각 호의 어느 하나에 해당하는 사람을 정지시켜 질문할 수 있다.
> 1. 수상한 행동이나 그 밖의 주위 사정을 합리적으로 판단하여 볼 때 어떠한 죄를 범하였거나 범하려 하고 있다고 의심할 만한 상당한 이유가 있는 사람
> 2. 이미 행하여진 범죄나 행하여지려고 하는 범죄행위에 관한 사실을 안다고 인정되는 사람

① 경찰관은 ㉠ 수상한 행동이나 그 밖의 주위 사정을 합리적으로 판단하여 볼 때 어떠한 죄를 범하였거나 범하려 하고 있다고 의심할 만한 상당한 이유가 있는 사람, ㉡ 이미 행하여진 범죄나 행하여지려고 하는 범죄행위에 관한 사실을 안다고 인정되는 사람을 정지시켜 질문할 수 있다. [23년 국가 7급, 21년 지방 7급, 20년 해경승진, 15년 지방 7급, 14년 국가 7급, 14년 지방 7급] 제3조 제1항은 행정(行政)경찰작용과 사법(司法)경찰작용에 대한 수권을 동시에 하고 있는 규정이다.

② '어떠한 범죄를 범하려 하고 있다고 의심할 만한 상당한 이유가 있는 사람'이나, '행하여지려고 하는 범죄행위에 관한 사실을 안다고 인정되는 사람'을 정지시켜 질문하는 것은 범죄를 예방하기 위한 경찰작용이므로 행정(行政)경찰작용에 해당한다.

③ 반면 '이미 어떤 죄를 범하였다고 의심할 만한 상당한 이유가 있는 사람'이나, '이미 행하여진 범죄에 관한 사실을 안다고 인정되는 사람'을 정지시켜 질문하는 행위는 행정경찰작용이 아니라, 사법(司法)경찰작용에 해당한다. 사법(司法)경찰작용이란 이미 벌어진 범죄에 대한 수사 목적으로 행하는 경찰작용을 뜻하기 때문이다.

3. 질문 시 흉기소지 검사

경찰관 직무집행법 제3조(불심검문) ③ 경찰관은 제1항 각 호의 어느 하나에 해당하는 사람에게 질문을 할 때에 그 사람이 흉기를 가지고 있는지를 조사할 수 있다.

① 경찰관은 질문을 할 때 그 사람이 흉기를 가지고 있는지 여부를 조사할 수 있다(제3조 제3항). [22년 해경승진 1, 15년 지방 7급, 14년 국가 7급, 12년 국가 7급]

② 이 흉기소지검사는 범죄수사가 아니라, 행정조사 중 권력적 행정조사에 해당하는 것으로 본다. 따라서 별도의 영장이 없이도 이루어질 수 있다고 본다. [20년 5급 승진, 19년 5급 승진 2, 16년 5급 승진]

③ 정지나 흉기소지검사를 할 때에도 비례의 원칙을 당연히 준수하여야 한다.

판례

㉠ 경찰관직무집행법(이하 '법'이라 한다)의 목적, 법 제1조 제1항, 제2항, 제3조 제1항, 제2항, 제3항, 제7항의 규정 내용 및 체계 등을 종합하면, 경찰관은 법 제3조 제1항에 규정된 대상자에게 질문을 하기 위하여 범행의 경중, 범행과의 관련성, 상황의 긴박성, 혐의의 정도, 질문의 필요성 등에 비추어 목적 달성에 필요한 최소한의 범위 내에서 사회통념상 용인될 수 있는 상당한 방법으로 대상자를 정지시킬 수 있고 질문에 수반하여 흉기의 소지 여부도 조사할 수 있다. [23년 국회 8급]

㉡ 검문 중이던 경찰관들이, 자전거를 이용한 날치기 사건 범인과 흡사한 인상착의의 피고인이 자전거를 타고 다가오는 것을 발견하고 정지를 요구하였으나 멈추지 않아, 앞을 가로막고 소속과 성명을 고지한 후 검문에 협조해 달라는 취지로 말하였음에도 불응하고 그대로 전진하자, 따라가서 재차 앞을 막고 검문에 응하라고 요구하였는데, 이에 피고인이 경찰관들의 멱살을 잡아 밀치거나 욕설을 하는 등 항의하여 공무집행방해 등으로 기소된 사안에서, 범행의 경중, 범행과의 관련성, 상황의 긴박성, 혐의의 정도, 질문의 필요성 등에 비추어 경찰관들은 목적 달성에 필요한 최소한의 범위 내에서 사회통념상 용인될 수 있는 상당한 방법을 통하여 경찰관직무집행법 제3조 제1항에 규정된 자에 대해 의심되는 사항을 질문하기 위하여 정지시킨 것으로 보아야 한다(2010도6203).

따라서 피고인에게 공무집행방해죄의 유죄를 선고하여야 한다는 말이다.

OX 1
경찰관은 불심검문 대상자에게 질문을 하기 위하여 목적달성에 필요한 최소한의 범위 내에서 사회통념상 용인될 수 있는 상당한 방법으로 대상자를 정지시킬 수는 있지만, 질문에 수반하여 흉기의 소지여부를 조사할 수는 없다. [ ] [22년 해경승진]

OX 2
경찰관 직무집행법 제3조의 불심검문에는 흉기소지 여부의 조사가 포함되지 않으므로, 흉기소지 여부의 조사는 영장을 필요로 한다. [ ] [19년 5급 승진]

PART 04

정답
1. × 2. ×

4. (질문을 위한) 임의동행

(1) '임의'동행의 의의

> 경찰관 직무집행법 제3조(불심검문) ② 경찰관은 제1항에 따라 같은 항 각 호의 사람을 정지시킨 장소에서 질문을 하는 것이 그 사람에게 불리하거나 교통에 방해가 된다고 인정될 때에는 질문을 하기 위하여 가까운 경찰서·지구대·파출소 또는 출장소(지방해양경찰관서를 포함하며, 이하 "경찰관서"라 한다)로 동행할 것을 요구할 수 있다. 이 경우 동행을 요구받은 사람은 그 요구를 거절할 수 있다.
> ⑦ 제1항부터 제3항까지의 규정에 따라 질문을 받거나 동행을 요구받은 사람은 형사소송에 관한 법률에 따르지 아니하고는 신체를 구속당하지 아니하며, 그 의사에 반하여 답변을 강요당하지 아니한다. [21년 지방 7급 1]

① 경찰관이 사람을 정지시킨 장소에서 질문을 하는 것이 그 사람에게 불리하거나 교통에 방해가 된다고 인정될 때에는 질문을 하기 위하여 가까운 경찰서나 지구대·파출소 또는 출장소(지방해양경찰관서를 포함)로 동행할 것을 요구할 수 있다(제3조 제2항 1문). [14년 지방 7급, 11년 국회 8급] 경찰관 직무집행법 제3조 제2항에 따른 임의동행은 행정경찰 목적의 경찰활동으로 행하여지는 것으로서, 형사소송법 제199조 제1항에 따른 범죄수사를 위한 임의동행과 구별된다(2020도398).

② 이 동행요구에 따라 이루어지는 동행은 어디까지나 임의적(任意的)❶이어야 한다. 상대방의 동의나 승낙을 요건으로 한다. 따라서 ㉠ 동행을 요구받은 사람은 그 요구를 거절할 수 있고, ㉡ 동행에 응한 후라 하더라도 언제든지 자유로이 동행에서 이탈하거나, 동행 장소로부터 퇴거할 수 있다(97도1240). [22년 해경승진, 21년 지방 7급, 20년 국가 7급, 15년 지방 7급, 14년 지방 7급, 11년 국회 8급] 이러한 자유가 보장되지 않은 경우 위법한 동행으로서 '강제연행'에 해당하게 된다.❷ [13년 지방 7급]

③ 오로지 피의자의 자발적인 의사에 의하여 수사관서 등에 동행이 이루어졌다는 것이 객관적인 사정에 의하여 명백하게 입증된 경우에만, 임의동행의 적법성이 인정된다(2009도6717, 2005도6810). [19년 지방 7급, 12년 국가 7급 2] 그리고 동행이 상대방의 임의에 따라 이루어졌는지 여부에 대한 판단은 동행의 시간과 장소, 동행의 방법과 동행거부의사의 유무, 동행 이후의 조사방법과 퇴거의사의 유무 등 여러 사정을 종합하여 고려하여 객관적인 상황을 기준으로 하여 이루어진다(93다35155). 이렇게 엄격한 요건을 요구하는 이유는 동행요구를 받은 상대방이 실제로 수사기관의 요구를 거부하기가 쉽지 않고, 본래 「형사소송법」상 출석요구 절차를 통해야 하는 것을 임의동행으로 대체할 우려가 있기 때문이다.

④ 또 자유가 보장되지 않은(즉, 강제성이 결부된) 동행요구는 위법한 '임의동행 요구'이므로 이에 대해서는 저항하더라도, 정당방위(행위)로서 공무집행방해죄가 되지 않는다(91다38334).

OX 1
경찰관은 이미 행하여진 범죄나 행하여지려고 하는 범죄행위에 관한 사실을 안다고 인정되는 사람을 정지시켜 질문할 수 있지만, 질문을 받은 사람은 형사소송에 관한 법률에 따르지 아니하고는 신체를 구속당하지 아니하며, 그 의사에 반하여 답변을 강요당하지 아니한다. [ ] [21년 지방 7급]

❶ 임의(任意)란 '그 의사에 따르는' 또는 '그 의사에 맡겨진'이라는 의미이다.

❷ 참고로, 위법한 방법으로 수집하게 된 범죄혐의에 대한 증거는 형사소송에서 증거로 활용할 수 없게 된다. 그래서 강제연행인지 아닌지가 중요하게 된다. 이는 형사소송법의 영역이다.

OX 2
판례는 경찰관의 임의동행은 오로지 피의자의 자발적인 의사에 의하여 수사관서 등에의 동행이 이루어졌음이 객관적인 사정에 의하여 명백하게 입증된 경우에 한하여 그 적법성이 인정된다고 보는 것이 타당하다고 보았다. [ ] [12년 국가 7급]

정답
1. ○ 2. ○

판례

경찰관이 임의동행요구에 응하지 않는다 하여 강제연행하려고 대상자의 양팔을 잡아 끈 행위는 적법한 공무집행이라고 할 수 없으므로 그 대상자가 이러한 불법연행으로부터 벗어나기 위하여 저항한 행위는 정당한 행위라고 할 것이고 이러한 행위에 어떠한 과실이 있다고 할 수 없다(91다38334). [20년 5급 승진, 12년 지방 7급 1]

정당한 행위에 해당하면 공무집행방해죄가 성립하지 않는다. 이 이상의 자세한 내용은 형법의 영역이다.

甲이 음주측정을 위해 경찰서에 동행할 것을 요구받고 자발적인 의사로 경찰차에 탑승하였고, 경찰서로 이동 중 하차를 요구하였으나 그 직후 수사 과정에 관한 설명을 듣고 빨리 가자고 요구하였으므로, 甲에 대한 임의동행은 적법하다(2015도2798). [20년 5급 승진]

이 경우 동행의 임의성을 인정할 수 있다는 말이다.

OX 1
경찰관의 임의동행요구에 응하지 않는다고 하여 강제연행하려고 대상자의 양팔을 잡아 끈 행위는 적법한 공무집행이라고 할 수 없으므로 그 대상자가 이러한 불법연행으로부터 벗어나기 위하여 저항한 행위는 정당한 행위이다. [ ] [12년 지방 7급]

(2) 질문 또는 동행요구의 절차

경찰관 직무집행법 제3조(불심검문) ④ 경찰관은 제1항이나 제2항에 따라 질문을 하거나 동행을 요구할 경우 자신의 신분을 표시하는 증표를 제시하면서 소속과 성명을 밝히고 질문이나 동행의 목적과 이유를 설명하여야 하며, 동행을 요구하는 경우에는 동행 장소를 밝혀야 한다.
⑤ 경찰관은 제2항에 따라 동행한 사람의 가족이나 친지 등에게 동행한 경찰관의 신분, 동행 장소, 동행 목적과 이유를 알리거나 본인으로 하여금 즉시 연락할 수 있는 기회를 주어야 하며, 변호인의 도움을 받을 권리가 있음을 알려야 한다.

① 질문이나 동행요구를 할 때 경찰관은 ㉠ 자신의 신분을 표시하는 증표를 제시하면서 소속과 성명을 밝혀야 하고, ㉡ 동행의 목적과 이유를 설명하여야 하며, ㉢ 동행 장소가 어디인지 밝혀야 한다(제3조 제4항). [20년 소방간부]

② 동행요구에 응하여 경찰서로 동행을 하게 된 경우, ㉠ 경찰관은 동행한 사람의 가족이나 친지 등에게 동행한 경찰관의 신분, 동행 장소, 동행 목적과 이유를 알리거나, 본인으로 하여금 즉시 연락할 수 있는 기회를 주어야 하며, ㉡ 변호인의 도움을 받을 권리가 있음을 알려야 한다(제3조 제5항).

판례

불심검문을 하게 된 경위, 불심검문 당시의 현장상황과 검문을 하는 경찰관들의 복장, 피고인이 공무원증 제시나 신분 확인을 요구하였는지 여부 등을 종합적으로 고려하여, 검문하는 사람이 경찰관이고 검문하는 이유가 범죄행위에 관한 것임을 피고인이 충분히 알고 있었다고 보이는 경우에는 신분증을 제시하지 않았다고 하여 그 불심검문이 위법한 공무집행이라고 할 수 없다(2014도7976). [23년 국회 8급 2, 22년 지방 7급, 22년 군무원 5급, 20년 5급 승진, 20년 국가 7급, 19년 지방 7급, 18년 지방 7급, 18년 5급 승진]

OX 2
경찰관이 신분증을 제시하지 않고 불심검문을 한 경우, 검문하는 사람이 경찰관이고 검문하는 이유가 범죄행위에 관한 것임을 피고인이 충분히 알고 있었다고 보이더라도 그 불심검문은 위법한 공무집행이라고 할 수 있다. [ ] [23년 국회 8급]

(3) 변호인과의 접견교통권

① 동행요구에 응하여 경찰관서로 동행을 하게 된 자에게도 당연히 변호인의 도움을 받을 권리가 있다. 그리고 변호인의 도움을 받을 권리의 당연한 전제인, 변호인 또는 변호인이 되려는 자와의 접견교통권도 당연히 인정된다.

정답
1. ○ 2. ×

PART 04

❶ 수사와 내사 모두 범죄의 혐의를 조사하는 수사기관의 활동을 말한다. 수사가 내사보다 더 정식화되고 심화된 조사라고 생각하면 된다. 수사를 받는 자를 피의자라 하고, 아직 내사를 받는 단계에 불과한 자를 피내사자라 한다. 이 이상은 형사소송법학의 영역이다.

OX 1

임의동행의 형식으로 수사기관에 연행된 피내사자에게는 변호인 또는 변호인이 되려는 자와의 접견교통권이 인정되지 않는다. [ ] [21년 국가 7급]

② 또 임의동행을 하게 된 자가 피의자의 경우는 물론이고 피내사자(被內査者)❶에 불과하다 하더라도 변호인 또는 변호인이 되려는 자와의 접견교통권이 당연히 인정된다고 본다(96모18). [21년 국가 7급❶, 12년 국가 7급]

판례

변호인의 조력을 받을 권리를 실질적으로 보장하기 위하여는 변호인과의 접견교통권의 인정이 당연한 전제가 되므로, 임의동행의 형식으로 수사기관에 연행된 피의자에게도 변호인 또는 변호인이 되려는 자와의 접견교통권은 당연히 인정된다고 보아야 하고, 임의동행의 형식으로 연행된 피내사자의 경우에도 이는 마찬가지이다(96모18).

(4) "6시간"의 의미

경찰관 직무집행법 제3조(불심검문) ⑥ 경찰관은 제2항에 따라 동행한 사람을 6시간을 초과하여 경찰관서에 머물게 할 수 없다.

상대방이 동행요구에 응하여 경찰관서 등으로 동행하게 되었다 하더라도, 동행한 사람을 6시간을 초과하여 경찰관서에 머물게 할 수 없다(제3조 제6항). [12년 국가 7급, 11년 국회 8급] 이 규정은, 일단 동행에 응한 다음에는 경찰관서에 더 이상 머물 필요가 없음에도 불구하고 6시간 동안은 머무르게 할 수 있는 권한을 경찰관에게 부여하는 규정이 아니라, 아무리 질문을 위해 필요한 경우라 하더라도 임의동행의 형식을 빌려서는 6시간 이상 경찰관서에 머무르게 할 수 없도록 제한하는 규정이다.

판례

임의동행은 상대방의 동의 또는 승낙을 그 요건으로 하는 것이므로 경찰관으로부터 임의동행 요구를 받은 경우 상대방은 이를 거절할 수 있을 뿐만 아니라 임의동행 후 언제든지 경찰관서에서 퇴거할 자유가 있다 할 것이고, 경찰관 직무집행법 제3조 제6항이 임의동행한 경우 당해인을 6시간을 초과하여 경찰관서에 머물게 할 수 없다고 규정하고 있다고 하여 그 규정이 임의동행한 자를 6시간 동안 경찰관서에 구금하는 것을 허용하는 것은 아니다(97도1240).

03 보호조치(제4조)

경찰관 직무집행법 제4조(보호조치 등) ① 경찰관은 수상한 행동이나 그 밖의 주위 사정을 합리적으로 판단해 볼 때 다음 각 호의 어느 하나에 해당하는 것이 명백하고, 응급구호가 필요하다고 믿을 만한 상당한 이유가 있는 사람(이하 "구호대상자"라 한다)을 발견하였을 때에는, 보건의료기관이나 공공구호기관에 긴급구호를 요청하거나 경찰관서에 보호하는 등 적절한 조치를 할 수 있다.

1. 정신착란을 일으키거나 술에 취하여 자신 또는 다른 사람의 생명·신체·재산에 위해를 끼칠 우려가 있는 사람
2. 자살을 시도하는 사람
3. 미아, 병자, 부상자 등으로서 적당한 보호자가 없으며 응급구호가 필요하다고 인정되는 사람. 다만, 본인이 구호를 거절하는 경우는 제외한다. [17년 5급 승진❷, 16년 국가 7급]

OX 2

경찰관은 부상자로서 응급구호가 필요하다고 인정되는 사람을 발견하였을 때에는 설령 적당한 보호자가 있고 피구호대상자 본인이 구호를 거절하는 경우라 할지라도 보건의료기관에 긴급구호를 요청할 수 있다. [ ] [17년 5급 승진]

정답

1. × 2. ×

1. 의의

① 경찰관은 수상한 행동이나 그 밖의 주위 사정을 합리적으로 판단해 볼 때 ㉠ 정신착란을 일으키거나 술에 취하여 자신 또는 다른 사람의 생명·신체·재산에 위해를 끼칠 우려가 있는 사람이나, ㉡ 자살을 시도하는 사람, ㉢ 미아, 병자, 부상자 등으로서 적당한 보호자가 없으며 응급구호가 필요하다고 인정되는 사람에 해당하는 것이 명백하고 응급구호가 필요하다고 믿을 만한 상당한 이유가 있는 사람을 발견하였을 때에는, 보건의료기관이나 공공구호기관에 긴급구호를 요청하거나 경찰관서에 보호하는 등 적절한 조치를 할 수 있다(제4조 제1항). [23년 국가 7급, 23년 국회 8급**1**, 21년 군무원 5급**2**, 14년 서울 7급] 이에 따라 이루어지는 적절한 조치를 '보호조치'라 한다. 경찰관서에 보호하는 것만이 보호조치가 아니다. [21년 국가 7급**3**]

② 보호조치를 필요로 하는 피구호자에 해당하는지는 구체적인 상황을 고려하여 경찰관 평균인을 기준으로 판단하되, 그 판단은 보호조치의 취지와 목적에 비추어 현저하게 불합리하여서는 아니 되며, 피구호자의 가족 등에게 피구호자를 인계할 수 있다면 특별한 사정이 없는 한 경찰관서에서 피구호자를 보호하는 것은 허용되지 않는다(2012도11162)❶. [22년 지방 7급**4**, 21년 지방 7급, 20년 국가 7급, 20년 소방간부, 17년 국가 7급**5**, 17년 5급 승진]

판례

이 사건 조항의 '술에 취한 상태'란 피구호자가 술에 만취하여 정상적인 판단능력이나 의사능력을 상실할 정도에 이른 것을 말한다(2012도11162).

경찰관 직무집행법 제4조 제1항 제1호의 보호조치 요건이 갖추어지지 않았음에도, 경찰관이 실제로는 범죄수사를 목적으로 피의자에 해당하는 사람을 이 사건 조항의 피구호자로 삼아 그의 의사에 반하여 경찰관서에 데려간 행위는, 달리 현행범체포나 임의동행 등의 적법 요건을 갖추었다고 볼 사정이 없다면, 위법한 체포에 해당한다고 보아야 한다(2012도11162). [18년 소방간부]

2. 법적 성질

① 보호조치는 강제보호와 임의보호로 구분되는데, ㉠ 제4조 제1항 제1호 및 제2호의 사람에 대해 이루어지는 보호조치는 본인의 의사와 관계없이 이루어진다는 점에서 강제보호에 해당하며(제3호 단서 반대해석), ㉡ 제3호의 사람에 대해 이루어지는 보호조치는 본인의 거절 의사표시가 있는 경우에는 불가능하다(제3호 단서)는 점에서 임의보호에 해당한다. [18년 행정사, 17년 5급 승진, 16년 국가 7급]

② 강제보호는 대인적 즉시강제의 성질을 가지며, 임의보호는 비권력적 사실행위의 성질을 갖는다.

③ 또 보호조치는 제4조 제1항이 '… 적절한 조치를 할 수 있다'라고 규정하고 있으므로 재량행위에 해당하는 것으로 본다.

OX 1
경찰관은 자살을 시도하려는 사람 등 구호대상자를 발견하였을 때에는 보건의료기관이나 공공구호기관에 긴급구호를 요청하거나 경찰관서에서 보호하는 등 적절한 조치를 할 수 있다. [ ] [23년 국회 8급]

OX 2
경찰관은 정신착란을 일으키거나 술에 만취한 사람, 자살을 시도하는 사람, 미아, 병자, 부상자와 같이 응급구호가 필요하다고 믿을 만한 상당한 이유가 있는 사람을 발견한 경우에는 보건의료기관이나 공공구호기관에 긴급구호를 요청하여야 한다. [ ] [21년 군무원 5급]

OX 3
보호조치는 경찰관서에서 해야 하고 보건의료기관이나 공공구호기관에서는 할 수 없다. [ ] [21년 국가 7급]

❶ 예컨대, 화물차 운전자가 경찰의 음주단속에 불응하고 도주하였다가 경찰관에게 검거되어 「경찰관 직무집행법」 제4조에 근거하여 지구대로 보호조치되었는데, 당시 화물차에 운전자의 처(妻)가 동승하고 있던 경우에 대해, 대법원은 보호조치가 이루어질 수 없는 상황이라고 판단하였다.

OX 4
술에 취한 상태로 인하여 자기 또는 타인의 생명·신체·재산에 위해를 미칠 우려가 있어 보호조치가 필요한 피구호자에 해당하는지는 구체적인 상황을 고려하여 경찰관 평균인을 기준으로 판단한다. [ ] [22년 지방 7급]

OX 5
「경찰관 직무집행법」상 '술에 취하여 자신 또는 다른 사람의 생명·신체·재산에 위해를 끼칠 우려가 있는 사람'에 대한 보호조치는, 가족 등에게 그 사람을 인계할 수 있다면 특별한 사정이 없는 한 허용될 수 없다. [ ] [17년 국가 7급]

정답
1. ○ 2. × 3. × 4. ○ 5. ○

PART 04

판례

경찰관 직무집행법 제4조 제1항 제1호(이하 '이 사건 조항'이라 한다)에서 규정하는 술에 취한 상태로 인하여 자기 또는 타인의 생명·신체와 재산에 위해를 미칠 우려가 있는 피구호자에 대한 보호조치는 경찰 행정상 즉시강제에 해당하므로, 그 조치가 불가피한 최소한도 내에서만 행사되도록 발동·행사 요건을 신중하고 엄격하게 해석하여야 한다(2012도11162). [22년 해경승진, 19년 국가 7급]

긴급구호권한과 같은 경찰관의 조치권한은 일반적으로 경찰관의 전문적 판단에 기한 합리적인 재량에 위임되어 있는 것이나, 그렇다고 하더라도 구체적 상황하에서 경찰관에게 그러한 조치권한을 부여한 취지와 목적에 비추어 볼 때 그 불행사가 현저하게 불합리하다고 인정되는 경우에는, 그러한 불행사는 법령에 위반하는 행위에 해당하게 되어 국가배상법상의 다른 요건이 충족되는 한, 국가는 그로 인하여 피해를 입은 자에 대하여 국가배상책임을 부담한다(95다45927). [17년 5급 승진]

3. 긴급구호요청에 대한 거절금지

보호조치의 일환으로서 긴급구호요청을 받은 보건의료기관이나 공공구호기관은 정당한 이유 없이 긴급구호를 거절할 수 없다(제4조 제2항). [14년 서울 7급, 11년 국회 8급] 이때의 '정당한 이유'란 객관적으로 진료가 불가능한 상황을 의미한다.

4. 임시영치

① 경찰관은 보호조치를 하는 경우에 구호대상자가 휴대하고 있는 무기·흉기 등 위험을 일으킬 수 있는 것으로 인정되는 물건을 경찰관서에 임시로 영치(領置)하여 놓을 수 있다(제4조 제3항). [21년 지방 7급, 14년 서울 7급] '영치'란 물건을 맡아두는 행위를 말한다.

② 제4조 제3항에 따라 이루어지는 임시영치는 영장 없이 이루어지는 강제처분으로서 대물적 즉시강제에 해당한다.

5. 사후조치 및 보호기간

경찰관 직무집행법 제4조(보호조치 등) ④ 경찰관은 제1항의 조치를 하였을 때에는 지체 없이 구호대상자의 가족, 친지 또는 그 밖의 연고자에게 그 사실을 알려야 하며, 연고자가 발견되지 아니할 때에는 구호대상자를 적당한 공공보건의료기관이나 공공구호기관에 즉시 인계하여야 한다.

⑤ 경찰관은 제4항에 따라 구호대상자를 공공보건의료기관이나 공공구호기관에 인계하였을 때에는 즉시 그 사실을 소속 경찰서장이나 해양경찰서장에게 보고하여야 한다. [14년 서울 7급 1]

⑥ 제5항에 따라 보고를 받은 소속 경찰서장이나 해양경찰서장은 대통령령으로 정하는 바에 따라 구호대상자를 인계한 사실을 지체 없이 해당 공공보건의료기관 또는 공공구호기관의 장 및 그 감독행정청에 통보하여야 한다.

⑦ 제1항에 따라 구호대상자를 경찰관서에서 보호하는 기간은 24시간을 초과할 수 없고, 제3항에 따라 물건을 경찰관서에 임시로 영치하는 기간은 10일을 초과할 수 없다. [21년 지방 7급, 14년 서울 7급, 11년 국회 8급 2]

OX 1

피구호자를 공중보건의료기관 또는 공공구호기관에 인계한 경찰관은 즉시 그 사실을 당해 공중보건의료기관·공공구호기관의 장 및 그 감독행정청에 통보하여야 한다. [ ] [14년 서울 7급]

OX 2

경찰관은 응급의 구호를 요한다고 믿을 만한 상당한 이유가 있는 자를 발견한 때에는 경찰관서에 보호조치를 하거나 물건을 임시영치할 수 있으며, 이 경우 경찰관서에서의 보호는 48시간을, 임시영치는 7일을 초과할 수 없다. [ ] [11년 국회 8급]

정답

1. × 2. ×

04 위험발생 방지조치(제5조)

경찰관 직무집행법 제5조(위험발생의 방지 등) ① 경찰관은 사람의 생명 또는 신체에 위해를 끼치거나 재산에 중대한 손해를 끼칠 우려가 있는 천재(天災), 사변(事變), 인공구조물의 파손이나 붕괴, 교통사고, 위험물의 폭발, 위험한 동물 등의 출현, 극도의 혼잡, 그 밖의 위험한 사태가 있을 때에는 다음 각 호의 조치를 할 수 있다.
1. 그 장소에 모인 사람, 사물(事物)의 관리자, 그 밖의 관계인에게 필요한 경고를 하는 것
2. 매우 긴급한 경우에는 위해를 입을 우려가 있는 사람을 필요한 한도에서 억류하거나 피난시키는 것
3. 그 장소에 있는 사람, 사물의 관리자, 그 밖의 관계인에게 위해를 방지하기 위하여 필요하다고 인정되는 조치를 하게 하거나 직접 그 조치를 하는 것

1. 의의

위험발생 방지조치란, 사람의 생명이나 신체에 위해를 끼치거나 재산에 중대한 손해를 끼칠 우려가 있는 천재(天災), 사변(事變), 인공구조물의 파손이나 붕괴, 교통사고, 위험물의 폭발, 위험한 동물 등의 출현, 극도의 혼잡, 그 밖의 위험한 사태가 있을 때 위해를 방지하기 위하여 경찰관이 취하는 각종 조치를 말한다.

2. 요건

제5조 제1항은 위험발생 방지조치를 취하기 위한 요건에 대해 규정하고 있는데, '그 밖의 위험한 사태가 있을 때'에도 위험발생 방지조치가 가능하므로, 이러한 요건은 예시적인 것으로 본다.

판례

행정청이 행정대집행의 방법으로 건물철거의무의 이행을 실현할 수 있는 경우에는 건물 철거 대집행 과정에서 부수적으로 그 건물의 점유자들에 대한 퇴거 조치를 할 수 있는 것이고, 그 점유자들이 적법한 행정대집행을 위력을 행사하여 방해하는 경우 형법상 공무집행방해죄가 성립하므로, 필요한 경우에는 「경찰관 직무집행법」에 근거한 위험발생 방지조치 또는 형법상 공무집행방해죄의 범행방지 내지 현행범체포의 차원에서 경찰의 도움을 받을 수도 있다(2016다213916). [19년 지방 7급, 19년 사복 9급, 19년 2월 서울 9급, 18년 국가 7급 1, 18년 지방 9급]

3. 방지조치 방법

(1) 경고(제1호)

① 그 장소에 모인 사람, 사물(事物)의 관리자, 그 밖의 관계인에게 필요한 경고를 할 수 있다. [11년 지방 7급] 이때 경고란 위험이 존재한다는 사실을 알리고 동시에 위험에 대비하도록 하는 기능을 갖는 지도·권고를 말한다.

② 경고는 상대방에게 어떠한 법적 효과를 발생시키지는 않으므로, 비권력적 사실행위에 해당하는 것으로 본다.

(2) 억류 및 피난(제2호)

① 매우 긴급한 경우에는 위해를 입을 우려가 있는 사람을 필요한 한도에서 억류하거나 피난시킬 수 있다. 억류(抑留)란 위험한 장소에의 출입을 제한하는 것을 의미하며, 피난(避難)이란

OX 1

행정청이 행정대집행의 방법으로 건물철거의무이행을 실현하는 과정에서 부수적으로 건물 점유자에 대한 퇴거조치를 실현하려하자 점유자들이 이를 위력을 행사하여 방해하는 경우에, 행정청은 「행정대집행법」에 명문의 규정이 없는 이상 「경찰관 직무집행법」에 근거하여서는 경찰의 도움을 받을 수 없다.
[ ] [18년 국가 7급]

정답

1. ×

PART 04

위험한 장소로부터 떠나는 것을 의미한다.

② 억류 및 피난은 경찰상 즉시강제에 해당한다. 따라서 당사자의 의사에 반하여 강제로 이루어질 수 있다. [13년 지방 7급 1]

OX 1

긴급을 요하는 상황에서의 피난조치는 필요한 한도 내에서 당사자의 의사에 반하여 강제로 행해질 수 있다. [ ] [13년 지방 7급]

(3) 위해를 방지하기 위하여 필요하다고 인정되는 조치를 하게 하거나 직접 그 조치를 하는 것(제3호)

그 장소에 있는 사람, 사물의 관리자, 그 밖의 관계인에게 위해를 방지하기 위하여 필요하다고 인정되는 조치를 하게 하거나 직접 그 조치를 할 수 있다. [23년 국회 8급]

4. 성질

경찰관 직무집행법상 위험발생의 방지조치는 경찰관의 재량행위에 해당한다. 다만, 구체적인 사정에 따라 경찰관이 그 권한을 행사하여 필요한 조치를 취하지 아니하는 것이 현저하게 불합리하다고 인정되는 경우에는 그러한 권한의 불행사는 직무상의 의무를 위반한 것이 되어 위법하게 될 수 있다(98다16890). [17년 국가 7급]

판례

㉠ 경찰관 직무집행법 제5조는 경찰관은 인명 또는 신체에 위해를 미치거나 재산에 중대한 손해를 끼칠 우려가 있는 위험한 사태가 있을 때에는 그 각 호의 조치를 취할 수 있다고 규정하여 형식상 경찰관에게 재량에 의한 직무수행권한을 부여한 것처럼 되어 있으나, 경찰관에게 그러한 권한을 부여한 취지와 목적에 비추어 볼 때 구체적인 사정에 따라 경찰관이 그 권한을 행사하여 필요한 조치를 취하지 아니하는 것이 현저하게 불합리하다고 인정되는 경우에는 그러한 권한의 불행사는 직무상의 의무를 위반한 것이 되어 위법하게 된다. [23년 경찰간부]

㉡ 따라서 경찰관이 농민들의 시위를 진압하고 시위과정에 도로상에 방치된 트랙터 1대에 대하여 이를 도로 밖으로 옮기거나 후방에 안전표지판을 설치하는 것과 같은 위험발생방지조치를 취하지 아니한 채 그대로 방치하고 철수하여 버린 결과, 야간에 그 도로를 진행하던 운전자가 위 방치된 트랙터를 피하려다가 다른 트랙터에 부딪혀 상해를 입은 경우 국가배상책임이 인정된다(98다16890). [21년 소방간부 2, 16년 국회 8급, 16년 변호사, 12년 지방 7급]

OX 2

경찰관이 농민들의 시위를 진압하고 시위과정에 도로상에 방치된 트랙터 1내에 내하여 이를 도로 밖으로 옮기거나 후방에 안전표지판을 설치하는 것과 같은 위험발생방지조치를 취하지 아니한 채 그대로 방치하고 철수하여 버린 결과, 야간에 그 도로를 진행하던 운전자가 위 방치된 트랙터를 피하려다가 다른 트랙터에 부딪혀 상해를 입은 사안에서 대법원은 국가의 배상책임을 인정하지 않았다. [ ] [21년 소방간부]

5. 접근 또는 통행금지 제한

경찰관 직무집행법 제5조(위험발생의 방지 등) ② 경찰관서의 장은 대간첩 작전의 수행이나 소요(騷擾) 사태의 진압을 위하여 필요하다고 인정되는 상당한 이유가 있을 때에는 대간첩 작전지역이나 경찰관서·무기고 등 국가중요시설에 대한 접근 또는 통행을 제한하거나 금지할 수 있다. [23년 국가 7급 3]

OX 3

경찰관은 소요사태의 예방을 위하여 필요하다고 인정되는 상당한 이유가 있을 때에는 경찰관서·무기고 등 국가중요시설에 대한 접근 또는 통행을 제한하거나 금지할 수 있으며 이 사실을 즉시 소속 경찰관서의 장에게 보고해야 한다. [ ] [23년 국가 7급]

05 범죄예방을 위한 경고 및 제지(제6조)

경찰관 직무집행법 제6조(범죄의 예방과 제지) 경찰관은 범죄행위가 목전(目前)에 행하여지려고 하고 있다고 인정될 때에는 이를 예방하기 위하여 관계인에게 필요한 경고를 하고, 그 행위로 인하여 사람의 생명·신체에 위해를 끼치거나 재산에 중대한 손해를 끼칠 우려가 있는 긴급한 경우에는 그 행위를 제지할 수 있다. [11년 지방 7급]

① 경찰관은 범죄행위가 목전(目前)에 행하여지려고 하고 있다고 인정될 때에는 이를 예방하기 위하여 관계인에게 필요한 경고를 할 수 있다. 이 경고는 비권력적 사실행위에 해당한다.

정답

1. ○ 2. × 3. ×

따라서 처분성이 인정되지 않는다.

② 경찰관은 어떤 행위로 인하여 사람의 생명·신체에 위해를 끼치거나 재산에 중대한 손해를 끼칠 우려가 있는 긴급한 경우에는 그 행위를 제지할 수 있다. 이 제지는 대인적 즉시강제이자 권력적 사실행위에 해당한다. 따라서 처분성이 인정된다(2007도9794). [22년 지방 7급, 19년 5급 승진, 17년 변호사]

③ 경찰관 직무집행법 제6조에 따른 경찰관의 제지 조치가 적법한 직무집행으로 평가되기 위해서는, 형사처벌의 대상이 되는 행위가 눈앞에서 막 이루어지려고 하는 것이 객관적으로 인정될 수 있는 상황이고, 그 행위를 당장 제지하지 않으면 곧 인명·신체에 위해를 미치거나 재산에 중대한 손해를 끼칠 우려가 있는 상황이어서, 직접 제지하는 방법 외에는 위와 같은 결과를 막을 수 없는 절박한 사태이어야 한다. 다만 경찰관의 제지 조치가 적법한지는 제지 조치 당시의 구체적 상황을 기초로 판단하여야 하고 사후적으로 순수한 객관적 기준에서 판단할 것은 아니다(2016도19417, 2012도9937). [22년 지방 7급, 21년 국가 7급, 19년 지방 7급 1, 18년 소방간부, 16년 5급 승진]

④ 다만, 경찰관의 경고나 제지는 그 문언과 같이 범죄의 예방을 위하여 범죄행위에 관한 실행의 착수 전에 행하여질 수 있을 뿐만 아니라, 이후 범죄행위가 계속되는 중에 그 진압을 위하여도 당연히 행하여질 수 있다고 보아야 한다(2013도643). [21년 지방 7급 2]

판례

㉠ 경찰관 직무집행법 제6조는 "경찰관은 범죄행위가 목전에 행하여지려고 하고 있다고 인정될 때에는 이를 예방하기 위하여 관계인에게 필요한 경고를 하고, 그 행위로 인하여 사람의 생명·신체에 위해를 끼치거나 재산에 중대한 손해를 끼칠 우려가 있어 긴급한 경우에는 그 행위를 제지할 수 있다."라고 정하고 있다. 위 조항 중 경찰관의 제지에 관한 부분은 범죄 예방을 위한 경찰행정상 즉시강제, 즉 눈앞의 급박한 경찰상 장해를 제거할 필요가 있고 의무를 명할 시간적 여유가 없거나 의무를 명하는 방법으로는 그 목적을 달성하기 어려운 상황에서 의무불이행을 전제로 하지 않고 경찰이 직접 실력을 행사하여 경찰상 필요한 상태를 실현하는 권력적 사실행위에 관한 근거조항이다. [22년 해경승진, 22년 지방 7급]

㉡ 피고인이 자정에 가까운 한밤중에 음악을 크게 켜놓거나 소리를 지른 것은 경범죄 처벌법 제3조 제1항 제21호에서 금지하는 '인근소란행위'에 해당하고, 그로 인하여 인근 주민들이 잠을 이루지 못하게 될 수 있으며, 경찰관 甲과 乙이 112신고를 받고 출동하여 눈앞에서 벌어지고 있는 범죄행위를 막고 주민들의 피해를 예방하기 위해 피고인을 만나려 하였으나 피고인은 문조차 열어주지 않고 소란행위를 멈추지 않았던 상황이라면, 피고인의 행위를 제지하고 수사하는 것은 경찰관의 직무상 권한이자 의무라고 볼 수 있으므로, 위와 같은 상황에서 경찰관 甲과 乙이 피고인의 집으로 통하는 전기를 일시적으로 차단한 것은 피고인을 집 밖으로 나오도록 유도한 것으로서, 피고인의 범죄행위를 진압·예방하고 수사하기 위해 필요하고도 적절한 조치로 보이고, 경찰관 직무집행법 제1조의 목적에 맞게 제2조의 직무 범위 내에서 제6조에서 정한 즉시강제의 요건을 충족한 적법한 직무집행으로 볼 여지가 있다(2016도19417). [21년 국가 7급 3, 21년 소방간부 4]

OX 1

「경찰관 직무집행법」상 범죄행위 예방을 위한 경찰관의 제지조치가 적법한지 여부는 제지 조치 당시의 구체적 상황을 기초로 판단하여야 할 뿐만 아니라 사후적으로 순수한 객관적 기준에 의해서도 판단되어야 한다. [ ] [19년 지방 7급]

OX 2

「경찰관 직무집행법」 제6조(범죄의 예방과 제지)상 범죄행위가 목전에 행하여지려고 하고 있다고 인정될 때 관계인에게 행하는 경찰관의 경고나 제지는 범죄의 예방을 위하여 범죄행위에 관한 실행의 착수 전에 행하여질 수 없고, 범죄행위가 계속되는 중에 그 진압을 위하여만 행하여질 수 있다. [ ] [21년 지방 7급]

OX 3

야간에 집에서 음악을 크게 틀어놓는 등 「경범죄처벌법」상 금지하는 인근소란행위에 해당하면서도 경찰관의 개문 요청을 거부하는 자를 집 밖으로 나오게 하기 위해 일시적으로 전기를 차단한 것은 「경찰관직무집행법」에 따른 적법한 직무집행으로 볼 수 있다. [ ] [21년 국가 7급]

OX 4

주거지에서 음악 소리를 크게 내거나 큰 소리로 떠들어 이웃을 시끄럽게 하는 행위는 「경범죄처벌법」 제3조 제1항 제21호에서 경범죄로 정한 '인근소란 등'에 해당하고, 경찰관은 「경찰관직무집행법」에 따라 경범죄에 해당하는 행위를 예방·진압·수사하고, 필요한 경우 제지할 수 있다. [ ] [21년 소방간부]

정답

1. × 2. × 3. ○ 4. ○

구 집회 및 시위에 관한 법률에 의하여 금지되어 그 주최 또는 참가행위가 형사처벌의 대상이 되는 위법한 집회·시위가 장차 특정지역에서 개최될 것이 예상된다고 하더라도, 이와 시간적·장소적으로 근접하지 않은 다른 지역에서 그 집회·시위에 참가하기 위하여 출발 또는 이동하는 행위를 함부로 제지하는 것은 경찰관 직무집행법 제6조의 행정상 즉시강제인 경찰관의 제지의 범위를 명백히 넘어 허용될 수 없다. 따라서 이러한 제지 행위는 공무집행방해죄의 보호대상이 되는 공무원의 적법한 직무집행이 아니다(2007도9794). [12년 경찰 3차]

집회·시위 예정시간으로부터 약 5시간 30분 전에, 그 예정장소로부터 약 150km 떨어진 곳에서 이루어진 집회·시위에 참가하기 위하여 출발하려고 하는 행위를 제지한 경찰관의 행위는 적법한 제지조치가 아니라고 본 것이다.

경찰관은 형사처벌의 대상이 되는 행위가 눈앞에서 막 이루어지려고 하는 것이 객관적으로 인정될 수 있는 상황이고 그 행위를 당장 제지하지 않으면 곧 인명·신체에 위해를 미치거나 재산에 중대한 손해를 끼칠 우려가 있는 상황이어서, 직접 제지하는 방법 외에는 위와 같은 결과를 막을 수 없는 급박한 상태일 때에만 경찰관 직무집행법 제6조에 의하여 적법하게 그 행위를 제지할 수 있고, 그 범위 내에서만 경찰관의 제지 조치가 적법하다고 평가될 수 있다(2018다288631).

06 위험방지를 위한 출입(제7조)

경찰관 직무집행법 제7조(위험방지를 위한 출입) ① 경찰관은 제5조 제1항·제2항 및 제6조에 따른 위험한 사태가 발생하여 사람의 생명·신체 또는 재산에 대한 위해가 임박한 때에 그 위해를 방지하거나 피해자를 구조하기 위하여 부득이하다고 인정하면 합리적으로 판단하여 필요한 한도에서 다른 사람의 토지·건물·배 또는 차에 출입할 수 있다.

② 흥행장(興行場), 여관, 음식점, 역, 그 밖에 많은 사람이 출입하는 장소의 관리자나 그에 준하는 관계인은 경찰관이 범죄나 사람의 생명·신체·재산에 대한 위해를 예방하기 위하여 해당 장소의 영업시간이나 해당 장소가 일반인에게 공개된 시간에 그 장소에 출입하겠다고 요구하면 정당한 이유 없이 그 요구를 거절할 수 없다.

③ 경찰관은 대간첩 작전 수행에 필요할 때에는 작전지역에서 제2항에 따른 장소를 검색할 수 있다.

④ 경찰관은 제1항부터 제3항까지의 규정에 따라 필요한 장소에 출입할 때에는 그 신분을 표시하는 증표를 제시하여야 하며, 함부로 관계인이 하는 정당한 업무를 방해해서는 아니 된다.

① 제7조 제1항에 근거한 출입을 '일반출입'이라 하며, 제7조 제2항에 근거한 출입을 '예방출입'이라 한다. '일반출입'은 대가택 즉시강제에 해당하며, 제7조 제2항의 예방출입은 행정조사의 일종인 경찰조사에 해당한다.

② 두 출입 모두 행정경찰 목적으로만 할 수 있고 범죄수사 목적 즉, 사법경찰 목적으로는 할 수 없다. [20년 해경승진❶, 14년 지방 7급❷] 사법경찰 목적으로 출입을 하기 위해서는 영장이 별도로 발부되어야 한다.

OX 1
경찰관은 범죄수사를 위하여 다른 사람의 토지·건물·배 또는 차에 출입할 수 있다. [ ]
[20년 해경승진]

OX 2
경찰관은 범죄수사를 위하여 부득이하다고 인정하면 합리적으로 판단하여 필요한 한도에서 다른 사람의 토지·건물·배 또는 차에 출입할 수 있다. [ ]
[14년 지방 7급]

정답
1. × 2. ×

07 사실확인(제8조)

경찰관 직무집행법 제8조(사실의 확인 등) ① 경찰관서의 장은 직무 수행에 필요하다고 인정되는 상당한 이유가 있을 때에는 국가기관이나 공사(公私) 단체 등에 직무수행에 관련된 사실을 조회(예 : 구청에 대한 피의자들의 가족관계증명서 발급 요청, 세무서에 대한 피의자의 사업자등록증 발급 요청)할 수 있다. 다만, 긴급한 경우에는 소속 경찰관으로 하여금 현장에 나가 해당 기관 또는 단체의 장의 협조를 받아 그 사실을 확인하게 할 수 있다. [17년 10월 국가 7급]

② 경찰관은 다음 각 호의 직무를 수행하기 위하여 필요하면 관계인에게 출석하여야 하는 사유·일시 및 장소를 명확히 적은 출석 요구서를 보내 경찰관서에 출석할 것을 요구할 수 있다. [23년 행정사 1]

1. 미아를 인수할 보호자 확인
2. 유실물을 인수할 권리자 확인
3. 사고로 인한 사상자(死傷者) 확인
4. 행정처분을 위한 교통사고 조사에 필요한 사실 확인

① 경찰관서의 장에게는 다른 국가기관이나 공·사 단체의 직무수행에 관한 사실도 조회할 수 있는 권한이 부여되고 있다(제8조 제1항). 다른 기관과의 관계를 고려하여 사실조회 권한은 경찰관이 아니라 경찰관서의 장에게 부여되고 있다. [20년 해경승진 2, 14년 지방 7급]

② 경찰관은 범죄·재난·공공갈등 등 공공안녕에 대한 위험의 예방과 대응을 위한 정보의 수집·작성·배포와 이에 수반되는 사실의 확인을 할 수 있다(제8조의2). [23년 국가 7급, 23년 국회 8급]

08 경찰장비 및 경찰장구, 분사기, 무기의 사용

1. 경찰장비의 사용

경찰관 직무집행법 제10조(경찰장비의 사용 등) ① 경찰관은 직무수행 중 경찰장비를 사용할 수 있다. 다만, 사람의 생명이나 신체에 위해를 끼칠 수 있는 경찰장비(이하 이 조에서 "위해성 경찰장비"라 한다)를 사용할 때에는 필요한 안전교육과 안전검사를 받은 후 사용하여야 한다.

③ 경찰관은 경찰장비를 함부로 개조하거나 경찰장비에 임의의 장비를 부착하여 일반적인 사용법과 달리 사용함으로써 다른 사람의 생명·신체에 위해를 끼쳐서는 아니 된다.

⑥ 위해성 경찰장비의 종류 및 그 사용기준, 안전교육·안전검사의 기준 등은 대통령령으로 정한다.

① "경찰장비"란 무기, 경찰장구(警察裝具), 경찰착용기록장치, 최루제(催淚劑)와 그 발사장치, 살수차, 감식기구(鑑識機具), 해안 감시기구, 통신기기, 차량·선박·항공기 등 경찰이 직무를 수행할 때 필요한 장치와 기구를 말한다(제10조 제2항).

② 구체적인 경찰장비의 종류는 대통령령으로 정해지는데(제10조 제6항), 경찰관이 직무수행 중에 이 경찰장비를 사용할 수 있도록 제10조에서 경찰장비 사용에 대한 법적 근거를 제공하고 있다. 다만, 경찰장비 중에서도 위해성 경찰장비를 사용할 때는 안전교육과 안전검사를 받아야 한다.

OX 1
긴급구호를 요청받은 보건의료기관에 대한 요청사실의 확인은 「경찰관 직무집행법」상 사실의 확인을 위하여 경찰관이 출석 요구서를 보내 경찰관서에 출석할 것을 요구할 수 있는 직무수행으로 명시되어 있지 않다. [ ]
[23년 행정사]

OX 2
경찰관은 직무수행에 필요하다고 인정되는 상당한 이유가 있을 때에는 국가기관이나 공사(公私) 단체 등에 직무수행에 관련된 사실을 조회할 수 있다. [ ]
[20년 해경승진]

PART 04

정답
1. ○ 2. ×

2. 경찰장구의 사용

> **경찰관 직무집행법 제10조의2(경찰장구의 사용)** ① 경찰관은 다음 각 호의 직무를 수행하기 위하여 필요하다고 인정되는 상당한 이유가 있을 때에는 그 사태를 합리적으로 판단하여 필요한 한도에서 경찰장구를 사용할 수 있다.
> 1. 현행범이나 사형·무기 또는 장기 3년 이상의 징역이나 금고에 해당하는 죄를 범한 범인의 체포 또는 도주 방지
> 2. 자신이나 다른 사람의 생명·신체의 방어 및 보호
> 3. 공무집행에 대한 항거(抗拒) 제지

① "경찰장구"란 경찰관이 휴대하여 범인 검거와 범죄 진압 등의 직무수행에 사용하는 수갑, 포승(捕繩), 경찰봉, 방패 등을 말한다(제10조의2 제2항). [17년 행정사, 16년 국가 7급] 제10조의2는 경찰장구 사용에 대한 법적 근거를 제공하고 있다.

② 경찰장구는 일정한 경우에만 사용할 수 있고 모든 범죄인의 체포를 위해 사용할 수 있는 것은 아니다.

3. 분사기 또는 최루탄의 사용

> **경찰관 직무집행법 제10조의3(분사기 등의 사용)** 경찰관은 다음 각 호의 직무를 수행하기 위하여 부득이한 경우에는 현장책임자가 판단하여 필요한 최소한의 범위에서 분사기(「총포·도검·화약류 등의 안전관리에 관한 법률」에 따른 분사기를 말하며, 그에 사용하는 최루 등의 작용제를 포함한다. 이하 같다) 또는 최루탄을 사용할 수 있다.
> 1. 범인의 체포 또는 범인의 도주 방지
> 2. 불법집회·시위로 인한 자신이나 다른 사람의 생명·신체와 재산 및 공공시설 안전에 대한 현저한 위해의 발생 억제

분사기나 최루탄은 경찰장구나 무기와 달리 경찰관 스스로의 판단이 아니라, 현장책임자의 판단에 따라 사용할 수 있다. [11년 지방 7급 1]

OX 1

경찰관은 범인의 체포·도주의 방지 또는 불법집회·시위로 인하여 자기 또는 타인의 생명·신체와 재산 및 공공시설 안전에 대한 현저한 위해의 발생을 억제하기 위하여 부득이한 경우 스스로의 판단으로 필요한 최소한의 범위 안에서 분사기 또는 최루탄을 사용할 수 있다. [ ]
[11년 지방 7급]

4. 무기의 사용

> **경찰관 직무집행법 제10조의4(무기의 사용)** ① 경찰관은 범인의 체포, 범인의 도주 방지, 자신이나 다른 사람의 생명·신체의 방어 및 보호, 공무집행에 대한 항거의 제지를 위하여 필요하다고 인정되는 상당한 이유가 있을 때에는 그 사태를 합리적으로 판단하여 필요한 한도에서 무기를 사용할 수 있다. 다만, 다음 각 호의 어느 하나에 해당할 때를 제외하고는 사람에게 위해를 끼쳐서는 아니 된다.
> 1. 형법에 규정된 정당방위와 긴급피난에 해당할 때
> 2. 다음 각 목의 어느 하나에 해당하는 때에 그 행위를 방지하거나 그 행위자를 체포하기 위하여 무기를 사용하지 아니하고는 다른 수단이 없다고 인정되는 상당한 이유가 있을 때
>   가. 사형·무기 또는 장기 3년 이상의 징역이나 금고에 해당하는 죄를 범하거나 범하였다고 의심할 만한 충분한 이유가 있는 사람이 경찰관의 직무집행에 항거하거나 도주하려고 할 때
>   나. 체포·구속영장과 압수·수색영장을 집행하는 과정에서 경찰관의 직무집행에 항거하거나 도주하려고 할 때
>   다. 제3자가 가목 또는 나목에 해당하는 사람을 도주시키려고 경찰관에게 항거할 때

정답

1. ×

라. 범인이나 소요를 일으킨 사람이 무기·흉기 등 위험한 물건을 지니고 경찰관으로부터 3회 이상 물건을 버리라는 명령이나 항복하라는 명령을 받고도 따르지 아니하면서 계속 항거할 때

3. 대간첩 작전 수행 과정에서 무장간첩이 항복하라는 경찰관의 명령을 받고도 따르지 아니할 때

③ 대간첩·대테러 작전 등 국가안전에 관련되는 작전을 수행할 때에는 개인화기(個人火器) 외에 공용화기(共用火器)를 사용할 수 있다.

① "무기"란 사람의 생명이나 신체에 위해를 끼칠 수 있도록 제작된 권총·소총·도검 등을 말한다(제10조의4 제2항).

② 제10조의4는 무기를 사용할 수 있는 경우에 대한 법적 근거를 제공하고 있는데, 경찰장구를 사용할 수 있는 경우와 비교하면 아래 표와 같다.

목적	경찰장구의 사용	무기의 사용
자신이나 다른 사람의 생명·신체의 방어 및 보호	가능	가능
공무집행에 대한 항거의 제지	가능	가능 [22년 해경승진, 19년 국가 7급 1]
범인의 체포 또는 도주 방지	㉠ 현행범이나, ㉡ 사형·무기 또는 장기 3년 이상의 징역이나 금고에 해당하는 죄를 범한 범인에 대해서만 가능	가능

③ 무기의 사용은 원칙적으로 사람에게 위해를 끼치지 않는 방법으로만 사용하여야 한다. 예외적으로만 사람에게 위해를 끼칠 수 있다. 예외에 해당하지 않음에도 불구하고 위해를 끼친 경우 그 직무집행은 위법하게 된다.

④ 장기 3년 이상의 금고에 해당하는 죄를 범한 사람이 경찰관의 직무집행에 항거한 때, 경찰관은 그 행위를 방지하거나 그 행위자를 체포하기 위하여 무기를 사용하지 아니하고는 다른 수단이 없다고 인정되는 상당한 이유가 있을 때에는, 그 사태를 합리적으로 판단하여 필요한 한도에서 그 사람에 대하여 위해를 수반하는 무기사용을 할 수 있다(제10조의4 제1항 제2호 가목). [20년 해경승진, 14년 지방 7급 2]

판례

㉠ 경찰관은 범인의 체포, 도주의 방지, 자기 또는 타인의 생명·신체에 대한 방호, 공무집행에 대한 항거의 억제를 위하여 무기를 사용할 수 있으나, 이 경우에도 무기는 목적달성에 필요하다고 인정되는 상당한 이유가 있을 때 그 사태를 합리적으로 판단하여 필요한 한도 내에서 사용하여야 하는바(제10조의4), 경찰관의 무기사용이 이러한 요건을 충족하는지 여부는 범죄의 종류, 죄질, 피해법익의 경중, 위해의 급박성, 저항의 강약, 범인과 경찰관의 수, 무기의 종류, 무기 사용의 태양, 주변의 상황 등을 고려하여 사회통념상 상당하다고 평가되는지 여부에 따라 판단하여야 하고, 특히 사람에게 위해를 가할 위험성이 큰 총기의 사용에 있어서는 그 요건을 더욱 엄격하게 판단하여야 한다. [18년 국가 7급 3]

참고로, 총기와 총은 같은 말이다.

PART 04

OX 1

경찰관은 공무집행에 대한 항거 제지의 직무를 수행하기 위하여 필요하다고 인정되는 상당한 이유가 있을 때에는 그 사태를 합리적으로 판단하여 필요한 한도에서 경찰장구와 경찰무기로 수갑과 포승, 권총 등을 사용할 수 있다. [ ] [19년 국가 7급]

OX 2

장기 3년 이상의 금고에 해당하는 죄를 범한 사람이 경찰관의 직무집행에 항거한 때, 경찰관은 그 행위를 방지하거나 그 행위자를 체포하기 위하여 무기를 사용하지 아니하고는 다른 수단이 없다고 인정되는 상당한 이유가 있을 때에는, 그 사태를 합리적으로 판단하여 필요한 한도에서 그 사람에 대하여 위해를 수반하는 무기사용을 할 수 있다. [ ] [14년 지방 7급]

OX 3

경찰관의 무기 사용이 법률에 정한 요건을 충족하는지 여부를 판단함에 있어, 사람에게 위해를 가할 위험성이 큰 권총의 사용에 있어서는 그 요건을 더욱 엄격하게 판단하여야 한다. [ ] [18년 국가 7급]

정답

1. ○ 2. ○ 3. ○

㉡ 경찰관이 길이 40cm 가량의 칼로 반복적으로 위협하며 도주하는 차량 절도 혐의자를 추적하던 중, 도주하기 위하여 등을 돌린 혐의자의 몸 쪽을 향하여 약 2m 거리에서 실탄을 발사하여 혐의자를 복부관통상으로 사망케 한 경우, 위 경찰관의 총기사용은 사회통념상 허용범위를 벗어난 위법행위에 해당한다(98다63445).

몸통에 총을 쏜 것을 문제삼은 듯하다.

5. 사용기록의 보관

경찰관 직무집행법 제11조(사용기록의 보관) 제10조 제2항에 따른 살수차, 제10조의3에 따른 분사기, 최루탄 또는 제10조의4에 따른 무기를 사용하는 경우 그 책임자는 사용 일시·장소·대상, 현장책임자, 종류, 수량 등을 기록하여 보관하여야 한다.

경찰관이 살수차, 분사기, 최루탄 또는 무기를 사용하는 경우 그 책임자는 사용 일시·장소·대상, 현장책임자, 종류, 수량 등을 기록하여 보관하여야 한다. [22년 해경승진, 19년 국가 7급]

09 특수논점-음주측정

음주운전은 형사처벌이 부과되는 범죄에 해당한다. 음주측정은 범죄예방적 차원에서 행정조사로서 행해지기도 하고, 주취의 냄새나 흔적이 있는 자를 상대로 할 때는 범죄수사로서 행해지기도 한다.

판례

㉠ 교통안전과 위험방지를 위한 필요가 없음에도 주취운전을 하였다고 인정할 만한 상당한 이유가 있다는 이유만으로 이루어지는 음주측정은 이미 행하여진 주취운전이라는 범죄행위에 대한 증거 수집을 위한 수사절차로서 의미를 가지는데, 도로교통법상 규정들이 음주측정을 위한 강제처분의 근거가 될 수 없으므로 위와 같은 음주측정을 위하여 운전자를 강제로 연행하기 위해서는 수사상 강제처분에 관한 형사소송법상 절차에 따라야 하고, 이러한 절차를 무시한 채 이루어진 강제연행은 위법한 체포에 해당한다.

㉡ 이와 같은 위법한 체포 상태에서 음주측정요구가 이루어진 경우, 음주측정요구를 위한 위법한 체포와 그에 이은 음주측정요구는 주취운전이라는 범죄행위에 대한 증거 수집을 위하여 연속하여 이루어진 것으로서 개별적으로 적법 여부를 평가하는 것은 적절하지 않으므로 일련의 과정을 전체적으로 보아 위법한 음주측정요구가 있었던 것으로 볼 수밖에 없고, 운전자가 주취운전을 하였다고 인정할 만한 상당한 이유가 있다 하더라도 운전자에게 경찰공무원의 이와 같은 위법한 음주측정요구까지 응할 의무가 있다고 보아 이를 강제하는 것은 부당하므로 그에 불응하였다고 하여 음주측정거부에 관한 도로교통법 위반죄로 처벌할 수 없다(2012도11162). [22년 해경승진1, 20년 소방간부2, 15년 지방 7급]

㉠ 음주측정요구를 거부하는 행위는 음주운전 행위와는 별도로 그 자체로 범죄가 된다. 다만, 음주측정요구가 위법했던 경우에는 그것을 거부하더라도 범죄가 되지 않는다. 그런데 위법한 체포상태에서 이루어진 음주측정요구는 위법한 것으로 보아야 하기 때문에, 그 상황에서는 음주측정요구를 거부하더라도 범죄가 되지 않는다는 것이다. ㉡ 한편, 범죄수사로서의 음주측정을 위한 강제연행은 「도로교통법」이나 「경찰관 직무집행법」에 근거하여 이루어질 수는 없고 「형사소송법」에 근거하여 그에 따라 이루어져야 한다. 따라서 「형사소송법」에 따르지 않고 행한 범죄수사를 위한 음주측정 목적의 체포는 위법하다. ㉢ 위 판례는 '「형사소송법」에 따르지 않은 범죄수사 목적의 강제연행(체포)은 위법 → 그 체포상황에서 행한 음주측정요구도 위법 → 그 요구를 거부하더라도 범죄가 되지 않음'이라는 논리구조이다. ㉣ 화물차 운전자가 경찰의 음주단속에 불응하고 도주하였다가 검거되어 「경찰관직무집행법」에 근거하여 지구대로 보호조치되었는데, 그 상태에서 음주측정요구를 거부하였다는 이유로, 음주측정거부죄로 기소되었던 사건이다.

OX 1

위법한 체포 상태에서 음주측정요구가 이루어진 경우, 그에 불응하면 음주측정거부에 관한 「도로교통법」 위반죄로 처벌할 수 있다. [ ] [22년 해경승진]

OX 2

경찰의 음주단속에 불응하여 도주하려다가 경찰관에게 검거되어 지구대로 「경찰관 직무집행법」에 따라 보호조치된 후 음주측정요구를 거부한 것은, 위법한 체포 상태에서 이루어진 음주측정거부이므로 음주측정거부에 관한 「도로교통법」 위반죄로 처벌할 수 없다. [ ] [20년 소방간부]

정답

1. × 2. ○

도로교통법 제41조 제2항에 의하여 경찰공무원이 운전자에 대하여 음주 여부나 주취정도를 측정함에 있어서는 그 측정방법이나 측정회수에 있어서 합리적인 필요한 한도에 그쳐야 하겠지만 그 한도 내에서는 어느 정도의 재량이 있다고 하여야 할 것이다(92도220). [14년 국가 7급]

㉠ 운전자가 음주측정기에 의한 측정 결과에 불복하면서 혈액채취 방법에 의한 측정을 요구한 때에는, 경찰공무원은 반드시 가까운 병원 등에서 혈액을 채취하여 감정을 의뢰하여야 하고, 이를 위하여 채취한 혈액에 대한 보존 및 관리 등을 철저히 하여야 한다.

㉡ 만일 채취한 혈액이 분실되거나 오염되는 등의 사유로 감정(鑑定)이 불능으로 된 때에는, 음주측정기에 의한 측정 결과가 특히 신빙할 수 있다고 볼 수 있는 때에 한하여 음주측정기에 의한 측정 결과만으로 음주운전 사실 및 그 주취 정도를 증명할 수 있다(2002두6330). [12년 지방 7급]

범죄행위인 음주운전 행위를 입증하기 위한 증거가 될 수 있는 요건에 대한 판시이다.

㉠ 운전자가 경찰공무원에 대하여 호흡측정기에 의한 측정결과에 불복하고 혈액채취의 방법에 의한 측정을 요구할 수 있는 것은 경찰공무원이 운전자에게 호흡측정의 결과를 제시하여 확인을 구하는 때로부터 상당한 정도로 근접한 시점에 한정된다.

㉡ 운전자가 정당한 이유 없이 그 확인을 거부하면서 시간을 보내다가 위 시점으로부터 상당한 시간이 경과한 후에야 호흡측정 결과에 이의를 제기하면서 혈액채취의 방법에 의한 측정을 요구하는 경우에는 이를 정당한 요구라고 할 수 없으므로, 이와 같은 경우에는 경찰공무원이 혈액채취의 방법에 의한 측정을 실시하지 않았다고 하더라도 호흡측정기에 의한 측정의 결과만으로 음주운전 사실을 증명할 수 있다(2001도7121). [12년 지방 7급]

경찰관이 음주운전 단속시 운전자의 요구에 따라 곧바로 채혈을 실시하지 않은 채 호흡측정기에 의한 음주측정을 하고 1시간 12분이 경과한 후에야 채혈을 하였다는 사정만으로는 위 행위가 법령에 위배된다거나 객관적 정당성을 상실하여 운전자가 음주운전 단속과정에서 받을 수 있는 권익이 현저하게 침해되었다고 단정하기 어렵다(2006다32132). [21년 소방간부]

따라서 이 채혈도 적법한 증거로 사용될 수 있다는 말이다. 단속 현장에 채혈용기가 없어서 근처 지구대에 가서 채혈용기를 가져오도록 하였으나, 거기에도 채혈 용기가 없어 다른 지구대에 가서 채혈 용기를 구해온 사건이다.

PART 04

Chapter
04 경찰작용의 한계

핵심 정리 33 경찰작용의 한계

01 개설

① 경찰권 행사는 재량권 행사에 해당한다. 따라서 여기에도 일정한 한계가 있는데, 이 한계는 크게 법규상의 한계와 경찰법상 일반원칙에 의한 한계(혹은 조리상의 한계)로 구분된다.

② 법규상의 한계란, 경찰작용은 법규에서 정한 요건을 갖춘 경우에만, 그리고 법규에서 정하고 있는 방식과 절차에 따라 행사되어야 한다는 것을 말한다.

③ 주로 문제되는 것은 경찰법상 일반원칙에 의한 한계인데, ㉠ 경찰소극의 원칙, ㉡ 경찰공공의 원칙, ㉢ 경찰비례의 원칙, ㉣ 경찰평등의 원칙, ㉤ 경찰책임의 원칙이 논의되고 있다. [15년 행정사]

02 경찰소극(消極)의 원칙

경찰권은 공공의 안녕과 질서에 대한 위해의 방지와 제거라는 소극적 목적을 위해서만 발동될 수 있고, 공공복리의 증진이나 사회경제질서를 유도할 목적 등 적극적인 목적을 위하여 발동될 수는 없다. [15년 지방 7급, 13년 국가 7급 1] 이를 경찰소극의 원칙 또는 권한남용 금지의 원칙이라 한다.

OX 1
경찰소극의 원칙이란 경찰권이 국가의 안전보장·질서유지·공공복리를 위해서만 발동될 수 있다는 원칙을 말한다. [ ]
[13년 국가 7급]

03 경찰공공(公共)의 원칙

1. 개설

① 경찰권은 공공의 안녕과 질서의 유지를 위하여만 발동될 수 있고, 그와 직접적인 관계가 없는 개인의 사생활 활동에 대하여는 원칙적으로 관여할 수 없다.

② 공공의 안녕과 질서에 영향을 주지 않는 개인의 생활활동 영역으로는, 일반적으로 사생활·사주소·민사상의 법률관계가 거론된다. 이에 따라 경찰공공의 원칙은 다시, ㉠ 사생활 불가침의 원칙, ㉡ 사주소 불가침의 원칙, ㉢ 민사관계 불간섭의 원칙으로 구분된다.

2. 사생활 불가침의 원칙

① 경찰권은 공공의 안녕이나 질서와 직접적으로 관계가 없는 개인의 생활이나 행동에는 간섭할 수 없다.

② 다만, 개인의 사적인 생활활동이라 하더라도 그것이 공공의 안녕과 질서에 위해를 주는 경우에는 경찰권발동의 대상이 된다. 예컨대, 음주는 사생활에 속하는 것이지만, 술에 취하여 자신 또는 다른 사람의 생명이나 신체, 재산에 위해를 끼칠 우려가 있는 사람에 대해서는 보호조치가 허용된다(제4조 제1항 제1호).

정답
1. ×

3. 사주소 불가침의 원칙

① 경찰은 원칙적으로 개인의 사주소에 개입할 수 없다. 사주소(私住所)란 일반 공중의 통행으로부터 차단된 장소를 말한다. 개인의 주거용 가택뿐만 아니라, 회사·사무소·연구실 등도 포함한다.

② 다만, 사주소 내의 행위라 하더라도 그것이 직접 공공의 안녕이나 질서에 위해를 야기하는 경우에는 그 한도 내에서 경찰권발동의 대상이 된다. 예컨대, 사주소라 하더라도 외부에서 공공연히 관망할 수 있는 장소에서 신체를 과도하게 노출시키는 행위나, 인근에 불편을 주는 과도한 소음을 발생하게 하는 행위를 하는 경우에는 경찰권이 발동될 수 있다.

4. 민사관계 불간섭의 원칙

① 경찰은 원칙적으로 개인 간의 민사상 법률관계에는 관여할 수 없다.

② 다만, ㉠ 경찰의 도움이 없이는 개인이 사법상의 권리를 제때에 실현할 수 없거나, 권리실현 자체가 현저히 어려운 경우에는 예외적으로 민사관계에 관여할 수 있다. 이를 사권실현에 있어서 경찰작용의 보충성의 원칙이라고도 부른다. ㉡ 또 민사문제라도 공공의 안녕 및 질서에 위해를 야기하는 경우에는 경찰권이 발동될 수 있다. 예컨대, 미성년자에 대하여 술이나 담배를 판매하는 행위, 암표매매, 호객행위 등을 단속할 수 있다.

04 경찰비례의 원칙

> 경찰관 직무집행법 제1조(목적) ② 이 법에 규정된 경찰관의 직권은 그 직무수행에 필요한 최소한도에서 행사되어야 하며 남용되어서는 아니 된다.

① 공공의 안녕이나 질서에 위해가 발생하는 것을 방지하려는 경찰목적과, 이를 실현하려는 경찰작용 사이에는 합리적인 비례관계가 있어야 한다. 경찰관 직무집행법 제1조 제2항은 "경찰관의 직권은 그 직무수행에 필요한 최소한도에서 행사되어야 하며 이를 남용하여서는 아니 된다."라고 하여 경찰권발동에 있어서 비례의 원칙을 명시적으로 규정하고 있다.

② 행정법 통론 부분에서의 '비례의 원칙'이 구체적으로 경찰행정영역과 관련되어서 발현되는 것이다. 따라서 경찰비례의 원칙 역시 ㉠ 적합성의 원칙, ㉡ 필요성의 원칙, ㉢ 상당성의 원칙을 그 구체적인 내용으로 한다.

05 경찰평등의 원칙

> 헌법 제11조 ① 모든 국민은 법 앞에 평등하다. 누구든지 성별·종교 또는 사회적 신분에 의하여 정치적·경제적·사회적·문화적 생활의 모든 영역에 있어서 차별을 받지 아니한다.

경찰권발동에 있어서는 상대방의 성별이나 종교·사회적 신분·인종 등을 이유로 불합리한 차별을 하여서는 안 된다. [13년 국가 7급] 평등의 원칙은 헌법 제11조에서 직접 도출되는 헌법상의 원칙으로서, 특히 경찰행정청의 재량권 행사에 있어서 중요한 한계가 되고 있다.

06 경찰책임의 원칙

1. 의의

① 국가 공동체의 모든 구성원은, 자신의 행위나 자신이 지배하는 물건으로 인하여 공공의 안녕이나 질서에 대한 위해가 발생하지 않도록 하여야 할 경찰❶상의 의무를 부담한다. 경찰권은 원칙적으로 이 의무를 위반한 자를 상대로 하여서만 발동될 수 있는데, 이를 경찰책임의 원칙이라 한다. 위 경찰상의 의무를 위반한 자를 '경찰책임자' 혹은 '경찰상 위험의 발생 또는 위험의 제거에 책임이 있는 자'라 부른다. [17년 국가 7급]

② 이하의 내용들은 경찰권발동의 대상자가 법률로 규정되어 있지 않은 경우에, 누구를 상대로 경찰권을 발동해야 하는지에 대한 원칙을 정하기 위한 것이다. 또 경찰권발동의 대상자를 정할 때 관련 법규해석의 기준을 제시하는 것이기도 하다. [15년 국가 7급]

③ 경찰책임의 원칙은 잘못에 대한 제재(制裁)를 누구에게 가하여야 하는가와 관련된 문제가 아니다. 질서회복을 위한 손실을 누가 부담해야 하는지와 관련된 문제이다. 따라서 고의나 과실이 없었던 경우에도 공공의 안녕이나 질서에 대한 위해를 발생하게 하였다면 경찰책임을 부담한다. [17년 국가 7급, 13년 국회 8급] 또 위법성을 인식하였는지 여부나 위험을 인식하였는지 여부도 묻지 않고 책임을 부담한다. [19년 소방간부]

④ 또 경찰책임은 형사책임과는 별개의 개념이다. 형사처벌을 받아야 하는지의 문제가 아니다.

2. 경찰책임의 주체

(1) 자연인과 사법인

① 경찰책임은 사실상 국가 공동체의 구성원을 이루고 있는 자라면 누구나 부담한다. 따라서 국내에 거주하는 자라면 외국인이나 무국적자도 부담하고, 자연인뿐만 아니라 사법상 법인❷도 부담하며, 권리능력 없는 사단❸도 부담한다. [22년 해경승진1, 20년 해경승진2, 19년 행정사3, 16년 지방 7급, 13년 지방 7급4, 13년 국회 8급]

② 행위능력이나 의사능력 없는 자연인도 경찰책임자가 될 수 있다. [22년 행정사, 12년 지방 7급] 다만, 이들에 대한 경찰권의 발동으로 인한 의무부과처분은 법정대리인에게 송달되어야 한다.

(2) 공법인과 행정기관

1) 문제점

① 공법인이나 행정기관도 국가공동체의 구성원이므로, 당연히 자신의 행위나 자신이 지배하는 물건으로 인해 공공의 안녕이나 질서에 대하여 위해가 발생하지 않도록 하여야 할 경찰상의 의무를 진다(즉, 경찰관계법령에 구속된다)는 점에 대해서는 이견이 없다.

② 다만, 공법인이나 행정기관이 행정작용을 수행하는 과정에서 이러한 경찰상의 의무를 위반하여 공공의 안녕이나 질서에 대한 위해를 발생시킨 경우, 경찰권 발동의 대상이 될 수 있는지에 대해서는 견해가 대립한다. 이를 두고 '공법인이나 행정기관도 실질적 경찰책임은 부담하지만, 형식적 경찰책임까지 부담하는지에 대해서는 견해가 대립한다.'라고 표현하기도 한다. 경찰관계법령에 구속되는 것을 '실질적 경찰책임', 경찰권 발동의 대상이 되는 것을 '형식적 경찰책임'이라 표현하고 있는 것이다. [16년 지방 7급5]

---

❶ 여기서 말하는 '경찰'도 '공공의 안녕과 질서에 대한 위험을 방지하고, 그에 대한 장해를 제거하는 모든 활동'을 일컫는 것이다.

❷ 여기에서 사법상 법인(사법인)은 공법인에 반대되는 개념이다. 공법인이란 공법에 근거를 두고 성립된 법인을 말한다.

❸ [민법] 법인으로 인정되기 위해서는 법인으로서의 실체를 갖춘 후에, 법인 설립등기를 하여야 한다. 그런데 법인으로서의 실체는 갖추었으나, 법인 설립등기를 하지 않은 사람의 단체(사단)나, 재산의 모음(재단)을 비법인 또는 권리능력 없는 법인이라고 부른다.

OX 1 경찰책임에 관한 행위책임에 있어서 그 주체는 자연인에 한한다. [ ] [22년 해경승진]

OX 2 국내에 거주하는 무국적자도 경찰책임을 부담한다. [ ] [20년 해경승진]

OX 3 외국인은 경찰책임을 부담하지 않는다. [ ] [19년 행정사]

OX 4 사법인뿐만 아니라 권리능력 없는 사단도 경찰책임의 주체가 될 수 있다. [ ] [13년 지방 7급]

OX 5 자연인과 사법인은 실질적·형식적 경찰책임을 질 수 있으며, 공법인 또는 행정기관도 실질적 경찰책임을 질 수 있다. [ ] [16년 지방 7급]

정답
1. × 2. ○ 3. × 4. ○ 5. ○

③ 한편, 공법인이나 행정기관이 국고작용(즉, 사법행위)을 수행하는 경우에도 경찰권발동의 대상이 되는지는 이 논의의 범위에서 제외된다. 국고작용은 행정목적 달성과 직접 관련이 없는 것이고, 다른 국가기관이 국고작용을 함에 있어서는 사인과 같은 지위를 갖기 때문에, 공법인이나 행정기관의 행위라 하더라도 국고작용을 수행하는 경우에는 경찰권 발동의 대상이 된다고 본다. [14년 지방 7급 1]

2) 학설

이에 대해서는 ㉠ 이를 긍정할 경우 공법인이나 행정기관에 대한 경찰행정관청의 우위를 인정하는 결과가 된다는 이유로 공법인이나 행정기관에 대한 경찰권 발동이 허용되지 않는다고 보는 견해(부정설)와, ㉡ 공법인이나 행정기관의 적법한 임무수행을 방해하지 않는 범위 내에서는 경찰권 발동이 가능하다는 견해(제한적 긍정설)가 대립하고 있다.

3. 경찰책임의 종류

(1) 행위책임

1) 의의

① 행위책임이란 공공의 안녕이나 질서에 대한 위해가 특정인의 행위에 의하여 야기된 경우에 그 행위자가 부담하는 경찰책임을 말한다. 이때의 '행위'에는 작위뿐만 아니라 일정한 작위의무가 있는 경우의 부작위도 포함된다. [22년 행정사 2]

② 행위책임도 행위자에게 의사능력이 있었는지, 행위능력이 있었는지, 고의나 과실이 있었는지 여부를 따지지 않는 객관적 책임이다. [24년 해경승진 3, 22년 해경승진, 19년 행정사, 15년 국가 7급 4, 12년 지방 7급] 따라서, 예컨대 도로상에서 발작을 일으킨 간질병 환자나 도로상에 방치되어 있는 만취자 역시 행위책임자가 된다.

③ 한편, 자신의 보호나 감독하에 있는 자의 행위에 의하여 위해가 발생된 경우, ㉠ 그 보호자나 감독자에게도 행위책임이 인정된다. 설사 보호자나 감독자가 자신의 보호의무나 감독의무에 최선을 다했던 경우라 해도 경찰책임이 감면되지 않는다. [24년 해경승진 5, 12년 지방 7급] 감독자의 책임은 피보호자 또는 피감독자의 책임에 대한 대위책임이 아니라, 자기의 지배범위 내에서 발생한 위험에 대한 자기책임이다. [22년 행정사 6, 22년 해경승진, 20년 해경승진, 14년 지방 7급 7] ㉡ 물론 이 경우 피보호자나 피감독자의 경찰책임도 당연히 인정된다. 둘 다 경찰책임을 지는 것이다. [16년 지방 7급 8, 13년 지방 7급]

2) 행위책임의 귀속

① 행위책임이 발생하기 위해서는 행위와 공공의 안녕이나 질서에 대한 위해 발생 사이에 인과관계가 있어야 한다.

② 다만, 인과관계라는 것은 순전히 논리적으로는 무한히 확대될 수 있는 개념이므로(예 살인 사건이 벌어진 경우에, 살인자의 어머니가 그 살인자를 출산하지 않았더라면 그 살인사건이 벌어지지 않았을 것이므로, 순전히 논리적으로는 살인자의 어머니의 출산행위와 그 살인사건 사이에는 인과관계가 있다), 어떤 종류의 인과관계가 있는 경우에, 행위책임을 귀속시킬 수 있는 것인지가 문제된다.

OX 1
다른 국가기관이 국고작용을 수행하는 경우에는 당해 국가기관에 경찰권이 발동될 수 있다. [ ] [14년 지방 7급]

OX 2
행위책임의 행위에는 부작위를 포함한다. [ ] [22년 행정사]

OX 3
행위책임은 고의·과실과 무관하며, 행위자가 성년인가 미성년인가도 가리지 않는다. [ ] [24년 해경승진]

OX 4
경찰상 상태책임의 경우에는 책임자의 고의·과실을 불문하고 경찰책임이 인정되지만, 경찰상 행위책임에 있어서는 행위자의 과실 여부에 따라 경찰책임이 인정된다. [ ] [15년 국가 7급]

OX 5
근로자가 직무수행상 위험을 야기한 행위에 대하여 사용자는 감독책임을 다하였다 하더라도 경찰책임이 감경되지 않는다. [ ] [24년 해경승진]

OX 6
타인을 감독하는 자가 타인의 행위에 대하여 지는 경찰책임은 자기책임이 아니라 타인의 책임을 대신하여 지는 것이다. [ ] [22년 행정사]

OX 7
타인의 행위를 관리하고 있는 자는 그 권한의 범위 안에서 피관리자의 행위로 인하여 발생한 경찰 위반상태에 대하여 피관리자를 대신하여 책임을 진다. [ ] [14년 지방 7급]

OX 8
타인의 행위에 대한 경찰책임은 타인의 책임을 대신하여 지는 것이므로, 이때 원인행위를 한 자의 경찰책임은 면제된다. [ ] [16년 지방 7급]

정답
1. ○ 2. ○ 3. ○ 4. × 5. ○ 6. × 7. × 8. ×

③ 이에 대해서는 조건설❶, 상당인과관계설❷ 등이 제시되고 있지만, 통설은 직접원인설의 입장이다. [13년 국회 8급] 직접원인설은 사건발생의 경과를 따져, 공공의 안녕이나 질서에 대한 위해(危害)를 직접적으로 일으킨 행위를 한 자만 행위책임을 부담한다고 보는 입장이다. 위해발생 바로 직전의 행위 이전의 행위를 한 자들은 간접적 원인제공자에 불과하므로 행위책임을 지지 않는다고 본다.

④ 예컨대, 자신의 마당에서 족구를 하고 있는 연예인을 구경하기 위해 사람들이 몰려 들었고, 그로 인하여 교통 혼잡이 발생한 경우, 사건은 ㉠ 연예인의 족구 행위 ➡ ㉡ 사람들의 운집 ➡ ㉢ 교통 혼잡의 경과로 발생한 것이기 때문에, 교통 혼잡이라는 결과에 직접적인 원인이 된 것은 사람들의 운집 행위이지, 연예인의 족구 행위가 아니다. 따라서 연예인이 아니라, 몰려든 사람들이 행위책임을 진다고 본다. [19년 소방간부1, 14년 지방 7급2]

3) 직접원인설의 예외

① 간접적으로만 원인을 제공한 자라 하더라도, 예외적으로 행위책임을 부담하게 되는 경우가 있다.

② 첫 번째로, 직접원인자의 행위를 의도적으로 야기한 자는 간접적 원인제공자라 하더라도 예외적으로 경찰책임을 부담하는 것으로 본다. 이를 '목적적 원인제공자'라 부른다. 예컨대 상점 주인이 사람들이 몰려들게 할 목적으로 쇼윈도에 독특한 광고를 함으로써 사람들이 그 상점 앞에 몰려들어 교통 혼잡이 발생한 경우에는, 상점주인도 행위책임을 진다고 본다. 이 때 주의해야 할 것은 상점 앞에 몰려든 사람들의 행위책임이 면제되는 것은 아니라는 점이다. 둘의 행위책임이 병존하게 된다. [24년 해경승진3, 13년 국회 8급, 12년 지방 7급]

③ 두 번째로, 간접적인 원인제공자라 하더라도 직접적인 위해(危害) 행위와 내적으로 밀접한 관계가 있는 행위를 한 경우에는 그 자도 행위책임을 부담할 수 있다고 본다.❸

(2) 상태책임

1) 의의

① 공공의 안녕이나 질서에 대한 위해가 어떤 물건(동물도 포함)의 상태로부터 발생한 경우에, ㉠ 물건에 대하여 사실상의 지배력을 행사할 수 있는 자나 ㉡ 물건의 소유권자가 부담하는 경찰책임을 상태책임이라 한다. [19년 행정사, 15년 국가 7급, 13년 국회 8급] 여기서 "사실상"이란 '법적인 권원 보유와 관계없이 실제로'라는 의미이다. [22년 행정사4, 20년 해경승진, 16년 지방 7급5] 상태책임은 행위책임과 달리, 자신의 어떠한 행위 때문에 부담하게 되는 책임이 아니라, 물건과 맺고 있는 어떤 관계 때문에 부담하게 되는 책임이다. 따라서 당연히 고의나 과실과 무관하게 부담한다. 예컨대, 타인의 방화행위로 인하여 자신이 관리하는 창고에서 화재가 발생한 경우에도 관리자는 상태책임을 진다.

② 둘 중에서는 사실상 지배력을 행사할 수 있는 자가 1차적인 상태책임을 지고, 물건의 소유권자는 그에 대한 경찰권 발동만으로는 공공의 안녕이나 질서에 대한 위해 제거가 여의치 않을 경우에만, 2차적으로 상태책임을 진다.

---

❶ 조건설은 A라는 행위가 없었더라면 B라는 결과가 발생하지 않았을 경우에, B에 대한 책임을 A에게 돌릴 수 있다고 보는 견해이다. 조건설은 이 사례에서 피해자의 사망에 대해 살인자의 모친에게 책임을 물을 수 있다고 본다.

❷ 상당인과관계설은 사회 통념상 일상적으로 인과관계가 있다고 평가할 수 있는 범위에서만 법적으로도 책임을 귀속시킬 수 있다고 보는 견해이다. '사회적 상당성'을 판단의 기준으로 삼기 때문에, 상당인과관계설이라 부른다.

OX 1
휴대폰 가게 내의 TV에서 방영되는 월드컵 축구 시합을 보려고 모여든 군중이 도로의 통행을 방해한 경우, 군중에게 경찰책임이 귀속된다. [ ] [19년 소방간부]

OX 2
자기 집 정원에서 그림을 그리는 화가를 구경하기 위하여 통행인이 모여들어 교통장애가 야기된 경우, 그 화가에게 행위책임을 귀속시킬 수 없다. [ ] [14년 지방 7급]

OX 3
도로에 인접한 상점의 진열장에 통행인의 주의를 크게 끄는 진열을 하여 진열장 주위에 많은 사람들이 모여들어 교통에 중대한 방해를 가져오는 경우에도 진열장을 설치한 자에게는 경찰책임이 인정되지 않는다. [ ] [24년 해경승진]

❸ 정확히 말하면, ㉠ 직접적인 위해 행위와 내적으로 밀접한 관계가 있는 간접적 원인제공 행위와 ㉡ 목적적 원인제공 행위가 명확하게 구분되는 것은 아니다. 교과서마다 표현을 달리하고 있는 것을 수험적으로 끌어모은 것이다.

OX 4
물건에 대한 권원의 유무와 관계없이 물건을 현실적으로 지배하고 있는 자에게도 상태책임이 인정된다. [ ] [22년 행정사]

OX 5
사실상 지배권을 행사하는 자에 대한 경찰상 상태책임의 인정 여부는 그 지배권의 권원 유무에 따라 결정된다. [ ] [16년 지방 7급]

정답
1. ○ 2. ○ 3. × 4. ○ 5. ×

③ 다만, 물건이 도난된 경우와 같이 사실상 지배력을 미치고 있는 자가 소유권자의 의사와 관계없이 지배력을 행사하고 있는 경우에는, 소유권자는 2차적인 상태책임도 지지 않는다고 본다.

④ 한편 소유권자가 소유권을 포기한 경우에도 소유권자는 2차적인 상태책임도 지지 않는 것이 원칙이지만, ㉠ 그 포기가 경찰책임을 면하기 위한 것인 경우나, ㉡ 소유권 포기 당시 경찰상 위해가 이미 발생하고 있었던 경우에는 예외적으로 소유권자는 여전히 2차적인 상태책임을 부담하는 것으로 본다. [24년 해경승진❶, 14년 지방 7급, 12년 지방 7급]

OX 1
소유권을 포기한 경우 원칙적으로 상태책임에서 배제되지만 소유권의 포기 당시 경찰상 위해가 이미 발생하고 있었던 때에는 원소유권자의 경찰책임은 면제되지 않는다. [ ]
[24년 해경승진]

2) 상태책임의 부담범위

① 불가항력이나 자연재해에 의하여 공공의 안녕이나 질서에 위해가 발생한 경우에도 상태책임을 추궁할 수 있다고 볼 것인지가 문제된다. 상태책임이 어떤 행위를 한 것에 대한 책임을 추궁하는 개념은 아니라 할지라도, 책임을 부담하게 되는 범위가 과도하게 넓어질 수 있기 때문이다.

② 이에 대해서는 ㉠ 이 경우에도 책임을 져야 한다고 보는 견해(책임무제한설)와, ㉡ 불가항력이나 비정형적인 원인에 의해 발생한 위험에 대해서는 책임을 지지 않는다고 보는 견해(책임제한설)가 대립한다.

4. 경찰책임의 경합(다수책임, 복합적책임)

(1) 경찰권발동의 대상

① ㉠ 다수의 행위책임자가 경합하거나, ㉡ 다수의 상태책임자가 경합하는 경우, ㉢ 또는 행위책임자와 상태책임자가 경합하는 경우(예 오염물질을 배출하는 甲기업이 乙의 토지에 오염물질을 매장하였는데 매장된 오염물질로 인하여 인근 지역에 심각한 환경위험이 발생한 경우 甲기업은 행위책임을 부담하고, 乙은 상태책임을 부담한다)에 누구를 상대로 경찰권을 발동하여야 하는지가 문제된다.

② 이러한 경우에는 효과적인 위해방지의 관점 · 책임자의 이행능력 · 비용의 부담 등을 고려하여 합목적적인 관점에서 재량권을 행사하여 경찰권발동 대상자를 선택하여야 하며, 이 판단에는 재량이 인정된다고 본다. ㉠ 일반적으로는 상태책임자보다 행위책임자에게 경찰권이 우선 발동되어야 한다고 본다. ㉡ 또 한 사람이 행위책임을 부담하면서 동시에 상태책임도 부담할 수도 있는데, 하나의 책임을 지는 자보다는 여러 책임(복합적 책임)을 지는 자에게 우선적으로 경찰권을 발동해야 한다고 본다. [19년 소방간부❷]

OX 2
행위책임과 상태책임이 경합하는 경우에는 우선적으로 행위책임자에 대하여 경찰권이 발동될 수 있고 동일인이 복합적인 책임을 지는 경우에는, 하나의 책임을 지는 자보다는 복합적 책임을 지는 자가 우선적으로 경찰권 발동의 대상이 될 수 있다.
[ ] [19년 소방간부]

(2) 비용부담의 문제

① 다수의 경찰책임자들이 경합하는 상황에서, 경찰이 그 중 어느 한 사람에게 경찰권을 발동하여 그 사람이 비용을 모두 부담한 경우, 그 후의 비용분담을 어떻게 하여야 하는지가 문제된다.

② 다수설은 공평의 원칙에 비추어 볼 때 다수의 책임자 중 한 사람에게 경찰권이 발동되었다면 위해제거에 소요되는 비용은 위해발생에 기여한 정도에 따라 배분하는 것이 타당하고, 만약 기여의 정도에 대한 입증이 어려운 경우에는 동일하게 비용을 분담하여야 한다고 본다.

정답
1. ○ 2. ○

PART 04

5. 경찰책임의 승계(경찰의무의 승계)

(1) 의의

① 경찰책임자가 사망하거나 물건을 양도한 경우, 경찰책임이 상속인이나 양수인에게 승계되는지가 문제된다. 예컨대, 甲이 지은 불법건축물에 대해 행정청이 철거명령을 하였으나 甲이 이를 이행하지 않은 상태에서 乙에게 그 불법건축물을 양도한 경우, 乙에게 철거의무가 승계되었다고 보아 乙에게 대집행을 할 수 있는지가 문제된다.

② 이 논점은 행위책임자나 상태책임자에게 이미 경찰 하명이 발하여져 구체적으로 경찰의무가 부과된 상태에서 행위책임자나 상태책임자가 사망하거나 물건의 양도가 있게 된 경우의 문제이다.

(2) 논의의 실익

이 경우에 경찰책임의 승계가 인정된다면 승계인에게 새로운 하명을 발할 필요 없이 곧바로 승계인에 대해 경찰권을 발동할 수 있으나, 승계가 부정된다면 승계인에게 새로운 하명을 발한 다음에 경찰권을 발동할 수 있게 된다.

(3) 승계가능성(승계 가부)

1) 행위책임의 경우

행위책임은 인적책임(즉, 사람의 잘못을 근거로 하여 부담하게 되는 책임)의 일종에 해당할뿐더러, 공법상의 책임에 해당하므로 원칙적으로 상속인이나 양수인에게 승계되지 않는다고 보는 것이 다수설의 입장이다.

2) 상태책임의 경우

상태책임은 물적책임(즉, 어떠한 물건과의 관계 때문에 부담하게 되는 책임)의 일종에 해당하기 때문에 물건이 승계되면 경찰책임도 승계된다고 본다.

6. 제3자(경찰비책임자)에 대한 경찰권 발동

(1) 의의

경찰책임의 원칙상 경찰책임자가 아닌 자에게는 경찰권을 발동할 수 없다. 그러나 경찰책임자가 아닌 자(경찰비책임자)에게도 현실적으로 경찰권을 발동해야 할 필요성이 있는 경우(예 도로에서 발생한 교통사고로 인하여 甲이 중태에 빠지게 되었는데, 경찰인력의 부족으로 마침 현장을 지나가던 乙로 하여금, 甲을 병원으로 후송하라는 명령을 내릴 필요가 있는 경우)가 발생할 수 있는데, 그때에는 예외적으로 경찰비책임자에 대해서도 경찰권을 발동할 수 있다고 본다. [22년 행정사1, 19년 소방간부, 15년 국가 7급] 다만, 예외적으로 경찰비책임자를 상대로 경찰권을 발동할 수 있는 경우가 언제인지에 대해 논의가 이루어지고 있다.

(2) 경찰비책임자에 대한 경찰권 발동의 요건

경찰책임자가 아닌 자에게 경찰권을 발동하기 위해서는 ㉠ 일단 공공의 안녕과 질서에 대한 장해 및 긴급한 위험이 존재하여야 하고, [19년 행정사2] ㉡ 경찰책임을 지는 자에 대한 경찰권 발동이 의미가 없거나 불가능하여야 한다. [19년 소방간부3, 16년 지방 7급] ㉢ 또 제3자에 대한 경찰권의 발동 없이 경찰의 자력으로는 위해방지나 장해제거가 불가능하여야 한다. ㉣ 그리고 경

OX 1
경찰책임자에 대한 경찰권의 발동이 어려운 경우에는 예외적으로 경찰책임이 없는 자에게도 경찰권이 발동될 수 있다. [ ] [22년 행정사]

OX 2
경찰위험에 책임이 없는 제3자에게 경찰권을 발동하려면 경찰긴급상태의 요건을 갖추어야 한다. [ ] [19년 행정사]

OX 3
경찰상 긴급상태의 경우에 행위·상태책임자가 위해나 장해를 제거할 수 있음에도 제3자에게 경찰책임을 지우는 것이 보다 효과적이라면 행위·상태책임이 없는 제3자에게 경찰책임을 지울 수 있다. [ ] [19년 소방간부]

정답
1. ○ 2. ○ 3. ×

찰비책임자가 경찰권 발동으로 인하여 현저한 위험에 직면하거나 또는 불이익을 받지 않는 한도 내에서만 경찰비책임자에 대한 경찰권 발동이 인정된다(이를 '기대가능성이 있어야 한다'라고 표현한다).
㉤ 마지막으로 경찰비책임자에 대한 경찰권 발동을 허용하는 명문의 규정이 있어야 한다.

(3) 명문의 규정(법적 근거)

> **경찰관 직무집행법 제5조(위험 발생의 방지 등)** ① 경찰관은 사람의 생명 또는 신체에 위해를 끼치거나 재산에 중대한 손해를 끼칠 우려가 있는 천재(天災), 사변(事變), 인공구조물의 파손이나 붕괴, 교통사고, 위험물의 폭발, 위험한 동물 등의 출현, 극도의 혼잡, 그 밖의 위험한 사태가 있을 때에는 다음 각 호의 조치를 할 수 있다.
> 3. 그 장소에 있는 사람, 사물의 관리자, 그 밖의 관계인에게 위해를 방지하기 위하여 필요하다고 인정되는 조치를 하게 하거나 직접 그 조치를 하는 것

경찰비책임자에 대한 경찰권 발동의 근거가 되는 일반법은 존재하지 않지만, 경찰관 직무집행법 제5조나, 소방기본법 제24조 등에서 개별적으로 예외를 인정하고 있다.

(4) 경찰비책임자에 대한 손실보상

> **경찰관 직무집행법 제11조의2(손실보상)** ① 국가는 경찰관의 적법한 직무집행으로 인하여 다음 각 호의 어느 하나에 해당하는 손실을 입은 자에 대하여 정당한 보상을 하여야 한다. 〈개정 2018. 12. 24.〉
> 1. 손실발생의 원인에 대하여 책임이 없는 자가 생명·신체 또는 재산상의 손실을 입은 경우(손실발생의 원인에 대하여 책임이 없는 자가 경찰관의 직무집행에 자발적으로 협조하거나 물건을 제공하여 생명·신체 또는 재산상의 손실을 입은 경우를 포함한다) [22년 해경승진, 14년 지방 9급 1]
> 2. 손실발생의 원인에 대하여 책임이 있는 자가 자신의 책임에 상응하는 정도를 초과하는 생명·신체 또는 재산상의 손실을 입은 경우
>
> ② 제1항에 따른 보상을 청구할 수 있는 권리는 손실이 있음을 안 날부터 3년, 손실이 발생한 날부터 5년간 행사하지 아니하면 시효의 완성으로 소멸한다.
> ③ 제1항에 따른 손실보상신청 사건을 심의하기 위하여 손실보상심의위원회를 둔다.
> ④ 경찰청장 또는 시·도경찰청장은 제3항의 손실보상심의위원회의 심의·의결에 따라 보상금을 지급하고, 거짓 또는 부정한 방법으로 보상금을 받은 사람에 대하여는 해당 보상금을 환수하여야 한다. 〈개정 2020.12.22.〉
> ⑤ 보상금이 지급된 경우 손실보상심의위원회는 대통령령으로 정하는 바에 따라 국가경찰위원회에 심사자료와 결과를 보고하여야 한다. 이 경우 국가경찰위원회는 손실보상의 적법성 및 적정성 확인을 위하여 필요한 자료의 제출을 요구할 수 있다. 〈개정 2020.12.22.〉
> ⑥ 경찰청장 또는 시·도경찰청장은 제4항에 따라 보상금을 반환하여야 할 사람이 대통령령으로 정한 기한까지 그 금액을 납부하지 아니한 때에는 국세 체납처분의 예에 따라 징수할 수 있다. 〈개정 2020.12.22.〉

① 경찰비책임자에 대하여 경찰권 발동이 이루어진 경우 그로 인한 희생은 특별한 희생에 해당하는 것으로 본다. 따라서 손실보상이 이루어져야 한다.

② 경찰관 직무집행법 제11조의2는 경찰관의 적법한 직무집행 작용으로 인하여 경찰비책임자 등 제3자가 입은 생명·신체 또는 재산상의 손실에 대하여 정당한 보상을 하도록 규정하고 있다(제1호). [19년 5급 승진, 18년 5급 승진, 14년 국가 7급] 한편, 경찰책임자라고 할지라도 자신의 책임

OX 1

손실발생의 원인에 대하여 책임이 없는 자가 경찰관의 적법한 보호조치에 자발적으로 협조하여 재산상의 손실을 입은 경우, 국가는 손실을 입은 자에 대하여 정당한 보상을 하여야 한다. [ ] [14년 지방 9급]

정답

1. ○

PART 04

에 상응하는 정도를 초과하는 생명·신체 또는 재산상의 손실을 입은 경우에는 이에 대한 정당한 보상을 하도록 규정하고 있다(제2호). [19년 국가 7급 1, 16년 국가 7급]

③ 이 손실보상청구권은 손실이 있음을 안 날부터 3년, 손실이 발생한 날부터 5년의 소멸시효 기간의 적용을 받는다고 본다. [20년 지방 7급 2, 19년 소방간부 3]

7. 관련논점 – 범인검거 등 공로자에 대한 보상금 지급(제11조의3)

① 경찰청장, 시·도경찰청장 또는 경찰서장은 ㉠ 범인 또는 범인의 소재를 신고하여 검거하게 한 사람이나, ㉡ 범인을 검거하여 경찰공무원에게 인도한 사람, ㉢ 테러범죄의 예방활동에 현저한 공로가 있는 사람에게 보상금을 지급할 수 있다(제1항).

② 경찰청장, 시·도경찰청장 및 경찰서장은 보상금 지급의 심사를 위하여 대통령령으로 정하는 바에 따라 각각 보상금심사위원회를 설치·운영하여야 한다(제2항).

③ 경찰청장, 시·도경찰청장 또는 경찰서장은 보상금심사위원회의 심사·의결에 따라 보상금을 지급하고, 거짓 또는 부정한 방법으로 보상금을 받은 사람에 대하여는 해당 보상금을 환수한다(제5항). [20년 지방 7급 4]

OX 1

국가는 경찰관의 적법한 직무집행으로 인하여 손실발생의 원인에 대하여 책임이 있는 자가 자신의 책임에 상응하는 정도의 재산상의 손실을 입은 경우 그 손실을 입은 자에게 정당한 보상을 하여야 한다. [ ] [19년 국가 7급]

OX 2

경찰관의 적법한 직무집행으로 인하여 손실발생의 원인에 대하여 책임이 없는 자가 생명·신체 또는 재산상의 손실을 입은 경우, 국가는 정당한 보상을 하여야 하되 손실보상의 청구는 손실이 발생한 날부터 3년간 행사하지 않으면 소멸한다. [ ] [20년 지방 7급]

OX 3

경찰책임이 없는 제3자에 대해 경찰권 발동으로 제3자가 특별한 손해를 입은 경우 손실보상을 해주어야 하는데 경찰관 직무집행법상 손실보상의 소멸시효는 손실이 있음을 안 날부터 5년, 손실이 발생한 날부터 10년이다. [ ] [19년 소방간부]

OX 4

경찰서장은 범인을 검거하여 경찰공무원에게 인도한 사람에게 보상금심사위원회의 심사·의결에 따라 보상금을 지급할 수 있다. [ ] [20년 지방 7급]

정답

1. × 2. × 3. × 4. ○

PART

05

급부행정법

유대웅
행정법각론
핵심정리

www.pmg.co.kr

급부행정법 개설

핵심 정리 34 급부행정법 개설

01 급부행정의 의의

① 급부행정(작용)은 사회복지국가의 이념하에 국민의 생활에 필수적인 재화와 서비스를 적극적으로 제공하는 행정작용을 말한다. 급부행정에는 공급행정, 공공부조, 사회보장행정, 조성행정이 포함되는 것으로 보는 것이 일반적이다.

② 급부행정은 기속작용일 수도 있고 재량작용일 수도 있으나, 특별한 정함이 없는 경우에는, 급부행정이 수익적 행정작용의 일종이므로 원칙적으로 재량행위라 본다.

③ 급부행정은 사법상의 계약과 같은 사법적 형식뿐만 아니라, 공법상 계약이나 행정행위와 같은 공법적 형식으로 이루어지기도 한다. 구체적인 행위작용의 형식은 각 자금지원에 대한 관련 법규에 따라 달라진다.

④ 급부행정은 공공의 안녕과 질서를 유지하기 위한 소극적(negative, 즉 무언가를 못하게 하는) 작용이 아니라, 적극적(positive, 즉 어떤 상황을 만들어내기 위한) 작용으로서 공공복리를 추구하는 활동이다.

02 급부행정의 기본원리

평등의 원칙	행정청은 급부행정에 있어서 합리적인 사유 없이 그 상대방인 국민을 차별대우하여서는 안 된다. 헌법상의 평등의 원칙이 급부행정의 영역에 적용되는 것이다.
보충성의 원칙	보충성의 원칙이란, 사안에 가장 근접해 있는 당사자가 우선적으로 자신의 문제를 해결해야 한다는 원칙으로서, 국민의 생활은 일차적으로는 개인의 자력으로 해결하는 것이고, 스스로의 힘으로 해결하지 못하고 있거나 어려운 상황에만 행정이 개입할 수 있다는 원칙이다.
과잉급부금지의 원칙	비례의 원칙이 급부행정의 영역에서 발현된 것이다. 급부는 조세납부자인 일반국민의 부담으로 이어지는 것이기 때문에, 급부는 상대방에게 필요한 만큼만 이루어져야 하지, 필요 이상으로 이루어져서는 안 된다는 원칙이다. 과잉급부가 이루어지면 그 상대방이 아니라 조세납부자인 일반국민이 피해를 본다는 관점에서 접근하는 원칙이라는 점이 특징이다.
법적 합성의 원칙	법률적합성의 원칙을 달리 표현한 것이다. 법률우위의 원칙과 법률유보의 원칙이 급부행정의 영역에서도 적용된다는 의미이다. 다만, 급부행정의 경우에도 법률유보의 원칙이 적용되는지에 대해서는 견해의 대립이 있다(행정법총론 부분의 논의와 동일한 논의이다. 참고로 헌법재판소와 대법원은 중요사항유보설의 입장을 취하고 있다).

02 자금지원행정

핵심 정리 35 자금지원행정

01 자금지원행정의 의의

자금지원행정이란 국가 등의 행정주체가 특정한 경제, 문화, 사회정책적 목적을 추구하기 위하여 사인에게 재정적 이익을 제공하는 행정작용을 말한다. 예컨대, 하수도법 제32조 제2항에서는 "지방자치단체의 장은 관할구역 안의 하수를 효율적으로 처리하기 위하여 필요한 경우에는 개인하수도를 설치·변경 또는 폐지하는 자에게 소요비용의 전부 또는 일부를 지원"할 수 있게 하고 있는데, 이에 따라 이루어지는 행정작용을 자금지원이라 한다. [13년 지방 7급 1]

하수도법 제32조(개인하수도 설치의 지원 등) ② 지방자치단체의 장은 관할구역 안의 하수를 효율적으로 처리하기 위하여 필요한 경우에는 개인하수도를 설치·변경 또는 폐지하는 자에게 소요비용의 전부 또는 일부를 지원하거나 직접 개인하수도에 관한 공사를 할 수 있다.

OX 1

지방자치단체의 장은 관할 구역 안의 하수를 효율적으로 처리하기 위하여 필요한 경우에는 개인하수도를 설치·변경 또는 폐지하는 자에게 소요비용의 전부 또는 일부를 지원하거나 직접 개인하수도에 관한 공사를 할 수 있다. [ ] [13년 지방 7급]

PART 05

02 자금지원행정의 행위형식

1. 개설

자금지원의 수단으로는 보조금, 융자, 보증 등이 있다.

2. 보조금

(1) 의의

보조금이란 국가나 지방자치단체가 공익목적을 위해 사인에게 반대급부를 받지 않고 부여하는 금전급부를 말한다.

(2) 근거법률

보조금 관리에 관한 법률 제2조(정의) 이 법에서 사용하는 용어의 뜻은 다음과 같다.

1. "보조금"이란 국가 외의 자가 수행하는 사무 또는 사업에 대하여 국가(「국가재정법」 별표 2에 규정된 법률에 따라 설치된 기금을 관리·운용하는 자를 포함한다)가 이를 조성하거나 재정상의 원조를 하기 위하여 교부하는 보조금(지방자치단체에 교부하는 것과 그 밖에 법인·단체 또는 개인의 시설자금이나 운영자금으로 교부하는 것만 해당한다), 부담금(국제조약에 따른 부담금은 제외한다), 그 밖에 상당한 반대급부를 받지 아니하고 교부하는 급부금으로서 대통령령으로 정하는 것을 말한다.

정답

1. ○

❶ 과거에는 이 법률의 명칭이 「보조금의 예산 및 관리에 관한 법률」이었다. 2011년에 「보조금 관리에 관한 법률」로 명칭이 개정되었다.

OX 1

「보조금 관리에 관한 법률」의 적용을 받는 보조금은 국가가 교부하는 보조금에 한정되고, 지방자치단체가 교부하는 보조금에 관하여는 「지방재정법」, 「지방재정법 시행령」 및 당해 지방자치단체의 보조금 관리조례가 적용된다. [ ] [14년 지방 7급]

국가가 교부하는 보조금을 규율하기 위한 목적으로 「보조금 관리에 관한 법률」이 제정되어 있다.❶ 이 법률은 지방자치단체가 교부하는 보조금에 관해서는 적용되지 않는다. 지방자치단체가 교부하는 보조금에는 「지방재정법」, 지방재정법 시행령 및 당해 지방자치단체의 보조금 관리조례가 적용된다(2011다2951). [14년 지방 7급 1]

판례

㉠ 「보조금 관리에 관한 법률」 제18조 제1항은 "중앙관서의 장은 보조금의 교부를 결정할 때 법령과 예산에서 정하는 보조금의 교부 목적을 달성하는 데에 필요한 조건을 붙일 수 있다." 라고 규정하고 있고, 제2항은 "중앙관서의 장은 보조금의 교부를 결정할 때 보조사업이 완료된 때에 그 보조사업자에게 상당한 수익이 발생하는 경우에는 그 보조금의 교부 목적에 위배되지 아니하는 범위에서 이미 교부한 보조금의 전부 또는 일부에 해당하는 금액을 국가에 반환하게 하는 조건을 붙일 수 있다."라고 규정하고 있다.

㉡ 그런데 「보조금 관리에 관한 법률」은 지방자치단체가 보조금을 지급하는 경우에는 적용이 되지 않으므로, 지방자치단체가 지급결정을 하면서 반드시 보조사업자에게 수익이 발생할 경우에 한하여 보조금을 반환하게 하는 조건을 붙일 수 있다고 볼 근거는 없고, 보조사업자의 보조금 신청 내용과 재정상태, 지방자치단체의 예산상태, 공익상·시책상 필요성, 보조금의 교부목적 등을 고려하여 금융이자의 부담 없이 보조금을 사용하도록 하되, 일정 기한 내에 보조금을 반환하도록 하는 조건의 재정상 원조를 하는 것도 허용될 수 있다고 해석되며, 지방자치단체가 보조금 지급결정을 하면서 일정 기한 내에 보조금을 반환하도록 하는 교부조건을 부가하였다고 해서, 이 경우에 「보조금의 예산 및 관리에 관한 법률」 제18조 제2항이 유추적용된다고 할 수도 없다(2011다2951).

(3) 보조금 지급결정의 법적 성질

① 보조금의 지급도 사법상의 계약에 따라 이루어질 수도 있고, 공법상의 계약이나 행정행위에 따라 이루어질 수도 있다.

② 다만, 「보조금 관리에 관한 법률」상 일방적인 보조금 지급결정에 따라 이루어지는 보조금 지급은 상대방의 신청에 대한 행정청의 일방적 결정에 의해 이루어지기 때문에, ㉠ 이때의 행정청의 지급결정은 쌍방적 행정행위로서의 성격을 가지며, ㉡ 이에 후속하여 행해지는 보조금 지급행위는 단순한 이행행위로서 사실행위에 해당하는 것으로 본다(2단계론). 「보조금 관리에 관한 법률」에서 이미 결정된 보조금 지급결정에 대하여 행정청의 일방적인 취소나 철회가 가능함을 규정하고 있기 때문이다(제21조).

③ 물론, 「보조금 관리에 관한 법률」이 보조금의 지급을 공법상 계약의 형식으로 행하는 것을 금지하는 것은 아니므로, 공법상 계약의 방식으로 국가가 보조금을 지급할 수도 있다고 본다.

④ 한편, 보조금 지급결정은 수익적 행정작용이므로 행정행위로 행해지는 경우에는 특별한 사정이 없는 한 재량행위에 해당하는 것으로 본다(20111다2951). [13년 변호사] 「보조금 관리에 관한 법률」도 보조금 지급결정이 행정행위임을 전제로 결정시에 그 결정에 부관('조건')을 붙일 수 있다고 규정하고 있다(제18조). [22년 지방 7급 2]

OX 2

일반적으로 보조금 교부결정은 법령과 예산에서 정하는 바에 엄격히 기속되므로, 행정청은 보조금 교부결정을 할 때 조건을 붙일 수 없다. [ ] [22년 지방 7급]

정답

1. ○ 2. ×

(4) 보조금반환청구소송의 성질

보조금 지원을 받은 사인이 보조금을 목적에 위반하여 사용하는 경우에는 반환이 이루어진다. 행정청의 보조금 교부결정 취소 및 보조금 반환명령이 있으면 그 상대방에게는 보조금 반환의무가 발생하게 된다. 이때 보조금 교부결정 취소와 보조금 반환명령은 각각 처분에 해당하는 것으로 본다. ㉠ 따라서 이로 인하여 그 상대방이 부담하는 보조금 반환의무는 공법상의 의무로 본다. 따라서 행정청이 소송으로 보조금의 반환청구를 하는 경우 당사자소송에 의하여야 하는 것으로 본다. ㉡ 다만, 강제징수가 가능하다는 명문의 규정이 있는 경우(예 「보조금관리에 관한 법률」의 적용을 받는 경우)에는 당사자소송에 의할 수 없고 자력구제수단인 강제징수에 의하여야 한다.

판례

㉠ 보조금의 예산 및 관리에 관한 법률은 제30조 제1항에서 중앙관서의 장은 보조사업자가 허위의 신청이나 기타 부정한 방법으로 보조금의 교부를 받은 때 등의 경우 보조금 교부결정의 전부 또는 일부를 취소할 수 있도록 규정하는 바, 이때의 취소는 맨 처음 보조금 지급이라는 행정행위가 발급될 때부터 존재하던 사유를 이유로 행정행위의 효력을 소멸시키는 것이므로 강학상 직권취소에 해당한다. [14년 지방 7급 1]

㉡ 또한 제33조 제1항에서 위와 같이 반환하여야 할 보조금에 대하여는 국세징수의 예에 따라 이를 징수할 수 있도록 규정하고 있기 때문에, 중앙관서의 장으로서는 반환하여야 할 보조금을 국세체납처분의 예에 의하여 강제징수할 수 있고, 위와 같은 중앙관서의 장이 가지는 반환하여야 할 보조금에 대한 징수권은 공법상 권리로서 사법상 채권과는 성질을 달리하므로, 중앙관서의 장으로서는 보조금을 반환하여야 할 자에 대하여 민사소송의 방법으로는 반환청구를 할 수 없다(2011다17328). [14년 지방 7급 2]

'보조금의 예산 및 관리에 관한 법률'(이하 '보조금관리법'이라 한다) 제30조 제1항, 제31조 제1항에 의한 보조금 교부결정취소 및 보조금 반환명령은 행정처분이고 그 처분이 있어야 반환의무가 발생하므로, 반환받을 보조금에 대한 징수권은 공법상 권리로서 사법상 채권과는 성질을 달리한다. 따라서 보조금관리법 제33조에서 '반환하여야 할 보조금에 대하여는 국세징수의 예에 따라 이를 징수할 수 있다'고 규정한 것은 보조금의 반환에 대하여는 국세체납처분의 예에 따라 강제징수할 수 있도록 한 것뿐이고, 이를 민사집행법에 의한 강제집행과 국세체납처분에 의한 강제징수 중에서 선택할 수 있도록 허용한 규정이라고 볼 것은 아니다(2010도5693). [17년 국회 8급 3]

참고로, 민사집행법에 의한 강제집행은 사법상(私法上)의 권리를 실현하는 수단이다.

지방자치단체가 보조금 지급결정을 하면서 일정 기한 내에 보조금을 반환하도록 하는 교부조건을 부가한 사안에서, 대법원은, 보조사업자의 지방자치단체에 대한 보조금 반환의무는 행정처분인 위 보조금 지급결정에 부가된 부관상 의무이고, 이러한 부관상 의무는 보조사업자가 지방자치단체에 부담하는 공법상 의무이므로, 보조사업자에 대한 지방자치단체의 보조금반환청구는 공법상 권리관계의 일방 당사자를 상대로 하여 공법상 의무이행을 구하는 청구로서 행정소송법 제3조 제2호에 규정한 당사자소송의 대상이 된다고 판시하였다(2011다2591). [19년 소방간부, 15년 국가 9급]

참고로, 보조사업자란 보조금의 교부대상이 되는 사업을 수행하는 자를 말한다. 충남 홍성군이 경영난에 빠진 (주)홍주미트에 지원했던 보조금을, 보조금지급결정 시 부가했던 기한이 도래함에 따라 반환할 것을 소송으로 요구한 사안이다.

OX 1
보조사업자가 허위서류 등을 제출하여 보조금을 지급받은 후에 적발된 경우, 중앙관서의 장이 그 보조금 교부결정의 전부 또는 일부를 취소하는 것은 강학상 행정행위의 직권취소에 해당한다. [ ] [14년 지방 7급]

OX 2
「보조금 관리에 관한 법률」에 따라 반환되어야 할 보조금에 대한 중앙관서의 장이 가지는 징수권은 사법상 채권이므로, 민사소송의 방법으로 반환청구할 수 있다. [ ] [14년 지방 7급]

OX 3
「보조금 관리에 관한 법률」에 따라 중앙관서의 장이 보조사업자에게 보조금반환을 명하였음에도 보조사업자가 이를 반환하지 아니하는 경우, 중앙관서의 장은 강제징수의 방법과 민사소송의 방법을 합리적 재량에 의하여 선택적으로 활용할 수 있다. [ ] [17년 국회 8급]

PART 05

정답
1. ○ 2. × 3. ×

(5) 보조금교부채권에 대한 양도나 강제집행의 가부

보조금을 받을 수 있는 권리는 타인에게 양도하거나, 보조금을 받을 수 있는 자의 채권자가 그것에 대해 강제집행을 할 수 없다. 보조금이 지원되는 이유는 공적인 목적을 위한 것이기 때문이다.

판례

사립학교법인의 국가 및 지방자치단체에 대한 보조금교부채권은 성질상 양도나 강제집행의 대상이 될 수 없다(96마1302). [14년 지방 7급]

3. 융자(融資)와 보증(保證)

① 융자(融資)란 공적 목적의 실현을 위하여 일반적인 금융시장에서보다 유리한 조건으로 수급자에게 제공되는 자금 대여(貸與)를 말한다. 「중소기업창업 지원법」에 따른 중소기업 창업에 대한 융자가 그 예이다. 보통 행정주체가 금융기관에 융자를 하고 금융기관이 수급자에게 다시 융자를 하는 재융자 방식으로 이루어진다.

② 보증(保證)이란 수급자가 제3자에 대하여 부담한 채무에 대하여 행정주체가 보증을 해주는 것을 말한다. 「신용보증기금법」에 따라 이루어지는 담보능력이 부족한 중소기업의 채무에 대한 신용보증기금의 보증이 그 예이다.

③ 융자나 보증을 어떠한 형식의 행정작용으로 할 수 있는지가 문제되는데, 공법상 계약이나 행정행위뿐만 아니라 사법상 계약의 형식으로도 이루어질 수 있다고 본다.

03 권리 구제

① 행정청이 자금지원을 거부하거나 경쟁관계에 있는 자에 대하여 자금을 지원한 경우에 법적으로 다툴 소지가 발생하게 된다.

② 자금지원이 ㉠ 공법상 계약에 따라 이루어지는 경우에는 관련된 분쟁을 당사자소송으로 해결하여야 하고, ㉡ 사법상 계약에 따라 이루어지는 경우에는 관련된 분쟁을 민사소송을 통하여 해결해야 한다. 이때 사법상 계약으로 이루어진 경우에는 행정사법(行政私法)의 원리가 적용된다. ㉢ 자금지원이 행정행위에 따라 이루어지는 경우에는 항고쟁송을 통하여 분쟁을 해결해야 한다. 이 경우에는 신청권의 존부에 따라 처분성이 갈리게 된다.

Chapter

03 사회보장행정

핵심 정리 36 사회보장행정

01 개설

사회보장기본법 제3조(정의) 이 법에서 사용하는 용어의 뜻은 다음과 같다.
1. "사회보장"이란 출산, 양육, 실업, 노령, 장애, 질병, 빈곤 및 사망 등의 사회적 위험으로부터 모든 국민을 보호하고 국민 삶의 질을 향상시키는 데 필요한 소득·서비스를 보장하는 사회보험, 공공부조, 사회서비스를 말한다.

1. 의의

① 사회보장(행정)이란 출산, 양육, 실업, 노령, 장애, 질병, 빈곤 및 사망 등의 사회적 위험으로부터 모든 국민을 보호하고 국민 삶의 질을 향상시키는 데 필요한 소득·서비스를 보장하는 사회보험, 공공부조, 사회서비스를 말한다. [18년 지방 7급]

② 사회보장행정은 행정주체에 의하여 이루어지는 것만을 말한다. 따라서 순수하게 사인에 의하여 이루어지는 양로원의 설립 등은 사회보장행정이 아니다.

2. 헌법적 근거

헌법 제34조 ① 모든 국민은 인간다운 생활을 할 권리를 가진다.
② 국가는 사회보장·사회복지의 증진에 노력할 의무를 진다.

사회보장기본법 제9조(사회보장을 받을 권리) 모든 국민은 사회보장 관계 법령에서 정하는 바에 따라 사회보장급여를 받을 권리(이하 "사회보장수급권"이라 한다)를 가진다.

① 헌법 제34조 제2항은 국가의 사회보장·복지 의무를 규정하고 있으며, 제1항은 이에 대응하여 모든 국민에게 인간다운 생활을 할 권리가 있음을 규정하고 있다.

② 인간다운 생활을 할 권리도 법적 권리에 해당한다. 그러나 사회적 기본권의 일종이기 때문에, 국민이 헌법상의 규정만을 근거로 하여 국가에 대하여 구체적 급여나 서비스 제공을 요청할 수는 없고, 수급요건·수급자의 범위·수급액 등 구체적인 사항이 법률에 규정되어야 비로소 구체적인 법적 권리가 되어, 법적으로 이를 행사할 수 있다고 본다.

③ 이 사회보장청구권은 그 성질상 자연인만이 보유할 수 있고, 법인은 보유할 수 없다. [11년 국가 7급]

PART 05

판례

헌법 제34조 제1항이 보장하는 인간다운 생활을 할 권리는 사회권적 기본권의 일종으로서 인간의 존엄에 상응하는 최소한의 물질적인 생활의 유지에 필요한 급부를 요구할 수 있는 권리를 의미하는데, 이러한 권리는 국가가 재정형편 등 여러 가지 상황들을 종합적으로 고려하여 법률을 통하여 구체화함으로써 법률적 권리로 인정된다. 의료급여법에 의하여 인정되는 의료급여수급권도 이러한 법률적 권리에 해당한다(2017헌마103). [23년 지방 7급 **1**]

OX 1

「의료급여법」에 의하여 인정되는 의료급여수급권은 사회권적 기본권의 일종으로서 헌법을 통하여 직접 인정되는 헌법적 권리에 해당한다. [ ]
[23년 지방 7급]

3. 법률적 근거

(1) 사회보장기본법

사회보장행정에 관한 원칙과 기본적인 사항을 정하기 위해 「사회보장기본법」이 제정되어 있다. 다른 법률을 제정하거나 개정하는 경우에는 사회보장기본법에 부합되도록 하여야 한다(제4조).

(2) 사회보장기본법에 따른 국가와 지방자치단체의 의무

① 동법에 따르면, 국가와 지방자치단체는, 국가 발전수준에 부응하고 사회환경의 변화에 선제적으로 대응하며 지속가능한 사회보장제도를 확립하고 매년 이에 필요한 재원을 조달하여야 할 의무가 있다(제5조 제3항). [18년 지방 7급]

② 또 「사회보장기본법」은 ㉠ 사회보험은 국가의 책임으로 시행하는 반면, ㉡ 공공부조와 사회서비스는 국가와 지방자치단체의 책임으로 시행하는 것을 원칙으로 하고 있다. 다만, 국가와 지방자치단체의 재정 형편 등을 고려하여 이를 협의·조정하는 것을 허용하고 있다(제25조 제5항). [22년 국가 7급 **2**]

③ 동법에 따르면, 국가와 지방자치단체는 국민의 사회보장수급권의 보장 및 재정의 효율적 운용을 위하여 사회보장급여의 관리체계를 구축·운영하여야 한다(제30조 제1항). [22년 국가 7급]

OX 2

사회보험은 국가와 지방자치단체의 책임으로 시행하고, 공공부조와 사회서비스는 지방자치단체의 책임으로 시행하는 것을 원칙으로 하며, 국가는 지방자치단체의 재정 형편 등을 고려하여 이를 협의·조정하여야 한다. [ ]
[22년 국가 7급]

(3) 사회보장기본법에 따른 사회보장정보시스템의 운영

① 국가는 관계 중앙행정기관과 지방자치단체에서 시행하는 사회보장수급권자 선정 및 급여 관리 등에 관한 정보를 통합·연계하여 처리·기록 및 관리하는 시스템(이하 "사회보장정보시스템"이라 한다)을 구축·운영할 수 있다(제37조 제2항).

② 보건복지부장관은 관계 중앙행정기관, 지방자치단체 및 관련 기관·단체에 사회보장정보시스템의 운영에 필요한 정보의 제공을 요청하고 제공받은 목적의 범위에서 보유·이용할 수 있다(제37조 제5항). [22년 국가 7급]

(4) 사회보장급여의 수준

① 국가와 지방자치단체는 모든 국민이 건강하고 문화적인 생활을 유지할 수 있도록 사회보장급여의 수준 향상을 위하여 노력하여야 한다(제10조 제1항).

② 국가는 관계 법령에 정하는 바에 따라 최저보장수준과 최저임금을 매년 공표하여야 한다(제10조 제2항). [23년 지방 7급]

정답

1. ○ 2. ×

(5) 사회보장수급권의 보호

사회보장수급권은 관계 법령에서 정하는 바에 따라 다른 사람에게 양도하거나 담보로 제공할 수 없으며, 이를 압류할 수 없다(제12조). [23년 지방 7급]

02 사회보험

1. 개설

사회보장기본법 제3조(정의) 이 법에서 사용하는 용어의 뜻은 다음과 같다.
2. "사회보험"이란 국민에게 발생하는 사회적 위험을 보험의 방식으로 대처함으로써 국민의 건강과 소득을 보장하는 제도를 말한다.

사회보장기본법 제10조(사회보장급여의 수준) ① 국가와 지방자치단체는 모든 국민이 건강하고 문화적인 생활을 유지할 수 있도록 사회보장급여의 수준 향상을 위하여 노력하여야 한다.

① 사회보험이란 질병, 상해, 실업과 같은 사회적 위험을 보험의 방식으로 대처하여 국민의 건강과 소득을 보장하는 제도이다. [18년 지방 7급, 11년 국가 7급] 경제적 약자를 구제함에 있어 사법분야에서 발달된 보험의 원리를 공적인 방식으로 이용하는 것이다.

② 다만, 민영보험과 달리 가입이 강제되며 보험자와 피보험자 간의 합의가 아니라 법령에 의해 권리의 내용이 설정된다. 또한 민영보험과 달리 급부와 반대급부의 균형원칙이 유지되지도 않는다. 형편에 따라 급부보다 더 많은 반대급부가 이루어지기도 한다.

③ 사회보험에 드는 비용은 사용자, 피용자(被傭者) 및 자영업자가 부담하는 것을 원칙으로 하되, 관계 법령에서 정하는 바에 따라 국가가 그 비용의 일부를 부담할 수 있다(사회보장기본법 제28조 제2항). [08년 국가 7급]

④ 사회보험은 「국민건강보험법」, 「산업재해보상보험법」, 「국민연금법」, 「공무원연금법」, 「고용보험법」 등에 의해 구체적으로 규율된다.

2. 국민건강보험법 특수논점

(1) 가입자와 피부양자

① 국내에 거주하는 모든 국민은 원칙적으로 건강보험의 가입자나 피부양자가 된다. 다만, ㉠ 「의료급여법」에 따라 의료급여를 받는 사람("수급권자")이나 ㉡ 「독립유공자예우에 관한 법률」 및 「국가유공자 등 예우 및 지원에 관한 법률」에 따라 의료보호를 받는 사람("유공자등 의료보호대상자")은 그렇지 않다(제5조 제1항). [20년 지방 7급 1]

② 가입자는 직장가입자와 지역가입자로 구분한다(제6조 제1항). ㉠ 모든 사업장의 근로자 및 사용자와 공무원 및 교직원은 원칙적으로 "직장가입자"가 되고(제6조 제2항), ㉡ 직장가입자와 그 피부양자를 제외한 가입자는 "지역가입자"가 된다(제6조 제3항).

③ 피부양자란 직장가입자의 배우자나 직장가입자의 직계존속 등 직장가입자에게 주로 생계를 의존하는 사람으로서 소득 및 재산이 보건복지부령으로 정하는 기준 이하에 해당하는 사람을 말한다(제5조 제2항).

PART 05

OX 1
국내에 거주하는 국민은 건강보험의 가입자 또는 피부양자가 되나 「의료급여법」에 따라 의료급여를 받는 사람은 적용대상에서 제외된다. [ ]
[20년 지방 7급]

정답
1. ○

OX 1
가입자는 직장가입자의 피부양자가 된 날에 그 자격을 잃는다. [ ] [20년 지방 7급]

OX 2
직장가입자인 근로자 등이 그 사용관계가 끝난 날에는 그 당일에 가입자의 자격이 변동된다. [ ] [20년 지방 7급]

OX 3
사업주가 제공한 교통수단이나 그에 준하는 교통수단을 이용하는 등 사업주의 지배관리하에서 출퇴근하는 도중에 발생한 사고는 업무상 재해이다. [ ] [21년 지방 7급]

정답
1. ○ 2. × 3. ○

④ 가입자는 ㉠ 사망한 날의 다음 날, ㉡ 국적을 잃은 날의 다음 날, ㉢ 국내에 거주하지 아니하게 된 날의 다음 날, ㉣ 직장가입자의 피부양자가 된 날 등에 그 자격을 잃는다(제10조 제1항). [20년 지방 7급 1]

⑤ 가입자는 ㉠ 지역가입자가 적용대상사업장의 사용자로 되거나, 근로자·공무원 또는 교직원(이하 "근로자 등")으로 사용된 날, ㉡ 직장가입자가 다른 적용대상사업장의 사용자로 되거나 근로자 등으로 사용된 날 ㉢ 직장가입자인 근로자 등이 그 사용관계가 끝난 날의 다음 날 등에 그 자격이 변동된다(제9조 제1항). [20년 지방 7급 2]

(2) 급여의 제한

국민건강보험공단은 보험급여를 받을 수 있는 사람이 다른 법령에 따라 국가나 지방자치단체로부터 보험급여에 상당하는 급여를 받거나 보험급여에 상당하는 비용을 지급받게 되는 경우에는 그 한도에서 보험급여를 하지 아니한다(제53조 제2항). [20년 지방 7급]

3. 산업재해보상보험

(1) 개설

① 근로자의 업무상의 재해를 신속하고 공정하게 보상하고, 재해근로자의 재활 및 사회 복귀를 촉진하기 위한 목적으로 「산업재해보상보험법」을 제정하여 산업재해보상보험제도를 운영하고 있다.

② 산업재해보상보험은 고용노동부장관이 관장하는데(제2조), 이를 위해 고용노동부장관의 위탁을 받아 근로복지공단이 설립되어 있다(제10조).

(2) 업무상 재해

① 동법은 업무상 재해를 ㉠ 업무상 사고, ㉡ 업무상 질병, ㉢ 출퇴근 재해로 구분하고 있다.

② 출퇴근 재해란, ㉠ 사업주가 제공한 교통수단이나 그에 준하는 교통수단을 이용하는 등 사업주의 지배관리하에서 출퇴근하는 도중에 발생한 사고와, ㉡ 그 밖에 통상적인 경로와 방법으로 출퇴근하는 중 발생한 사고를 말한다. [21년 지방 7급 3]

(3) 보험급여

동법상 보험급여는 ㉠ 요양급여, ㉡ 휴업급여, ㉢ 장해급여, ㉣ 간병급여, ㉤ 유족급여, ㉥ 상병(傷病)보상연금, ㉦ 장례비, ㉧ 직업재활급여로 구분된다(제36조).

(4) 국가의 부담 및 지원

국가는 회계연도마다 예산의 범위에서 보험사업의 사무 집행에 드는 비용을 일반회계에서 부담하여야 한다(제3조). [21년 지방 7급]

(5) 자료 제공 요청권

근로복지공단은 보험사업을 효율적으로 수행하기 위하여 필요하면 질병관리청·국세청 및 지방자치단체 등 관계 행정기관이나 보험사업과 관련되는 기관·단체 등에 필요한 자료의 제공을 요청할 수 있다(제31조). [21년 지방 7급]

(6) 급여 지급거부에 대한 불복

① 산업재해보상보험법이 규정한 보험급여지급의 요건에 해당하여 보험급여를 받을 권리가 있는 자라고 할지라도 그 요건에 해당하는 것만으로 바로 구체적인 청구권이 발생하는 것이 아니라 근로복지공단의 인용결정에 의하여 비로소 구체적인 청구권이 발생한다. 따라서 근로복지공단이 보험급여를 지급하기로 하는 결정이나 그 지급을 거부하는 결정은 신청인에게 급여청구권이 있는지의 여부를 공권적으로 확정하는 준법률행위적 행정행위로서의 확인에 해당하여 행정처분이다(서울행정법원 2004구합38164).

② 따라서 급여 지급거부 결정에 대한 불복은 근로복지공단을 피고로 하여 항고소송을 통하여야 한다. [21년 지방 7급 1]

03 공공부조

1. 공공부조의 의의

> 사회보장기본법 제3조(정의) 이 법에서 사용하는 용어의 뜻은 다음과 같다.
> 3. "공공부조"(公共扶助)란 국가와 지방자치단체의 책임하에 생활유지능력이 없거나 생활이 어려운 국민의 최저생활을 보장하고 자립을 지원하는 제도를 말한다.

① 공공부조란 국가 또는 지방자치단체의 책임하에 생활유지능력이 없거나 생활이 어려운 국민의 최저생활을 보장하고 자립을 지원하는 제도를 말한다. [11년 국가 7급] 「국민기초생활 보장법」에 의한 생활보호와 「의료급여법」에 의한 의료보호가 공공부조의 예이다. 공공부조는 사회보험에 대한 보완적 성격을 가진다.

② 공공부조는 재원이 조세수입 등 일반재정을 통하여 형성되지만, 사회보험은 피보험자, 그의 사용주, 정부 등의 보험금 또는 기여금에 의존하는 것이 일반적이다. [11년 국가 7급]

③ 또 공공부조는 급부의 내용이 행정청의 판단에 따라 이루어지는 반면(개별적 급부), 사회보험은 계약의 내용이 법률에 명확히 정해져 있어 행정청의 판단이 개입할 여지가 거의 없다는 점(다수성으로 인한 획일적인 급부)에서 차이가 있다.

2. 국민기초생활 보장법에 따른 공공부조

> 국민기초생활보장법 제7조(급여의 종류) ① 이 법에 따른 급여의 종류는 다음 각 호와 같다.
> 1. 생계급여 2. 주거급여 3. 의료급여 4. 교육급여 5. 해산급여(解産給與)
> 6. 장제급여(葬祭給與) 7. 자활급여

(1) 종류

① 국민기초생활 보장법에 따른 급여는 ㉠ 생계급여, ㉡ 주거급여, ㉢ 의료급여, ㉣ 교육급여, ㉤ 해산(解産)급여, ㉥ 장제(葬祭)급여, ㉦ 자활급여로 구분되어 지급된다. [07년 국가 7급 2]

② 장제급여란, 수급자가 사망한 경우에 사체의 검안, 운반, 화장, 매장 등의 조치를 취해주는 것을 말하며 장제에 필요한 비용을 지급해주기도 한다. 수급자란 급여를 받는 사람을 말한다.

OX 1
유족급여의 지급거부에 대하여는 고용노동부장관을 피고로 하여 당사자소송을 제기하여야 한다.
[ ] [21년 지방 7급]

OX 2
급여는 생계급여, 주거급여, 의료급여, 교육급여, 해산급여, 장제급여, 자활급여로 구분된다.
[ ] [07년 국가 7급]

정답
1. × 2. ○

③ 생계급여란 수급자에게 의복, 음식물 및 연료비와 그 밖에 일상생활에 기본적으로 필요한 금품을 지급하여 그 생계를 유지하게 하는 것을 말한다(제8조 제1항). [07년 국가 7급] 금전지급을 원칙으로 하지만, 금전으로 지급할 수 없거나 금전으로 지급하는 것이 적당하지 아니하다고 인정하는 경우에는 물품을 지급할 수 있다(제9조 제1항). 금전이나 물품은 특별한 사정이 없는 한 매월 정기적으로 지급하여야 한다(제9조 제2항). [08년 국가 7급]

(2) 기본원칙

① 국민기초생활 보장법에 따른 급여는 수급자가 자신의 생활의 유지·향상을 위하여 그의 소득, 재산, 근로능력 등을 활용하여 최대한 노력하는 것을 전제로 이를 보충·발전시키는 것을 기본원칙으로 한다(제3조 제1항). [07년 국가 7급] 급부행정의 원칙인 보충성의 원칙을 따르고 있는 것이다.

② 부양의무자(예 직계혈족이나 배우자)의 부양과 다른 법령에 따른 보호는 「국민기초생활 보장법」에 따른 급여에 우선하여 행하여지는 것으로 한다. 다만, 다른 법령에 따른 보호의 수준이 이 법에서 정하는 수준에 이르지 아니하는 경우에는 나머지 부분에 관하여 동법에 따른 급여를 받을 권리를 잃지 아니한다(제3조 제2항). 「국민기초생활 보장법」은 다른 부양수단들에 대해서도 보충성을 갖는다.

(3) 수급권자

① 수급권자란 국민기초생활 보장법에 따른 급여를 받을 수 있는 자격을 가진 사람을 말한다(제2조 제1호). ㉠ 부양의무자가 없거나, ㉡ 부양의무자가 있어도 부양능력이 없거나 부양을 받을 수 없는 사람으로서, 그 소득인정액이 중앙생활보장위원회의 심의·의결을 거쳐 결정하는 금액 이하인 사람이 수급권자가 된다(제8조 제2항, 제12조 제3항, 제12조의3 제2항). [08년 국가 7급]

② 또한 위 기준을 충족하지 못한다 하더라도 생활이 어려운 사람으로서 일정 기간 동안 급여의 전부 또는 일부가 필요하다고 보건복지부장관 또는 소관 중앙행정기관의 장이 정하는 사람은 수급권자로 본다(제14조의2).

③ 「국민기초생활 보장법」은 생활유지능력이 없는 자가 신청을 한 경우에만 보장급여를 하는 신청주의를 취하고 있다. 다만, 사회복지 전담공무원은 급여를 필요로 하는 사람이 누락되지 아니하도록 하기 위하여 관할지역에 거주하는 수급권자에 대한 급여를 직권으로 신청할 수 있다. 직권으로 신청하는 경우 수급권자의 동의를 구하여야 하며 수급권자의 동의는 수급권자의 신청으로 본다(제21조 제2항). [21년 지방 7급 1]

OX 1

사회복지 전담공무원은 급여를 필요로 하는 사람이 누락되지 아니하도록 하기 위하여 관할지역에 거주하는 수급권자에 대한 급여를 수급자의 동의없이 직권으로 신청할 수 있다. [ ]
[21년 지방 7급]

(4) 급여의 기준

① 국민기초생활 보장법에 따른 급여는 건강하고 문화적인 최저생활을 유지할 수 있는 수준이어야 한다(제4조 제1항). [07년 국가 7급]

② 지방자치단체인 보장기관은 해당 지방자치단체의 조례로 정하는 바에 따라 국민기초생활법에 따른 급여의 범위 및 수준을 초과하여 급여를 실시할 수 있다(제4조 제4항). [21년 지방 7급] 참고로, '보장기관'이란 급여를 실시하는 국가 또는 지방자치단체를 말한다(제2조 제4호).

정답

1. ×

(5) 최저생계비의 결정

① 보건복지부장관 또는 소관 중앙행정기관의 장은 급여의 종류별 수급자 선정기준 및 최저보장수준을 결정하여야 한다(제6조 제1항).

② 보건복지부장관 또는 소관 중앙행정기관의 장은 매년 8월 1일까지 중앙생활보장위원회의 심의·의결을 거쳐 다음 연도의 급여의 종류별 수급자 선정기준 및 최저보장수준을 공표하여야 한다(제6조 제2항).

③ 최저생계비 결정시에는 기준 중위소득개념을 사용하는데❶, 「통계법」 제27조에 따라 통계청이 공표하는 통계자료의 가구 경상소득(근로소득, 사업소득, 재산소득, 이전소득을 합산한 소득)의 중간값에 최근 가구소득 평균 증가율, 가구규모에 따른 소득수준의 차이 등을 반영하여 가구규모별로 산정한다(제6조의2). [21년 지방 7급 1]

(6) 급여의 내용

① 생계급여는 수급자에게 의복, 음식물 및 연료비와 그 밖에 일상생활에 기본적으로 필요한 금품을 지급하여 그 생계를 유지하게 하는 것으로 한다(제8조 제1항).

② 생계급여 최저보장수준은 생계급여와 소득인정액을 포함하여 생계급여 선정기준 이상이 되도록 하여야 한다(제8조 제3항). [21년 지방 7급]

04 사회서비스

> 사회보장기본법 제3조(정의) 이 법에서 사용하는 용어의 뜻은 다음과 같다.
> 4. "사회서비스"란 국가·지방자치단체 및 민간부문의 도움이 필요한 모든 국민에게 복지, 보건의료, 교육, 고용, 주거, 문화, 환경 등의 분야에서 인간다운 생활을 보장하고 상담, 재활, 돌봄, 정보의 제공, 관련 시설의 이용, 역량 개발, 사회참여 지원 등을 통하여 국민의 삶의 질이 향상되도록 지원하는 제도를 말한다.

① 사회서비스란, 국가·지방자치단체 및 민간부문의 도움이 필요한 모든 국민에게 복지, 보건의료, 교육, 고용, 주거, 문화, 환경 등의 분야에서 인간다운 생활을 보장하고 상담, 재활, 돌봄, 정보의 제공, 관련 시설의 이용, 역량 개발, 사회참여 지원 등을 통하여 국민의 삶의 질이 향상되도록 지원하는 제도를 말한다(제3조 제4호). [18년 지방 7급]

② 사회서비스는 보통 금전급여에 의하지 않는 공적 서비스로서, 상담, 치료, 직업소개 등을 그 내용으로 한다.

③ 부담 능력이 있는 국민에 대한 사회서비스에 드는 비용은 그 수익자가 부담함을 원칙으로 하되, 관계 법령에서 정하는 바에 따라 국가와 지방자치단체가 그 비용의 일부를 부담할 수 있다(사회보장기본법 제28조 제4항). [22년 국가 7급]

④ 사회서비스에 대해서는 「아동복지법」, 「노인복지법」, 「장애인·노인·임산부 등의 편의증진 보장에 관한 법률」 등에서 규율하고 있다.

❶ 참고로, 기준 중위소득은 최저생계비뿐만 아니라, 생계급여, 의료급여, 주거급여, 교육급여 등 각종 복지정책에서 수급자를 선정하는 기준으로 활용하고 있다. '중위소득'이란 전 국민을 100명이라고 가정하고, 소득 규모 순으로 줄을 세웠을 때 50번째 사람의 소득으로서 통계청에서 표본조사를 통해 발표한다. 2023년 1인 가구 기준 중위소득은 월 207만 7892원이었고, 3인 가구 기준 중위소득은 443만 4816원이었다.

OX 1

기준 중위소득은 「통계법」에 따라 통계청이 공표하는 통계자료의 가구 경상소득의 중간값에 최근 가구소득 평균증가율, 가구규모에 따른 소득수준의 차이 등을 반영하여 가구규모별로 산정한다. [ ] [21년 지방 7급]

PART 05

정답

1. ○

05 평생사회안전망

사회보장기본법 제3조(정의) 이 법에서 사용하는 용어의 뜻은 다음과 같다.
5. "평생사회안전망"이란 생애주기에 걸쳐 보편적으로 충족되어야 하는 기본욕구와 특정한 사회위험에 의하여 발생하는 특수욕구를 동시에 고려하여 소득·서비스를 보장하는 맞춤형 사회보장제도를 말한다.

① 평생사회안전망이란 생애주기에 걸쳐 보편적으로 충족되어야 하는 기본욕구와 특정한 사회위험에 의하여 발생하는 특수욕구를 동시에 고려하여 소득·서비스를 보장하는 맞춤형 사회보장제도를 말한다(제3조 제5호). [18년 지방 7급 1]

② 이를 구체화하기 위해 「정신건강증진 및 정신질환자 복지서비스 지원에 관한 법률」, 「재해구호법」, 「국가유공자 등 예우 및 지원에 관한 법률」 등이 제정되어 있다.

③ 사회보장기본법은 국가와 지방자치단체로 하여금 모든 국민이 생애 동안 삶의 질을 유지·증진할 수 있도록 평생사회안전망을 구축하여야 한다는 의무를 부과하고 있다(제22조 제1항).

OX 1

'사회서비스'란 생애주기에 걸쳐 보편적으로 충족되어야 하는 기본욕구와 특정한 사회위험에 의하여 발생하는 특수욕구를 동시에 고려하여 소득·서비스를 보장하는 맞춤형 사회보장제도를 말한다. [ ] [18년 지방 7급]

정답

1. ×

PART

06

공적시설법

유대웅
행정법각론
핵심정리

www.pmg.co.kr

Chapter 01

공적시설법 개설

핵심 정리 37 공적시설법 개설

공물에 관한 법률관계를 다루는 공물법, 공기업에 관한 법률관계를 다루는 공기업법, 영조물에 관한 법률관계를 다루는 영조물법을 통틀어, 공적시설법이라 한다. 다만, 영조물법에 대해서는 특별한 논점이 없으므로 이 책에서는 영조물법에 대한 내용은 제외하기로 한다.

Chapter

02 공물법

핵심 정리 38 공물법 개설

01 공물(公物)의 의의

공물이란 행정주체에 의하여 직접 공적 목적에 제공되어 공법적 규율을 받는 유체물과 무체물 및 물건의 집합체를 말한다. 공물은 공적인 목적으로 사용되는 물건은 개인(私人)이 사적으로 사용하는 재산(私物)과 법적으로 달리 취급되어야 할 필요가 있다는 문제의식에서 비롯·발전한 개념이다. 공물이 사물(私物)을 지배하는 법리인 「민법」의 법리에 따라 공물이 규율되지 않게 하려는 목적에서 발전되었다.

02 공물과 국·공유재산

1. 공물과 국·공유재산의 관계

① 공물은 그 소유권자가 누구인지와 무관하게, '관리'의 주체와 목적에 착안하여 정립되는 개념이다.❶ 따라서 ㉠ 공물의 소유자가 행정주체가 아닌 경우에도 행정주체에 의해 직접 공적 목적에 제공되어 공법적 규율을 받는 경우에는 공물로 인정이 될 수 있고, ㉡ 행정주체 소유의 재산이라 하더라도 공적 목적에 제공되고 있지 않으면 공물로 인정되지 않는다.

② 한편, 국가 소유의 재산을 국유(國有)재산이라 하고, 지방자치단체 소유의 재산을 공유(公有)재산이라 하는데, 이를 규율하려는 목적으로 각각 「국유재산법」과 「공유재산 및 물품관리법」이 제정되어 있다. 이 두 법 모두 국·공유재산 중 ㉠ 공물인 것을 '행정재산'이라 하고, ㉡ 공물이 아닌 것을 '일반재산'❷으로 구분하고 있다.

③ 결론적으로, 공물은 ㉠ 행정재산(즉, 국유재산 중 공물인 것 + 공유재산 중 공물인 것)과 ㉡ 사유재산 중 공물인 것으로 구성이 된다. 다만, 사유재산 중 공물인 것은 행정재산에 비해 그 수가 많지 않으므로, 공물에 관한 논의는 주로 행정재산에 집중된다.

공물	=	행정재산 (국유재산 중 공물인 것 + 공유재산 중 공물인 것)	+	사유재산 중 공물

2. 행정재산과 일반재산의 법률관계 비교

① 기본적으로 국·공유재산 중 행정재산과 관련된 법률관계는 공법(公法)관계로, 일반재산과 관련된 법률관계는 사법(私法)관계로 분류된다.

② 행정재산은 "사용·수익 허가"를 통해 빌려주고, 일반재산은 "대부계약"을 체결하여 빌려준다.

❶ 과거에는 행정주체는 모든 물건들을 공적인 목적을 위해서만 보유한다는 전제하에 행정주체 소유의 모든 물건들을 공물이라 보았는데(공소유권설), 현대 공물법이론은 이러한 견해를 극복하면서 정립이 되었다. 행정주체도 공적인 목적과 직접적인 관련이 없는 재산을 소유하는 경우도 있으며(예 국유임야), 사인이 소유하는 물건이라 하더라도 공적인 목적으로 존재한다면 그것을 공물로 보지 않을 이유가 없다는 문제 의식에 의해 공소유권설이 극복되었다.

❷ ① 공물이 아닌 재산을 강학상으로 '사물(私物)'이라 부르기도 한다. ② 과거에는 국·공유재산 중 공물이 아닌 것을 '잡종재산'이라 불렀다.

OX 1

「국유재산법」상 일반재산의 대부는 행정처분이 아니며 그 계약은 사법상 계약이다. [ ]
[16년 지방 9급]

OX 2

판례는 잡종재산(일반재산)의 대부행위는 공법상 계약이며 그에 의해 형성되는 이용관계는 공법관계로 보았다. [ ]
[12년 국가 7급]

판례

국유재산법 제31조, 제32조 제3항, 산림법 제75조 제1항의 규정 등에 의하여 국유잡종재산에 관한 관리 처분의 권한을 위임받은 기관이 국유잡종재산을 대부하는 행위는 국가가 사경제 주체로서 상대방과 대등한 위치에서 행하는 사법상의 계약이고, 행정청이 공권력의 주체로서 상대방의 의사 여하에 불구하고 일방적으로 행하는 행정처분이라고 볼 수 없으며, 국유잡종재산에 관한 대부료의 납부고지 역시 사법상의 이행청구에 해당하고, 이를 행정처분이라고 할 수 없다(99다61675). [19년 5급 승진, 17년 교행 9급, 16년 지방 9급 1, 15년 서울 9급, 12년 국가 7급 2]

산림청장이나 그로부터 권한을 위임받은 행정청이 산림법 등이 정하는 바에 따라 국유임야를 대부하거나 매각하는 행위는 사경제적 주체로서 상대방과 대등한 입장에서 하는 사법상 계약이지 행정청이 공권력의 주체로서 상대방의 의사 여하에 불구하고 일방적으로 행하는 행정처분이라고 볼 수 없으며, 이 대부계약에 의한 대부료부과조치 역시 사법상 채무이행을 구하는 것으로 보아야지 이를 행정처분이라고 할 수 없다(91누11612). [17년 사복 9급, 14년 서울 7급]

구 「공유재산 및 물품 관리법」 제14조 제1항, 제28조 제1항 등의 규정에 의하여 특별시장·광역시장 또는 도지사로부터 공유재산 관리의 권한을 위임받은 시장·군수 또는 구청장이 공유재산인 잡종재산을 대부하는 행위는 지방자치단체가 사경제 주체로서 상대방과 대등한 위치에서 행하는 사법상의 계약이다(2010다59646). [23년 국가 7급]

지방재정법 제85조 제1항은, 공유재산을 정당한 이유 없이 점유하거나 그에 시설을 설치한 때에는 이를 강제로 철거하게 할 수 있다고 규정하고, 그 제2항은 지방자치단체의 장이 제1항의 규정에 의한 강제철거를 하게 하고자 할 때에는 행정대집행법 제3조 내지 제6조의 규정을 준용한다고 규정하고 있는바, 공유재산의 점유자가 그 공유재산에 관하여 대부계약 외 달리 정당한 권원이 있다는 자료가 없는 경우 그 대부계약이 적법하게 해지된 이상 그 점유자의 공유재산에 대한 점유는 정당한 이유 없는 점유라 할 것이고, 따라서 지방자치단체의 장은 공유재산 대부계약의 해지에 따른 원상회복으로 지방재정법 제85조에 의하여 행정대집행의 방법으로 그 지상물을 철거시킬 수 있다(2001두4078). [12년 국회 8급]

공유재산에 대한 대부계약과 관련된 법률관계는 기본적으로 사법(私法)관계로 분류된다. 따라서 대부계약상의 의무는 사법상의 의무이고, 사법상의 의무불이행을 이유로 해서는 원칙적으로 행정대집행을 할 수 없는 것이지만, 지방재정법 제85조 제2항에서 명문의 규정을 두어 행정대집행을 허용하고 있기 때문에, 행정대집행이 가능하다. 행정법총론에서 이미 다룬 주제이다.

OX 3

국유 일반재산의 대부료 징수에 관하여 국세 체납처분의 예에 따른 간이하고 경제적인 특별한 구제절차가 마련되어 있으므로, 특별한 사정이 없는 한 민사소송으로 일반재산의 대부료 지급을 구하는 것은 허용되지 않는다. [ ]
[18년 국가 7급]

국유재산법 제42조 제1항, 제73조 제2항 제2호에 따르면, 국유 일반재산의 관리·처분에 관한 사무를 위탁받은 자는 국유 일반재산의 대부료 등이 납부기한까지 납부되지 아니한 경우에는 국세징수법 제23조와 같은 법의 체납처분에 관한 규정을 준용하여 대부료 등을 징수할 수 있다. 이와 같이 국유 일반재산의 대부료 등의 징수에 관하여는 국세징수법 규정을 준용한 간이하고 경제적인 특별구제절차가 마련되어 있으므로, 특별한 사정이 없는 한 민사소송의 방법으로 대부료 등의 지급을 구하는 것은 허용되지 아니한다(2014다203588). [18년 국가 7급 3]

일반재산의 대부료 징수와 관련된 법률관계는 사법관계이지만, 그 법률관계에 대해서는 대부료 강제징수라는 민사소송보다 더 간이하고 경제적인 별도의 구제절차가 마련되어 있으므로, 민사소송을 제기하여 대부료를 거두어들이는 것은 허용되지 않는다는 것이다. 행정법총론에서 이미 다룬 주제이다.

정답

1. ○ 2. × 3. ○

> 공유 일반재산의 대부료와 연체료를 납부기한까지 내지 아니한 경우에도 공유재산 및 물품관리법 제97조 제2항에 의하여 지방세 체납처분의 예에 따라 이를 징수할 수 있다. 이와 같이 공유 일반재산의 대부료의 징수에 관하여도 지방세 체납처분의 예에 따른 간이하고 경제적인 특별한 구제절차가 마련되어 있으므로, 특별한 사정이 없는 한 민사소송으로 공유 일반재산의 대부료의 지급을 구하는 것은 허용되지 아니한다(2013다207941). [19년 5급 승진 1]

3. 국유재산법 규정 기출

① 기획재정부장관은 국유재산에 관한 사무를 총괄하고, 그 국유재산을 관리 · 처분한다(제8조 제1항). 국유재산법에서는 기획재정부장관을 '총괄청'이라 부른다(제2조 제10호).

② 다만, 국가재정법 제4조에 따라 설치된 특별회계 및 국가재정법 제5조에 따라 설치된 기금에 속하는 국유재산은 중앙관서의 장이 관리 · 처분한다(제8조 제3항). [19년 지방 7급 2] 여기서 "중앙관서"란 「헌법」 또는 「정부조직법」, 그 밖의 법률에 따라 설치된 중앙행정기관을 말한다. 국회의 사무총장, 법원행정처장, 헌법재판소의 사무처장 및 중앙선거관리위원회의 사무총장은 중앙관서의 장으로 본다(국가재정법 제6조).

③ 국유재산법에 따른 총괄청의 행정재산의 관리 · 처분에 관한 사무는 그 일부를 대통령령으로 정하는 바에 따라 중앙관서의 장에게 위임할 수 있다(제8조 제6항).

④ 국유재산에 관한 사무에 종사하는 직원은 그 처리하는 국유재산을 취득하거나 자기의 소유재산과 교환하지 못한다. 이를 위반한 행위는 무효로 한다. 다만, 해당 총괄청이나 중앙관서의 장의 허가를 받은 경우에는 그러하지 아니하다(제14조). [22년 군무원 7급 3]

03 종류

1. 행정목적에 따른 분류

강학상의 공물은 다시 공공용물, 공용물, 보존공물로 구분되고, 실정법상의 행정재산은 다시 '공공용재산', '공용재산', '기업용재산', '보존용재산'으로 구분되는데, [22년 군무원 7급 4, 21년 국회 8급, 19년 5급 승진 5] ㉠ 공공용재산은 강학상의 공공용물로, ㉡ 공용재산과 기업용재산은 강학상의 공용물로, ㉢ 보존용재산은 강학상의 보존공물로 분류된다. 각각의 의미는 다음과 같다.

강학상 공물의 분류	
공공용물	① 공공용물이란 직접 일반공중의 사용에 제공된 공물을 말한다. ② 예 도로, 공원, 광장, 하천, 항만, 운하, 교량, 온천, 공유수면, 지하도, 공중화장실, 국립도서관 장서 등 ③ 공공용물인 도로와 하천을 위해서는 특별법으로서 「도로법」, 「하천법」이 각각 제정되어 있다.
공용물	① 공용물이란 직접적으로 행정주체 자신의 사용에 제공된 공물을 말한다. [22년 행정사 6] ② 예 관공서 청사, 관공서의 집기와 비품, 관용차, 등대, 관사, 국립대학교 기숙사, 전투기, 군견, 권총, 전차 등
보존공물 (공적보존물)	① 보존공물이란 문화재와 같이 그 물건 자체의 보존을 목적으로 하는 공물을 말한다. ② 예 천연기념물, 국보 등 문화재, 보안림 등

OX 1
공유 일반재산의 대부료와 연체료를 납부기한까지 내지 아니한 경우, 특별한 사정이 없는 한 민사소송으로 공유 일반재산의 대부료의 지급을 구하는 것은 허용되지 아니한다. [ ] [19년 5급 승진]

OX 2
국유재산법에 따르면, 기획재정부장관은 국유재산에 관한 사무의 총괄청으로서 국가재정법 제4조에 따라 설치된 특별회계 및 같은 법 제5조에 따라 설치된 기금에 속하는 국유재산을 관리 · 처분할 권한을 갖는다. [ ] [19년 지방 7급]

OX 3
국유재산에 관한 사무에 종사하는 직원은 그 처리하는 국유재산을 취득하거나 자기의 소유재산과 교환하지 못하며, 이에 위반한 행위는 취소할 수 있다. [ ] [22년 군무원 7급]

OX 4
기업용재산은 행정재산에 속한다. [ ] [22년 군무원 7급]

OX 5
「국유재산법」상 행정재산의 종류는 공용재산, 공공용재산, 기업용재산, 보존용재산으로 구분된다. [ ] [19년 5급 승진]

OX 6
공공용물은 직접 행정주체 자신의 사용에 제공된 공물을 말한다. [ ] [22년 행정사]

정답
1. ○ 2. × 3. × 4. ○ 5. ○ 6. ×

실정법상 행정재산의 분류	
공공용재산	국가나 지방자치단체가 직접 공공용으로 사용하거나 사용하기로 결정한 재산
공용재산	국가나 지방자치단체가 직접 사무용·사업용 또는 공무원의 거주용으로 사용하거나 사용하기로 결정한 재산
기업용재산	국가나 지방자치단체가 경영하는 기업이 직접 사무용·사업용으로 사용하거나 사용하기로 결정한 재산과, 그 기업에 종사하는 직원의 거주용으로 사용하거나 사용하기로 결정한 재산
보존용재산	① 법령·조례·규칙에 따라 또는 필요에 의하여 국가나 지방자치단체가 보존하고 있거나 보존하기로 결정한 재산 [23년 행정사, 21년 행정사] ② 총괄청은 일반재산을 보존용재산으로 전환하여 관리할 수 있다(국유재산법 제8조 제2항). 전환권한은 총괄청이 갖는다. [21년 국회 8급 1]

OX 1
일반재산의 사용 및 이용에 지장이 없고 재산의 활용가치를 높일 수 있는 경우로서 중앙관서의 장이 필요하다고 인정하는 경우 중앙관서의 장은 일반재산을 보존용재산으로 전환하여 관리할 수 있다. [ ] [21년 국회 8급]

OX 2
국유재산은 그 용도에 따라 행정재산과 일반재산으로 구분되며, 행정재산 외의 모든 국유재산은 일반재산이다. [ ] [22년 군무원 7급]

국·공유 재산 [22년 군무원 7급 2]		
	행정재산	공용재산
		공공용재산
		기업용재산
		보존용재산
	일반재산	

행정재산의 실정법상 구분		강학상 개념
공공용재산	⊂	공공용물
공용재산	⊂	공용물
기업용재산		
보존용재산	⊂	보존공물

2. 성립과정에 따른 분류

공물은 그 성립과정에 따라 자연공물과 인공공물로 구분된다. ㉠ 자연공물이란 하천이나 해빈(해변)처럼 인위적인 가공 없이 자연상태 그대로 행정목적에 쓰일 수 있는 실체를 가진 공물을 말하고(98다41759), ㉡ 인공공물이란 도로나 공원처럼 공적인 목적에 제공되기 위하여 행정주체에 의해 인위적으로 가공된 공물을 말한다.

3. 소유권 귀속주체에 따른 분류

국유공물	소유권자가 국가인 공물을 말한다.
공유공물	소유권자가 지방자치단체인 공물을 말한다. [22년 행정사 3]
사유공물	① 소유권자가 사인(私人)인 공물을 말한다. 소유권자는 사인이지만 그것이 행정주체에 의해 직접 공적인 목적으로 제공이 된 경우에는 사유공물이 된다. ② 예 사인 소유의 문화재, 사인 소유의 도로 등 ③ 아무리 공적인 목적으로 제공되었다 하더라도, 사인이 사유지나 도로를 공원 등의 목적으로 제공한 경우와 같이, 행정주체가 아니라 사인에 의하여 공적인 목적으로 제공된 경우에는 공물에 해당하지 않는다.

OX 3
국가 또는 지방자치단체가 소유권자인 공물을 국유공물이라 한다. [ ] [22년 행정사]

OX 4
공물의 관리주체와 공물의 귀속주체가 다른 공물을 자유공물(自有公物)이라고 한다. [ ] [22년 행정사]

4. 소유·관리 주체에 따른 분류

자유(自有)공물	관리 주체와 소유자가 일치하는 경우의 공물. 국가의 공물 중 국유에 속하는 것
타유(他有)공물	공물 관리 주체와 소유주가 다른 공물 [22년 행정사 4]

정답
1. × 2. ○ 3. × 4. ×

5. 물건의 성격에 따른 분류

동산공물	① 토지 및 그 정착물이 아닌 공물 ② 예 경찰견, 관용차, 도서관 장서 등 [22년 행정사]
부동산공물	① 토지 및 그 정착물인 공물 ② 예 관공서청사, 국립대학교, 도로 등

핵심 정리 39 공물의 성립과 소멸

01 공물의 성립

1. 개설

① 특정한 물건이 공물로서의 성질을 취득하게 되는 것을 '공물의 성립'이라 한다. 어떠한 요건을 갖추어야 일반적인 물건(私物)과 달리 특별하게 취급되는지에 대한 논의가 이루어진다. 공물의 성립요건은 공공용물, 공용물, 보존공물에서 각각 조금씩 다르다.

② 이와 관련된 용어를 사전에 정리하면, ㉠ '형체적 요소를 갖추었다'는 말은 공물로서 사용될 수 있는 형체를 갖추었다는 의미(예 청사의 완공)이고, ㉡ '의사적 요소를 갖추었다'는 말은 행정주체가 당해 물건을 공물로서 사용하기로 하는 의사를 대외적으로 표명하였다는 의미이다. ㉢ 또 '권원'이란 지상권이나 임차권과 같이 당해 물건을 법적으로 정당하게 사용할 수 있는 권리를 말한다.

③ 뒤에서 다루겠지만, 공물의 경우에는 취득시효의 대상이 되지 않기 때문에, 어떤 물건이 공물인지 사물인지는, 국민이 국·공유재산을 시효로 취득하였음을 주장하는 경우에 국가나 지방자치단체와 국민 간의 분쟁에서 빈번한 쟁점이 되고 있다.

2. 공공용물의 성립

(1) 인공 공공용물의 경우

형체적 요소 (필요 ○)	인공 공공용물이 성립하기 위해서는 유체물인 경우에는 우선 인공을 가하여 일반공중의 사용에 제공될 수 있는 형체를 갖춘 물건이 만들어져야 한다(예 도로나 공원의 건설).
의사적 요소 (필요 ○)	① 인공 공공용물이 성립하기 위해서는 공용지정이 있어야 한다. 공용지정이란 어떤 물건이 특정한 공적 목적에 제공된다는 것과 그 때문에 특별한 공법상의 이용 질서하에 놓이게 된다는 것을 선언하는 법적 행위를 말한다(예 도로구역의 결정·고시 행위). 공용지정을 다른 말로 '공용개시'라고도 부른다. ② 공용지정은 의사표시의 일종이어서, 구체적인 사건들에서 공용지정이 있었던 것으로 볼 것인지와 관련해서 의사해석의 문제가 빈번하게 발생한다. ③ ㉠ 공용지정은 보통 행정행위로 이루어지지만, ㉡ 법률이나 법규명령, 자치법규 또는 관습법 등 법규에 의해서도 행하여질 수 있다. ㉢ 또 경우에 따라서는 행정주체의 단순한 사용행위가 묵시적으로 공용지정의 의사를 담고 있는 것으로 보아, 단순한 사용행위만 있어도 공용지정이 있었던 것으로 취급되기도 한다.

❶ 물적 행정행위란, 사람이 아니라, 물건 자체를 행정작용의 직접적인 대상으로 하지만, 그것을 통해 사람에게도 일정한 법적 효과가 발생하는 행정행위를 말한다.

OX 1

국가가 적법한 보상절차를 밟지 않고 사인의 토지를 「도로법」상 도로를 구성하는 부지로 점유하고 있는 경우에 토지의 소유자는 결과제거청구권의 행사로서 그 토지의 인도를 청구할 수 있다. [ ] [21년 경찰 2차]

OX 2

행정주체가 사인 소유의 토지를 권원 없이 도로로 점유하고 있는 경우, 해당 도로가 공용개시된 이상 토지소유권에 기해 도로부지의 반환을 청구하거나 손실보상청구권을 행사할 수 없다. [ ] [16년 서울 7급]

OX 3

어떤 토지가 개설경위를 불문하고 일반 공중의 통행에 공용되는 도로, 즉 공로가 되면 그 부지의 소유권행사는 제약을 받게 되며, 이는 소유자가 수인하여야 하는 재산권의 사회적 제약에 해당하므로, 공로부지의 소유자가 이를 점유·관리하는 지방자치단체를 상대로 공로로 제공된 도로의 철거, 점유이전 또는 통행금지를 청구하는 것은 법 질서상 원칙적으로 허용될 수 없는 '권리남용'이라고 보아야 한다. [ ] [22년 경찰간부]

OX 4

국유 하천부지는 자연의 상태 그대로 공공용에 제공될 수 있는 실체를 갖추고 있는 이른바 자연공물로서, 별도의 공용개시 행위가 없더라도 행정재산이 된다. [ ] [20년 지방 7급]

OX 5

도로와 같은 인공적 공공용 재산은 법령에 의하여 지정되거나 행정처분으로 공공용으로 사용하기로 결정한 경우에만 행정재산이 되는 것이고 행정재산으로 실제 사용하는 것만으로 행정재산이 되는 것은 아니다. [ ] [19년 지방 7급]

OX 6

토지의 지목이 도로이고 국유재산대장에 등재되어 있다면 그 토지는 도로로서 행정재산에 해당한다. [ ] [21년 국가 7급]

정답

1. × 2. ○ 3. ○ 4. ○ 5. × 6. ×

	④ 행정행위인 공용지정은 물건에 대하여 이루어지는 것이기 때문에 물적 행정행위❶에 해당하는 것으로 본다. ⑤ 행정행위의 형식으로 행해진 공용지정에 하자가 있는 경우 ㉠ 하자가 중대하고 명백한 경우에는 무효가 되고, ㉡ 여타의 경우에는 취소사유가 있지만 일단은 유효하게 취급된다.
사용 권원 (필요 ○)	① 공용지정을 하기 위해서는 그 전제로 행정주체가 그 물건을 사용할 수 있는 정당한 권원을 갖고 있어야 한다. 즉, 행정주체는 매매계약이나 공용수용 등에 의하여 소유권을 획득하거나 지상권이나 임차권 등의 이용권을 취득하여야 한다. ② 아무런 권원 없이 행한 공용지정은 위법한 것이 된다. 이 경우 소유자는 손해배상(99다40807)이나 부당이득반환(88다카6006) 또는 결과제거로서 원상회복(85다카1383)을 청구할 수 있다. ③ 다만, 판례는 권원 없이 사인의 토지를 행정주체가 도로로 공용지정 한 경우에는 손해배상과 부당이득반환청구는 인정하지만, 손실보상청구나 원상회복청구는 인정하지 않고 있다(88다카6006, 68다1317). [21년 경찰 2차❶, 16년 서울 7급❷] 또한 이 경우에, 소유자가 도로의 철거나 점유이전 또는 통행금지를 구하는 것은 신의칙 위반으로서 권리남용에 해당한다고 본다(2021다242154, 2020다229239). [23년 군무원 7급, 22년 경찰간부❸]

판례

농로나 구거와 같은 이른바 인공적 공공용재산은 (ⅰ) 법령에 의하여 지정되거나 (ⅱ) 행정처분으로 공공용으로 사용하기로 결정한 경우 (ⅲ) 또는 행정재산으로 실제 사용하는 경우의 어느 하나에 해당하면 행정재산이 된다(2005도7523). [20년 지방 7급❹, 16년 지방 7급]

[공용개시의 요건]

㉠ **법처사** 국유재산법상의 행정재산이란 국가가 소유하는 재산으로서 직접 공용, 공공용, 또는 기업용으로 사용하거나 사용하기로 결정한 재산을 말하는 것이고(국유재산법 제4조 제2항 참조), 그 중 도로와 같은 인공적 공공용 재산은 (ⅰ) 법령에 의하여 지정되거나, (ⅱ) 행정처분으로써 공공용으로 사용하기로 결정한 경우, (ⅲ) 또는 행정재산으로 실제로 사용하는 경우의 어느 하나에 해당하여야 비로소 행정재산이 된다. [19년 지방 7급❺, 13년 지방 7급]

㉡ **도노설** 특히 도로는 도로로서의 형태를 갖추고, (ⅰ) 도로법에 따른 노선지정 또는 노선인정의 공고 및 도로구역 결정·고시를 한 때 또는 (ⅱ) 도시계획법 또는 도시재개발법 소정의 절차를 거쳐 도로를 설치하였을 때에 공공용물로서 공용개시행위가 있다고 할 것이므로, 토지의 지목이 도로이고 국유재산대장에 등재되어 있다는 사정만으로 바로 그 토지가 도로로서 행정재산에 해당한다고 할 수는 없다(2015다255524, 2009다41533). [23년 경찰간부, 22년 군무원 5급, 22년 변호사, 21년 국가 7급❻, 20년 5급 승진, 20년 지방 7급, 20년 행정사, 18년 국회 8급]

[도시계획결정 및 지적승인의 고시만×] 토지에 대하여 도로로서의 도시계획시설결정 및 지적승인만 있었을 뿐 그 도시계획사업이 실시되었거나 그 토지가 자연공로로 이용된 적이 없는 경우에는, 도시계획결정 및 지적승인의 고시만으로는 아직 공용개시행위가 있었다고 할 수 없어 그 토지가 행정재산이 되었다고 할 수 없다(2000다348). [22년 소방간부, 20년 국가 7급 1, 13년 국회 8급]

비교판례

국가배상법 제5조 소정의 공공의 영조물이란 공유나 사유임을 불문하고 행정주체에 의하여 특정 공공의 목적에 공여된 유체물 또는 물적 설비를 의미하므로 사실상 군민의 통행에 제공되고 있던 도로 옆의 암벽으로부터 떨어진 낙석에 맞아 소외인이 사망하는 사고가 발생하였다고 하여도 동 사고지점 도로가 피고 군에 의하여 노선인정 기타 공용개시가 없었으면 이를 영조물이라 할 수 없다(80다2478). [20년 국가 7급 2]

공물의 성립요건으로서, 공용개시도 필요하다는 판시이다.

구 건축법 제2조 제15호 본문 후단에 의하여 도로지정이 있게 되면 그 도로부지 소유자들은 건축법에 따른 토지사용상의 제한을 받게 되므로 도로지정은 도로의 구간·연장·폭 및 위치 등을 특정하여 명시적으로 행하여져야 하고, 따라서 ㉠ 계쟁 도로가 시유지로서 토지대장상 지목이 도로이고 도시계획확인도면의 대로부지와 연결된 동일 지번의 토지라고 하더라도 그 사실만으로는 시장·군수의 도로지정이 있었다고 볼 수 없고, ㉡ 또한 행정관청이 건축허가시 도로의 폭에 관하여 행정지도를 하였다고 하여 시장·군수의 도로지정이 있었던 것으로 볼 수도 없다(99두592). [21년 군무원 5급 3]

토지소유자가 그 토지에 대한 독점적이고 배타적인 사용·수익권을 포기한 것으로 볼 수 있다면, 타인이 그 토지를 점유·사용하고 있다 하더라도 특별한 사정이 없는 한 그로 인해 토지 소유자에게 어떤 손해가 생긴다고 볼 수 없으므로, 토지 소유자는 그 타인을 상대로 부당이득반환을 청구할 수 없다(2018다253420). [21년 경찰 2차]

공사설 구 도시계획법상 공원으로 결정·고시된 국유토지라는 사정만으로는 행정처분으로써 공공용으로 사용하기로 결정한 것으로 보기는 부족하다고 할 것이나, ㉠ 서울특별시장이 구 「공원법」, 구 「도시계획법」에 따라 사업실시계획의 인가내용을 고시함으로써 공원시설의 종류, 위치 및 범위 등이 구체적으로 확정되거나 ㉡ 도시계획사업의 시행으로 도시공원이 실제로 설치된 토지라면 행정재산에 해당한다고 할 것이다(2014두10769). [22년 경찰간부 4, 18년 국가 7급 5]

지방자치단체가 개인 소유의 부동산을 매수한 후 유지(溜池)를 조성하여 공용개시를 하였다고 하더라도, 법률의 규정에 의하여 등기를 거칠 필요 없이 부동산의 소유권을 취득하는 특별한 경우가 아닌 한 부동산에 대한 소유권이전등기를 거치기 전에는 소유권을 취득할 수 없는 것이므로 이를 지방자치단체 소유의 공공용물이라고 볼 수 없다(92다26574). [14년 변호사 6]

공용개시를 하였다 하더라도 소유권 등의 권원을 취득하지 못하였으므로 공공용물이 될 수 없다는 판례이다. 참고로 '유지'란 물이 고이거나 상시적으로 물을 저장하고 있는 토지를 말하는 것으로서 댐, 저수지, 소류지, 호수, 연못 등의 토지를 말한다.

OX 1
어떠한 토지에 대하여 도로로서의 도시계획시설결정 및 지적승인이 있었다면, 그 도시계획사업이 실시되었거나 그 토지가 자연공로로 이용된 적이 없다 하여도 도시계획결정 및 지적승인의 고시에 의해 그 토지는 행정재산이 된다. [ ] [20년 국가 7급]

OX 2
사실상 군민(郡民)의 통행에 제공되고 있던 도로라고 하여도 군(郡)에 의하여 노선인정 기타 공용개시가 없었던 이상 이 도로를 '공공의 영조물'이라 할 수 없다. [ ] [20년 국가 7급]

OX 3
행정관청이 건축허가시에 도로의 폭에 대해 행정지도를 하였다면 법규에 의한 도로지정이 있었던 것으로 볼 수 있다. [ ] [21년 군무원 5급]

OX 4
서울특별시장이 구 「공원법」, 구 「도시계획법」에 따라 사업실시계획의 인가내용을 고시함으로써 공원시설의 종류, 위치 및 범위 등이 구체적으로 확정되거나 도시계획사업의 시행으로 도시공원이 실제로 설치된 토지라면 공공용물로서 행정재산에 해당한다. [ ] [22년 경찰간부]

OX 5
관할 행정청이 관련 법령에 따라 사업실시계획을 인가·고시함으로써 공원시설의 종류·위치 및 범위 등이 구체적으로 확정되거나 도시계획사업 시행으로 도시공원이 실제로 설치된 국유 토지는 행정재산에 해당한다. [ ] [18년 국가 7급]

OX 6
지방자치단체가 개인 소유의 부동산을 매수한 후 유지를 조성하여 공용개시를 하였다고 하더라도 법률의 규정에 의하여 등기를 거칠 필요 없이 부동산의 소유권을 취득하는 특별한 경우가 아닌 한 부동산에 대한 소유권이전등기를 거치기 전에는 소유권을 취득할 수 없는 것이므로 이를 지방자치단체 소유의 공공용물이라고 볼 수 없다. [ ] [14년 변호사]

정답
1. × 2. ○ 3. × 4. ○ 5. ○ 6. ○

PART 06

구 도로법 제24조에 의한 도로구역의 결정은 행정에 관한 전문적·기술적 판단을 기초로 도로망의 정비를 통한 교통의 발달과 공공복리의 향상이라는 행정목표를 달성하기 위한 행정작용으로서, 구 도로법과 하위법령에는 추상적인 행정목표와 절차만이 규정되어 있을 뿐 도로구역을 결정하는 기준이나 요건에 관하여는 별다른 규정을 두고 있지 않아 행정주체는 해당 노선을 이루는 구체적인 도로구역을 결정함에 있어서 비교적 광범위한 형성의 자유를 가진다(2015두35215). [23년 서울 연구직]

어떤 토지가 개설경위를 불문하고 일반 공중의 통행에 공용되는 도로, 즉 공로가 되면 그 부지의 소유권 행사는 제약을 받게 되며, 이는 소유자가 수인하여야만 하는 재산권의 사회적 제약에 해당한다. 따라서 공로 부지의 소유자가 이를 점유·관리하는 지방자치단체를 상대로 공로로 제공된 도로의 철거, 점유 이전 또는 통행금지를 청구하는 것은 법질서상 원칙적으로 허용될 수 없는 '권리남용'이라고 보아야 한다(2021다242154). [22년 경찰간부]

甲 주식회사가, 마을 주민 등의 통행로로 주요 마을안길의 일부를 이루고 있는 토지가 위치한 부동산을 매수하였고, 그 후 乙 지방자치단체가 통행로 부분을 도로로 포장하여 현재까지 마을 주민들과 차량 등의 통행로로 사용되고 있는데, 甲 회사가 乙 지방자치단체를 상대로 도로 부분의 인도를 구한 경우, 제반 사정에 비추어 甲 회사의 청구는 객관적으로 사회질서에 위반되는 것으로서 권리남용에 해당하거나 신의칙에 반하여 허용되지 않는다고 한 사건이다.

OX 1

국유하천 부지는 별도의 공용개시행위가 없더라도 자연의 상태 그대로 행정재산이 되며, 그 후 본래의 용도에 공여되지 않는 상태에 놓여 있다면 국유재산법령에 의한 용도폐지를 하지 않더라도 일반재산이 된다. [ ] [23년 지방 7급]

OX 2

원래 자연상태에서는 전·답에 불과하였던 토지 위에 수리조합이 저수지를 설치한 경우 자연공물로 전환되고, 「국유재산법」 상 행정재산에 해당하게 되어 시효취득의 대상이 되지 않는다. [ ] [15년 국가 7급]

OX 3

구 「소하천정비법」에 따라 소하천구역으로 편입된 토지의 소유자가 사용·수익에 대한 권리행사에 제한을 받아 손해를 입고 있는 경우, 손실보상을 청구할 수 있을 뿐만 아니라, 관리청의 제방부지에 대한 점유를 권원 없는 점유와 같이 보아 관리청을 상대로 손해배상이나 부당이득의 반환을 청구할 수 있다. [ ] [23년 소방 9급]

(2) 자연 공공용물의 경우

자연 공공용물(예 하천)은 ㉠ 자연적 상태에서 공물로서의 형체만 갖추고 있다면, ㉡ 별도의 공용지정이 없다 하더라도 공물이 된다고 본다. [18년 소방간부, 17년 10월 국가 7급, 17년 서울 7급] ㉢ 또 정당한 권원의 취득도 필요하지 않다고 본다.

판례

국유하천부지는 자연의 상태 그대로 공공용에 제공될 수 있는 실체를 갖추고 있는 이른바 자연공물로서 별도의 공용개시행위가 없더라도 행정재산이 되고 그 후 본래의 용도에 공여되지 않는 상태에 놓여 있더라도 국유재산법령에 의한 용도폐지를 하지 않은 이상 당연히 잡종재산으로 된다고는 할 수 없다(2005도7523). [23년 지방 7급1, 23년 변호사, 22년 경찰간부, 13년 국회 8급]

시효취득의 대상이 될 수 없는 자연공물이란 자연의 상태 그대로 공공용에 제공될 수 있는 실체를 갖추고 있는 것을 말하므로, 원래 자연상태에서는 전·답에 불과하였던 토지를 수리조합이 그 위에 저수지 또는 도수로를 축조한 경우에는 이들 시설들을 자연공물이라고는 할 수 없을 뿐만 아니라 국가가 직접 공공목적에 제공한 것이 아니므로, 비록 일반 공중의 공동이용에 제공되고 있다 하더라도 국유재산법상의 행정재산이나 보존재산에 해당하지 아니한다(98다41759). [15년 국가 7급2]

위 시설은 인공공물이므로 공용지정이 필요한데, 행정주체에 의한 공용지정이 없었으므로 공물이 아니라는 것이다. 따라서 여전히 시효취득의 대상이 된다. 수리조합은 행정주체가 아니다.

토지가 구 「소하천정비법」에 의하여 소하천구역으로 적법하게 편입된 경우, 그로 인하여 그 토지의 소유자가 사용·수익에 관한 권리행사에 제한을 받아 손해를 입고 있다고 하더라도 구 소하천정비법 제24조에서 정한 절차에 따라 손실보상을 청구할 수 있음은 별론으로 하고, 관리청의 제방 부지에 대한 점유를 권원 없는 점유와 같이 보아 손해배상이나 부당이득의 반환을 청구할 수 없다(2018다284608). [23년 소방 9급3]

어쨌든 법률에 의한 편입이기 때문에, 위법성도 인정할 수 없고, '법률상의 원인이 없다'고 할 수도 없기 때문이다.

정답

1. × 2. × 3. ×

3. 공용물의 성립

형체적 요소 (필요 ○)	공용물로 성립하기 위해서는 유체물인 경우에는 일정한 형체를 갖춘 상태이어야 한다.
의사적 요소 (필요 ×)	공용물은 일반의 사용에 제공되는 것이 아니기 때문에 행정주체가 형체적 요소를 갖추어 사용을 개시하는 것으로 족하고 별도의 공용지정은 필요로 하지 않다고 본다(通說).
사용 권원 (필요 ○)	공용물이 성립하기 위해서도 그 전제로서 행정주체가 당해 물건의 사용에 대한 정당한 권원을 취득하여야 한다.

4. 보존공물의 성립

형체적 요소 (필요 ○)	보존공물이 성립하기 위해서는 그 보존을 목적으로 할 만한 형체적 요소를 갖추어야 한다.
의사적 요소 (필요 ○)	또 보존공물이 성립하기 위해서는 공용지정이 필요하다.
사용 권원 (필요 ×)	보존공물의 공용지정에 있어서는 일반적으로 그 물건의 사용에 대한 정당한 권원을 취득할 필요가 없다고 본다. 보존공물은 공공용물이나 공용물과 달리 물건의 사용이 아니라 물건 자체의 보존에 목적이 있는 것이기 때문이다.

5. 정리

공물성립 요건

구분		형체적 요소	의사적 요소	사용 권원
공공용물	인공공물	필요 ○	필요 ○	필요 ○
	자연공물	필요 ○	필요 ×	필요 ×
공용물		필요 ○	필요 ×	필요 ○
보존공물		필요 ○	필요 ○	필요 ×

① 도로, 공원, 교량은 공공용물 중 인공공물이다. 따라서 성립에 의사적 요소가 필요하다.

② 교도소는 공용물이다. 따라서 성립에 의사적 요소가 필요하지 않다.

③ 중요문화재는 보존공물이다. 따라서 성립에 의사적 요소가 필요하다.

02 예정공물

① 장래에 어떠한 물건을 공적 목적에 제공할 것임을 표명하는 의사표시를 공물의 예정이라고 하며, 그렇게 예정된 물건을 예정공물이라 한다. 즉, 공용지정은 있었으나 아직 형체적 요소가 갖추어지지 않아 현실적으로 공용되고 있지 않은 물건을 예정공물이라 한다. 도로예정지, 청사예정지, 하천예정지, 공원예정지 등이 그 예에 해당한다.

② 예정공물은 공물이 아니므로 원칙적으로 국유재산법이나 하천법 등 공물법의 적용대상이 되지 않는다. 다만, 장래에 공적 목적에 제공되는 것을 보장하기 위한 한도 내에서 「하천법」이나 「도로법」 등 공물법의 일부 규정이 준용(유추적용)된다고 본다.

판례

도로구역의 결정, 고시 등의 공물지정행위는 있었지만 아직 도로의 형태를 갖추지 못한 국유토지도 완전한 공공용물이 성립되었다고는 할 수 없지만 일종의 예정공물이라고 볼 수 있는데, 국유재산법 제4조 제2항 및 같은 법 시행령 제2조 제1항, 제2항에 의하여 국가가 1년 이내에 사용하기로 결정한 재산도 행정재산으로 간주하고 있는 점, 도시계획법 제82조가 도시계획구역 안의 국유지로서 도로의 시설에 필요한 토지에 대하여는 도시계획으로 정하여진 목적 이외의 목적으로 매각 또는 양도할 수 없도록 규제하고 있는 점, 위 토지를 포함한 일단의 토지에 관하여 도로확장공사를 실시할 계획이 수립되어 아직 위 토지에까지 공사가 진행되지는 아니하였지만 도로확장공사가 진행 중인 점 등에 비추어 보면, 이와 같은 경우에는 예정공물인 토지도 일종의 행정재산인 공공용물에 준하여 취급하는 것이 타당하다고 할 것이므로 구 국유재산법 제5조 제2항이 준용되어 시효취득의 대상이 될 수 없다(93다23442).
[19년 국회 8급 1, 16년 변호사]

OX 1
도로구역이 결정·고시되어 공사가 진행 중인 경우에 해당 구역 내에 있지만 아직 공사가 진행되지 아니한 국유토지는 시효취득의 대상이 되지 아니한다.
[ ] [19년 국회 8급]

03 공물의 소멸

1. 개설

① 공물이 공물로서의 성질을 상실하게 되는 것을 두고 '공물의 소멸'이라 한다. 공물이 소멸하게 되면 그 물건은 다시 사법(私法)의 적용을 받는 사물(私物)이 된다. 사물이 물건의 원칙적인 존재 방식이다.

② 공적 목적에의 제공을 폐지시키는 법적 행위를 '공용폐지' 또는 '용도폐지'라 하는데, 공용폐지는 공물의 주된 소멸사유가 된다. 공용폐지는 어떤 물건이 갖는 공물로서의 성질을 상실케하는 일반처분의 한 형태인 물적 행정행위에 해당한다고 본다.

③ 중앙관서의 장은 행정재산이 행정목적으로 사용되지 아니하게 된 경우나 행정재산으로 사용하기로 결정한 날부터 5년이 지난 날까지 행정재산으로 사용되지 아니한 경우 등에는 지체 없이 그 용도를 폐지하여야 한다(국유재산법 제40조 제1항). [21년 국회 8급]

2. 공공용물의 소멸

① 공공용물의 경우 인공공물과 자연공물을 불문하고, 형체적 요소가 소멸된 것만으로는 공물로서의 성질을 상실하지 않고, 공용폐지까지 있어야 비로소 공물로서의 성질을 상실한다고 본다(2012두2764). [18년 소방간부, 17년 10월 국가 7급, 17년 서울 7급] 다만, 다수설은 판례와 달리 자연공물의 경우에는 공용폐지가 없어도 공물로서의 성질을 상실하는 것으로 취급하여야 한다는 입장이다.

② 공공용물이 공물로서의 성질을 상실하면 그에 대한 공법적 제한이 해제된다. 따라서 사법(私法)의 적용대상이 되므로 시효취득이 가능해진다.

정답
1. ○

판례

국유 하천부지는 공공용재산이므로 그 일부가 사실상 대지화되어 그 본래의 용도에 공여되지 않는 상태에 놓여 있더라도 국유재산법령에 의한 용도폐지를 하지 않은 이상 당연히 잡종재산으로 된다고는 할 수 없다(96다10737). [22년 경찰간부, 22년 국가 7급, 20년 지방 7급, 18년 국회 8급 1, 17년 서울 7급 2]

빈지(濱地)가 성토 등을 통하여 사실상 빈지로서의 성질을 상실하였다 하더라도 용도폐지되지 않았다면, 시효취득의 대상인 잡종재산이 되지 않는다(98다34003). [12년 국회 8급]

빈지(濱地)란 해변을 말한다. 행정재산의 일종이다.

공유수면은 소위 자연공물로서 그 자체가 직접 공공의 사용에 제공되는 것이므로 공유수면의 일부가 사실상 매립되어 대지화 되었다고 하더라도, 국가가 공유수면으로서의 공용폐지를 하지 아니하는 이상 법률상으로는 여전히 공유수면으로서의 성질을 보유하고 있다(2012두2764). [22년 경찰간부 3, 17년 지방 7급, 16년 국회 8급, 16년 서울 7급, 16년 변호사, 15년 국가 7급, 15년 행정사]

원래 공공용에 제공된 행정재산인 공유수면이 그 이후 매립에 의하여 사실상 공유수면으로서의 성질을 상실하였더라도 당시 시행되던 국유재산법령에 의한 용도폐지를 하지 않은 이상 당연히 잡종재산으로 된다고는 할 수 없다(94다50922). [19년 2월 서울 7급 4]

㉠ 국유 하천부지는 자연의 상태 그대로 공공용에 제공될 수 있는 실체를 갖추고 있는 이른바 자연공물로서 별도의 공용개시행위가 없더라도 행정재산이 되고, ㉡ 그 후 본래의 용도에 공여되지 않는 상태에 놓여 있더라도 국유재산법령에 의한 용도폐지를 하지 않은 이상 당연히 잡종재산으로 된다고는 할 수 없다(2005도7523). [14년 국가 7급, 13년 국회 8급]

공유수면인 갯벌은 자연의 상태 그대로 공공용에 제공될 수 있는 실체를 갖추고 있는 이른바 자연공물로서 간척에 의하여 사실상 갯벌로서의 성질을 상실하였더라도 당시 시행되던 국유재산법령에 의한 용도폐지를 하지 않은 이상 당연히 잡종재산으로 된다고는 할 수 없다(94다42877). [22년 소방간부]

자연의 상태 그대로 공공용에 제공될 수 있는 실체를 갖추고 있는 자연공물은, 자연력 등에 의한 현상변경으로 공공용에 제공될 수 없게 되고 그 회복이 사회통념상 불가능하게 되지 아니한 이상, 공물로서의 성질이 상실되지 아니하며 시효취득의 대상도 되지 아니한다(94다12593). [19년 국회 8급]

마치 자연공물은 형체적 요소를 상실한 경우에는 공물로서의 성질을 상실한다고 보는 것 같이 판시하였지만, 형체적 요소조차 상실된 바 없다면 더더욱 공물로서의 성질이 상실되지 않는다는 얘기를 하기 위해 이러한 표현을 사용한 것뿐이다.

OX 1

국유 하천부지는 자연공물로서 공용개시행위 이후에 행정재산이 되고 그 후 본래의 용도에 공여되지 않는 상태에 놓이게 되면 국유재산법령에 의한 용도폐지 없이도 일반재산이 된다. [ ] [18년 국회 8급]

OX 2

자연공물은 행정재산이 된 후 본래의 용도에 공여되지 않은 상태로 놓여 있더라도 국유재산법령에 의거하여 공용폐지를 하지 않는 한 일반재산이 될 수 없다. [ ] [17년 서울 7급]

OX 3

공유수면의 일부가 사실상 매립되어 대지화되었다면 비록 국가가 공유수면으로서의 공용폐지를 하지 아니하였다고 하더라도 법률상으로 더 이상 공유수면으로서의 성질을 보유하고 있다고 볼 수는 없다. [ ] [22년 경찰간부]

OX 4

원래 공공용에 제공된 행정재산인 공유수면이 그 이후 매립에 의하여 사실상 공유수면으로서의 성질을 상실하였다면 국유재산법령에 의한 용도폐지를 하지 않더라도 공물로서의 성질이 소멸된다. [ ] [19년 2월 서울 7급]

PART 06

정답

1. × 2. ○ 3. × 4. ×

3. 공용물의 소멸

① 판례는 공용물의 경우에도 형체적 요소가 소멸하였다 하더라도, 최소한 묵시적으로라도 공용폐지가 없으면 공물로서의 성질을 상실하지 않는다고 본다(96다43508). [14년 지방 7급 1]

② 공용물이 공물로서의 성질을 상실하면 그에 대한 공법적 제한이 해제된다. 따라서 사법(私法)의 적용대상이 되므로 시효취득이 가능해진다.

4. 보존공물의 소멸

① 보존공물의 경우에도, 형체적 요소의 소멸만으로는 보존공물의 지정해제사유가 되는 것에 그치고, 그에 후속하는 행정주체의 지정해제의 의사표시가 있어야 공물로서의 성질을 상실한다. 형체적 요소의 소멸 후에도 보존물이 복원될 수도 있고(예 숭례문 소실 후의 복원) 복원여부의 결정시까지 공물법상의 제한을 유지할 필요가 있기 때문이다. 지정해제는 공용폐지의 일종이다.

② 결국, 판례의 입장에 따르면 모든 공물은 언제나 형체적 요소의 소멸만으로는 공물로서의 성질을 상실하지 않고, 공용폐지의 의사표시가 있는 경우에만 공물로서의 성질을 상실하게 된다.

5. 공용폐지 의사의 해석

① 공용폐지는 의사표시의 일종이어서, 구체적인 사건에서 공용폐지가 있었던 것으로 볼 것인지와 관련해서 의사해석의 문제가 빈번하게 발생한다. 공용폐지가 있었는지 여부가 소송에서 문제되는 경우에는, 공용폐지가 있었다는 점에 대해 공용폐지를 주장하는 자가 입증책임을 진다고 본다(98다49548).

② 공용폐지의 의사표시는 묵시적으로도 이루어질 수 있다고 본다. 다만, 묵시적인 공용폐지의 의사표시가 있는 것으로 인정되기 위해서는, ㉠ 공물이 사실상 본래의 용도에 사용되고 있지 않다거나 행정주체가 점유를 상실하였다는 정도의 사정만으로는 부족하고, ㉡ 주위의 사정을 종합하여 객관적으로 공용폐지 의사의 존재가 추단될 수 있을 정도에 이르러야 한다고 본다(95다52383). [23년 지방 7급, 18년 국회 8급 2] 대법원은 공용폐지의 의사의 존재를 가급적 인정하지 않으려는 경향이 있다.

판례

행정목적을 위하여 공용되는 행정재산은 공용폐지가 되지 않는 한 사법상 거래의 대상이 될 수 없으므로 취득시효의 대상도 되지 않는 것이고, 공물의 용도폐지 의사표시는 명시적이든 묵시적이든 불문하나 적법한 의사표시여야 하고, 단지 사실상 공물로서의 용도에 사용되지 아니하고 있다는 사실만으로 용도폐지의 의사표시가 있다고 볼 수는 없다(95다19478). [23년 경찰간부, 22년 군무원 5급 3, 21년 국가 7급 4, 14년 변호사 5]

㉠ 공용폐지의 의사표시는 명시적 의사표시뿐만 아니라 묵시적 의사표시이어도 무방하나 ㉡ 적법한 의사표시이어야 하고, ㉢ 행정재산이 본래의 용도에 제공되지 않는 상태에 놓여 있다는 사실만으로 관리청의 이에 대한 공용폐지의 의사표시가 있었다고 볼 수 없고, ㉣ 원래의 행정재산이 공용폐지되어 취득시효의 대상이 된다는 입증책임은 시효취득을 주장하는 자에게 있다(98다49548). [21년 국가 7급, 21년 국회 8급, 20년 5급 승진, 20년 행정사 6, 16년 변호사, 13년 변호사]

OX 1
공용물은 그 성립에 있어서 공용개시행위를 필요로 하지 않으므로 그 소멸에 있어서도 별도의 공용폐지행위를 필요로 하지 아니한다. [ ] [14년 지방 7급]

OX 2
공물의 공용폐지에 관하여 국가의 묵시적인 의사표시가 있다고 인정되려면 공물이 사실상 본래의 용도에 사용되고 있지 않다거나 행정주체가 점유를 상실하였다는 정도면 족하다. [ ] [18년 국회 8급]

OX 3
행정목적을 위하여 공용되는 행정재산은 공용폐지가 되지 않는 한 사법상 거래의 대상이 될 수 없으므로 취득시효의 대상도 될 수 없다. [ ] [22년 군무원 5급]

OX 4
행정재산이 본래의 용도에 제공되지 않는 상태에 놓여 있다는 사실만으로도 관리청의 이에 대한 공용폐지의 의시표시가 있었다고 볼 수 있다. [ ] [21년 국가 7급]

OX 5
행정목적을 위하여 공용되는 행정재산은 공용폐지가 되지 않는 한 사법상 거래의 대상이 될 수 없으므로 취득시효의 대상도 되지 않는 것이고, 공물의 용도폐지 의사표시는 명시적이든 묵시적이든 불문하나 적법한 의사표시여야 한다. [ ] [14년 변호사]

OX 6
공용폐지의 의사표시는 묵시적인 방법으로도 가능하므로 행정재산이 본래의 용도에 제공되지 않는 상태에 있다면 묵시적인 공용폐지가 있다고 보아야 한다. [ ] [20년 행정사]

정답
1. × 2. × 3. ○ 4. × 5. ○ 6. ×

행정재산은 공용폐지가 되지 아니한 상태에서는 사법상 거래의 대상이 될 수 없으므로 관재당국이 착오로 행정재산을 다른 재산과 교환하였다 하여 그러한 사정만으로 적법한 공용폐지의 의사표시가 있다고 볼 수도 없다(98다42974). [20년 국가 7급, 16년 변호사]

교환은 처분(disposal)행위의 일종이다. 행정재산을 착오로 처분하였다 하더라도, 그것만으로 공용폐지의 의사가 있었던 것으로 볼 수 없다는 말이다.

교육청사부지로 제공되어 온 행정재산에 대한 공용폐지의 의사표시는 명시적이든 묵시적이든 상관이 없으나 적법한 의사표시가 있어야 하고, 행정재산이 사실상 본래의 용도에 사용되지 않고 있다는 사실만으로 용도폐지의 의사표시가 있었다고 볼 수는 없으므로, 행정청이 행정재산에 속하는 1필지 토지 중 일부를 그 필지에 속하는 토지인줄 모르고 본래의 용도에 사용하지 않는다는 사실만으로 묵시적으로나마 그 부분에 대한 용도폐지의 의사표시가 있었다고 할 수 없다(96다43508).

㉠ 공유수면으로서 자연공물인 바다의 일부가 매립에 의하여 토지로 변경된 경우에 다른 공물과 마찬가지로 공용폐지가 가능하다고 할 것이며, 이 경우 공용폐지의 의사표시는 명시적 의사표시뿐만 아니라 묵시적 의사표시도 무방하다. 공물의 공용폐지에 관하여 국가의 묵시적인 의사표시가 있다고 인정되려면 공물이 사실상 본래의 용도에 사용되고 있지 않다거나 행정주체가 점유를 상실하였다는 정도의 사정만으로는 부족하고, 주위의 사정을 종합하여 객관적으로 공용폐지 의사의 존재가 추단될 수 있어야 한다(2006다87538). [23년 변호사, 16년 국회 8급 1, 14년 국가 7급, 13년 지방 7급 2, 12년 지방 7급]

공유수면이 매립된 경우, 매립만으로 일반재산이 되는 것이 아니라, 적어도 묵시적 공용폐지의 의사까지 있어야 일반재산이 되는 것임을 전제로 위와같이 판시하였다.

㉡ 토지가 해면에 포락(浦落)됨으로써 사권이 소멸하여 해면 아래의 지반이 되었다가 매립면허를 초과한 매립으로 새로 생성된 사안에서, 대법원은, 국가가 그 토지에 대하여 자연공물임을 전제로 한 아무런 조치를 취하지 않았다거나, 새로 형성된 지형이 기재된 지적도에 그 토지를 포함시켜 지목을 답 또는 잡종지로 기재하고 토지대장상 지목을 답으로 변경하였다 하더라도, 그러한 사정만으로는 자연공물인 해면 아래의 지반으로서의 공용폐지에 관한 국가의 의사가 객관적으로 추단된다고 보기에 부족하다고 판시하였다(2006다87538).

참고로, 포락(浦落)이란 토지가 냇물이나 바닷물에 완전히 잠겨서 수면 아래의 부지가 되는 것을 말한다. 포락이 있으면 더 이상 육상의 토지로 취급되지 못하고, 마치 토지가 사라져 버린 것처럼 취급된다. 따라서 그에 대하여 존재하던 소유권은 권리의 목적물이 소멸된 것이 되어 소멸하게 된다. 민법상의 개념이다.

보존재산이던 국유임야의 매각 당시 그 처분권한이 없었던 해남세무서장이 이 사건 임야를 잡종재산으로서 입찰공고를 거쳐 매각하였다고 하더라도 위와 같은 국유임야 처분행위를 보존재산에 대한 묵시적 공용폐지의 의사표시라고 볼 수는 없다고 할 것이고, 그 밖에 피고가 이 사건 임야를 점유하여 온 사실상태가 장기간 이 사건 임야의 관리주체에 의하여 방치되었다는 사정만으로 이 사건 임야에 대하여 묵시적 공용폐지가 있었다고 볼 수도 없다(2006다19528). [22년 소방간부 3]

OX 1
공유수면으로서 자연공물인 바다의 일부가 매립에 의하여 토지로 변경된 경우에 묵시적 공용폐지가 된 것으로 본다. [ ] [16년 국회 8급]

OX 2
공유수면으로서 자연공물인 바다의 일부가 매립에 의하여 토지로 변경된 경우에는 다른 공물과 달리 공용폐지의 대상이 되지 않는다. [ ] [13년 지방 7급]

OX 3
보존재산인 국유임야를 매각할 당시 처분권한이 없던 세무서장이 보존재산을 일반재산으로 입찰공고를 하여 매각하였다고 하더라도 보존재산인 국유임야에 대한 묵시적 공용폐지의 의사표시가 있었다고 볼 수 없다. [ ] [22년 소방간부]

PART 06

정답
1. × 2. × 3. ○

㉠ 학교 교장이 학교 밖에 위치한 관사를 '용도폐지한 후 재무부로 귀속시키라'는 국가의 지시를 어기고 사친회 이사회의 의결을 거쳐 개인에게 바로 매각한 경우, 이와 같이 교장이 국가의 지시대로 위 부동산을 용도폐지한 다음 비록 재무부에 귀속시키지 않고 바로 매각하였다고 하더라도 위 용도폐지 자체는 국가의 지시에 의한 것으로 유효하다. [20년 지방 7급]

㉡ 그 후 오랫동안 국가가 위 매각절차상의 문제를 제기하지도 않고, 위 부동산이 관사 등 공공의 용도에 전혀 사용된 바가 없다면, 이로써 위 부동산은 적어도 묵시적으로 공용폐지 되어 시효취득의 대상이 되었다고 봄이 상당하다(99다15924).

묵시적 공용폐지를 인정한 몇 안 되는 사례에 해당하기 때문에 중요하다.

1949. 6. 4. 대구국도사무소가 폐지되고, 그 소장관사로 사용되던 부동산이 그 이래 달리 공용으로 사용된 바 없다면, 그 부동산은 이로 인하여 묵시적으로 공용이 폐지되어 시효취득의 대상이 되었다 할 것이다(90다5948). [13년 국가 7급]

역시 중요한 판례이다. 사무소가 폐지되었으니, 그에 딸린 부동산도 공용폐지된 것으로 본 것이다.

6. 용도폐지의 효과 – 사용 · 수익 허가의 효력소멸

행정재산이 용도폐지로 일반재산이 된 경우, 용도폐지가 되기 이전에 행정재산에 대하여 한 사용허가는 소멸되며, 그 후에 그 사용허가를 근거로 하여 사용료를 부과할 수는 없다고 본다(2012두6612). [21년 경찰 2차]

판례

원심(서울고등법원)이 … 이 사건 공원부지가 공원으로서의 용도가 폐지되어 일반재산이 되더라도 이 사건 사용허가가 소멸되지 아니한다는 잘못된 전제에서, 그 후에도 공유재산법 제22조에 근거하여 원고에게 이 사건 공원부지에 대한 사용료를 부과할 수 있다고 판단하였다. … 이러한 원심의 판단에는 행정재산의 공용폐지 및 공유재산법 제22조에 의한 사용료 부과 대상에 관한 법리를 오해하여 판결에 영향을 미친 위법이 있다(2012두6612). [23년 국회 8급 1]

OX 1

공원부지가 용도폐지되어 일반재산이 되었다고 해도 그 전에 이루어진 사용허가나 구 「공유재산 및 물품관리법」에 근거하여 공원부지에 대한 사용료를 부과할 수 있다. [ ]
[23년 국회 8급]

핵심 정리 40 공물의 법적 특색

01 개설–사소유권설에 따른 법제

① 공물에 대한 사인의 소유권을 인정할 것인지에 대해, 역사적으로 이를 허용할 수 없다는 공소유권설과, 이를 허용할 수 있다는 사소유권설이 대립하였는데, 오늘날 우리 법제는 사소유권설에 따라 입법이 되어 있는 것으로 평가된다.

② 사소유권설에 따르면, 행정주체는 공물에 대한 관리권만 가지면 충분하고, 공물의 소유권은 사인에게 있을 수 있다고 본다. 따라서 공물의 범위결정이나 경계확정은 공물에 대한 소유권의 범위를 확정하는 것이 아니라, 공물관리권 행사의 일환으로서, 공물법의 적용대상이 되는 공물의 범위를 확정하는 확인적 행정행위에 해당한다고 본다.

정답

1. ×

③ 다만, 공물에 대한 사인의 소유권을 인정한다 하더라도, 공물은 여전히 직접 공적 목적으로 사용되도록 제공된 물건이기 때문에, 그 목적을 달성하기 위해 필요한 범위 내에서 ㉠ 사법의 적용이 배제되고, ㉡ 여러 가지 공법적 규율을 받는다.

02 공물의 실정법상의 특징

1. 융통성의 제한(불융통성)

(1) 의의

① '융통성'이라 함은 매매, 교환, 증여 등 사법상 거래의 대상이 될 수 있는 성질을 말한다. 공물은 융통성이 제한된다.

② 다만, ㉠ 융통성의 제한은 공적 목적 달성을 위해 필요한 범위 내에서만 이루어지고, ㉡ 융통성이 제한되는 정도도 공물의 종류에 따라 다르다. 아예 사적 소유권의 대상이 되지 못하는 경우가 있는가 하면, 사적 소유권의 대상이 되는 것은 허용되지만 매매나 증여 등 양도가 제한되는 경우도 있고, 저당권이나 지상권 등 사권(私權)의 설정이 제한되는 경우도 있다.

③ 한편, 공물의 소유권 이전이 가능한 경우라 하더라도, 소유권이 이전됨으로 인하여 그것만으로 공물로서의 성질을 상실하게 되는 것은 아니다.

(2) 일반적인 행정재산의 경우

> 국유재산법 제11조(사권 설정의 제한) ② 국유재산에는 사권을 설정하지 못한다. 다만, 일반재산에 대하여 대통령령으로 정하는 경우에는 그러하지 아니하다.

> 국유재산법 제27조(처분의 제한) ① 행정재산은 처분하지 못한다. 다만, 다음 각 호의 어느 하나에 해당하는 경우에는 교환하거나 양여할 수 있다. 〈개정 2020.6.9.〉
> 1. 공유(公有) 또는 사유재산과 교환하여 그 교환받은 재산을 행정재산으로 관리하려는 경우
> 2. 대통령령으로 정하는 행정재산을 직접 공용이나 공공용으로 사용하려는 지방자치단체에 양여하는 경우

① 「국유재산법」과 「공유재산 및 물품 관리법」은 행정재산의 처분이나 사권의 설정을 원칙적으로 금지하면서, 공물의 목적에 지장이 없는 한도에서만 예외적으로 이를 허용하고 있다. 허용되지 않는 행정재산의 매각이 이루어진 경우, 대법원은 그 매매계약을 무효로 보고 있다(2014두155).

② 또한 이 원칙을 관철하기 위해, 애초에 사권(私權)이 설정되어 있는 재산은, 판결에 따라 취득하는 경우가 아닌 한, 그 사권이 소멸된 후가 아니면 국유재산으로 취득하지 못하게 하고 있다(국유재산법 제11조 제1항). [22년 군무원 7급]

③ 반면, 일반재산은 대부 또는 처분할 수 있다(국유재산법 제41조 제1항). 일반재산을 처분하는 계약을 체결하는 경우에는 그 뜻을 공고하여 일반경쟁에 부쳐야 한다. 다만, 계약의 목적·성질·규모 등을 고려하여 필요하다고 인정되면, 참가자의 자격을 제한하거나 참가자를 지명하여 경쟁에 부치거나 수의계약에 의할 수 있다(국유재산법 제43조 제1항). [11년 국가 7급]

판례

행정재산은 사법상 거래의 대상이 되지 아니하는 불융통물이므로 비록 관재 당국이 이를 모르고 매각하였다 하더라도 그 매매는 당연무효라 아니할 수 없으며, 사인 간의 매매계약 역시 불융통물에 대한 매매로서 무효임을 면할 수 없다(94다50922, 67다806). [21년 국가 7급, 20년 행정사, 15년 행정사1, 14년 지방 7급2]

행정재산은 공용폐지가 되지 아니하는 한 사법상 거래의 대상이 될 수 없으므로 시효취득의 대상이 되지 아니하고, 관재당국이 이를 모르고 행정재산을 매각하였다 하더라도 그 매매는 당연무효이다(95다52383). [21년 국가 7급3]

세무서장이 공공용 행정재산으로서 용도폐지도 되지 않은 국유재산을 잡종재산으로 오인하여 매각하였다면 그 매도행위는 무효라고 할 것이고, 이를 국세청이 관리청을 국세청으로 등기한 후 매수인에게 소유권이전등기를 경료해 주었다고 하더라도, 무효인 매도행위를 추인한 것으로 볼 수 없다(92다1297).

국가가 착오에 의하여 공유수면 매립지를 귀속재산으로 매각하여 그 대금까지 완납받았으며 그 불하계약 체결 후 약 40년이 경과한 후 그 토지가 공용폐지에 의하여 잡종재산으로 되었다 하더라도, 국가가 그 토지가 취득시효의 대상이 되지 아니하는 국유 행정재산이라고 주장하는 것이 신의칙에 반한다고 볼 수 없다(95다52383).

대법원은 행정재산에 대한 보호를 엄격하게 하고 있다.

(3) 도로나 하천의 경우

도로법 제4조(사권의 제한) 도로를 구성하는 부지, 옹벽, 그 밖의 시설물에 대해서는 사권(私權)을 행사할 수 없다. 다만, 소유권을 이전하거나 저당권을 설정하는 경우에는 사권을 행사할 수 있다. [17년 10월 국가 7급4]

하천법 제4조(하천관리의 원칙) ② 하천을 구성하는 토지와 그 밖의 하천시설에 대하여는 사권(私權)을 행사할 수 없다. 다만, 다음 각 호의 어느 하나에 해당하는 경우에는 그러하지 아니하다. 〈개정 2020. 6. 9.〉
1. 소유권을 이전하는 경우
2. 저당권을 설정하는 경우
3. 제33조에 따른 하천점용허가(소유권자 외의 자는 소유권자의 동의를 얻은 경우에 한정한다)를 받아 그 허가받은 목적대로 사용하는 경우

「도로법」과 「하천법」에서는 도로나 하천에 대한 별도의 규정을 두고 있다. 위 두 법은 도로나 하천을 구성하는 부지 등은 사권 행사를 원칙적으로 금지하되 ㉠ 소유권 이전이나, ㉡ 저당권 설정은 허용하고 있다. [19년 행정사5]

(4) 문화유산의 경우

① 「문화유산의 보존 및 활용에 관한 법률」의 경우 국가지정문화유산(국가유산청장이 지정한 문화재)의 소유권 이전이 허용됨을 전제로, 국가지정문화유산의 소유자가 변경된 경우에는 이를 국가

OX 1
행정재산은 사법상 거래의 대상이 되지 아니하는 불융통물이지만 관재 당국이 이를 모르고 매각하였다면 그 매매는 유효하다. [ ] [15년 행정사]

OX 2
행정재산에 대해서 관재당국이 이를 모르고 매각한 경우에 그 매매는 당연무효라고는 할 수 없고, 사인 간의 매매계약 역시 당연무효라고 할 수 없다. [ ] [14년 지방 7급]

OX 3
행정재산은 공용폐지가 되지 아니하는 한 사법상 거래의 대상이 될 수 없으므로 관재당국이 이를 모르고 행정재산을 매각하였다 하더라도 그 매매를 당연무효라 할 수 없다. [ ] [21년 국가 7급]

OX 4
도로를 구성하는 부지, 옹벽, 그 밖의 시설물에 대해서는 사권을 행사할 수 없으나, 소유권을 이전하거나 저당권을 설정하는 경우에는 사권을 행사할 수 있다. [ ] [17년 10월 국가 7급]

OX 5
도로부지에는 저당권을 설정할 수 있다. [ ] [19년 행정사]

정답
1. × 2. × 3. × 4. ○ 5. ○

유산청장에게 신고하도록 하고 있다.

② 한편 국유문화유산의 경우, 원칙적으로 이를 양도하거나 사권을 설정하는 것을 금지하고 있다.

> 문화유산의 보존 및 활용에 관한 법률 제40조(신고 사항) ① 국가지정문화유산(보호물과 보호구역을 포함한다. 이하 이 조에서 같다)의 소유자, 관리자 또는 관리단체는 해당 문화유산에 다음 각 호의 어느 하나에 해당하는 사유가 발생하면 대통령령으로 정하는 바에 따라 그 사실과 경위를 국가유산청장에게 신고하여야 한다. (단서 생략)
> 2. 국가지정문화유산의 소유자가 변경된 경우

> 문화유산의 보존 및 활용에 관한 법률 제66조(양도 및 사권설정의 금지) 국유문화유산(그 부지를 포함한다)은 이 법에 특별한 규정이 없으면 이를 양도하거나 사권(私權)을 설정할 수 없다. 다만, 그 보호에 지장이 없다고 인정되면 공공용, 공용 또는 공익사업에 필요한 경우에 한정하여 일정한 조건을 붙여 그 사용을 허가할 수 있다. 〈개정 2023. 8. 8.〉

2. 강제집행의 제한

> 민사집행법 제192조(국고금의 압류) 국가에 대한 강제집행은 국고금을 압류함으로써 한다.

민사집행법 제192조는 국가에 대한 강제집행을 국유(國有)재산 중 일반재산인 국고금에 대해서만 허용하고 있으므로 ㉠ 공물이라 하더라도 국유(國有)공물의 경우에는 원칙적으로 강제집행의 대상이 되지 않는다고 본다. [19년 행정사 1, 14년 변호사 2] ㉡ 한편 공유(公有)공물에 대해서는 별도로 규정이 존재하지 않는데, 그럼에도 불구하고 이를 유추적용하여 지방자치단체가 소유하는 공물도 강제집행의 대상이 되지 않는다고 보는 것이 통설의 입장이다. ㉢ 통설에 따르면 결국 공물 중에서는 사유(私有)공물에 대해서만 강제집행이 가능하게 된다.

3. 시효취득의 제한

> 국유재산법 제7조(국유재산의 보호) ② 행정재산은 「민법」 제245조에도 불구하고 시효취득(時效取得)의 대상이 되지 아니한다. [22년 군무원 7급]

> 공유재산 및 물품 관리법 제6조(공유재산의 보호) ② 행정재산은 「민법」 제245조에도 불구하고 시효취득(時效取得)의 대상이 되지 아니한다.

> 민법 제245조(점유로 인한 부동산소유권의 취득기간) ① 20년간 소유의 의사로 평온, 공연하게 부동산을 점유하는 자는 등기함으로써 그 소유권을 취득한다.

① 「국유재산법」과 「공유재산 및 물품 관리법」은 행정재산에 대한 시효취득을 명시적으로 부정하고 있고(국유재산법 제7조 제2항, 공유재산 및 물품 관리법 제6조 제2항), 대법원도 행정재산에 대한 시효취득을 허용하지 않고 있다(83다카181). [19년 행정사 3] 따라서 국·공유재산의 경우에는 일반재산에 대해서만 시효취득이 가능하다고 본다(2006다19177). [21년 행정사, 18년 국회 8급 4]

② 또한 국·공유 일반재산이라 하더라도 시효취득의 대상이 되기 위해서는 시효취득기간 동안 계속하여 일반재산이어야 하고, 시효완성 후에 소유권이전등기를 받을 때에도 일반재산이어야 한다고 본다(2006다19177). [20년 국가 7급 5]

OX 1
국유공물은 민사집행법에 의한 강제집행의 대상이 될 수 있다. [ ] [19년 행정사]

OX 2
국유재산법상 행정재산에 대해서도 사권설정이 인정될 수 있으므로 이에 대한 강제집행이 가능하다. [ ] [14년 변호사]

OX 3
행정재산은 시효취득의 대상이 된다. [ ] [19년 행정사]

OX 4
「국유재산법」상 국유재산은 시효취득의 대상이 되지 아니한다. [ ] [18년 국회 8급]

OX 5
「지방재정법」상 공유재산에 대한 취득시효가 완성되기 위하여는 그 공유재산이 취득시효기간 동안 계속하여 시효취득의 대상이 될 수 있는 일반재산이어야 한다. [ ] [20년 국가 7급]

정답
1. × 2. × 3. × 4. × 5. ○

PART 06

③ 사유(私有)공물에 대해 시효취득이 가능한지에 대해서는 학설이 대립하고 있고, 이에 대해 명시적으로 판시한 판례는 존재하지 않는다.

구분	국·공유 공물(행정재산)	사유 공물
시효취득의 대상	×	견해대립
강제집행의 대상	×	○

판례

국유재산 또는 공유재산 중 일반재산을 제외한 공물은 공용폐지가 없는 한 시효취득의 대상이 되지 않는다(95다19478, 94다12579, 93다56220). [21년 국가 7급, 17년 서울 7급]

원래 잡종재산이던 것이 행정재산으로 된 경우 잡종재산일 당시에 취득시효가 완성되었다고 하더라도, 행정재산으로 된 이상 이를 원인으로 하는 소유권이전등기를 청구할 수 없다(96다10782). [22년 지방 7급, 22년 소방간부, 13년 국가 7급 1]

취득시효가 완성되면 본래의 토지소유자를 상대로 소유권이전등기청구를 할 수 있고, 소유권이전등기를 하면 그때 소유권을 취득하게 된다(민법의 영역). 그런데 시효취득 완성 당시에는 잡종재산이었다 하더라도, 이전등기를 하기 전에 행정재산이 되어버렸다면, 소유권이전등기청구를 하여 소유권을 넘겨받는 것이 허용되지 않는다는 말이다.

구 지방재정법상 공유재산에 대한 취득시효가 완성되기 위하여는 그 공유재산이 취득시효기간 동안 계속하여 시효취득의 대상이 될 수 있는 잡종재산이어야 하고, 이러한 점에 대한 증명책임은 시효취득을 주장하는 자에게 있다(2006다19177). [23년 지방 7급 2, 22년 지방 7급 3, 15년 지방 7급]

문화재보호구역 내의 국유토지는 "법령의 규정에 의하여 국가가 보존하는 재산", 즉 국유재산법 제4조 제3항 소정의 "보존재산"에 해당하므로 구 국유재산법 제5조 제2항에 의하여 시효취득의 대상이 되지 아니한다(93다23442). [18년 지방 7급 4]

국가나 지방자치단체가 … 공공용 재산의 취득절차를 밟거나 그 소유자들의 사용승낙을 받는 등 토지를 점유할 수 있는 일정한 권원 없이 사유토지를 도로부지에 편입시킨 경우에는, 위와 같이 국가나 지방자치단체가 소유권 취득의 법률요건이 없다는 사실 등을 잘 알면서 토지를 무단점유한 것임이 증명되었다고 보기 어려운 사정이 있는 경우에 해당하지 아니하는 이상, 자주점유의 추정은 깨어진다고 보아야 할 것이다(2009다32553). [15년 지방 7급 5]

㉠ 취득시효로 토지에 대한 소유권을 취득하기 위해서는 20년간 '소유의 의사로' 토지를 점유하여야 하는데(이를 자주점유라 한다), 대법원은 '소유의 의사'의 의미를 '자신에게 소유권이 있다고 생각하고'라는 의미로 이해하고 있다. 따라서 위와 같은 경우에는 자주점유를 한 것이 아닌 것으로 보겠다는 말이다. 민법의 영역에 속하는 판례이지만 실무에서 중요하기 때문에 출제가 되었다. ㉡ 정확히 말하면, 단순히 시효취득과 관련된 판례일뿐, 공물에 대한 판례는 아니다.

국가가 공권력의 주체로서가 아니라 사법상 재산권의 주체로서 국민을 대하는 사법관계에 있어서는 사인과 국가가 본질적으로 다르다고 할 수 없으므로, 국가를 부동산 점유취득시효의 주체로 인정한다고 하여 부동산 소유자의 평등권을 침해하지 아니한다(2014헌바404). [23년 군무원 5급]

헌법학의 영역에 속하는 관련 판례이다. 국가도 취득시효의 주체가 될 수 있다.

OX 1
원래 잡종재산(현 일반재산)이던 것이 행정재산으로 된 경우, 잡종재산일 당시에 이미 취득시효가 완성되었다면 행정재산이 되었다 하더라도 이를 원인으로 하는 소유권이전등기청구를 할 수 있다. [ ] [13년 국가 7급]

OX 2
국유재산에 대한 취득시효가 완성되기 위해서는 그 국유재산이 취득시효기간 동안 계속하여 행정재산이 아닌 시효취득의 대상이 될 수 있는 일반재산이어야 한다. [ ] [23년 지방 7급]

OX 3
행정재산이 공용폐지되어 시효취득의 대상이 된다는 점에 대한 증명책임은 시효취득을 주장하는 자에게 있다. [ ] [22년 지방 7급]

OX 4
문화재보호구역 내의 국유토지는 「국유재산법」상 보존재산에 해당하므로 시효취득의 대상이 될 수 있다. [ ] [18년 지방 7급]

OX 5
국가가 토지를 점유할 수 있는 일정한 권원 없이 사유토지를 도로부지에 편입시킨 경우에는, 국가가 그 권원없음을 잘 알면서 토지를 무단점유한 것임이 증명되었다고 보기 어려운 사정이 있는 경우에 해당하지 아니하는 이상, 자주점유의 추정은 깨어진다. [ ] [15년 지방 7급]

정답
1. × 2. ○ 3. ○ 4. × 5. ○

4. 공용수용의 제한

토지보상법 제19조(토지등의 수용 또는 사용) ② 공익사업에 수용되거나 사용되고 있는 토지등은 특별히 필요한 경우가 아니면 다른 공익사업을 위하여 수용하거나 사용할 수 없다.

① 공물이 공용수용의 대상이 될 수 있는지가 문제된다. 이를 긍정하는 견해(제한적 긍정설)는 ㉠ 공물은 원칙적으로 공용수용의 대상이 되지 못하는 것이지만, ㉡ 토지보상법 제19조 제2항을 근거로 하여, 예외적으로 현재 공물의 용도보다 중요한 공익사업에 그 공물을 제공할 필요가 있는 경우에는 공용수용의 대상이 된다고 본다.

② 대법원도 (어떤 경우에 이를 허용하는지는 불분명하지만) 공물이 공용수용의 대상이 될 수 있다고 본 것이 있다.

판례

토지수용법은 제5조(현 공익사업을 위한 토지 등의 취득 및 보상에 관한 법률 제19조 제2항)의 규정에 의한 제한 이외에는 수용의 대상이 되는 토지에 관하여 아무런 제한을 하지 아니하고 있을 뿐만 아니라, 토지수용법 제5조, 문화유산의 보존 및 활용에 관한 법률 제20조 제4호, 제58조 제1항, 부칙 제3조 제2항 등의 규정을 종합하면, 구 문화유산의 보존 및 활용에 관한 법률 제54조의2 제1항에 의하여 지방문화재로 지정된 토지가 수용의 대상이 될 수 없다고 볼 수는 없다(95누13241). [16년 5급 승진 1, 12년 국회 8급 2]

문화유산의 보존 및 활용에 관한 법률은 지방자치단체 또는 지방자치단체의 장에게 시·도지정문화재뿐 아니라 국가지정문화재에 대하여도 일정한 권한 또는 책무를 부여하고 있고, 문화유산의 보존 및 활용에 관한 법률에 해당 문화재의 지정권자만이 토지 등을 수용할 수 있다는 등의 제한을 두고 있지 않으므로, 국가지정문화재에 대하여 관리단체로 지정된 지방자치단체의 장은 문화유산의 보존 및 활용에 관한 법률 제83조 제1항 및 토지보상법에 따라 국가지정문화재나 그 보호구역에 있는 토지 등을 수용할 수 있다(2017두71031). [21년 국가 7급 3]

5. 상린관계

① 상린관계란 인접하고 있는 토지 등 부동산 소유자 상호 간의 이용(예 매연이나 소음·빛 방출, 차양막의 설치, 통행로의 이용 등)을 조절하기 위해 인정되는 법률관계를 말한다. 민법에 이에 대한 여러 규정을 두고 있다(민법 제216조 내지 제244조).

② 특별한 규정이 없는 경우에는, 공물의 상린관계에도 민법의 상린관계에 관한 규정이 유추적용된다는 것이 통설의 입장이다.

6. 영구시설물의 축조금지

① 국가 외의 자는 국유재산에 건물, 교량 등 구조물과 그 밖의 영구시설물을 원칙적으로 축조하지 못한다(국유재산법 제18조). [22년 군무원 7급]

② 해당 지방자치단체의 장 외의 자는 공유재산에 건물, 도랑·다리 등의 구조물과 그 밖의 영구시설물을 원칙적으로 축조할 수 없다(공유재산 및 물품관리법 제13조).

OX 1
구 「문화유산의 보존 및 활용에 관한 법률」 제54조의2 제1항에 의하여 지방문화재로 지정된 토지는 수용의 대상이 될 수 없다. [ ] [16년 5급 승진]

OX 2
지방문화재로 지정된 토지에 대하여 공용폐지가 없다면 수용의 대상이 될 수 없다. [ ] [12년 국회 8급]

OX 3
국가지정문화재에 대하여 관리단체로 지정된 지방자치단체의 장은 「문화유산의 보존 및 활용에 관한 법률」 및 「공익사업을 위한 토지 등의 취득 및 보상에 관한 법률」에 따라 국가지정문화재나 그 보호구역에 있는 토지 등을 수용할 수 있다. [ ] [21년 국가 7급]

정답
1. × 2. × 3. ○

핵심 정리 41 공물관리와 공물경찰

01 공물의 관리

1. 의의

① 공물의 관리란 공물의 관리자가 공물의 존립을 유지하고, 당해 물건을 공적 목적에 제공함으로써 공물 본래의 목적을 달성하게 하기 위한 일체의 작용을 말한다. 공물관리작용은 권력적으로도 행해질 수 있고, 비권력적으로도 행해질 수 있다.

② 공물의 범위 결정, 공물의 유지·수선·보존, 사용료와 변상금의 부과 및 징수 등이 공물의 관리에 해당한다.

2. 공물관리권

(1) 의의

공물관리권이란, 공물관리 행위를 할 수 있는 권한을 말한다. 공물관리권은 공물관리를 행할 수 있는 포괄적 권능이며, 공물관리자의 구체적인 공물관리는 공물관리권의 구체적인 행사라고 본다.

(2) 공물관리주체와 공물관리청

① 공물에 대한 관리행위로 인하여 발생하는 권리와 의무가 귀속되는 주체를 '공물관리주체' 혹은 '공물관리자'라 하고, 공물관리권을 가지고 실제로 공물을 관리하는 행정기관을 '공물관리청'이라 한다.

② 국유(國有) 행정재산의 경우 공물관리주체는 국가가 되고, 공물관리청의 경우 개별법령에서 정하고 있다. 한편 공유(公有) 행정재산의 경우 공물관리주체는 지방자치단체가 되고, 공물관리청은 지방자치단체장이 된다.

③ 공물의 설치나 관리상의 하자로 인하여 발생하게 된 국가배상법 제5조의 손해배상의무는 공물관리주체가 부담하게 된다.

④ 공물관리비용은 공물관리주체가 부담하는 것이 원칙이다.

판례

지방자치단체가 법령상의 의무에 위반하여 국가가 관리하는 자연공물인 바닷가를 매립함과 동시에 준공인가신청 및 준공인가를 하여 지방자치단체에 귀속시키는 경우, 자연공물인 바닷가의 관리권자이자 매립공사의 준공인가에 의하여 바닷가 매립지에 대한 소유권을 취득할 지위에 있는 국가에 대한 불법행위가 될 수 있다(2011다35258). [15년 행정사 1]

✐ ㉠ 이 경우 국가가 공물인 바닷가의 공물관리주체이다. ㉡ 지방자치단체가 국가에 대하여 불법행위를 저지른 것이 된다는 말이다.

OX 1

지방자치단체가 법령상의 의무에 위반하여 국가가 관리하는 자연공물인 바닷가를 매립함과 동시에 준공인가신청 및 준공인가를 하여 지방자치단체에 귀속시키더라도 불법이 아니다. [ ] [15년 행정사]

정답

1. ×

(3) 공물관리권의 법적 성격

① 공물관리권의 법적 성격에 대해서는 과거에, ㉠ 공물관리권은 공물에 대한 소유권의 권능 중 하나라고 보는 '소유권설'과, ㉡ 소유권을 보유하고 있는지와 관계없이 공물주체가 공물의 목적을 달성하기 위하여 보유하는 (소유권도 물권의 일종이지만) 소유권과는 다른 종류의 물권적 성질을 갖는 지배권이라고 보는 '공법상의 물권적 지배권설'이 대립했다. 공소유권설을 극복한 오늘날의 통설과 판례는 공법상의 물권적 지배권설의 입장을 따르고 있다.

② 따라서 공물관리주체는 소유권을 취득하였는지 여부와 무관하게 무단점유자에게 변상금을 부과할 수 있다.

판례

도로법의 제반 규정에 비추어 보면, 같은 법 제80조의2의 규정에 의한 변상금 부과권한은 적정한 도로관리를 위하여 도로의 관리청에게 부여된 권한이라 할 것이지 도로부지의 소유권에 기한 권한이라고 할 수 없으므로, 도로의 관리청은 도로부지에 대한 소유권을 취득하였는지 여부와는 관계없이 도로를 무단 점용하는 자에 대하여 변상금을 부과할 수 있다(2003두7194). [23년 경찰간부, 22년 변호사**1**, 20년 국가 7급, 19년 국회 8급**2**, 15년 국가 7급]

(4) 공물관리권의 내용

공물관리권의 내용은 공물관계법령에 의해 정해지므로 공물의 종류마다 조금씩 다르지만, 일반적으로는 다음과 같은 내용을 갖는다.

공물의 범위결정	공물관리행위의 일환으로 공물의 범위를 확정한다. 공물의 범위를 결정하는 행위는 공물의 범위를 확정하는 행정행위라 본다. 도로구역의 결정(도로법 제25조)이 그 예에 해당한다.
공물의 유지·수선·보존	공물관리행위의 일환으로 공물을 유지하고 수선하고 보존한다. 주로 사실행위를 통해 이루어진다. 도로의 신설공사, 개축공사(도로법 제31조)가 그 예에 해당한다.
공용부담	공물관리자에게 국민에 대하여 공용부담을 부과할 수 있는 권한이 인정되는 경우가 있다. 예컨대, 타인의 토지에 출입할 수 있는 권한을 갖거나, 타인의 토지를 일시사용할 권한이 인정되는 경우가 있다.
장해의 방지·제거	공물법은 공물의 목적실현에 대한 장해의 방지·제거를 위해 공물관리자에게 여러 권한과 의무를 부여하고 있다. 도로의 구조를 보전하고 운행의 위험을 방지하기 위한 차량 운행제한(도로법 제77조), 통행이 위험하다고 인정할 때 도로통행의 금지(도로법 제78조)가 그 예에 해당한다.
사용료 또는 변상금의 부과 및 징수	이에 대해서는 뒤에서 다시 다룬다.

판례

국유재산 관리의 총괄청인 기획재정부장관은 용도폐지된 국유재산을 종전의 관리청으로부터 인계받은 경우에 이를 직접 관리·처분할 수 있으므로, 용도폐지되기 전에 종전의 관리청이 미처 부과·징수하지 아니한 사용료가 있으면 이를 부과·징수할 수 있는 권한도 가지고 있다. 따라서 총괄청인 기획재정부장관으로부터 용도폐지된 국유재산의 관리·처분사무를 위탁받은 수탁관리기관 역시 달리 특별한 사정이 없는 한 관리권 행사의 일환으로 국유재산이 용도폐지되기 전의 사용기간에 대한 사용료를 부과할 수 있다(2011두30212). [22년 군무원 7급**3**]

OX 1
도로를 고의로 무단점용한 자에 대하여 도로의 관리청은 그 도로부지의 소유권 취득 여부와는 관계없이 변상금을 부과할 수 있다. [ ] [22년 변호사]

OX 2
「도로법」상 규정에 의한 변상금 부과권한은 적정한 도로관리를 위하여 도로관리청에게 부여된 권한이지 도로부지의 소유권에 기한 권한이라고 할 수 없다. [ ] [19년 국회 8급]

OX 3
국유재산이 용도폐지되기 전 종전 관리청이 부과·징수하지 아니한 사용료가 있는 경우, 용도폐지된 국유재산을 종전 관리청으로부터 인계받은 기획재정부장관이 사용료를 부과·징수할 수 있는 권한을 가진다. [ ] [22년 군무원 7급]

정답
1. ○ 2. ○ 3. ○

PART 06

02 공물경찰

① 공물경찰이란 공물과 관련하여 발생하는 사회공공의 안녕과 질서에 대한 위해를 예방・제거하기 위하여 행해지는 행정작용을 말한다. 예컨대, 다리 위에서 교통사고가 발생한 경우에, 그 다리에 대한 통행을 금지하는 행정작용이 이에 해당한다.

② 공물경찰의 성질은 일반 경찰작용과 다르지 않다. 공물이 언제나 경찰권 발동의 대상이 되는 것은 아니지만, 공물의 안전을 해하거나 사회공공의 질서유지를 위하는 경우에는 필요한 한도 내에서 경찰권이 발동될 수 있다. [17년 소방간부]

03 공물관리와 공물경찰의 구별

공물관리는 공물이 공물로서의 본래의 기능을 발휘할 수 있게 하기 위한 목적으로 행해지는 작용인 반면, 공물경찰은 공물과 관련하여 발생하는 사회공공의 안녕과 질서에 대한 위해를 예방하거나 제거하기 위한 목적으로 행해지는 작용이라는 점에서 차이가 있다. 예컨대, 도로공사를 위한 도로통행의 금지나 제한(도로법 제76조)은 공물관리(작용)에 해당하는 반면, 교통사고를 예방하기 위한 도로통행의 금지나 제한(도로교통법 제6조)은 공물경찰(작용)에 해당한다. 공물관리와 공물경찰은 다음과 같이 구별된다.

구분	공물관리	공물경찰
목적 [20년 군무원 7급 1]	공물이 본래의 목적을 달성하게 하려는 적극적인 목적	공물로 인하여 발생할 수 있는 위해를 방지하려는 소극적인 목적
주관기관	공물관리청	일반경찰기관
권력적 기초	공물주체가 공물에 대해 가지는 지배권에 기초	일반경찰권에 기초
법적 성질	공법상 물권적 지배권	일반통치권
법적 근거	도로법, 하천법 등	경찰관 직무집행법, 도로교통법 등
작용의 범위	공물관리권에 근거하여, 공물에 대한 일시적 사용허가뿐만 아니라 계속적이고 독점적인 사용권 설정도 가능	공물경찰권에 근거하여 공물에 대한 일시적 사용허가만 가능
작용의 성질	권력적으로 행해지기도 하고 비권력적으로 행해지기도 함.	원칙적으로 권력적으로 행해지지만, 교통안전교육과 같이 비권력적으로 행해지기도 함.
위반행위에 대한 제재 및 강제방법	공물관리권에 근거해서는 위반자를 공물사용관계로부터 배제할 수 있는 것에 그치고, 행정벌을 부과하거나 강제집행을 실시하는 것은 가능하지 않음.	공물경찰권에 근거해서는 행정벌을 부과하거나 경찰상 강제집행을 실시하는 것이 가능

OX 1

공물관리권은 적극적으로 공물 본래의 목적을 달성시킴을 목적으로 하며, 공물경찰권은 소극적으로 공물상의 안녕과 질서에 대한 위해를 방지함을 목적으로 한다. [ ] [20년 군무원 7급]

04 공물관리 작용과 공물경찰 작용의 관계

공물관리와 공물경찰은 상호 독립적인 것이다. 그러나 현실적으로는 동일한 공물에 대하여 양자가 경합하여 행사되는 경우가 있을 수 있다.

정답

1. ○

05 공물관리권의 행사로서 변상금의 부과 및 징수

1. 변상금의 의의

(1) 무단점유

국유재산법 제72조(변상금의 징수) ① 중앙관서의 장등은 무단점유자에 대하여 대통령령으로 정하는 바에 따라 그 재산에 대한 사용료나 대부료의 100분의 120에 상당하는 변상금을 징수한다. 다만, 다음 각 호의 어느 하나에 해당하는 경우에는 변상금을 징수하지 아니한다. 〈개정 2020. 6. 9〉
1. 등기사항증명서나 그 밖의 공부(公簿)상의 명의인을 정당한 소유자로 믿고 적절한 대가를 지급하고 권리를 취득한 자(취득자의 상속인이나 승계인을 포함한다)의 재산이 취득 후에 국유재산으로 밝혀져 국가에 귀속된 경우
2. 국가나 지방자치단체가 재해대책 등 불가피한 사유로 일정 기간 국유재산을 점유하게 하거나 사용·수익하게 한 경우

공유재산 및 물품 관리법 제81조(변상금의 징수) ① 지방자치단체의 장과 제43조의2에 따라 일반재산의 관리·처분에 관한 사무를 위탁받은 자는 무단점유자에 대하여 대통령령으로 정하는 바에 따라 공유재산 또는 물품에 대한 사용료 또는 대부료의 100분의 120에 해당하는 금액(이하 "변상금"이라 한다)을 징수한다. 다만, 다음 각 호의 어느 하나에 해당하는 경우에는 변상금을 징수하지 아니한다. 〈개정 2014. 1. 7., 2021. 4. 20.〉
1. 등기부나 그 밖의 공부(公簿)상의 명의인을 정당한 소유자로 믿고 상당한 대가를 지급하고 권리를 취득한 자(취득자의 상속인과 그 포괄승계인을 포함한다)의 재산이 취득 후에 공유재산 또는 물품으로 판명되어 지방자치단체에 귀속된 경우
2. 국가나 지방자치단체가 재해대책 등 불가피한 사유로 일정 기간 공유재산 또는 물품을 점유하게 하거나 사용·수익하게 한 경우

① 변상금이란 국유재산이나 공유재산을 무단으로 점유한 자에 대하여 제재적 의미에서 부과하는 금전을 말한다. ㉠ 사용허가나 대부계약 없이 국유재산을 사용·수익하는 경우나, ㉡ 사용허가나 대부계약 기간이 끝난 후 다시 사용허가나 대부계약 없이 국유재산을 계속 사용·수익하는 경우를 '무단점유'라 한다.

판례

사용·수익허가 없이 행정재산을 유형적·고정적으로 특정한 목적을 위하여 사용·수익하거나 점유하는 경우 공유재산법 제81조 제1항에서 정한 변상금 부과대상인 '무단점유'에 해당하고, 반드시 그 사용이 독점적·배타적일 필요는 없으며, 점유 부분이 동시에 일반 공중의 이용에 제공되고 있다고 하여 점유가 아니라고 할 수는 없다(2018두48298). [21년 국회 8급]

무단점유가 되기 위한 요건에 대한 판시이다.

② 「국유재산법」과 「공유재산 및 물품 관리법」은 무단점유의 대상이 된 재산에 대한 사용료나 대부료의 100분의 120에 상당하는 금액을 변상금으로 부과하게 하고 있다. 이와 같이 할증된 금액의 변상금을 부과·징수하는 목적은 국유재산의 사용·수익으로 인한 이익의 환수를 넘어, 국유재산의 효율적인 보존·관리라는 공익을 실현하는 데 있다.

(2) 사용료 또는 점용료와의 구분

판례

공유수면 점·사용 허가 등을 받아 적법하게 사용하는 경우에는 사용료 부과처분을, 허가를 받지 않고 무단으로 사용하는 경우에는 변상금 부과처분을 하는 것이 적법하다. 그러나 적법한 사용이든 무단 사용이든 그 공유수면 점·사용으로 인한 대가를 부과할 수 있다는 점은 공통된 것이고, 적법한 사용인지 무단 사용인지의 여부에 관한 판단은 사용관계에 관한 사실 인정과 법적 판단을 수반하는 것으로 반드시 명료하다고 할 수 없으므로, 그러한 판단을 그르쳐 변상금 부과처분을 할 것을 사용료 부과처분을 하거나 반대로 사용료 부과처분을 할 것을 변상금 부과처분을 하였다고 하여 그와 같은 부과처분의 하자를 중대한 하자라고 할 수는 없다(2012두20663). [20년 5급 승진 1, 20년 변호사]

甲시가 국유재산인 토지 상에 근로자 종합복지관 등을 건축하여 점유·사용하고 있다는 이유로 해당 국유지의 관리청인 乙시가 甲시에 국유재산에 대한 사용료 또는 점용료를 부과하기 위해서는, 乙시가 甲시에 국유재산의 점용·사용을 허가하였거나 그에 관한 협의 또는 승인이 있었던 경우이어야 한다(2017두31248). [20년 국가 7급 2]

㉠ 공유수면 관리 및 매립에 관한 법률 제13조 제1항에서, 공유수면관리청은 점용·사용허가나 공유수면의 점용·사용협의 또는 승인을 받은 자로부터 대통령령으로 정하는 바에 따라 매년 공유수면 점용료 또는 사용료를 징수하여야 한다고 규정하고 있기 때문이다. ㉡ 허가나 협의나 승인이 없었다면, 사용료 또는 점용료 부과처분이 아니라, 변상금을 부과하거나 부당이득반환청구를 하여야 한다.

OX 1
공유수면에 대한 점용·사용 허가를 받아 이를 적법하게 사용하는 경우, 공유수면 사용자에게 사용료 부과처분을 할 것을 변상금 부과처분을 하였다면 그 변상금 부과처분은 당연무효이다.
[ ] [20년 5급 승진]

OX 2
국유재산의 관리청은 국유재산에 대하여 점용·사용허가를 받지 아니한 채 국유재산을 사용한 자에 대하여 「국유재산법」에 따른 국유재산 사용료를 부과할 수 있다. [ ] [20년 국가 7급]

2. 변상금 부과처분의 법적 성질

① 변상금 부과처분은 행정처분에 해당한다고 본다(91다42197, 87누1046). [23년 국회 8급, 21년 군무원 7급, 20년 국회 8급] 변상금은 납부하여야 할 대부료나 사용료 상당액 이외에 별도로 징벌적 의미에서 국가 측이 일방적으로 그 2할 상당액을 추가하여 징수하는 금액일뿐더러, 그 체납 시에는 국세징수법에 의하여 강제징수토록 하고 있는 점(국유재산법 제73조 제2항) 등에 비추어 보면, 그 부과처분은 관리청이 공권력을 가진 우월적 지위에서 행하는 것으로 볼 수 있기 때문이다.

② 한편, ㉠ 변상금을 징수할 것인지 여부는 처분청의 재량을 허용하지 않는 기속행위이며(98두7602, 97누4098), [19년 행정사 3, 18년 경찰 3차] ㉡ 변상금 연체료 부과처분 또한 기속행위에 해당한다고 본다(2010두16787). [19년 행정사] 법령 자체에서 기속행위로 규정하고 있기 때문이다.

OX 3
국유재산의 무단점유에 대한 변상금의 징수는 재량행위이다.
[ ] [19년 행정사]

3. 변상금 부과·징수권과 부당이득반환청구권의 경합의 문제

(1) 문제의 소재

① 타인 소유의 물건을 무단으로 점유하여 사용하는 경우, 그 물건의 사용·수익권자(보통 소유자)는 민사상으로 무단점유자에 대한 부당이득반환청구권도 갖게 된다. 이에 공법상의 권리인 변상금 부과·징수권과 사법상의 권리인 부당이득반환청구권의 관계가 문제된다.

② 참고로 대법원은 아래의 법리가 국가가 직접 국유재산을 관리하는 경우뿐만 아니라, 한국자산관리공사에 관리·처분에 관한 사무를 위임한 경우에도 그대로 적용된다고 보았다.

정답
1. × 2. × 3. ×

(2) **두 권리의 차이**(2011다76402)

① 변상금 부과처분에 따라 발생하게 되는 변상금징수권은 공법상의 권리인 반면, 부당이득반환청구권은 국유재산의 소유자로서 가지는 사법상의 채권이다. [24년 소방간부, 23년 서울 연구직 1]

② 또한 변상금은 대부료나 사용료의 120%에 상당하는 금액으로서, 대부료나 사용료 금액만큼만을 반환하면 되는 부당이득반환과 그 액수가 다르다.

③ 또 대부계약이나 사용·수익허가 없이 국유재산을 점유하거나 사용·수익하였지만 변상금 부과처분을 할 수 없는 때에도 민사상 부당이득반환청구권은 성립하는 경우가 있으므로, 변상금 부과·징수권이 성립하는 경우와 민사상 부당이득반환청구권이 성립하는 경우가 언제나 일치한다고는 볼 수 없다. 부당이득반환청구권의 성립범위가 더 넓다.

④ 변상금 부과·징수권은 행정강제의 일종인 강제징수의 방법에 의해 실현되지만(자력강제), 부당이득반환청구권은 법원의 힘을 빌려 민사소송에 의해 실현된다(타력강제).

⑤ 또 변상금부과권은 공물관리청이 갖는 권리인 반면, 부당이득반환청구권은 소유자나 정당한 이용권한을 갖는 자가 갖는 권리이다. 소유권자가 아니라 하더라도 공물관리청은 변상금 부과권을 갖는다(2003두7194). [19년 국회 8급, 15년 국가 7급]

(3) **변상금 부과·징수권의 행사와 별도로 민사상 부당이득반환청구소송을 제기할 수 있는지 여부**

① 2011다76402 전원합의체 판결의 [다수의견]은, 공물관리주체는 무단점유자를 상대로 변상금 부과·징수권의 행사와 별도로, 행정재산의 소유자라면 행정재산의 소유자로서도 민사상 부당이득반환청구의 소를 제기할 수 있다고 보았다. [21년 군무원 7급, 19년 5급 승진, 19년 지방 7급, 19년 2월 서울 7급 2, 18년 국가 7급 3]

② 그러나 [소수의견]은 변상금 부과·징수의 방법에 의해서만 국유재산의 무단점유·사용으로 인한 이익을 환수할 수 있으며, 그와 별도로 민사소송의 방법으로 부당이득반환청구를 하는 것을 허용하여서는 아니 된다고 보았다.

(4) **변상금 부과·징수권을 행사하면 민사상 부당이득반환청구권의 소멸시효가 중단되는지 여부**

변상금 부과·징수권이 민사상 부당이득반환청구권과 법적 성질을 달리하는 별개의 권리인 이상 변상금 부과·징수권을 행사하였다고 해서, 이 때문에 민사상 부당이득반환청구권의 소멸시효가 중단되지는 않는다(2013다3576). [15년 국가 7급 4]

(5) **민사상 부당이득반환청구권이 만족을 얻어 소멸하면 그 범위 내에서 변상금 부과·징수권도 소멸하는지 여부**

행정재산에 대한 무단점유가 있는 경우, 변상금 부과·징수권과 민사상 부당이득반환청구권은 동일한 금액 범위 내에서 경합하여 병존하게 되는데, 민사상 부당이득반환청구권이 만족을 얻어 소멸하면 그 범위 내에서 변상금 부과·징수권도 소멸하는 관계에 있다고 본다(2012두5688).

OX 1
「국유재산법」상 국유재산의 무단점유자에 대한 변상금의 부과는 「민법」상 부당이득반환청구권의 행사로 볼 수 있으므로 사법상의 법률행위에 해당한다.
[ ] [23년 서울 연구직]

OX 2
국유재산법에 의한 변상금 부과·징수권은 민사상 부당이득반환청구권과 법적 성질을 달리하므로, 국가는 무단점유자를 상대로 변상금 부과·징수권의 행사와 별도로 국유재산의 소유자로서 민사상 부당이득반환청구의 소를 제기할 수 있다.
[ ] [19년 2월 서울 7급]

OX 3
국유재산의 무단점유와 관련하여 국유재산법에 의한 변상금 부과·징수가 가능한 경우에는 변상금 부과·징수의 방법에 의해서만 국유재산의 무단점유·사용으로 인한 이익을 환수할 수 있으며, 그와 별도로 민사소송의 방법으로 부당이득반환청구를 하는 것은 허용되지 않는다. [ ]
[18년 국가 7급]

OX 4
국유재산의 무단점유자에 대하여 국가가 변상금 부과·징수권을 행사한 경우에는 민사상 부당이득반환청구권의 소멸시효가 중단된다. [ ] [15년 국가 7급]

정답
1. × 2. ○ 3. × 4. ×

PART 06

핵심 정리 42 공물의 사용관계

01 의의

① 공물의 사용관계란 공물의 사용에 관하여 공물관리주체와 사용자 간에 발생하는 법률관계를 의미한다.

② 공물의 사용관계는 현실적으로는 '공공용물'과 관련해서 자주 문제가 된다. 공공용물은 일반 공중의 사용에 직접 제공하는 것을 목적으로 하기 때문이다.

③ 다만 관념적으로는, 공물의 사용관계는 공물 일반에 대하여 문제가 될 수 있지만, 현실적으로 공용물은 행정주체 자신이 직접 사용하는 것을 목적으로 하기 때문에 일반 공중과의 사이에서는 원칙적으로 사용관계가 발생하지 않고, 단지 공용에 지장을 주지 않는 한도 내에서 예외적으로만 일반 공중의 사용이 인정될 뿐이다. 예컨대, 공용물에 대한 사용관계는 국·공립학교의 운동장에서 축구를 하거나, 구청사 내에서 매점을 운영하는 경우 등에 발생한다. 이러한 공용물의 사용은 예외적으로 공용에 지장을 주지 않는 한도 내에서만 인정된다. [20년 군무원 7급]

④ 보존공물의 경우에도 공용에 지장이 없는 범위 내에서만 공물의 사용관계가 예외적으로 인정된다. [21년 군무원 5급]

02 종류

① 공물은 그 사용방법을 기준으로 일반사용과 특별사용으로 구분된다. 일반사용이란 공물을 그 본래의 목적에 따라 일반 공중이 사용하는 것(예 도로를 통행하는 것)을 말하고, 특별사용이란 일반사용의 범위를 넘어서는 방법으로 공물을 사용하는 것(예 도로 위에 상점을 내는 것)을 말한다.

② 일반사용과 달리 특별사용을 적법하게 하기 위해서는 별도의 추가적인 법적 근거나 행정행위의 발급이 있어야 한다.

③ 일반사용은 단순 일반사용과 고양된 일반사용으로 구분되고, 특별사용은 허가사용, 특허사용, 관습법에 의한 특별사용, 행정재산의 목적외 사용으로 구분된다.

03 공물의 일반사용(자유사용, 보통사용, 공동사용)

1. 의의

① 공물의 일반사용이란 타인의 공동사용을 방해하지 않는 한도에서 행정청의 허락을 받지 않고도 그 공물의 본래의 목적에 따라 공물을 사용하는 것을 말한다. 공물인 도로를 통행하거나, 공물인 공원을 산책하는 것 등이 그 예이다.

② ㉠ 행정청의 허락 없이도 할 수 있기 때문에 '자유사용'이라고도 부르고, ㉡ 공물의 본래의 목적에 따라 사용하는 것이지, 공물을 특별한 방법으로 사용하는 것이 아니기 때문에 '보통사용'이라고도 부른다. ㉢ 또 타인의 공동사용을 방해하지 않는 한도 내에서만 사용 가능하므로 '공동사용'이라고도 부른다.

2. 법적 성질 – 개인적 공권인지 여부

(1) 의의

공물을 그 본래의 목적에 따라 사용할 수 있는 법적 지위('일반사용권')가 공법상의 권리인지 여부에 대해, 이를 ㉠ 반사적 이익에 해당하는 것으로 보는 견해(반사적 이익설)와 ㉡ 법적으로 보호되어야 하는 공권의 일종이라고 보는 견해(공권설)가 대립하고 있다. 오늘날은 공권설이 통설의 입장이다. 다만, 매우 제한된 권능만을 갖는 공권으로 본다. 판례의 태도는 불분명하다.❶

(2) 공용폐지에 대한 일반사용자의 원고적격 여부

공용폐지로 인하여 기존에 누리던 일반사용권을 상실하게 되는 경우, 일반사용자에게 공용폐지에 대해 다툴 수 있는 법률상의 이익이 인정되는지 여부에 대해 ㉠ 판례는 원칙적으로는 법률상의 이익을 인정할 수 없지만, 예외적으로 공물의 성질상 특정 개인의 생활에 직접적이고 구체적인 이익을 부여하고 있는 특별한 사정이 있는 경우에는 공용폐지에 대해 다툴 수 있는 법률상 이익이 있다고 본다. ㉡ 통설 또한 공용폐지행위로 인하여 개인의 중요하고 구체적인 이익이 직접 침해되었거나 그 침해가 예상되는 경우에만 예외적으로 공용폐지에 대해 다툴 수 있는 법률상의 이익을 인정할 수 있다고 본다. [18년 10월 서울 7급 1]

판례

㉠ 일반적으로 도로는 국가나 지방자치단체가 직접 공중의 통행에 제공하는 것으로서 일반국민은 이를 자유로이 이용할 수 있는 것이기는 하나, 그렇다고 하여 그 이용관계로부터 당연히 그 도로에 관하여 특정한 권리나 법령에 의하여 보호되는 이익이 개인에게 부여되는 것이라고까지는 말할 수 없으므로, 일반적인 시민생활에 있어 도로를 이용만 하는 사람은 그 용도폐지를 다툴 법률상의 이익이 있다고 말할 수 없다. [21년 국가 7급 2, 19년 5급 승진 3, 19년 국가 7급, 16년 국회 8급 4, 13년 변호사, 12년 지방 7급]

㉡ 그러나 공공용재산이라고 하여도 당해 공공용재산의 성질상 특정 개인의 생활에 개별성이 강한 직접적이고 구체적인 이익을 부여하고 있어서 그에게 그로 인한 이익을 가지게 하는 것이 법률적인 관점으로도 이유가 있다고 인정되는 특별한 사정이 있는 경우에는 그와 같은 이익은 법률상 보호되어야 할 것이고, 따라서 도로의 용도폐지처분에 관하여 이러한 직접적인 이해관계를 가지는 사람이 그와 같은 이익을 현실적으로 침해당한 경우에는 그 취소를 구할 법률상의 이익이 있다(91누13212). [19년 2월 서울 7급 5, 15년 서울 7급]

문화재는 문화재의 지정이나 그 보호구역으로 지정이 있음으로써 유적의 보존 관리 등이 법적으로 확보되어 지역주민이나 국민일반 또는 학술연구자가 이를 활용하고 그로 인한 이익을 얻는 것이지만, 그 지정은 문화재를 보존하여 이를 활용함으로써 국민의 문화적 향상을 도모함과 아울러 인류문화의 발전에 기여한다고 하는 목적을 위하여 행해지는 것이지, 그 이익이 일반국민이나 인근주민의 문화재를 향유할 구체적이고도 법률적인 이익이라고 할 수는 없다(91누13212). [13년 지방 7급]

공주공산성 근처에 거주하던 주민이, 공산성으로 올라가는 데 사용하던 산책로가 용도폐지되고 그곳에 민영주택 건설사업계획에 대한 승인처분이 발급되자, '문화재 매장의 가능성에 따른 일반 국민으로서의 문화재 보호의 이해관계'를 주장하며 다툰 사건이다.

❶ 정확히 말하면, 대법원은 일반사용권을 원칙적으로 반사적 이익에 불과한 것으로 보고 있는 것으로 해석되지만, 통설은 대법원의 입장에 대해 언급을 하지 않은 채, 통설에 따라 논의를 전개하고 있다.

OX 1
공물의 일반사용자가 원고적격이 인정되기 위해서는 공용폐지행위 등에 의해 개인의 중요하고 구체적인 이익이 직접 침해되었거나 그 침해가 예상되어야 한다. [ ] [18년 10월 서울 7급]

OX 2
일반적인 시민생활에 있어 도로를 이용만 하는 사람은 원칙적으로 도로의 용도폐지를 다툴 법률상의 이익이 있다. [ ] [21년 국가 7급]

OX 3
일반시민에게는 도로의 이용관계로부터 당연히 그 도로에 관하여 특정한 권리나 법령에 의하여 보호되는 이익이 부여되는 것이므로, 일반적인 시민생활에 있어 도로를 이용하는 사람은 그 용도폐지를 다툴 법률상의 이익이 있다. [ ] [19년 5급 승진]

OX 4
도로의 일반사용의 경우 도로사용자가 원칙적으로 도로의 폐지를 다툴 법률상 이익이 있다. [ ] [16년 국회 8급]

OX 5
공공용재산이라고 하여도 당해 공공용재산의 성질상 특정개인의 생활에 개별성이 강한 직접적이고 구체적인 이익을 부여하고 있어서 그에게 그로 인한 이익을 가지게 하는 것이 법률적인 관점으로도 이유가 있다고 인정되는 특별한 사정이 있는 경우에는 그와 같은 이익은 법률상 보호되어야 한다. [ ] [19년 2월 서울 7급]

정답
1. ○ 2. × 3. × 4. × 5. ○

PART 06

(3) 일반사용 제한에 따른 손실보상청구 가부

공공용물에 관한 적법한 개발행위로 인하여 일반사용이 종전에 비하여 제한을 받게 되었다 하더라도 이에 대하여 손실보상을 청구할 수는 없다(99다35300). 그것을 특별한 희생으로 평가할 수 없기 때문이다.

판례

일반 공중의 이용에 제공되는 공공용물에 대하여 특허 또는 허가를 받지 않고 하는 일반사용은 다른 개인의 자유이용과 국가 또는 지방자치단체 등의 공공목적을 위한 개발 또는 관리·보존행위를 방해하지 않는 범위 내에서만 허용된다 할 것이므로, 공공용물에 관하여 적법한 개발행위 등이 이루어짐으로 말미암아 이에 대한 일정범위의 사람들의 일반사용이 종전에 비하여 제한받게 되었다 하더라도 특별한 사정이 없는 한 그로 인한 불이익은 손실보상의 대상이 되는 특별한 손실에 해당한다고 할 수 없다(99다35300). [23년 군무원 7급, 23년 변호사, 23년 소방간부, 22년 국가 7급, **1**, 22년 소방간부, 20년 행정사, 19년 국가 7급, 19년 5급 승진, 19년 국가 7급]

OX 1

공공용물에 관하여 적법한 개발행위 등이 이루어짐으로 말미암아 이에 대한 일정범위의 사람들의 일반사용이 종전에 비하여 제한받게 되었다면 원칙적으로 그로 인한 불이익은 손실보상의 대상이 되는 특별한 손실에 해당한다. [ ] [22년 국가 7급]

(4) 사법상의 방해배제청구권 및 손해배상청구권

일반사용자의 공물이용이 다른 개인에 의해 방해받는 경우, 통설은 사법상의 방해배제청구권이나 손해배상청구권이 인정될 수 있다고 본다.

3. 일반사용권의 범위

① 통설에 따라, 공물을 그 본래의 목적에 따라 사용할 수 있는 법적 지위를 법적으로 보호되는 공권으로 본다 하더라도, 그 권리가 어느 범위에까지 인정될 수 있는지가 문제된다.

② 통설은 공물의 현재 상태에서의 공용목적 범위 내에서 제한을 받지 않고 사용할 수 있을 뿐이라고 본다. 즉, 일반사용권에 근거해서는 새로운 도로의 공용지정 등을 통해 일반사용을 창설하여 줄 것을 요구하거나, 공물주체가 기존도로를 폐지하는 경우에 기존도로에 대한 일반사용의 존속을 요구할 수는 없다고 본다. 통설은 일반사용권을 행정청에 대해 작위나 부작위 등을 요구할 수 있는 적극적인 청구권이 아니라, 자신의 정당한 공물사용을 어렵게 하는 행정기관이나 제3자의 방해를 배제할 수 있는 소극적·방어적 권리(자유권)로 보고 있다.

4. 일반사용의 한계

① 일반사용의 내용과 한계는 당해 공물의 공용목적 및 관계법규(법령 및 자치법규) 등에 의해 정해진다. 따라서 공물주체는 관리규칙 등으로 일반사용의 범위를 한정할 수 있으나, 이용자의 자유사용의 본질적인 부분을 침해할 수는 없다고 본다.

② 또 일반사용은 다른 개인의 일반사용과 국가 또는 지방자치단체 등의 공공목적을 위한 개발 또는 관리·보존행위를 방해하지 않는 범위 내에서만 허용된다(99다35300). [14년 국가 7급]

OX 2

공물의 보통사용은 그 성질상 사용료는 절대 징수할 수 없다. [ ] [21년 군무원 5급]

5. 사용료

공물의 일반사용은 무상이 원칙이다. 물론, 법령이나 조례 등에 근거가 있는 경우에는 사용료를 징수할 수 있다. [21년 군무원 5급 **2**]

정답

1. × 2. ×

6. 인접주민의 고양된(enhanced) 일반사용

(1) 의의

① 공물에 인접하여 거주하고 있거나 공물과 인접하여 토지나 건물 등을 소유하고 있는 자는 허가나 특허와 같은 별도의 행정행위를 발급받지 않고도, 공물의 본래적 용법에 따른 사용 즉, 일반사용의 정도를 넘어서는 공물을 사용할 권리가 있다고 보는데, 이에 따른 사용을 인접주민의 고양된 일반사용이라 부른다. 공물에 인접하여 있는 주민에게는 일반사용의 범위를 넘어서는 공물의 사용이 불가피한 경우가 있기 때문이다. 대법원도 이 이론을 받아들이고 있다.

② 인접주민의 고양된 일반사용의 예로는, 도로변에 있는 점포 주인이 그 도로에서 물건을 차량에 싣거나 내리는 행위, 도로변 토지소유자가 건물의 신축이나 증축을 위하여 도로에 일시적으로 건축자재를 쌓아두는 행위 등이 거론된다. 이러한 행위들은 일반인의 일반사용으로는 할 수 없는 행위들이다.

③ 고양된 일반사용권은 공물의 인접주민이라는 이유만으로는 인정되는 것이 아니라, 구체적으로 공물을 사용하는 경우에만 인정된다(2004다68311). [22년 지방 7급, 21년 국가 7급 1, 19년 국가 7급]

판례

㉠ 공물의 인접주민은 다른 일반인보다 인접공물의 일반사용에 있어 특별한 이해관계를 가지는 경우가 있고, 그러한 의미에서 다른 사람에게 인정되지 아니하는 이른바 '고양된 일반사용권'이 보장될 수 있다. [20년 5급 승진, 19년 국회 8급, 14년 변호사]

㉡ 이러한 고양된 일반사용권이 침해된 경우 다른 개인과의 관계에서 민법상으로도 보호될 수 있으나, 그 권리도 공물의 일반사용의 범위 안에서 인정되는 것이므로, 특정인에게 어느 범위에서 이른바 고양된 일반사용권으로서의 권리가 인정될 수 있는지의 여부는 당해 공물의 목적과 효용, 일반사용관계, 고양된 일반사용권을 주장하는 사람의 법률상의 지위와 당해 공물의 사용관계의 인접성, 특수성 등을 종합적으로 고려하여 판단하여야 한다. 따라서 구체적으로 공물을 사용하지 않고 있는 이상 그 공물의 인접주민이라는 사정만으로는 공물에 대한 고양된 일반사용권이 인정될 수 없다. [16년 지방 7급, 14년 행정사]

㉢ 재래시장 내 점포의 소유자가 점포 앞의 도로에 대하여 일반사용을 넘어 특별한 이해관계를 인정할 만한 사용을 하고 있었다는 사정을 인정할 수 없다면, 위 소유자에게는 도로에 좌판을 설치·이용할 수 있는 권리를 인정할 수 없다(2004다68311). [23년 소방간부, 13년 국회 8급 2]

재래시장 내에 있는 (점포에서 장사를 하는 자가 아니라) 점포에 대하여 소유권을 갖는 자가 점포 앞 도로에서 당연히 좌판을 설치·이용할 수 있는 권리를 갖는지가 문제되었는데(그 권리만을 따로 떼어 타인에게 양도하려고 하였었다), 점포의 소유자가 실제로 좌판을 설치하여 그 도로를 사용하지 않았다면, 점포 앞 도로에 좌판을 설치·이용할 수 있는 권리를 갖는 것은 아니라고 보았다.

(2) 법적 근거

통설은 인접주민의 고양된 일반사용권은 헌법상의 재산권 조항으로부터 도출되며, 일반인의 일반사용과 마찬가지로 개인적 공권의 성격을 갖는다고 본다.

OX 1

구체적으로 공물을 사용하지 않고 있는 이상 그 공물의 인접 주민이라는 사정만으로는 공물에 대한 고양된 일반사용권이 인정될 수 없다. [ ] [21년 국가 7급]

OX 2

재래시장 내 점포의 소유자에게는 점포 앞의 도로에 좌판을 설치·이용할 수 있는 권리가 있다. [ ] [13년 국회 8급]

정답

1. ○ 2. ×

PART 06

(3) 한계

① 고양된 일반사용권에 근거한 공물 사용은 자신의 토지나 건물 등의 일상적인 이용을 위하여 불가결한 범위로 한정된다.

② 또 다른 사람들의 일반사용과도 조화를 이루어야 한다. 따라서 인접주민의 고양된 일반사용권에 근거해서도 지속적 점용은 허용되지 않고, 일시적인 점용만이 가능하다. 예컨대, 보도를 자신의 주차장으로 사용하는 것, 점포 앞 도로상에 자동판매기를 설치하거나 과일상자를 진열하는 것, 탁자나 의자를 설치하여 영업행위를 하는 것은 특별사용에 해당되어 별도로 관할 행정청의 특허를 받아야 한다.

(4) 침해 시 권리구제

① 행정작용에 의하여 고양된 일반사용권을 침해받은 인접주민은 공법상의 방해배제청구권을 행사할 수 있고, 또한 그로 인하여 발생된 손해에 대해서는 손해배상청구권을 행사할 수 있다고 본다(通說).

② 행정작용이 아니라 제3자에 의해 고양된 일반사용권을 침해받은 인접주민도 민법상의 방해배제청구권과 손해배상청구권을 행사할 수도 있다고 본다(通說). [19년 국가 7급]

04 공물의 특별사용

1. 개설

공물의 일반사용의 범위를 넘어서는 정도로 공물을 사용하기 위해서는 행정청의 허락을 받아야 한다. 이 허락에 근거한 공물 사용을 공물의 특별사용이라 하며, 이는 다시 공물의 허가사용과 특허사용으로 구분될 수 있다.

2. 공물의 허가사용

(1) 의의

① 공물의 허가사용이란, 강학상의 허가를 받아서 하는 공물사용을 말한다. 본래 일반사용의 범위에 속하는 공물사용이지만, 자유롭게 하도록 할 경우 공물관리나 공물경찰 목적에 해가 되는 방식의 공물사용이어서 일반적으로 이를 금지를 해 둔 경우에, 허가를 받은 경우에만 할 수 있는 공물사용이 공물의 허가사용이다.

② 허가를 받으면 일시적으로 그러한 방식의 공물사용이 가능해진다. 공원에서 일시적으로 판촉행사를 할 수 있게 허가를 내주거나, 집회허가에 따라 이루어지는 공원점거나 도로점거가 그 예로 거론된다.

③ 특허사용과 엄밀하게 구분될 수 있는 개념인지에 대해서는 논란이 있다.

(2) 사용료

공물의 허가사용에 대해서는 사용료를 징수할 수 있지만, 징수하지 않는 경우가 많다. [12년 지방 7급 1]

OX 1

공물의 허가사용의 경우 사용료를 징수하여야 한다. [ ]
[12년 지방 7급]

1. ×

3. 공물의 특허사용

(1) 의의

① 공물의 특허사용이란, 강학상 특허를 받아서 하는 공물사용을 말한다. 이때의 특허는 공물관리권에 의하여 일반인에게 허용되지 않는 특별한 사용권을 설정해 주는 행위를 말한다. 예컨대, 도로법 제61조에 의한 도로점용허가나, 하천법 제33조에 의한 하천부지 또는 유수의 점용허가 등이 공물의 특허사용에 해당한다. [14년 지방 7급] 실정법상으로는 '허가'라는 명칭으로 발급되는 경우가 많다.

② 공물의 특허사용은 일반사용의 범위를 넘어 공물을 계속적으로 사용할 수 있는 권리를 새롭게 창설하여 준다는 점에서, 공물에 대한 일반적 금지를 해제하여 본래부터 일반사용에 속하는 유형의 사용을 일시적으로 가능하도록 하는 것에 불과한 공물의 허가사용과 구분된다. (다만, 오늘날에는 특허사용과 허가사용 간의 엄격한 도식적 구분에 반대하는 학자들도 늘어나고 있다.)

(2) 특허사용 해당 여부 판단기준

① 특허사용에 해당하는 방식으로 공물을 사용(특별사용)하려 할 경우 행정청으로부터 별도의 특허를 발급받아야 한다. 특허를 별도로 발급받지 않고 특별사용을 한 경우에는, 위법한 사용이 되어 사용료 상당액에 대한 부당이득반환청구를 받게 되거나, 변상금을 징수받게 되는 등 공물관리권이나 공물경찰권 발동의 대상이 된다.

판례

도로법 제40조에 규정된 도로의 점용이라 함은 일반 공중의 교통에 공용되는 도로에 대하여 이러한 일반사용과는 별도로, 도로의 지표뿐만 아니라 그 지하나 지상 공간의 특정 부분을 유형적·고정적으로 특정한 목적을 위하여 사용하는 이른바 특별사용을 뜻하는 것이므로, 허가 없이 도로를 점용하는 행위의 내용이 위와 같은 특별사용에 해당할 경우에 한하여 도로법 제80조의2의 규정에 따라 도로점용료 상당의 부당이득금을 징수할 수 있다. [22년 변호사 **1**, 21년 국가 7급**2**, 13년 변호사]

② 특별사용에는 보통 독점성과 배타성이 있지만, 일반사용과 병존이 가능한 방식으로 이루어지기도 한다(예 아파트 지상 1층 공간에 도로가 설치되어 있어, 그 도로로 차량이 통행하는 경우).

판례

도로의 특별사용은 반드시 독점적, 배타적인 것이 아니라 그 사용목적에 따라서는 도로의 일반사용과 병존이 가능한 경우도 있고, 이러한 경우에는 도로점용 부분이 동시에 일반공중의 교통에 공용되고 있다고 하여 도로점용이 아니라고 말할 수 없다(96누7342). [23년 경찰간부, 23년 소방간부**3**]

③ 다만, 일반사용과 병존이 가능한 특허사용의 경우에는 일반사용과의 구분이 어려울 수 있는데, 대법원은, 그 공물사용의 주된 용도와 기능이 무엇인지를 기준으로 하여 특별사용인지 여부를 판단한다. 일반사용과 병존하는 경우라 하더라도, 특별사용이 주가 된다면 그 사용은 여전히 특별사용으로 인정된다.

④ 한편, 아무리 특별사용이라 하더라도 일반사용을 영구적으로 배제하는 형태는 허용되지 않는다. 따라서 일반사용과 병존이 가능한 형태의 공물사용이라 하더라도 특별사용에 해당할

OX 1

「도로법」상 도로의 점용은 도로의 지표뿐만 아니라 그 지하나 지상공간의 특정 부분을 유형적, 고정적으로 특정한 목적을 위하여 사용하는 특별사용이다. [ ] [22년 변호사]

OX 2

도로의 지하는 도로법상의 도로점용의 대상이 될 수 없다. [ ] [21년 국가 7급]

OX 3

일반공중의 교통에 공용되는 도로의 점용은 일반인의 자유사용을 배제할 수 있는 특별한 사용에 해당하여 도로의 보통사용이나 다른 사용형태와 양립하지 못한다. [ ] [23년 소방간부]

정답

1. ○ 2. × 3. ×

수 있고, 그 경우에는 별도로 특허를 발급받아야 한다.

판례

㉠ 도로법 제40조, 제43조, 제80조의2에 규정된 도로의 점용이라 함은, 일반 공중의 교통에 공용되는 도로에 대하여 이러한 일반사용과는 별도로 도로의 특정부분을 유형적, 고정적으로 사용하는 이른바 특별사용을 뜻하는 것이고, 그와 같은 도로의 특별사용은 반드시 독점적, 배타적인 것이 아니라 그 사용목적에 따라서는 도로의 일반사용과 병존이 가능한 경우도 있다. [20년 군무원 7급, 19년 2월 서울 7급❶, 16년 국회 8급, 13년 지방 7급]

㉡ 이러한 경우에는 도로점용부분이 동시에 일반 공중의 교통에 공용되고 있다고 하여 도로점용이 아니라고 말할 수 없는 것이며, 한편 당해 도로의 점용을 위와 같은 특별사용으로 볼 것인지 아니면 일반사용으로 볼 것인지는 그 도로점용의 주된 용도와 기능이 무엇인지에 따라 가려져야 한다. [20년 5급 승진, 19년 5급 승진❷]

㉢ 지하철 역삼역과 역삼하이츠건물 지하 1층을 연결하는 지하연결통로의 주된 용도와 기능이 역삼하이츠건물에 출입하는 사람들의 통행로로 이용되는 것이라면 그 건물소유자인 원고가 이를 특별사용하고 있는 것이라 할 것이어서, 도로법 소정의 도로점용료 내지 도로점용료 상당 부당이득금의 징수대상이 된다(94누5830).

✐ 도로의 지상이나 지하를 고정적 · 유형적으로 사용하는 것도 도로점용허가의 일종이다.

지하연결통로의 주된 용도와 기능이 '특정건물에' 출입하는 사람들의 통행로로 사용하기 위한 것이고 다만 이에 곁들여 일반인이 통행함을 제한하지 않는 것뿐이어서, 일반시민으로서는 본래의 도로사용보다 불편함을 감수하면서 이를 사용하는 것에 불과하다면, 지하연결통로는 일반사용을 위한 것보다도 특정건물의 사용편익을 위한 특별사용에 제공된 것이어서 이를 설치 사용하는 행위는 도로의 점용이라고 보아야 할 것이나, 반대로 지하연결통로의 용도와 기능이 주로 일반시민의 교통편익을 위한 것이고 이에 곁들여 특정건물에 출입하는 사람들의 통행로로도 이용되고 있는 정도라면, 지하연결통로는 도로의 일반사용을 위한 것이고 건물소유자의 특별사용을 위한 것이라고 보기 어려우므로 이를 설치 사용하는 행위를 도로의 점용이라고 볼 수 없다(92누1223). [19년 국가 7급]

주유소 영업을 위해 차도와 인도 사이의 경계턱을 없애고 인도 부분을 차도에서부터 완만한 오르막 경사를 이루도록 시공하는 방법으로 건물 앞 인도 부분에 차량 진출입통로를 개설하여 건물에 드나드는 차량들의 편익에 제공함으로써, 일반의 보행자들이 인도 부분을 불편을 감수하면서 통행하고 있는 경우, 인도 부분이 일반공중의 통행에 공용되고 있다고 하여도 도로의 특별사용에 해당한다(98두17906). [16년 서울 7급❸]

항만법 제17조 제1항은 비관리청❶의 항만공사로 조성 또는 설치된 토지 및 항만시설은 준공과 동시에 국가 또는 지방자치단체에 귀속된다고 규정하고, 같은 조 제3항은 비관리청은 그 귀속된 항만시설을 총사업비의 범위 안에서 대통령령이 정하는 바에 따라 무상사용할 수 있다고 규정하고 있는바, 비관리청이 행한 항만시설은 비관리청의 의사와 아무런 상관없이 항만법의 규정에 의하여 당연히 국가 또는 지방자치단체에 귀속하는 대신, 비관리청은 항만법에 의하여 총사업비의 범위 안에서 당해 항만시설에 대하여 무상사용권을 취득할 수 있으므로, 이에 따라 비관리청이 당해 항만시설을 무상사용하는 것은 일반인에게 허용되지 아니하는 특별한 사용으로서, 이른바 공물의 특허사용에 해당한다(2001두2485). [09년 지방 7급, 08년 국가 7급]

OX 1

도로의 점용이라 함은 일반공중의 교통에 공용되는 도로에 대하여 이러한 일반사용과는 별도로 도로의 특정부분을 유형적, 고정적으로 사용하는 이른바 특별사용을 뜻하는 것이고, 그와 같은 도로의 특별사용은 독점적, 배타적일 것을 요한다. [ ] [19년 2월 서울 7급]

OX 2

도로의 특별사용은 도로의 일반사용과 병존이 가능하지 않으므로, 도로점용부분이 동시에 일반공중의 교통에 공용되고 있으면 도로점용이 아니라고 말할 수 있다. [ ] [19년 5급 승진]

OX 3

주유소 영업을 위해 차도와 인도 사이의 경계턱을 없애고 건물 앞 인도 부분에 차량 진출입통로를 개설한 경우, 인도 부분이 일반공중의 통행에 공용되고 있다고 하여도 도로의 특별사용에 해당한다. [ ] [16년 서울 7급]

❶ '비관리청'이란 항만의 관리청인 해양수산부장관 이외의 자를 말한다.

정답

1. × 2. × 3. ○

(3) 특허사용 '허가'의 법적 성질

특허사용에 대한 허가를 종래 공법상 계약으로 보는 견해도 있었으나, 현재는 신청에 의한 쌍방적 행정행위에 해당하는 것으로 보는 것이 통설의 입장이다. 특히 특정인에 대하여 일반인에게는 인정되지 않는 특별한 사용권을 창설하는 설권적 행위로서 강학상 특허에 해당하는 것으로 본다. 따라서 원칙적으로 재량행위로 본다.

판례

도로법 제40조 제1항에 의한 도로점용은 일반 공중의 교통에 사용되는 도로에 대하여 이러한 일반사용과는 별도로 도로의 특정부분을 유형적·고정적으로 특정한 목적을 위하여 사용하는 이른바 특별사용을 뜻하는 것이고, 이러한 도로점용의 허가는 특정인에게 일정한 내용의 공물사용권을 설정하는 설권행위로서, 공물관리자가 신청인의 적격성, 사용목적 및 공익상의 영향 등을 참작하여 허가를 할 것인지의 여부를 결정하는 재량행위이다(2002두5795). **[23년 국가 7급, 23년 군무원 7급, 15년 행정사, 14년 지방 7급, 13년 지방 7급]**

하천부지 점용허가 여부는 관리청의 자유재량에 속하고, 재량행위에 있어서는 법령상의 근거가 없다고 하더라도 부관을 붙일 것인가의 여부는 당해 행정청의 재량에 속한다고 할 것이고, 또한 같은 법 제25조 단서가 하천의 오염방지에 필요한 부관을 붙이도록 규정하고 있으므로 하천부지 점용허가의 성질의 면으로 보나 법규정으로 보나 부관을 붙일 수 있음은 명백하다(90누8688). **[14년 행정사]**

(4) 공물사용권의 법적 성질

① 특허에 따라 부여받은 공물사용권(예 하천점용권)은 일종의 재산권으로서, ㉠ 처분청의 허가를 받아 양도할 수 있고, ㉡ 민사상 강제집행의 대상도 된다고 본다. **[16년 국회 8급]**

② 재산권 중에서도 관리주체에 대하여 일정한 특별사용을 청구할 수 있는 채권(債權)에 해당하는 것으로 본다. 물권법정주의❶의 원칙상 물권(物權, property right)은 아니라고 본다.❷ **[23년 국회 8급, 22년 변호사 1, 20년 행정사 2]** 다만, 특허를 받은 공물을 타인이 무단으로 사용하는 경우에는 그 자에 대하여 직접 부당이득반환청구권이 인정되는 등 어느 정도의 대세성(對世性)도 있다고 본다.❸

③ 물론, 개별법에서 아예 물권성을 인정하고 있는 경우도 있는데, 예컨대 「수산업법」상의 어업권이나 「광업법」상의 광업권 등은 당해 권리가 물권임을 명시하고 있다. **[21년 군무원 5급 3]**

판례

하천법 제50조에 의한 하천수 사용권은 하천법 제33조에 의한 하천의 점용허가에 따라 해당 하천을 점용할 수 있는 권리와 마찬가지로 특허에 의한 공물사용권의 일종으로서, 양도가 가능하고 이에 대한 민사집행법상의 집행 역시 가능한 독립된 재산적 가치가 있는 구체적인 권리라고 보아야 한다(2014두11601). **[23년 군무원 7급, 22년 변호사 4]**

하천의 점용허가권은 특허에 의한 공물사용권의 일종으로서 하천의 관리주체에 대하여 일정한 특별사용을 청구할 수 있는 채권에 지나지 아니하고, 대세적 효력이 있는 물권이라 할 수 없다(2012두27404, 89다카23022). **[23년 국가 7급, 23년 변호사, 22년 지방 7급, 22년 변호사, 21년 국가 7급, 20년 군무원 7급, 19년 5급 승진, 18년 서울 7급 5, 17년 5급 승진, 16년 국회 8급]**

---

❶ [민법] 새로운 물권의 종류는 법률로 규정된 경우에만 창설될 수 있다는 민법상의 원칙을 말한다.

❷ [비교] 공물관리청이 공물에 대하여 갖는 공물관리권은 물권의 일종이라고 보는 것이 통설의 입장이다.

OX 1
하천의 점용허가권은 특허에 의한 공물사용권의 일종이고 하천의 관리주체에 대하여 일정한 특별사용을 청구할 수 있는 권리로서 대세적 효력이 있는 물권이라고 할 수 있다. [ ] [22년 변호사]

OX 2
특허에 의한 공물사용권은 공물의 관리주체에 대해 특별사용을 청구할 수 있는 채권에 그치는 것이 아니라 대세적 효력이 있는 물권이다. [ ] [20년 행정사]

❸ 참고로, 물권은 누구에게나 주장할 수 있는 대세적 권리이고 채권은 특정인에 대해서만 주장할 수 있는 대인적 권리라는 점에서, 물권과 채권은 대비된다. 자세한 내용은 민법학의 영역이다.

OX 3
공물의 특허사용권은 원칙적으로 물권의 성질을 가진다. 다만 어업권·광업권은 채권적 성질을 갖는다. [ ] [21년 군무원 5급]

OX 4
「하천법」에 의한 하천수 사용권은 특허에 의한 공물사용권의 일종이다. [ ] [22년 변호사]

OX 5
하천의 점용허가권은 특허에 의한 공물사용권의 일종으로서 하천관리주체에 대하여 대세적 효력이 있는 물권에 해당한다. [ ] [18년 서울 7급]

정답
1. × 2. × 3. × 4. ○ 5. ×

공유수면에 대한 점용·사용허가는 그러한 특별사용권을 설정해 주는 행정행위로서 강학상 특허이며, 재량행위로 볼 수 있다. 점용·사용허가에 의하여 부여되는 특별사용권은 행정주체에 대하여 공공용물의 배타적, 독점적인 사용을 청구할 수 있는 권리로서 공법상의 채권에 해당한다(2012헌바16). [19년 지방 7급❶, 18년 변호사, 16년 5급 승진]

하천부지의 점용허가를 받은 사람은 그 하천부지를 권원 없이 점유·사용하는 자에 대하여 직접 부당이득의 반환 등을 구할 수 있다(94다4592). [20년 군무원 7급, 14년 행정사]

OX 1
「공유수면 관리 및 매립에 관한 법률」상 공유수면에 대한 점용·사용허가에 의하여 부여되는 특별사용권은 행정주체에 대하여 공공용물의 배타적, 독점적인 사용을 청구할 수 있는 권리에 해당한다. [ ] [19년 지방 7급]

(5) 사용료

① 공물사용권의 특허는 특정인에게 일정한 내용의 공물사용권을 설정하여 주는 것이므로, 공물주체는 공물사용자로부터 그 사용의 대가로서 일시적 또는 정기적으로 사용료 또는 점용료를 징수하는 것이 일반적이다.

② 공물의 특허사용에 대한 사용료 또는 점용료 부과·징수는 항고소송의 대상이 되는 행정처분에 해당한다. [23년 국회 8급]

③ 행정재산의 사용허가를 받은 자가 그 행정재산의 관리를 소홀히 하여 재산상의 손해를 발생하게 한 경우에는 사용료 외에 대통령령으로 정하는 바에 따라 그 사용료를 넘지 아니하는 범위에서 가산금을 징수할 수 있다(국유재산법 제39조). [22년 군무원 7급]

판례

국유재산의 관리청이 행정재산의 사용·수익을 허가한 다음 그 사용·수익하는 자에 대하여 행하는 사용료 부과는 순전히 사경제주체로서 행하는 사법상의 이행청구라 할 수 없고, 이는 관리청이 공권력을 가진 우월적 지위에서 행한 것으로서 항고소송의 대상이 되는 행정처분이라 할 것이다(95누11023). [23년 소방간부, 22년 군무원 5급, 18년 국회 8급❷, 14년 행정사]

OX 2
국유재산의 관리청이 행정재산의 사용·수익을 허가한 다음 그 사용·수익하는 자에 대하여 하는 사용료 부과는 사경제주체로서 행하는 사법상의 이행청구에 해당한다. [ ] [18년 국회 8급]

(6) 특허사용 관련 판례

판례

행정재산의 사용·수익허가처분의 성질에 비추어 국민에게는 행정재산의 사용·수익허가를 신청할 법규상 또는 조리상의 권리가 있다고 할 것이므로 공유재산의 관리청이 행정재산의 사용·수익에 대한 허가신청을 거부한 행위 역시 행정처분에 해당한다. 따라서 항고소송의 대상이 된다(97누1105). [17년 서울 7급, 13년 지방 7급, 13년 변호사]

㉠ 도로점용허가는 도로의 일부에 대한 특정사용을 허가하는 것으로서 도로의 일반사용을 저해할 가능성이 있으므로 그 범위는 점용목적 달성에 필요한 한도로 제한되어야 한다. 도로관리청이 도로점용허가를 하면서 특별사용의 필요가 없는 부분을 점용장소 및 점용면적에 포함하는 것은 그 재량권 행사의 기초가 되는 사실인정에 잘못이 있는 경우에 해당하므로 그 도로점용허가 중 특별사용의 필요가 없는 부분은 위법하다. [23년 국가 7급❸]

OX 3
「도로법」에 따라 도로관리청이 도로점용허가를 하면서 특별사용의 필요가 없는 부분을 점용장소 및 점용면적에 포함시킨 경우에도 그 특별사용의 필요가 없는 부분이 위법하다고 할 수 없다. [ ] [23년 국가 7급]

정답
1. ○ 2. × 3. ×

ⓒ 이러한 경우 도로점용허가를 한 도로관리청은 위와 같은 흠이 있다는 이유로 유효하게 성립한 도로점용허가 중 특별사용의 필요가 없는 부분을 직권취소할 수 있음이 원칙이다. 다만 이 경우 행정청이 소급적 직권취소를 하려면 이를 취소하여야 할 공익상 필요와 그 취소로 당사자가 입을 기득권 및 신뢰보호와 법률생활 안정의 침해 등 불이익을 비교 교량한 후 공익상 필요가 당사자의 기득권 침해 등 불이익을 정당화할 수 있을 만큼 강한 경우여야 한다. [20년 변호사]

ⓒ 이에 따라 도로관리청이 도로점용허가 중 특별사용의 필요가 없는 부분을 소급적으로 직권취소하였다면, 도로관리청은 이미 징수한 점용료 중 취소된 부분의 점용면적에 해당하는 점용료를 반환하여야 한다(2016두56721).

㉠ 행정청은 행정소송이 계속되고 있는 때에도 직권으로 그 처분을 변경할 수 있고, 행정소송법 제22조 제1항은 이를 전제로 처분변경으로 인한 소의 변경에 관하여 규정하고 있다. 한편 흠 있는 행정행위의 치유는 원칙적으로 허용되지 않을 뿐 아니라, 흠의 치유는 성립 당시에 적법한 요건을 갖추지 못한 흠 있는 행정행위를 그대로 존속시키면서 사후에 그 흠의 원인이 된 적법 요건을 보완하는 경우를 말한다.

㉡ 그런데 점용료 부과처분에 취소사유에 해당하는 흠이 있는 경우 도로관리청으로서는 (i) 당초 처분 자체를 취소하고 흠을 보완하여 새로운 부과처분을 하거나, (ii) 흠 있는 부분에 해당하는 점용료를 감액하는 처분을 할 수 있다.

㉢ 이 중 흠 있는 부분에 해당하는 점용료를 감액하는 처분은 당초 처분 자체를 일부 취소하는 변경처분에 해당하고, 그 실질은 종래의 위법한 부분을 제거하는 것으로서 흠의 치유와는 차이가 있다. 그러므로 이러한 변경처분은 흠의 치유와는 성격을 달리하는 것으로서, 변경처분 자체가 신뢰보호원칙에 반한다는 등의 특별한 사정이 없는 한 점용료 부과처분에 대한 취소소송이 제기된 이후에도 허용될 수 있다. [20년 경찰 2차]

㉣ 따라서 특별사용의 필요가 없는 부분을 도로점용허가의 점용장소 및 점용면적으로 포함한 흠이 있고, 그로 인하여 점용료 부과처분에도 흠이 있게 된 경우, (i) 도로관리청으로서는 도로점용허가 중 특별사용의 필요가 없는 부분을 직권취소하면서 특별사용의 필요가 없는 점용장소 및 점용면적을 제외한 상태로 점용료를 재산정한 후 당초 처분을 취소하고 재산정한 점용료를 새롭게 부과하거나, (ii) 당초 처분을 취소하지 않고 당초 처분으로 부과된 점용료와 재산정된 점용료의 차액을 감액할 수도 있다(2016두56721).

4. 관습법에 의한 특별사용

① 관습법에 의한 공물의 특별사용이란, 공물에 대한 특별사용권이 관습법에 의해 인정된 경우에 그에 따른 공물사용을 말한다. 하천용수권(用水權), 입어권(入漁權), 관개용수권(灌漑用水權) 등이 관습법에 의하여 인정되는 특별사용권들이다.

② 관습법에 의한 특별사용권의 내용은 관습법에 의해 정해진다.

③ 관습법에 의한 특별사용은 공물에 대한 다른 사람들의 일반사용과 조화를 이루는 한도 내에서만 인정된다.

판례

농지소유자들이 수백 년 전부터 공유하천에 보를 설치하여 그 연안의 논에 관개를 하여 왔고, 원고도 그 논 중 일부를 경작하면서 위 보로부터 인수(引水)를 하여 왔다면, 공유하천으로부터 용수를 함에 있어서 하천법에 의하여 하천관리청으로부터 허가를 얻어야 한다고 하더라도, 그 허가를 필요로 하는 법규시행 이전부터 원고가 위 보에 의하여 용수할 수 있는 권리를 관습에 의하여 취득하였음이 뚜렷하므로 원고는 하천법에 관한 법규에 불구하고 그 기득권이 있는 것이다(72다78). [17년 소방간부 1]

관행어업권은 일정한 공유수면에 대한 공동어업권 설정 이전부터 어업의 면허 없이 그 공유수면에서 오랫동안 계속 수산동식물을 포획 또는 채취하여 옴으로써 그것이 대다수 사람들에게 일반적으로 시인될 정도에 이른 경우에 인정되는 권리로서 이는 어디까지나 수산동식물이 서식하는 공유수면에 대하여 성립하고, 허가어업에 필요한 어선의 정박 또는 어구의 수리·보관을 위한 육상의 장소에는 성립할 여지가 없으므로, 어선어업자들의 백사장 등에 대한 사용은 공공용물의 일반사용에 의한 것일 뿐 관행어업권에 기한 것으로 볼 수 없다(99다35300). [22년 소방간부]

5. 행정재산의 목적 외 사용

(1) 의의

① 행정재산은 본래의 목적대로 사용하여야 하지만, 예외적으로 그 용도 또는 목적에 장애가 되지 않는 범위 내에서는 다른 목적으로 사용하도록 사용 또는 수익을 '허가'할 수 있다. 이러한 '허가'에 따른 사용관계를 행정재산의 목적 외 사용이라 한다. 주로 공용물에 대해 이루어진다.

② 공용물인 구청사 건물의 일부에서 식당이나 매점을 운영할 수 있도록 영업허가를 내줌에 따라 발생하는 사용관계가 행정재산의 목적 외 사용의 예에 해당한다.

③ 행정재산의 목적 외 사용에 대한 일반법으로서 「국유재산법」과 「공유재산 및 물품 관리법」이 존재한다. 이외에 「하천법」, 「도로법」 등에서도 개별적인 규정을 두고 있다. 또 「국유재산법」은 행정재산의 사용허가에 관하여 「국유재산법」에 규정이 없는 부분에 대해서는 「국가를 당사자로 하는 계약에 관한 법률」의 규정을 준용하도록 하여, 행정재산의 목적 외 사용 허가 대상자를 선정함에 있어서, 「국가를 당사자로 하는 계약에 관한 법률」에 따른 입찰공고의 방법으로 일반경쟁에 부칠 것을 요구하고 있다(국유재산법 제31조). [19년 5급 승진 2]

(2) 목적 외 사용허가의 법적 성질

① 행정재산을 본래 목적 이외의 목적으로 사용할 수 있도록 '허가'해 주는 행위의 법적 성질을 어떻게 파악할 것인지에 대해 학설이 대립하는데, 대법원은 이를 강학상 특허에 해당하는 것으로 본다. [23년 국회 8급, 21년 군무원 7급] 따라서 이에 따라 발생하는 법률관계도 공법관계에 해당하는 것으로 본다. [19년 2월 서울 7급 3, 12년 국가 7급]

② 허가를 받은 행정재산이 본래 기부채납 받은 재산이라 하더라도 마찬가지로 그 사용·수익허가는 강학상 특허라고 본다(99두509). [18년 10월 서울 7급 4, 17년 국가 7급 5, 15년 서울 7급]

OX 1
공유하천으로부터 용수를 함에 있어 하천법에 의해 하천관리청으로부터 허가를 받도록 하고 있기 때문에, 허가를 필요로 하는 법규의 공포·시행 전에 관습에 의해 용수를 취득하였음이 뚜렷한 경우라도 관습법에 의한 특별사용은 인정되지 않는다. [ ]
[17년 소방간부]

OX 2
행정재산의 사용허가에 관하여는 국유재산법에 규정한 것을 제외하고는 「국가를 당사자로 하는 계약에 관한 법률」의 규정을 준용한다. [ ]
[19년 5급 승진]

OX 3
행정재산의 목적외 사용에 대한 허가는 강학상 인가에 해당한다. [ ] [19년 2월 서울 7급]

OX 4
판례는 기부채납받은 국유재산의 사용허가도 일반 사용·수익허가와 동일하게 특허로 본다. [ ] [18년 10월 서울 7급]

OX 5
사인이 공공시설을 건설한 후, 국가 등에 기부채납하여 공물로 지정하고 그 대신 그 자가 일정한 이윤을 회수할 수 있도록 일정기간 동안 무상으로 사용하도록 허가하는 것은 사법상 계약에 해당한다. [ ]
[17년 국가 7급]

정답
1. × 2. ○ 3. × 4. ○ 5. ×

③ 국유재산의 관리청이 행정재산의 사용·수익을 허가한 다음 그 사용·수익하는 자에 대하여 하는 사용료 부과도, 사경제주체로서 행하는 사법상의 이행청구가 아니라, 관리청이 공권력을 가진 우월적 지위에서 행한 것으로서 항고소송의 대상이 되는 행정처분에 해당하는 것으로 본다(95누11023). [18년 국회 8급, 17년 서울 7급, 17년 지방 7급 1]

④ 다만, 사용허가를 받은 행정재산을 전대(轉貸)하는 행위는 그 행정재산의 중앙관서의 장으로부터 국유재산권리사무의 위임을 받거나, 국유재산관리행위의 위탁을 받지 않은 이상 사법상의 임대차에 불과하다고 본다(2001다82514). [16년 국회 8급 2]

판례

공유재산의 관리청이 행하는 행정재산의 사용·수익에 대한 허가는 순전히 사경제주체로서 행하는 사법상의 행위가 아니라, 관리청이 공권력을 가진 우월적 지위에서 행하는 행정처분으로서 특정인에게 행정재산을 사용할 수 있는 권리를 설정하여 주는 강학상 특허에 해당한다(2004다31074, 97누1105). [19년 5급 승진 3, 19년 행정사, 13년 행정사]

(3) 허가기간

① 행정재산의 사용·수익 허가기간은 5년 이내로 한다(국유재산법 제35조 제1항). [21년 군무원 7급, 21년 행정사] 사용허가기간은 갱신할 수 있다. 이 경우 갱신기간은 5년을 초과할 수 없다(제35조 제2항). [15년 국가 7급] 갱신받으려는 자는 허가기간이 끝나기 1개월 전에 중앙관서의 장에게 신청하여야 한다(제35조 제3항).

② 허가기간이 끝났음에도 불구하고 행정재산을 계속 점유하거나 사용·수익하는 경우에도 무단점유가 된다.

(4) 타인에 대한 사용·수익 허용 금지

사용허가를 받은 자가 그 행정재산을 다른 자에게 사용·수익하게 하는 것은 원칙적으로 금지된다(국유재산법 제30조 제2항, 공유재산 및 물품관리법 제20조 제3항).

국유재산법 제30조(사용허가) ② 제1항에 따라 사용허가를 받은 자는 그 재산을 다른 사람에게 사용·수익하게 하여서는 아니 된다. 다만, 다음 각 호의 어느 하나에 해당하는 경우에는 중앙관서의 장의 승인을 받아 다른 사람에게 사용·수익하게 할 수 있다. 〈개정 2011. 3. 30., 2020. 3. 31.〉

1. 기부를 받은 재산에 대하여 사용허가를 받은 자가 그 재산의 기부자이거나 그 상속인, 그 밖의 포괄승계인인 경우
2. 지방자치단체나 지방공기업이 행정재산에 대하여 제18조 제1항 제3호에 따른 사회기반시설로 사용·수익하기 위한 사용허가를 받은 후 이를 지방공기업 등 대통령령으로 정하는 기관으로 하여금 사용·수익하게 하는 경우

공유재산 및 물품 관리법 제20조(사용허가) ③ 제1항에 따라 사용허가를 받은 자는 그 행정재산을 다른 자에게 사용·수익하게 하여서는 아니 된다. 다만, 제1항에 따라 사용허가를 받은 자가 제7조 제2항 제1호에 따른 기부자와 그 상속인 또는 그 밖의 포괄승계인인 경우에는 지방자치단체의 장의 승인을 받아 다른 자에게 사용·수익하게 할 수 있다. 〈개정 2021. 4. 20.〉

OX 1
국유재산관리청이 행정재산의 사용·수익을 허가한 다음 그 사용·수익자에게 한 사용료 부과는 순수한 사경제주체로서 행하는 사법상의 이행청구에 해당한다. [ ] [17년 지방 7급]

OX 2
행정재산을 원래의 목적 외로 사용할 경우 그에 대한 사용·수익허가는 행정처분으로서 항고소송의 대상이 된다. 그러나 사용허가를 받은 행정재산을 전대하는 경우 그 전대행위는 사법상의 임대차에 해당한다. [ ] [16년 국회 8급]

OX 3
국유재산 등의 관리청이 하는 행정재산의 사용·수익에 대한 허가는 사경제주체로서 행하는 사법상의 행위에 해당한다. [ ] [19년 5급 승진]

정답
1. × 2. ○ 3. ×

PART 06

OX 1
중앙관서의 장은 행정재산의 사용허가를 받은 자가 거짓진술하거나 부실한 증명서류를 제시하거나 부정한 방법으로 사용허가를 받은 경우 그 허가를 취소할 수 있다. [ ] [23년 국회 8급]

OX 2
중앙관서의 장은 사용허가한 행정재산을 국가나 지방자치단체가 직접 공용이나 공공용으로 사용하기 위하여 필요하게 된 경우에는 그 허가를 철회할 수 있다. [ ] [21년 행정사]

OX 3
중앙관서의 장이 미리 행정재산의 원래 상태의 변경을 승인한 경우에도 허가기간이 끝나면 원래의 상태대로 반환하여야 한다. [ ] [23년 국회 8급]

정답
1. ○ 2. ○ 3. ×

(5) 허가의 취소 및 철회

> **국유재산법 제36조(사용허가의 취소와 철회)** ① 중앙관서의 장은 행정재산의 사용허가를 받은 자가 다음 각 호의 어느 하나에 해당하면 그 허가를 취소하거나 철회할 수 있다.
> 1. 거짓 진술을 하거나 부실한 증명서류를 제시하거나 그 밖에 부정한 방법으로 사용허가를 받은 경우 [23년 국회 8급 **1**]
> 2. 사용허가 받은 재산을 제30조 제2항을 위반하여 다른 사람에게 사용·수익하게 한 경우
> 3. 해당 재산의 보존을 게을리하였거나 그 사용목적을 위배한 경우
> 4. 납부기한까지 사용료를 납부하지 아니하거나 제32조 제2항 후단에 따른 보증금 예치나 이행보증조치를 하지 아니한 경우
> 5. 중앙관서의 장의 승인 없이 사용허가를 받은 재산의 원래 상태를 변경한 경우

① 부정한 방법으로 허가를 받은 경우나, 상대방에게 귀책사유가 있는 경우에는 허가 취소사유가 된다(국유재산법 제36조 제1항).

② 또한 국가나 지방자치단체가 직접 공용 또는 공공용으로 사용하기 위하여 필요하게 된 때에도 허가를 철회할 수 있다(국유재산법 제36조 제2항). [21년 행정사 **2**] 다만, 이 경우에 허가를 받은 자에게 손실이 발생한 때에는 그 재산을 사용할 기관은 이를 보상하여야 한다(국유재산법 제36조 제3항).

③ 중앙관서의 장이 행정재산의 사용허가를 취소하거나 철회하려는 경우에는 청문을 하여야 한다(제37조). [23년 국회 8급]

(6) 행정재산 무단점유자에 대한 대응

> **국유재산법 제38조(원상회복)** 사용허가를 받은 자는 허가기간이 끝나거나 제36조에 따라 사용허가가 취소 또는 철회된 경우에는 그 재산을 원래 상태대로 반환하여야 한다. 다만, 중앙관서의 장이 미리 상태의 변경을 승인한 경우에는 변경된 상태로 반환할 수 있다. [23년 국회 8급 **3**]

> **공유재산 및 물품 관리법 제83조(원상복구명령 등)** ① 지방자치단체의 장은 정당한 사유 없이 공유재산을 점유하거나 공유재산에 시설물을 설치한 경우에는 원상복구 또는 시설물의 철거 등을 명하거나 이에 필요한 조치를 할 수 있다.
> ② 제1항에 따른 명령을 받은 자가 그 명령을 이행하지 아니할 때에는 「행정대집행법」에 따라 원상복구 또는 시설물의 철거 등을 하고 그 비용을 징수할 수 있다.

① 행정재산을 무단점유하고 있는 자에 대해서는 임대료 또는 사용료의 100분의 120에 상당하는 변상금을 부과·징수한다(국유재산법 제72조, 공유재산 및 물품관리법 제81조). 이 변상금부과조치는 행정처분의 성격을 갖기 때문에 항고소송의 대상이 된다(2000다28568, 87누1046). [20년 국회 8급]

② 또 무단점유자에 대해서는 원상복구(회복)명령을 할 수 있고, 무단으로 시설물을 설치한 자에 대해서는 시설물 철거명령을 하는 등 필요한 조치를 할 수 있다(공유재산 및 물품관리법 제83조 제1항). [18년 서울 9급]

③ 원상복구명령이나 철거명령으로 요구한 내용이 대체적 작위의무인 경우 불이행시 행정대집행법에 따라 행정대집행을 할 수도 있다(공유재산 및 물품관리법 제83조 제2항). [21년 국가 9급, 20년 국회 8급] 이러한 원상복구명령권 또는 철거명령권을 둔 이유는, 부작위의무(무단으로 행정재산을 사용하지 말아야 하는 의무) 위반으로 인하여 발생한 유형적 결과물(예 무허가 건물)에 대해 대체적 작위의무를 부과시킨 후 행정대집행에 들어가는 것을 가능하게 하기 위한 것이다.

판례

공유재산 및 물품 관리법 제83조 제1항은 "지방자치단체의 장은 정당한 사유 없이 공유재산을 점유하거나 공유재산에 시설물을 설치한 경우에는 원상복구 또는 시설물의 철거 등을 명하거나 이에 필요한 조치를 할 수 있다."라고 규정하고, 제2항은 "제1항에 따른 명령을 받은 자가 그 명령을 이행하지 아니할 때에는 '행정대집행법'에 따라 원상복구 또는 시설물의 철거 등을 하고 그 비용을 징수할 수 있다."라고 규정하고 있다. 위 규정에 따라 지방자치단체장은 행정대집행의 방법으로 공유재산에 설치한 시설물을 철거할 수 있고, 이러한 행정대집행의 절차가 인정되는 경우에는 민사소송의 방법으로 시설물의 철거를 구하는 것은 허용되지 아니한다(2013다207941).

6. 계약에 의한 사용

명문의 규정이 없는 경우에도 공법상 계약 또는 사법상 계약에 의해 사인에게 공물의 사용권을 설정하는 것도 가능하다.

7. 공물의 사용관계 정리

공물의 사용관계		
일반사용	통상의 일반사용	① 특별한 요건의 충족 없이도 인정되는 공물 사용관계로서, 공물을 그 본래의 용법에 따라 사용하는 공물 사용관계를 말한다. ② 도로통행, 공원산책, 하천에서의 수영 등이 그 예이다. ③ 보통사용, 자유사용, 공동사용이라고도 부른다.
	인접주민의 고양된 일반사용	① 공물의 인접주민에게 허가 등이 없이도 인정되는, 통상의 일반사용을 양적으로나 질적으로 능가하는 수준의 공물 사용관계를 말한다. ② 건물공사를 위해 일시적으로 건축자재를 도로에 쌓아 두거나, 건물 앞 도로에서 일시적으로 물건을 상하차하는 것이 그 예이다.
특별사용	허가사용	① 공물관리목적이나 경찰목적상 일반적으로 금지되어 있는 수준의 공물사용을 일시적으로 허가함에 따라 발생하는 공물 사용관계를 말한다. ② 야간에 옥외집회를 허가해 줌에 따라 이루어지는 공원점거나 도로점거가 그 예이다.
	특허사용	① 공물관리권에 의하여 일반인에게 허용되지 않는 특별한 사용권을 설정해 줌에 따라 발생하게 되는 공물 사용관계를 말한다. ② 도로점용허가, 하천부지 점용허가 등이 그 예이다. ③ 특허사용에는 어느 정도의 배타성이 인정되지만, 타인의 일반사용을 영구적으로 배제하는 사용은 불가능하다.
	관습법에 의한 특별사용	① 허가사용이나 특허사용에 이르는 정도의 공물 사용이 관습법에 의하여 인정되는 경우에, 그 공물 사용관계를 말한다. ② 농지소유자가 근처 하천의 물을 용수할 수 있는 권리를 관습법에 의하여 취득함에 따라 그 물을 용수하는 경우가 그 예이다.
	행정재산의 목적외사용	① 본래의 용도나 목적에 장해가 되지 않는 범위 내에서 행정재산을 그 본래의 목적이 아닌 다른 용도로 사용하는 것을 허락함에 따라 발생하는 공물 사용관계를 말한다. 주로 공용물에서 문제된다. ② 행정청사 건물의 일부를 식당이나 매점으로 사용할 수 있도록 허락함에 따라 그 용도로 사용되는 경우가 그 예이다.

핵심 정리 43 공물법 고난도 사례 문제

01 2020년 국회직 8급 문제

甲은 새롭게 개발된 A시 외곽에서 대형마트를 신축 개점하여 운영하고 있다. 甲은 신도시 입주가 완료되면서 마트 이용객들이 늘어나자 마트 인근 부지에 주차장을 추가로 확보하기 위해 토지를 매입하기로 하였다. 乙은 마트 인근 토지에서 작물농사를 하고 있다. 甲은 乙로부터 매매를 통해 토지를 취득 후 고객용 임시주차장으로 사용 중이다. 그런데 A시장은 甲에 대하여 해당 부지는 도로인 공공용물이며, 이를 무단으로 점유·사용하였으므로 주차시설 철거명령 및 변상금부과처분을 하였다. 해당 부지는 공공용물이나, A시에서 제대로 관리하지 않은 지난 25년 동안 乙이 계속해서 농사를 지어온 것으로 밝혀졌다. 이 사례에 대한 설명으로 옳은 것은? (다툼이 있는 경우 판례에 의함)

① 乙이 25년 동안 평온·공연하게 해당 부지를 사용해왔으므로 점유취득시효의 완성으로 乙의 소유권이 인정되어, A시는 철거명령 및 변상금 부과처분을 할 수 없다.

② 공공용물인 해당 부지를 사용하기 위해서는 별도로 점용허가를 받아야 하며 해당 점용허가의 법적 성질은 허가이다.

③ 甲은 정당한 사유 없이 공유재산을 점유하고 시설물을 설치하였으므로 A시장은 원상복구를 명할 수 있으며, 이를 이행하지 않을 경우 「행정대집행법」에 따라 시설물을 철거하고 그 비용을 징수할 수 있다.

④ 변상금 부과처분은 행정청이 사경제주체로서 행하는 사법상의 행위이다.

⑤ 만약 해당 부지가 일반재산이라면 甲과 A시장은 대부계약을 체결할 수 있으며, 이 계약은 지방자치단체가 상대방과 대등한 지위에서 행하는 공법상 계약으로 이를 다투는 소송은 당사자소송이다.

해설 ① (×) 공물이 점유취득시효의 대상이 되기 위해서는 공물이 사실상 본래의 용도에 사용되고 있지 않다거나 행정주체가 점유를 상실하였다는 정도의 사정만으로는 부족하고, 공용폐지가 있어야만 한다(2006다87538). 그런데 이 사안에서는 A시가 지난 25년간 제대로 관리하지 않고 있었던 것뿐이므로 해당 부지는 점유취득시효의 대상이 되지 않는다. 따라서 乙은 해당 부지에 대한 소유권을 취득할 수 없고, 오히려 해당 부지를 무단점유·사용한 것이 되어, 철거명령과 변상금부과처분을 받게 된다.

② (×) 별도로 점용허가를 받아야 하는 것은 맞지만, 그 점용허가의 법적 성질은 허가가 아니라 특허이다(2010두21204).

③ (○) 이 경우 공유재산 및 물품 관리법 제83조 제1항에 따라 원상복구명령을 할 수 있고, 이에 따른 원상복구의무를 이행하지 않은 경우, 시설물철거의무가 대체적 작위의무이기 때문에 행정대집행법에 따른 행정대집행도 할 수 있다(동법 제83조 제2항).

④ (×) 변상금 부과처분은 강학상 처분으로 취급된다(87누1046).

⑤ (×) 대부계약을 체결할 수 있다는 점은 옳다. 그러나 이 계약은 공법상 계약이 아니라 사법상의 계약이다(99다61675).

6 ③

02 2019년 국가 7급 문제

甲회사는 사옥을 신축하면서 A지하철역과 사옥을 연결하는 지하연결통로를 설치하여 사용하고 있는데 그, 지하연결통로의 용도와 기능은 종래대로 주로 일반시민의 교통편익을 위한 것이고 이에 곁들여 甲의 사옥에 출입하는 사람들의 통행로로도 이용되고 있다. 이에 대한 설명으로 옳은 것은? (다툼이 있는 경우 판례에 의함)

① 지하연결통로의 주된 용도와 기능이 일반시민의 교통편익을 위한 것이지만 부수적으로 이에 곁들여 甲회사의 이익을 위하여도 사용되고 있는 이상, 지하연결통로는 특별사용에 제공된 것으로 그 설치·사용행위는 도로의 점용이라고 보아야 한다.

② 공물관리주체가 지하연결통로에 대하여 공용폐지를 하는 경우, 일반적인 시민생활에서 지하연결통로를 이용만 하는 사람에게는 그 용도폐지를 다툴 법률상의 이익이 인정되지 않는다.

③ 지하연결통로의 인접주민은 그 통로를 사용하지 않고 있는 경우에도 그 통로에 대해 고양된 일반사용권이 인정되므로, 다른 개인에 의하여 지하연결통로의 사용권을 침해당한 경우에 「민법」상 방해배제청구권이나 손해배상청구권이 인정된다.

④ 지하연결통로 인근에서 공공목적의 개발행위로 지하연결통로를 일반사용하는 사람들이 지하연결통로를 이용하는 데 불편을 겪는 등 사용을 제한받았다면, 특별한 사정이 없는 한 그로 인한 불이익에 대하여 손실보상이 인정된다.

해설 ① (×) 공물이 특별사용에 제공된 것으로서 설치·사용행위가 도로의 점용에 해당하는지는 주된 용도와 기능에 따라 판단된다(92누1223). 이 경우는 위 지하연결통로의 주된 용도와 기능이 일반시민의 교통편익을 위한 것이므로, 지하연결통로의 설치·사용행위는 도로의 점용이 아니라, 일반사용에 속하게 된다.

② (○) 공물을 일반적인 시민생활에서 이용만 하는 사람에게는 그 공물의 용도폐지에 대해 다툴 법률상의 이익이 인정되지 않는다(91누13212).

③ (×) 공물의 인접주민이라 하더라도 그 공물을 사용하지 않고 있는 경우에는 그에 대한 고양된 일반사용권이 인정되지 않는다(2004다68311). 따라서 고양된 일반사용권이 사인에 의해 침해된 경우에 인정되는 민법상 방해배제청구권이나 손해배상청구권도 인정되지 않는다.

④ (×) 공물에 대한 일반사용권은 그것이 제한받게 되었다 하더라도 특별한 희생에 해당하는 것으로 보지 않는다. 따라서 손실보상이 인정되지 않는다(99다35300).

정 ②

Chapter

03 공기업과 특허기업

핵심 정리 44 공기업

01 공기업의 개념

① 공기업이란 국가 또는 지방자치단체나 이들이 설립한 법인이 직접적으로 사회공공의 이익을 위하여 경영하는 기업을 말한다(협의의 공기업 개념). 행정법상의 공기업개념은 행정학이나 경제학에서의 공기업 개념과 달리 독자적으로 정의된 개념이다.

② '기업' 개념에 대해 용어상의 혼선이 있는데, 맥락에 따라 이를 '조직체'의 일종이라는 의미로 사용하기도 하고, '사업'의 일종이라는 의미로 사용하기도 한다. 예컨대, 철도사업, 공중전화사업, 우편사업 등 사업 자체를 '기업'이라 하는 경우도 있고, 이러한 사업을 시행하는 한국도로공사, 한국철도공사 등을 '기업'이라 표현하기도 한다.

02 공기업과 영조물의 차이점

과거에는 공기업과 영조물을 동일한 개념으로 보았다. 그러나 오늘날은 국가나 공공단체가 경영하는 기업 중 수익성을 갖는 기업이 증가함에 따라 공기업과 영조물의 범위를 좁혀서 ㉠ 국가나 공공단체가 직접 사회공공의 복리를 위하여 경영하는 비권력적 기업 중에서 수익성이 있는 기업을 공기업, ㉡ 국가나 공공단체가 사회적 공공복리를 위하여 제공한 인적·물적 시설의 종합체 중에서 수익성이 없는 정신적·문화적 목적에 계속적으로 제공된 시설(예 박물관, 도서관, 학교 등)을 영조물이라 보아 양자를 서로 구분하기도 한다.

03 공기업의 종류

공기업은 그 경영주체에 따라 다음과 같이 구분된다.

구분	개념	예
국영기업	국가가 자신의 경제적 부담하에 스스로 관리하고 경영하는 사업	우편사업
공영기업	지방자치단체가 자신의 경제적 부담하에 스스로 관리하고 경영하는 사업	수도사업, 하수도사업, 지하철사업, 자동차운송사업, 지방도로사업 등
특수법인기업	국가나 지방자치단체에 의하여, 특정한 사업의 관리나 경영을 위하여 설립된 법인인 조직체가 경영하는 사업	한국철도공사에 의한 철도사업, 한국석유공사에 의한 석유사업 등

04 공기업의 이용관계

1. 의의

① 개인이 공기업으로부터 역무(service) 또는 재화를 공급받거나, 공기업 시설을 이용하는 법률관계를 공기업의 이용관계라 한다.

② 고속철도의 승차, 공중전화의 이용과 같이 이용관계가 일회적으로 종료되는 경우도 있고, 전기·가스·수도 등의 공급과 같이 이용관계가 장기간 계속되는 경우도 있다.

③ 부합계약의 형식으로 성립하는 경우가 많다. [23년 군무원 7급]

2. 법적 성질

① 공기업의 경영은 직접 전기나 가스·교통 등 사회공공의 복리라는 행정목적을 수행하는 활동이기 때문에, 공기업 이용관계는 기본적으로 사법관계 중에서도 행정사법(行政私法)관계에 해당하는 것으로 본다(通說). [23년 군무원 7급] 따라서 이에 관한 분쟁은 기본적으로 민사소송의 대상이 되고, 헌법상 기본권이나 행정법의 일반원칙의 적용을 받게 된다.

② 그러나 예외적으로 ㉠ 공기업의 이용대가에 대해 강제징수를 인정하는 명문의 규정이 있는 경우에는 이용료납부의무가 사법관계라 하더라도, 강제징수행위는 공법상의 행위로서 그에 따라 발생한 법률관계는 공법관계가 된다. [23년 군무원 7급 1] ㉡ 또 공기업의 공익성이 특별히 강하고 공기업에 관한 법령이 당해 공익의 보호를 위하여 특별한 규정을 두고 있는 경우에는 공법관계로 본다.

판례

국가 또는 지방자치단체라 할지라도 공권력의 행사가 아니고 단순한 사경제의 주체로 활동하였을 경우에는 그 손해배상책임에 국가배상법이 적용될 수 없고 민법상의 사용자책임 등이 인정되는 것이고, 국가의 철도운행사업은 국가가 공권력의 행사로서 하는 것이 아니고 사경제적 작용이라 할 것이므로, 이로 인한 사고에 공무원이 관여하였다고 하더라도 국가배상법을 적용할 것이 아니고 일반 민법의 규정에 따라야 한다(99다7008, 95다6991). [14년 경찰 2차]

수도법에 의하여 지방자치단체인 수도업자가 수돗물의 공급을 받는 자에 대하여 하는 수도료 부과징수와 이에 따른 수도료의 납부관계는 공법상의 권리의무관계라 할 것이므로 이에 관한 소송은 행정소송절차에 의하여야 한다(76다2517). [19년 국가 9급]

공공하수도의 이용관계는 공법관계라고 할 것이고 공공하수도 사용료의 부과징수관계 역시 공법상의 권리의무관계라 할 것이다(2001두8865). [19년 소방 9급]

전화가입계약은 전화가입희망자의 가입청약과 이에 대한 전화관서의 승락에 의하여 성립하는 영조물 이용의 계약관계로서 비록 그것이 공중통신역무의 제공이라는 이용관계의 특수성 때문에 그 이용조건 및 방법, 이용의 제한, 이용관계의 종료원인 등에 관하여 여러가지 법적 규제가 있기는 하나 그 성질은 사법상의 계약관계에 불과하다고 할 것이므로, 서울용산전화국장이 전기통신법시행령 제59조에 의하여 전화가입계약을 해지하였다 하여도 이는 사법상의 계약의 해지와 성질상 다른 바가 없다 할 것이고 이를 항고소송의 대상이 되는 행정처분으로 볼 수 없다(82누441). [10년 경행특채]

OX 1
관련법에서 이용대가의 징수에 있어서 행정상 강제집행이 인정되도록 명시적 규정이 있는 경우 공법관계로 보아야 한다. [ ]
[23년 군무원 7급]

PART 06

정답
1. ○

3. 이용조건설정권

이용요금 등 공기업의 이용조건에 관한 중요한 사항은 법령이나 조례에 의해 정해지고, 구체적인 사항은 ㉠ 법령보충적 고시 ㉡ 또는 공기업 자체의 공급규정에 의해 결정되는 것이 보통이다. 이때 공기업 자체의 공급규정은 법규로서의 성질을 갖지는 못하는 것으로 본다.

판례

구 전기사업법(2013. 3. 23. 법률 제11690호로 개정되기 전의 것) 제16조는 공익사업인 전기사업의 합리적 운용과 사용자의 이익보호를 위하여, 계약자유의 원칙을 일부 제한하여 전기판매사업자와 전기사용자 간의 전기공급 계약의 조건을 당사자들이 개별적으로 협정하는 것을 금지하고 전기판매사업자가 작성한 기본공급약관에 따르도록 정하고 있는데, 이러한 기본공급약관은 전기판매사업자와 계약을 체결한 전기사용자에게만 적용되는 것이므로 일반적 구속력을 가지는 법규로서의 효력은 없고, 보통계약 약관으로서의 성질을 가진다(2018다207670).

핵심 정리 45 특허기업

01 특허기업의 개념

1. 의의

① 특허기업이란 사인(私人)이 강학상 특허를 받아 운영하는 기업을 말한다. 다만 학문적으로 이를 엄밀하게 정의하는 것과 관련하여 견해가 대립하는데, 이 책에서는 경영주체에 따라 공기업과 특허기업을 구분하는 견해를 따르기로 한다(실제로는 견해들이 매우 혼란스럽게 제시되고 있다). 이에 따르면, 특허기업이란 행정청으로부터 특허를 받아 공익사업을 경영하는 사인(사기업)을 말한다.

<table>
<tr><td rowspan="2">넓은 의미의 공기업</td><td>좁은 의미의 공기업</td><td>국가 또는 지방자치단체나 이들이 설립한 법인이 직접적으로 사회공공의 이익을 위하여 경영하는 기업</td></tr>
<tr><td>특허기업</td><td>사인이 행정청으로부터 특허를 받아 경영하는 기업</td></tr>
</table>

② 특허기업은 주로 한정된 수의 고객밖에 기대할 수 없으나, 당해 사업을 운영하기 위해서는 거액의 투자가 필요한 사업들에 대하여 이루어지며, 어느 정도 독점적인 경영권이 법적으로 보장된다.

③ 특허기업의 예로는 자동차운수사업, 전기산업, 도시가스산업, 해상운송사업 등이 있다. [23년 군무원 7급 1] 이러한 예시들이 절대적인 것은 아니다. 본래는 공기업이라 하더라도 민영화하여 사기업을 통해 공익사업을 운영하게 되면 특허기업에 해당하게 되고, 본래는 특허기업이라 하더라도 국가나 지방자치단체 혹은 특수법인이 직접 공익사업을 운영하게 되면 공기업에 해당하게 된다.

OX 1

공익사업인 전기사업, 자동차운수사업, 해상운송사업 등은 특허사업이다. [ ] [23년 군무원 7급]

정답

1. ○

2. 허가기업과의 비교

허가기업이란 별도의 특별한 개념이 아니라, 강학상의 허가를 받아 수행할 수 있는 영업을 말한다. 허가기업과 특허기업은 아래와 같은 점에서 차이가 있다.

구분	영업허가(허가기업의 허가)	특허기업의 특허
규율대상사업	본래 개인의 자연적 자유에 속하는 사익사업	독점적으로 경영될 필요가 있는 공익사업
규율목적	공공의 안녕과 질서의 유지라는 소극적 목적(경찰목적)	공공의 복리증진이라는 적극적 목적
성질	명령적 행정행위	① 형성적 행정행위 ② 행정행위가 아니라, 법규 자체에 의해 특허가 이루어지기도 함.(법규특허)
독점적 이익을 누리는 경우 그 이익의 성질	반사적 이익 → 경업자소송에서 원고적격 인정 ×	법률상 이익 → 경업자소송에서 원고적격 인정 ○
행위의 재량성	원칙적으로 기속행위	원칙적으로 재량행위
감독	공공의 안녕과 질서를 해하지 않는 한 개입 ×	여러 가지 의무가 부과됨. → 대신 그에 상응하는 특권도 부여됨.

PART 06

02 특허기업의 법률관계

① 특허를 받은 자(특허기업자)와 행정주체 사이의 법률관계는 공법관계이다. 행정청은 특허기업자에 대한 감독청의 지위를 갖는다. [15년 지방 7급 1]

② 특허기업자와 특허기업이용자 사이의 법률관계는 사법관계이다. 사법관계이지만 특허기업이 제공하는 재화나 서비스가 이용자의 생활에 필수적인 것이므로, 특허기업이용자의 이용을 보장하기 위해 헌법상 기본권이나 평등의 원칙 등 행정법의 일반원칙에 따라 특별한 법적 규율이 이루어지는 행정사법관계에 해당한다. [15년 지방 7급 2]

③ 특허를 받은 자(특허기업자)는 독점적 경영권을 취득함과 동시에 당해 사업의 원활한 수행을 위하여 여러 가지 특권과 보호를 받는다. 그러나 한편으로는 특허기업의 효과를 확보하기 위하여 여러 의무나 부담을 부과받기도 한다. [15년 지방 7급 3] 개별 특허기업별로 조금씩 다르지만 공통되는 권리와 의무의 내용들을 일반화하면 아래와 같다.

특허기업자의 권리와 의무			
권리	독점경영권		행정청은 과당경쟁으로 인한 특허기업의 수지악화를 방지할 의무가 있기 때문에, 특허기업자는 행정청으로부터 당해 사업을 독점적·배타적으로 경영할 수 있는 권리를 부여받는다. [15년 지방 7급 4]
	특권	공용부담권	특허기업자에게는 타인의 토지를 수용하거나, 사용하거나, 출입할 수 있는 등의 공용부담권이 인정되는 경우가 있다(예 전기사업법 제87조 이하). 공용부담권이란 공익을 위하여 사인에 대하여 부담을 부과할 수 있는 권한을 말한다.
		공물사용권	기업경영을 위하여 공물사용이 필요한 경우에는 공물을 사용할 수 있는 권리도 부여된다.
		경제상의 보호	특허사업의 성과를 보장하기 위해 면세, 보조금교부, 국·공유지의 무상대부, 정부지출 등이 이루어지기도 한다.
		행정벌에 의한 보호	특허기업을 방해하거나 그 시설을 파괴하는 자에 대해서는 처벌이 이루어지기도 한다.
의무	기업경영의무	기업개시의무	특허기업자는 보통 일정한 기간 안에 공사를 완료하거나, 사업을 개시할 의무를 진다.
		기업계속의무	일단 사업을 개시한 경우, 그 사업을 계속할 의무를 진다. 행정청의 승인 없이는 사업을 휴지하거나 폐지할 수 없다.
		이용제공의무	특허기업자는 일반공중의 특허기업 이용을 정당한 이유 없이 거절하지 못한다.
	지휘·감독을 받을 의무		특허기업은 그 공익성으로 인하여, 행정주체의 특별한 감독을 받을 의무를 진다.
	특허기업자의 부담		특허기업은 설비대여의무, 특허료납부의무 등의 각종 부담을 진다.

OX 1
특허기업과 행정주체의 법률관계는 기본적으로 공법관계이므로 행정청은 특허기업에 대하여 감독권을 행사할 수 있다. [ ]
[15년 지방 7급]

OX 2
특허기업과 특허기업이용자와의 관계는 사법관계이므로 특허기업자는 특허기업의 이용자를 정당한 사유 없이도 차별적으로 취급할 수 있다. [ ]
[15년 지방 7급]

OX 3
특허기업은 사업의 원활한 운영을 위하여 특별한 보호와 특권을 부여받으며, 그와 동시에 공익성의 보장을 위하여 필요한 의무와 부담을 진다. [ ]
[15년 지방 7급]

OX 4
특허기업은 특허받은 한도 내에서 특허의 대상이 되는 사업을 배타적으로 경영할 수 있는 경영권을 갖는다. [ ]
[15년 지방 7급]

정답
1. ○ 2. × 3. ○ 4. ○

PART

07

공용부담법

유대웅
행정법각론
핵심정리

www.pmg.co.kr

Chapter

01 공용부담법 개설

핵심 정리 46 공용부담법 개설

01 공용부담의 의의

공용부담(公用負擔)이란 공공복리를 적극적으로 증진하기 위하여 개인에게 강제적으로 부과되는 공법상의 경제적 부담을 말한다. [15년 행정사] 이때의 공용(公用)이란 '공익에 이바지하게 하려는 의도로'라는 의미이다.

02 공용부담의 종류

1. 인적 공용부담

① 인적 공용부담은 공공복리를 증진하기 위하여 사람에 대하여 작위, 부작위 또는 급부의무를 부과하는 공용부담을 말한다. 인적 공용부담은 대인적 성질을 가지므로 원칙적으로 타인에게 이전되지 않는다.

② 인적 공용부담은 그 내용에 따라 ㉠ 부담금, ㉡ 부역・현품, ㉢ 노역・물품, ㉣ 시설부담, ㉤ 부작위부담으로 구분된다. 이들 중 오늘날 가장 중요한 것은 부담금이다.

2. 물적 공용부담

① 물적 공용부담이란 공공복리의 증진을 위하여 특정한 재산권에 대하여 부과되는 부담을 말한다. 물적 공용부담은 재산권에 대해 부과되어 직접 물권적 변동을 야기한다는 점에서 단순한 채권・채무적 성격을 갖는 인적 공용부담과 구별된다.

② 물적 공용부담은 ㉠ 공용제한, ㉡ 공용수용, ㉢ 공용환지・공용환권으로 구분된다.

<table>
<tr><th colspan="3">공용부담의 구분</th></tr>
<tr><td rowspan="5">인적 공용 부담</td><td>부담금</td><td>특정 공익사업이나 일정한 행정목적을 위하여 특정 또는 불특정의 관계인에게 부과되는 금전급부의무</td></tr>
<tr><td>부역 · 현품</td><td>① 부역 : 특정한 공익사업을 위하여 노역을 제공하거나 그를 대체하는 금전을 납부할 의무
② 현품 : 특정한 공익사업을 위하여 물품을 제공하거나 그를 대체하는 금전을 납부할 의무</td></tr>
<tr><td>노역 · 물품</td><td>① 노역 : 특정한 공익사업을 위하여 노역을 제공할 의무(금전으로 대체 불가)
② 물품 : 특정한 공익사업을 위하여 물품을 제공할 의무(금전으로 대체 불가)</td></tr>
<tr><td>시설부담</td><td>① 특정한 공익사업을 위하여 공사 등 일정한 일을 완성해야 하는 의무
② 도로에 궤도를 부설하여 전동차를 운행하는 전동차의 관리자에게 부과되는 도로공사의무가 그 예에 해당한다.</td></tr>
<tr><td>부작위부담</td><td>① 특정한 공익사업에 필요한 수요를 충족시키기 위해 부과하는 부작위의무
② 국가 이외의 자는 우편사업을 수행해서는 안된다는 의무(우편법 제2조)가 그 예에 해당한다.</td></tr>
<tr><td rowspan="5">물적 공용 부담</td><td>공용제한</td><td>① 공공필요를 위해 재산권에 가해지는 공법상의 제한
② 공용제한은 다시 계획제한, 보전제한, 사업제한(부담제한), 공물제한으로 구분된다.</td></tr>
<tr><td>공용사용</td><td>공공필요를 위하여 특정인의 토지 등 재산을 강제로 사용하는 것</td></tr>
<tr><td>공용수용</td><td>공익사업을 시행하기 위하여 공익사업의 주체가 타인의 토지 등을 강제적으로 취득하고 그로 인한 손실을 보상하는 것</td></tr>
<tr><td>공용환지</td><td>일정한 지역 안에서 토지의 이용가치를 증진시키기 위한 사업을 실시하기 위하여, 토지의 소유권이나 기타의 권리를 권리자의 의사와 관계없이 강제적으로 교환하거나 분합하는 것</td></tr>
<tr><td>공용환권</td><td>일정한 지역 안에서 토지와 건축물 등 도시공간의 효용을 증대시키는 사업을 실시하기 위하여, 토지 및 건축물의 소유권이나 기타의 권리를 권리자의 의사와 관계없이 강제적으로 교환하거나 분합하는 것</td></tr>
</table>

Chapter 02

인적 공용부담으로서 부담금

핵심 정리 47 부담금

01 의의

① 전통적으로 '부담금'이란 공익사업에 충당하기 위한 목적으로, 해당 공익사업과 특별한 관계가 있는 자에 대하여 부과되는 공법상의 금전지급의무를 의미하였다(협의의 부담금, 재정조달목적 부담금). 그러나 오늘날에는 부담금이 특정 '공익사업'을 위하여서만이 아니라 일정한 '행정목적'을 위하여 부과되기도 하는데(이를 정책실현목적 부담금이라 한다), 이에 따라 부담금을 "국가나 지방자치단체 등이 특정한 공익사업이나 행정목적을 위하여 이들과 특별한 관계에 있는 자에 대하여 부과하는 금전지급의무"로 정의하는 경우도 있다(광의의 부담금).

② 협의의 부담금(재정조달목적 부담금)에는 포함되지 않지만, 광의의 부담금에는 포함되는 정책실현목적 부담금에는 ㉠ 부과대상자의 행위를 일정한 방향으로 유도하기 위한 유도적 부담금(예 「수도권정비계획법」상의 과밀부담금)과, ㉡ 의무이행확보를 위하여 부과되는 부담금(예 「장애인고용촉진 및 직업재활법상 장애인고용부담금」), ㉢ 특별한 이익을 얻은 사람과 그 외의 사람 사이에 발생하는 형평성 문제를 조정하는 수단으로 쓰이는 조정적 부담금 등이 있다.

<table>
<tr><td rowspan="4">광의의 부담금</td><td colspan="2">협의의 부담금(재정조달목적 부담금)</td></tr>
<tr><td rowspan="3">정책실현목적 부담금</td><td>유도적 부담금</td></tr>
<tr><td>의무이행확보를 위하여 부과되는 부담금</td></tr>
<tr><td>조정적 부담금</td></tr>
</table>

판례

㉠ 부담금은 그 부과목적과 기능에 따라 (i) 순수하게 재정조달의 목적만 가지는 '재정조달목적 부담금'과 (ii) 재정조달 목적뿐만 아니라 부담금의 부과 자체로써 국민의 행위를 특정한 방향으로 유도하거나 특정한 공법적 의무의 이행 또는 공공출연으로부터의 특별한 이익과 관련된 집단 간의 형평성 문제를 조정하여 특정한 사회·경제정책을 실현하기 위한 '정책실현목적 부담금'으로 구분될 수 있다. 전자의 경우에는 공적 과제가 부담금 수입의 지출 단계에서 비로소 실현되나, 후자의 경우에는 공적 과제의 전부 혹은 일부가 부담금의 부과 단계에서 이미 실현된다.

㉡ 영화상영관 입장권에 대한 부과금은 그 부과의 목적이 한국영화산업의 진흥·발전을 위한 각종 사업의 용도로 쓰일 영화발전기금의 재원을 마련하는 것으로서, 그 부과 자체로써 부과금의 부담주체인 영화상영관 관람객의 행위를 특정한 방향으로 유도하거나 관람객 이외의 다른 사람들과의 형평성 문제를 조정하고자 하는 등의 목적은 없으며, 또한 추구하는 공적 과제가 부과금으로 재원이 마련된 영화발전기금의 집행단계에서 실현되므로 순수한 재정조달목적 부담금에 해당한다(2007헌마860). [13년 지방 7급 1]

OX 1

영화상영관 입장권 부과금은 한국영화산업의 진흥 발전을 위한 각종 사업의 용도로 쓰일 영화발전기금의 재원을 마련하는 것으로서 영화발전기금의 집행단계에서 실현되므로 순수한 재정조달목적 부담금이 아니라 정책실현목적 부담금에 해당한다. [ ] [13년 지방 7급]

정답

1. ×

㉠ 우리나라는 장애인 고용의무제도, 즉 할당제를 채택하고 있다. 자유경쟁을 원칙으로 하는 사회에서 심신의 장애로 인해 취업의 어려움이 있는 장애인이 스스로 고용의 장을 확보한다는 것은 어려운 일이다. 이런 이유로 사회연대책임의 원칙에 의하여 장애인고용의무를 국가 및 지방자치단체, 민간사업주에게 부과하는 것이다.

㉡ 장애인을 고용하기 위해서는 작업시설 및 설비의 개선, 직장환경의 정비, 특별한 고용관리 등이 필요하고 정상인고용에 비하여 경제적 부담이 수반된다. 따라서 고용의무를 성실히 이행하는 사업주와 그렇지 않는 사업주 간에는 경제적 부담의 불균형이 생길 수가 있다. 이러한 점을 고려하여 장애인고용은 모든 사업주가 공동으로 부담하는 책임이라는 사회연대책임의 이념에 입각하여, 장애인고용의 경제적 부담을 조정하고 장애인을 고용하는 사업주에 대한 지원을 목적으로 한 것이 장애인고용부담금 제도라고 할 수 있다(2001헌바96). [13년 지방 7급 1]

OX 1

장애인고용부담금은 사회연대책임의 이념에 입각하여 장애인고용의 경제적 부담을 조정하고 장애인을 고용하는 사업주에 대한 지원을 목적으로 하는 제도라고 할 수 있다. [ ] [13년 지방 7급]

02 「부담금관리 기본법」

① 광의의 부담금의 설치・관리 및 운용에 관한 기본적인 사항을 규율하기 위한 목적으로 「부담금관리 기본법」이 제정되어 있다.

② 「부담금관리 기본법」은 ㉠ 동법 제정 당시에 이미 부과되던 각종 부담금들을 「부담금관리 기본법」 '별표'에 열거하여 그 부과의 정당화 근거를 마련하는 한편, ㉡ 동법 시행 후에 신설되는 부담금들이 자의적으로 부과되어 기본권을 침해하는 것을 견제하기 위하여 제정된 법률이다.

③ 「부담금관리 기본법」은 일반법으로 제정된 것이므로, 다른 법률에 특정한 부담금부과를 허용하는 명확한 규정이 별도로 존재하는 경우에는, 그 법률 규정과 별도로 반드시 「부담금관리 기본법」 별표에 부담금이 포함되어야만 부담금 부과가 유효하게 되는 것은 아니다(2013다25927). [17년 국가 7급 2]

OX 2

부담금 부과에 관한 명확한 법률규정이 존재하더라도 그 법률규정과는 별도로 반드시 부담금관리기본법 별표에 그 부담금이 포함되어야만 부담금 부과가 유효하게 되는 것은 아니다. [ ] [17년 국가 7급]

판례

총포・도검・화약류 등의 안전관리에 관한 법률 제58조 제1항 제3호에 따른 회비는 부담금관리 기본법 별표에 포함되어 있지는 않으나, 공법상 재단법인으로서 총포・화약안전기술협회의 법적 성질과 회비의 조성방법과 사용용도 등을 위 법리에 비추어 살펴보면, 국가 또는 공공단체가 일정한 공행정활동과 특별한 관계에 있는 자에 대하여 그 활동에 필요한 경비를 조달하기 위하여 부담시키는 조세 외의 금전지급의무로서 공법상 부담금에 해당한다고 보아야 한다(2018다241458).

PART 07

정답

1. ○ 2. ○

03 조세 및 수수료의 구별

구분	부과목적	부과대상자	부과기준
협의의 부담금	특정 공익사업의 경비충당	특정 공익사업에 대한 이해관계자	특정 공익사업과의 관계를 고려한 종합적 표준
조세	국가 또는 지자체의 일반수입 확보	국민 또는 주민	담세력
수수료	시설이나 서비스의 이용대가	이용자	서비스 제공 비용

판례

㉠ 수신료는 공영방송사업이라는 특정한 공익사업의 소요경비를 충당하기 위한 것으로서 일반 재정수입을 목적으로 하는 조세와 다르다. ㉡ 또 텔레비전방송을 수신하기 위하여 수상기를 소지한 자에게만 부과되어 공영방송의 시청가능성이 있는 이해관계인에게만 부과된다는 점에서도 일반 국민 주민을 대상으로 하는 조세와 차이가 있다. ㉢ 그리고 '공사의 텔레비전방송을 수신하는 자'가 아니라 '텔레비전방송을 수신하기 위하여 수상기를 소지한 자'가 부과대상이므로 실제 방송시청 여부와 관계없이 부과된다는 점, 그 금액이 공사의 텔레비전방송의 수신정도와 관계없이 정액으로 정해져 있는 점 등을 감안할 때 이를 공사의 서비스에 대한 대가로 보기도 어렵다. ㉣ 따라서 수신료는 공영방송사업이라는 특정한 공익사업의 경비조달에 충당하기 위하여 수상기를 소지한 특정집단에 대하여 부과되는 부담금에 해당한다고 할 것이다(98헌바70).

04 협의의 부담금(재정조달목적 부담금)과 조세의 관계－제도 설정시(헌법적 논점)

① 협의의 부담금은 조세에 대한 관계에서 어디까지나 예외적으로만 인정되어야 하며, 어떤 공적 과제에 관한 재정조달을 조세로 할 것인지 아니면 부담금으로 할 것인지에 관하여 입법자의 자유로운 선택권을 허용하여서는 아니 된다. 즉, 국가 등의 일반적 재정수입에 포함시켜 일반적 과제를 수행하는 데 사용할 목적이라면 반드시 조세의 형식으로 하여야 할 것이지, 부담금의 형식을 남용해서는 안 되는 것이다(2002헌바42). [12년 변호사]

② 국가가 조세저항을 회피하기 위한 수단으로 부담금 형식을 남용해서는 아니 되므로, 부담금을 국가의 일반적 재정수입에 포함시켜 일반적 국가과제를 수행하는 데 사용하는 것은 허용될 수 없다(98헌가1). [12년 변호사]

판례

㉠ 재정조달목적 부담금은 특정한 반대급부 없이 부과될 수 있다는 점에서 조세와 매우 유사하므로 헌법 제38조가 정한 조세법률주의, 헌법 제11조 제1항이 정한 법 앞의 평등원칙에서 파생되는 공과금 부담의 형평성, 헌법 제54조 제1항이 정한 국회의 예산심의·확정권에 의한 재정감독권과의 관계에서 오는 한계를 고려하여, 그 부과가 헌법적으로 정당화되기 위하여는 (ⅰ) 조세에 대한 관계에서 예외적으로만 인정되어야 하며 국가의 일반적 과제를 수행하는 데에 부담금 형식을 남용하여서는 아니 되고, (ⅱ) 부담금 납부의무자는 일반 국민에 비해 부담금을 통해 추구하고자 하는 공적 과제에 대하여 특별히 밀접한 관련성을 가져야 하며, (ⅲ) 부담금이 장기적으로 유지되는 경우 그 징수의 타당성이나 적정성이 입법자에 의해 지속적으로 심사되어야 한다. [12년 변호사]

㉡ 특히 부담금 납부의무자는 그 부과를 통해 추구하는 공적 과제에 대하여 '특별히 밀접한 관련성'이 있어야 한다는 점에 있어서 (ⅰ) 일반인과 구별되는 동질성을 지녀 특정집단이라고 이해할 수 있는 사람들이어야 하고(집단적 동질성), (ⅱ) 부담금의 부과를 통하여 수행하고자 하는 특정한 경제적·사회적 과제와 특별히 객관적으로 밀접한 관련성이 있어야 하며(객관적 근접성), (ⅲ) 그러한 과제의 수행에 관하여 조세외적 부담을 져야 할 책임이 인정될만한 집단이어야 하고(집단적 책임성), (ⅳ) 만약 부담금의 수입이 부담금 납부의무자의 집단적 이익을 위하여 사용될 경우에는 그 부과의 정당성이 더욱 제고된다(집단적 효용성).

✐ 집단적 효용성의 경우에는 부과의 헌법적 정당성을 제고할 뿐 의무적인 것은 아니라고 보았다는 점도 특징적이다.

㉢ 또한 부담금은 국민의 재산권을 제한하는 성격을 가지고 있으므로 부담금을 부과함에 있어서도 평등원칙이나 비례성원칙과 같은 기본권제한입법의 한계는 준수되어야 하며, 위와 같은 부담금의 헌법적 정당화 요건은 기본권 제한의 한계를 심사함으로써 자연히 고려될 수 있다(2007헌마860).

의무교육에 필요한 학교시설은 국가의 일반적 과제이고, 학교용지는 의무교육을 시행하기 위한 물적 기반으로서 필수조건임은 말할 필요도 없으므로 이를 달성하기 위한 비용은 국가의 일반재정으로 충당하여야 한다. 따라서 적어도 의무교육에 관한 한 일반재정이 아닌 부담금과 같은 별도의 재정수단을 동원하여 특정한 집단으로부터 그 비용을 추가로 징수하여 충당하는 것은 의무교육의 무상성을 선언한 헌법에 반한다(2003헌가20). [13년 지방 7급]

의무교육의 무상성에 관한 헌법상 규정은 교육을 받을 권리를 보다 실효성 있게 보장하기 위해 의무교육 비용을 학령아동 보호자의 부담으로부터 공동체 전체의 부담으로 이전하라는 명령일 뿐, 의무교육의 모든 비용을 '조세'의 형식으로 해결해야 함을 의미하는 것은 아니므로, 학교용지부담금의 부과대상을 수분양자가 아닌 개발사업자로 정하고 있는 법률조항은 의무교육의 무상원칙에 위배되지 아니한다. 또 평등의 원칙에도 반하지 않고, 개발사업자의 재산권을 침해하는 것도 아니다(2007헌가1). [12년 변호사]

의무교육이 아닌 중등교육에 관한 교육재정과 관련하여 재정조달목적의 부담금을 징수할 수 있다고 하더라도 이는 일반적인 재정조달목적의 부담금이 갖추어야 할 요건을 동일하게 갖춘 경우에 한하여 허용될 수 있다(2003헌가20). [16년 5급 승진]

PART 07

Chapter

03 공용제한

핵심 정리 48 개발제한구역지정(공용제한의 일종)

01 공용제한의 의의

① 공용제한이란 특정한 공익사업이나 기타 복리행정상의 목적을 위하여, 또는 물건의 효용을 보존하기 위하여 재산권에 가해지는 공법상의 제한을 의미한다.

② 공용제한을 하기 위해서는 법률상 근거가 있어야 한다. 공용제한에 관한 일반법은 존재하지 않고, 「문화유산의 보존 및 활용에 관한 법률」, 「공익사업을 위한 토지 등의 취득 및 보상에 관한 법률」, 「도로법」, 「하천법」 등에서 개별적으로 공용제한에 관한 규정을 두고 있다.

③ 공용제한으로 인한 재산상의 손실에 대해서도 원칙적으로 보상을 해주어야 한다(헌법 제23조 제3항). 우리 헌법은 독일기본법과 달리 공용'수용'에 대해서 뿐만 아니라, 공용'사용'이나 공용'제한'에 대해서도 법률에 의한 손실보상이 뒤따라야 함을 선언하고 있기 때문이다.

④ 아래에서 다루는 개발제한구역의 지정은 공용제한의 일종이고, 공용제한은 물적 공용부담의 일종이다. 이론상으로 공용제한은 다음과 같이 구분된다.

공용제한의 종류	
계획제한	㉠ 행정계획이 수립된 경우에 그 행정계획에 배치되는 재산권 행사에 대해 이루어지는 제한을 말한다. ㉡ 주거지역에서의 일정한 건축의 제한이나, 개발제한구역에서의 건축제한 등이 그 예에 해당한다. ㉢ 계획제한은 구체적인 공익사업의 시행을 위하여 수립되는 개별적 계획제한(예 공원조성계획결정)과, 구체적인 공익사업의 시행을 목적으로 하지 않고 공익목적을 위해 토지의 이용을 일반적으로 제한하는 일반적 계획제한(예 상수원보호구역지정)으로 나뉜다.
보전제한	㉠ 자연이나 자원 또는 문화재 등의 보전이라는 공익목적을 위하여 가해지는 공용제한을 말한다. ㉡ 개발제한구역이나 문화재보호구역에서 건물의 증축 등 개발이 제한되는 것이 그 예에 해당한다.
부담제한 (사업제한)	㉠ 부담제한이란 공익사업을 원활하게 수행하기 위하여 사업지나 사업인접지, 사업예정지 등에서 그 공익사업과 관계가 있기는 하지만, 직접 수용되거나 사용되지 않는 물건이나 재산에 가해지는 공법상의 제한을 말한다. ㉡ 접도구역에서 건물이나 공작물의 신축, 개축❶, 증축이 제한되는 것이 그 예에 해당한다. ㉢ 도로·철도·하천의 접도구역·연안구역에 있는 토지에서 공작물의 신설의 금지, 사석채취의 금지, 도시계획구역 안에서의 허가 없는 형질의 변경금지 등은 부담제한 중 부작위의무가 부과되는 경우이다.

❶ 참고로, 개축(改築)은 기존의 건물을 철거하고 동일한 규모의 건물을 다시 짓는 것을 말하고, 재축(再築)은 건물이 멸실된 경우에 동일한 규모로 건물을 다시 짓는 것을 말한다.

공용제한의 종류	
공물제한	㉠ 토지나 물건 등 사유재산이 공물로 사용됨에 따라, 그 목적에 필요한 한도에서 그 소유권에 가하여지는 공법상의 제한을 말한다. ㉡ 사유 토지가 도로부지로 사용됨에 따라 그 토지에 대한 사권의 행사가 제한되는 것이 그 예에 해당한다.

02 개발제한구역지정

1. 의의

개발제한구역의 지정 및 관리에 관한 특별조치법 제3조(개발제한구역의 지정 등) ① 국토교통부장관은 도시의 무질서한 확산을 방지하고 도시 주변의 자연환경을 보전하여 도시민의 건전한 생활환경을 확보하기 위하여 도시의 개발을 제한할 필요가 있거나 국방부장관의 요청으로 보안상 도시의 개발을 제한할 필요가 있다고 인정되면 개발제한구역의 지정 및 해제를 도시·군관리계획으로 결정할 수 있다.

① 개발제한구역의 지정은 도시의 무질서한 확산을 방지하고 도시 주변의 자연환경을 보전함으로써 도시민의 건전한 생활환경을 확보하기 위하여 도시의 개발을 제한할 필요가 있거나, 국방부장관의 요청으로 보안상 도시의 개발을 제한할 필요가 있는 경우에, 토지소유권의 이용권능에 가하여지는 공법상의 제한을 말한다.

② 개발제한구역의 지정에 대해서는 「개발제한구역의 지정 및 관리에 관한 특별조치법」(약칭 개발제한구역법)에서 규정하고 있다. 이 법은 개발제한구역에서의 행위 제한에 관하여 「국토의 계획 및 이용에 관한 법률」에 대한 특별법으로서 제정되었다(2013두4590). [20년 소방간부]

2. 처분성 여부(○)

개발제한구역의 지정 및 관리에 관한 특별조치법 제12조(개발제한구역에서의 행위제한) ① 개발제한구역에서는 건축물의 건축 및 용도변경, 공작물의 설치, 토지의 형질변경, 죽목(竹木)의 벌채, 토지의 분할, 물건을 쌓아놓는 행위 또는 「국토의 계획 및 이용에 관한 법률」 제2조 제11호에 따른 도시·군계획사업의 시행을 할 수 없다. 다만, 다음 각 호의 어느 하나에 해당하는 행위를 하려는 자는 특별자치시장·특별자치도지사·시장·군수 또는 구청장의 허가를 받아 그 행위를 할 수 있다. (각 호 생략)

① 개발제한구역으로 지정되면 그 구역 안에서는 건축물의 건축이나 용도변경, 공작물의 설치, 토지의 형질변경, 죽목의 벌채, 토지의 분할, 물건을 쌓아놓는 행위 또는 도시계획사업을 시행할 수 없게 되므로 토지소유자는 재산상의 권리행사에 제한을 받게 된다.

② 이는 직접적으로는 물건에 관한 규율이지만, 간접적으로 관련된 사람에게 법적 효과를 발생시킨다는 점에서 일반처분, 특히 물적 행정행위에 해당하는 것으로 본다. 따라서 항고소송의 대상이 된다.

3. 개발제한구역에서의 행위제한 및 예외적 개발행위의 허용

개발제한구역 내에서는 개발이 원칙적으로 금지되고, 예외적으로 엄격한 요건하에서만 개발행위가 허용된다(개발제한구역의 지정 및 관리에 관한 특별조치법 제12조 제1항 단서). 따라서 이 예외적인 허용은 강학상 예외적 허가(예외적 승인)에 해당하는 것으로 본다. 따라서 이 허용은 재량행위에 해당한다고 본다.

판례

구 도시계획법 및 같은 법 시행령 그리고 같은 법 시행규칙의 규정을 살펴보면, 도시의 무질서한 확산을 방지하고 도시주변의 자연환경을 보전하여 도시민의 건전한 생활환경을 확보하기 위하여 지정되는 개발제한구역 내에서는 구역 지정의 목적상 건축물의 건축이나 그 용도변경은 원칙적으로 금지되고, 다만 구체적인 경우에 위와 같은 구역 지정의 목적에 위배되지 아니할 경우 예외적으로 허가에 의하여 그러한 행위를 할 수 있게 되어 있음이 위와 같은 관련 규정의 체재와 문언상 분명한 한편, 이러한 건축물의 용도변경에 대한 예외적인 허가는 그 상대방에게 수익적인 것에 틀림이 없으므로, 이는 그 법률적 성질이 재량행위 내지 자유재량행위에 속하는 것이라고 할 것이고, 따라서 그 위법 여부에 대한 심사는 재량권 일탈·남용의 유무를 그 대상으로 한다(98두17593). **[20년 소방간부, 19년 국가 7급, 18년 국가 7급, 17년 교행 9급, 15년 국가 7급]**

Chapter

04 공용수용

핵심 정리 49 공용수용의 의의

① 공용수용(公用收用)이란 특정한 공익사업을 위하여 법률에 근거하여 토지 등 타인의 재산권을 강제로 취득하는 것을 말한다. 공용부담 중 물적 공용부담의 일종이다.

② 예컨대, 도로나 철도 · 항만 · 주택건설 등의 공익사업을 하기 위해서는 타인의 토지나 건물이 필요한 경우가 존재한다. 이때 당해 공익사업이 반드시 실현되어야 할 필요가 있음에도 불구하고 그 소유자가 매도를 원하지 않을 수 있다. 이를 위하여 인정되는 제도가 공용수용 제도이다.

③ 공용수용은 타인의 재산권에 대한 '강제적' 취득이므로 당사자의 협력을 기반으로 하지 않는다.

④ 행정법총론은 공용수용으로 인한 손실보상에 관심이 있고, 행정법각론은 그 손실보상의 원인이 되는 공용수용 작용에 대해 관심이 있다.

핵심 정리 50 공용수용의 절차

01 개설

① 공용수용에 관하여 규율하고 있는 대표적인 법률로서 「공익사업을 위한 토지 등의 취득 및 보상에 관한 법률」(약칭 토지보상법)이 존재한다. 이 법은 2002년 2월 4일에 제정되어 2003년 1월 1일부터 시행되었는데, 이전의 「공공용지의 취득 및 손실보상에 관한 특례법」과 「토지수용법」을 통합한 것이다. 따라서 2003년 이전 판례들에서는 이 두 법률이 거론된다.

② 위 법률에 따른 공용수용의 절차에 대해서는 행정법총론에서 자세히 다루었으므로, 이 책에서는 행정법총론에서 다루지 않은 특수논점에 대해서만 다루기로 한다.

토지보상법에 따른 공용수용 절차

사업인정 ➡ 토지조서 및 물건조서의 작성 ➡ 보상계획의 공고 · 통지 및 열람 ➡ 협의 ➡ 협의 불성립 시 재결신청 ➡ 수용재결

PART 07

02 사업인정

1. 의의

사업인정이란 특정사업이 공익사업이라는 것을 인정하고 사업시행자에게 일정한 절차를 거쳐 그 사업에 필요한 토지를 수용 또는 사용하는 권리를 설정하여 주는 행위를 말한다.

2. 법적 성질

① 사업인정을 준법률행위적 행정행위인 확인이라 보는 견해도 존재하지만, 다수설과 판례는 이를 확인행위가 아니라 형성행위라 보고 있다(2017두71031, 2009두1051, 92누596). [23년 국가 7급, 18년 행정사]

② 사업인정은 재량행위에 해당한다(92누596). 따라서 어떤 사업이 토지를 수용할 수 있는 사업에 해당된다 하더라도 행정청으로서는 그 사업이 공용수용을 할 만한 공익성이 있는지의 여부를 모든 사정을 참작하여 구체적으로 판단하여야 한다. 반드시 사업인정을 해야 하는 것은 아니다. [18년 5급 승진]

3. 사업인정의 요건

(1) 공익사업으로 인정하는 법률 규정의 존재

사업인정은 침익적 작용인 공용수용 절차의 일환이므로, 법률유보의 원칙에 따라 법률에 명확히 규정되어야 한다. 따라서 실정법에 '공익사업'으로 열거되어 있는 사업에 대하여서만 사업인정을 할 수 있다(2011헌바129). [22년 경찰간부, 17년 국회 8급 1]

(2) 공공필요성

① 사업인정은 공공필요성에 근거한 수용을 허용하는 작용이므로, 공공필요성이 인정되는 사업에 대하여서만 할 수 있다(92누596). 공공필요성은 공익성과 필요성으로 구체화된다.

② ㉠ '공익성'이란 공공성이라고도 하는데, 공동체 다수의 이익을 위한 것이어야 함을 말한다. 법에 공익사업으로 열거되어 있는 사업에 해당한다 하더라도 이는 공공성 유무를 판단하는 일응의 기준을 제시한 것에 불과하므로, 사업인정의 단계에서 개별적·구체적으로 공공성에 관한 심사를 하여야 한다(2011헌바172). [18년 변호사] ㉡ '공익성'의 정도를 판단함에 있어서는 공용수용을 허용하고 있는 개별법의 입법목적, 사업내용, 사업이 입법목적에 이바지 하는 정도는 물론, 특히 그 사업이 대중을 상대로 하는 영업인 경우에는 그 사업시설에 대한 대중의 이용·접근가능성도 아울러 고려하여야 한다(2011헌바129). ㉢ 공익성은 추상적인 공익 일반 또는 국가의 이익 이상의 중대한 공익을 요구하므로 기본권 일반의 제한사유인 '공공복리'보다 좁은 개념이라는 것이 헌법재판소의 입장이다(2011헌바172). [22년 경찰간부, 17년 국회 8급 2, 17년 국가 9급]

③ 필요성이란 국민의 재산을 그 의사에 반하여 강제적으로라도 취득하여야 할 정도의 필요성이 있어야 함을 말한다. 비례의 원칙을 준수한 경우에 사업인정을 할 수 있음을 뜻하는데, 이 필요성이 인정되기 위하여서는 사인의 재산권 침해를 정당화할 정도의 공익의 우월성이 인정되어야 한다(2011헌바172). [17년 국회 8급 3]

OX 1
공용수용이 허용될 수 있는 공익사업의 범위는 법률유보 원칙에 따라 법률에서 명확히 규정되어야 한다. 따라서 공공의 이익에 도움이 되는 사업이라도 '공익사업'으로 실정법에 열거되어 있지 아니한 사업은 공용수용이 허용될 수 없다. [ ] [17년 국회 8급]

OX 2
재산권의 존속보장과의 조화를 위하여서는 '공공필요'의 요건에 관하여 공익성은 추상적인 공익 일반 또는 국가의 이익 이상의 중대한 공익을 요구하므로 기본권 일반의 제한사유인 '공공복리'보다 넓게 보는 것이 타당하다. [ ] [17년 국회 8급]

OX 3
헌법적 요청에 의한 수용이라 하더라도 국민의 재산을 그 의사에 반하여 강제적으로라도 취득하여야 할 정도의 필요성이 인정되어야 하고, 그 필요성이 인정되기 위하여서는 사인의 재산권 침해를 정당화할 정도의 공익의 우월성이 인정되어야 한다. [ ] [17년 국회 8급]

정답
1. ○ 2. × 3. ○

④ 공공필요성이 있다는 점에 대한 입증책임은 사업시행자가 부담한다(2003두7507). [22년 경찰간부 **1**]

판례

사업인정 신청 대상 사업이 외형상 토지 등을 수용 또는 사용할 수 있는 사업에 해당한다고 하더라도 사업인정기관으로서는 ㉠ 그 사업이 공용수용을 할 만한 공익성이 있는지의 여부와 ㉡ 공익성이 있는 경우에도 그 사업의 내용과 방법에 관하여 사업인정에 관련된 자들의 이익을 공익과 사익 사이에서는 물론, 공익 상호 간 및 사익 상호 간에도 정당하게 비교·교량하여야 하고, 그 비교·교량은 비례의 원칙에 적합하도록 하여야 한다(2009두1051).

OX 1

공용수용은 공익사업을 위한 필요가 있어야 하고, 그 필요가 있는지에 대하여는 수용에 따른 상대방의 재산권 침해를 정당화할 만한 공익의 존재가 쌍방의 이익의 비교형량의 결과로 입증되어야 하며, 그 입증책임은 사업시행자에게 있다. [ ] [22년 경찰간부]

(3) 공익사업을 수행할 의사와 능력

① 대법원은, 공익사업을 수행하여 공익을 실현할 의사나 능력이 없는 자에게 타인의 재산권을 공권력적·강제적으로 박탈할 수 있는 수용권을 설정하여 줄 수는 없으므로, 사업시행자에게 해당 공익사업을 수행할 의사와 능력이 있을 것도 사업인정의 한 요건으로 보고 있다(2017두7103, 2009두1051). [23년 국가 7급, 21년 국가 7급, 18년 지방 7급] 따라서 어떠한 사업이 외형상 토지 등을 수용 또는 사용할 수 있는 사업에 해당한다 하더라도, 사업시행자에게 해당 공익사업을 수행할 의사와 능력이 없다면 사업인정을 거부할 수 있다(2017두7103). [20년 국가 7급]

② 공익사업을 수행할 의사와 능력은 사업인정을 받은 후에도 계속 유지하고 있어야 한다고 본다. 따라서 사업인정 후에 사업시행자가 해당 공익사업을 수행할 의사나 능력을 상실하였음에도 여전히 그 사업인정에 기하여 수용권을 행사하는 것은, 수용권의 공익 목적에 반하는 수용권의 남용에 해당하여 허용되지 않는다(2009두1051). [13년 국회 8급]

판례

송파구청장이 풍납토성 성벽의 부지 또는 그 성벽에 바로 인접한 부지를 수용하여 성벽 또는 해자 시설을 복원·정비하는 사업을 하기 위한 사업비를 송파구의 자체예산으로 조달하지 않는다는 사정만으로 송파구청장에게 사업수행의사나 능력이 없다고 볼 수 없다(2017두71031).

4. 절차

국토교통부장관은 사업인정을 하려면 ㉠ 관계 중앙행정기관의 장 및 ㉡ 특별시장·광역시장·도지사·특별자치도지사, ㉢ 중앙토지수용위원회와 협의하여야 한다. [19년 경찰 2차] 또 미리 사업인정에 이해관계가 있는 자의 의견을 들어야 한다(토지보상법 제21조).

5. 사업인정의 효과

사업인정은 사업인정이 고시된 날로부터 효력이 발생한다(제22조 제3항). [21년 국가 7급, 20년 행정사] 사업인정이 고시되면 수용할 목적물의 범위가 확정되고, 수용권이 목적물에 관한 현재 및 장래의 권리자에게 대항할 수 있는 일종의 공법상의 권리로서의 효력을 갖게 된다(2019두47629, 93누19375). [21년 국가 7급 **2**, 14년 국가 7급]

OX 2

사업인정의 고시로 수용의 목적물은 확정되고 관계인의 범위가 제한된다. [ ] [21년 국가 7급]

정답

1. ○ 2. ○

PART 07

03 토지조서와 물건조서의 작성

1. 의의

① 사업인정을 받은 사업시행자는 토지조서 및 물건조서를 작성하여 서명 또는 날인을 하고, 토지소유자 및 관계인의 서명 또는 날인을 받아야 한다(제26조 제1항, 제14조 제1항). 토지보상법에서 말하는 '관계인'에는 수거·철거권 등 실질적 처분권을 가진 자(예 무허가 건물의 소유자)도 포함된다(2018다277419). [21년 국가 7급 1]

② 이러한 조서를 작성하게 하는 이유는 사업시행자와 토지소유자 및 관계인에게 토지와 물건의 상황을 미리 확인시킴으로써, 이후 토지수용위원회의 재결절차에 있어서 심리의 전제사실을 명확히 하고 심리를 신속하게 하려는 데 있다.

③ 다만, 사업인정 이전에 협의절차를 거친 경우에 토지조서 및 물건조서의 내용에 변동이 없는 때에는 토지조서 및 물건조서를 다시 작성하지 않아도 된다(제26조 제2항).

OX 1

「공익사업을 위한 토지 등의 취득 및 보상에 관한 법률」상 보상대상이 되는 '기타 토지에 정착한 물건에 대한 소유권 그 밖의 권리를 가진 관계인'에는 수거·철거권 등 실질적 처분권을 가진 자도 포함된다. [ ]
[21년 국가 7급]

2. 조서작성을 위한 출입

① 조서작성을 위하여 필요한 경우, 사업시행자는 해당 토지 또는 물건에 출입하여 이를 측량하거나 조사할 수 있다. 이 경우 사업시행자는 해당 토지나 물건에 출입하려는 날의 5일 전까지 그 일시 및 장소를 토지점유자에게 통지하여야 한다(제27조 제1항).

② 해가 뜨기 전이나 해가 진 후에는 토지점유자의 승낙 없이 그 주거(住居)나 경계표·담 등으로 둘러싸인 토지에 출입할 수 없다(제10조 제3항).

③ 토지점유자는 정당한 사유 없이 사업시행자가 통지하고 출입·측량 또는 조사하는 행위를 방해하지 못한다(제11조).

3. 하자의 승계

토지조서 작성상의 하자는 수용재결이나 이의재결에 위법성에 영향을 주지 않는다고 본다.

판례

기업자가 토지수용법 제23조 소정의 토지조서 및 물건조서를 작성함에 있어서 토지소유자를 입회시켜서 이에 서명날인을 하게 하지 아니하였다는 사유만으로는 이의재결이 위법하다 하여 그 취소의 사유로 삼을 수는 없으니, 그러한 사유가 이의재결의 무효원인이 될 수 없다(93누2148).

과거 토지수용법에서는 토지조서나 물건조서를 작성할 시에 토지소유자와 관계인을 입회하게 할 것을 요구하고 있었다.

토지수용을 함에 있어 토지소유자 등에게 입회를 요구하지 아니하고 작성한 토지조서는 절차상의 하자를 지니게 되는 것으로서 토지조서로서의 효력이 부인되어 조서의 기재에 대한 증명력에 관하여 추정력이 인정되지 아니하는 것일 뿐, 토지조서의 작성에 하자가 있다 하여 그것이 곧 수용재결이나 그에 대한 이의재결의 효력에 영향을 미치는 것은 아니라 할 것이므로 토지조서에 실제 현황에 관한 기재가 되어 있지 아니하다거나 실측평면도가 첨부되어 있지 아니하다거나 토지소유자의 입회나 서명날인이 없었다든지 하는 사유만으로는 이의재결이 위법하다 하여 그 취소를 구할 사유로 삼을 수 없다(93누5543).

정답
1. ○

04 보상계획의 공고 · 통지 및 열람

① 사업인정을 받은 사업시행자는 토지조서와 물건조서를 작성하였을 때에는 공익사업의 개요, 토지조서 및 물건조서의 내용과 보상의 시기 · 방법 및 절차 등이 포함된 보상계획을 ㉠ 전국을 보급지역으로 하는 일간신문에 공고하고, ㉡ 토지소유자 및 관계인에게 각각 통지하여야 하며, ㉢ 특별자치도지사, 시장 · 군수 또는 구청장에게도 통지하여야 한다(제26조 제1항, 제15조 제1항 본문).

② 다만, 토지소유자와 관계인이 20인 이하인 경우에는 공고를 생략할 수 있다(제26조 제1항, 제15조 제1항 단서).

③ 사업시행자는 위 공고나 통지를 하였을 때에는 그 내용을 14일 이상 일반인이 열람할 수 있도록 하여야 한다(제26조 제1항, 제15조 제2항). 공고되거나 통지된 토지조서 및 물건조서의 내용에 대하여 이의(異議)가 있는 토지소유자 또는 관계인은 이 열람기간 이내에 사업시행자에게 서면으로 이의를 제기할 수 있다. 다만, 사업시행자가 고의 또는 과실로 토지소유자 또는 관계인에게 보상계획을 통지하지 아니한 경우에는 열람기간이 지났다 하더라도 해당 토지소유자 또는 관계인은 협의가 완료되기 전까지 서면으로 이의를 제기할 수 있다(제26조 제1항, 제15조 제3항).

05 협의(보상합의)

1. 의의

토지보상법 제16조(협의) 사업시행자는 토지등에 대한 보상에 관하여 토지소유자 및 관계인과 성실하게 협의하여야 하며, 협의의 절차 및 방법 등 협의에 필요한 사항은 대통령령으로 정한다.

토지보상법 제26조(협의 등 절차의 준용) ① 제20조에 따른 사업인정을 받은 사업시행자는 토지조서 및 물건조서의 작성, 보상계획의 공고 · 통지 및 열람, 보상액의 산정과 토지소유자 및 관계인과의 협의 절차를 거쳐야 한다. 이 경우 제14조부터 제16조까지 및 제68조를 준용한다.
② 사업인정 이전에 제14조부터 제16조까지 및 제68조에 따른 절차를 거쳤으나 협의가 성립되지 아니하고, 제20조에 따른 사업인정을 받은 사업으로서 토지조서 및 물건조서의 내용에 변동이 없을 때에는, 제1항에도 불구하고 제14조부터 제16조까지의 절차를 거치지 아니할 수 있다. 다만, 사업시행자나 토지소유자 및 관계인이 제16조에 따른 협의를 요구할 때에는 협의하여야 한다.

① 협의(보상합의)란 수용할 토지의 범위와 수용시기 · 손실보상 등에 관하여 이루어지는 사업시행자와 피수용자 간의 교섭행위를 말한다. 사업인정 전 협의(제16조)와 사업인정 후 협의(제26조)가 있다.

② 사업인정 전 협의는 필수절차는 아니지만, ㉠ 공용수용절차를 개시할지 여부를 결정하게 만들고, ㉡ 공익사업의 주체는 사업인정 전 협의에 의해 취득하지 못한 토지 등에 한해서만 공용수용절차를 개시할 수 있다는 점에서 의미가 있다. ㉢ 또 사업인정 전 협의를 거친 경우에는, 토지소유자나 관계인의 요구가 없는 한 사업인정 후의 협의를 거치지 않아도 된다는 점에서도 의미가 있다. [22년 경찰간부 **1**]

PART 07

OX 1

「공익사업을 위한 토지 등의 취득 및 보상에 관한 법률」에 따르면 사업인정 이전에 임의협의 절차를 거쳤으나 협의가 성립되지 아니하여 사업인정을 받은 사업자는 토지소유자가 협의를 요구하더라도 협의 절차를 거치지 않을 수 있다. [ ]
[22년 경찰간부]

정답
1. ×

③ 사업인정 후 협의란 강제취득 절차인 공용수용절차의 일부인 협의를 말한다. 사업인정 후에 이루어진다. 만약 사업인정 전에 협의를 거치지 않았다면 필수적으로 거쳐야 한다. 이를 거치지 않고 수용재결을 신청하면 위법하게 된다. 사업인정 후 협의가 결렬될 경우 수용재결이 예정되어 있기 때문에, 협상력에 있어서 사업인정 전 협의보다 우월하게 된다. (이하 특별한 사정이 없는 한 '협의'라고만 하면 '사업인정 후 협의'를 가리키는 표현이다.)

2. 사업인정 후 협의의 법적 성질

㉠ 사업인정 전 협의를 사법상 계약으로 보는 데는 이견이 없다. ㉡ 다만, 사업인정 후 협의에 대해서는 견해가 대립하고 있다. 사업인정 후 협의를 공법상 계약으로 보아야 한다는 견해도 존재하지만, 대법원은 이를 사법상 계약으로 본다(2002다68713). 따라서 사적 자치의 원칙에 따라, 당사자들의 의사만 합치한다면 자유롭게 그 내용을 정할 수 있다고 본다.

판례

공익사업을 위한 토지 등의 취득 및 보상에 관한 법령에 의한 협의취득은 사법상(私法上)의 법률행위이므로 당사자 사이의 자유로운 의사에 따라 채무불이행책임이나 매매대금 과부족금에 대한 지급의무를 약정할 수 있다(2010다91206). [16년 지방 7급, 15년 행정사]

토지수용위원회의 수용재결이 있은 후라고 하더라도 토지소유자 등과 사업시행자가 다시 협의하여 토지 등의 취득이나 사용 및 그에 대한 보상에 관하여 임의로 계약을 체결할 수 있다고 보아야 한다(2016두64241). [23년 국가 7급, 18년 국가 7급]

공익사업법에 의한 보상합의는 공공기관이 사경제주체로서 행하는 사법상 계약의 실질을 가지는 것으로서, 당사자 간의 합의로 같은 법 소정의 손실보상의 기준에 의하지 아니한 손실보상금을 정할 수 있다(2012다3517). [19년 지방 9급, 19년 교행 9급]

3. 사업인정 후 협의 성립의 효과

① 협의가 성립되면, 공용수용절차는 종결되고 수용의 효과가 발생한다. 즉, 사업시행자는 협의로 정한 수용 또는 사용의 개시일까지 보상금을 지급하거나 공탁❶해야 하고(제40조), 피수용자도 협의로 정한 수용 또는 사용의 개시일까지 토지・물건을 사업시행자에게 인도 또는 이전하여야 한다(제43조). 이로써 사업시행자는 목적물에 대한 권리를 취득하고, 피수용자는 그 권리를 상실한다.

② 다만, 협의에 따라 사업시행자가 토지나 물건을 취득하는 것은 재결에 의한 취득과 달리 승계취득에 해당하는 것으로 본다. 따라서 사업시행자는 이전 소유자의 권리 위에 존재하던 부담과 제한들을 그대로 승계하게 된다. 참고로, 권리의 취득은 아래와 같이 원시취득과 승계취득으로 구분되는데, 이보다 자세한 내용은 민법의 영역이다.

❶ 참고로 공탁이란 공탁소에 금전을 맡겨두는 것을 말하는데, 금전을 받을 자가 그 수령을 거부하거나 수령할 수 없을 때 등에 이루어진다. 자세한 내용은 민법학의 영역이다.

원시취득	㉠ 새로 생겨난 권리를 처음으로 취득하는 것처럼 권리를 취득하는 것을 말한다. ㉡ 원시취득이 있으면 종전에 그 권리에 대하여 존재하던 다른 권리들(예 저당권, 전세권 등)이 모두 소멸되는 효과가 있는 것으로 법적으로 취급된다. ㉢ 현실적으로는 승계취득이라 하더라도, 법에서 원시취득이 있는 경우처럼 취급한다는 명문의 규정이 있는 경우도 원시취득으로 취급되는데, 수용재결로 인한 소유권의 취득이 대표적이다.
승계취득	㉠ 타인이 취득하고 있던 권리를 넘겨받아 취득하는 것을 말한다. 일반적으로 매매계약 체결의 결과로 권리를 취득하게 되는 경우들은 거의 대부분 승계취득에 해당한다. ㉡ 원시취득과 달리 승계취득의 경우에는, 취득하게 된 그 권리에 대하여 존재하던 다른 권리들이 그대로 존속하는 채로 권리가 이전되는 것으로 법적으로 취급한다.

4. 협의성립의 확인

토지보상법 제29조(협의 성립의 확인) ① 사업시행자와 토지소유자 및 관계인 간에 제26조에 따른 절차를 거쳐 협의가 성립되었을 때에는 사업시행자는 제28조 제1항에 따른 재결 신청기간 이내에, 해당 토지소유자 및 관계인의 동의를 받아 대통령령으로 정하는 바에 따라 관할 토지수용위원회에 협의 성립의 확인을 신청할 수 있다.
③ 사업시행자가 협의가 성립된 토지의 소재지 · 지번 · 지목 및 면적 등 대통령령으로 정하는 사항에 대하여 「공증인법」에 따른 공증을 받아 제1항에 따른 협의 성립의 확인을 신청하였을 때에는 관할 토지수용위원회가 이를 수리함으로써 협의 성립이 확인된 것으로 본다.
④ 제1항 및 제3항에 따른 확인은 이 법에 따른 재결로 보며, 사업시행자, 토지소유자 및 관계인은 그 확인된 협의의 성립이나 내용을 다툴 수 없다.

토지보상법 제28조(재결의 신청) ① 제26조에 따른 협의가 성립되지 아니하거나 협의를 할 수 없을 때에는 사업시행자는 사업인정고시가 된 날부터 1년 이내에 대통령령으로 정하는 바에 따라 관할 토지수용위원회에 재결을 신청할 수 있다.

① 사업시행자는 협의가 성립된 경우에는 사업인정고시가 있은 날로부터 1년 이내에 해당 토지소유자 및 관계인의 동의를 얻어 관할 토지수용위원회에 협의 성립의 확인을 신청할 수 있다(제29조 제1항). 협의 성립의 확인은 필수가 아니다. 확인을 받지 않고 사업인정 후 협의 성립으로 그칠 수 있다.

② 다만, 협의의 확인을 받으면, 재결이 있었던 것처럼 본다. 따라서 사업시행자는 토지 · 물건을 원시취득하게 된다. 따라서 이전 소유자의 권리 위에 존재하던 부담과 제한들이 모두 소멸된다. (참고로 수용재결로 토지나 건물의 소유권을 취득하는 것은 원시취득으로 본다. 이에 대해서는 뒤에서 다룬다.) 따라서 해당토지소유자와 관계인의 동의를 얻게 하고 있다.

③ 또한 협의가 된 토지에 대해 공증인의 공증을 받아 사업시행자가 협의성립 확인신청을 한 경우에는 그 신청이 수리되기만 한 경우에도, 실제로 관할토지수용위원회의 협의성립확인이 있었던 것으로 간주해 주고 있다(제29조 제3항).

판례

㉠ 토지보상법상 수용은 일정한 요건하에 그 소유권을 사업시행자에게 귀속시키는 행정처분으로서 이로 인한 효과는 소유자가 누구인지와 무관하게 사업시행자가 그 소유권을 취득하게 하는 원시취득이다. 반면, 토지보상법상 '협의취득'의 성격은 사법상 매매계약이므로 그 이행으로 인한 사업시행자의 소유권 취득도 승계취득이다. [20년 국가 7급**1**]

㉡ 그런데 토지보상법 제29조 제3항에 따른 신청이 수리됨으로써 협의 성립의 확인이 있었던 것으로 간주되면, 토지보상법 제29조 제4항에 따라 그에 관한 재결이 있었던 것으로 재차 의제되고, 그에 따라 사업시행자는 사법상 매매의 효력만을 갖는 협의취득과는 달리 그 확인대상 토지를 수용재결의 경우와 동일하게 원시취득하는 효과를 누리게 된다(2016두51719). [23년 국가 7급**2**]

토지수용에 있어서 기업자와 토지소유자의 협의성립에 대한 관할 토지수용위원회의 확인을 받지 아니한 것이면 그 토지를 원시적으로 취득한 것으로는 볼 수 없고 원래의 소유자로부터 승계취득을 한 것이라고 해석할 수 밖에 없다(78다1528). [14년 변호사**3**]

토지보상법 제29조 제3항에 따른 협의 성립의 확인 신청에 필요한 동의의 주체인 토지소유자는 협의 대상이 되는 '토지의 진정한 소유자'를 의미한다고 보아야 한다. 따라서 사업시행자가 진정한 토지소유자의 동의를 받지 못한 채 단순히 등기부상 소유명의자의 동의만을 얻은 후 관련 사항에 대한 공증을 받아 토지보상법 제29조 제3항에 따라 협의 성립의 확인을 신청하였음에도 토지수용위원회가 그 신청을 수리하였다면, 그 수리 행위는 다른 특별한 사정이 없는 한 토지보상법이 정한 소유자의 동의 요건을 갖추지 못한 것으로서 위법하다. 진정한 토지소유자의 동의가 없었던 이상, 진정한 토지소유자를 확정하는 데 사업시행자의 과실이 있었는지 여부와 무관하게 그 동의의 흠결은 위 수리 행위의 위법사유가 된다. 이에 따라 진정한 토지소유자는 그 수리 행위가 위법함을 주장하여 항고소송으로 취소를 구할 수 있다(2016두51719).

토지수용위원회의 수리행위에 처분성을 인정한 판례이기도 하다.

06 재결

1. 의의 및 성질

① 재결은 협의가 성립하지 않거나 협의가 불가능한 경우에 이루어지는 공용수용의 종국적인 절차이다.

② 재결은 사업시행자로 하여금 토지의 소유권이나 사용권을 취득하게 하는 한편, 사업시행자가 지급하여야 할 손실보상액을 정하는 결정으로서, 형성적 행정행위(행정행위 중 대리)에 해당한다.

2. 재결기관

토지보상법 제49조(설치) 토지등의 수용과 사용에 관한 재결을 하기 위하여 국토교통부에 중앙토지수용위원회를 두고, 특별시·광역시·도·특별자치도(이하 "시·도"라 한다)에 지방토지수용위원회를 둔다.

OX 1
협의취득으로 인한 사업시행자의 토지에 대한 소유권 취득은 승계취득이므로 관할 토지수용위원회에 의한 협의 성립의 확인이 있었더라도 사업시행자는 수용재결의 경우와 동일하게 그 토지에 대한 원시취득의 효과를 누릴 수 없다. [ ] [20년 국가 7급]

OX 2
사업시행자가 「공증인법」에 따른 공증을 받아 협의 성립의 확인을 신청한 경우, 그 신청이 수리되면 협의 성립의 확인이 있었던 것으로 간주되고 그에 관한 재결이 있었던 것으로 재차 의제되므로 그에 따라 사업시행자는 사법상 매매의 효력만을 갖는 협의취득과는 달리 확인대상 토지를 수용재결의 경우와 동일하게 원시취득하는 효과를 누리게 된다. [ ] [23년 국가 7급]

OX 3
공공사업의 시행자가 그 사업에 필요한 토지를 취득한 경우 그것이 협의에 의한 취득이고 「공익사업을 위한 토지 등의 취득 및 보상에 관한 법률」상의 협의 성립의 확인이 없는 이상, 그 취득행위는 어디까지나 사경제주체로서 행하는 사법상의 취득으로서 승계취득을 한 것으로 보아야 할 것이고, 재결에 의한 취득과 같이 원시취득한 것으로 볼 수는 없다. [ ] [14년 변호사]

정답
1. × 2. ○ 3. ○

> 토지보상법 제51조(관할) ① 제49조에 따른 중앙토지수용위원회(이하 "중앙토지수용위원회"라 한다)는 다음 각 호의 사업의 재결에 관한 사항을 관장한다.
> 1. 국가 또는 시·도가 사업시행자인 사업
> 2. 수용하거나 사용할 토지가 둘 이상의 시·도에 걸쳐 있는 사업
>
> ② 제49조에 따른 지방토지수용위원회(이하 "지방토지수용위원회"라 한다)는 제1항 각 호 외의 사업의 재결에 관한 사항을 관장한다.

① 재결기관으로서 국토교통부에 중앙토지수용위원회가 설치되어 있고, 특별시·광역시와 도에는 지방토지수용위원회가 설치되어 있다(제49조).

② 중앙토지수용위원회는 국가 또는 특별시·광역시나 도가 사업시행자인 사업과 수용목적물이 두 개 이상의 특별시·광역시·도의 구역에 걸친 사업에 관한 것을 관할하고, 그 이외의 사업에 관한 것은 지방토지수용위원회가 관할한다(제51조).

③ 중앙 또는 지방토지수용위원회는 그 재결이 있기 전에는 위원 3명으로 구성되는 소위원회로 하여금 사업시행자와 토지소유자에게 화해를 권고하게 할 수 있다(제33조 제1항).

④ 토지수용위원회는 수용재결처분 등을 할 수 있는 권한을 가진 영·미식의 행정위원회형 행정청으로 볼 수 있다. 영·미식의 행정위원회형 행정청이란, 합의제 행정기관이면서도 행정청이기도 한 것을 말한다. 대륙법계의 독임제 행정청과 대비되는 개념으로서 사용되는 표현이다.

3. 재결신청·재결신청의 청구

(1) 재결신청

협의가 성립하지 않거나 협의를 할 수 없는 경우에는 사업시행자는 사업인정의 고시가 있은 날로부터 1년 이내에 관할 토지수용위원회에 재결을 신청할 수 있다(제28조). 이 기간 안에 재결을 신청하지 않으면, 사업인정의 고시는 고시가 있은 날부터 1년이 되는 날의 다음 날부터 그 효력을 상실한다(제23조). [21년 국가 7급]

(2) 재결'신청'의 '청구'

> 토지보상법 제30조(재결신청의 청구) ① 사업인정고시가 된 후 협의가 성립되지 아니하였을 때에는 토지소유자와 관계인은 대통령령으로 정하는 바에 따라 서면으로 사업시행자에게 재결을 신청할 것을 청구할 수 있다.
>
> ② 사업시행자는 제1항에 따른 청구를 받았을 때에는 그 청구를 받은 날부터 60일 이내에 대통령령으로 정하는 바에 따라 관할 토지수용위원회에 재결을 신청하여야 한다. 이 경우 수수료에 관하여는 제28조 제2항을 준용한다.
>
> ③ 사업시행자가 제2항에 따른 기간을 넘겨서 재결을 신청하였을 때에는 그 지연된 기간에 대하여 소송촉진 등에 관한 특례법 제3조에 따른 법정이율을 적용하여 산정한 금액을 관할 토지수용위원회에서 재결한 보상금에 가산(加算)하여 지급하여야 한다.

① 재결'신청'은 사업시행자만 할 수 있다(제28조). 그런데 수용절차의 조속한 종결에 대하여는 피수용자도 중요한 이해관계를 갖고 있기 때문에 토지보상법은 재결'신청'의 '청구'제도를 두고 있다.

② 이에 따라, 당사자 간에 협의가 성립되지 아니한 때에는 '토지소유자 및 관계인'은 사업시행자에 대하여 조속히 재결신청을 할 것을 청구할 수 있으며, 청구를 받은 사업시행자는 청구가 있은 날로부터 60일 이내에 관할 토지수용위원회에 재결신청을 하여야 한다(제30조 제1항, 제2항). 주의할 것은 이 경우에도 토지수용위원회에 재결신청을 하는 것은 여전히 사업시행자라는 점이다.

판례

손실보상대상에 관한 이견이 있어 손실보상협의가 성립하지 아니하는 경우에도 재결을 통해 손실보상에 관한 법률관계를 조속히 확정할 필요가 있는 점 등에 비추어 볼 때, 공익사업법 제30조 제1항에서의 '협의가 성립되지 아니한 때'라 함은 사업시행자가 토지소유자 등과 사이에 공익사업법 제26조 소정의 협의절차는 거쳤으나 그 보상액 등에 관하여 협의가 성립하지 아니한 경우는 물론 토지소유자 등이 손실보상대상에 해당한다고 주장하며 보상을 요구함에도 불구하고 사업시행자가 손실보상대상에 해당하지 아니한다고 보아 보상대상에서 이를 제외하고 협의를 거치지 않아 결국 협의가 성립하지 않은 경우도 포함한다고 보아야 한다(2011두2309). [22년 지방 7급**1**, 18년 5급 승진]

OX 1

토지소유자 등이 손실보상대상에 해당한다고 주장하며 보상을 요구하는데도 사업시행자가 손실보상대상에 해당하지 아니한다며 보상대상에서 이를 제외한 채 협의를 하지 않아 결국 협의가 성립하지 않은 경우, 토지소유자 등에게는 재결신청청구권이 인정된다. [ ] [22년 지방 7급]

③ 다만, 이러한 청구권은 사업인정이 있어 수용절차가 개시된 때에만 인정된다. 수용절차가 개시된 바 없다면 당연히 재결신청 청구권도 존재하지 않는다.

④ 대법원은 사업인정이 있었던 경우에 사업시행자가 해당 토지가 손실보상의 대상에 해당하지 않아 재결신청대상이 아니라는 이유로 토지소유자 등의 재결신청 청구를 거부한 경우에는, 그 거부는 신청권 있는 자의 신청을 거부한 것으로서 처분에 해당한다고 본다. 따라서 민사소송으로 그 절차이행을 구할 수는 없고(97다11016), 재결신청의 거부에 대해서는 항고소송으로 다투어야 한다고 본다(2018두57865, 2011두2309). [22년 지방 7급**2**, 18년 5급 승진]

OX 2

사업시행자가 토지소유자 등의 재결신청의 청구를 거부하는 경우, 토지소유자 등은 민사소송의 방법으로 그 절차 이행을 구할 수 있다. [ ] [22년 지방 7급]

판례

문화재청장이 토지조서 및 물건조서를 작성하는 등 위 토지에 대하여 구 공익사업법에 따른 수용절차를 개시한 바 없으므로, 甲에게 문화재청장으로 하여금 관할 토지수용위원회에 재결을 신청할 것을 청구할 법규상의 신청권이 인정된다고 할 수 없어, 위 회신은 항고소송의 대상이 되는 거부처분에 해당하지 않는다(2012두22966).

㉠ 토지소유자나 관계인의 재결신청 청구에도 사업시행자가 재결신청을 하지 않을 때 토지소유자나 관계인은 사업시행자를 상대로 거부처분 취소소송 또는 부작위위법확인소송의 방법으로 다투어야 한다.

㉡ 토지소유자나 관계인의 재결신청 청구가 적법하여 사업시행자가 재결신청을 할 의무가 있는지는 거부처분 취소소송이나 부작위위법확인소송의 본안에서 사업시행자의 거부처분이나 부작위가 적법한가를 판단하는 단계에서 고려할 요소이지, 소송요건 심사단계에서 고려할 요소가 아니다(2018두57865).

토지소유자나 관계인의 재결신청 청구가 적법할 경우, 사업시행자는 재결신청을 할 의무를 부담하는데, 재결신청의 청구가 적법한 것인지 여부는 재결신청을 하지 않았음을 이유로 다투는 항고소송에서의 소송요건이 아니라 본안판단사항이라는 말이다.

정답
1. ○ 2. ×

4. 재결의 효과

토지보상법 제40조(보상금의 지급 또는 공탁) ① 사업시행자는 제38조 또는 제39조에 따른 사용의 경우를 제외하고는 수용 또는 사용의 개시일(토지수용위원회가 재결로써 결정한 수용 또는 사용을 시작하는 날을 말한다. 이하 같다)까지 관할 토지수용위원회가 재결한 보상금을 지급하여야 한다.

토지보상법 제42조(재결의 실효) ① 사업시행자가 수용 또는 사용의 개시일까지 관할 토지수용위원회가 재결한 보상금을 지급하거나 공탁하지 아니하였을 때에는 해당 토지수용위원회의 재결은 효력을 상실한다.
② 사업시행자는 제1항에 따라 재결의 효력이 상실됨으로 인하여 토지소유자 또는 관계인이 입은 손실을 보상하여야 한다.

토지보상법 제43조(토지 또는 물건의 인도 등) 토지소유자 및 관계인과 그 밖에 토지소유자나 관계인에 포함되지 아니하는 자로서 수용하거나 사용할 토지나 그 토지에 있는 물건에 관한 권리를 가진 자는 수용 또는 사용의 개시일까지 그 토지나 물건을 사업시행자에게 인도하거나 이전하여야 한다.

토지보상법 제45조(권리의 취득 · 소멸 및 제한) ① 사업시행자는 수용의 개시일에 토지나 물건의 소유권을 취득하며, 그 토지나 물건에 관한 다른 권리는 이와 동시에 소멸한다.

(1) 효과발생의 조건

① 사업시행자는 수용의 개시일(토지수용위원회가 재결로써 결정한 수용을 시작하는 날을 말한다)까지 보상금을 지급 또는 공탁하여야 하고(제40조), 피수용자는 그 개시일까지 토지 · 물건을 사업시행자에게 인도 또는 이전하여야 한다(제43조). 이 조건 아래에 수용재결의 효과가 발생한다.

② 사업시행자가 수용개시일까지 보상금을 지급하지 않거나 공탁하지 아니하였을 경우에는 재결의 효력이 상실된다(제42조 제1항). 사업시행자는 재결의 효력이 상실됨으로 인하여 토지소유자 또는 관계인이 입은 손실을 보상하여야 한다(제42조 제2항). [22년 군무원 7급 1]

③ 공탁(供託)은 ㉠ 보상금을 받을 자가 그 수령을 거부하거나 보상금을 수령할 수 없을 때나, ㉡ 사업시행자의 과실 없이 보상금을 받을 자를 알 수 없을 때, ㉢ 관할 토지수용위원회가 재결한 보상금에 대하여 사업시행자가 불복할 때, ㉣ 압류나 가압류에 의하여 보상금의 지급이 금지되었을 때에 이루어지는데, 수용 또는 사용의 개시일까지 수용하거나 사용하려는 토지등 소재지의 공탁소에 보상금을 유치하는 방법으로 한다(제40조 제2항). [22년 군무원 7급]

판례

수용재결이 당연무효이거나 취소되지 않는 한, 그 재결을 이유로 해서 이미 보상금을 지급받은 자에 대하여 그 보상금을 부당이득이라 하여 반환을 구할 수 없다(2000다50237). [14년 지방 7급 2]

부당이득반환청구권은 법적인 원인 없이 이득을 얻고 있는 자에 대하여 인정되는 권리인데, 토지등 소유자는 수용재결에 의해 법적으로 정당하게 보상금을 보유할 원인을 갖기 때문이다.

OX 1

사업시행자가 수용 또는 사용의 개시일까지 관할 토지수용위원회가 재결한 보상금을 지급하거나 공탁하지 아니하였을 때에는 해당 토지수용위원회의 재결은 효력을 상실하고, 이 경우 사업시행자는 재결의 효력이 상실됨으로 인하여 토지소유자 또는 관계인이 입은 손실을 보상하여야 한다. [ ] [22년 군무원 7급]

OX 2

구「토지수용법」 및 관계법령에 따라 행해진 재결에 대하여 불복절차를 취하지 아니함으로써 그 재결에 대하여 더 이상 다툴 수 없게 된 경우, 기업자(사업시행자)는 그 재결이 당연무효이거나 취소되지 않는 한, 이미 보상금을 지급받은 자에 대하여 민사소송으로 그 보상금을 부당이득이라 하여 반환청구할 수 없다. [ ] [14년 지방 7급]

정답

1. ○ 2. ○

PART 07

(2) 사업시행자의 원시취득

① 이상의 조건을 충족한 경우, 재결일에 곧바로 수용의 효과가 발생하는 것은 아니고, 수용개시일에 사업시행자는 목적물에 대한 권리를 원시취득하고 피수용자는 그 권리를 상실하게 된다(제45조). 따라서 수용의 개시일에 수용의 목적물에 대한 이전의 모든 권리는 소멸하고 동시에 사업시행자에게 새로운 권리가 생기는 것으로 취급된다.

② 한편, 토지수용위원회가 신청의 일부에 대한 재결을 빠뜨린 경우, 그 일부에 대해서는 재결의 효력이 발생하지 않고, 그 부분의 신청은 계속하여 그 토지수용위원회에 계속된다(제37조). [12년 국회 8급]

(3) 피수용자의 토지 · 물건의 이전의무 및 대집행

토지보상법 제43조(토지 또는 물건의 인도 등) 토지소유자 및 관계인과 그 밖에 토지소유자나 관계인에 포함되지 아니하는 자로서 수용하거나 사용할 토지나 그 토지에 있는 물건에 관한 권리를 가진 자는 수용 또는 사용의 개시일까지 그 토지나 물건을 사업시행자에게 인도하거나 이전하여야 한다.

토지보상법 제89조(대집행) ① 이 법 또는 이 법에 따른 처분으로 인한 의무를 이행하여야 할 자가 그 정하여진 기간 이내에 의무를 이행하지 아니하거나 완료하기 어려운 경우 또는 그로 하여금 그 의무를 이행하게 하는 것이 현저히 공익을 해친다고 인정되는 사유가 있는 경우에는, 사업시행자는 시 · 도지사나 시장 · 군수 또는 구청장에게 「행정대집행법」에서 정하는 바에 따라 대집행을 신청할 수 있다. 이 경우 신청을 받은 시 · 도지사나 시장 · 군수 또는 구청장은 정당한 사유가 없으면 이에 따라야 한다.
② 사업시행자가 국가나 지방자치단체인 경우에는 제1항에도 불구하고 「행정대집행법」에서 정하는 바에 따라 직접 대집행을 할 수 있다.

① 토지소유자 및 관계인 등은 수용개시일까지 당해 토지나 물건을 사업시행자에게 인도하거나 이전할 의무를 부담하는데(제43조), 이러한 인도나 이전의무는 비대체적 작위의무에 해당한다. 그런데, 토지보상법 제89조에서는 토지보상법에 따른 의무를 이행하지 않을 경우에는 행정대집행이 가능하다고 하고 있어서, 토지보상법 제43조에 의해 부과되는 인도 · 이전의무를 이행하지 않은 경우에도 행정대집행을 실시할 수 있는지가 문제된다.

② 이에 대해 대법원은 제89조는 '「행정대집행법」에서 정하는 바에 따라'라고 규정하고 있으므로, 토지보상법 제43조에 의해 부과되는 인도 · 이전의무를 불이행한 경우에는 여전히 행정대집행이 불가능하다고 본다(2004다2809). 행정대집행법은 대체적 작위의무에 대해서만 행정대집행을 허용하고 있기 때문이다.

판례

피수용자 등이 기업자에 대하여 부담하는 수용대상 토지의 인도의무에 관한 구 토지수용법 제63조, 제64조, 제77조 규정에서의 '인도'에는 명도도 포함되는 것으로 보아야 하고, 이러한 명도의무는 그것을 강제적으로 실현하면서 직접적인 실력행사가 필요한 것이지 대체적 작위의무라고 볼 수 없으므로 특별한 사정이 없는 한 행정대집행법에 의한 대집행의 대상이 될 수 있는 것이 아니다(2004다2809). [12년 국회 8급]

> 구 공공용지의 취득 및 손실보상에 관한 특례법에 의한 협의취득시, 건물소유자가 협의취득 대상 건물에 대하여 약정한 철거의무는 공법상 의무가 아닐 뿐만 아니라, 공익사업을 위한 토지 등의 취득 및 보상에 관한 법률 제89조에서 정한 행정대집행법의 대상이 되는 '이 법 또는 이 법에 의한 처분으로 인한 의무'에도 해당하지 아니하므로 위 철거의무에 대한 강제적 이행은 행정대집행법상 대집행의 방법으로 실현할 수 없다(2006두7096). [12년 국회 8급]

⑷ 재결이 있은 후 물건의 멸실에 대한 위험부담자

토지수용위원회의 재결이 있은 후, 수용하거나 사용할 토지나 물건이 토지소유자 또는 관계인의 고의나 과실 없이 멸실되거나 훼손된 경우, 그로 인한 손실은 사업시행자가 부담한다(제46조). [22년 군무원 7급]

5. 재결의 한계

① 토지수용위원회의 수용재결은 사업시행자가 신청한 범위 내에서만 이루어지는 것이 원칙이다(제50조 제2항 본문). 다만, 손실보상의 액수에 관해서는 이에 대한 예외를 인정하여, 신청한 범위를 넘어서는 증액재결을 할 수 있게 하고 있다(제50조 제2항 단서). [11년 국가 9급] 따라서 사업시행자가 재결신청 시 요청했던 금액보다도 더 큰 금액으로 관할 토지수용위원회가 수용재결을 할 수도 있다.

② 토지보상법은 사업의 공익성을 판단하는 과정으로서 수용의 일차 단계인 사업인정은 국토교통부장관에게 일임하고 있고, 그 이후의 구체적인 수용의 결정은 토지수용위원회에 맡기고 있기 때문에, 행정기관 상호 간 권한존중의 원칙상, 사업인정이 행정쟁송에 의해 취소되어 효력이 상실되지 않는 한, 토지수용위원회는 사업인정 자체를 무의미하게 하는, 즉 공익사업의 시행을 불가능하게 하는 재결을 행할 수는 없다고 본다(2004두8538, 93누19375)(사업인정의 토지수용위원회에 대한 구속력). [19년 5급 승진 1, 12년 국회 8급]

③ 또한 공용수용은 국민의 재산권에 대한 제한작용이기도 하기 때문에 헌법 제37조 제2항에 따른 비례의 원칙도 준수하여야 한다. [15년 행정사]

판례

> 토지수용위원회의 기각재결로 인해 당해 공익사업의 시행이 불가능해지는 경우에는, 토지수용위원회는 사업의 공익성이 없다는 이유로 수용재결신청을 기각할 수 없다(93누19375). [14년 국가 7급, 12년 국회 8급]

> 공용수용은 공익사업을 위하여 타인의 특정한 재산권을 법률의 힘에 의하여 강제적으로 취득하는 것이므로 수용할 목적물의 범위는 원칙적으로 사업을 위하여 필요한 최소한도에 그쳐야 한다(87누395). 따라서 그 한도를 넘는 부분은 수용대상이 아니므로 그 부분에 대한 수용은 위법하고, 초과 수용된 부분이 적법한 수용대상과 불가분적 관계에 있는 경우에는 그에 대한 이의재결 전부를 취소할 수밖에 없다(93누8108).

OX 1

토지수용위원회는 행정쟁송에 의하여 사업인정이 취소되지 아니하더라도 사업인정 자체를 무의미하게 하는, 즉 사업의 시행이 불가능하게 되는 것과 같은 재결을 행할 수 있다. [ ]
[19년 5급 승진]

PART 07

정답

1. ×

07 재결에 대한 불복절차

1. 이의신청

(1) 절차

① 토지수용위원회의 재결에 불만이 있는 경우, 중앙토지수용위원회❶에 이의신청을 하여 다툴 수 있다. [19년 행정사] 이 이의신청 절차는 행정심판절차에 해당한다고 본다. 따라서 특별한 규정이 없는 한 이 이의신청에도 「행정심판법」 규정들이 적용된다.

② 이의신청은 수용재결의 재결서 정본을 받은 날부터 30일 이내에 하여야 한다(제83조 제3항).

③ 이의신청도 행정심판법상의 집행부정지의 원칙을 따른다. 따라서 이의신청을 한 것만으로는 사업의 진행 및 토지의 수용 또는 사용이 정지되지는 않는다(제88조). [17년 지방 9급, 16년 국회 8급, 14년 국회 8급]

④ 이의신청은 행정소송에 대하여 임의적 전치절차이다. 이의신청을 거치지 않고도 곧바로 행정소송을 제기할 수 있다고 본다. [23년 군무원 7급❶, 16년 서울 7급, 13년 국회 8급❷]

(2) 이의재결

① 이의신청을 받은 중앙토지수용위원회는 수용재결이 위법하거나 부당하다고 인정할 때에는 ㉠ 그 수용재결의 전부 또는 일부를 취소하거나, ㉡ 보상액을 변경하는 재결을 할 수 있다(제84조 제1항). [23년 군무원 7급❸] 이의신청에 대해 중앙토지수용위원회가 내리는 결정을 이의재결이라 한다.❷ 이 이의재결은 행정심판의 재결에 해당한다.

② 이의재결에 따라 보상금이 늘어난 경우 사업시행자는 재결의 취소 또는 변경의 재결서 정본을 받은 날부터 30일 이내에 보상금을 받을 자에게 그 늘어난 보상금을 지급하여야 한다(제84조 제1항). [23년 군무원 7급]

③ 이의재결이 내려졌더라도 다시 행정소송을 제기할 수 있는데, 일정 기간 내에 행정소송의 제기가 없으면, 이의재결이 확정되고, 그러면 확정판결이 있는 것으로 간주된다(제86조 제1항). [16년 국가 7급] 확정판결이 있는 것으로 간주된다는 말은 법원에서 내려진 판결이 확정됨으로써 발생하게 되는 여러 가지 판결의 효력들이 이 경우에도 인정된다는 의미이다.

2. 행정소송(제85조)

> 토지보상법 제85조(행정소송의 제기) ① 사업시행자, 토지소유자 또는 관계인은 제34조에 따른 재결에 불복할 때에는 재결서를 받은 날부터 90일 이내에, 이의신청을 거쳤을 때에는 이의신청에 대한 재결서를 받은 날부터 60일 이내에 각각 행정소송을 제기할 수 있다. 이 경우 사업시행자는 행정소송을 제기하기 전에 제84조에 따라 늘어난 보상금을 공탁하여야 하며, 보상금을 받을 자는 공탁된 보상금을 소송이 종결될 때까지 수령할 수 없다.
> ② 제1항에 따라 제기하려는 행정소송이 보상금의 증감(增減)에 관한 소송인 경우 그 소송을 제기하는 자가 토지소유자 또는 관계인일 때에는 사업시행자를, 사업시행자일 때에는 토지소유자 또는 관계인을 각각 피고로 한다.

토지보상법은 이의신청을 하는 방법은 하나로 일원화 하고 있지만, 행정소송을 제기하는 방법은 둘로 나누고 있다. ㉠ 먼저, 수용재결 자체에 불만이 있는 자는 토지수용위원회의 수용재결

---

❶ ① 지방토지수용위원회가 관할하는 사건에 대한 이의신청뿐만 아니라, 중앙토지수용위원회 관할사건에 대해서도 다시 중앙토지수용위원회에 이의신청을 한다. 따라서 이의신청은 언제나 중앙토지수용위원회에 하는 것이 된다. ② 다만 지방토지수용위원회의 재결에 이의가 있는 경우에는 해당 지방토지수용위원회를 '거쳐' 중앙토지수용위원회에 이의신청을 할 수 있다고 본다(제83조).

OX 1
수용재결에 대하여 불복하는 경우 이의재결을 거치지 아니하면 취소소송을 제기할 수 없다.
[ ] [23년 군무원 7급]

OX 2
수용재결에 대해 취소소송으로 다투기 위해서는 중앙토지수용위원회의 이의재결을 거쳐야 한다.
[ ] [13년 국회 8급]

OX 3
이의신청을 받은 중앙토지수용위원회는 수용재결이 위법 또는 부당한 때에는 그 재결의 전부 또는 일부를 취소하거나 보상액을 변경할 수 있다. [ ]
[23년 군무원 7급]

❷ 실제 법률 규정에서는 이의재결(판단)과 수용재결(판단의 대상)을 구분하지 않고, 둘 다 '재결'이라고만 표현하고 있다. 따라서 문맥에 따라 '재결'이라는 표현이 원행정행위(원처분)인 수용재결을 가리키는 것인지, 행정심판에서의 재결인 이의재결을 가리키는 것인지 분간하며 읽어야 한다.

정답
1. × 2. × 3. ○

을 대상으로 하여 항고소송을 제기할 수 있다(제85조 제1항의 소송). ㉡ 한편 수용이 되는 것 자체에는 불만이 없지만, 보상액에 불만이 있는 자는, 당사자소송의 형태로 보상금의 증액(增額)이나 감액(減額)을 청구할 수 있는데, 이를 보상금증감청구소송이라 부른다(제85조 제2항). 수용을 당하는 피수용자뿐만 아니라 사업시행자도 토지수용위원회에서 정한 보상액이 너무 많은 것이 불만일 수 있기 때문에 사업시행자도 보상금감액청구소송을 제기할 수 있게 하고 있다.❶

3. 항고소송(제85조 제1항)

① 사업시행자, 토지소유자 또는 관계인은 토지수용위원회의 재결에 불복하려 할 때, ㉠ 곧바로 소송을 제기하는 경우에는 수용재결의 재결서를 받은 날부터 90일 이내에, ㉡ 이의신청을 거쳤을 때에는 이의신청에 대한 재결서를 받은 날부터 60일 이내에 각각 "행정소송"을 제기할 수 있다. [21년 지방 7급, 18년 교행 9급] 여기서 말하는 "행정소송"은 '취소소송 또는 무효등확인소송'을 의미하는 것으로 본다. [12년 서울 9급]

② 수용재결에 대해 취소소송으로 다투는 경우에는 「행정소송법」 제20조의 제소기간 규정을 적용하지 않고, 제소기간에 관하여 90일, 60일이라는 별도의 기간이 적용되게 하고 있다. [13년 국회 8급]

③ 토지보상법에 따른 행정소송의 제기도 집행부정지의 원칙을 따른다. 따라서 이 법에 따른 행정소송을 제기했다고 하더라도 사업의 진행이나 토지의 수용 또는 사용이 정지되지 않는다(제88조). [16년 국회 8급, 14년 국회 8급❶]

④ 토지보상법에서도 별도의 규정을 두고 있지 않으므로 원처분주의에 따른다. ㉠ 따라서 항고소송의 대상은 관할 토지수용위원회의 수용재결이다. [23년 군무원 7급, 15년 세무사, 14년 지방 7급, 12년 세무사] 토지수용위원회의 수용재결은 행정심판의 재결이 아니라 원행정행위의 성질을 갖기 때문이다. [12년 서울 교행 9급❷] ㉡ 또한 이의신청 절차를 거쳤다고 하더라도 이의재결 자체에 고유의 위법이 있는 경우에만 이의재결이 항고소송의 대상이 되고, 그러한 위법이 없으면 토지수용위원회의 수용재결이 항고소송의 대상이 된다. [18년 5급 승진, 16년 서울 7급, 13년 국회 8급]

판례

수용재결에 불복하여 취소소송을 제기하는 때에는 이의신청을 거친 경우에도 수용재결을 한 중앙토지수용위원회 또는 지방토지수용위원회를 피고로 하여, 수용재결의 취소를 구하여야 하고, 다만 이의신청에 대한 재결 자체에 고유한 위법이 있음을 이유로 하는 경우에는 그 이의재결을 한 중앙토지수용위원회를 피고로 하여 이의재결의 취소를 구할 수 있다고 보아야 한다(2008두1504). [17년 사복 9급, 16년 지방 9급, 16년 국회 8급, 14년 국회 8급❸]

4. 보상금증감청구소송(제85조 제2항)

(1) 의의

토지보상법 제85조 제2항에서는 수용재결의 내용 중 하나인 보상금액결정 부분에 대해서만 따로 행정소송으로 다툴 수 있게 하고 있다. 이를 보상금증감청구소송이라 부른다. 실제 사건에서는 토지가 수용되는 것 자체에는 불만이 없으나, 보상금의 액수에 대해서만 불만이 있는 경우가 많아, 이에 대해서만 다툴 수 있는 별도의 소송을 허용한 것이다.

---

❶ ① 이 소송을 당사자소송으로 분류하는 이유는, 토지보상법 제85조 제2항에서 재결이라는 처분의 처분청인 토지수용위원회가 원고나 피고가 되는 것이 아니라, 수용재결로 인하여 형성된 법률관계의 당사자인 사업시행자나 토지 등의 소유자를 당사자로서 원고나 피고로 삼게 하고 있기 때문이다. ② 이 소송이 의미가 있는 이유는, 수용재결이라는 처분의 효력을 그대로 둔 채로 그 내용의 변경을 초래하는 소송인 보상금증감청구소송을 당사자소송의 형태로 제기할 수 있게 한다는 점에 있다. 취소소송의 배타적 관할에 대한 예외를 명문으로 인정하고 있는 것이다. 그래서 이 소송을 당사자소송 중에서도 형식적 당사자소송의 일종으로 분류한다.

OX 1
행정소송의 제기는 사업의 진행 및 토지의 수용 또는 사용을 정지시킨다. [ ] [14년 국회 8급]

OX 2
토지수용위원회의 수용재결은 행정심판의 재결이 아니라 원행정행위의 성질을 가진다. [ ] [12년 서울 교행 9급]

OX 3
수용재결에 불복하여 이의신청을 거친 후 취소소송을 제기하는 경우 취소소송의 대상은 수용재결이 아니라 이의재결이다. [ ] [14년 국회 8급]

정답
1. × 2. ○ 3. ×

PART 07

(2) 소송의 대상

법문상으로는 손실보상금의 증감에 대한 다툼에 대해서만 규정되어 있으나, 대법원은 토지보상법상 각종 손실보상청구권의 성립요건 충족 여부에 대한 다툼이나, 보상면적에 대한 다툼, 보상항목에 해당하는지 여부에 대한 다툼도 보상금증감청구소송에 의하게 하는 등 보상금증감청구소송의 대상이 되는 쟁송의 범위를 해석론으로 넓히고 있다.

판례

어떤 보상항목이 공익사업을 위한 토지 등의 취득 및 보상에 관한 법령상 손실보상대상에 해당함에도 관할 토지수용위원회가 사실을 오인하거나 법리를 오해함으로써 손실보상대상에 해당하지 않는다고 잘못된 내용의 재결을 한 경우에는, 피보상자는 관할 토지수용위원회를 상대로 그 재결에 대한 취소소송을 제기할 것이 아니라, 사업시행자를 상대로 구 공익사업을 위한 토지 등의 취득 및 보상에 관한 법률 제85조 제2항에 따른 보상금증감소송을 제기하여야 한다(2015두4044).

(3) 피고적격

① 소를 제기한 자가 토지소유자나 이해관계인인 경우에는, 사업시행자를 피고로 한다. [22년 변호사, 21년 국가 7급 1, 16년 서울 9급, 15년 국회 8급, 14년 국가 7급, 12년 변호사] 반면, 소를 제기한 자가 사업시행자인 경우에는, 토지소유자나 이해관계인을 피고로 한다. 수용재결을 한 기관인 토지수용위원회는 피고가 되지 않는다. [14년 사복 9급 2, 12년 서울 교행 9급]

② 또 행정주체가 사업시행자인 경우 행정주체 자체를 피고로 삼아야 하지, 행정청을 피고로 삼아야 하는 것이 아니다.

③ 이 소송은 수용재결이라는 공행정작용의 결과로 발생한 법률관계의 한쪽 당사자인 사업시행자나 토지소유자, 이해관계인을 피고로 삼게 하고 있기 때문에 당사자소송에 해당한다고 본다. 당사자소송 중에서도 형식적 당사자소송에 해당한다고 본다. [13년 국회 8급]

판례

건설부장관이나 시장·군수 등의 행정청이 토지를 수용 또는 사용할 수 있는 공익사업을 시행하는 경우에도, 손실보상금의 증감에 관한 행정소송은 행정청이 속하는 권리의무의 주체인 국가나 지방공공단체를 상대로 제기하여야 하고 그 기관에 불과한 행정청을 상대로 제기할 수 없다(92누15772).

(4) 임의적 이의신청 전치

보상금증감청구소송을 제기하는 경우에도 이의신청은 임의적 절차이다. [15년 변호사]

(5) 제소기간

제85조 제1항의 항고소송에 대하여 규정되어 있는 제소기간이 보상금증감청구소송에도 적용된다고 본다. 즉, ㉠ 이의신청을 거치지 않고 곧바로 소를 제기하는 경우에는 수용재결서를 받은 날로부터 90일 이내에 보상금증감청구소송을 제기하여야 하고, ㉡ 이의신청을 거쳐 소를 제기하는 경우에는 이의신청에 대한 이의재결서를 받은 날로부터 60일 이내에 보상금증감청구소송을 제기하여야 한다. (본래 당사자소송의 경우 제소기간의 제한이 없는 것이 원칙이지만, 이 소송의 경우에는 별도로 규정을 두고 있으므로 제소기간의 제한을 받는다.)

OX 1

「공익사업을 위한 토지 등의 취득 및 보상에 관한 법률」상 보상금증액소송은 처분청인 토지수용위원회를 피고로 한다. [ ] [21년 국가 7급]

OX 2

「공익사업을 위한 토지 등의 취득 및 보상에 관한 법률」상 토지소유자가 보상금의 증감에 관한 소송을 제기하고자 하는 경우에는 지방토지수용위원회 또는 중앙토지수용위원회를 피고로 행정소송을 제기하여야 한다. [ ] [14년 사복 9급]

정답

1. × 2. ×

⑹ 증명책임(입증책임)

손실보상의 발생요건이 갖추어진 경우에는, 사업시행자는 '정당한 보상액'을 보상해 주어야 한다. ㉠ 따라서 증액청구소송의 경우 원고가 주장하는 내용은, 정당한 손실보상금액은 수용재결에서 정한 손실보상금액보다 더 많은 액수라는 것이 될 것이므로, 이에 대한 입증책임은 원고(즉, 토지 등 소유자)에게 있다(96누2255). ㉡ 반대로 감액청구소송에서 원고가 주장하는 내용은, 정당한 손실보상금액은 수용재결에서 정한 손실보상금액보다 더 적은 액수라는 것이 될 것이므로, 이에 대한 입증책임은 원고(즉, 사업시행자)에게 있다.

⑺ 하자의 승계

대법원은 ㉠ 표준지공시지가결정과 수용재결 사이의 하자 승계를 인정하면서, ㉡ 하자의 승계를 후행처분인 수용재결과 관련된 항고소송뿐만 아니라, 수용재결로 인하여 발생한 법률관계에 대한 당사자소송 즉, 보상금증감청구소송에서도 주장할 수 있다고 본다(2007두13845).

⑻ 불복대상의 특정

① 하나의 재결에서 피보상자별로 여러 가지의 토지, 물건, 권리 또는 영업(이처럼 손실보상 대상에 해당하는지, 나아가 그 보상금액이 얼마인지를 심리 · 판단하는 기초 단위를 '보상항목'이라고 한다)의 손실에 관하여 심리 · 판단이 이루어졌을 때, 피보상자 또는 사업시행자가 반드시 재결 전부에 관하여 불복하여야 하는 것은 아니며, 여러 보상항목들 중 일부에 관해서만 불복하는 경우에는 그 부분에 관해서만 개별적으로 불복의 사유를 주장하여 행정소송을 제기할 수도 있다. [21년 국회 8급] 이러한 보상금증감소송에서 법원의 심판범위는 하나의 재결 내에서 소송당사자가 구체적으로 불복신청을 한 보상항목들로 제한된다(2017두41221). [18년 국가 7급 **1**]

② 다만, 법원이 구체적인 불복신청이 있는 보상항목들에 관해서 감정을 실시하는 등 심리한 결과, 재결에서 정한 보상금액이 일부 보상항목의 경우 과소하고 다른 보상항목의 경우 과다한 것으로 판명되었다면, 법원은 보상항목 상호 간의 유용을 허용하여 항목별로 과다 부분과 과소 부분을 합산하여 보상금의 합계액을 정당한 보상금으로 결정할 수 있다고 본다(2017두41221). 즉, 개인별 보상금의 산정방식과 관련하여 물건별주의가 아니라 총액주의를 취하고 있다.

OX 1
하나의 수용재결에서 여러 가지의 토지, 물건, 권리 또는 영업의 손실의 보상에 관하여 심리 · 판단이 이루어졌을 때, 피보상자는 재결 전부에 관하여 불복하여야 하고 여러 보상항목들 중 일부에 관해서만 개별적으로 불복할 수는 없다. [ ]
[18년 국가 7급]

⑼ 판결

법원은 보상항목 간의 유용을 허용하여, 심판의 대상이 된 보상항목에 대한 보상액 총액이 정당한지를 따져 정당하다고 판단하는 금액으로 보상금을 증액하거나 감액하는 판결을 내린다.

판례

㉠ 사업시행자가 특정 보상항목에 관해 보상금 감액을 청구하는 권리는 공익사업을 위한 토지 등의 취득 및 보상에 관한 법률 제85조 제1항 제1문에서 정한 제소기간 내에 보상금감액 청구소송을 제기하는 방식으로 행사함이 원칙이다.

정답
1. ×

PART 07

㉡ 한편 피보상자가 당초 여러 보상항목들에 관해 불복하여 보상금증액청구소송을 제기하였으나, 그 중 일부 보상항목에 관해 법원에서 실시한 감정 결과 그 평가액이 재결에서 정한 보상금액보다 적게 나온 경우에는, 피보상자는 해당 보상항목에 관해 불복신청이 이유 없음을 자인하는 진술을 하거나 단순히 불복신청을 철회함으로써 해당 보상항목을 법원의 심판범위에서 제외하여 달라는 소송상 의사표시를 할 수 있다.

㉢ 보상금감액청구소송에 대한 제소기간이 지나기 전에 피보상자가 이미 위 보상항목을 포함한 여러 보상항목에 관해 불복하여 보상금증액청구소송을 제기한 경우에는, 사업시행자로서는 보상항목 유용 법리에 따라 위 소송에서 과다 부분과 과소 부분을 합산하는 방식으로 위 보상항목에 대한 정당한 보상금액이 얼마인지 판단받을 수 있으므로, 굳이 중복하여 동일 보상항목에 관해 불복하는 보상금감액청구소송을 별도로 제기하는 대신 피보상자가 제기한 보상금증액청구소송을 통해 자신의 감액청구권을 실현하는 것이 합리적이라고 생각할 수도 있다.

㉣ 그래서 사업시행자가 위와 같은 사유로 그에 대한 제소기간 내에 별도의 보상금감액청구소송을 제기하지 않았는데, 피보상자가 법원에서 실시한 감정평가액이 재결절차의 그것보다 적게 나오자 그 보상항목을 법원의 심판범위에서 제외하여 달라는 소송상 의사표시를 하는 경우에는, 사업시행자는 그에 대응하여 법원이 피보상자에게 불리하게 나온 보상항목들에 관한 법원의 감정 결과가 정당하다고 인정하는 경우 이를 적용하여 과다하게 산정된 금액을 보상금액에서 공제하는 등으로 과다 부분과 과소 부분을 합산하여 당초 불복신청된 보상항목들 전부에 관하여 정당한 보상금액을 산정하여 달라는 소송상 의사표시를 할 수 있다고 봄이 타당하다.

㉤ 이러한 법리는 정반대의 상황, 다시 말해 사업시행자가 여러 보상항목들에 관해 불복하여 보상금감액청구소송을 제기하였다가 그중 일부 보상항목에 관해 법원 감정 결과가 불리하게 나오자 해당 보상항목에 관한 불복신청을 철회하는 경우에도 마찬가지로 적용될 수 있다 (2017두41221).

보상금 증감에 관한 소송에서 재결의 기초가 된 감정기관의 감정평가와 법원이 선정한 감정인의 감정평가가 개별요인 비교 등에 관하여 평가를 달리한 관계로 감정결과에 차이가 생기는 경우 각 감정평가 중 어느 것을 택할 것인지는 원칙적으로 법원의 재량에 속하나, 어느 감정평가가 개별요인 비교에 오류가 있거나 내용이 논리와 경험의 법칙에 반하는데도 그 감정평가를 택하는 것은 재량의 한계를 벗어난 것으로서 허용되지 않는다(2015두2963).

5. 재결전치주의 – 토지보상법 특수논점

① 토지보상법상 손실보상청구권 중에는 수용재결로 인하여 직접 발생하지 않은 손실에 대한 보상청구권들도 여럿 규정이 되어 있는데(예 농업손실보상청구권 등), 그 경우에는 손실보상청구권의 성립요건 충족 여부에 대해 다툼이 생길 수가 있다.

② 대법원은 이 경우, 사업시행자에 의해 자발적인 보상이 이루어지지 않는 경우에는, 토지등 소유자는 곧바로 소송으로 손실보상청구소송을 제기할 수는 없고, 그 전에 토지수용위원회에 대한 재결신청과 토지수용위원회에 의한 재결 절차를 먼저 거칠 것을 요구하고 있다. 즉, 토지수용위원회를 거쳐본 적이 없는 채로 곧바로 법원으로 손실보상청구소송을 제기하는 것을 허용하지 않고 있다. 이러한 제도의 운용을 '재결전치주의'라 한다(2011두22587, 2009두10963, 2009다43461).❶

❶ 이것은 관할 토지수용위원회의 수용재결에 대해 불복할 때는 이의신청이라는 행정심판절차를 먼저 거치지 않고도 행정소송을 제기하여 다툴 수 있다는 것과 모순이 아니다.

③ 재결절차를 거쳤는지 여부는 보상항목별로 판단한다.

판례

토지소유자가 사업시행자로부터 공익사업법 제73조에 따른 잔여지 가격감소 등으로 인한 손실보상을 받기 위해서는, 공익사업법 제34조, 제50조 등에 규정된 수용재결절차를 거친 다음 그 재결에 대하여 불복이 있는 때에 비로소, 공익사업법 제83조 내지 제85조에 따라 권리구제를 받을 수 있을 뿐, 이러한 재결절차를 거치지 않은 채 곧바로 사업시행자를 상대로 손실보상을 청구하는 것은 허용되지 않는다고 봄이 상당하고, 이는 수용대상토지에 대하여 재결절차를 거친 경우에도 마찬가지라 할 것이다(2011두22587). [17년 변호사]

'수용대상토지에 대하여 재결절차를 거친 경우에도 마찬가지'라는 말은, 지금 원고가 받기를 원하는 보상금은 잔여지 가격감소로 인한 손실보상금이기 때문에, 수용대상토지에 대한 보상금에 대하여 재결절차를 거쳤다 하더라도, 잔여지 가격감소로 인한 보상금에 대해서는 재결을 거친 바가 없으니, 잔여지 가격감소로 인한 보상금에 대해서는 여전히 재결절차를 거쳐야 한다는 말이다.

공익사업으로 인하여 영업을 폐지하거나 휴업하는 자가 사업시행자에게서 구 공익사업법 제77조 제1항에 따라 영업손실에 대한 보상을 받기 위해서는 구 공익사업법 제34조, 제50조 등에 규정된 재결절차를 거친 다음 재결에 대하여 불복이 있는 때에 비로소 구 공익사업법 제83조 내지 제85조에 따라 권리구제를 받을 수 있을 뿐, 이러한 재결절차를 거치지 않은 채 곧바로 사업시행자를 상대로 손실보상을 청구하는 것은 허용되지 않는다고 보는 것이 타당하다(2009두10963). [22년 변호사, 20년 군무원 7급, 19년 국회 8급]

공익사업으로 인하여 농업의 손실을 입게 된 자가 사업시행자로부터 구 공익사업법 제77조 제2항에 따라 농업손실에 대한 보상을 받기 위해서는 구 공익사업법 제34조, 제50조 등에 규정된 재결절차를 거친 다음 그 재결에 대하여 불복이 있는 때에 비로소 구 공익사업법 제83조 내지 제85조에 따라 권리구제를 받을 수 있다(2009다43461).

건축물 소유자가 사업시행자로부터 토지보상법 제75조의2 제1항에 따른 잔여 건축물 가격감소 등으로 인한 손실보상을 받기 위해서는 토지보상법 제34조, 제50조 등에 규정된 재결절차를 거친 다음 재결에 대하여 불복이 있는 때에 비로소 토지보상법 제83조 내지 제85조에 따라 권리구제를 받을 수 있을 뿐, 재결절차를 거치지 않은 채 곧바로 사업시행자를 상대로 손실보상을 청구하는 것은 허용되지 않고, 이는 수용대상 건축물에 대하여 재결절차를 거친 경우에도 마찬가지이다(2015두2963).

공익사업에 영업시설 일부가 편입됨으로 인하여 잔여 영업시설에 손실을 입은 자가 사업시행자로부터 구 공익사업을 위한 토지 등의 취득 및 보상에 관한 법률 시행규칙 제47조 제3항에 따라 잔여 영업시설의 손실에 대한 보상을 받기 위해서는, 토지보상법 제34조, 제50조 등에 규정된 재결절차를 거친 다음 그 재결에 대하여 불복이 있는 때에 비로소 토지보상법 제83조 내지 제85조에 따라 권리구제를 받을 수 있을 뿐이다. 이러한 재결절차를 거치지 않은 채 곧바로 사업시행자를 상대로 손실보상을 청구하는 것은 허용되지 않는다(2015두4044).

PART 07

편입토지·물건 보상, 지장물 보상, 잔여 토지·건축물 손실보상 또는 수용청구의 경우에는 원칙적으로 개별 물건별로 하나의 보상항목이 되지만, 잔여 영업시설 손실보상을 포함하는 영업손실보상의 경우에는 '전체적으로 단일한 시설 일체로서의 영업' 자체가 보상항목이 되고, 세부 영업시설이나 영업이익, 휴업기간 등은 영업손실보상금 산정에서 고려하는 요소에 불과하다. 그렇다면 영업의 단일성·동일성이 인정되는 범위에서 보상금 산정의 세부요소를 추가로 주장하는 것은 하나의 보상항목 내에서 허용되는 공격방법일 뿐이므로, 별도로 재결절차를 거쳐야 하는 것은 아니다(2015두4044). [21년 변호사]

구 수산업법 제81조의 규정에 의한 손실보상청구권이나 손실보상 관련 법령의 유추적용에 의한 손실보상청구권은 사업시행자를 상대로 한 민사소송의 방법에 의하여 행사하여야 한다. 그렇지만 구 공익사업을 위한 토지 등의 취득 및 보상에 관한 법률의 관련 규정에 의하여 취득하는 어업피해에 관한 손실보상청구권은 민사소송의 방법으로 행사할 수는 없고, 구 공익사업법 제34조, 제50조 등에 규정된 재결절차를 거친 다음 그 재결에 대하여 불복이 있는 때에 비로소 구 공익사업법 제83조 내지 제85조에 따라 권리구제를 받아야 하며, 이러한 재결절차를 거치지 않은 채 곧바로 사업시행자를 상대로 손실보상을 청구하는 것은 허용되지 않는다고 봄이 타당하다(2013두12478). [19년 국회 8급]

건축물의 일부가 공익사업에 편입됨으로 인하여 잔여 건축물의 가격감소 손실이 발생한 경우에 토지보상법에 규정된 재결절차를 거치지 않은 채 곧바로 사업시행자를 상대로 손실보상을 청구하는 것은 허용되지 않는다(2015두2963). [21년 변호사]

참고로, 잔여 건축물의 가격감소 손실에 대한 보상청구권은 토지보상법 제75조의2 제1항에서 규정하고 있다.

핵심 정리 51 환매권

01 환매권의 의의

① 환매권이란 공익사업을 위해 취득한 토지가 ㉠ 해당 공익사업의 시행에 필요하지 않게 되었거나, ㉡ 현실적으로 일정기간 동안 해당 공익사업에 사용되지 아니하는 경우, 원래의 피수용자가 일정한 요건하에 이를 다시 매수하여 소유권을 회복할 수 있도록 토지보상법에서 인정하고 있는 권리를 말한다.

② 공용수용은 특정한 공익사업을 위하여 개인의 재산을 강제로 취득하는 것이므로, 수용목적물이 당해 공익사업을 위하여 불필요하게 된 경우에는 원래의 피수용자에게 그 소유권을 회복시켜 주는 것이 당연한 것이기 때문에 인정되는 제도이다. 재산권의 존속보장 사상에 근거한 것이다.

③ 따라서 환매권은 그 성격상 제3자에게 양도할 수 없고, 양도하였다 하더라도 환매권의 양수인은 사업시행자로부터 직접 환매의 목적물을 환매할 수는 없고, 환매권자가 사업시행자로부터 환매한 토지를 양도받을 수 있을 뿐이다(2001다11567).

판례

공용수용된 토지 등에 대한 환매권은 헌법상의 재산권 보장으로부터 도출되는 것으로서, 헌법이 보장하는 재산권의 내용에 포함되는 권리이다(95헌바22). [15년 행정사]

✓ 환매권은 헌법상 재산권에 의해 보호되는 권리라는 말이다.

02 법적 성질

1. 사권(私權)

환매권의 법적 성질을 학계의 다수설은 공권으로 보고 있지만, 대법원은 이를 사권(私權)으로 보고 있다. 따라서 이 환매권을 행사함에 따라 형성되는 법률관계 역시 사법관계에 해당하는 것으로 본다.

2. 형성권

① 환매권의 법적 성질을 형성권으로 본다. 따라서 적법한 방식으로 환매권을 행사한 경우 상대방의 동의 여부와 관계 없이 행사 자체로 즉시 법률관계의 변동이 생긴다. 구체적으로는 환매의 의사표시가 상대방에게 도달한 때에 환매권 행사의 효력이 발생한다(2006다49277). [19년 지방 7급]

② 본래 매매계약은 한쪽이 청약을 하고, 다른 한쪽이 그 청약을 승낙함으로써 성립하는 것인데, 환매권은 형성권이므로 한쪽만의 의사표시인 환매권의 행사가 있으면 (상대방의 의사와 관계없이) 매매계약이 체결된 것과 동일한 법률관계가 발생하게 된다. [19년 5급 승진 1] 환매권의 행사로 인하여 소유권의 변동이 생기는 것은 아니다. 매매계약이 체결된 것과 동일한 법적 효과가 발생하므로, 환매권자가 소유권이전등기청구권이라는 권리를 갖게 된다.

판례

공익사업을 위한 토지 등의 취득 및 보상에 관한 법률 제91조에 의한 환매는 환매기간 내에 환매의 요건이 발생하면 환매권자가 지급 받은 보상금에 상당한 금액을 사업시행자에게 미리 지급하고 일방적으로 의사표시를 함으로써 사업시행자의 의사와 관계없이 환매가 성립한다. 따라서 환매기간 내에 환매대금 상당을 지급하거나 공탁하지 아니한 경우에는 환매로 인한 소유권이전등기 청구를 할 수 없다(2011다74109).

「징발재산 정리에 관한 특별조치법」 제20조 소정의 환매권은 일종의 형성권으로서 그 존속기간은 제척기간으로 보아야 할 것이며, 위 환매권은 재판상이든 재판외이든 그 기간 내에 행사하면 이로써 매매의 효력이 생기고, 위 매매는 같은 조 제1항에 적힌 환매권자와 국가 간의 사법상의 매매라 할 것이다(92다4673). [16년 경찰 2차]

✓ 토지보상법상의 환매권뿐만 아니라 「징발재산 정리에 관한 특별조치법」상의 환매권도 사권으로 본다.

OX 1

구 공익사업을 위한 토지 등의 취득 및 보상에 관한 법률상의 환매는 환매기간 내에 환매의 요건이 발생하고, 사업시행자가 성립에 동의함으로써 성립한다. [ ] [19년 5급 승진]

PART 07

정답
1. ×

03 환매권 행사 방법－수용 시에 받았던 수용보상금의 반환

> **토지보상법 제91조(환매권)** ① 공익사업의 폐지 · 변경 또는 그 밖의 사유로 취득한 토지의 전부 또는 일부가 필요 없게 된 경우 토지의 협의취득일 또는 수용의 개시일(이하 이 조에서 "취득일"이라 한다) 당시의 토지소유자 또는 그 포괄승계인(이하 "환매권자"라 한다)은 다음 각 호의 구분에 따른 날부터 10년 이내에 그 토지에 대하여 받은 보상금에 상당하는 금액을 사업시행자에게 지급하고 그 토지를 환매할 수 있다. 〈개정 2021. 8. 10.〉
> 1. 사업의 폐지 · 변경으로 취득한 토지의 전부 또는 일부가 필요 없게 된 경우 : 관계 법률에 따라 사업이 폐지 · 변경된 날 또는 제24조에 따른 사업의 폐지 · 변경 고시가 있는 날
> 2. 그 밖의 사유로 취득한 토지의 전부 또는 일부가 필요 없게 된 경우 : 사업완료일
>
> ④ 토지의 가격이 취득일 당시에 비하여 현저히 변동된 경우 사업시행자와 환매권자는 환매금액에 대하여 서로 협의하되, 협의가 성립되지 아니하면 그 금액의 증감을 법원에 청구할 수 있다.

① 환매권은 형성권이지만, 단순히 환매권을 행사한다는 의시표시를 하는 것만으로 충분한 것이 아니라, 환매권을 행사한다는 의사표시를 하기 전 또는 적어도 동시에 수용으로 지급받은 보상금에 상당하는 금액을 지급하는 방식으로 행사하여야 한다(제91조 제1항). 지급받은 보상금에 이자를 붙여서 돌려줄 필요는 없다. 지급받은 금액만큼만 돌려주면 된다(93누17225).

② 지급받은 보상금에 상당하는 금액을 선이행 또는 동시이행으로 지급하면, 사업시행자의 소유권이전등기의무가 발생한다.

③ 다만, 당해 토지의 가격이 취득일 당시에 비하여 '현저히' 변동된 경우에는 먼저 사업시행자 및 환매권자는 환매가격에 대하여 서로 협의를 해보고, 협의가 성립되지 아니한 때에는 그 금액의 증감을 법원에 청구할 수 있다(환매대금증감청구소송)(제91조 제4항). 물론, 가격이 현저히 변동하였다 하더라도 당사자 간에 환매금액에 대하여 협의가 성립되거나 환매대금증감청구소송이 확정되기 전에는, 지급받은 보상금을 지급하는 방식으로 환매권을 행사할 수 있다(2006다49277). 협의가 성립하거나 환매대금증감청구소송에서 법원의 판결이 확정되면 그제서야 지급하여야 하는 금액이 변경되는 것이다.

④ 이 환매대금증감청구소송의 법적 성질이 문제가 되는데, 대법원은 이를 민사소송으로 보고 있다(2010두22368). [16년 국가 7급 **1**] 대법원은 기본적으로 환매와 관련된 법률관계를 사법관계로 파악하려는 경향이 있다.

판례

같은 법 제9조 제1항 소정의 "보상금의 상당금액"이라 함은 같은 법에 따른 협의취득 당시 토지 등의 소유자가 사업시행자로부터 지급받은 보상금을 의미하며 여기에 환매권 행사 당시까지의 법정이자를 가산한 금액을 말하는 것은 아니다(93누17225).

OX 1

환매권자와 사업시행자가 환매금액에 대하여 협의가 성립하지 않아 환매금액의 증감을 구하는 소송은 형식적 당사자소송에 해당한다. [ ] [16년 국가 7급]

정답

1. ×

공익사업을 위한 토지 등의 취득 및 보상에 관한 법률 제91조에 의한 환매는 환매기간 내에 환매의 요건이 발생하면, 환매권자가 지급받은 보상금에 상당한 금액을 사업시행자에게 미리 지급하고 일방적으로 의사표시를 함으로써 사업시행자의 의사와 관계없이 환매가 성립하고, 토지 등의 가격이 취득 당시에 비하여 현저히 변경되었더라도 같은 법 제91조 제4항에 의하여 당사자 간에 금액에 관하여 협의가 성립하거나 사업시행자 또는 환매권자가 그 금액의 증감을 법원에 청구하여 법원에서 그 금액이 확정되지 않는 한, 그 가격이 현저히 등귀한 경우이거나 하락한 경우이거나를 묻지 않고 환매권을 행사하기 위하여는 지급받은 보상금 상당액을 미리 지급하여야 하고 또한 이로써 족한 것이며, 사업시행자는 소로써 법원에 환매대금의 증액을 청구할 수 있을 뿐 환매권 행사로 인한 소유권이전등기청구소송에서 환매대금 증액청구권을 내세워 증액된 환매대금과 보상금 상당액의 차액을 지급할 것을 선이행 또는 동시이행의 항변으로 주장할 수 없다(2006다49277). [19년 지방 7급 1]

환매권 행사로 인한 소유권이전등기청구소송이란 토지소유자가 환매권을 행사한 후에, 그 행사로 인하여 매매계약이 체결되었으므로 토지소유권등기를 이전해 달라고 사업시행자에게 요구하는 소송을 말한다. 소유권을 취득하기 위해서는 등기를 이전받기까지 해야 하기 때문이다. 그런데 협의가 성립하였거나 별도의 소송인 환매대금증감청구소송을 통하여 환매대금이 확정되기 전이라면, 여전히 적법한 환매대금은 토지소유자가 지급받았던 보상금이므로, 소유권이전등기청구소송에서 사업시행자가 더 많은 환매대금을 지급하여야 환매권이 행사된 것이라고 주장하며, 상승된 더 많은 환매대금을 주기 전에는 등기를 넘겨줄 수 없다고 항변할 수 없다는 말이다.

OX 1
환매권 행사로 인한 소유권이전등기청구소송에서 사업시행자는 환매대금증액청구권을 내세워 증액된 환매대금과 보상금 상당액의 차액을 지급할 것을 동시이행의 항변으로 주장할 수 있다.
[ ] [19년 지방 7급]

공익사업을 위한 토지 등의 취득 및 보상에 관한 법률 제91조에 규정된 환매권은 상대방에 대한 의사표시를 요하는 형성권의 일종으로서 재판상이든 재판 외이든 위 규정에 따른 기간 내에 행사하면 매매의 효력이 생기는바, 이러한 환매권의 존부에 관한 확인을 구하는 소송 및 구 공익사업법 제91조 제4항에 따라 환매금액의 증감을 구하는 소송 역시 민사소송에 해당한다(2010두22368). [17년 사복 9급, 17년 국가 7급, 16년 국회 8급, 15년 변호사]

04 환매권자 및 환매의 대상

① 환매권은 협의취득일 또는 수용의 개시일 당시의 토지소유자 또는 그 포괄승계인(예 상속인)이 갖는 권리이다. [16년 국가 7급]

② 토지보상법은 토지소유권에 대해서만 환매를 인정하고 있다. 토지에 관한 소유권 이외의 권리(예 임차권) 및 토지 이외의 물건(예 건물)은 환매의 대상이 되지 않는다. [18년 지방 7급, 17년 5급 승진, 10년 국회 8급] 이러한 규정의 위헌성이 문제되는데, 헌법재판소는 건물을 환매권에서 제외한 것은, 통상 건물의 수용은 토지를 수용하기 위해 부수적으로 이루어지는 것이 보통이고, 건물은 수용된 경우에도 대개 철거의 대상이며, 철거되지 않더라도 수용 후 상당 기간이 지났을 때는 원래의 형상과 달라질 것이므로 이를 환매권의 대상으로 삼을 실익이 없다는 합리적인 이유에 근거하여 토지소유권과 그 밖의 권리를 차별취급하는 것이므로 합헌이라 보고 있다.

판례

협의취득 내지 수용 후, 당해 사업의 폐지나 변경이 있는 경우 환매권을 인정하는 대상으로 토지만을 규정하고 있는 구 공익사업을 위한 토지 등의 취득 및 보상에 관한 법률 제91조 제1항은 헌법적 한계 내에 있는 입법재량권의 행사이므로 구 건물소유자의 재산권을 침해하는 것이라 볼 수 없다(2004헌가10). [16년 국가 7급]

정답
1. ×

PART 07

05 환매요건(제91조)

1. 취득한 토지의 전부 또는 일부가 필요 없게 된 경우(제1항)

토지보상법 제91조(환매권) ① 공익사업의 폐지·변경 또는 그 밖의 사유로 취득한 토지의 전부 또는 일부가 필요 없게 된 경우 토지의 협의취득일 또는 수용의 개시일(이하 이 조에서 "취득일"이라 한다) 당시의 토지소유자 또는 그 포괄승계인(이하 "환매권자"라 한다)은 다음 각 호의 구분에 따른 날부터 10년 이내에 그 토지에 대하여 받은 보상금에 상당하는 금액을 사업시행자에게 지급하고 그 토지를 환매할 수 있다. 〈개정 2021. 8. 10.〉
1. 사업의 폐지·변경으로 취득한 토지의 전부 또는 일부가 필요 없게 된 경우 : 관계 법률에 따라 사업이 폐지·변경된 날 또는 제24조에 따른 사업의 폐지·변경 고시가 있는 날
2. 그 밖의 사유로 취득한 토지의 전부 또는 일부가 필요 없게 된 경우 : 사업완료일

① 취득한 토지의 전부 또는 일부가 필요 없게 된 경우, 협의취득일 또는 수용의 개시일 당시의 소유자나 그 포괄승계인(예 상속인)은 환매권을 취득한다.

② 기존에는 이러한 사정이 토지의 협의취득일이나 수용의 개시일부터 10년 이내에 발생하여야 한다고 하여, 그 후에 발생한 경우에는 환매권을 인정하지 않고 있었다. 이 부분에 대해 2020년 11월 26일에 헌법불합치 결정이 내려졌다.

판례

㉠ 환매권의 발생기간을 제한한 것은 사업시행자의 지위나 이해관계인들의 토지이용에 관한 법률관계 안정, 토지의 사회경제적 이용 효율 제고, 사회일반에 돌아가야 할 개발이익이 원소유자에게 귀속되는 불합리 방지 등을 위한 것인데, 그 입법목적은 정당하고 이와 같은 제한은 입법목적 달성을 위한 유효적절한 방법이라 할 수 있다. [21년 군무원 9급 1]

㉡ 2000년대 이후 다양한 공익사업이 출현하면서 공익사업 간 중복·상충 사례가 발생하였고, 산업구조 변화, 비용 대비 편익에 대한 지속적 재검토, 인근 주민들의 반대 등에 직면하여 공익사업이 지연되다가 폐지되는 사례가 다수 발생하고 있다. 이와 같은 상황에서 이 사건 법률조항의 환매권 발생기간 '10년'을 예외 없이 유지하게 되면 토지수용 등의 원인이 된 공익사업의 폐지 등으로 공공필요가 소멸하였음에도 단지 10년이 경과하였다는 사정만으로 환매권이 배제되는 결과가 초래될 수 있다. [21년 군무원 9급] 다른 나라의 입법례에 비추어 보아도 발생기간을 제한하지 않거나 더 길게 규정하면서 행사기간 제한 또는 토지에 현저한 변경이 있을 때 환매거절권을 부여하는 등 보다 덜 침해적인 방법으로 입법목적을 달성하고 있다. 이 사건 법률조항은 침해의 최소성 원칙에 어긋난다.

㉢ 이 사건 법률조항의 위헌성은 환매권의 발생기간을 제한한 것 자체에 있다기보다는 그 기간을 10년 이내로 제한한 것에 있다. 이 사건 법률조항의 위헌성을 제거하는 다양한 방안이 있을 수 있고 이는 입법재량 영역에 속한다. [21년 군무원 9급] 이 사건 법률조항의 적용을 중지하더라도 환매권 행사기간 등 제한이 있기 때문에 법적 혼란을 야기할 뚜렷한 사정이 있다고 보이지는 않는다. 이 사건 법률조항 적용을 중지하는 헌법불합치결정을 하고, 입법자는 가능한 한 빠른 시일 내에 이와 같은 결정 취지에 맞게 개선입법을 하여야 한다(2019헌바131).

③ 협의취득이 당연무효였던 경우에는, '취득'이 발생한 적이 없었던 것이므로, 그 경우에는 협의취득일 당시의 토지소유자가 환매권을 행사할 수 없다(2020다280890). 당초부터 토지소유권을 상실한 적이 없었기 때문이다.

OX 1

환매권의 발생기간을 제한한 것은 사입시행자의 지위나 이해관계인들의 토지이용에 관한 법률관계 안정, 토지의 사회경제적 이용 효율 제고, 사회일반에 돌아가야 할 개발이익이 원소유자에게 귀속되는 불합리 방지 등을 위한 것이라 하더라도, 그 입법목적은 정당하다고 할 수 없다. [ ] [21년 군무원 9급]

정답

1. ×

④ 제91조 제1항에서 말하는 '필요 없게 된 경우'라 함은 당해 토지가 특정 공익사업의 폐지·변경 등의 이유로 취득의 원인이었던 그 취득 목적 사업에(이 점은 뒤에서 다루는 공익사업의 변환과 관련하여 중요해진다) 더 이상 이용될 필요가 없어졌다고 볼 만한 객관적인 사정이 발생한 경우를 말한다.

⑤ 토지의 전부가 필요 없게 된 경우뿐만 아니라, 당해 토지의 일부가 필요 없게 된 경우에도 그 부분에 대하여 환매권을 행사할 수 있다는 점이 특징이다.

판례

제91조 제1항에서 말하는 '공익사업'이란 토지의 협의취득 또는 수용의 목적이 된 구체적인 특정의 공익사업으로서 공익사업법 제20조 제1항에 의한 사업인정을 받을 때 구체적으로 특정된 공익사업을 말한다(2010다20782).

당해 사업의 '폐지·변경'이란 당해 사업을 아예 그만두거나 다른 사업으로 바꾸는 것을 말하고, 취득한 토지의 전부 또는 일부가 '필요 없게 된 때'란 사업시행자가 취득한 토지의 전부 또는 일부가 그 취득 목적 사업을 위하여 사용할 필요 자체가 없어진 경우를 말하며, 협의취득 또는 수용된 토지가 필요 없게 되었는지 여부는 사업시행자의 주관적인 의사를 표준으로 할 것이 아니라 당해 사업의 목적과 내용, 협의취득의 경위와 범위, 당해 토지와 사업의 관계, 용도 등 제반 사정에 비추어 객관적·합리적으로 판단하여야 한다(2018다233242, 2010다30782). [19년 지방 7급 1]

OX 1

환매권 성립의 요건으로서 협의취득 또는 수용된 토지가 필요 없게 되었는지 여부는 사업시행자의 주관적인 의사를 표준으로 할 것은 아니다. [ ]

[19년 지방 7급]

2. 취득일부터 5년 이내에 취득한 토지의 전부를 당해 사업에 이용하지 아니한 경우(제2항)

토지보상법 제91조(환매권) ② 취득일부터 5년 이내에 취득한 토지의 전부를 해당 사업에 이용하지 아니하였을 때에는 제1항을 준용한다. 이 경우 환매권은 취득일부터 6년 이내에 행사하여야 한다.

① 공익사업의 시행을 위하여 취득한 토지의 전부가 해당 사업에 사용되지 아니한 경우에는, 협의취득일 또는 수용개시일 당시의 소유자나 그 포괄승계인(예 상속인)은 환매권을 취득한다. 다만 이러한 사정이 토지의 협의취득일 또는 수용의 개시일로부터 5년 이내에 발생하여야 한다. [16년 국가 7급]

② 제91조 제2항에서 '당해 사업에 이용하지 아니한 경우'라 함은 사업에 사용할 필요가 없어진 것은 아니나, 사실상 사업에 사용되지 아니한 경우를 의미한다. 즉 사업이 폐지·변경된 것이 아니라 하더라도 단순히 그 실시가 지연되어 사업에 제공되지 않은 경우에도 환매권 행사가 가능하도록 규정을 둔 것이다.

06 환매권의 행사 가능기간

1. 개설

① 환매권은 환매권의 발생 사유가 존재하게 된 때부터 행사할 수 있다(始期).

② 환매권의 존속기간의 종기(終期)는 ㉠ 사업시행자가 환매할 토지가 생겼음을 통지·공고를 한 경우와, ㉡ 통지·공고를 하지 않은 경우로 구분된다.

정답

1. ○

③ 환매권의 발생기간을 제한한 것은 사업시행자의 지위나 이해관계인들의 토지이용에 관한 법률관계 안정, 사회일반에 돌아가야 할 개발이익이 원소유자에게 귀속되는 불합리 방지 등을 위한 것이다(2019헌바131).

2. 통지나 공고를 한 경우(종기1)

① 사업시행자는 환매할 토지가 생겼다는 사실을 지체 없이 환매권자에게 통지하여야 한다. 다만, 사업시행자가 과실 없이 환매권자를 알 수 없을 때에는 대통령령으로 정하는 바에 따라 공고하여야 한다.

② 사업시행자가 통지나 공고를 한 경우에는 그 통지일 또는 공고일로부터 6개월이 경과하면 환매권이 소멸된다(제92조 제2항).

③ 이 통지가 환매권의 발생요건인 것은 아니다. 환매권자는 사업시행자의 통지가 없더라도 환매할 토지가 생긴 것을 다른 경로를 통해 알게 된 경우에도 환매권을 행사할 수 있다. 다만, 통지나 공고한 날부터 6개월이 지난 후에는 환매권을 상실시켜 환매권의 행사 여부를 조속히 확정지어 법률관계가 장기간에 걸쳐 불안정한 상태에 처하게 되는 것을 막기 위한 취지에서 존재하는 제도이다.

④ 한편, 사업시행자가 환매통지를 하지 않아 환매권자가 환매권을 상실하는 손해를 입게 된 경우에는, 사업시행자는 손해배상책임을 부담한다고 본다(2006다35124). 환매권 상실로 인한 손해배상액은 환매권 상실 당시를 기준으로 한 목적물의 시가에서 환매권자가 환매권을 행사하였을 경우 반환하여야 할 환매가격을 공제한 금원이다(2015다238963).

3. 통지나 공고를 하지 않은 경우(종기2)

토지보상법 제91조(환매권) ① 공익사업의 폐지·변경 또는 그 밖의 사유로 취득한 토지의 전부 또는 일부가 필요 없게 된 경우 토지의 협의취득일 또는 수용의 개시일(이하 이 조에서 "취득일"이라 한다) 당시의 토지소유자 또는 그 포괄승계인(이하 "환매권자"라 한다)은 다음 각 호의 구분에 따른 날부터 10년 이내에 그 토지에 대하여 받은 보상금에 상당하는 금액을 사업시행자에게 지급하고 그 토지를 환매할 수 있다. 〈개정 2021. 8. 10.〉
1. 사업의 폐지·변경으로 취득한 토지의 전부 또는 일부가 필요 없게 된 경우 : 관계 법률에 따라 사업이 폐지·변경된 날 또는 제24조에 따른 사업의 폐지·변경 고시가 있는 날
2. 그 밖의 사유로 취득한 토지의 전부 또는 일부가 필요 없게 된 경우 : 사업완료일

② 취득일부터 5년 이내에 취득한 토지의 전부를 해당 사업에 이용하지 아니하였을 때에는 제1항을 준용한다. 이 경우 환매권은 취득일부터 6년 이내에 행사하여야 한다.

(1) 제91조 제1항의 환매권의 경우

사업시행자의 통지·공고가 없는 때에는 제1항의 환매권의 경우, ㉠ 사업의 폐지·변경으로 취득한 토지의 전부 또는 일부가 필요 없게 된 경우에는 관계 법률에 따라 사업이 폐지·변경된 날 또는 제24조에 따른 사업의 폐지·변경 고시가 있는 날부터 10년, ㉡ 그 밖의 사유로 취득한 토지의 전부 또는 일부가 필요 없게 된 경우에는 사업완료일부터 10년 이내에 행사하여야 한다.

(2) 제91조 제2항의 환매권의 경우

한편 사업시행자의 통지 · 공고가 없는 때에 제2항의 환매권의 경우에는 협의취득일 또는 수용의 개시일(`취득일`)로부터 6년 이내에 환매권을 행사하여야 한다. [16년 국가 7급 1]

4. 제1항의 환매권과 제2항의 환매권의 비교

구분	제1항의 환매권	제2항의 환매권
발생의 전제기간	삭제(헌법불합치)	취득일로부터 5년 이내
발생사유	필요 없게 된 경우	사용되지 않는 경우
발생사유 범위	일부에 대해서도 인정	전부에 대해서만 인정
행사시기(始期)	① 사업의 폐지 · 변경으로 취득한 토지의 전부 또는 일부가 필요 없게 된 경우: 사업이 폐지 · 변경된 날 또는 제24조에 따른 사업의 폐지 · 변경 고시가 있는 날 ② 그 밖의 사유로 취득한 토지의 전부 또는 일부가 필요 없게 된 경우: 사업완료일	취득일
행사기간(종기1)	10년	6년
환매통지로 인한 행사제한(종기2)	환매권자는 사업시행자로부터 환매할 토지가 생겼다는 통지를 받은 날 또는 공고를 한 날로부터 6개월이 지난 후에는 환매권을 행사하지 못함.	

OX 1
사업시행자가 토지의 협의취득일 또는 수용의 개시일부터 5년 이내에 취득한 토지의 전부를 해당 공익사업에 이용하지 아니하였을 때에는 환매권자는 환매권을 행사할 수 있다. [ ]
[16년 국가 7급]

07 환매권의 제3자에 대한 대항력

「부동산등기법」에서 정하는 바에 따라 공익사업에 필요한 토지의 협의취득 또는 수용의 등기가 되었을 때에는 제3자에게 대항할 수 있다(제91조 제5항). 협의취득 또는 수용의 목적물이 제3자에게 이전되더라도 협의취득 또는 수용의 등기가 되어 있으면 환매권자의 지위가 그대로 유지되어 환매권자는 환매권을 행사할 수 있고, 제3자에 대해서도 이를 주장할 수 있다는 의미이다(2015다238963). [19년 지방 7급 2]

OX 2
협의취득 또는 수용의 목적물이 제3자에게 이전되더라도 협의취득 또는 수용의 등기가 되어 있으면 환매권자는 환매권이 발생한 때부터 제척기간 도과로 소멸할 때까지 사이에 환매권을 행사하고, 이로써 제3자에게 대항할 수 있다. [ ]
[19년 지방 7급]

08 공익사업의 변환-환매권 부대 제도

1. 의의 및 취지

토지보상법 제91조(환매권) ⑥ 국가, 지방자치단체 또는 「공공기관의 운영에 관한 법률」 제4조에 따른 공공기관 중 대통령령으로 정하는 공공기관이 사업인정을 받아 공익사업에 필요한 토지를 협의취득하거나 수용한 후 해당 공익사업이 제4조 제1호부터 제5호까지에 규정된 다른 공익사업(별표에 따른 사업이 제4조 제1호부터 제5호까지에 규정된 공익사업에 해당하는 경우를 포함한다)으로 변경된 경우 제1항 및 제2항에 따른 환매권 행사기간은 관보에 해당 공익사업의 변경을 고시한 날부터 기산(起算)한다. 이 경우 국가, 지방자치단체 또는 「공공기관의 운영에 관한 법률」 제4조에 따른 공공기관 중 대통령령으로 정하는 공공기관은 공익사업이 변경된 사실을 대통령령으로 정하는 바에 따라 환매권자에게 통지하여야 한다.

정답
1. ○ 2. ○

토지보상법 제4조(공익사업) 이 법에 따라 토지등을 취득하거나 사용할 수 있는 사업은 다음 각 호의 어느 하나에 해당하는 사업이어야 한다.

1. 국방·군사에 관한 사업
2. 관계 법률에 따라 허가·인가·승인·지정 등을 받아 공익을 목적으로 시행하는 철도·도로·공항·항만·주차장·공영차고지·화물터미널·궤도(軌道)·하천·제방·댐·운하·수도·하수도·하수종말처리·폐수처리·사방(砂防)·방풍(防風)·방화(防火)·방조(防潮)·방수(防水)·저수지·용수로·배수로·석유비축·송유·폐기물처리·전기·전기통신·방송·가스 및 기상 관측에 관한 사업
3. 국가나 지방자치단체가 설치하는 청사·공장·연구소·시험소·보건시설·문화시설·공원·수목원·광장·운동장·시장·묘지·화장장·도축장 또는 그 밖의 공공용 시설에 관한 사업
4. 관계 법률에 따라 허가·인가·승인·지정 등을 받아 공익을 목적으로 시행하는 학교·도서관·박물관 및 미술관 건립에 관한 사업
5. 국가, 지방자치단체, 「공공기관의 운영에 관한 법률」 제4조에 따른 공공기관, 「지방공기업법」에 따른 지방공기업 또는 국가나 지방자치단체가 지정한 자가 임대나 양도의 목적으로 시행하는 주택 건설 또는 택지 및 산업단지 조성에 관한 사업
6. 제1호부터 제5호까지의 사업을 시행하기 위하여 필요한 통로, 교량, 전선로, 재료 적치장 또는 그 밖의 부속시설에 관한 사업
7. 제1호부터 제5호까지의 사업을 시행하기 위하여 필요한 주택, 공장 등의 이주단지 조성에 관한 사업
8. 그 밖에 별표❶에 규정된 법률에 따라 토지등을 수용하거나 사용할 수 있는 사업

❶ 별표에는 해수욕장시설사업, 공원조성사업, 전원개발사업, 물류터미널 사업 등 111개의 사업을 규정하고 있다.

① 공익사업의 변환이란 공익사업을 위하여 토지를 협의취득 또는 수용한 공익사업이 다른 공익사업으로 변경된 경우, 별도의 협의취득 또는 수용 없이도 당해 협의취득 또는 수용된 토지를 변경된 다른 공익사업에 이용할 수 있게 하는 제도를 말한다.

② 공익사업을 위하여 토지를 취득하였으나, 본래 목적된 공익사업('해당 공익사업')에 사용되지 않거나 필요하지 않게 된 경우에는, 일정한 요건하에서 환매권 행사의 대상이 되어야 하는 것이 원칙이다. 그러나 본래 목적된 공익사업에 사용되지 않거나 필요하지 않게 된 이유가 다른 공익사업이 시행될 것이기 때문이라면, 소유권이 다시 환매권자에게 되돌아갔다 하더라도 어차피 다시 수용절차를 밟을 것이기 때문에 무용한 행정절차를 반복하게 되는 꼴이 되는바, 이를 방지하기 위해 공익사업의 변환제도를 두었다.

판례

공익사업을 위한 토지 등의 취득 및 보상에 관한 법률 제91조 제6항 전문은 당초의 공익사업이 공익성의 정도가 높은 다른 공익사업으로 변경되고 그 다른 공익사업을 위하여 토지를 계속 이용할 필요가 있을 경우에는, 환매권의 행사를 인정한 다음 다시 협의취득이나 수용 등의 방법으로 그 토지를 취득하는 번거로운 절차를 되풀이하지 않게 하기 위하여 이른바 '공익사업의 변환'을 인정함으로써 환매권의 행사를 제한하려는 것이다(2014다201391).

2. 허용요건

① 공익사업의 변환은 환매권의 행사에 대한 실질적인 제한이 되기 때문에, 엄격한 요건하에서만 인정된다. 공익사업의 변환은 변경 전(前) 사업의 사업시행자가 ㉠ 국가나 ㉡ 지방자치단체, ㉢「공공기관의 운영에 관한 법률」 제4조에 따른 공공기관 중 대통령령으로 정하는 공공기관인 경우에만 허용되고, 민간기업인 경우에는 허용되지 않는다.

② 다만, 제91조 제6항에서, 변경된 새로운 사업의 사업시행자에 대해서는 별다른 제한을 두고 있지 않기 때문에, 변경된 공익사업의 사업시행자가 민간기업인 경우에도 공익사업의 변환이 인정된다(2014다201391). [17년 지방 7급 1] 따라서 변경 전 사업의 사업시행자와 새로운 사업의 시행자가 동일할 필요도 없다(93다11760). [10년 지방 7급, 10년 국회 8급]

③ 또 공익사업의 변환은 토지보상법 제4조 제1호 내지 제5호에 규정된 다른 공익사업으로 변경된 경우로만 제한된다. [10년 지방 7급] 물론 이때 새로운 공익사업에 관해서도 사업인정을 받거나 다른 법률규정에 의하여 사업인정을 받은 것으로 의제되어야 한다(2010다30782). 제1호 내지 제5호에 규정된 공익사업은 공익성이 매우 높은 공익사업들이다.

④ 공익사업의 변환을 인정하기 위해서는 적어도 변경된 새로운 사업의 사업시행자가 당해 토지를 소유하고 있어야 한다. 만약 공익사업을 위해 협의취득하거나 수용한 토지가 제3자에게 처분된 경우에는 특별한 사정이 없는 한 그 토지는 변경 전의 공익사업은 물론 변경된 새로운 공익사업을 위해서도 필요가 없는 것이라고 보아 공익사업의 변환이 인정되지 않는다(2010다30782). [17년 지방 7급 2]

⑤ 공익사업의 변환에 중앙토지수용위원회의 별도의 변환결정이 필요한 것은 아니다.

구분	변환전 사업의 요건	변환된 사업의 요건
주체	㉠ 국가 ㉡ 지방자치단체 ㉢ 공공기관의 운영에 관한 법률 제4조에 따른 공공기관 중 대통령령으로 정하는 공공기관	제한 ×
대상사업	제4조 제1호~제8호	제4조 제1호~제5호 ➡ 공익성이 매우 높은 공익사업을 의미

판례

이른바 "공익사업의 변환"이 국가·지방자치단체 또는 정부투자기관이 사업인정을 받아 토지를 협의취득 또는 수용한 경우에 한하여, 그것도 사업인정을 받은 공익사업이 공익성의 정도가 높은 토지수용법 제3조 제1호 내지 제4호에 규정된 다른 공익사업으로 변경된 경우에만 허용되도록 규정하고 있는 토지수용법 제71조 제7항 등 관계법령의 규정내용이나 그 입법이유 등으로 미루어 볼 때, 같은 법 제71조 제7항 소정의 "공익사업의 변환"이 국가·지방자치단체 또는 정부투자기관 등 기업자(또는 사업시행자)가 동일한 경우에만 허용되는 것으로 해석되지는 않는다(93다11760).

OX 1
국가, 지방자치단체 또는「공공기관의 운영에 관한 법률」 제4조에 따른 공공기관 중 대통령령으로 정하는 공공기관이 사업인정을 받아 공익사업에 필요한 토지를 수용한 후 해당사업이 다른 공익사업으로 변경된 경우, 변경된 공익사업의 시행자가 국가·지방자치단체 또는「공공기관의 운영에 관한 법률」 제4조에 따른 공공기관 중 대통령령으로 정하는 일정한 공공기관에 해당하지 아니하면 공익사업의 변환은 인정될 수 없다. [ ]
[17년 지방 7급]

OX 2
공익사업을 위해 수용한 토지가 변경된 사업시행자가 아닌 제3자에게 처분된 경우에도 특별한 사정이 없는 한 공익사업의 변환은 인정된다. [ ]
[17년 지방 7급]

PART 07

정답
1. × 2. ×

변경된 공익사업이 토지보상법 제4조 제1~5호에 정한 공익사업에 해당하면 공익사업의 변환이 인정되는 것이지, 변경된 공익사업의 시행자가 국가·지방자치단체 또는 일정한 공공기관일 필요까지는 없다(2014다201391).

토지보상법 제91조 제6항 중 '해당 공익사업이 제4조 제1호부터 제5호까지에 규정된 다른 공익사업으로 변경된 경우' 부분에는 별도의 사업주체에 관한 규정이 없음에도 그 앞부분의 사업시행 주체에 관한 규정이 뒷부분에도 그대로 적용된다고 해석하는 것은 문리해석에 부합하지 않는다는 점과, 민간기업이 관계 법률에 따라 허가·인가·승인·지정 등을 받아 시행하는 도로, 철도, 항만, 공항 등의 건설사업의 경우 공익성이 매우 높은 사업임에도 사업시행자가 민간기업이라는 이유만으로 공익사업의 변환을 인정하지 않는다면 공익사업 변환 제도를 마련한 취지가 무색해지는 점 등을 논거로 들었다.

공익사업의 원활한 시행을 위한 무익한 절차의 반복 방지라는 '공익사업의 변환'을 인정한 입법 취지에 비추어 볼 때, 만약 사업시행자가 협의취득하거나 수용한 당해 토지를 제3자에게 처분해 버린 경우에는 어차피 변경된 사업시행자는 그 사업의 시행을 위하여 제3자로부터 토지를 재취득해야 하는 절차를 새로 거쳐야 하는 관계로 위와 같은 공익사업의 변환을 인정할 필요성도 없게 되므로, 공익사업의 변환을 인정하기 위해서는 적어도 변경된 사업의 사업시행자가 당해 토지를 소유하고 있어야 한다. 나아가 공익사업을 위해 협의취득하거나 수용한 토지가 제3자에게 처분된 경우에는 특별한 사정이 없는 한 그 토지는 당해 공익사업에는 필요 없게 된 것이라고 보아야 하고, 변경된 공익사업에 관해서도 마찬가지이므로, 그 토지가 변경된 사업의 사업시행자 아닌 제3자에게 처분된 경우에는 공익사업의 변환을 인정할 여지도 없다(2010다30782).

지방자치단체가 도시관리계획상 초등학교 건립사업을 위하여 학교용지를 협의취득하였으나 위 학교용지 인근에서 아파트 건설사업을 하던 주택건설사업 시행자와 그 아파트 단지 내에 들어설 새 초등학교 부지와 위 학교용지를 교환(협의취득한 학교용지의 제3자 처분)하고 위 학교용지에 중학교를 건립하는 것으로 도시관리계획을 변경한 경우, 위 학교용지에 대한 협의취득의 목적이 된 당해 사업인 '초등학교 건립사업'의 폐지·변경으로 위 토지는 당해 사업에 필요 없게 된 것이고, 나아가 '중학교 건립사업'에 관하여 사업인정을 받지 않았다면, 위 학교용지는 중학교 건립사업의 시행자 아닌 제3자에게 처분된 것이므로 공익사업의 변환도 인정할 수 없어 위 학교용지에 대한 환매권 행사가 인정된다(2010다30782).

3. 공익사업 변환의 효과

토지보상법 제91조(환매권) ⑥ 국가, 지방자치단체 또는 「공공기관의 운영에 관한 법률」 제4조에 따른 공공기관 중 대통령령으로 정하는 공공기관이 사업인정을 받아 공익사업에 필요한 토지를 협의취득하거나 수용한 후 해당 공익사업이 제4조 제1호부터 제5호까지에 규정된 다른 공익사업(별표에 따른 사업이 제4조 제1호부터 제5호까지에 규정된 공익사업에 해당하는 경우를 포함한다)으로 변경된 경우 제1항 및 제2항에 따른 환매권 행사기간은 관보에 해당 공익사업의 변경을 고시한 날부터 기산(起算)한다. 이 경우 국가, 지방자치단체 또는 「공공기관의 운영에 관한 법률」 제4조에 따른 공공기관 중 대통령령으로 정하는 공공기관은 공익사업이 변경된 사실을 대통령령으로 정하는 바에 따라 환매권자에게 통지하여야 한다. 〈개정 2015. 12. 29.〉

토지보상법 제91조 제6항은 공익사업의 변환이 있는 경우에는 환매권 행사기간이 관보에 해당 공익사업의 변경을 고시한 날부터 기산되게 하고 있다. 환매권 발생사유가 존재하는지 여부에 대한 판단을 새롭게 변경된 공익사업(B)을 기준으로 하게 함으로써 환매권의 발생을 제한하고 있는 제도가 공익사업의 변환이다.

판례

공익사업의 변환을 인정한 입법 취지 등에 비추어 볼 때, '공익사업을 위한 토지 등의 취득 및 보상에 관한 법률' 제91조 제6항은 사업인정을 받은 당해 공익사업의 폐지·변경으로 인하여 협의취득하거나 수용한 토지가 필요 없게 된 때라도 위 규정에 의하여 공익사업의 변환이 허용되는 다른 공익사업으로 변경되는 경우에는 당해 토지의 원소유자 또는 그 포괄승계인에게 환매권이 발생하지 않는다는 취지를 규정한 것이라고 보아야 하고, 위 조항에서 정한 "제1항 및 제2항의 규정에 의한 환매권 행사기간은 관보에 당해 공익사업의 변경을 고시한 날로부터 기산한다."는 의미는 새로 변경된 공익사업을 기준으로 다시 환매권 행사의 요건을 갖추지 못하는 한 환매권을 행사할 수 없고 환매권 행사 요건을 갖추어 제1항 및 제2항에 정한 환매권을 행사할 수 있는 경우에 그 환매권 행사기간은 당해 공익사업의 변경을 관보에 고시한 날로부터 기산한다는 의미로 해석해야 한다(2010다30782).

PART 07

Chapter
05 공용환지

핵심 정리 52 공용환지

01 공용환지의 의의

1. 공용환지의 개념

① 공용환지라 함은, 토지의 이용가치를 전반적으로 증진하기 위하여(공익), 일정 지역 내에 있는 토지의 소유권이나 기타 권리(예 지상권, 지역권, 임대권 등)를 권리자의 의사와 관계없이 강제적으로 교환하거나 분합하는 것을 말한다. 결과적으로는, 토지를 공용수용하면서 보상금 대신 토지를 지급하는 것과 동일하다.

② 공용환지가 이루어지면 권리자는 종전의 토지에 관한 권리를 상실하고 그에 상당하는 다른 곳에 있는 토지('환지')에 관한 권리를 새로 취득하게 된다.

③ 현행법상 「도시개발법」이나 「농어촌정비법」에 공용환지에 관한 규정들이 존재하는데, 이하에서는 「도시개발법」상의 환지를 중심으로 설명하기로 한다. 오늘날에는 도시개발사업❶을 하여 시가지를 만들 때 기존 주민들에게 구획화된 토지소유권을 재분배하는 과정에서 환지가 주로 이루어지기 때문이다.

❶ 참고로, 본래 도시개발사업은 도시·군관리계획을 통하여 결정되는 행정계획의 한 내용으로서 「국토의 계획 및 이용에 관한 법률」의 적용을 받는 것이지만, 도시개발사업부분만을 따로 규율하기 위한 목적으로 「도시개발법」이 별도로 제정되어 있다.

④ 환지방식으로 도시를 개발하면 토지원소유사로들로부터 토지를 모두 받아 개발사업을 한 후에, 도로 등의 공공용시설용지나 사업비 충당을 위한 체비지를 보류하고 더 작은 면적의 토지를 환지로서 돌려주기 때문에, 초기에 토지 매수를 위한 재원이 필요하지 않다는 특징이 있다.

2. 비교개념

(1) 공용환권

공용환지는 토지소유권이나 기타 토지에 관한 권리 간에 교환이나 분합을 발생케 한다는 점에서, 토지와 건축시설 전체에 대하여 권리의 변환이 생기게 하는 공용환권과 구별된다. 공용환권에 대해서는 뒤에서 다룬다.

(2) 입체환지

사업시행자는 도시개발사업을 원활히 시행하기 위해 특별히 필요한 경우에는 토지나 건축물 소유자의 신청을 받아 건축물의 일부와 그 건축물이 있는 토지의 공유지분을 부여할 수 있는데, 이를 입체환지라 한다(도시개발법 제32조). 입체환지는 토지소유자의 신청에 따라 이루어진다는 점과, 건축물의 소유권도 취득하게 된다는 점에서 공용환지와 구별된다.

02 도시개발법상의 공용환지 절차

1. 도시개발구역의 지정

환지방식에 의한 도시개발사업이 시행되기 위해서는 먼저 도시개발구역이 지정되어야 한다.

2. 환지계획

(1) 의의

환지계획이란 도시개발사업이 완료될 경우에 행할 환지처분에 대한 계획을 말한다. 환지처분의 내용은 이 환지계획에 의해 정해진다.

(2) 환지계획의 처분성

① 대법원은 환지계획은 환지예정지 지정이나 환지처분의 근거가 될 뿐 그 자체로 직접 토지소유자 등의 법률상 지위를 변동시키는 것이 아니라는 이유로, 환지계획의 처분성을 부인하고 있다(97누6889). [20년 5급 승진, 18년 5급 승진, 16년 국회 8급, 14년 국회 8급]

② 그러나 학계의 다수설은 ㉠ 환지예정지 지정이나 환지처분의 내용은 환지계획에 의하여 확정이 되는 것이고, 환지처분 등은 환지계획의 단순한 집행에 그친다는 점, ㉡ 공용환권에 대한 환권계획의 일종인 관리처분계획은 처분으로 보고 있는 대법원의 입장과 균형이 맞지 않는다는 점 등을 근거로 환지계획의 처분성을 인정해야 한다고 본다.❶

판례

토지구획정리사업법 제57조, 제62조 등의 규정상 환지예정지 지정이나 환지처분은 그에 의하여 직접 토지소유자 등의 권리의무가 변동되므로 이를 항고소송의 대상이 되는 처분이라고 볼 수 있으나, 환지계획은 위와 같은 환지예정지 지정이나 환지처분의 근거가 될 뿐 그 자체가 직접 토지소유자 등의 법률상의 지위를 변동시키거나 또는 환지예정지 지정이나 환지처분과는 다른 고유한 법률효과를 수반하는 것이 아니어서 이를 항고소송의 대상이 되는 처분에 해당한다고 할 수가 없다(97누6889). [23년 소방간부 1, 18년 경행경채 3차, 14년 국가 7급, 12년 국가 7급]

(3) 환지계획의 수립

① 행정청이 아닌 자가 환지계획을 작성한 경우에는 특별자치도지사 · 시장 · 군수 또는 구청장의 인가를 받아야 한다(도시개발법 제29조 제1항).

② 행정청이 아닌 시행자가 환지계획의 인가를 신청하려고 하거나, 행정청인 시행자가 환지계획을 정하려고 하는 경우에는 ㉠ 토지소유자와 해당 토지에 대하여 임차권, 지상권, 그 밖에 사용하거나 수익할 권리를 가진 자에게 환지계획의 기준 및 내용 등을 알리고 ㉡ 관계 서류의 사본을 일반인에게 공람시켜야 한다(제29조 제3항).

③ 위와 같은 절차를 거치지 않고 수립된 환지계획은 위법한 것이 된다.

❶ ① 환지예정지 지정이나 환지처분에 대해서는 바로 뒤에서 다룬다. ② 대법원은 공용환권에 대한 환권계획의 일종인 관리처분계획의 처분성은 인정하고 있는데, 역시 뒤에서 다룬다.

OX 1

도시기본계획에 대한 항고소송을 제기할 수 없지만 환지계획에 대해서는 항고소송으로 다툴 수 있다. [ ] [23년 소방간부]

정답

1. ×

3. 환지예정지의 지정

(1) 의의 및 취지

① 일반적으로 도시개발 과정에서 환지공사가 완료되는 데는 상당한 시일이 필요하다. 따라서 도시개발사업이 완료되기 전이라도 환지처분이 있은 것과 같은 상태를 형성할 필요가 있는데, 이를 위해 환지예정지의 지정제도가 존재한다.

② 이 제도는 아직 환지공사 완료 전이라 하더라도, 환지처분이 행하여진 것과 같이 새로운 토지에 대하여 권리를 행사할 수 있게 함으로써 권리관계의 불안정한 상태를 해소하려는 취지에서 존재한다.

(2) 효과

> 도시개발법 제36조(환지예정지 지정의 효과) ① 환지예정지가 지정되면 종전의 토지의 소유자와 임차권자등은 환지 예정지 지정의 효력발생일부터 환지처분이 공고되는 날까지 환지예정지나 해당 부분에 대하여 종전과 같은 내용의 권리를 행사할 수 있으며 종전의 토지는 사용하거나 수익할 수 없다.

① 환지예정지가 지정된 경우에는 지정의 효력발생일부터 환지처분이 공고되는 날까지 ㉠ 종전의 토지에 관한 토지소유자 및 임차권자 등은 환지예정지에 대하여 종전과 동일한 내용의 권리를 행사할 수 있으며, ㉡ 반대로 종전의 토지는 사용하거나 수익할 수 없다(제36조 제1항, 2019다248586). [20년 5급 승진 1]

② 그러나 환지예정지가 지정되더라도 종전토지에 대한 소유권에는 변동이 없으므로 종전의 토지소유자는 그 종전의 토지를 처분❶할 수는 있다고 본다(63누21). 반대로 지정받은 환지예정지를 처분할 수는 없다.

(3) 처분성 및 환지처분과의 관계

환지예정지 지정처분은 행정처분으로서 항고소송의 대상이 된다. 그러나 후에 환지처분이 이루어지고 그것이 공고되어 일단 효력이 발생하게 되면, 환지예정지 지정처분의 효력은 소멸한다. 따라서 환지예정지 지정처분에 대하여 다투던 중 환지처분이 공고된 경우에는 환지예정지 지정처분에 대하여 취소를 구할 법률상 이익이 없어지게 된다(99두6373).

판례

토지구획정리사업법에 의한 토지구획정리는 환지처분을 기본적 요소로 하는 것으로서 환지예정지 지정처분은 사업시행자가 사업시행지구 내의 종전 토지소유자로 하여금 환지예정지 지정처분의 효력발생일로부터 환지처분의 공고가 있는 날까지 당해 환지예정지를 사용수익 할 수 있게 하는 한편 종전의 토지에 대하여는 사용수익을 할 수 없게 하는 처분에 불과하고, 환지처분이 일단 공고되어 효력을 발생하게 되면 환지예정지 지정처분은 그 효력이 소멸되는 것이므로, 환지처분이 공고된 후에는 환지예정지 지정처분에 대하여 그 취소를 구할 법률상 이익은 없다(99두6873). [20년 5급 승진 2]

OX 1
환지예정지지정처분이 있게 되면 사업시행지구 내의 종전 토지소유자는 환지예정지지정처분의 효력발생일로부터 환지처분의 공고가 있는 날까지 지정된 환지예정지를 사용·수익할 수 있다.
[ ] [20년 5급 승진]

❶ 여기에서 말하는 '처분'이란 쟁송의 대상이 되는 처분이 아니라, 민법상의 개념이다. 어떤 물건에 대한 소유권을 가지고 있는 자가, 그 물건을 타인에게 양도하거나, 파괴하거나, 담보권을 설정하는 행위를 통틀어서 '처분'이라 부른다.

OX 2
환지처분이 공고되어 효력을 발생하게 된 후라도 환지예정지 지정처분에 대하여 취소소송을 제기할 법률상 이익이 인정된다.
[ ] [20년 5급 승진]

정답
1. ○ 2. ×

⑷ 환지계획에 반하는 환지예정지 지정처분의 효력

환지계획에 반하는 환지예정지 지정처분은 당연무효가 된다고 본다.

판례

환지계획 인가 후에 당초의 환지계획에 대한 공람과정에서 토지소유자 등 이해관계인이 제시한 의견에 따라, 수정하고자 하는 내용에 대하여 다시 공람절차 등을 밟지 아니한 채 수정된 내용에 따라 한 환지예정지 지정처분은, 환지계획에 따르지 아니한 것이거나 환지계획을 적법하게 변경하지 아니한 채 이루어진 것이어서 당연무효라고 할 것이다(97누6889). [23년 소방간부, 15년 서울 7급]

⑸ 특수논점 – 집단환지에서의 환지예정지 지정

판례

㉠ 집단환지 방식의 도시개발사업이란 환지 방식의 도시개발사업과 집합건물(특히, 공동주택) 건설사업이 혼합되어 진행되어, 도시개발사업의 시행자가 선정한 별도의 사업주체가 도시개발사업의 시행으로 조성된 일단의 토지에 곧바로 집합건물 건설사업을 시행할 수 있도록 하는 한편, 종전 토지의 토지소유자들에게는 그 일단의 토지에 대한 공유지분을 배분하여 그 공유지분을 집합건물 건설사업주체에게 매도하거나 출자하여 매매대금을 지급받거나 신축주택을 분양받도록 하는 방식으로 시행되는 사업방식을 말한다.

집단환지의 경우에는 개별 필지가 아니라 공유지분을 배분받게 된다는 점이 일반적인 환지와 다르다.

㉡ 집단환지와 관련하여 환지예정지 지정처분이 있는 경우에는, 일반적인 경우와 달리, 토지소유자가 개별 필지를 환지예정지로 지정받는 것이 아니라, 집합건물 건설사업의 부지로 사용될 일단의 토지의 공유지분을 환지예정지로 지정받는 것이므로, 집단환지 방식에서 환지예정지 지정처분은 집단환지대상자인 토지소유자로 하여금 장래 환지처분이 공고되면 집단환지예정지의 공유지분을 취득할 잠정적 지위에 있음을 알리는 것에 불과할 뿐, 토지소유자가 집단환지예정지의 공유지분에 관하여 현실적으로 사용·수익하거나 그 밖의 방법으로 권리행사를 할 수 있는 지위를 설정하여 주는 것은 아니다(2017두70946).

4. 환지처분

⑴ 의의 및 성질

① 환지처분이란 종전의 토지에 대하여 소유권 기타의 권리를 가진 자에게 종전의 토지에 갈음하여, 환지계획에서 정하여진 토지를 배당하여 이를 종국적으로 귀속시키는 행정처분을 말한다.

② 환지처분은 직접적으로 당사자들의 권리관계를 변경시키는 것이므로 형성적 행정행위에 해당한다. 따라서 처분에 해당한다.

③ 환지처분은 대인적 처분이 아닌 대물적 처분의 성격을 가진다. 따라서 사업시행자가 종전 토지소유자가 아닌 타인을 환지받는 권리자로 지정하였다 하더라도, 종전 토지소유자가 환지의 소유권을 취득하고 이를 행사함에 있어서는 아무런 영향이 없다(86다카285).

PART 07

(2) 환지계획과 환지처분의 관계

① 환지처분의 내용은 환지계획에 따라 사전에 정해지고, 환지처분은 환지계획의 내용을 그대로 실현하는 작용이 된다. 환지처분은 환지교부와 환지청산을 그 내용으로 한다. ㉠ 환지교부는 환지계획으로 정하여진 환지를 종전의 토지에 갈음하여 교부하는 것이고, ㉡ 환지청산은 환지교부로 종전의 토지와의 사이에 과・부족(過・不足)이 있는 경우에, 그 차액을 금전으로 교부하거나 징수하는 것을 말한다.

② 환지계획과 다르거나 환지계획에 의하지 않는 환지처분은 무효라고 본다(97누5534). 환지처분은 환지계획으로 이미 정해져 있는 내용을 그대로 실현하는 작용에 불과하기 때문이다.

판례

환지처분의 내용은 모두 환지계획에 의하여 미리 결정되는 것이며 환지처분은 다만 환지계획구역에 대한 공사가 완료되기를 기다려서 환지계획에 정하여져 있는 바를 토지소유자에게 통지하고 그 뜻을 공고함으로써 효력이 발생되는 것이고, 따라서 환지계획과는 별도의 내용을 가진 환지처분은 있을 수 없는 것이므로 환지계획에 의하지 아니하거나 환지계획에도 없는 사항을 내용으로 하는 환지처분은 효력을 발생할 수 없다(92다14878). [20년 5급 승진 1]

OX 1

환지처분의 내용은 모두 환지계획에 의하여 미리 결정되는 것이므로 환지계획에 의하지 아니하고 환지계획에도 없는 사항을 내용으로 하는 환지처분은 효력을 발생할 수 없다. [ ]
[20년 5급 승진]

(3) 효력발생 – 공고(고시)

① 환지처분은 공고(고시)됨으로써 효력이 발생하게 된다. 환지처분이 공고된 날의 다음 날부터 새롭게 부여받게 된 토지('환지')를 종전의 토지로 보며(동일성 유지), 환지계획에서 환지를 정하지 아니한 종전의 토지에 있던 권리는 환지처분이 공고된 날이 끝나는 때에 소멸한다(도시개발법 제42조). 참고로, 환지를 정하지 아니한 토지는 금전청산의 대상이 된다(도시개발법 제41조).

② 기존 토지에 대한 소유권은 그 토지가 토지구획정리사업 구역 내의 토지로서 환지처분에 따른 '환지의 대상'에 포함되기만 하면 환지처분 고시로써 상실되는 것이고, 환지처분의 대상이 된 특정 토지에 대한 개별적인 '환지'(새롭게 부여받게 되는 토지)가 지정되어 있어야만 환지처분에 따른 소유권 상실의 효과가 그 토지에 대하여 발생하는 것은 아니다(2018다255105). [20년 지방 7급]

판례

㉠ 종전 토지 중 환지계획에서 환지를 정한 경우 종전 토지와 환지 사이에 동일성이 유지되므로 종전 토지의 권리제한은 환지에 설정된 것으로 보게 되고, ㉡ 환지를 정하지 않은 종전 토지의 권리제한은 환지처분으로 소멸하게 된다(2016다233729).

(4) 환지처분의 일부 변경 – 허용 ×

① 환지처분이 일단 확정되어 효력이 발생하고 난 다음에는, 이 중 일부만을 변경하는 것은 허용이 되지 않는다. 환지에는 다수인의 이해관계가 연쇄적으로 결부되어 있기 때문이다. 환지처분 중 일부 내용만을 변경하고자 하는 경우에도, 환지 전체의 절차를 처음부터 다시 밟아야 한다. 따라서 환지 전체의 절차를 처음부터 다시 밟지 않은 채 이루어진 환지변경처분은 무효이다(97다49549).

정답

1. ○

② 같은 맥락에서, 환지처분이 일단 공고되어 그 효력이 발생하면, 환지처분의 일부가 위법하다 하더라도 소송으로 그 일부에 대해서만 취소를 구하는 것도 허용이 되지 않는다. 따라서 이 경우에는 손해배상을 통해 피해를 금전으로 배상받는 수밖에 없다.

판례

환지처분이 일단 확정되어 효력을 발생한 후에는 이를 소급하여 시정하는 뜻의 환지변경처분은 이를 할 수 없고, 그러한 환지변경의 절차가 필요할 때에는 그를 위하여 환지 전체의 절차를 처음부터 다시 밟아야 하며 그 일부만을 따로 떼어 환지처분을 변경할 수 없음은 물론, 그러한 절차를 밟지 아니하고 한 환지변경처분은 무효이다(97다49549). [11년 국회 8급]

토지구획정리사업법에 의한 환지처분이 일단 공고되어 그 효력을 발생한 이상 환지 전체의 절차를 처음부터 다시 밟지 않는 한 그 일부만을 따로 떼어 환지처분을 변경할 길이 없으므로, 그 환지처분 중 일부 토지에 관하여 환지도 지정하지 아니하고 또 정산금도 지급하지 아니한 위법이 있다 하여도, 이를 이유로 민법상의 불법행위로 인한 손해배상을 구할 수 있으므로 그 환지확정처분의 일부에 대하여 취소를 구할 법률상 이익은 없다(84누446). [20년 5급 승진, 12년 국가 7급 1]

OX 1

환지처분이 확정된 후에는 환지처분의 일부에 위법이 있다고 하더라도 민사상의 손해배상청구를 할 수 없고, 행정소송으로만 그 취소를 구할 수 있다. [ ] [12년 국가 7급]

정답

1. ×

Chapter

06 공용환권

핵심 정리 53 공용환권(주택재건축 · 재개발사업)

01 공용환권의 의의

① 공용환권(公用換權)은 토지의 효용을 증진하기 위하여(공익), 일정한 지구 내 토지의 구획과 형질을 변경하여 종전의 건축물 및 토지에 관한 권리를, 토지정리 후에 새로 건축된 건축물 및 토지에 관한 권리로 강제로 교환 · 분합하는 것을 말한다. 결과적으로는, 건축물과 토지를 공용수용하면서 보상금 대신 건축물과 토지를 지급하는 것과 동일하다.

② 공용환권은 환지와 달리 단순히 토지소유권 기타 토지에 관한 권리 사이에 교환 · 분합을 일으키는 데 그치지 않고, 토지와 건축시설 전체에 대하여 권리의 변경을 실현시킨다는 점에서 공용환지와 다르다. 또 입체환지는 토지소유자의 동의를 얻어 시행하는 것이라는 점에서, 공용환권은 입체환지와도 다르다.

③ 주택재건축 · 재개발사업이 바로 공용환권의 방식으로 이루어진다. 즉, 기존 건물과 토지의 소유자 중 재건축이나 재개발을 원하지 않는 자가 있다 하더라도, 일정한 요건이 갖추어지면, 행정주체의 강제적 의사에 의해 공용환권을 당하게 되는 것이다. 주택재건축 · 재개발사업과 관련해서는 「도시 및 주거환경정비법」(이하 도시정비법으로 약칭)이 제정되어 규율하고 있다.

02 재건축 · 재개발사업의 의의

도시정비법 제2조(정의) 이 법에서 사용하는 용어의 뜻은 다음과 같다. 〈개정 2021. 1. 5.〉

2. "정비사업"이란 이 법에서 정한 절차에 따라 도시기능을 회복하기 위하여 정비구역에서 정비기반시설을 정비하거나 주택 등 건축물을 개량 또는 건설하는 다음 각 목의 사업을 말한다.
   가. 주거환경개선사업: 도시저소득 주민이 집단거주하는 지역으로서 정비기반시설이 극히 열악하고 노후 · 불량건축물이 과도하게 밀집한 지역의 주거환경을 개선하거나 단독주택 및 다세대주택이 밀집한 지역에서 정비기반시설과 공동이용시설 확충을 통하여 주거환경을 보전 · 정비 · 개량하기 위한 사업
   나. 재개발사업: 정비기반시설이 열악하고 노후 · 불량건축물이 밀집한 지역에서 주거환경을 개선하거나, 상업지역 · 공업지역 등에서 도시기능의 회복 및 상권활성화 등을 위하여 도시환경을 개선하기 위한 사업 (2문 생략)
   다. 재건축사업: 정비기반시설은 양호하나 노후 · 불량건축물에 해당하는 공동주택이 밀집한 지역에서 주거환경을 개선하기 위한 사업
4. "정비기반시설"이란 도로 · 상하수도 · 구거(溝渠: 도랑) · 공원 · 공용주차장 · 공동구, 그 밖에 주민의 생활에 필요한 열 · 가스 등의 공급시설로서 대통령령으로 정하는 시설을 말한다.

도시정비법은 "정비사업" 개념을 설정한 후, 이를 다시 "주거환경개선사업❶"과, "재개발사업", "재건축사업"으로 구분하고 있다. 이 중 특히 재개발사업과 재건축사업이 중요하다. 보통 재개발은 낙후된 단독주택지역이나 다가구주택지역을 철거하여 아파트를 짓는 사업을 말하고, 재건축은 기존의 아파트를 헐고 새로운 아파트를 짓는 사업을 말한다.

03 재건축 · 재개발사업 진행과정

1. 사업준비단계

(1) 정비기본계획의 수립 및 승인

특별시장 · 광역시장 · 특별자치시장 · 특별자치도지사 또는 시장을 기본계획의 수립권자라 하는데(제4조 제2항), 이들은 관할 구역에 대하여 도시 · 주거환경정비기본계획을 10년 단위로 수립하여야 한다(제4조 제1항). 그리고 기본계획의 수립권자는 기본계획에 대하여 5년마다 타당성을 검토하여 그 결과를 기본계획에 반영하여야 한다(제4조 제2항).

(2) 정비구역의 지정

재건축 · 재개발사업은 정비구역에서 이루어지는데, 정비구역의 지정은 정비계획을 통해 이루어진다. 정비계획은 특별시장이나 광역시장, 특별자치시장, 특별자치도지사, 시장, 광역시 내에 있는 군이 아닌 군수가 결정한다. 정비계획은 정비사업별로 이루어진다는 점에서 기본계획과 다르다.

2. 조합의 설립단계

(1) 조합설립추진위원회

① 재건축조합과 재개발조합은 정비사업의 시행을 목적으로 결성된 토지 등 소유자의 단체를 말하는데, 도시 및 주거환경정비법에 의하여 법인격이 인정된다(제38조 제1항).

② 재개발사업은 ㉠ 재개발조합이 단독으로 시행하거나, ㉡ 조합이 조합원의 과반수의 동의를 받아 기타 기관❷과 공동으로 시행하는 방법과, ㉢ 재건축조합을 설립하지 않고 토지 등의 소유자가 직접 단독으로 시행하거나 기타 기관과 공동으로 시행하는 방법이 있다(제25조 제1항). 후자의 경우에는 토지 등의 소유자가 20인 미만인 경우에만 가능하다.

③ 한편 재건축사업은 ㉠ 재건축조합이 단독으로 시행하거나 ㉡ 조합이 조합원의 과반수의 동의를 받아 기타 기관과 공동으로 시행하는 방법이 있다(제25조 제2항). [11년 국가 7급 1]

④ 이때 재건축조합이나 재개발조합을 설립하려는 목적에서 조합설립추진위원회가 구성이 되는데, 조합설립추진위원회가 행한 업무와 관련된 권리와 의무는 후에 조합에 그대로 포괄승계 된다(2013두17473). 다만 이러한 법적 효과를 인정받는 조합설립추진위원회로 인정받기 위해서는, 정비구역지정 고시 후 추진위원장을 포함한 5인 이상의 위원 및 토지등소유자❸ 과반수의 동의를 받아, 조합설립을 위한 추진위원회를 구성하여, 시장이나 군수의 승인을 받아야 한다(제31조).

⑤ 조합설립추진위원회의 구성을 승인하는 처분은, 조합의 설립을 위한 주체에 해당하는 비법인 사단인 추진위원회를 구성하는 행위를 보충하여 그 효력을 부여하는 처분(강학상 인가)에 해

❶ [더 들어가기] 주거환경개선사업을 재개발사업과 구분하여 규정하는 이유는, 보통 구역 내 토지등 소유자로 구성된 조합이 사업시행자로서 사업을 시행하는 재개발과 달리, 주거환경개선사업의 경우 시장, 군수, LH공사와 같은 공적기관이 사업시행자가 되어 사업을 진행하기 때문에, 절차를 달리 규정할 필요가 있기 때문이다.

❷ 여기서 말하는 기타 기관이란 ① 시장 · 군수 등(특별자치시장, 특별자치도지사, 시장, 군수, 자치구의 구청장), ② 토지주택공사 등(한국토지주택공사 또는 「지방공기업법」에 따라 주택사업을 수행하기 위하여 설립된 지방공사), ③ 「건설산업기본법」 제9조에 따라 등록을 한 건설업자, ④ 주택법에 따라 건설업자로 간주되는 등록업자, ⑤ 또는 대통령령으로 정하는 요건을 갖춘 자를 말한다.

OX 1

재건축사업은 조합이 이를 시행하거나 조합이 조합원 과반수의 동의를 얻어 시장 · 군수 또는 주택공사 등과 공동으로 이를 시행할 수 있다. [ ]
[11년 국가 7급]

❸ 토지등소유자란 ① 주거환경개선사업 및 재개발사업의 경우에는 정비구역에 위치한 토지 또는 건축물의 소유자 또는 그 지상권자 ② 재건축사업의 경우에는 정비구역에 위치한 건축물 및 그 부속토지의 소유자를 말한다.

정답

1. ○

당한다고 본다(2011두2248). [17년 서울 7급, 16년 국회 8급] 조합설립추진위원회는 조합의 설립을 목적으로 하는 비법인 사단으로 본다(2013두17473).

판례

도시 및 주거환경정비법 제13조 제1항 및 제2항의 입법 경위와 취지에 비추어 하나의 정비구역 안에서 복수의 조합설립추진위원회에 대한 승인은 허용되지 않는 점, 조합설립추진위원회가 조합을 설립할 경우 같은 법 제15조 제4항에 의하여 조합설립추진위원회가 행한 업무와 관련된 권리와 의무는 조합이 포괄승계하며 주택재개발사업의 경우 정비구역 내의 토지 등 소유자는 같은 법 제19조 제1항에 의하여 당연히 그 조합원으로 되는 점 등에 비추어 보면, 조합설립추진위원회의 구성에 동의하지 아니한 정비구역 내의 토지 등 소유자도 조합설립추진위원회 설립승인처분에 대하여 동법에 의하여 보호되는 직접적이고 구체적인 이익을 향유하므로 그 설립승인처분의 취소소송을 제기할 원고적격이 있다(2006두12289). [18년 변호사, 11년 국가 7급]

(2) 조합의 법적 지위

재건축·재개발조합은 법인으로서 행정주체의 지위를 갖게 된다(2009다596). 특히 행정주체 중 공공조합(공법상 사단)으로 분류가 된다. 따라서 재개발사업이나 재건축사업이라는 공행정 목적을 직접적으로 달성하기 위하여 조합이 행하는 행위는 원칙적으로 공법행위에 해당하는 것으로 본다.

(3) 조합과 조합원, 조합임원의 관계

① 조합과 조합원의 관계는 원칙적으로 공법(公法)관계에 해당하는 것으로 본다. 조합이 조합원에 대하여 행한 조치가 처분에 해당하는 경우에는 항고소송으로 다툴 수 있고, 조합과 조합원 사이의 공법상 법률관계에 관한 분쟁은 당사자소송의 대상이 된다(94다31245). [19년 10월 서울 7급, 15년 세무사]

② 반면, 조합과 조합장 또는 조합임원 사이의 선임이나 해임 등을 둘러싼 법률관계는 사법(私法)관계에 해당한다고 본다. 따라서 민사소송으로 다투어야 한다(2009마168). [22년 변호사, 13년 지방 9급]

(4) 조합설립결의

① 재건축이나 재개발을 시행하는 조합을 설립하기 위해서는 먼저 조합정관을 작성한 후 토지등소유자의 동의를 받아야 하는데, ㉠ 재개발사업의 경우에는 토지등소유자의 4분의 3 이상 및 토지면적의 2분의 1 이상의 토지소유자의 동의를 얻어야 하며, ㉡ 재건축사업의 경우 주택단지 내 공동주택의 각 동별 구분소유자의 과반수 동의와 주택단지의 전체 구분소유자의 4분의 3 이상 및 토지면적의 4분의 3 이상의 토지소유자의 동의가 필요하다(제35조 제2항, 제3항).

② 이와 같이 토지등소유자의 동의를 받은 후, 조합설립인가신청을 하여 시장·군수로부터 인가를 받고 설립등기를 마치면 조합이 성립한다(제38조 제2항). 조합이 성립하게 되면 조합설립추진위원회는 목적을 달성하여 소멸한다(2013두17473).

③ 대법원은 조합설립에 요구되는 동의율의 충족 여부를 판단하는 기준시점은 조합설립인가신청일이라고 본다(2012두21437). 인가신청 시에 조합설립 동의율을 충족하고 있어야 한다는 의

미이다. 인가신청 후 인가처분일 사이에 추가적인 동의를 받아 동의율을 충족하였다면 동의율을 충족하지 못한 것으로 본다.

④ 한편, 조합설립에 동의하지 않은 토지등소유자에 대해 사업시행자는 건축물 또는 토지의 소유권과 그 밖의 권리를 매도할 것을 청구할 수 있다(제64조 제4항). 그리고 이 매도청구를 둘러싸고 발생하는 법률관계는 사법상의 법률관계로서, 민사소송으로 다투어야 한다고 본다(2009다93923).

판례

인가신청 후 처분 사이의 기간에도 토지등소유자는 언제든지 자신의 토지 및 건축물 등을 처분하거나 분할, 합병하는 것이 가능한데, 대규모 지역의 주택재개발사업에 대한 조합설립인가신청의 경우 행정청이 처분일을 기준으로 다시 일일이 소유관계를 확인하여 정족수를 판단하기는 현실적으로 어려울 뿐만 아니라 처분시점이 언제이냐에 따라 동의율이 달라질 수 있는 점, 만일 처분일을 기준으로 동의율을 산정하면 인가신청 후에도 소유권변동을 통하여 의도적으로 동의율을 조작하는 것이 가능하게 되어 재개발사업과 관련한 비리나 분쟁이 양산될 우려가 있는 점 등을 종합적으로 고려하면, 조합설립인가를 위한 동의 정족수는 재개발조합설립인가신청 시를 기준으로 판단해야 한다(2012두21437).

구 도시 및 주거환경정비법상 주택재건축 정비사업조합이 공법인이라는 사정만으로 조합설립에 동의하지 않은 자의 토지 및 건축물에 대한 주택재건축 정비사업조합의 매도청구권을 둘러싼 법률관계가 공법상의 법률관계에 해당한다거나 그 매도청구권 행사에 따른 소유권이전등기절차 이행을 구하는 소송이 당연히 공법상 당사자소송에 해당한다고 볼 수는 없고, 위 법률의 규정들이 주택재건축 정비사업조합과 조합 설립에 동의하지 않은 자와의 사이에 매도청구를 둘러싼 법률관계를 특별히 공법상의 법률관계로 설정하고 있다고 볼 수도 없으므로, 주택재건축 정비사업조합과 조합 설립에 동의하지 않은 자 사이의 매도청구를 둘러싼 법률관계는 사법상의 법률관계로서 그 매도청구권 행사에 따른 소유권이전등기의무의 존부를 다투는 소송은 민사소송에 의하여야 할 것이다(2009다93923). **[12년 국회 8급]**

(5) 조합설립인가

① 시장이나 군수의 조합설립인가는, 법령상 요건을 갖출 경우 조합에 대하여 도시정비법상의 재건축·재개발사업을 시행할 수 있는 권한을 가지는 행정주체(공법인)로서의 지위를 부여하는 일종의 설권적 처분(강학상 특허)에 해당한다고 본다(2011두8291, 2008다60568). **[18년 서울 9급, 17년 교행 9급, 17년 지방 9급, 17년 서울 7급, 16년 국회 8급]**

② 또한 조합설립인가는 강학상 특허에 해당하므로, 조합설립을 위해 행해지는 결의는 조합설립인가처분에 필요한 요건 중 하나에 불과한 것으로 취급된다. 따라서 조합설립인가처분이 있은 후에, 조합설립결의에 하자가 있음을 이유로 재개발조합 설립의 효력을 다투기 위해서는 항고소송으로 조합설립인가처분의 효력을 다투어야 한다(2009두4845). **[22년 변호사, 16년 국회 8급]**

③ 재건축·재개발조합이 성립하였다면, 추진위원회 구성승인처분의 위법으로 그 추진위원회의 조합설립인가 신청행위가 무효라고 평가될 수 있는 특별한 사정이 있는 경우가 아닌 한, 이미 소멸한 추진위원회 구성승인처분의 하자를 들어 조합설립인가처분이 위법하다고 볼 수 없다(2011두8291). **[18년 변호사]**

PART 07

④ 조합설립추진위원회 구성승인처분을 다투는 소송 계속 중에 조합설립인가처분이 이루어진 경우 조합설립추진위원회 구성승인처분에 대한 취소를 구할 법률상 이익이 부인된다(2010두10488, 2011두11112). [18년 지방 9급 1, 16년 지방 7급] 조합설립인가가 있고 난 후에는 추진위원회 구성승인처분에 위법이 존재하여 조합설립인가 신청행위가 무효라는 점 등을 들어 직접 조합설립인가처분을 다투는 방법으로 정비사업의 진행을 저지하여야 한다.

판례

행정청이 도시 및 주거환경정비법 등 관련 법령에 근거하여 행하는 조합설립인가처분은 단순히 사인들의 조합설립행위에 대한 보충행위로서의 성질을 갖는 것에 그치는 것이 아니라 법령상 요건을 갖출 경우 도시 및 주거환경정비법상 주택재건축사업을 시행할 수 있는 권한을 갖는 행정주체(공법인)로서의 지위를 부여하는 일종의 설권적 처분의 성격을 갖는다고 보아야 한다. 그리고 그와 같이 보는 이상 조합설립결의는 조합설립인가처분이라는 행정처분을 하는 데 필요한 요건 중 하나에 불과한 것이어서, 조합설립결의에 하자가 있다면 그 하자를 이유로 직접 항고소송의 방법으로 조합설립인가처분의 취소 또는 무효확인을 구하여야 하고, 이와는 별도로 조합설립결의 부분만을 따로 떼어내어 그 효력 유무를 다투는 확인의 소를 제기하는 것은 원고의 권리 또는 법률상의 지위에 현존하는 불안·위험을 제거하는 데 가장 유효·적절한 수단이라 할 수 없어 특별한 사정이 없는 한 확인의 이익은 인정되지 아니한다(2008다60568). [19년 국회 8급, 17년 서울 7급 2, 16년 국회 8급 3]

토지등소유자로 구성되는 조합이 그 설립과정에서 조합설립인가처분을 받지 아니하였거나, 받았다 하더라도 처음부터 조합설립인가처분으로서 효력이 없는 경우에는, 정비사업을 시행할 수 있는 권한을 가지는 행정주체인 공법인으로서의 조합이 설립되었다고 볼 수 없고, 또 이러한 조합의 조합장이나 이사, 감사로 선임된 자 역시 재건축조합이나 재개발조합의 임원이라 할 수 없다(2012도7190). [22년 변호사]

(6) 조합설립변경인가

① 조합설립인가를 받은 후 인가받은 사항의 일부를 수정 또는 취소철회하거나 새로운 사항을 추가하려는 경우에도, 최초의 설립인가를 받을 때와 마찬가지로, 일정한 동의율과 동의내용을 갖추어 시장·군수등의 인가 인가를 받아야 한다. 이를 조합설립변경인가라 한다. 조합설립변경인가처분도 조합에 정비사업을 시행할 수 있는 권한을 설정하여 주는 처분인 점에서는 당초 조합설립인가처분과 같다(2011다46128).

② 조합설립변경인가의 대상에는 정비사업비의 분담기준 변경이나, 사업완료 후 소유권의 귀속에 관한 사항 변경 등이 있다.

③ 대법원은 조합설립변경인가가 발급된 경우, 종전 조합설립인가와 그것을 전제로 하여 이루어진 각종 후속행위들은 효력을 상실하는 것으로 보고 있다. 따라서 당초 조합설립인가처분의 효력이 소멸되었음이 객관적으로 확정되지 않은 경우에는 당초 조합설립인가처분에 관한 무효확인을 구할 소의 이익이 인정된다고 본다.

OX 1

구 「도시 및 주거환경정비법」상 조합설립추진위원회 구성승인처분을 다투는 소송 계속 중에 조합설립인가처분이 이루어졌다면 조합설립추진위원회 구성승인처분의 취소를 구할 법률상 이익은 없다. [ ] [18년 지방 9급]

OX 2

주택재건축조합설립 인가 후 주택재건축조합설립결의의 하자를 이유로 조합설립인가처분의 무효확인을 구하기 위해서는 직접 항고소송의 방법으로 확인을 구할 수 없으며, 조합설립결의부분에 대한 효력 유무를 민사소송으로 다툰 후 인가의 무효확인을 구하여야 한다. [ ] [17년 서울 7급]

OX 3

조합설립결의에 하자가 있었으나 조합설립인가처분이 이루어진 경우에는 조합설립결의의 하자를 당사자소송으로 다툴 것이고 조합설립인가처분에 대해 항고소송을 제기할 수 없다. [ ] [16년 국회 8급]

정답

1. ○ 2. × 3. ×

판례

㉠ 주택재건축사업조합(이하 '조합'이라 한다)이 받은 당초의 조합설립인가처분이 무효이고, 새로이 조합설립인가처분을 받는 것과 동일한 요건과 절차를 거친 조합설립변경인가처분이 새로운 조합설립인가처분의 요건을 갖춤에 따라 새로운 조합설립의 효과가 발생하는 경우에, 당초의 조합설립인가처분의 유효를 전제로 하여 이루어진 매도청구권 행사, 시공자 선정 등의 총회 결의, 사업시행계획의 수립, 관리처분계획의 수립 등 조합 또는 조합원의 권리·의무와 관련된 후속 행위는 원칙적으로 소급하여 효력을 상실하게 된다.

㉡ 따라서 당초 조합설립인가처분에 대한 무효확인소송이 적법하게 계속되던 도중에 새로운 조합설립인가처분이 이루어졌다고 하더라도, 당초 조합설립인가처분이 취소 또는 철회되지 않은 채 조합이 여전히 당초 조합설립인가처분의 유효를 주장하고 있어 당초 조합설립인가처분의 효력이 소멸되었음이 객관적으로 확정되지 않은 경우에는, 특별한 사정이 없는 한 조합원으로서 조합설립 시기 및 새로운 조합설립인가처분 전에 이루어진 후속 행위의 효력 등에 영향을 미치는 당초 조합설립인가처분에 관한 무효확인을 구할 소의 이익이 당연히 소멸된다고 볼 수는 없다(2011두21010). [22년 지방 7급 1]

정비사업조합(이하 '조합'이라고 한다)에 관한 조합설립변경인가처분은 당초 조합설립인가처분에서 이미 인가받은 사항의 일부를 수정 또는 취소·철회하거나 새로운 사항을 추가하는 것으로서 유효한 당초 조합설립인가처분에 근거하여 설권적 효력의 내용이나 범위를 변경하는 성질을 가지므로, 당초 조합설립인가처분이 쟁송에 의하여 취소되었거나 무효인 경우에는 이에 터 잡아 이루어진 조합설립변경인가처분도 원칙적으로 효력을 상실하거나 무효라고 해석함이 타당하다. 그리고 이러한 법리는 당초 조합설립인가처분 이후 여러 차례 조합설립변경인가처분이 있었다가 중간에 행하여진 선행 조합설립변경인가처분이 쟁송에 의하여 취소되었거나 무효인 경우에 후행 조합설립변경인가처분의 효력에 대해서도 마찬가지로 적용된다고 새겨야 한다(2011다46128).

OX 1

「도시 및 주거환경정비법」상 주택재건축사업조합이 새로이 조합설립인가처분을 받은 것과 동일한 요건과 절차를 거쳐 조합설립변경인가처분을 받은 경우, 당초의 조합설립인가처분이 유효한 것을 전제로 당해 주택재건축사업조합이 시공사 선정 등의 후속행위를 하였다 하더라도 특별한 사정이 없는 한 당초의 조합설립인가처분의 무효확인을 구할 소의 이익은 없다. [ ]
[22년 지방 7급]

(7) 조합설립인가 취소판결의 효력

① 조합설립인가처분이 판결에 의하여 취소되거나 무효로 확인된 경우에는 조합설립인가처분은 처분 당시로 소급하여 효력을 상실하고, 이에 따라 당해 주택재건축사업조합 역시 조합설립인가처분 당시로 소급하여 도시정비법상 주택재건축사업을 시행할 수 있는 행정주체인 공법인으로서의 지위를 상실한다(2011두518).

② 또 당해 주택재개발사업조합이 조합설립인가처분 취소 전에 도시정비법상 적법한 행정주체 또는 사업시행자로서 한 결의 등 처분도 달리 특별한 사정이 없는 한 소급하여 효력을 상실한다고 보아야 한다(2008다95885). [21년 세무사, 15년 국회 8급]

③ 또 추진위원회가 지위를 회복하여 다시 조합설립인가신청을 하는 등 조합설립추진 업무를 계속 수행할 수 있다(2013두17473).

④ 다만, 조합설립인가처분의 효력이 상실되었다 하더라도 효력상실로 인한 잔존사무의 처리와 같은 업무는 여전히 수행되어야 하므로, 주택재건축사업조합은 청산사무가 종료될 때까지 청산의 목적범위 내에서 권리·의무의 주체가 되고, 조합원 역시 청산의 목적범위 내에서 종전 지위를 유지하며, 정관 등도 그 범위 내에서 효력을 가진다(2011두518). 또 이를 위하여

정답
1. ×

PART 07

종전에 결의 등 처분의 법률효과를 다투는 소송에서의 당사자 지위는 소멸하지 않고 유지된다(2008다95885).

(8) 조합의 정관

① 주택재개발 정비사업조합의 정관은 해당 조합의 조직, 기관, 활동, 조합원의 권리의무관계 등 단체법적 법률관계를 규율하는 것으로서 공법인인 조합과 조합원에 대하여 내부적으로 구속력을 가지는 자치법규로 본다. 따라서 자치법규인 정관에서 정한 사항은 원칙적으로 해당 조합과 조합원을 위한 규정이라고 봄이 타당하고 조합 외부의 제3자를 보호하거나 제3자를 위한 규정이라고 볼 것은 아니다(2017다282438).

② 정비조합 정관변경에 대한 시장 · 군수 등의 인가행위는 기본행위의 효력을 완성시켜 주는 보충적 행위이다(2006마635). [22년 지방 7급, 19년 소방 9급] 다만, 시장 등이 변경된 정관을 인가하더라도 정관변경의 효력이 총회의 의결이 있었던 때로 소급하여 발생한다고 할 수 없고, 장래효만 있다(2013도11532). [22년 지방 7급 1]

OX 1
주택재건축조합의 정관변경에 대한 시장 · 군수등의 인가는 그 대상이 되는 기본행위를 보충하여 법률상 효력을 완성시키는 행위로서 시장 · 군수등이 변경된 정관을 인가하면 정관변경의 효력이 총회의 의결이 있었던 때로 소급하여 발생한다. [ ]
[22년 지방 7급]

3. 재건축 · 재개발사업의 시행 – 사업시행계획의 수립 및 인가

① 사업시행계획은 건축물 및 정비기반시설 등을 위한 설계도이면서, 그 설계도면에 따른 시공을 위해 필요한 각종 계획을 포괄하는 개념이다. 건축물배치계획을 포함한 토지이용계획, 정비기반시설 및 공동이용시설의 설치계획, 주민이주대책, 세입자주거대책, 임대주택의 건설계획, 건축물의 높이 및 용적률 등에 관한 건축계획, 폐기물의 처리계획 등을 포함한다(제52조 제1항).

② 사업시행자가 정비 사업을 시행하려는 경우에는 사업시행계획서에 정관 등과 그밖에 국토교통부령으로 정하는 서류를 첨부하여 시장 · 군수 등에게 제출하고 사업시행계획인가를 받아야 한다(제50조 제1항).

③ 사업시행계획에 대한 인가의 법적 성질이 문제된다. ㉠ 판례는 사업시행계획인가를 재량행위로 보고 있으며(2007두6663), 강학상 인가에 해당하는 것으로 보고 있다(2010두1248, 2007두16691). [18년 서울 9급, 16년 국회 8급] ㉡ 다만, 토지소유자들이 조합을 따로 설립하지 않고 직접 시행하는 도시환경정비사업의 경우에는 사업시행인가처분이 설권적 처분(즉, 특허)의 성격을 갖는 것으로 본다(2010헌바1, 2009헌바128, 2011두19994). 이 경우에는 조합설립 절차가 따로 없어서, 사업시행인가처분에 토지소유자등에 대하여 행정주체로서의 특별한 지위를 부여하는 효력까지 포함해서 처분이 이루어지기 때문이다.

④ 한편 사업시행계획안은 조합총회의 결의를 거쳐 성립되는데, 조합총회의 결의 자체는 사업시행계획이라는 재건축 · 재개발조합의 행정작용에 필요한 공법행위에 해당한다고 본다. 그리고 이렇게 성립된 사업시행계획안에 대하여 사업시행계획인가가 있으면, 그 사업시행계획은 처분으로서 사업시행계획에 해당하게 된다고 본다. 따라서 사업시행계획의 성립과정에 하자가 있음을 이유로 다투려는 경우, ㉠ 아직 사업시행계획이 인가 및 고시에 의해 확정되지 않은 경우에는 당사자소송으로 사업시행총회결의 무효확인의 소를 제기하여 다툴 수 있지만, ㉡ 사업시행계획이 인가 및 고시에 의해 확정된 경우에는 사업시행계획이

정답
1. ×

처분으로 인정되기 때문에, 이에 대한 취소 또는 무효확인소송을 항고소송으로 제기하여야 한다고 본다.

판례

구 도시 및 주거환경정비법에 따른 주택재건축정비사업조합은 관할 행정청의 감독 아래 위 법상 주택재건축사업을 시행하는 공법인으로서, 그 목적 범위 내에서 법령이 정하는 바에 따라 일정한 행정작용을 행하는 행정주체의 지위를 가진다 할 것인데, 재건축정비사업조합이 이러한 행정주체의 지위에서 위 법에 기초하여 수립한 사업시행계획은 인가・고시를 통해 확정되면 이해관계인에 대한 구속적 행정계획으로서 독립된 행정처분에 해당하고, 이와 같은 사업시행계획안에 대한 조합 총회결의는 그 행정처분에 이르는 절차적 요건 중 하나에 불과한 것으로서, 그 계획이 확정된 후에는 항고소송의 방법으로 계획의 취소 또는 무효확인을 구할 수 있을 뿐, 절차적 요건에 불과한 총회결의 부분만을 대상으로 그 효력 유무를 다투는 확인의 소를 제기하는 것은 허용되지 않는다(2009마596).

4. 분양신청 및 관리처분계획

(1) 분양신청

① 도시정비법상 공용환권은 분양신청과 관리처분계획에 따른 환권처분에 의해 행해진다. 신축의 대지 또는 건축물에 대한 분양을 받고자 하는 토지등소유자는 분양신청기간 이내에 사업시행자에게 대지 또는 건축물에 대한 분양신청을 하여야 한다.

② 대지 또는 건축시설에 대한 수분양권의 취득을 희망하는 토지 등의 소유자가 한 분양신청에 대하여, 조합이 분양대상자가 아니라고 하여 관리처분계획에서 제외시키거나 원하는 내용의 분양대상자로 결정하지 아니한 경우에는, 아직 토지 등의 소유자에게 원하는 내용의 구체적인 수분양권이 직접 발생한 것이라고는 볼 수 없어, 곧바로 조합을 상대로 하여 민사소송이나 공법상 당사자소송으로 수분양권의 확인을 구하는 것은 허용될 수 없다(94다31235). 이 경우에는 관리처분계획 또는 분양거부처분 등의 취소를 구하는 항고소송을 제기하여 다투어야 한다. [12년 국회 8급 1]

(2) 관리처분계획(공용환권계획)

① 관리처분계획은 분양대상자, 분양가액, 조합원의 비용분담 등 토지 등 소유자의 권리・의무에 관한 사항을 확정하는 행정계획이다. 토지소유자의 종전 토지와 건축물에 대한 권리를 새로 조성되는 대지와 건축물에 대한 권리로 변환시키는 공용환권계획에 해당한다.

② 분양신청기간이 종료되면, 사업시행자는 분양설계, 분양대상자의 주소 및 성명, 분양예정인 대지 또는 건물의 추산액, 분양가격, 정비 사업비의 추산액 및 그에 따른 조합원의 부담규모 및 부담시기 등을 포함한 관리처분계획을 수립하여 총회의 의결을 거친 후 시장・군수의 인가를 받아야 한다(제74조 제1항). [11년 국가 7급]

③ 관리처분계획 인가의 법적 성질이 문제되는데, 대법원은 관리처분계획의 법률상 효력을 완성시키는 보충행위(강학상 인가)로서의 성질을 갖는다고 본다(2010두24951). [19년 국가 9급, 16년 국가 7급] 따라서 조합의 의결의 내용상 하자를 들어 인가의 취소 또는 무효의 확인을 구하는 소를 제기하는 것은 소의 이익이 없어 허용되지 않는다(2001두7541).

OX 1

토지 등의 소유자가 분양신청을 하였으나 관리처분계획에서 제외된 경우에 조합을 상대로 당사자소송으로 수분양권존재확인을 할 것이 아니라 관리처분계획 또는 분양거부처분 등의 취소를 구하는 항고소송을 하여야 한다. [ ] [12년 국회 8급]

정답

1. ○

④ 대법원은 관리처분계획의 단체법적 안정을 고려하여, 관리처분계획 인가를 발급하면서 거기에 기부채납과 같은 조건을 붙이는 것은 허용되지 않는다는 입장이다(2010두24951). [18년 경행경채 3차, 16년 국가 7급 1]

⑤ 한편, 관리처분계획안은 조합총회의 결의를 거쳐 성립되는데, 조합총회의 결의 자체는 관리처분계획이라는 재건축·재개발조합의 행정작용에 필요한 공법행위에 해당한다고 본다. 그리고 이렇게 성립된 관리처분계획안에 대하여 관리처분계획 인가가 있으면, 그 관리처분계획이 처분에 해당하게 된다고 본다(2007다2428). 따라서 관리처분계획의 성립과정에 하자가 있음을 이유로 다투려는 경우, ㉠ 관리처분계획에 대한 행정청의 인가 및 고시로 관리처분계획이 확정되기 전에 기본행위인 총회결의에 하자가 있다는 이유로 이에 대해 다투려 하는 경우에는 (총회결의가 공법상의 행위에 해당하므로) 당사자소송으로 총회결의 무효확인의 소를 제기하여 다투어야 하지만, ㉡ 관리처분계획이 인가 및 고시에 의해 확정된 후에 총회결의에 하자가 있다는 이유로 이에 대해 다투려 하는 경우에는 처분인 관리처분계획 자체에 대한 취소소송 또는 무효확인소송을 제기하여야 한다고 본다(2007다2428). [22년 변호사 2]

판례

도시 및 주거환경정비법상 행정주체인 주택재건축 정비사업조합을 상대로 관리처분계획안에 대한 조합 총회결의의 효력 등을 다투는 소송은 행정처분에 이르는 절차적 요건의 존부나 효력 유무에 관한 소송으로서 그 소송결과에 따라 행정처분의 위법 여부에 직접 영향을 미치는 공법상 법률관계에 관한 것이므로, 이는 행정소송법상의 당사자소송에 해당한다(2007다2428). [16년 국가 7급, 11년 국가 7급]

도시 및 주거환경정비법상 주택재건축 정비사업조합이 같은 법 제48조에 따라 수립한 관리처분계획에 대하여 관할 행정청의 인가·고시까지 있게 되면 관리처분계획은 행정처분으로서 효력이 발생하게 되므로, 총회결의의 하자를 이유로 하여 행정처분의 효력을 다투는 항고소송의 방법으로 관리처분계획의 취소 또는 무효확인을 구하여야 하고, 그와 별도로 행정처분에 이르는 절차적 요건 중 하나에 불과한 총회결의 부분만을 따로 떼어내어 효력 유무를 다투는 확인의 소를 제기하는 것은 특별한 사정이 없는 한 허용되지 않는다(2007다2428). [16년 국가 7급, 13년 국회 8급 3]

도시 및 주거환경정비법 관련 규정의 내용, 형식 및 취지 등에 비추어 보면, 당초 관리처분계획의 경미한 사항을 변경하는 경우와 달리 관리처분계획의 주요 부분을 실질적으로 변경하는 내용으로 새로운 관리처분계획을 수립하여 시장·군수의 인가를 받은 경우에는, 당초 관리처분계획은 달리 특별한 사정이 없는 한 효력을 상실한다(2011두6400).

OX 1

관리처분계획에 대한 인가처분은 단순한 보충행위에 그치지 않고 일종의 설권적 처분의 성질을 가지므로, 인가처분시 기부채납과 같은 다른 조건을 붙일 수 있다. [ ] [16년 국가 7급]

OX 2

관리처분계획에 대한 인가·고시가 있은 이후 총회의결의 하자를 이유로 관리처분계획의 효력을 다투려면 당사자소송으로 총회의결의 효력 유무의 확인을 구하여야 한다. [ ] [22년 변호사]

OX 3

관리처분계획에 대한 인가를 받고 난 이후에 관리처분계획을 다투기 위해서는 인가처분 자체를 취소소송으로 다투어야 한다. [ ] [13년 국회 8급]

정답

1. × 2. × 3. ×

(3) 정리

재건축 · 재개발 관련 판례정리(법적 성질)	
행위	법적 성질
조합 설립추진위원회 구성에 대한 승인	강학상 인가
조합설립인가	조합에게 행정주체로서의 지위를 부여하는 설권적 처분(강학상 특허)
사업시행계획	행정주체 내부에서의 공법행위로서 기본행위(인가 받으면 처분)
관리처분계획	행정주체 내부에서의 공법행위로서 기본행위(인가 받으면 처분)
사업시행계획 또는 관리처분계획에 대한 총회의 결의	행정주체 내부에서의 공법행위
사업시행계획에 대한 행정청의 인가	① 조합을 설립하여 사업을 수행하는 경우 : 강학상 인가 ② 토지등소유자가 직접 사업을 수행하는 경우 : 강학상 특허
관리처분계획에 대한 행정청의 인가	강학상 인가

재건축 · 재개발 관련 판례정리(쟁송수단)	
대상	쟁송수단
조합설립행위의 하자	항고소송으로 조합설립인가의 취소 또는 무효확인의 소 제기
인가 전 사업시행계획 또는 관리처분계획	당사자소송으로 총회결의에 대한 무효확인의 소 제기
인가 후 사업시행계획 또는 관리처분계획	항고소송으로 계획에 대한 취소 또는 무효확인의 소 제기
조합원의 자격 인정 여부에 관한 다툼	당사자소송으로 조합원 자격의 확인의 소 제기 [22년 경찰간부]
조합과 조합장 또는 조합임원 사이의 선임 · 해임 등을 둘러싼 다툼	민사소송 제기
토지등의 소유자가 분양신청을 하였으나 관리처분계획에서 제외된 경우	조합을 상대로 관리처분계획 또는 분양거부처분에 대해 취소 또는 무효확인을 구하는 항고소송 제기

5. 사업의 완료

(1) 철거 및 준공인가

사업시행자는 관리처분계획의 인가를 받은 후 기존의 건축물을 철거하여야 하며(제81조 제2항), 시장이나 군수가 아닌 사업시행자가 정비사업에 관한 공사를 완료한 때에는 시장 · 군수의 준공인가를 받아야 한다(제83조 제1항).

(2) 관리처분

관리처분은 관리처분계획에 따라 권리의 변환을 행하는 것을 말한다. 강학상으로 환권처분으로 분류된다. 도시정비법상 관리처분은 이전고시 및 청산에 의해 이루어진다. 이전고시 자체를 관리처분(환권처분) 혹은 분양처분이라 부르기도 한다. 따라서 '환권처분=분양처분=관리처분=이전고시'라고 보아도 무방하다.

(3) 이전고시

① 이전고시는 정비사업의 시행이 완료된 후에 행하는, 관리처분계획에서 정한 사항을 분양받을 자에게 대지 또는 건축물의 소유권을 이전한다는 내용을 담은 고시를 말한다. 이전고시가 있으면 공용환권이 이루어진다. 즉, 대지 또는 건물을 분양받은 자는 이전고시가 효력을 발생한 날에 종전의 소유권을 상실하고, 고시가 있은 날의 다음 날에 새로운 대지 또는 건축물의 소유권을 취득한다. 따라서 이전고시는 처분에 해당한다(2013다73551). [12년 국회 8급]

② 관리처분계획과 이전고시 등의 절차를 거친 경우, 전소유권과 후소유권 사이에는 동일성이 유지되지만, 이러한 절차를 거치지 않는 경우에는 공용환권이 이루어진 것으로 볼 수 없어 양자간의 동일성이 인정되지 않는다고 본다(2019다272343). 동일성이 유지된다는 것은 종전의 토지 또는 건축물에 관하여 존재하던 권리관계가 새로운 토지 또는 건축물로 이전된다는 의미이다.

③ 대법원은 이전고시의 효력이 발생한 이후에는 항고소송으로 관리처분계획의 취소 또는 무효확인을 구하는 것을 허용하지 않는다(2011두6400 전원합의체). [16년 국가 7급] 이전고시의 효력 발생으로 이미 대다수 조합원 등에 대하여 획일적·일률적으로 처리된 권리귀속 관계를 모두 무효화하고 다시 처음부터 관리처분계획을 수립하여 이전고시 절차를 거치도록 하는 것은 정비사업의 공익적·단체법적 성격에 배치된다는 점을 이유로 소의 이익을 부인하고 있다.

④ 또 이전고시의 효력이 발생한 이후에는 조합원 등이 해당 정비사업을 위하여 이루어진 수용재결이나 이의재결의 취소 또는 무효확인을 구할 법률상 이익도 없다고 본다(2013두11536). [22년 변호사 1] 마찬가지로 정비사업의 공익적·단체법적 성격과, 이전고시에 따라 이미 형성된 법률관계를 유지하여 법적 안정성을 보호할 필요성이 현저하다는 점 등을 논거로 들고 있다.

OX 1

사업시행이 완료되고 소유권 이전에 관한 고시의 효력이 발생한 이후에는 조합원 등은 해당 재개발사업을 위하여 이루어진 수용재결이나 이의재결의 취소를 구할 법률상 이익이 없다. [ ]
[22년 변호사]

판례

도시재개발법에 의한 재개발사업에 있어서의 분양처분은 공법상 처분으로서 종전의 토지 또는 건축물에 관한 소유권 등의 권리를 강제적으로 변환시키는 이른바 공용환권에 해당하나, 분양처분 그 자체로는 권리의 귀속에 관하여 아무런 득상·변동을 생기게 하는 것이 아니고, 한편 종전의 토지 또는 건축물에 대신하여 대지 또는 건축시설이 정하여진 경우에는 분양처분의 고시가 있은 다음날에 종전의 토지 또는 건축물에 관하여 존재하던 권리관계는 분양받는 대지 또는 건축시설에 그 동일성을 유지하면서 이행되는 것인바, 이와 같은 경우의 분양처분은 대인적 처분이 아닌 대물적 처분이라 할 것이다. 따라서 재개발사업 시행자가 소유자를 오인하여 종전의 토지 또는 건축물의 소유자가 아닌 다른 사람에게 분양처분을 한 경우, 그러한 분양처분이 있었다고 하여 그 다른 사람이 권리를 취득하게 되는 것은 아니며, 종전의 토지 또는 건축물의 진정한 소유자가 분양된 대지 또는 건축시설의 소유권을 취득하고 이를 행사할 수 있다고 보아야 할 것이다(95다10570).

정답

1. ○

(4) 청산

① 대지 또는 건축물을 분양받은 자가 종전에 소유하고 있던 토지 또는 건축물의 가격과 분양받은 대지 또는 건축물의 가격 사이에 차이가 있는 경우에는 사업시행자는 이전고시가 있은 후에 그 차액에 상당하는 금액(청산금)을 분양받은 자로부터 징수하거나 분양받은 자에게 지급하여야 한다(제89조 제1항).

② 청산금의 징수에 관하여는 지방세체납처분의 예에 의한 징수 또는 징수 위탁과 같은 간이하고 경제적인 특별구제절차가 마련되어 있다(제90조 제1항). 따라서 시장 · 군수가 사업시행자의 청산금 징수 위탁에 응하지 아니하였다는 등의 특별한 사정이 없는 한 시장 · 군수가 아닌 사업시행자가 이와 별개로 공법상 당사자소송의 방법으로 청산금 청구를 할 수는 없다(2016두39498).

(5) 해산

조합은 이전고시, 건축물에 대한 등기절차, 청산금 징수 및 지급을 완료한 경우 조합해산결의를 하고 청산 등기를 하여 해산 절차를 이행한다.

유대웅
행정법각론

핵심정리

www.pmg.co.kr

PART

08

토지규제행정법 (지역개발행정법)

Chapter 01

토지규제행정법 개설

핵심 정리 54 행정규제 개설

01 행정규제의 의의

① 행정규제란 행정목적을 달성하기 위해 행정기관이 사적 활동에 개입하는 것을 말한다. 행정규제에 대한 일반법으로 「행정규제기본법」이 제정되어 있는데, 행정규제기본법은 행정규제를 "국가나 지방자치단체가 특정한 행정목적을 실현하기 위하여 국민(국내법을 적용받는 외국인을 포함한다)의 권리를 제한하거나 의무를 부과하는 것"으로 정의하고 있다(제2조 제1호).

② 행정규제는 환경, 경제, 소비, 보건 등 국민생활의 다양한 분야에 걸쳐 이루어질 수 있는데, 이 중 토지에 대한 규제를 통제하기 위한 목적으로 발전한 법영역을 학자에 따라, 토지규제행정법 혹은 지역개발행정법 혹은 지역정서(整序)행정법 혹은 국토개발행정법이라 부른다. (이하 이 책에서는 토지규제행정법이라 부르기로 한다.)

02 토지규제행정의 의의

① 토지규제행정은 국가 등 행정주체가 장기적인 관점에서 종합적 · 계획적인 국토의 이용 · 개발을 도모하고 토지이용의 합리적 질서를 확립하기 위하여 토지의 이용과 거래를 규제하는 행정활동을 말한다. 이와 관련한 법령을 토지규제행정법이라 한다.

② 토지는 공산품과 달리 수요에 맞추어 추가적으로 이를 생산하는 것이 거의 불가능하고, 다른 물건으로 대체하기가 곤란할뿐더러, 국민의 생활의 터전으로 기능하는 것이기 때문에, 강한 사회성 내지 공공성을 갖는다. 이에 난개발이나 특정인에 의한 독점을 규제해야 할 필요성이 크다. 따라서 다른 영역에 대한 규제보다 강도 높은 규제도 정당화된다.

03 토지규제행정법의 법제

헌법 제120조 ② 국토와 자원은 국가의 보호를 받으며, 국가는 그 균형 있는 개발과 이용을 위하여 필요한 계획을 수립한다.

헌법 제122조 국가는 국민 모두의 생산 및 생활의 기반이 되는 국토의 효율적이고 균형 있는 이용 · 개발과 보전을 위하여 법률이 정하는 바에 의하여 그에 관한 필요한 제한과 의무를 과할 수 있다.

① 헌법 제120조 제2항, 제122조는 토지규제행정의 헌법적 근거가 되고 있다. 이러한 헌법적 근거하에 1970년대 이후 토지규제의 활발한 전개와 더불어 성격과 내용을 달리하는 수많은 법률이 제정된 결과, 현재는 상당히 복잡한 체계를 이루고 있다.

② 토지규제행정에 관한 대표적인 법률로는 「국토기본법」, 「수도권정비계획법」, 「산업입지 및 개발에 관한 법률」, 「국토의 계획 및 이용에 관한 법률」, 「도시개발법」, 「도시 및 주거환경정비법」, 「개발이익환수에 관한 법률」, 「농어촌정비법」 등이 존재한다. 이하에서는 출제가능성이 있는 「국토기본법」과 「국토의 계획 및 이용에 관한 법률」을 중심으로 살펴보도록 한다.

04 국토기본법

국토기본법 제6조(국토계획의 정의 및 구분) ① 이 법에서 "국토계획"이란 국토를 이용·개발 및 보전할 때 미래의 경제적·사회적 변동에 대응하여 국토가 지향하여야 할 발전 방향을 설정하고 이를 달성하기 위한 계획을 말한다.

② 국토계획은 다음 각 호의 구분에 따라 국토종합계획, 초광역권계획, 도종합계획, 시·군 종합계획, 지역계획 및 부문별계획으로 구분한다. 〈개정 2011. 4. 14., 2021. 8. 10., 2022. 2. 3.〉

1. 국토종합계획 : 국토 전역을 대상으로 하여 국토의 장기적인 발전 방향을 제시하는 종합계획

1의2. 초광역권계획 : 지역의 경제 및 생활권역의 발전에 필요한 연계·협력사업 추진을 위하여 2개 이상의 지방자치단체가 상호 협의하여 설정하거나 「지방자치법」 제199조의 특별지방자치단체가 설정한 권역으로, 특별시·광역시·특별자치시 및 도·특별자치도의 행정구역을 넘어서는 권역(이하 "초광역권"이라 한다)을 대상으로 하여 해당 지역의 장기적인 발전 방향을 제시하는 계획

2. 도종합계획 : 도 또는 특별자치도의 관할구역을 대상으로 하여 해당 지역의 장기적인 발전 방향을 제시하는 종합계획

3. 시·군종합계획 : 특별시·광역시·시 또는 군(광역시의 군은 제외한다)의 관할구역을 대상으로 하여 해당 지역의 기본적인 공간구조와 장기 발전 방향을 제시하고, 토지이용, 교통, 환경, 안전, 산업, 정보통신, 보건, 후생, 문화 등에 관하여 수립하는 계획으로서 「국토의 계획 및 이용에 관한 법률」에 따라 수립되는 도시·군계획

4. 지역계획 : 특정 지역을 대상으로 특별한 정책목적을 달성하기 위하여 수립하는 계획

5. 부문별계획 : 국토 전역을 대상으로 하여 특정 부문에 대한 장기적인 발전 방향을 제시하는 계획

① 종전의 「국토건설종합계획법」을 대체하여 2002년 2월 4일에 제정된 「국토기본법」은, 국토에 관한 계획 및 정책의 수립과 시행에 관한 기본적인 사항을 정함으로써 국토의 건전한 발전과 국민의 복리 향상에 이바지함을 목적으로 하고 있다.

② 국토기본법은 국토계획을 국토종합계획, 도종합계획, 시·군종합계획, 지역계획 및 부문별계획으로 구분하고, 상호 간의 관계를 명확히 하여 계획 간의 조화와 일관성을 도모하고 있다. 국토계획은 국가계획❶으로서 최상위의 공간계획이다.

③ 뒤에서 다룰 광역도시계획 및 도시·군계획은 국가계획에 부합되어야 하며, 광역도시계획 또는 도시·군계획의 내용이 국가계획의 내용과 다를 때에는 국가계획의 내용이 우선한다(국토의 계획 및 이용에 관한 법률 제4조 제2항).

④ 또 국토의 계획 및 이용과 관리에 관한 중요정책을 심의하기 위하여 국무총리 소속하에 국토정책위원회를 설치하고(국토기본법 제26조 제1항) 국무총리를 위원장(국토기본법 제27조 제2항)으로 하게 하고 있다.

❶ 지방자치단체 장이 아니라, 중앙행정기관의 장이 법률에 따라 수립하거나 국가정책을 위하여 수립한 계획 중 도시·군관리계획으로 정해야 할 사항을 포함하고 있는 계획을 국가계획이라 한다.

Chapter

02 토지이용규제

핵심 정리 55 국토의 계획 및 이용에 관한 법률

국토의 계획 및 이용에 관한 법률 제2조(정의) 이 법에서 사용하는 용어의 뜻은 다음과 같다.
1. "광역도시계획"이란 제10조에 따라 지정된 광역계획권의 장기발전방향을 제시하는 계획을 말한다.
2. "도시・군계획"이란 특별시・광역시・특별자치시・특별자치도・시 또는 군(광역시의 관할 구역에 있는 군은 제외한다. 이하 같다)의 관할 구역에 대하여 수립하는 공간구조와 발전방향에 대한 계획으로서 도시・군기본계획과 도시・군관리계획으로 구분한다.
3. "도시・군기본계획"이란 특별시・광역시・특별자치시・특별자치도・시 또는 군의 관할 구역 및 생활권에 대하여 기본적인 공간구조와 장기발전방향을 제시하는 종합계획으로서 도시・군관리계획 수립의 지침이 되는 계획을 말한다.
4. "도시・군관리계획"이란 특별시・광역시・특별자치시・특별자치도・시 또는 군의 개발・정비 및 보전을 위하여 수립하는 토지 이용, 교통, 환경, 경관, 안전, 산업, 정보통신, 보건, 복지, 안보, 문화 등에 관한 다음 각 목의 계획을 말한다.
   가. 용도지역・용도지구의 지정 또는 변경에 관한 계획
   나. 개발제한구역, 도시자연공원구역, 시가화조정구역(市街化調整區域), 수산자원보호구역의 지정 또는 변경에 관한 계획
   다. 기반시설의 설치・정비 또는 개량에 관한 계획
   라. 도시개발사업이나 정비사업에 관한 계획
   마. 지구단위계획구역의 지정 또는 변경에 관한 계획과 지구단위계획
   바. 삭제 〈2024. 2. 6.〉 ➡ 입지규제최소구역 개념이 삭제됨
   사. 도시혁신구역의 지정 또는 변경에 관한 계획과 도시혁신계획
   아. 복합용도구역의 지정 또는 변경에 관한 계획과 복합용도계획
   자. 도시・군계획시설입체복합구역의 지정 또는 변경에 관한 계획

01 개설

① 종전에는 국토를 도시지역과 비도시지역으로 구분한 후에, 도시지역은 「도시계획법」으로, 비도시지역은 「국토이용관리법」으로 규율하였다. 그러다 2000년대에 들어 비도시지역 특히 준농림지역에서의 난개발문제가 심각하게 지적되어 2002년 2월 4일에 도시계획법과 국토이용관리법을 통합한 「국토의 계획 및 이용에 관한 법률」이 새로 제정되었다. 이 법은 '국토계획법'이라 약칭된다.

② 행정법은 토지와 관련해서 그 소유를 제한하거나, 이용을 제한하거나, 수익을 제한하거나, 처분을 제한하는 방식으로 규제를 가하고 있는데, 국토계획법은 그 중 토지의 이용을 규제하기 위한 목적으로 제정된 법률이다. (참고로, https://www.eum.go.kr/에서 개별 토지에 대하여 이루어지고 있는 토지이용규제현황을 확인할 수 있다.)

③ 국토계획법은 비도시지역에 대해서도 군기본계획 및 군관리계획을 수립하도록 함으로써, 계획에 따라 개발이 이루어지는 '선계획 후개발'의 국토이용체계를 채택하고 있다.

④ 또 이 법은 국토계획을 광역도시계획과 도시·군계획으로 구분하고, 도시·군계획을 다시 도시·군기본계획과 도시·군관리계획으로 구분하고 있다. 도시·군관리계획이 가장 구체화된 계획인데 여기에서 종전에 있던 준농림지역을 없애고, 전 국토를 4개의 용도지역(도시지역, 관리지역, 농림지역, 자연환경보전지역)으로 나누고 있다. (참고로 실무상으로는 도시기본계획과 도시관리계획을 잇는 중간 단위계획으로 '생활권계획'이라는 것이 수립되고 있다. 생활권계획은 법정계획은 아니다.)

⑤ 또 종전의 도시지역에 한정되어 실시되었던 개발행위허가제도를 전 국토로 확대하는 한편, 관할 행정청이 일정한 개발행위를 허가하는 경우에는 미리 도시계획위원회의 심의를 거치도록 하고 있다.

02 광역도시계획

'광역도시계획'이란 광역계획권의 장기발전방향을 제시하는 계획을 말한다. 2개 이상의 특별시·광역시·특별자치시·특별자치도·시 또는 군에 대하여 장기적인 발전방향을 수립하는 행정계획이다.

03 도시·군기본계획

1. 의의

① '도시·군기본계획'이란 특별시·광역시·특별자치시·특별자치도·시 또는 군(특.특.특.광.시.군.)의 관할 구역에 대하여 기본적인 공간구조와 장기발전방향을 제시하는 종합계획으로서, 도시·군관리계획 수립의 지침이 되는 계획을 말한다. '2040 서울도시기본계획(2040서울플랜)'이 그 예에 해당한다.

② 도시·군기본계획은 ㉠ 특별시·광역시·특별자치시·특별자치도·시인 경우에 수립되는 도시기본계획과, ㉡ 행정구역의 명칭이 군인 경우에 수립되는 군기본계획으로 구분된다.

2. 구속력

① 도시·군기본계획은 일반국민에 대해 구속력이 없다(2000두8226). 따라서 처분에 해당하지 않는다고 본다.

② 한편, 일반적으로 도시·군기본계획은 도시·군관리계획을 입안하는 기관을 구속한다고 서술되고 있는데, 대법원은 도시·군기본계획이 행정청에 대해서도 구속력을 갖지 못하는 것으로 보고 있다(2005두1893). [19년 2월 서울 7급, 18년 국가 7급 1, 16년 지방 9급]

판례

구 도시계획법 제10조의2, 제16조의2, 같은 법 시행령 제7조, 제14조의2의 각 규정을 종합하면, 도시기본계획은 도시의 기본적인 공간구조와 장기발전방향을 제시하는 종합계획으로서 그 계획에는 토지이용계획, 환경계획, 공원녹지계획 등 장래의 도시개발의 일반적인 방향이 제시되지만, 그 계획은 도시계획입안의 지침이 되는 것에 불과하므로 일반 국민에 대한 직접적인 구속력은 없다(2000두8226).

OX 1

국토의 계획 및 이용에 관한 법률에 따른 도시·군기본계획은 일반 국민에 대하여 직접적인 구속력은 인정되지 않지만, 도시의 장기적 개발방향과 미래상을 제시하는 도시계획 입안의 지침이 되기에 행정청에 대한 직접적인 구속력은 인정된다. [ ]
[18년 국가 7급]

정답

1. ×

PART 08

구 도시계획법 제19조 제1항 및 도시계획시설결정 당시의 지방자치단체의 도시계획조례에서는, 도시계획이 도시기본계획에 부합되어야 한다고 규정하고 있으나, 도시기본계획은 도시의 장기적 개발방향과 미래상을 제시하는 도시계획 입안의 지침이 되는 장기적·종합적인 개발계획으로서 행정청에 대한 직접적인 구속력은 없다(2005두1893).

도시계획법 제11조 제1항에는, 시장 또는 군수는 그 관할 도시계획구역 안에서 시행할 도시계획을 도시기본계획의 내용에 적합하도록 입안하여야 한다고 규정하고 있으나, 도시기본계획이라는 것은 도시의 장기적 개발방향과 미래상을 제시하는 도시계획 입안의 지침이 되는 장기적·종합적인 개발계획으로서 직접적인 구속력은 없는 것이므로, 도시계획시설결정 대상면적이 도시기본계획에서 예정했던 것보다 증가하였다 하여 그것이 도시기본계획의 범위를 벗어나 위법한 것은 아니다(96누13927). [21년 국회 8급 1]

도시기본계획은 본래 추상적인 것이기 때문이다. 도시계획시설이란 도시기반시설 중 도시·군관리계획으로 결정된 시설을 말한다(뒤에서 다시 다룬다).

OX 1

도시계획시설결정의 대상면적이 도시기본계획에서 예정했던 것보다 증가하였다 하여 그 도시계획시설결정이 위법한 것은 아니다. [ ] [21년 국회 8급]

04 도시·군관리계획

1. 의의

① '도시·군관리계획'이란 특별시·광역시·특별자치시·특별자치도·시 또는 군의(특.특.특.광.시.군.) 개발·정비 및 보전을 위하여 수립하는 토지 이용, 교통, 환경, 경관, 안전, 산업, 정보통신, 보건, 복지, 안보, 문화 등에 관한 행정계획을 말한다.

② 도시·군관리계획은 ㉠ 특별시·광역시·특별자치시·특별자치도·시인 경우에 수립되는 도시관리계획과 ㉡ 행정구역의 명칭이 군인 경우에 수립되는 군관리계획으로 구분되지만, 보통 '도시·군관리계획'으로 통칭된다.

2. 성질(재량행위)

도시·군관리계획은 재량행위에 해당한다고 본다(2002두5474). 행정계획의 일종으로서 원칙적으로 행정청이 광범위한 계획재량을 갖기 때문이다.

판례

용도지역지정행위나 용도지역변경행위는 전문적·기술적 판단에 기초하여 행하여지는 일종의 행정계획으로서 재량행위라 할 것이다(2002두5474).

3. 도시·군관리계획의 주요 내용

(1) 개설

도시·군관리계획으로는 ㉠ 용도지역·용도지구의 지정 또는 변경에 관한 계획, ㉡ 개발제한구역, 도시자연공원구역, 시가화조정구역, 수산자원보호구역의 지정 또는 변경에 관한 계획, ㉢ 기반시설의 설치·정비 또는 개량에 관한 계획, ㉣ 도시·군계획시설입체복합구역의 지정 또는 변경에 관한 계획, ㉤ 도시개발사업이나 정비사업에 관한 계획, ㉥ 지구단위계획구역의 지정 또는 변경에 관한 계획과 지구단위계획, ㉦ 도시혁신구역의 지정 또는 변경에 관한 계획

정답

1. ○

과 도시혁신계획, ⓞ 복합용도구역의 지정 또는 변경에 관한 계획과 복합용도계획을 정한다.

➡ 용개기입도정지혁복

(2) 지역, 지구, 구역제

① 국토계획법은 모든 토지의 용도와 형태를 규제하려는 목적으로 용도지역·용도지구·용도구역제를 두고 있다. 이것은 도시·군관리계획으로 결정된다.

② 용도지역은 토지의 이용 및 건축물의 규모를 제한하는 역할을 하는데, 자칫 토지이용의 경직성이 발생할 수 있기 때문에, 용도지구와 용도구역을 통하여 용도지역의 제한을 강화 또는 완화 적용함으로써 용도지역을 보완하는 역할을 한다.

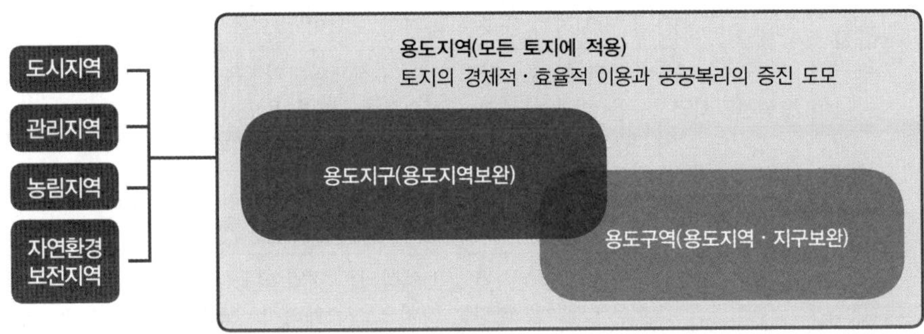

(출처: 서울특별시 도시계획과)

구분	내용
용도지역	㉠ 토지의 이용 및 건축물의 용도, 건폐율, 용적률, 높이 등을 제한함으로써 토지를 경제적·효율적으로 이용하고 공공복리의 증진을 도모하기 위하여 서로 중복되지 아니하게 도시·군관리계획으로 결정하는 지역을 말한다. ㉡ 용도지역은 도시·군관리계획 구역 전체를 대상으로 하여 지정이 된다. 도시·군관리계획 내의 지역은 반드시 어느 하나의 용도지역에 속하여야 하고, 중복지정은 불가능하다. ㉢ 각 용도지역에서는 용도지역의 지정목적에 합치하는 개발만이 허용되며, 그 지정목적에 반하는 건축 등의 행위는 제한된다. 용도지역 내에서 제한되는 행위에 해당하는지 여부에 대한 판단에는 원칙적으로 행정청의 재량이 인정되지 않는다. ㉣ 도시지역, 관리지역 등이 그 예에 해당한다.
용도지구	㉠ 토지의 이용 및 건축물의 용도·건폐율·용적률·높이 등에 대한 용도지역의 제한을 강화하거나 완화하여 적용함으로써 용도지역의 기능을 증진시키고 경관·안전 등을 도모하기 위하여 도시·군관리계획으로 결정하는 지역을 말한다. [11년 지방 7급] ㉡ 용도지구는 도시·군계획구역 내에서 지정이 필요한 지역에 한해서만 지정이 된다. 서로 양립할 수 없는 지구가 아닌 한 둘 이상의 용도지구가 중복지정될 수 있다. ㉢ 용도지구에서는 건축물의 용도, 용적률, 건폐율, 높이에 대한 제한이 이루어진다. 또한 용도지구에 따라 건축물의 형태, 색채 대지의 최소너비 등에 대해서도 제한이 이루어진다. ㉣ 자연경관이나 도심경관을 보호하기 위한 경관지구(강화), 문화재나 항만 등의 시설을 보호하기 위한 보호지구(강화), 음식점이나 숙박시설 건축이 불가능한 지역에서 그 건축을 가능하게 하는 복합용도지구(완화) 등이 그 예이다.
용도구역	㉠ 토지의 이용 및 건축물의 용도·건폐율·용적률·높이 등에 대한 용도지역 및 용도지구의 제한을 강화하거나 완화하여 따로 정함으로써 시가지의 무질서한 확산방지, 계획적이고 단계적인 토지이용의 도모, 토지이용의 종합적 조정·관리 등을 위하여 도시·군관리계획으로 결정하는 지역을 말한다.

PART 08

	㉡ 용도구역은 도시·군계획구역 내에서 지정이 필요한 지역에 한해서만 지정이 된다. 다만 각 구역의 지정목적은 서로 다르기 때문에 동일한 지역에 구역이 중복지정될 수는 없다. ㉢ 개발제한구역이 그 예에 해당한다.

용도지역의 구분(제36조)		
도시지역	주거지역	거주의 안녕과 건전한 생활환경의 보호를 위하여 필요한 지역
	상업지역	상업이나 그밖의 업무의 편익을 증진하기 위하여 필요한 지역
	공업지역	공업의 편익을 증진하기 위하여 필요한 지역
	녹지지역	자연환경·녹지 및 산림의 보호, 보건위생, 보안과 도시의 무질서한 확산을 방지하기 위하여 녹지의 보전이 필요한 지역
관리지역	보전관리지역	자연환경보호, 산림보호, 수질오염방지, 녹지공간 확보 및 생태계 보전 등을 위하여 보전이 필요하나, 주변 용도지역과의 관계 등을 고려할 때 자연환경보전 지역으로 지정하여 관리하기가 곤란한 지역
	생산관리지역	농업·임업·어업 생산 등을 위하여 관리가 필요하나, 주변 용도지역과의 관계 등을 고려할 때 농림지역으로 지정하여 관리하기가 곤란한 지역
	계획관리지역	도시지역으로의 편입이 예상되는 지역이나 자연환경을 고려하여 제한적인 이용·개발을 하려는 지역으로서 계획적·체계적인 관리가 필요한 지역
농림지역		도시지역에 속하지 아니하는 「농지법」에 따른 농업진흥지역 또는 「산지관리법」에 따른 보전산지 등으로 농림업을 진흥시키고 산림을 보전하기 위하여 필요한 지역
자연환경보전지역		자연환경·수자원·해안·생태계·상수원 및 문화재의 보전과 수산자원의 보호·육성 등을 위하여 필요한 지역

(3) 개발제한구역 특수논점

1) 의의

① 개발제한구역이라 함은 도시의 무질서한 확산을 막고, 도시민의 건전한 생활환경을 확보하기 위하여 도시 주변에 지정되는 개발이 제한되는 지역을 말한다. 속칭 '그린벨트'라 한다. 국토교통부장관이 도시·군관리계획을 통하여 결정한다.

② 허가가 필요한 '개발행위'에는 건축물의 건축 및 용도변경, 공작물의 설치, 토지의 형질변경, 죽목의 벌채, 토지의 분할, 물건을 쌓아 놓는 행위 등이 있다. 개발제한구역 내에서의 개발행위 허가에 대해서는 별도로 「개발제한구역의 지정 및 관리에 관한 특별조치법」에서 규율하고 있다.

2) 지정행위의 성질

개발제한구역 지정행위는 구속적 행정계획으로서 처분에 해당한다.

3) 개발제한구역 지정의 해제

① 개발제한구역이 개발제한구역 지정기준에 부합하지 않게 된 경우에는 이를 조정하거나 해제할 수 있다. 그러나 「개발제한구역의 지정 및 관리에 관한 특별조치법」에는 조정이나 해제에 대한 신청권을 명문으로는 규정하고 있지 않다. 이에, 조리상 신청권을 인정할 수 있는

지가 문제되는데, 이를 인정해야 한다는 견해가 유력하다.

② 다만, 개발제한구역 중 일부 취락을 개발제한구역에서 해제하는 내용의 도시관리계획변경 결정에 대하여, 개발제한구역 해제대상에서 누락된 토지의 소유자에게는 위 결정의 취소를 구할 법률상 이익이 인정되지 않는다고 본 판례가 있다(2007두10242).

4) 개발제한구역 내 개발행위허가의 성질

개발제한구역 내에서의 개발행위의 허가는 강학상 예외적 승인(허가)으로 본다. 따라서 재량행위에 해당하는 것으로 본다.

판례

개발제한구역은 도시의 무질서한 확산을 방지하고 도시 주변의 자연환경을 보전하여 도시민의 건전한 생활환경을 확보하기 위하여 도시의 개발을 제한할 필요에 의하여 지정되는 것이어서 원칙적으로 개발제한구역에서의 개발행위는 제한되는 것이기는 하지만 위와 같은 개발제한구역의 지정목적에 위배되지 않는다면 허용될 수 있는 것인바, 도시계획시설인 묘지공원과 화장장 시설의 설치가 위와 같은 개발제한구역의 지정목적에 위배된다고 보이지 않으므로, 시장이 이미 개발제한구역으로 지정되어 있는 부지에 묘지공원과 화장장 시설들을 설치하기로 하는 내용의 도시계획시설결정을 하였다 하더라도 이를 두고 위법하다고 할 수 없다(2005두1893). [22년 소방직, 19년 5급 승진1]

개발제한구역 내에서는 구역지정의 목적상 건축물의 건축 및 공작물의 설치 등 개발행위가 원칙적으로 금지되고, 다만 구체적인 경우에 이러한 구역지정의 목적에 위배되지 아니할 경우 예외적으로 허가에 의하여 그러한 행위를 할 수 있게 되어 있음이 그 규정의 체제와 문언상 분명하고, 이러한 예외적인 개발행위의 허가는 상대방에게 수익적인 것이 틀림이 없으므로 그 법률적 성질은 재량행위 내지 자유재량행위에 속하는 것이고, 이러한 재량행위에 있어서는 관계 법령에 명시적인 금지규정이 없는 한 행정목적을 달성하기 위하여 조건이나 기한, 부담 등의 부관을 붙일 수 있고, 그 부관의 내용이 이행 가능하고 비례의 원칙 및 평등의 원칙에 적합하며 행정처분의 본질적 효력을 저해하지 아니하는 이상 위법하다고 할 수 없다(2003두12837). [17년 변호사]

개발제한구역에서의 자동차용 액화석유가스 충전사업 허가는 그 기준 내지 요건이 불확정 개념으로 규정되어 있어 허가 여부의 판단에 관하여 행정청에 재량권이 부여되어 있다고 할 것이므로, 허가권자인 행정청은 그 재량의 범위 내에서 액화석유가스법이 정한 요건과 조례에서 정한 허가기준 및 개발제한구역법 시행령 [별표 2]에서 규정하고 있는 허가의 세부기준 등을 검토하여 허가 여부를 결정할 수 있고, 그에 관한 행정청의 판단이 사실오인, 비례·평등의 원칙 위배, 목적 위반 등에 해당하지 아니하는 이상 재량권의 일탈·남용에 해당한다고 할 수 없다(2014두5330). [17년 5급 승진]

5) 매수청구권

① 개발제한구역의 지정에 따라 개발제한구역의 토지를 종래의 용도로 사용할 수 없어 그 효용이 현저히 감소된 토지나 그 토지의 사용 및 수익이 사실상 불가능하게 된 토지의 소유자로서, ㉠ 개발제한구역으로 지정될 당시부터 계속하여 해당 토지를 소유한 자, ㉡ 토지의 사용·수익이 사실상 불가능하게 되기 전에 해당 토지를 취득하여 계속 소유한 자, ㉢ 또는 이 앞의 두 자로부터 해당 토지를 상속받아 계속하여 소유한 자는 국토교통부장관에게 그 토지의 매수를 청구할 수 있다(개발제한구역의 지정 및 관리에 관한 특별조치법 제17조 제1항). [17년 5급 승진2]

OX 1

이미 개발제한구역으로 지정되어 있는 부지에 묘지공원과 화장장 시설을 설치하기로 하는 내용의 도시계획시설결정을 한 경우 이는 개발제한구역의 지정목적에 위배된 것으로 위법하다. [ ] [19년 5급 승진]

OX 2

개발제한구역의 지정으로 인하여 개발가능성이 줄어들어 그에 따른 지가의 하락이나 지가상승률의 상대적 감소가 생긴 토지의 소유자는 국토교통부장관에게 그 토지의 매수를 청구할 수 있는 권리가 있다. [ ] [17년 5급 승진]

정답

1. × 2. ×

② 이와 같이 매수청구권을 인정하고 있음에도 불구하고, 개발제한구역 제도가 여전히 과도하게 재산권을 침해하는 것은 아닌지가 문제된 바 있었는데, 헌법재판소는 이를 합헌으로 보았다(2006헌바9). [23년 국가 9급]

③ 이 매수청구권은 형성권이 아니라 청구권에 불과하다고 본다. 따라서 매수청구권을 행사하면 국토교통부장관이 이를 매수하여야 할 의무를 부담하게 되는 것일 뿐, 곧바로 매매계약이 체결된 효과가 발생하는 것은 아니다.

⑷ 기반시설의 설치 · 정비 또는 개량에 관한 계획

1) 기반시설의 의의

① "기반시설"이란 ㉠ 도로 · 철도 · 항만 · 공항 · 주차장 등 교통시설, ㉡ 광장 · 공원 · 녹지 등 공간시설, ㉢ 유통업무설비, 수도 · 전기 · 가스공급설비, 방송 · 통신시설, 공동구 등 유통 · 공급시설, ㉣ 학교 · 공공청사 · 문화시설 및 공공필요성이 인정되는 체육시설 등 공공 · 문화체육시설, ㉤ 하천 · 유수지(遊水池) · 방화설비 등 방재시설, ㉥ 장사시설 등 보건위생시설, ㉦ 하수도, 폐기물처리 및 재활용시설, 빗물저장 및 이용시설 등 환경기초시설 중 대통령령으로 정하는 시설을 말한다.

② 기반시설 중 도시 · 군관리계획으로 결정되어 있는 시설을 특히 "도시 · 군계획시설"이라 한다. 대부분의 기반시설은 도시 · 군계획시설에 속한다. 기반시설의 설치는 도시 · 군관리계획이 수립되어 있는 경우에만 가능한 것이 원칙이기 때문이다.

2) 기반시설의 설치 절차(중요)

① 기반시설의 설치 절차를 개략적으로 요약하면 다음과 같다.

> ㉠ 도시 · 군관리계획을 통한 기반시설 설치계획의 결정 · 고시 ➡ ㉡ 사업시행자 지정 · 고시(행정청뿐만 아니라 비행정청도 사업시행자가 될 수 있음.) ➡ ㉢ 사업실시계획 인가 · 고시 ➡ ㉣ 공용수용 등 필요 토지 취득 ➡ ㉤ 착공 및 준공

② 사업실시계획 인가가 있으면 사업인정이 의제되어 수용권이 부여된다. 따라서 강학상 특허로 취급된다.

③ 보통 도시계획시설결정은 있었으나 실시계획 인가가 발급되지 않아, 사업시행에 필요한 토지를 확보하지 못해 '장기미집행의 문제'가 발생하곤 한다.

판례

㉠ 국토의 계획 및 이용에 관한 법률(이하 '국토계획법'이라 한다) 제43조 제1항에 따르면, 일정한 기반시설에 관해서는 그 종류 · 명칭 · 위치 · 규모 등을 미리 도시 · 군관리계획으로 결정해야 한다. 국토계획법 제2조 제7호, 제10호는 이와 같이 도시 · 군관리계획 결정으로 결정된 기반시설을 '도시 · 군계획시설'로, 도시 · 군계획시설을 설치 · 정비 또는 개량하는 사업을 '도시 · 군계획시설사업'으로 지칭하고 있다.

㉡ 도시·군계획시설은 도시·군관리계획 결정에 따라 설치되는데, 도시·군계획시설결정은 국토계획법령에 따라 도시·군관리계획 결정에 일반적으로 요구되는 기초조사, 주민과 지방의회의 의견 청취, 관계 행정기관장과의 협의나 도시계획위원회 심의 등의 절차를 밟아야 한다. 이러한 절차를 거쳐 도시·군계획시설결정이 이루어지면 도시·군계획시설의 종류에 따른 사업대상지의 위치와 면적이 확정되고, 그 사업대상지에서는 원칙적으로 도시·군계획시설이 아닌 건축물 등의 허가가 금지된다(제64조).

㉢ 반면 실시계획인가는 도시·군계획시설결정에 따른 특정 사업을 구체화하여 이를 실현하는 것으로서, 시·도지사는 도시·군계획시설사업의 시행자가 작성한 실시계획이 도시·군계획시설의 결정·구조 및 설치의 기준 등에 적합하다고 인정하는 경우에는 이를 인가하여야 한다(제88조 제3항, 제43조 제2항). 이러한 실시계획인가를 통해 사업시행자에게 도시·군계획시설사업을 실시할 수 있는 권한과 사업에 필요한 토지 등을 수용할 수 있는 권한이 부여된다(2016두49938).

구 지역균형개발 및 지방중소기업 육성에 관한 법률 제16조 제2항, 제17조 제1항, 제2항, 제3항, 제4항, 제18조 제1항, 제3항, 제19조 제1항, 제2항, 구 지역균형개발 및 지방중소기업 육성에 관한 법률 시행령 제22조의 내용 및 취지 등에 비추어 보면, 개발촉진지구 안에서 시행되는 지역개발사업(국가 또는 지방자치단체가 직접 시행하는 경우를 제외한다, 이하 '지구개발사업'이라 한다)에서 지정권자의 실시계획승인처분은 단순히 시행자가 작성한 실시계획에 대한 보충행위로서의 성질을 가지는 것이 아니라 시행자에게 구 지역균형개발법상 지구개발사업을 시행할 수 있는 지위를 부여하는 일종의 설권적 처분의 성격을 가진 독립된 행정처분으로 보아야 한다(2012두5619). **[23년 국회 8급]**

도시·군계획시설사업에 관한 실시계획인가처분은 해당 사업을 구체화하여 현실적으로 실현하기 위한 형성행위로서 이에 따라 토지수용권 등이 구체적으로 발생하게 된다(2016두48416). **[23년 변호사, 21년 변호사]**

도시계획시설사업은 명시적으로 도로 등 교통시설, 학교·운동장·문화시설 등 공공·문화체육시설과 같은 도시계획시설을 설치·정비 또는 개량하여 공공복리의 증진과 국민의 삶의 질을 향상하게 함을 목적(국토계획법 제1조, 제2조 제2호, 제6호, 제7호, 제10호)으로 하고 있으므로, 도시계획시설사업 자체로 공공필요성의 요건은 충족된다 할 것이다(2006헌바79). **[23년 소방 9급, 21년 소방간부]**

군계획시설결정 단계에서 군계획시설의 공익성 여부와 그 설치사업에 따른 공익과 사익 사이의 이익형량이 이루어진다. 따라서 군계획시설사업의 실시계획인가 여부를 결정하는 행정청은 특별한 사정이 없는 한 실시계획이 군계획시설의 결정·구조 및 설치의 기준 등에 부합하는지 여부를 판단하는 것으로 충분하고, 나아가 그 사업의 공익성 여부나 사업 수행에 따른 이익형량을 다시 할 필요는 없다(2016두49938). **[20년 변호사]**

3) 실시계획인가의 실효

판례

도시계획사업의 시행자는 늦어도 고시된 도시계획사업의 실시계획인가에서 정한 사업시행기간 내에 사법상의 계약에 의하여 도시계획사업에 필요한 타인 소유의 토지를 양수하거나 수용재결의 신청을 하여야 하고, 그 사업시행기간 내에 이와 같은 취득절차가 선행되지 아니하면 그 도시계획사업의 실시계획인가는 실효된다. 뿐만 아니라 그 후에 실효된 실시계획인가를 변경인가하여 그 시행기간을 연장하였다고 하여 실효된 실시계획의 인가가 효력을 회복하여 소급적으로 유효하게 될 수는 없다(90누9971). [12년 국가 7급]

실시계획인가 실효에 대한 판례이다. 도시·군계획시설결정 실효와 혼동하면 안 된다.

4) 장기미집행에 따른 매수청구권

① 도시·군계획시설에 대한 도시·군관리계획 결정('도시·군계획시설 결정')의 고시일부터 10년 이내에 그 도시·군계획시설의 설치에 관한 도시·군계획시설사업이 시행되지 아니하는 경우 그 도시·군계획시설의 부지로 되어 있는 토지 중 지목(地目)이 대(垈)인 토지의 소유자는 지방자치단체장 등에게 그 토지의 매수를 청구할 수 있다(제47조 제1항). [12년 국가 7급❶]

② 이 매수청구권은 형성권이 아니라 청구권적 효력만을 갖는 권리이다. 따라서 매수청구를 하더라도 곧바로 매매계약이 체결된 것과 같은 효과가 발생하는 것이 아니라, 지방자치단체장 등이 그 토지에 대하여 매매계약을 체결해야 할 의무를 갖는 것에 불과하다(제47조 제6항). [19년 변호사❷]

③ 도시·군계획시설 부지 소유자의 매수 청구에 대한 관할 행정청의 매수 거부 결정은 항고소송의 대상인 처분에 해당한다(2006두4738). [21년 국회 8급]

OX 1

도시·군계획시설에 대한 도시·군관리계획 결정의 고시일부터 5년 이내에 그 도시·군계획시설의 설치에 관한 도시·군계획시설사업이 시행되지 아니하는 경우 그 도시·군계획시설의 부지로 되어 있는 토지 중 지목(地目)이 대(垈)인 토지의 소유자는 지방자치단체장 등에게 그 토지의 매수를 청구할 수 있다. [ ] [12년 국가 7급]

OX 2

甲이 소유하고 있는 A대지는 관할 행정청인 乙에 의해 도시·군관리계획에 의거 도시계획시설인 학교를 신축하기 위한 부지로 결정·고시되었다. 그러나 乙은 A대지에 위 도시계획시설 결정을 한 채 장기간 그 사업을 시행하고 있지 않은 상황이다. 이때 甲이 乙에게 국토의 계획 및 이용에 관한 법령에 따라 자신의 대지에 대한 매수를 청구하더라도 매매의 효과가 바로 발생하는 것은 아니다. [ ] [19년 변호사]

5) 장기미집행에 따른 시설결정의 실효제도

도시·군계획시설결정이 고시된 도시·군계획시설에 대하여 그 고시일부터 20년이 지날 때까지 그 시설의 설치에 관한 도시·군계획시설사업이 시행되지 아니하는 경우 그 도시·군계획시설결정은 그 고시일부터 20년이 되는 날의 다음날에 그 효력을 잃는다(제48조). [11년 지방 7급]

판례

장기미집행 도시계획시설결정의 실효제도는, 도시계획시설부지로 하여금 도시계획시설결정으로 인한 사회적 제약으로부터 벗어나게 하는 것으로서, 결과적으로 개인의 재산권이 보다 보호되는 측면이 있는 것은 사실이나, 이와 같은 보호는 입법자가 새로운 제도를 마련함에 따라 얻게 되는 법률에 기한 권리일 뿐 헌법상 재산권으로부터 당연히 도출되는 권리는 아니다(2002헌바84). [20년 국가 9급, 19년 변호사, 12년 국회 9급]

도시계획시설로 지정된 후에 사업이 장기간 집행되지 않고 있는 경우 헌법상 재산권 보장에 대한 규정인 헌법 제23조 규정만에 의하여서도, 오랜기간 집행되지 않고 있는 도시계획시설결정(장기미집행 도시계획시설결정)이 당연히 실효되는 것으로 보아야 하는지가 문제되는데, 우리 헌법재판소는 별도의 법률상 근거가 없는 한 당연히 실효되는 것은 아니라고 본다. 제48조 규정은 이와 같은 헌법재판소의 결정 이후에 실효 제도를 뒷받침하는 법률 규정으로서 제정된 것이다.

6) 장기미집행에 따른 도시·군관리계획 해제 입안신청권

도시·군계획시설결정의 고시일부터 10년 이내에 그 도시·군계획시설의 설치에 관한 도시·군계획시설사업이 시행되지 아니한 경우로서 일정한 경우에는, 그 도시·군계획시설 부지로

정답

1. × 2. ○

되어 있는 토지의 소유자는 (지목이 대가 아니라 하더라도) 해당 도시 · 군계획시설에 대한 도시 · 군관리계획 입안권자에게 그 토지의 도시 · 군계획시설결정 해제를 위한 도시 · 군관리계획 입안을 신청할 수 있다(제48조의2). [19년 경찰 2차]

7) 사인에 의한 도시 · 군계획시설사업의 시행

사인(私人)도 사업시행자로 지정을 받으면 도시 · 군계획시설사업을 시행할 수 있다. 사업시행자로 지정을 받으면 사업의 공공성을 이유로 사인도 개발이익이 배제된 가격으로 토지를 수용할 수 있게 되는 등의 특권을 누리게 된다. 사인이 사업시행자로 지정을 받으려면 도시계획시설사업의 대상인 토지 면적의 3분의 2 이상에 해당하는 토지를 소유하고, 토지소유자 총수의 2분의 1 이상에 해당하는 자의 동의를 얻어야 한다(동법 시행령 제96조 제2항).

판례

국토계획법이 사인을 도시 · 군계획시설사업의 시행자로 지정하기 위한 요건으로 소유 요건과 동의 요건을 둔 취지는 사인이 시행하는 도시 · 군계획시설사업의 공공성을 보완하고 사인에 의한 일방적인 수용을 제어하기 위한 것이다. 그러므로 만일 국토계획법령이 정한 도시계획시설사업의 대상 토지의 소유와 동의 요건을 갖추지 못하였는데도 사업시행자로 지정하였다면, 이는 국토계획법령이 정한 법규의 중요한 부분을 위반한 것으로서 특별한 사정이 없는 한 그 하자가 중대하다고 보아야 한다(2016두35120). [20년 변호사]

(5) 도시개발사업 및 정비사업

① 도시 · 군관리계획으로는 ㉠ 「도시개발법」에 따른 도시개발사업과, ㉡ 「도시 및 주거환경정비법」에 따른 정비사업에 관한 사항도 정한다. 전자는 미개발지를 신시가지로 만드는 사업이고, 후자는 구시가지를 정비하는 사업이다.

② 참고로, 위 두 사업과 도시 · 군계획시설사업을 통틀어 "도시 · 군계획사업"이라 하는데, 국토의 계획 및 이용에 관한 법률상의 '개발행위'가 사적(私的) 목적을 위하여 이루어지는 개발이라면(개발행위에 대해서는 뒤에서 다룬다), 도시 · 군계획사업은 공적(公的) 목적을 위하여 이루어지는 개발이다.

(6) 지구단위계획

① "지구단위계획"이란 도시 · 군계획 수립 대상지역의 일부에 대하여 토지 이용을 합리화하고 그 기능을 증진시키며 미관을 개선하고 양호한 환경을 확보하며, 그 지역을 체계적 · 계획적으로 관리하기 위하여 수립하는 도시 · 군관리계획을 말한다. [16년 지방 7급 1, 11년 지방 7급] 일부 지역을 개발하기로 하되, 단순히 규제를 풀어주고 민간이 자유롭게 개발을 하게 하는 것이 아니라, 구체적으로 어떻게(예 택지개발, 산업단지, 관광특구) 개발할 것인지에 대해서까지 행정청이 상세하게 입안하는 계획이다.

② 도시 · 군 내의 특정 지역을 개발하기 위하여, 그곳에 이미 설정되어 있는 용도지역이나 용도지구, 용도구역에 따른 제한에도 불구하고, 그 지역에 대한 개발을 가능하게 하는 행정계획이다.

OX 1

지구단위계획은 도시 · 군계획 수립 대상지역의 일부에 대하여 토지 이용을 합리화하고 그 기능을 증진시키며 미관을 개선하고 양호한 환경을 확보하며, 그 지역을 체계적 · 계획적으로 관리하기 위하여 수립하는 도시 · 군관리계획을 말한다. [ ] [16년 지방 7급]

정답

1. ○

4. 도시 · 군관리계획의 수립절차

(1) 계획의 입안

① 특별시장 · 광역시장 · 특별자치시장 · 특별자치도지사 · 시장 또는 군수(특.특.특.광.시.군.)는 관할구역에 대한 도시 · 군관리계획의 입안권을 갖는다(제24조 제1항). 다만, 국가계획과 관련된 경우 등 일정한 경우에는 국토교통부장관이 도시 · 군관리계획을 입안할 수 있다(제24조 제5항).

② 도시 · 군관리계획을 입안할 때에는 주민의 의견을 들어야 하며, 그 의견이 타당하다고 인정되면 도시 · 군관리계획에 반영하여야 한다(제28조 제1항).

③ 도시 · 군관리계획을 입안하고자 하는 때에는 대통령령이 정하는 일정 사항에 대하여는 해당 지방의회의 의견도 들어야 한다(제28조 제6항).

④ 또한 지역주민은 입안권자에 대하여 기반시설의 설치 · 정비 · 개량 등 일정한 사항(예 중학교나 공원의 설치)에 대한 도시 · 군관리계획의 입안을 제안할 수 있는 권리를 갖는다. [23년 변호사]

(2) 계획의 결정권자(제29조)

시 · 도지사	① 도시 · 군관리계획은 원칙적으로 시 · 도지사가 결정한다. 시 · 도지사가 직접 결정하거나 시장 · 군수의 신청에 따라 결정한다. ② 시 · 도지사가 도시 · 군관리계획을 결정할 때에는 시 · 도도시계획위원회의 심의를 거쳐야 한다.
대도시의 시장	지방자치법에 따른, 서울특별시와 광역시 및 특별자치시를 제외한, 인구 50만 이상의 대도시의 경우에는 해당 시장이 직접 결정한다. [16년 지방 7급1]
시장 또는 군수	㉠ 지구단위계획으로 대체하는 용도지구 폐지에 관한 도시 · 군관리계획 중 해당 시장 또는 군수가 도지사와 미리 협의한 경우나, ㉡ 시장 또는 군수가 입안한 지구단위계획구역의 지정 · 변경과 지구단위계획의 수립 · 변경에 관한 도시 · 군관리계획은 시장 또는 군수가 결정한다.
국토교통부장관	① ㉠ 국토교통부장관이 입안한 도시 · 군관리계획, ㉡ 개발제한구역의 지정 및 변경에 관한 도시 · 군관리계획, ㉢ 시가화조정구역의 지정 및 변경에 관한 도시 · 군관리계획, ㉣ 수산자원보호구역의 지정 및 변경에 관한 도시 · 군관리계획은 국토교통부장관이 직접 결정한다. ② 국토교통부장관이 도시 · 군관리계획을 결정할 때에는 중앙도시계획위원회의 심의를 거쳐야 한다.
해양수산부장관	수산자원보호구역의 지정 및 변경에 관한 도시 · 군관리계획은 해양수산부장관이 결정한다.

OX 1

도시 · 군관리계획은 시 · 도지사가 직접 또는 시장 · 군수의 신청에 따라 결정한다. 다만, 지방자치법에 따른 서울특별시와 광역시를 제외한 인구 100만 이상의 대도시의 경우에는 해당 시장이 직접 결정한다. [ ]
[16년 지방 7급]

OX 2

국토교통부장관, 시 · 도지사, 시장 또는 군수는 직접 도시 · 군관리계획에 관한 지형도면을 작성하거나 지형도면을 승인한 경우에는 이를 고시하여야 하며, 도시 · 군관리계획 결정의 효력은 이렇게 지형도면을 고시한 날부터 발생한다. [ ]
[16년 지방 7급]

5. 도시 · 군관리계획의 효력

① 국토교통부장관, 시 · 도지사, 시장 또는 군수는 직접 지형도면을 작성하거나 지형도면을 승인한 경우에는 이를 고시하여야 한다(제32조 제4항). 도시 · 군관리계획 결정의 효력은 지형도면을 고시한 날부터 발생한다(제31조 제1항). [16년 지방 7급2] 도시 · 군관리계획 결정의 효력이 발생하면 그에 따라 토지이용에 대하여 여러 제한이 가해진다. 지형도면이란 도시 · 군관리계획 사항을 명시한 도면을 말한다.

정답

1. × 2. ○

② 다만, 도시·군관리계획 결정 당시 이미 사업이나 공사에 착수한 자(허가·인가·승인 등을 받아야 하는 경우에는 그 허가·인가·승인 등을 받아 사업이나 공사에 착수한 자를 말한다)는 그 도시·군관리계획 결정과 관계없이 그 사업이나 공사를 계속할 수 있다(제31조 제2항). [16년 지방 7급 1]

판례

구 도시계획법 제7조가 도시계획결정등 처분의 고시를 도시계획구역, 도시계획결정등의 효력발생요건으로 규정하였다고 볼 것이어서 건설부장관 또는 그의 권한의 일부를 위임받은 서울특별시장, 도지사등 지방장관이 기안, 결재등의 과정을 거쳐 정당하게 도시계획결정등의 처분을 하였다고 하더라도 이를 관보에 게재하여 고시하지 아니한 이상 대외적으로는 아무런 효력도 발생하지 아니한다(85누186). [21년 지방 7급, 14년 국가 7급 2]

고시가 효력요건이기 때문이다. 구 도시계획(결정)은 도시·군관리계획의 전신이다.

6. 도시·군관리계획의 변경

「국토의 계획 및 이용에 관한 법률」에서 정한 절차를 따르지 않고 도시·관리계획을 변경한 경우, 그 변경은 무효로 본다.

판례

도시관리계획 결정·고시와 그 도면에 특정 토지가 도시관리계획에 포함되지 않았음이 명백한데도 도시관리계획을 집행하기 위한 후속 계획이나 처분에서 그 토지가 도시관리계획에 포함된 것처럼 표시되어 있는 경우가 있다. 이것은 실질적으로 도시관리계획 결정을 변경하는 것에 해당하여 구 국토의 계획 및 이용에 관한 법률 제30조 제5항에서 정한 도시관리계획 변경절차를 거치지 않는 한 당연무효이다(2018두47783). [21년 지방 7급 3]

7. 도시·군관리계획에 대한 쟁송

① 대법원은 도시·군관리계획은 국민에 대하여 직접 구속력을 갖는 행정계획으로서 처분에 해당한다고 본다(80누105). [17년 국회 8급, 16년 국회 8급, 15년 교행 9급, 15년 지방 7급]

② 또 도시계획구역 내 토지 등을 소유하고 있는 주민은 입안권자에게 도시계획입안을 요구할 수 있는 법규상 또는 조리상의 신청권이 있으며, 도시계획입안 신청에 대한 거부행위는 항고소송의 대상이 되는 행정처분에 해당한다고 보았다(2003두1806). [23년 변호사, 23년 소방간부, 21년 국회 8급, 12년 국가 7급]

③ 도시계획사업의 시행으로 인한 토지의 수용에 의하여 토지에 대한 소유권을 상실한 자는 도시계획결정이 당연무효가 아닌 한 그 토지에 대한 도시계획결정의 취소를 구할 법률상 이익이 인정되지 않는다(2001헌바58). [12년 지방 9급 4, 11년 지방 7급] 단체법적 질서의 안정을 위해 사업의 시행 이후에는 그에 대한 취소소송의 제기를 허용하지 않고 있는 것이다.

05 비용부담

광역도시계획 및 도시·군계획의 수립과 도시·군계획시설사업에 관한 비용은 국토계획법 또는 다른 법률에 특별한 규정이 있는 경우 외에는 ㉠ 국가가 하는 경우에는 국가예산에서, ㉡ 지방자치단체가 하는 경우에는 해당 지방자치단체가, ㉢ 행정청이 아닌 자가 하는 경우에는 그 자가 부담함을 원칙으로 한다(제101조). [12년 국가 7급 5]

OX 1
개발제한구역의 지정에 관한 도시·군관리계획 결정 당시, 이미 사업이나 공사에 착수한 자는 그 도시·군관리계획 결정에 관계없이 그 사업이나 공사를 계속할 수 있다. [ ] [16년 지방 7급]

OX 2
구 「도시계획법」상 행정청이 기안·결재 등의 과정을 거쳐 도시계획결정 등의 처분을 하였다고 하더라도 이를 관보에 게재하여 고시하지 아니한 이상 대외적으로는 아무런 효력도 발생하지 아니한다. [ ] [14년 국가 7급]

OX 3
도시관리계획 결정·고시와 그 도면에 특정 토지가 도시관리계획에 포함되지 않았음이 명백한데도 도시관리계획을 집행하기 위한 후속 계획이나 처분에서 그 토지가 도시관리계획에 포함된 것처럼 표시되어 있는 경우, 이는 원칙적으로 취소사유에 해당한다. [ ] [21년 지방 7급]

OX 4
헌법재판소에 의하면 도시계획사업의 시행으로 토지를 수용당한 사람은 도시계획결정과 토지수용이 당연무효가 아닌 한 도시계획결정 자체의 취소를 청구할 법률상의 이익이 없다. [ ] [12년 지방 9급]

OX 5
행정청이 아닌 자가 광역도시계획 및 도시·군계획의 수립과 도시·군계획시설사업을 하는 경우, 법률에 특별한 규정이 있는 경우 외에는 그에 관한 비용은 그 자가 부담함을 원칙으로 한다. [ ] [12년 국가 7급]

정답
1. ○ 2. ○ 3. × 4. ○ 5. ○

PART 08

핵심 정리 56 개발행위의 허가

01 개설

행정법은 토지와 관련해서 그 소유를 제한하거나, 이용을 제한하거나, 수익을 제한하거나, 처분을 제한하는 방식으로 규제를 가하고 있다. 개발행위 허가제는 그 중 토지의 이용을 규제하는 제도이다.

02 의의

개발행위 허가제도는 「국토의 계획 및 이용에 관한 법률」에서 정하는 일정 행위(이를 '개발행위'라 한다)에 대하여 사전에 허가를 받도록 하는 제도를 말한다. 난개발의 소지가 있는 행위를 제한하기 위하여, 과거 '토지형질변경허가제'를 개편하여 만든 제도이다.

03 허가의 대상이 되는 개발행위

① 「국토의 계획 및 이용에 관한 법률」 제56조 제1항은 ㉠ 건축물의 건축 또는 공작물의 설치, ㉡ 토지의 형질 변경(경작을 위한 경우로서 대통령령으로 정하는 토지의 형질 변경은 제외), ㉢ 토석의 채취, ㉣ 토지 분할(건축물이 있는 대지의 분할은 제외), ㉤ 녹지지역·관리지역 또는 자연환경보전지역에 물건을 1개월 이상 쌓아놓는 행위 중 대통령령으로 정하는 행위를, 허가를 받아야 하는 '개발행위'로 정의하고 있다.

② 참고로, 「국토의 계획 및 이용에 관한 법률 시행령」은 '건축물의 건축'은, 토지에 정착(定着)하는 공작물 중 지붕과 기둥 또는 벽이 있는 것과 이에 딸린 시설물, 지하나 고가(高架)의 공작물에 설치하는 사무소·공연장·점포·차고·창고를 건축하는 행위만을 허가를 받아야 하는 개발행위로 한정하고 있다(제51조).

③ 또 '토지의 형질변경' 행위도, 절토(切土, 땅깎기)·성토(盛土, 흙쌓기)·정지(整地, 땅고르기)·포장 등의 방법으로 토지의 형상을 변경하는 행위와 공유수면의 매립(경작을 위한 토지의 형질변경을 제외한다)이라 규정하고 있다(시행령 제51조).

참고 – 「건축법」과 「국토의 계획 및 이용에 관한 법률」의 관계

법률	「건축법」	「국토의 계획 및 이용에 관한 법률」
규율대상	건물	토지
규율행위	건축행위	개발행위
규율목적	안전성 확보	국토의 효율적 이용
관계	① 개발행위가 건축물 건축행위보다 넓은 개념 ② 건축물을 건축하기 위해서는 두 법률상의 허가를 모두 받아야 하는데, 건축허가를 받으면 개발행위허가가 의제됨.	

04 국토계획법상 개발행위의 허가의 성질

국토계획법 제58조(개발행위허가의 기준 등) ① 특별시장・광역시장・특별자치시장・특별자치도지사・시장 또는 군수는 개발행위허가의 신청 내용이 다음 각 호의 기준에 맞는 경우에만 개발행위허가 또는 변경허가를 하여야 한다.

1. 용도지역별 특성을 고려하여 대통령령으로 정하는 개발행위의 규모에 적합할 것. 다만, 개발행위가 「농어촌정비법」 제2조 제4호에 따른 농어촌정비사업으로 이루어지는 경우 등 대통령령으로 정하는 경우에는 개발행위 규모의 제한을 받지 아니한다.
2. 도시・군관리계획 및 성장관리방안의 내용에 어긋나지 아니할 것
3. 도시・군계획사업의 시행에 지장이 없을 것
4. 주변지역의 토지이용실태 또는 토지이용계획, 건축물의 높이, 토지의 경사도, 수목의 상태, 물의 배수, 하천・호소・습지의 배수 등 주변환경이나 경관과 조화를 이룰 것
5. 해당 개발행위에 따른 기반시설의 설치나 그에 필요한 용지의 확보계획이 적절할 것

국토계획법 제58조 제1항에 따르면, 개발행위는 제58조 제1항 각호에서 제시하고 있는 기준에 부합하는 경우에만 허가된다. 그런데 그 기준으로 '적합할 것', '지장이 없을 것' 등의 표현을 사용하고 있다. 따라서 학설은 개발행위허가는 재량행위 혹은 판단여지에 해당한다고 본다. 판례는 이를 '재량판단의 영역에 속한다'고 표현하고 있다.

판례

건축물의 건축이 「국토의 계획 및 이용에 관한 법률」상 개발행위에 해당할 경우 그 건축의 허가권자는 국토계획법령의 개발행위허가기준을 확인하여야 하므로, 국토계획법상 건축물의 건축에 관한 개발행위허가가 의제되는 건축허가신청이 국토계획법령이 정한 개발행위허가기준에 부합하지 아니하면 허가권자로서는 이를 거부할 수 있다(2016두35762). [21년 국가 9급]

국토계획법이 정한 용도지역 안에서의 건축허가는 건축법 제11조 제1항에 의한 건축허가와 국토계획법 제56조 제1항의 개발행위허가의 성질을 아울러 갖는데, 개발행위허가는 허가기준 및 금지요건이 불확정개념으로 규정된 부분이 많아 그 요건에 해당하는지 여부는 행정청의 재량판단의 영역에 속한다(2017두48956, 2016두55490). [20년 군무원 7급 1, 20년 지방 9급]

OX 1

「국토의 계획 및 이용에 관한 법률」이 정한 용도지역 안에서의 건축허가는 개발행위허가의 성질도 갖는데, 개발행위허가는 허가기준 및 금지요건이 불확정개념으로 규정된 부분이 많아 그 요건에 해당하는지 여부는 행정청의 판단여지에 속한다. [ ] [20년 군무원 7급]

정답

1. ×

05 개발행위허가의 기준

국토계획법 제58조(개발행위허가의 기준 등) ③ 제1항에 따라 허가할 수 있는 경우 그 허가의 기준은 지역의 특성, 지역의 개발상황, 기반시설의 현황 등을 고려하여 다음 각 호의 구분에 따라 대통령령으로 정한다. (각 호 생략)

국토의 계획 및 이용에 관한 법률 시행령 제56조(개발행위허가의 기준) ① 법 제58조 제3항에 따른 개발행위허가의 기준은 별표 1의2와 같다. 〈개정 2009. 8. 5.〉
② 법 제58조 제3항 제2호에서 "대통령령으로 정하는 지역"이란 자연녹지지역을 말한다.
③ 법 제58조 제3항 제3호에서 "대통령령으로 정하는 지역"이란 생산녹지지역 및 보전녹지지역을 말한다.
④ 국토교통부장관은 제1항의 개발행위허가기준에 대한 세부적인 검토기준을 정할 수 있다.

개발행위허가의 기준에 관하여 필요한 세부사항은 대통령령으로 정한다(제53조 제3항). 이에 따라 국토의 계획 및 이용에 관한 법률 시행령 제56조 제1항 ~ 제3항이 제정되어 있는데, 이들은 법규명령에 해당한다. 그러나 제56조 제4항은 세부적인 검토기준을 국토교통부장관으로 하여금 정할 수 있도록 하는 규정에 불과하므로, 국토교통부장관이 국토교통부 훈령으로 제정한 '개발행위허가운영지침'은 행정규칙에 불과하여 대외적 구속력이 없다(2020두43722).

06 인접주민이 개발행위허가를 다툴 수 있는지 여부

판례는 개발행위가 시행될 당해지역이나 주변지역의 주민은 물론, 그 밖에 '개발행위로 위와 같은 자신의 생활환경상의 개별적 이익이 수인한도를 넘어 침해되거나 침해될 우려가 있음을 증명한 자'에 대해서도 개발행위허가 처분을 다툴 법률상 이익을 인정하고 있다(2013두6824).

판례

개발행위가 시행될 당해지역이나 주변지역의 주민은 물론, 그 밖에 '개발행위로 위와 같은 자신의 생활환경상의 개별적 이익이 수인한도를 넘어 침해되거나 침해될 우려가 있음을 증명한 자'는 개발행위허가 처분을 다툴 법률상 이익을 인정받을 수 있다(2013두6824).

Chapter

03 토지수익규제

● 핵심 정리 57 개발이익 환수제도

01 개설

행정법은 토지와 관련해서 그 소유를 제한하거나, 이용을 제한하거나, 수익을 제한하거나, 처분을 제한하는 방식으로 규제를 가하고 있다. 개발이익 환수제도는 그 중 토지로 인한 수익을 규제하는 제도이다. 이를 위해 「개발이익 환수에 관한 법률」(약칭 개발이익환수법)이 제정되어 있다.

02 개발이익

개발이익환수법 제2조(정의) 이 법에서 사용하는 용어의 뜻은 다음과 같다. 〈개정 2020.2.18.〉

1. "개발이익"이란 개발사업의 시행이나 토지이용계획의 변경, 그 밖에 사회적·경제적 요인에 따라 정상지가(正常地價)상승분을 초과하여 개발사업을 시행하는 자(이하 "사업시행자"라 한다)나 토지소유자에게 귀속되는 토지 가액의 증가분을 말한다.

① 개발이익이란, 개발사업의 시행이나 토지이용계획의 변경, 그 밖에 사회적·경제적 요인에 따라 정상적 지가상승분을 초과하여 개발사업을 시행하는 자나 토지소유자에게 귀속되는 토지가격의 증가분을 말한다.

② 개발이익은 개발사업시행자나 토지소유자의 노력 없이 발생하는 불로소득이므로 이를 사유화하는 것은 사회정의에 어긋나고, 따라서 개발이익을 사회에 환원하도록 하고 있다. 즉 개발이익의 환수는 토지투기의 방지와 부의 형평배분 등을 실현하기 위하여 그 필요성이 인정된다.

③ 개발이익의 환수제는 과세적 방법과 비과세적 방법이 있는데, 현행법상 과세적 방법으로 재산세, 종합토지세, 양도소득세 등의 제도를 두고 있고, 비과세적 방법으로 개발부담금 제도를 두고 있다. 행정법에서는 주로 개발부담금이 문제가 된다.

03 개발부담금

1. 의의

> 개발이익환수법 제2조(정의) 이 법에서 사용하는 용어의 뜻은 다음과 같다. 〈개정 2020.2.18.〉
> 4. "개발부담금"이란 개발이익 중 이 법에 따라 특별자치시장·특별자치도지사·시장·군수 또는 구청장(구청장은 자치구의 구청장을 말하며, 이하 "시장·군수·구청장"이라 한다)이 부과·징수하는 금액을 말한다.

① 개발사업시행자에게 귀속되는 개발이익 중에서 사회에 환원하는 금액, 즉 개발이익환수법에 따라 특별자치시장·특별자치도지사·시장·군수 또는 자치구청장이 부과·징수하는 금액을 개발부담금이라 한다. 통상의 부담금과 마찬가지로 공법상 금전납부의무의 일종이다.

② 개발부담금은 국가 또는 지방자치단체가 재정수요를 충족시키기 위하여 반대급부 없이 법률에 규정된 요건에 해당하는 모든 자에 대하여 일반적 기준에 의하여 부과하는 금전급부라는 조세로서의 특징을 가지므로 실질적인 조세에 해당한다(2013헌바191). [20년 국가 7급]

2. 부과 대상사업

개발부담금은 ㉠ 택지개발사업, ㉡ 산업단지개발사업, ㉢ 관광단지조성사업(온천 개발사업을 포함), ㉣ 도시개발사업, 지역개발사업 및 도시환경정비사업, ㉤ 교통시설 및 물류시설 용지조성사업, ㉥ 체육시설 부지조성사업(골프장 건설사업 및 경륜장·경정장 설치사업을 포함), ㉦ 지목 변경이 수반되는 사업으로서 대통령령으로 정하는 사업, ◎ 그 밖에 제1호부터 제6호까지의 사업과 유사한 사업으로서 대통령령으로 정하는 사업을 대상으로 하여 부과된다(제5조 제1항).

3. 부과기준

개발부담금은 부과 종료 시점의 부과 대상 토지의 가액(종료시점지가)에서 ㉠ 부과 개시 시점의 부과 대상 토지의 가액(개시시점지가) ㉡ 부과 기간의 정상지가상승분 ㉢ 개발비용을 뺀 금액을 대상으로 하여 부과된다(제8조).

4. 납부방법 – 현금납부의 원칙

① 개발부담금은 원칙적으로 현금으로 납부하여야 한다. 다만 물납(物納)도 가능한데, 물납이란 현금 대신 토지나 건축물로 개발부담금을 납부하는 것을 말한다.

② 현행법상 채권납부는 인정되지 않고 있다. 토지보상법에서 채권보상을 인정하고 있는 것과 혼동해서는 안 된다.

Chapter

04 토지처분규제

핵심 정리 58 토지거래계약 허가제

01 개설

행정법은 토지와 관련해서 그 소유를 제한하거나, 이용을 제한하거나, 수익을 제한하거나, 처분을 제한하는 방식으로 규제를 가하고 있다. 토지거래계약 허가제는 그 중 토지의 처분을 규제하는 제도이다.

02 토지거래계약 허가제의 의의

① 토지거래는 사적자치의 원칙에 따라 본래 토지소유자의 자유에 속한다. 그러나 토지의 지가가 급격히 상승하는 지역에 토지투기가 행해짐으로써 당해 지역뿐만 아니라 그 이외의 지역에서도 토지거래질서가 왜곡되는 문제가 발생할 우려가 있어 「부동산 거래신고 등에 관한 법률」은 토지거래계약허가제(또는 토지거래허가제)를 도입하고 있다. 과거에는 이를 「국토의 이용 및 계획에 관한 법률」과 「국토이용관리법」에서 규정하고 있었다.

② 토지거래허가제는 토지의 투기적 거래로 인한 급격한 지가상승을 억제하기 위하여 국토교통부장관 또는 시·도지사가 일정한 절차에 따라 5년 내의 기간을 정하여 지정한 허가구역 안에서의, 토지 등의 거래계약(예 매매계약이나 교환계약 등)에 대하여 시장·군수·구청장의 허가를 받도록 하는 제도이다. 헌법재판소는 토지거래허가제도를 합헌으로 보고 있다(88헌가13).

판례

토지거래허가제는 사유재산제도의 부정(否定)이 아니라 그 제한(制限)의 한 형태이고 토지의 투기적 거래의 억제를 위하여 그 처분을 제한함은 부득이한 것이므로 재산권의 본질적인 침해가 아니며, 헌법상의 경제조항에도 위배되지 아니하고 현재의 상황에서 이러한 제한수단의 선택이 헌법상의 비례의 원칙이나 과잉금지의 원칙에 위배된다고 할 수도 없다(88헌가13). [13년 국가 7급 1]

토지거래계약허가제도는 토지의 투기적인 거래가 성행하거나 지가가 급격히 상승하는 지역 및 그러한 우려가 있는 지역에서 투기적인 거래를 방지하기 위한 것으로서, 관할관청은 토지거래계약을 체결하려는 자의 토지이용목적이 위와 같은 입법 취지를 고려한 국토의 계획 및 이용에 관한 법률에서 정한 허가기준에 적합한 경우에 토지거래계약을 할 수 있도록 허가를 하는 것일 뿐 허가 시 토지개발행위를 위한 허가 등 다른 법령에 정해진 허가를 당연히 전제로 하는 것은 아니므로, 토지거래계약허가를 받은 자가 그 토지에 관하여 토지의 형질변경 등 개발행위를 하면서 필요한 허가를 받는 것은 토지거래계약허가와 별개의 문제이다(2011두1665).

OX 1

헌법재판소는 토지거래계약허가제는 토지의 투기적 거래를 억제하기 위한 제도로서 사유재산제도를 부정하는 것이 아니며, 따라서 재산권의 본질적 내용을 침해한다고 볼 수는 없다고 한다. [ ] [13년 국가 7급]

PART 08

정답

1. ○

03 토지거래허가구역 지정의 처분성(인정)

부동산 거래신고 등에 관한 법률 제10조(토지거래허가구역의 지정) ① 국토교통부장관 또는 시·도지사는 국토의 이용 및 관리에 관한 계획의 원활한 수립과 집행, 합리적인 토지 이용 등을 위하여 토지의 투기적인 거래가 성행하거나 지가(地價)가 급격히 상승하는 지역과 그러한 우려가 있는 지역으로서 대통령령으로 정하는 지역에 대해서는 다음 각 호의 구분에 따라 5년 이내의 기간을 정하여 제11조 제1항에 따른 토지거래계약에 관한 허가구역으로 지정할 수 있다. 이 경우 국토교통부장관 또는 시·도지사는 대통령령으로 정하는 바에 따라 허가대상자(외국인등을 포함한다. 이하 이 조에서 같다), 허가대상 용도와 지목 등을 특정하여 허가구역을 지정할 수 있다. 〈개정 2023. 4. 18.〉

1. 허가구역이 둘 이상의 시·도의 관할 구역에 걸쳐 있는 경우: 국토교통부장관이 지정
2. 허가구역이 동일한 시·도 안의 일부지역인 경우: 시·도지사가 지정. 다만, 국가가 시행하는 개발사업 등에 따라 투기적인 거래가 성행하거나 지가가 급격히 상승하는 지역과 그러한 우려가 있는 지역 등 대통령령으로 정하는 경우에는 국토교통부장관이 지정할 수 있다.

대법원은 토지거래허가구역 지정행위의 처분성을 인정하고 있다.

판례

토지거래계약에 관한 허가구역으로 지정되는 경우, 허가구역 안에 있는 토지에 대하여 소유권이전 등을 목적으로 하는 거래계약을 체결하고자 하는 당사자는 공동으로 행정관청으로부터 허가를 받아야 하는 등 일정한 제한을 받게 되고, 허가를 받지 아니하고 체결한 토지거래계약은 그 효력이 발생하지 아니하며, 토지거래계약허가를 받은 자는 5년의 범위 이내에서 대통령령이 정하는 기간 동안 그 토지를 허가받은 목적대로 이용하여야 하는 의무도 부담하며, 같은 법에 따른 토지이용의무를 이행하지 아니하는 경우 이행강제금을 부과당하는 등 토지거래계약에 관한 허가구역의 지정은 개인의 권리 내지 법률상의 이익을 구체적으로 규제하는 효과를 가져 오게 하는 행정청의 처분에 해당하고, 따라서 이에 대하여는 원칙적으로 항고소송을 제기할 수 있다(2006두12883). [20년 군무원 7급]

04 토지거래허가의 법적 성질

1. 강학상 인가

토지거래허가의 법적 성질에 대해 이를 허가로 보아야 한다는 견해, 예외적 승인으로 보아야 한다는 견해, 인가로 보아야 한다는 견해 등이 대립하고 있는데, 대법원은 전원합의체 판결(90다12243)을 통해 이를 강학상 인가에 해당하는 것으로 보았다. [15년 지방 7급 1, 13년 국가 7급]

판례

토지거래허가가 규제지역 내의 모든 국민에게 전반적으로 토지거래의 자유를 금지하고 일정한 요건을 갖춘 경우에만 금지를 해제하여 계약체결의 자유를 회복시켜 주는 성질의 것이라고 보는 것은 위 법의 입법취지를 넘어선 지나친 해석이라고 할 것이고, 규제지역 내에서도 토지거래의 자유가 인정되나 다만 위 허가를 허가 전의 유동적 무효 상태에 있는 법률행위의 효력을 완성시켜 주는 인가적 성질을 띤 것이라고 보는 것이 타당하다(90다12243 전원합의체). [20년 군무원 7급 2]

✔ 토지거래허가를 강학상 허가로 보는 의견을 배척한 것이다.

OX 1

토지거래허가제에 있어서 토지거래허가는 그 명칭에도 불구하고 인가로서의 법적 성질을 갖는다. [ ] [15년 지방 7급]

OX 2

토지거래계약허가제에 있어서 허가란 규제지역 내의 모든 국민에게 전반적으로 토지거래의 자유를 원칙적으로 금지하고 일정한 요건을 갖춘 경우에만 사후에 금지를 해제하여 계약체결의 자유를 회복시켜 주는 성질의 것이다. [ ] [20년 군무원 7급]

정답

1. ○ 2. ×

2. 기속행위

부동산 거래신고 등에 관한 법률 제12조(허가기준) 시장・군수 또는 구청장은 제11조에 따른 허가신청이 다음 각 호의 어느 하나에 해당하는 경우를 제외하고는 허가하여야 한다. (각 호 생략)

대법원은 토지거래허가를 기속행위로 보고 있다. 토지거래는 원칙적으로 계약자유의 영역에 속하는 것이어서, 예외적으로만 그 거래를 제한할 수 있는 것이기 때문이다. 법문도 이를 기속행위로 규정하고 있다.

판례

토지거래계약 허가권자는, 그 허가신청이 구 국토이용관리법 제21조의4 제1항(현 부동산 거래신고 등에 관한 법률 제12조) 각호 소정의 불허가 사유에 해당하지 아니하는 한 허가를 하여야 하는 것인데, 인근 주민들이 당해 폐기물 처리장 설치를 반대한다는 사유는 국토이용관리법 제21조의4 규정에 의한 불허가 사유로 규정되어 있지 아니하므로 그와 같은 사유만으로는 토지거래허가를 거부할 사유가 될 수 없다(96누9362).

05 토지거래허가를 받지 않은 경우의 법적 효과

1. 계약의 효력 – 무효

① 토지거래계약(매매계약, 교환계약 등) 자체는 사법상의 계약이다. 사인 간의 계약이기 때문이다. 그리고 토지거래허가를 받지 않은 채로 이루어진 토지거래계약은 일단은 무효이다. 그러나 후에라도 허가를 받으면 소급하여 계약이 유효하게 된다. 이러한 법적 효력을 '유동적(流動的) 무효' 혹은 '부동적(浮動的) 무효'라 한다.

② 다만, 허가를 받기 전의 거래계약이, 애초에 허가를 배제하거나 잠탈하려는 내용의 계약이었을 경우에는, 후에라도 효력이 발생할 여지가 없는 확정적인 무효라고 본다.

③ 한편, 토지거래허가구역으로 지정된 토지에 대한 거래계약이 유동적 무효인 상태에서 ㉠ 그 토지에 대한 토지거래허가구역 지정이 해제되거나, ㉡ 허가구역 지정기간이 만료되었음에도 허가구역 재지정을 하지 아니한 경우, 그 토지거래계약은 확정적으로 유효가 된다고 본다(98다20459 전원합의체). [20년 국가 7급 1, 12년 국회 8급]

판례

허가를 받기 전의 거래계약이 처음부터 허가를 배제하거나 잠탈하는 내용의 계약일 경우에는 확정적으로 무효로서 유효화 될 여지가 없으나, 이와 달리 허가받을 것을 전제로 한 거래계약(허가를 배제하거나 잠탈하는 내용의 계약이 아닌 계약은 여기에 해당하는 것으로 본다)일 경우에는 허가를 받을 때까지는 법률상 미완성의 법률행위로서 소유권 등 권리의 이전 또는 설정에 관한 거래의 효력이 전혀 발생하지 않음은 위의 확정적 무효의 경우와 다를 바 없지만, 일단 허가를 받으면 그 계약은 소급하여 유효한 계약이 되고 이와 달리 불허가가 된 때에는 무효로 확정되므로 허가를 받기까지는 유동적 무효의 상태에 있다고 보는 것이 타당하다(90다12243 전원합의체).

OX 1

토지거래허가구역 안에서 허가를 받지 아니하고 체결한 토지거래계약이 확정적으로 무효가 된 것이 아니라면, 허가구역 지정이 해제된 경우에는 그 계약은 확정적으로 유효로 된다. [ ]
[20년 국가 7급]

정답

1. ○

PART 08

2. 형사처벌(제26조 제3항)

① 토지거래허가를 받지 아니하고 토지거래계약을 체결하거나, 속임수나 그 밖의 부정한 방법으로 토지거래계약 허가를 받은 자는 2년 이하의 징역 또는 계약 체결 당시의 개별공시지가에 따른 해당 토지가격의 100분의 30에 해당하는 금액 이하의 벌금에 처한다.

② 다만, 허가를 받지 않고 계약을 체결하였다 하더라도, 장래에 허가받을 것을 전제로 한 거래계약을 체결하는 경우는 처벌되지 않는다고 본다.

판례

㉠ 구 국토의 계획 및 이용에 관한 법률 위반죄로 처벌되는 '토지거래허가 없이 토지 등의 거래계약을 체결하는 행위'라 함은 처음부터 위 법 소정의 토지거래허가를 배제하거나 잠탈하는 내용의 계약을 체결하는 행위를 가리키고, 허가받을 것을 전제로 한 거래계약을 체결하는 것은 여기에 해당하지 아니한다. [13년 국가 7급]

㉡ 토지거래허가구역 안에 있는 토지를 매수하면서 구 국토의 계획 및 이용에 관한 법률 및 같은 법 시행령에서 정하는 토지거래허가요건을 갖추지 못하였음에도 허가요건을 갖춘 타인 명의로 매매계약을 체결한 경우, 위 행위는 이 매매계약에 관하여 토지거래허가를 잠탈하고자 하는 것으로서, 위 법에서 처벌대상으로 삼고 있는 '토지거래허가 없이 토지의 거래계약을 체결한 경우'에 해당한다(2010도1116). [12년 국회 8급]

06 선매(先買)제도

① ㉠ 토지거래허가 신청 대상토지가 공익사업용 토지이거나, ㉡ 토지거래계약허가를 받아 취득한 토지를 그 이용목적대로 이용하고 있지 아니한 토지인 경우, 시장·군수 또는 구청장은 해당 토지에 대하여 국가, 지방자치단체, 한국토지주택공사 또는 대통령령으로 정하는 공공기관 또는 공공단체가 매수를 원하는 경우에는 이들 중에서 해당 토지를 매수할 자(이를 '선매자'라 한다)를 지정하여 그 토지를 협의매수하게 할 수 있다(제15조 제1항).

② 선매자가 토지를 매수할 때의 가격은 「감정평가 및 감정평가사에 관한 법률」에 따라 감정평가법인 등이 감정평가한 감정가격을 기준으로 하되, 토지거래계약 허가신청서에 적힌 가격이 감정가격보다 낮은 경우에는 허가신청서에 적힌 가격으로 할 수 있다(제15조 제3항). [12년 국회 8급]

05 공시지가제도

● 핵심 정리 59 공시지가

01 공시지가제도 개설

① 공시지가제도란 전국에 걸쳐 토지의 적정가격을 공시하여 그것이 지가평가의 기준이 되게 함으로써, 지가의 적정한 가격형성을 도모하고, 나아가 국토의 효율적 이용과 국민경제발전에 이바지하게 하기 위한 제도를 말한다.

② 공시지가는 국가에 의해 공시된 토지의 가격을 말한다. 공시지가에는 표준지공시지가와 개별공시지가가 있는데, 좁은 의미로는 표준지공시지가만을 가리키는 표현으로 사용된다.

③ 공시지가제도는 「부동산 가격공시에 관한 법률」에 의해 규율되고 있는데, 이 법은 '부동산공시법'으로 약칭된다. 참고로, 부동산공시법은 공시지가제도뿐만 아니라, 주택가격공시제도, 비주거용 부동산가격공시제도 등도 함께 규율하고 있다.

02 표준지공시지가

부동산공시법 제3조(표준지공시지가의 조사·평가 및 공시 등) ① 국토교통부장관은 토지이용상황이나 주변 환경, 그 밖의 자연적·사회적 조건이 일반적으로 유사하다고 인정되는 일단의 토지 중에서 선정한 표준지에 대하여 매년 공시기준일 현재의 단위면적당 적정가격(이하 "표준지공시지가"라 한다)을 조사·평가하고, 제24조에 따른 중앙부동산가격공시위원회의 심의를 거쳐 이를 공시하여야 한다.

부동산공시법 제9조(표준지공시지가의 효력) 표준지공시지가는 토지시장에 지가정보를 제공하고 일반적인 토지거래의 지표가 되며, 국가·지방자치단체 등이 그 업무와 관련하여 지가를 산정하거나 감정평가법인등이 개별적으로 토지를 감정평가하는 경우에 기준이 된다. 〈개정 2020.4.7.〉

1. 의의

① 표준지는 일단의 토지를 대표하는 토지를 말하는데, 국토교통부장관이 토지이용상황이나 주변환경, 그 밖의 자연적·사회적 조건이 일반적으로 유사하다고 인정되는 일단의 토지 중에서 선정한다.

② 표준지공시지가란 부동산공시법에 따라, 국토교통부장관이 조사·평가하여 공시한 매년 공시기준일 현재(원칙적으로 매년 1월 1일)(시행령 제3조)의 표준지의 단위면적당 적정가격을 말한다(제3조 제1항). 적정가격이란 해당 토지에 대하여 일반적인 시장에서 정상거래가 이루어지는 경우에 성립될 가능성이 가장 높다고 인정되는 가격을 의미한다(제2조 제5호).

❶ "감정평가법인등"이란 감정평가 및 감정평가사에 관한 법률에 따라 ㉠ 신고를 한 감정평가사와, ㉡ 동법에 따라 인가를 받은 감정평가법인을 말한다.

③ 표준지공시지가는 일반적인 토지거래의 지표가 되며, 국가·지방자치단체 등이 그 업무와 관련하여 지가를 산정하거나, 감정평가법인등❶이 개별적으로 토지를 감정평가 하는 경우에 그 기준이 된다(제9조). [17년 서울 7급] 또한 공공용지의 매수 및 토지의 수용·사용에 대한 손실보상금의 산정 기준으로도 활용된다.

2. 표준지공시지가의 법적 성질

(1) 학설

표준지공시지가의 법적 성질에 대해 이를 ㉠ 내부적 행정기관에 대해서만 구속력을 갖는 행정계획으로 보는 견해, ㉡ 일반적·추상적 규율로서 행정규칙으로 보는 견해, ㉢ 지가정보를 제공하는 의사작용을 요소로 하는 사실행위로 보는 견해, ㉣ 개발부담금 등의 산정기준이 되는 행정행위로 보는 견해가 대립하고 있다.

(2) 판례 – 처분성 인정

대법원은 위 학설 중 어느 견해를 따르고 있는지를 밝히지는 않았지만, 기본적으로 표준지공시지가의 처분성을 인정하여 항고소송의 대상으로 삼아 다투는 것을 허용하고 있다(96누10225, 93누10828). [17년 서울 7급]

판례

표준지로 선정된 토지의 공시지가에 불복하기 위하여는 구 지가공시 및 토지 등의 평가에 관한 법률 제8조 제1항 소정의 이의절차를 거쳐 처분청인 건설부장관을 상대로 그 공시지가 결정의 취소를 구하는 행정소송을 제기하여야 하는 것이지 그러한 절차를 밟지 아니한 채 그 표준지에 대한 조세부과처분의 취소를 구하는 소송에서 그 공시지가의 위법성을 다툴 수는 없다(96누10225). [15년 국회 8급]

3. 표준지공시지가의 결정 절차

(1) 표준지의 선정

먼저 지역분석을 통하여 일반적으로 유사성이 인정되는 일단(一團)의 토지를 결정한다. 그리고 그 일단의 토지 중에서 해당 지역을 대표할 수 있는 대표성·안정성·확정성이 있는 필지의 토지를 표준지로 선정한다. 한번 선정된 표준지는 특별한 사유가 없는 한 교체되지 않는다.

(2) 표준지가격의 조사·평가

국토교통부장관이 표준지 적정가격을 조사·평가하고자 할 때에는 둘 이상의 감정평가법인등에게 이를 의뢰하여야 한다. [15년 국회 8급] 다만, 지가 변동이 작은 경우 등 대통령령으로 정하는 기준에 해당하는 표준지에 대해서는 하나의 감정평가법인등에게 의뢰할 수 있다(제3조 제5항).

(3) 심의·공시

국토교통부장관은 조사·평가한 표준지의 지가를 중앙부동산가격공시위원회의 심의를 거쳐 공시하여야 한다(제3조 제1항).

4. 행정구제

(1) 이의신청(제7조)

① 표준지공시지가에 이의가 있는 자는 그 공시일부터 30일 이내에 서면(전자문서를 포함)으로 국토교통부장관에게 이의를 신청할 수 있다.

② 국토교통부장관은 이의신청 기간이 만료된 날부터 30일 이내에 이의신청을 심사하여 그 결과를 신청인에게 서면으로 통지하여야 한다. 이 경우 국토교통부장관은 이의신청의 내용이 타당하다고 인정될 때에는 해당 표준지공시지가를 조정하여 다시 공시하여야 한다.

(2) 행정소송

① 표준지공시지가에는 처분성이 인정된다. 따라서 이에 대해 항고소송을 제기하여 다툴 수 있다. 이의신청을 거쳐서 항고소송을 제기한 경우라 하더라도, 표준지공시지가가 항고소송의 대상이 된다(원처분주의❶).

② 이의신청은 행정소송을 제기하기 전에 거쳐야 하는 필수적 절차가 아니다. 이의신청을 거치지 않고도 곧바로 항고소송을 제기할 수 있다.

❶ 엄밀한 의미의 원처분주의는 아니지만 통상 이 경우도 '원처분주의'라 부른다.

03 개별공시지가

부동산공시법 제10조(개별공시지가의 결정 · 공시 등) ① 시장 · 군수 또는 구청장은 국세 · 지방세 등 각종 세금의 부과, 그 밖의 다른 법령에서 정하는 목적을 위한 지가산정에 사용되도록 하기 위하여 제25조에 따른 시 · 군 · 구부동산가격공시위원회의 심의를 거쳐 매년 공시지가의 공시기준일 현재 관할 구역 안의 개별토지의 단위면적당 가격(이하 "개별공시지가"라 한다)을 결정 · 공시하고, 이를 관계 행정기관 등에 제공하여야 한다.
② 제1항에도 불구하고 표준지로 선정된 토지, 조세 또는 부담금 등의 부과대상이 아닌 토지, 그 밖에 대통령령으로 정하는 토지에 대하여는 개별공시지가를 결정 · 공시하지 아니할 수 있다. 이 경우 표준지로 선정된 토지에 대하여는 해당 토지의 표준지공시지가를 개별공시지가로 본다.

1. 의의

개별공시지가란, 다른 법령에서 정하고 있는 목적을 위한 지가산정에 사용하도록 하기 위하여, 시장 · 군수 · 구청장이 매년 공시지가의 공시기준일을 기준으로 결정 · 공시한 관할구역 안의 개별토지의 단위면적당 가격을 말한다(제10조 제1항). 개별공시지가는 개별부담금의 부과, 양도소득세의 과세표준계산을 위한 기준시가의 산정, 취득세 산정, 기초연금 · 장애인연금 등 복지대상자에 해당하는지 여부의 산정 등에 사용된다.

2. 개별공시지가의 법적 성질

(1) 학설

개별공시지가의 법적 성질에 대해서는 ㉠ 내부적으로 행정기관에 대해서만 구속력을 갖는 행정계획으로 보는 견해, ㉡ 일반적 · 추상적 규율로서 행정규칙의 성격을 갖는다고 보는 견해, ㉢ 지가정보를 제공하는 의사작용을 요소로 하는 사실행위라고 보는 견해, ㉣ 개발부담금 · 양도소득세 등의 산정기초로서 국민의 권리 · 의무에 구체적 영향을 미치는 행정행위의 성격을 갖는다고 보는 견해가 대립하고 있다.

OX 1
판례는 개별공시지가의 결정을 행정소송의 대상이 되는 행정처분으로 본다. [ ]
[15년 국회 8급]

(2) 판례 – 처분성 인정

대법원은 위 학설 중 어느 견해를 따르고 있는지를 밝히지는 않았지만, 기본적으로 개별공시지가의 처분성을 인정하여 항고소송의 대상으로 삼아 다투는 것을 허용하고 있다. [21년 국가 9급]

판례

시장, 군수, 구청장이 산정하여 한 개별토지가액의 결정은 토지초과이득세, 택지초과소유부담금 또는 개발부담금 산정 등의 기준이 되어 국민의 권리, 의무 내지 법률상 이익에 직접적으로 관계된다고 할 것이고, 따라서 이는 행정소송법 제2조 제1항 제1호 소정의 행정청이 행하는 구체적 사실에 관한 법집행으로서의 공권력행사이어서 행정소송의 대상이 되는 행정처분으로 보아야 할 것이다(92누12407). [15년 국회 8급 1]

3. 산정기준

① 시장 · 군수 또는 구청장이 개별공시지가를 결정 · 공시하는 경우에는 해당 토지와 유사한 이용가치를 지닌다고 인정되는 하나 또는 둘 이상의 표준지의 공시지가를 기준으로 토지가격비준표를 사용하여 지가를 산정하되, 해당 토지의 가격과 표준지공시지가가 균형을 유지하도록 하여야 한다(제10조 제4항).

② 다만, 표준지로 선정된 토지에 대하여는 개별공시지가를 결정 · 공시하지 아니한 경우에는 당해 토지의 표준지공시지가를 개별공시지가로 본다(제10조 제2항).

4. 개별공시지가의 결정 절차

(1) 감정평가법인등의 검증 및 이해관계인의 의견 청취

① 시장 · 군수 또는 구청장은 개별공시지가를 결정 · 공시하기 위하여 개별토지의 가격을 산정할 때에는 ㉠ 그 타당성에 대하여 감정평가법인등의 검증을 받고, ㉡ 토지소유자, 그 밖의 이해관계인의 의견을 들어야 한다(제10조 제5항 본문).

② 다만, 시장 · 군수 또는 구청장은 감정평가법인등의 검증이 필요 없다고 인정되는 때에는 지가의 변동상황 등 대통령령으로 정하는 사항을 고려하여 감정평가법인등의 검증을 생략할 수 있다(제10조 제5항 단서). [15년 국회 8급]

(2) 심의

시장 · 군수 또는 구청장은 시 · 군 · 구부동산가격공시위원회의 심의를 거쳐 개별공시지가를 산정하여야 한다(제10조 제1항).

(3) 공시

① 시장 · 군수 · 구청장은 원칙적으로 매년 5월 31일까지 개별공시지가를 결정 · 공시하여야 한다. 다만, 1월 1일부터 6월 30일까지의 사이에 분할 · 합병이나 형질변경, 지목변경, 공유수면 매립으로 신규등록이 된 토지 등의 경우라면 그 해 10월 31일까지 개별공시지가를 결정 · 공시하여야 한다(시행령 제21조 제1항).

정답
1. ○

② 시장 · 군수 · 구청장은 필요하다고 인정하는 경우에는 개별공시지가와 이의신청의 기간 · 절차 · 방법을 토지소유자 등에게 개별통지할 수 있다(시행령 제21조 제3항).

5. 행정구제

(1) 이의신청

① 개별공시지가에 이의가 있는 자는 그 결정 · 공시일부터 30일 이내에 서면으로 시장 · 군수 또는 구청장에게 이의를 신청할 수 있다(제11조 제1항). [15년 국회 8급] 실무상 행해지고 있는 개별공시지가 재조사신청도 이 이의신청에 해당한다.

② 시장 · 군수 또는 구청장은 이의신청 기간이 만료된 날부터 30일 이내에 이의신청을 심사하여 그 결과를 신청인에게 서면으로 통지하여야 한다. 이 경우 시장 · 군수 또는 구청장은 이의신청의 내용이 타당하다고 인정될 때에는 해당 개별공시지가를 조정하여 다시 결정 · 공시하여야 한다(제11조 제2항).

③ 이 이의신청이 행정심판에 해당하는지에 대해 학설상으로 논란이 있는데, 대법원의 입장은 행정심판이 아니라고 보고 있는 것으로 해석된다. 개별공시지가에 이의가 있는 자는 이의신청과 별도로 행정심판법에 따른 행정심판을 제기할 수 있다고 보고 있기 때문이다(2008두19987).

(2) 행정소송

① 개별공시지가에는 처분성이 인정된다. 따라서 이에 대해 항고소송을 제기하여 다툴 수 있다. 이의신청을 거쳐서 항고소송을 제기한 경우라 하더라도, 개별공시지가가 항고소송의 대상이 된다(원처분주의❶).

② 또 이의신청이나 행정심판 중 어느 것도 항고소송 제기에 대한 필수적 전심절차가 아니다. 따라서 이의신청이나 행정심판을 거치지 않고도 곧바로 항고소송을 제기할 수 있다.

③ 물론 이의신청을 거친 후에 다시 행정심판을 청구했던 경우에는 「행정소송법」 제20조 제1항에 따라 그 행정심판의 재결서 정본을 송달받은 날을 기산점으로 하여 항고소송을 제기하여야 한다고 본다(2008두19987). [20년 변호사, 18년 지방 7급, 17년 서울 7급 1]

> **행정소송법 제20조(제소기간)** ① 취소소송은 처분등이 있음을 안 날부터 90일 이내에 제기하여야 한다. 다만, 제18조 제1항 단서에 규정한 경우와 그 밖에 행정심판청구를 할 수 있는 경우 또는 행정청이 행정심판청구를 할 수 있다고 잘못 알린 경우에 행정심판청구가 있은 때의 기간은 재결서의 정본을 송달받은 날부터 기산한다.

❶ 엄밀한 의미의 원처분주의는 아니지만 통상 이 경우도 '원처분주의'라 부른다.

OX 1

개별공시지가에 대해 이의신청을 하여 그 결과 통지를 받은 후 행정심판을 거쳐 행정소송을 제기하였다면 이 경우 행정소송의 제소기간은 이의신청의 결과통지를 받은 날로부터 기산한다. [ ] [17년 서울 7급]

정답

1. ×

판례

부동산 가격공시 및 감정평가에 관한 법률 제12조, 행정소송법 제20조 제1항, 행정심판법 제3조 제1항의 규정 내용 및 취지와 아울러 부동산 가격공시 및 감정평가에 관한 법률에 행정심판의 제기를 배제하는 명시적인 규정이 없고 부동산 가격공시 및 감정평가에 관한 법률에 따른 이의신청과 행정심판은 그 절차 및 담당 기관에 차이가 있는 점을 종합하면, 부동산 가격공시 및 감정평가에 관한 법률이 이의신청에 관하여 규정하고 있다고 하여 이를 행정심판법 제3조 제1항에서 행정심판의 제기를 배제하는 '다른 법률에 특별한 규정이 있는 경우'에 해당한다고 볼 수 없으므로, 개별공시지가에 대하여 이의가 있는 자는 ㉠ 곧바로 행정소송을 제기하거나 ㉡ 부동산 가격공시 및 감정평가에 관한 법률에 따른 이의신청과 행정심판법에 따른 행정심판청구 중 어느 하나만을 거쳐 행정소송을 제기할 수 있을 뿐 아니라, ㉢ 이의신청을 하여 그 결과 통지를 받은 후 다시 행정심판을 거쳐 행정소송을 제기할 수도 있다고 보아야 하고, 이 경우 행정소송의 제소기간은 그 행정심판 재결서 정본을 송달받은 날부터 기산한다(2008두19987). [19년 국가 7급 1]

OX 1

개별공시지가가 위법하게 산정되었다고 주장하는 甲은 개별공시지가결정에 대하여 곧바로 행정소송을 제기하거나 부동산 가격공시에 관한 법률에 따른 이의신청과 행정심판법에 따른 행정심판청구 중 어느 하나만을 거쳐 행정소송을 제기할 수 있을 뿐만 아니라, 이의신청을 하여 그 결과 통지를 받은 후 다시 행정심판을 거쳐 행정소송을 제기할 수도 있다. [ ]

[19년 국가 7급]

(3) 손해배상

위법하고 과실 있는 개별공시지가 결정으로 인하여 국민 개인에게 손해가 발생하게 된 경우에는, 지방자치단체의 국가배상책임이 인정된다.

판례

㉠ 개별공시지가 산정업무 담당공무원 등이 그 직무상 의무에 위반하여 현저하게 불합리한 개별공시지가가 결정되도록 함으로써 국민 개개인의 재산권을 침해한 경우에는 그 손해에 대하여 상당인과관계 있는 범위 내에서 그 담당공무원 등이 소속된 지방자치단체가 배상책임을 지게 된다. [23년 변호사, 19년 국가 7급]

㉡ 그러나 개별공시지가 산정업무 담당공무원 등이 잘못 산정·공시한 개별공시지가를 신뢰한 나머지 토지의 담보가치가 충분하다고 믿고 그 토지에 관하여 근저당권설정등기를 경료한 후 물품을 추가로 공급함으로써 손해를 입었음을 이유로 그 담당공무원이 속한 지방자치단체에 손해배상을 구한 사안에서, 그 담당공무원 등의 개별공시지가 산정에 관한 직무상 위반행위와 위 손해 사이에 상당인과관계가 있다고 보기 어렵다(2010다13527).

✐ 개별공시지가산정 의무에는 사익보호성이 있는 것이기는 하지만, 개별공시지가를 기준으로 거래하거나 담보제공을 받았다가 당해 토지의 실제 거래가액 또는 담보가치가 개별공시지가에 미치지 못함으로 인해 발생할 수 있는 손해까지 보호하려는 목적이 있는 것은 아니라고 보았다.

04 하자승계의 문제

1. 표준지공시지가와 개별공시지가 사이 – 하자승계 ×

대법원은 표준지공시지가와 개별공시지가 사이에는 하자가 승계되지 않는다고 본다.

판례

표준지로 선정된 토지의 공시지가에 불복하기 위해서는 구「지가공시및토지평가에관한법률」제8조 제1항 소정의 이의절차를 거쳐 처분청을 상대로 그 공시지가결정의 취소를 구하는 행정소송을 제기하여야 하는 것이고, 그러한 절차를 밟지 아니한 채 개별토지 가격결정의 효력을 다투는 소송에서 그 개별토지 가격산정의 기초가 된 표준지공시지가의 위법성을 다툴 수 없다(96누6851, 95누9808). [19년 국가 7급 2]

OX 2

취소사유에 해당하는 하자가 있는 표준지공시지가결정에 대한 취소소송의 제소기간이 지난 경우 개별공시지가가 위법하게 산정되었다고 주장하는 甲은, 개별토지가격결정을 다투는 소송에서 그 개별토지가격 산정의 기초가 된 표준지공시지가의 위법성을 다툴 수 있다. [ ]

[19년 국가 7급]

정답

1. ○ 2. ×

2. 표준지공시지가와 수용재결 사이 – 하자승계 ○

대법원은 표준지공시지가와 수용재결 사이에 하자가 승계된다고 보고 있다.

판례

표준지공시지가결정이 위법한 경우에는 그 자체를 행정소송의 대상이 되는 행정처분으로 보아 그 위법 여부를 다툴 수 있음은 물론, 수용보상금의 증액을 구하는 소송에서도 선행처분으로서 그 수용대상 토지 가격 산정의 기초가 된 비교표준지공시지가결정의 위법을 독립한 사유로 주장할 수 있다(2007두13845). [23년 국회 8급, 18년 국가 9급, 17년 서울 7급, 16년 국가 7급, 15년 경행특채]

㉠ 수용보상금의 증액을 구하는 당사자소송은 수용재결의 내용을 문제삼는 소송인데, 그 소송에서 수용재결에 선행하는 처분인 표준지공시지가결정의 위법성을 주장할 수 있다고 보았다. 수용재결과 표준지공시지가결정 사이에 하자가 승계된다고 본 것이다. ㉡ 참고로 '비교'표준지공시지가도 표준지공시지가의 일종이다.

3. 표준지공시지가와 과세처분 사이 – 하자승계 ×

대법원은 표준지공시지가와 과세처분 사이에는 하자가 승계되지 않는다고 본다. [15년 국회 8급, 14년 서울 9급]

판례

표준지로 선정된 토지의 공시지가에 불복하기 위하여는 구 「지가공시및토지등의평가에관한법률」 제8조 제1항 소정의 이의절차를 거쳐 처분청인 건설부장관을 상대로 그 공시지가 결정의 취소를 구하는 행정소송을 제기하여야 하는 것이지 그러한 절차를 밟지 아니한 채 그 표준지에 대한 조세부과처분의 취소를 구하는 소송에서 그 공시지가의 위법성을 다툴 수는 없다(96누10225). [20년 군무원 7급 1]

OX 1

표준지로 선정된 토지의 공시지가에 불복하기 위하여는 구 「지가공시및토지등의평가에관한법률」의 이의신청절차를 밟지 아니한 채 그 표준지에 대한 조세부과처분의 취소를 구하는 소송에서 그 공시지가의 위법성을 다툴 수는 없다. [ ] [20년 군무원 7급]

4. 개별공시지가와 과세처분 사이

① 개별공시지가와 과세처분 사이에는 하자가 승계된다고 본 판례도 있고, 하자가 승계되지 않는다고 본 판례도 있다.

② 하자의 승계가 되지 않는다고 본 사건은 개별공시지가 결정에 대하여 본인이 재조사청구를 하고 그에 따라 이루어진 조정결정 통지를 받고서도 개별공시지가에 대해 다투지 않은 사안이었다.

판례

[하자승계 ○] 개별공시지가결정에 위법이 있는 경우에는 그 자체를 행정소송의 대상이 되는 행정처분으로 보아 그 위법 여부를 다툴 수 있음은 물론 이를 기초로 한 과세처분 등 행정처분의 취소를 구하는 행정소송에서도 선행처분인 개별공시지가결정의 위법을 독립된 위법사유로 주장할 수 있다고 해석함이 타당하다(93누8542). [21년 국가 9급, 18년 서울 9급 2, 17년 서울 7급, 17년 서울 9급]

[하자승계 ×] 원고가 토지를 매도한 이후에 그 양도소득세 산정의 기초가 되는 1993년도 개별공시지가 결정에 대하여 한 재조사청구에 따른 조정결정을 통지받고서도 더 이상 다투지 아니한 경우까지 선행처분인 개별공시지가 결정의 불가쟁력이나 구속력이 수인한도를 넘는 가혹한 것이거나 예측불가능하다고 볼 수 없어, 이 경우에는 위 개별공시지가 결정의 위법을 이 사건 과세처분의 위법사유로 주장하는 것은 허용되지 않는다(96누6059). [17년 국가 9급]

OX 2

위법한 개별공시지가결정에 대하여 그 정해진 시정절차를 통하여 시정하도록 요구하지 아니하였다는 이유로 위법한 개별공시지가를 기초로 한 과세처분 등 후행 행정처분에서 개별공시지가결정의 위법을 주장할 수 없도록 하는 것은 수인한도를 넘는 불이익을 강요하는 것이다. [ ] [18년 서울 9급]

정답

1. ○ 2. ○

유대웅
행정법각론
핵심정리

www.pmg.co.kr

PART

09

환경행정법

Chapter 01

환경행정법 개설

핵심 정리 60 환경행정법 개설

01 개설

① 환경법은 환경을 보호하기 위한 법적 규율을 말한다. 환경법은 그 내용에 따라 환경민사법, 환경형법, 환경국제법, 환경행정법 등 복잡한 체계로 이루어져 있다. 국내의 환경보호에 있어서는 환경행정법이 중심적인 역할을 하고 있다. 좁은 의미의 '환경법'은 환경행정법을 뜻한다.

② 최근에는 공식적 · 권력적인 규제수단뿐만 아니라 행정지도나 환경협정 등과 같은 비공식적 · 비권력적인 수단들도 환경행정의 주요한 규제수단으로서 등장하고 있다.

02 환경행정법의 법원

헌법 제35조 ① 모든 국민은 건강하고 쾌적한 환경에서 생활할 권리를 가지며, 국가와 국민은 환경보전을 위하여 노력하여야 한다.
② 환경권의 내용과 행사에 관하여는 법률로 정한다.
③ 국가는 주택개발정책 등을 통하여 모든 국민이 쾌적한 주거생활을 할 수 있도록 노력하여야 한다.

환경정책기본법 제1조(목적) 이 법은 환경보전에 관한 국민의 권리 · 의무와 국가의 책무를 명확히 하고 환경정책의 기본 사항을 정하여 환경오염과 환경훼손을 예방하고 환경을 적정하고 지속가능하게 관리 · 보전함으로써 모든 국민이 건강하고 쾌적한 삶을 누릴 수 있도록 함을 목적으로 한다.

① 헌법 제35조는 환경권을 헌법상의 기본권으로 보장하고 있다. 이를 구체화하기 위해 「환경정책기본법」이 기본법으로 제정되어 있으며, 이외에도 「대기환경보전법」, 「토양환경보전법」, 「물환경보전법」, 「환경영향평가법」, 「환경분쟁 조정법」 등이 제정되어 시행되고 있다.

② 한편 대법원은 헌법 제35조의 환경권은 추상적 기본권으로서 그 내용을 구체화하는 법률의 뒷받침이 있는 경우에만 법률적 차원에서 효력이 있는 규범으로서 기능할 수 있다고 본다.

판례

환경권이 헌법상의 기본권으로 보장되는 권리로서 재산권이나 영업의 자유보다 우위에 있는 권리로까지 해석될 수 있고, 환경의 보전이 국가나 지방자치단체의 의무임과 동시에 국민의 의무이기도 하다면, 환경의 보전을 위하여 특정한 행위를 제한하는 취지의 법규의 의미내용을 해석함에 있어서도 그 해석은 어디까지나 환경보전에 관한 헌법과 환경관련 법률의 이념에 합치되는 범위 안에서 합목적적으로 행하여져야 하는 것이지 이를 도외시한 채 법규의 형식적인 자구나 그것이 국민의 자유와 권리를 제한하는 규정이라는 점에 집착하여 환경보전의 이념을 저해하는 방향으로 이를 해석하여서는 아니 되는 것이다(98두1857).

환경권은 명문의 법률규정이나 관계 법령의 규정 취지 및 조리에 비추어 권리의 주체, 대상, 내용, 행사 방법 등이 구체적으로 정립될 수 있어야만 인정되는 것이므로, 사법상의 권리로서의 환경권을 인정하는 명문의 규정이 없는데도 환경권에 기하여 직접 방해배제청구권을 인정할 수는 없다(98다47528).

03 환경정책기본법에 따른 환경과 환경오염

① '환경'이란 자연환경과 생활환경을 말한다(제3조 제1호).

② '환경오염'이란 사업활동과 그 밖의 사람의 활동에 의하여 발생하는 대기오염, 수질오염, 토양오염, 해양오염, 방사능오염, 소음·진동, 악취, 일조 방해 등으로서 사람의 건강이나 환경에 피해를 주는 상태를 말한다(제3조 제4호). 따라서 사업활동 이외의 활동으로 인하여 발생한 오염도 환경오염에 해당한다.

04 환경법의 기본원칙

1. 의의

① 환경법 영역에 대한 입법 및 법해석과 적용의 기준이 되는 법원칙들을 환경법의 기본원칙이라 한다. 불문법상의 원칙이지만, 현행법상 명문화된 경우도 있다.

② 환경법상의 여러 법원칙들은 서로 선택적, 보충적, 중첩적으로 적용될 수 있다.

③ 환경법의 기본원칙에 대해서는 교과서마다 조금씩 서술이 다른데, 이 책은 수험서이므로 최대한 여러 가지로 구분하는 견해에 따라 서술하기로 한다. 교과서마다 서술이 조금씩 다르므로 정의를 정확하게 암기하기보다는 전체적인 뉘앙스(nuance)를 파악해야 한다.

2. 예방의 원칙(Preventive principle)

환경정책기본법 제8조(환경오염 등의 사전예방) ① 국가 및 지방자치단체는 환경오염물질 및 환경오염원의 원천적인 감소를 통한 사전예방적 오염관리에 우선적인 노력을 기울여야 하며, 사업자로 하여금 환경오염을 예방하기 위하여 스스로 노력하도록 촉진하기 위한 시책을 마련하여야 한다.

① 예방의 원칙이란 환경에 대한 오염이 발생한 후 그 오염을 제거하는 것도 중요하지만 더 나아가서 사전에 환경오염이 발생하지 않도록 예방하는 것에 힘써야 한다는 원칙을 말한다. 환경정책기본법 제8조 제1항에서 예방의 원칙을 선언하고 있다.

② 예방의 원칙을 실현하는 제도로서 환경계획, 환경영향평가제도 등이 존재한다.

3. 오염자부담의 원칙(The Polluter pays principle)

환경정책기본법 제7조(오염원인자 책임원칙) 자기의 행위 또는 사업활동으로 환경오염 또는 환경훼손의 원인을 발생시킨 자는 그 오염·훼손을 방지하고 오염·훼손된 환경을 회복·복원할 책임을 지며, 환경오염 또는 환경훼손으로 인한 피해의 구제에 드는 비용을 부담함을 원칙으로 한다.

환경정책기본법 제44조(환경오염의 피해에 대한 무과실책임) ① 환경오염 또는 환경훼손으로 피해가 발생한 경우에는 해당 환경오염 또는 환경훼손의 원인자가 그 피해를 배상하여야 한다.
② 환경오염 또는 환경훼손의 원인자가 둘 이상인 경우에 어느 원인자에 의하여 제1항에 따른 피해가 발생한 것인지를 알 수 없을 때에는 각 원인자가 연대하여 배상하여야 한다.

① 오염자부담의 원칙이란 환경에 대한 오염을 방지하는 비용과 이미 발생한 오염에 대한 책임 및 비용은 오염자가 부담하여야 한다는 원칙을 말한다. '오염원인자 책임의 원칙' 또는 '원인제공자 책임의 원칙'이라고도 부른다. 환경정책기본법 제7조는 오염자부담의 원칙을 선언하고 있다.

② 오염자부담의 원칙을 실현하는 제도로서 배출부과금❶, 환경개선비용부담금 등의 제도가 존재한다. 특히 환경정책기본법 제44조는 민법상 불법행위 책임에 대한 특칙으로서, 그 손해의 배상에 원인자의 고의나 과실이 있을 것을 요하지 않음으로써, 환경오염의 원인자가 무과실책임을 부담하게 하고 있다(2016다35802).

❶ ①「대기환경보전법」상의 배출부과금은 오염물질을 배출하는 사업자, 허가·변경허가를 받지 아니하거나 신고·변경신고를 하지 아니하고 배출시설을 설치 또는 변경한 자에 대하여 부과·징수하는 부과금을 말한다. 오염물질 배출부과금지 의무 위반, 허가·신고 후 배출시설 설치 또는 변경의무 위반에 대해 부과되는 부과금이다. ② 배출부과금은 특별부담금의 성격을 갖는다. 즉, 국가의 특별한 재정적 수요를 유발하여 이에 대한 특별한 재정적 책임을 지는 자에게 부과되는 공법상의 금전부담이다. 새로운 실효성 확보수단에 해당한다.

판례

㉠ 환경정책기본법 제44조 제1항은 민법의 불법행위 규정에 대한 특별규정으로서, 환경오염 또는 환경훼손의 피해자가 그 원인을 발생시킨 자(이하 '원인자'라 한다)에게 손해배상을 청구할 수 있는 근거규정이다. 위에서 본 규정 내용과 체계에 비추어 보면, 환경오염 또는 환경훼손으로 인한 책임이 인정되는 경우는 사업장에서 발생되는 것에 한정되지 않고, 원인자는 사업자인지와 관계없이 그로 인한 피해에 대하여 환경정책기본법 제44조 제1항에 따라 귀책사유를 묻지 않고 배상할 의무가 있다.

㉡ 방사능에 오염된 고철은 원자력안전법 등의 법령에 따라 처리되어야 하고 유통되어서는 안 된다. 사업활동 등을 하던 중 고철을 방사능에 오염시킨 자는 원인자로서 관련 법령에 따라 고철을 처리함으로써 오염된 환경을 회복·복원할 책임을 진다. 이러한 조치를 취하지 않고 방사능에 오염된 고철을 타인에게 매도하는 등으로 유통시킴으로써 거래 상대방이나 전전 취득한 자가 방사능오염으로 피해를 입게 되면 그 원인자는 방사능오염 사실을 모르고 유통시켰더라도 환경정책기본법 제44조 제1항에 따라 피해자에게 피해를 배상할 의무가 있다. [20년 군무원 9급 1]

✐ 전전취득자에 대해서도 손해배상책임을 진다고 보았다는 점이 특징이다.

㉢ 불법행위로 영업을 중단한 자가 영업 중단에 따른 손해배상을 구하는 경우, 영업을 중단하지 않았으면 얻었을 순이익과 이와 별도로 영업 중단과 상관없이 불법행위로 인하여 불가피하게 지출해야 하는 비용도 특별한 사정이 없는 한 손해배상의 범위에 포함될 수 있다(2016다35802). [20년 군무원 9급]

✐ 따라서 고철을 운반하기 위해 차량을 대여해 두었었는데, 그 대여한 차량을 사용하지도 못하면서 지출한 임대료까지도 배상하여야 한다고 보았다.

OX 1

방사능에 오염된 고철을 타인에게 매도하는 등으로 유통시킴으로써 거래 상대방이나 전전 취득한 자가 방사능오염으로 피해를 입게 되었더라도 그 원인자는 방사능오염 사실을 모르고 유통시켰을 경우에는 환경정책기본법 제44조 제1항에 따라 피해자에게 피해를 배상할 의무는 없다. [ ] [20년 군무원 9급]

폐기물처리업자가 자신이 생산한 부숙토를 제3자에게 제공하면서 그가 그 부숙토를 폐기물관리법령이 허용하지 않는 방식으로 사용하리라는 점을 예견하거나 결과 발생을 회피하기 어렵다고 인정할 만한 특별한 사정이 있어 폐기물처리업자의 의무위반을 탓할 수 없는 정당한 사유가 있는 경우에는 폐기물처리업자에 대하여 영업정지 등 제재처분을 할 수 없다고 보아야 한다. 여기에서 '의무위반을 탓할 수 없는 정당한 사유'가 있는지를 판단할 때에는 폐기물처리업자 본인이나 그 대표자의 주관적인 인식을 기준으로 하는 것이 아니라, 그의

정답

1. ×

가족, 대리인, 피용인 등과 같이 본인에게 책임을 객관적으로 귀속시킬 수 있는 관계자 모두를 기준으로 판단하여야 한다(2019두63515).

4. 협동의 원칙(협력의 원칙)

환경정책기본법 제4조(국가 및 지방자치단체의 책무) ① 국가는 환경오염 및 환경훼손과 그 위해를 예방하고 환경을 적정하게 관리·보전하기 위하여 환경계획을 수립하여 시행할 책무를 진다. 〈개정 2021. 1. 5.〉
② 지방자치단체는 관할 구역의 지역적 특성을 고려하여 국가의 환경계획에 따라 그 지방자치단체의 환경계획을 수립하여 이를 시행할 책무를 진다. 〈개정 2021. 1. 5.〉

환경정책기본법 제5조(사업자의 책무) 사업자는 그 사업활동으로부터 발생하는 환경오염 및 환경훼손을 스스로 방지하기 위하여 필요한 조치를 하여야 하며, 국가 또는 지방자치단체의 환경보전시책에 참여하고 협력하여야 할 책무를 진다.

환경정책기본법 제6조(국민의 권리와 의무) ② 모든 국민은 국가 및 지방자치단체의 환경보전시책에 협력하여야 한다.
③ 모든 국민은 일상생활에서 발생하는 환경오염과 환경훼손을 줄이고, 국토 및 자연환경의 보전을 위하여 노력하여야 한다.

① 협동의 원칙이란 환경보전이라는 과제를 달성하기 위해 어느 한 주체만이 아니라 국가, 지방자치단체 및 사회가 모두 협동하여야 한다는 원칙을 말한다.

② 환경정책기본법 제4조, 제5조, 제6조에서 이에 대해 선언하고 있다.

5. 사전배려(사전예방, 사전대비)의 원칙(Precautionary principle)

① 사전배려의 원칙은 위험이 아직 불확실한 상황이라 하더라도 그 발생 가능성이 있는 위험으로 인한 손해가 중대하고 회복할 수 없는 종류의 것일 경우에는, 그 위험이 확실하게 되기 이전에도 그 위험을 방지하거나 축소하는 사전배려조치를 취할 수 있다는 원칙을 말한다.

② 이산화탄소 등에 의한 지구온난화에 대한 대응, 광우병에 대한 규제, 살충제에 대한 규제 등이 그 예이다.

6. 지속가능한 개발의 원칙(Sustainable development principle)

① 지속가능한 개발의 원칙이란, 환경개발은 환경을 고려하여 건전하게 이루어져야 한다는 원칙을 말한다. 현재 세대의 환경혜택을 위하여 미래 세대의 환경혜택 가능성을 훼손시키면 안 된다는 원칙으로 구체화되기도 한다.

② 환경의 향유나 자원의 이용에 있어서 세대 간의 형평성 보장, 현세대에 있어서 개발과 환경의 조화 등을 그 내용으로 한다. 이를 실현하기 위해 「지속가능발전법」, 「저탄소 녹색성장 기본법」 등이 제정되어 시행되고 있다.

7. 수익자 부담의 원칙과 이용자 부담의 원칙

① 수익자 부담의 원칙이란 환경개선으로 인하여 이익을 보는 자는 그 개선비용을 분담하여야 한다는 원칙을 말한다.

② 이용자 부담의 원칙이란 보존된 환경을 이용하는 자는 그 환경에 대한 이용료를 지급하여야 한다는 원칙을 말한다.

8. 존속보호(존속보장, 악화금지)의 원칙

존속보호의 원칙이란 더 나은 환경을 만들기 위한 목적이라 하더라도, 인위적인 개입을 통해 환경을 바꾸려 하기보다는 환경을 현재 상태 그대로 보전하여야 한다는 원칙을 말한다.

9. 정보공개 및 참여의 원칙

정보공개 및 참여의 원칙이란 환경상 조치에 관한 정보는 공개되어야 하고, 환경오염시설을 설치할 때는 주민의 참여를 보장하여야 한다는 원칙을 말한다.

05 환경피해에 대한 권익구제

1. 민사소송

어떤 사업체가 배출하는 오염물질로 인하여 피해를 입은 자는 가해자를 상대로 손해배상이나 방해제거 등을 청구하는 민사소송을 제기할 수 있다. 앞에서 다룬 바와 같이, 특히 손해배상과 관련하여서는 「환경정책기본법」은 오염원인자에 대해 무과실책임을 지우는 규정을 두고 있다.

2. 행정쟁송

행정청의 처분 등으로 인하여 환경상 이익을 침해받은 자는 항고소송이나 행정심판을 제기하여 다툴 수 있다. 다만, 이때 침해받은 환경상의 이익이 법률상 이익으로 인정되어야 한다.

3. 환경분쟁조정제도

환경분쟁조정제도란 일정한 환경오염으로 인한 분쟁에 대해 환경분쟁조정위원회가 알선·조정·재정·중재의 형식을 통하여 신속·공정하고 효율적으로 환경분쟁을 해결하여 피해자의 권리구제에 기여하는 제도를 말한다. 피해자는 알선신청, 조정신청, 재정신청, 중재신청 등을 통하여 구제받을 수 있다.

Chapter

02 환경영향평가

핵심 정리 61 환경영향평가제도 개관

01 환경영향평가제도의 의의

① 환경영향평가제도는 환경에 대하여 중대한 영향을 미칠 가능성이 있는 사업을 실시하기 전에 환경에 침해적인 영향을 미치게 될 요인들을 미리 예측 · 평가하여 이를 최소화하는 방안으로 사업을 실시하고, 환경에 대한 영향이 심히 중대한 경우에는 환경의 보호를 위하여 사업을 실시하지 못하도록 하는 제도를 말한다. 이를 위하여 「환경영향평가법」이 제정되어 시행되고 있다.

② 다만, 현행법상의 환경영향평가는 개발사업을 실시하려고 하는 사업자 측이 하게 하고 있는데(제24조), 그로 인하여 당해 사업시행으로 인한 환경에 대한 영향이 축소 평가될 가능성이 있다는 점이 문제점으로 지적되고 있다.

02 환경영향평가의 종류

1. 개설

「환경영향평가법」은 환경영향평가를 전략환경영향평가, 협의의 환경영향평가, 소규모 환경영향평가로 나누어 규정하고 있다. 이 중에서 협의의 환경영향평가가 중심이 되는 제도이다. 행정법도 이를 중심으로 논의되고 있다.

2. 전략환경영향평가(제2조 제1호)

전략환경영향평가란 환경에 영향을 미치는 상위계획을 수립할 때에 환경보전계획과의 부합 여부 확인 및 대안의 설정 · 분석 등을 통하여 환경적 측면에서 해당 계획의 적정성 및 입지의 타당성 등을 검토하여 국토의 지속가능한 발전을 도모하는 것을 말한다. 환경과 관련된 행정계획을 수립하는 단계에서 사전에 환경에 대한 영향을 검토하는 제도이다. 종전의 '사전환경성검토제도'를 개선하여 만들어진 제도이다.

3. 협의의 환경영향평가(제2조 제2호)

① 협의의 환경영향평가란 환경에 영향을 미치는 실시계획 · 시행계획 등의 허가 · 인가 · 승인 · 면허 또는 결정 등을 할 때, 해당 사업이 환경에 미치는 영향을 미리 조사 · 예측 · 평가하여 해로운 환경영향을 피하거나 제거 또는 감소시킬 수 있는 방안을 마련하는 것을 말한다. [20년 국회 8급] 「환경영향평가법」에서는 단순히 '환경영향평가'라고만 규정하고 있다.

② 협의의 환경영향평가는 주로 사업'실시'단계에서 환경에 미치는 영향을 검토하는 제도이다. 이보다 이른 시기에 행정계획을 대상으로 환경에 미치는 영향을 검토하는 전략환경영향평가와 구별된다.

③ 즉, 협의의 환경영향평가는 사업실시단계에서 환경에 대한 영향을 줄이는 방안 위주로 이루어지기 때문에, 환경적으로 적정한 지역에 적정한 규모로 개발사업이 시행되는지에 대한 사전예방적 기능을 수행하는 데에 일정한 한계가 있다. 이에, 상위계획의 수립단계에서 사업 자체의 적정성과 입지의 타당성 등을 사전에 평가하려는 취지에서 도입된 제도가 전략영향평가제도이다.

4. 소규모 환경영향평가(제2조 제3호)

소규모 환경영향평가란 환경보전이 필요한 지역이나 난개발이 우려되어 계획적 개발이 필요한 지역에서 개발사업을 시행할 때에, 입지의 타당성과 환경에 미치는 영향을 미리 조사·예측·평가하여 환경보전방안을 마련하는 것을 말한다.

03 협의의 환경영향평가의 대상사업 및 제외사업

① 환경영향평가의 대상사업은 환경에 중대한 영향을 미치는 대규모 개발사업으로서 환경영향평가법 제22조에 한정적으로 열거되어 있다.

② 구체적으로는 도시의 개발사업, 산업입지 및 산업단지의 조성사업, 에너지 개발사업, 항만의 건설사업, 도로의 건설사업, 수자원의 개발사업, 철도(도시철도를 포함한다)의 건설사업, 공항의 건설사업, 하천의 이용 및 개발 사업, 개간 및 공유수면의 매립사업, 관광단지의 개발사업, 산지의 개발사업, 특정 지역의 개발사업, 체육시설의 설치사업, 폐기물 처리시설의 설치사업, 국방·군사 시설의 설치사업, 토석·모래·자갈·광물 등의 채취사업, 환경에 영향을 미치는 시설로서 대통령령으로 정하는 시설의 설치사업을 하려는 자는 협의의 환경영향평가를 실시하여야 한다. [12년 국회 8급 1]

③ 제22조에도 불구하고 ㉠ 「재난 및 안전관리 기본법」 제37조에 따른 응급조치를 위한 사업, ㉡ 국방부장관이 군사상 고도의 기밀보호가 필요하거나 군사작전의 긴급한 수행을 위하여 필요하다고 인정하여 환경부장관과 협의한 사업, ㉢ 국가정보원장이 국가안보를 위하여 고도의 기밀보호가 필요하다고 인정하여 환경부장관과 협의한 사업 중 어느 하나에 해당하는 사업은, 환경영향평가 대상에서 제외한다(제23조). [21년 지방 7급 2]

04 시·도의 조례에 따른 환경영향평가

① 특별시·광역시·도·특별자치도 또는 인구 50만 이상의 시(이하 "시·도"라 한다)는 환경영향평가 대상사업의 종류 및 범위에 해당하지 아니하는 사업으로서 대통령령으로 정하는 범위에 해당하는 사업에 대하여 지역 특성 등을 고려하여 환경영향평가를 실시할 필요가 있다고 인정하면 해당 시·도의 조례로 정하는 바에 따라 그 사업을 시행하는 자로 하여금 환경영향평가를 실시하게 할 수 있다(제42조 제1항).

② 인구 50만 이상의 시의 경우에는 그 지역을 관할하는 도가 환경영향평가의 실시에 관한 조례를 정하지 아니한 경우에만 해당 시의 조례로 정하는 바에 따라 환경영향평가를 실시할 수 있다(제42조 제2항). [21년 지방 7급]

OX 1

환경영향평가 대상사업의 범위에 도시개발, 산업단지조성, 에너지개발, 항만건설, 도로건설, 수자원개발, 철도건설 등은 포함되지만, 산지개발, 특정 지역 개발, 체육시설·폐기물처리시설 설치 등은 포함되지 않으며, 다만 기타 대통령령으로 정하는 시설의 설치 등은 포함된다. [ ] [12년 국회 8급]

OX 2

「재난 및 안전관리 기본법」 제37조에 따른 응급조치를 위한 사업은 「환경영향평가법」상 환경영향평가 대상에서 제외된다. [ ] [21년 지방 7급]

정답

1. × 2. ○

05 환경영향평가업의 등록 및 결격 · 취소 사유

① 환경영향평가는 사업자나 사업자를 대행하는 환경영향평가업자가 시행하는데, 환경영향평가 등을 대행하는 사업("환경영향평가업")을 하려는 자는 환경영향평가사 등의 기술인력과 시설 및 장비를 갖추어 환경부장관에게 등록을 하여야 한다(제54조).

② 「환경영향평가법」을 위반하여 징역 이상의 실형을 선고받고 그 형의 집행이 끝나거나(집행이 끝난 것으로 보는 경우를 포함) 집행을 받지 아니하기로 확정된 날부터 2년이 지나지 아니한 사람은 환경영향평가업의 등록을 할 수 없다(제55조). [21년 지방 7급 1]

06 환경영향평가 대상지역

① 환경영향평가 대상지역이란 행정계획의 수립이나 사업의 시행으로 영향을 받게 되는 지역으로서 환경영향을 과학적으로 예측 · 분석한 자료에 따라 그 범위가 설정된 지역을 말한다(제6조).

② 한편, 개발사업으로 인하여 환경상 침해를 받으리라고 예상되는 지역을 '영향권'이라고 하는데, 환경영향평가 대상지역과 보통 일치하지만, 반드시 일치하는 것은 아니다. 대상지역을 사업자 측에서 설정하기 때문에, 영향권에 해당함에도 불구하고 대상지역에서 제외되는 경우가 있을 수 있기 때문이다.

07 협의의 환경영향평가 절차

1. 환경영향평가서 작성과 제출

① 환경영향평가서는 사업자 또는 사업자를 대행하여 환경영향평가업자가 작성한다(제24조). [12년 국회 8급 2]

② 사업자는 환경영향평가서 초안을 작성하여 설명회, 공청회 등을 거쳐 주민 등의 의견을 수렴하여야 한다(제25조 제1항). 사업자는 주민 등의 의견수렴 결과와 반영 여부를 대통령령으로 정하는 바에 따라 공개하여야 한다(제25조 제4항).

2. 환경부장관과의 협의

① 승인기관의 장❶ 및 승인 등을 받지 아니하여도 되는 사업자는, 환경부장관에게 환경영향평가서를 제출하고, 그 평가서에 대하여 협의를 요청하여야 한다(제27조 제1항).

② 사업자나 승인기관의 장은 협의 내용을 통보받았을 때에는 그 내용을 해당 사업계획 등에 반영하기 위하여 필요한 조치를 하여야 한다(제29조 제1항). 승인기관의 장은 사업계획 등에 대하여 승인 등을 하려면 협의 내용이 사업계획 등에 반영되었는지를 확인하여야 한다. 이 경우 협의 내용이 사업계획 등에 반영되지 아니한 경우에는 이를 반영하게 하여야 한다(제30조 제2항). 다만, 대법원은 이 환경부장관의 협의의견은 승인기관의 장에 대한 구속력이 없다고 본다(99두2970).

③ 승인기관의 장 및 승인 등을 받지 아니하여도 되는 사업자는, 협의한 사업계획 등을 변경하는 경우 등 일정한 사유에 해당하는 경우에는 환경부장관에게 재협의를 요청하여야 한다

OX 1

「환경영향평가법」을 위반하여 징역 이상의 실형을 선고받고 그 형의 집행이 끝나거나(집행이 끝난 것으로 보는 경우를 포함) 집행을 받지 아니하기로 확정된 날부터 2년이 지나지 아니한 사람은 환경영향평가업의 등록을 할 수 없다. [ ]
[21년 지방 7급]

OX 2

환경영향평가서의 작성주체는 환경영향평가의 대상사업을 추진하는 사업자 및 그 대행자에 대한 감독행정청이다. [ ]
[12년 국회 8급]

❶ 「환경영향평가법」상 '승인기관의 장'이란 환경부장관, 계획 수립기관의 장, 계획이나 사업에 대하여 승인등을 하는 기관의 장을 뜻한다.

정답
1. ○ 2. ×

PART 09

(제32조 제1항). 재협의를 하는 경우 다시 주민의 의견수렴절차를 거쳐야 한다(제32조 제3항). [15년 국가 7급]

④ 사업자는 협의·재협의 또는 변경협의의 절차를 거치지 아니하거나 절차가 끝나기 전에 환경영향평가 대상사업의 공사를 하여서는 아니 된다(제34조 제1항)(사전공사의 금지). 다만, 사업자가 이러한 사전 공사시행 금지규정을 위반하였다고 하여 후에 있는 승인기관의 장이 한 사업계획 등에 대한 승인 등의 처분이 위법하게 되지는 않는다(2012두1006). [20년 국회 8급 1] 사업자의 행위로 인하여 승인기관의 장의 행위가 위법하게 될 수는 없기 때문이다.

OX 1

환경영향평가절차가 완료되기 전에 공사시행을 하여 사업자가 사전공사시행 금지규정을 위반한 경우, 승인기관의 장이 한 사업계획 등에 대한 승인 등의 처분은 위법하다. [ ]
[20년 국회 8급]

3. 사업계획의 승인

환경부장관과의 협의까지 거친 이후에야 사업계획에 대한 승인이 가능해진다.

핵심 정리 62 환경영향평가와 행정소송

01 개설

환경영향평가와 관련된 행정소송에 있어서는 ㉠ 본안전판단과 관련해서는 원고적격 인정 여부가 문제되고, ㉡ 본안판단과 관련해서는 환경영향평가의 하자가 사업승인 처분 등에 미치는 영향이 문제된다.

02 원고적격과 환경영향평가제도

1. '법률상 이익' 판단에 있어 '근거법규'

① 대법원은 ㉠ 환경영향평가법령은 환경영향평가 대상지역 내에 있는 주민들의 사익인, 당해 사업 시행전후를 비교하여 수인한도를 넘는 환경침해를 받지 아니하고 쾌적한 환경에서 생활할 수 있는 이익도 보호하려는 취지에서 제정된 것으로 본다. ㉡ 따라서 이러한 이익은 법률상 이익에 해당한다고 본다. ㉢ 또 어떤 사업이 환경영향평가의 대상이 되면 그 사업에 대한 승인처분 등의 내용을 직접적으로 정하고 있는 법령의 규정만이 아니라, 환경영향평가 법령도 그에 대한 근거법규가 되는 것으로 본다.

② 따라서 승인처분 등의 내용을 정하고 있는 법령의 규정에서 사익보호성을 도출하기 어렵다 하더라도, 해당 사업이 환경영향평가법령에 따른 환경영향평가의 대상사업인 경우, 환경영향평가대상지역 안의 주민들의 사업시행 승인처분에 대한 취소를 구할 원고적격을 인정하고 있다.

판례

㉠ 행정처분의 직접 상대방이 아닌 제3자라 하더라도 당해 행정처분으로 인하여 법률상 보호되는 이익을 침해당한 경우에는 취소소송을 제기하여 그 당부의 판단을 받을 자격이 있다 할 것이고, 여기에서 말하는 법률상 보호되는 이익이라 함은 당해 처분의 근거 법규 및 관련 법규에 의하여 보호되는 개별적·직접적·구체적 이익이 있는 경우를 말한다.

정답
1. ×

㉡ 환경・교통・재해 등에 관한 영향 평가법(이하 '환경영향평가법'이라 한다), 같은 법 시행령, 폐기물처리시설설치촉진및주변지역지원등에관한법률(이하 폐촉법), 같은 법 시행령의 각 관련 규정에 의하면, 폐기물처리시설 설치기관이 1일 처리능력이 100t 이상인 폐기물처리시설을 설치하는 경우에는 폐촉법에 따른 환경상 영향조사 대상에 해당할 뿐만 아니라, 환경영향평가법에 따른 환경영향평가 대상사업에도 해당하므로 폐촉법령뿐만 아니라, 환경영향평가법령도 위와 같은 폐기물처리시설을 설치하기 위한 폐기물소각시설 설치계획 입지결정・고시처분의 근거 법령이 된다고 할 것이고, 따라서 위 폐기물처리시설 설치계획입지가 결정・고시된 지역 인근에 거주하는 주민들에게 위 처분의 근거 법규인 환경영향평가법 또는 폐촉법에 의하여 보호되는 법률상 이익이 있으면 위 처분의 효력을 다툴 수 있는 원고적격이 있다고 할 것이다(2004두14229).

환경영향평가법령 등의 규정 취지는 환경영향평가대상사업에 해당하는 사업이 환경을 해치지 아니하는 방법으로 시행되도록 함으로써 당해 사업과 관련된 환경공익을 보호하려는 데 그치는 것이 아니라, 당해 사업으로 인하여 직접적이고 중대한 환경피해를 입으리라고 예상되는 환경영향평가대상지역 안의 주민들이 전과 비교하여 수인한도를 넘는 환경침해를 받지 아니하고 쾌적한 환경에서 생활할 수 있는 개별적 이익까지도 이를 보호하려는 데에 있으므로, 주민들이 위 승인처분과 관련하여 갖고 있는 위와 같은 환경상 이익은 단순히 환경공익 보호의 결과로서 국민일반이 공통적으로 갖게 되는 추상적・평균적・일반적 이익에 그치지 아니하고 환경영향평가대상지역 안의 주민 개개인에 대하여 개별적으로 보호되는 직접적・구체적 이익이라고 보아야 한다(97누19571).

2. 원고적격 증명책임의 문제

(1) 원고적격 증명책임의 원칙

원고적격은 소송요건의 일종이다. 따라서 법원이 원고적격이 갖추어졌는지 여부를 직권으로 조사하는 직권조사 사항에 해당한다. 그러나 동시에 원고적격은 변론주의의 적용을 받는 사항이기 때문에, 법원이 직권으로 원고적격이 갖추어졌는지 여부를 문제 삼은 결과, 원고가 법률상의 이익을 갖추었는지 여부가 불분명한 경우 원고가 직접 자신에게 법률상의 이익이 있음을 입증해야 한다. 그런데 대법원은 환경소송에서는 법령상 이익에 대한 증명이 쉽지 않다는 점을 고려하여 일정한 경우 법률상 이익을 사실상 추정하는 법리를 전개하고 있다.

(2) 환경영향평가 대상지역 또는 영향권 내의 주민

① 대법원은 어떤 시설을 설치할 때 환경영향평가를 실시하여야 하는 경우나 당해 사업으로 인하여 환경상 침해를 받으리라고 예상되는 영향권의 범위가 설정되어 있는 경우에는, 환경영향평가 대상지역 내에 거주하는 주민이나 그 영향권 내의 주민들에 대해서는, 그 지역 내에 거주하고 있다는 사실만으로도, 환경상 이익에 대한 침해 또는 침해 우려를 사실상 추정하여 특단의 사정이 없는 한 원고적격을 인정하고 있다.

② 따라서 환경영향평가 대상지역 또는 영향권 내에 있는 주민은 자신이 그 지역에 거주하고 있다는 사실만 입증하면 원고적격이 추정된다. 그러므로 이 경우 피고인 행정청이 그 주민에게 환경상 이익에 대한 침해나 침해 우려가 없음을 입증해야 그 추정이 깨진다.

OX 1

환경상 이익에 대한 침해 또는 침해 우려가 있는 것으로 사실상 추정되어 원고적격이 인정되는 사람에는 환경상 침해를 받으리라고 예상되는 영향권 내의 주민들을 비롯하여 단지 그 영향권 내의 건물·토지를 소유하거나 환경상 이익을 일시적으로 향유하는 데 그치는 사람도 포함된다. [ ] [12년 지방 9급]

③ 다만, 대법원은 단지 그 영향권 내의 건물이나 토지를 소유하기만 하는 자(즉, 부재지주)나 환경상 이익을 일시적으로 향유하는 데 그치는 자들에게는 원고적격이 없다고 보았다. [12년 지방 9급 1]

판례

공유수면매립면허처분과 농지개량사업 시행인가처분의 근거 법규 또는 관련 법규가 되는 구 공유수면매립법, 구 농촌근대화촉진법, 구 환경보전법, 구 환경보전법 시행령, 구 환경정책기본법, 구 환경정책기본법 시행령의 각 관련 규정의 취지는, 공유수면매립과 농지개량사업 시행으로 인하여 직접적이고 중대한 환경피해를 입으리라고 예상되는 환경영향평가 대상지역 안의 주민들이 전과 비교하여 수인한도를 넘는 환경침해를 받지 아니하고 쾌적한 환경에서 생활할 수 있는 개별적 이익까지도 이를 보호하려는 데에 있다고 할 것이므로, 위 주민들이 공유수면매립면허처분 등과 관련하여 갖고 있는 위와 같은 환경상의 이익은 주민 개개인에 대하여 개별적으로 보호되는 직접적·구체적 이익으로서 그들에 대하여는 특단의 사정이 없는 한 환경상의 이익에 대한 침해 또는 침해 우려가 있는 것으로 사실상 추정되어 공유수면매립면허처분 등의 무효확인을 구할 원고적격이 인정된다(2006두330).

환경상 이익에 대한 침해 또는 침해 우려가 있는 것으로 사실상 추정되어 원고적격이 인정되는 사람에는, 환경상 침해를 받으리라고 예상되는 영향권 내의 주민들을 비롯하여 그 영향권 내에서 농작물을 경작하는 등 현실적으로 환경상 이익을 향유하는 사람도 포함된다. 그러나 단지 그 영향권 내의 건물·토지를 소유하거나 환경상 이익을 일시적으로 향유하는 데 그치는 사람은 포함되지 않는다(2009두2825).

전원개발사업실시계획승인으로 직접적이고 중대한 침해를 받을 것이 예상되는 환경평가대상지역 안의 주민은 위 승인처분의 취소를 구할 원고적격이 있다(97누19571).

(3) 환경영향평가 대상지역 또는 영향권 외의 주민

① 한편, 대법원은 환경영향평가 대상지역 밖에 거주하는 주민이나 일정한 영향권 밖에 거주하는 주민들은, 원고적격의 입증책임에 대한 원칙으로 돌아가, 당해 처분으로 인하여 수인한도를 넘는 환경피해를 받거나 받을 우려가 있다는 것을 스스로 입증하여야 한다고 본다. 입증하면 원고적격을 인정받을 수 있다(2006두330). [20년 국회 8급, 17년 국회 8급]

② 다만, 이러한 입증을 할 때 「헌법」상의 환경권이나 「환경정책기본법」'에만' 근거하여 승인처분 등의 취소 또는 무효확인을 구할 원고적격을 인정할 수는 없다고 본다. [17년 지방 9급 2]

OX 2

「환경정책기본법」 제6조의 규정 내용 등에 비추어 국민에게 구체적인 권리를 부여한 것으로 볼 수 없더라도 환경영향평가 대상지역 밖에 거주하는 주민에게 헌법상의 환경권 또는 「환경정책기본법」에 근거하여 공유수면매립면허처분과 농지개량사업 시행인가처분의 무효확인을 구할 원고적격이 있다. [ ] [17년 지방 9급]

판례

㉠ 환경영향평가 대상지역 밖의 주민이라 할지라도 공유수면매립면허처분 등으로 인하여 그 처분 전과 비교하여 수인한도를 넘는 환경피해를 받거나 받을 우려가 있는 경우에는, 공유수면매립면허처분 등으로 인하여 환경상 이익에 대한 침해 또는 침해 우려가 있다는 것을 입증함으로써 그 처분 등의 무효확인을 구할 원고적격을 인정받을 수 있다.

㉡ 다만, 헌법 제35조 제1항에서 정하고 있는 환경권에 관한 규정만으로는 그 권리의 주체·대상·내용·행사방법 등이 구체적으로 정립되어 있다고 볼 수 없고, 환경정책기본법 제6조도 그 규정 내용 등에 비추어 국민에게 구체적인 권리를 부여한 것으로 볼 수 없으므로, 환경영향평가 대상지역 밖에 거주하는 주민에게 헌법상의 환경권 또는 환경정책기본법에 근거하여 공유수면매립면허처분과 농지개량사업 시행인가처분의 무효확인을 구할 원고적격을 인정할 수 없다(2006두330). [21년 지방 7급]

정답

1. × 2. ×

03 환경영향평가의 하자로 인한 승인처분 등의 하자

1. 개설

환경영향평가는 환경영향평가대상이 되는 사업의 실시를 위한 승인처분 등의 절차적 요건으로서의 성격을 갖는다. 따라서 환경영향평가상의 하자는 승인처분 등의 절차상 하자의 성질을 갖는다.

2. 환경부장관과의 협의의 문제

(1) 환경부장관과의 협의를 거치지 않은 경우

승인기관의 장이 환경부장관과의 협의를 거치지 않고 사업에 대한 승인을 한 경우, 당해 승인처분은 절차상의 하자가 있는 처분으로서 취소사유가 있는 처분에 해당하게 된다.

판례

국방·군사시설 사업에 관한 법률 및 구 산림법에서 보전임지를 다른 용도로 이용하기 위한 사업에 대하여 승인 등 처분을 하기 전에 미리 산림청장과 협의를 하라고 규정한 의미는 그의 자문을 구하라는 것이지 그 의견을 따라 처분을 하라는 의미는 아니라 할 것이므로, 이러한 협의를 거치지 아니하였다고 하더라도 이는 당해 승인처분을 취소할 수 있는 원인이 되는 하자 정도에 불과하고 그 승인처분이 당연무효가 되는 하자에 해당하는 것은 아니라고 봄이 상당하다(2005두14363). [15년 지방 7급 1]

대법원은 「국방·군사시설 사업에 관한 법률」 및 「산림법」에서 요구하는 산림청장과의 협의를 하지 않은 것도 취소사유에 해당한다고 보았다.

(2) 환경부장관과의 협의를 거친 경우

대법원은 환경부장관과의 협의를 거친 이상, 승인기관의 장이 환경부장관의 환경영향평가에 대한 의견에 반하는 처분을 하였다고 하여 그 처분이 위법하다고 할 수는 없다고 본다. 즉 환경부장관과의 협의의견에 승인기관의 장이 구속되지 않는다는 입장이다.

판례

국립공원 관리청이 국립공원 집단시설지구개발사업과 관련하여 그 시설물기본설계 변경승인처분을 함에 있어서 환경부장관과의 협의를 거친 이상 환경부장관의 환경영향평가에 대한 의견에 반하는 처분을 하였다고 하여 그 처분이 위법하다고 할 수 없다(99두2970). [12년 국회 8급 2]

3. 환경영향평가 자체를 거치지 않은 경우

환경영향평가를 거쳐야 할 대상사업에 대하여 환경영향평가를 거치지 아니하였음에도 불구하고 승인 등 처분이 이루어진다면, 환경파괴를 미연에 방지하고 쾌적한 환경을 유지·조성하기 위하여 환경영향평가제도를 둔 입법 취지를 달성할 수 없게 되는 결과를 초래할 뿐만 아니라 환경영향평가 대상지역 안의 주민들의 직접적이고 개별적인 이익을 근본적으로 침해하게 된다. 따라서 이 경우 대법원은 이러한 행정처분의 하자는 법규의 중요한 부분을 위반한 중대한 것이고 객관적으로도 명백한 것으로서 당연무효인 처분으로 보고 있다(2005두14363). [20년 국회 8급, 16년 변호사, 15년 국가 7급, 13년 변호사, 12년 국회 8급]

OX 1

「국방·군사시설 사업에 관한 법률」 및 구 산림법에서 보전임지를 다른 용도로 이용하기 위한 사업에 대하여 승인 등 처분을 하기 전에 미리 산림청장과 협의를 하라고 규정한 의미는 그 의견에 따라 처분을 하라는 것이므로, 이러한 협의를 거치지 아니하고서 행해진 승인처분은 당연무효이다. [ ] [15년 지방 7급]

OX 2

판례에 따르면 환경영향평가에 대한 의견에 반하는 처분인 경우 소정의 절차를 밟았다고 하더라도 절차상 하자를 이유로 위법하다고 판단해야 한다. [ ] [12년 국회 8급]

PART 09

정답

1. × 2. ×

4. 환경영향평가는 거쳤으나 그 내용이 부실하게 이루어진 경우

환경영향평가의 내용이 부실하다는 것은 조사·평가하여야 할 사항을 누락하였거나 조사·평가하기는 하였으나 그 내용이 부실한 것을 말한다. 환경영향평가서는 기본적으로 사업시행자에 의해 작성되기 때문에, 어느 정도의 부실이 기본적으로 예상된다. 따라서 대법원은, 비록 그 환경영향평가의 내용이 다소 부실하다 하더라도, 그 부실의 정도가 환경영향평가제도를 둔 입법 취지를 달성할 수 없을 정도이어서 환경영향평가를 하지 아니한 것과 다를 바 없는 정도의 것이 아닌 이상, 그 부실은 당해 승인 등 처분에 재량권 일탈·남용의 위법이 있는지 여부를 판단하는 하나의 요소로 기능함에 그칠 뿐, 그 부실로 인하여 당연히 당해 승인 등 처분이 위법하게 되는 것은 아니라고 본다(2006두330). [20년 국회 8급, 16년 서울 7급 1, 15년 국가 7급, 12년 국회 8급]

OX 1

법령상 환경영향평가 대상사업에 대하여 환경영향평가를 부실하게 거쳐 사업승인을 하였다면, 그러한 부실로 인하여 당연히 승인처분은 위법하게 된다.
[ ] [16년 서울 7급]

판례

구 환경정책기본법 제25조의2에 따라 사전환경성검토를 거쳐야 하는 행정계획이나 개발사업에 대하여 ㉠ 사전환경성검토를 거치지 아니하였는데도 행정계획을 수립하거나 개발사업에 대하여 허가 또는 승인 등을 하였다면 그 처분은 위법하다 할 것이나, ㉡ 그러한 절차를 거쳤다면, 비록 그 사전환경성검토의 내용이 다소 부실하다 하더라도 그 부실의 정도가 사전환경성검토 제도를 둔 입법 취지를 달성할 수 없을 정도이어서 사전환경성검토를 하지 아니한 것과 다를 바 없는 정도의 것이 아닌 이상, 그 부실은 당해 처분에 재량권 일탈·남용의 위법이 있는지 여부를 판단하는 하나의 요소로 됨에 그칠 뿐, 그 부실로 인하여 당연히 당해 처분이 위법하게 되는 것은 아니다(2012두4616). [23년 소방 9급]

사전환경영향평가란, 전략환경영향평가가 도입되기 전의 제도인데, 대법원은 사전환경영향평가를 거친 경우에 대해서도, 환경영향평가를 거친 경우와 동일한 법리를 전개하였다.

정답

1. ×

PART 10

재무행정법

유대웅
행정법각론
핵심정리

www.pmg.co.kr

Chapter

01 재무행정법 개설

핵심 정리 63 재무행정법 개설

01 재무행정법의 의의

① 국가 또는 지방자치단체가 그 존립과 활동에 필요한 재원을 취득하고 관리하는 작용을 재정이라 하는데, 이와 관련된 법을 재무행정법이라 한다. 단순히 재정법이라 부르기도 한다.

② 재정관리작용은 국가나 지방자치단체가 그 재산 및 수입과 지출을 관리하는 작용을 말한다. 단순히 '회계'라 부르기도 한다. 재정관리작용은 관리의 대상에 따라 현금회계, 채권회계, 동산회계, 부동산회계로 구분되는데, 현금의 수입·지출의 관리를 특히 현금회계라 한다. 현금회계는 회계연도 독립의 원칙 등의 지배를 받는다.

③ 재정관리작용(회계)은 비권력적 작용으로서 본질적으로 행정내부적 작용의 성질을 갖는 것으로 본다. 넓게는 재정관리작용도 행정법학의 영역이 될 수는 있지만, 행정법학의 관심은 재원의 취득작용 즉, 조세부과에 있다.

02 재무행정법의 기본원칙

1. 개설

재무행정법은 재정의회주의, 재정엄정관리주의, 건전재정주의, 공평부담주의 등의 지배를 받는다.

2. 재정의회주의(국회중심주의)

① 재정의회주의는 재정작용은 국민의 대표기관인 국회가 제정한 법률과 국회의 통제하에 이루어져야 한다는 원칙을 말한다.

② 이 원칙은 ㉠ 조세법률주의(법률의 근거 없이 국가는 조세를 부과·징수할 수 없고, 국민은 조세 납부를 요구받지 않는다는 원칙)와 ㉡ 예산의결주의(예산은 국민의 대표기관인 국회 또는 주민의 대표기관인 지방의회의 의결을 거쳐야 한다는 원칙), ㉢ 결산심사주의(예산의 집행결과인 결산도 감사원의 결산검사보고에 따라 국회나 지방의회의 심사를 받아야 한다는 원칙), ㉣ 영구세주의(조세에 관한 규정이 일단 법률의 형식으로 국회의 의결을 받으면, 해마다 다시 국회의 의결을 받지 않더라도 조세를 부과·징수할 수 있다는 원칙) 등으로 구체화된다.

3. 재정엄정관리주의

① 재정엄정관리주의는 국가나 지방자치단체의 재산이 멸실되거나 훼손되지 않도록 엄정하게 관리하여야 한다는 원칙을 말한다. 공공재산엄정관리주의 또는 엄정관리주의라고도 부른다.

② 이 원칙은 ㉠ 채무면제 제한의 원칙(법률에 의하지 않고는 국가나 지방자치단체에 대한 채무의 면제가 불가능하다는 원칙), ㉡ 국유재산무단사용 제한의 원칙(법률에 의하지 않고서는 국가의 재산을 무단으로 교환, 양여, 대부, 출자할 수 없다는 원칙) 등으로 구체화된다.

4. 건전재정주의

① 건전재정주의는 국가나 지방자치단체의 재정이 수입과 지출 간에 균형을 이루게 함으로써 적자를 방지하여야 한다는 원칙을 말한다. 정부는 재정건전성의 확보를 위하여 최선을 다하여야 한다(국가재정법 제16조 제1호). [23년 행정사]

② 이 원칙은 ㉠ 기채(起債)금지의 원칙(기채 또는 차입금은 특별히 국회 또는 지방의회의 의결이 있는 경우를 제외하고는 원칙적으로 금지된다), ㉡ 감채(減債)의 원칙(매 회계연도의 세입세출결산상 잉여금이 있을 때에는 국·공채의 원리금과 차입금을 우선적으로 상환하여야 한다) 등으로 구체화된다.

5. 공평부담주의

공평부담주의란 국세 또는 지방세의 부과 등 재정수입활동은 개개인의 경제적 능력을 고려한 공평한 부담이 되어야 한다는 원칙을 말한다.

03 「국가재정법」

1. 국가재정운용계획

재정운용의 효율화와 건전화를 위하여 정부는, 매년 당해 회계연도부터 5회계연도 이상의 기간에 대한 재정운용계획을 수립하여, 회계연도 개시 120일 전까지 국회에 제출하여야 한다(제7조). [23년 지방 7급, 17년 10월 국가 7급] 참고로, 국가의 회계연도는 매년 1월 1일에 시작하여 12월 31일에 종료한다(제2조). [17년 5급 승진]

2. 재정운용에 관한 의견수렴 – 재정정책자문회의

기획재정부장관은 재정운용에 대한 의견수렴을 위하여 각 중앙관서와 지방자치단체의 공무원 및 민간 전문가 등으로 구성된 재정정책자문회의를 운영하여야 한다(제10조 제1항). [23년 지방 7급]

3. 예산

(1) 의의

① 국가의 수입과 지출에 대하여 행정부가 작성한 예정적 계산서를 '예산'이라 한다. 예산은 국회의 심의·의결을 거치면 효력을 갖게 되는데, 국가기관만을 구속하는 법규범이라 본다.

② 한 회계연도의 모든 수입을 '세입'으로 하고, 모든 지출을 '세출'로 한다(제17조). [23년 행정사]

③ 예산은 예산총칙·세입세출예산·계속비·명시이월비 및 국고채무부담행위를 총칭한다(제19조). [23년 행정사]

(2) 종류 – 일반회계와 특별회계

① 일반회계는 조세수입 등을 주요 세입으로 하여 국가의 일반적인 세출에 충당하기 위하여 설치한다. [17년 10월 국가 7급 1, 17년 5급 승진]

OX 1
일반회계는 조세수입 등을 주요 세입으로 하여 국가의 일반적인 세출에 충당하기 위하여 설치한다. [ ] [17년 10월 국가 7급]

정답
1. ○

② 특별회계는 국가에서 특정한 사업을 운영하고자 할 때, 특정한 자금을 보유하여 운용하고자 할 때, 특정한 세입으로 특정한 세출에 충당함으로써 일반회계와 구분하여 회계처리할 필요가 있을 때에 법률로써 설치한다(국가재정법 제4조).

③ 중앙관서의 장은 소관 사무와 관련하여 특별회계 또는 기금을 신설하고자 하는 때에는 해당 법률안을 입법예고하기 전에 특별회계 또는 기금의 신설에 관한 계획서를 기획재정부장관에게 제출하여 그 신설의 타당성에 관한 심사를 요청하여야 한다(국가재정법 제14조). [17년 5급 승진]

(3) 세출재원의 마련

① 국가의 세출은 국채・차입금 외의 세입을 그 재원으로 한다. 그러나 부득이한 경우에는 국회의 의결을 얻은 금액의 범위 안에서 국채 또는 차입금으로써 국가의 세출을 충당할 수 있다(제18조). [21년 지방 7급]

② 각 회계연도의 경비는 그 연도의 세입 또는 수입으로 충당하여야 한다(제3조). [17년 5급 승진]

(4) 예산안의 작성

① 정부는 예산이 여성과 남성에게 미칠 영향을 미리 분석한 보고서(성인지 예산서)를 작성하여야 한다(26조). [17년 10월 국가 7급] 정부는 「성별영향평가법」에 따른 성별영향평가의 결과를 포함하여 예산이 여성과 남성에게 미치는 효과를 평가하고, 그 결과를 정부의 예산편성에 반영하기 위하여 노력하여야 한다(제16조 제5호). [23년 행정사]

② 정부는 예산안을 국회에 제출한 후 부득이한 사유로 인하여 그 내용의 일부를 수정하고자 하는 때에는 국무회의의 심의를 거쳐 대통령의 승인을 얻은 수정예산안을 국회에 제출할 수 있다(제35조). [21년 지방 7급]

(5) 예비비

① 예산안을 작성할 때에는 예측할 수 없는 지출에 대비하여 예비비를 계상해 두는데, 일반회계 예산총액의 100분의 1이내의 금액을 예비비로 계상할 수 있다(제22조 제1항). [23년 행정사]

② 공무원의 보수 인상을 위한 인건비 충당을 위하여는 예비비의 사용목적을 지정할 수 없다(제22조 제2항). [21년 지방 7급 1]

③ 중앙관서의 장은 예비비로 사용한 금액의 명세서를 작성하여 다음 연도 2월말까지 기획재정부장관에게 제출하여야 한다(제52조 제1항). [21년 지방 7급]

(6) 예산의 집행

① 각 중앙관서의 장은 세출예산이 정한 목적 외에 경비를 사용할 수 없다(제45조). [17년 5급 승진 2]

② 매 회계연도의 세출예산은 다음 연도에 이월하여 사용할 수 없다. 다만, 계속비의 연도별 연부액 중 해당 연도에 지출하지 못한 금액은 계속비사업의 완성연도까지 계속 이월하여 사용할 수 있다(제48조). [17년 10월 국가 7급 3, 17년 5급 승진]

OX 1
공무원의 보수 인상을 위한 인건비 충당을 위하여는 예비비의 사용목적을 지정할 수 있다. [ ] [21년 지방 7급]

OX 2
각 중앙관서의 장이 행정목적 달성을 위하여 필요한 경우에는 세출예산이 정한 목적 외에 경비를 사용하는 것은 원칙적으로 허용된다. [ ] [17년 5급 승진]

OX 3
계속비의 연도별 연부액 중 당해 연도에 지출하지 못한 금액은 계속비 사업의 완성연도까지 계속 이월하여 사용할 수 없다. [ ] [17년 10월 국가 7급]

정답
1. × 2. × 3. ×

4. 기금(基金, fund)

① 기금이란 국가가 특정한 목적을 위하여 설치한 특정한 자금을 말한다.

② "기금관리주체"란 각 법률에 따라 기금을 관리·운용하는 자를 말한다(제9조 제4항).

③ 정부는 여성과 남성이 동등하게 기금의 수혜를 받고 기금이 성차별을 개선하는 방향으로 집행되었는지를 평가하는 보고서("성인지 기금결산서")를 작성하여야 한다(제73조의2 제1항). [23년 지방 7급]

④ 기금관리주체는 자산운용에 관한 중요한 사항을 심의하기 위하여 다른 법률에서 따로 정하는 경우를 제외하고는 심의회에 자산운용위원회를 설치하여야 한다(제76조 제1항).

⑤ 자산운용위원회의 위원장은 기금관리주체의 장이 기금의 여건 등을 고려하여 해당 기금관리주체 및 수탁기관의 임·직원 또는 공무원 중에서 선임한다(제76조 제3항). [23년 지방 7급 1]

OX 1

자산운용위원회의 위원장은 기금관리주체의 장이 기금의 여건 등을 고려하여 공무원을 제외하고 해당 기금관리주체 및 수탁기관의 임·직원 중에서 선임한다.
[ ] [23년 지방 7급]

정답

1. ×

Chapter

02 조세법

핵심 정리 64 조세법 개설

01 조세의 의의

① 조세란 국가 또는 지방자치단체가 그 경비에 충당할 재력취득의 목적으로, 과세권에 의하여, 법률이 정한 과세요건에 해당하는 모든 사람으로부터 일반적 표준에 따라 균등하게 부과·징수하는 금전을 말한다.

② 조세는 국가의 서비스에 대한 반대급부로서 부과·징수되는 것이 아니다. 국가로부터 받은 급부가 전혀 없더라도 부담하게 되는 헌법상의 의무에 해당한다.

구분	협의의 부담금	조세	수수료
부과목적	특정 공익사업의 경비충당	국가 또는 지자체의 일반수입	시설이나 서비스의 이용 대가
부과대상자	특정 공익사업에 대한 이해관계자	국민 또는 주민	이용자
부과기준	사업과의 관계를 고려한 종합적 표준	담세력	서비스 제공 비용

02 조세법상 기본원칙

1. 형식적 측면의 원칙

헌법 제59조 조세의 종목과 세율은 법률로 정한다.

형식적 측면의 원칙 중에서는 조세법률주의가 가장 중요한데 다음과 같이 구체화된다.

과세요건 법률주의	① 명칭은 과세'요건'법률주의이지만, 과세요건뿐만 아니라 조세의 부과와 징수에 대한 모든 사항을 법률로 정하여야 한다. 다만, 행정입법으로의 위임이 허용되지 않는 것은 아니고 구체적으로 범위를 정하여 하는 위임은 허용된다. ② 조세를 부과·징수하기 위해서뿐만 아니라, 조세를 감면하기 위해서도 법률의 근거가 필요하다. [20년 국가 7급 1] 납세의무자들은 상호 간에 조세의 전가관계에 있기 때문이다(93헌바2).
과세요건 명확주의	조세의 부과와 징수에 관한 모든 사항을 법률로 정하되 그 내용을 일의적이고 명확하게 하여야 한다.
소급과세 금지원칙	① 조세법규의 효력이 발생하기 전에 완성된 사실에 대해서는 소급하여 과세할 수 없다.

OX 1
조세를 부과·징수하기 위해서는 법률의 근거가 필요하지만 조세를 감면하기 위해서 법률의 근거가 필요한 것은 아니다.
[ ] [20년 국가 7급]

정답
1. ×

	② 세법의 새로운 해석이나 새로운 행정관행에 의하여 소급하여 과세되지 아니한다(국세기본법 제18조 제3항 후문). [16년 지방 7급] ③ 국세를 납부할 의무가 성립한 소득, 수익, 재산, 행위 또는 거래에 대해서는 그 성립 후의 새로운 세법에 따라 소급하여 과세하지 아니한다(국세기본법 제18조 제2항). [16년 지방 7급]
합법성의 원칙	① 과세요건이 충족되는 경우, 과세관청은 법에 따라 조세를 징수하여야 하고, 임의로 조세를 감면하거나 징수하지 않을 수 있는 재량을 갖지 못한다. ② 조세채무는 법률이 정하는 과세요건에 따라 발생하게 되는바, 이러한 조세법률관계에서는 사적 자치의 원칙이 적용되지 않는다. [08년 국가 7급]
엄격해석의 원칙 (유추해석금지의 원칙)	조세법규의 해석은 엄격하게 하여야 한다. 합리적인 이유 없이 유추해석하거나 확장해석하는 것은 허용되지 않는다.

판례

헌법 제59조에 규정되어 있는 조세법률(정)주의는 ㉠ 과세요건 법률주의, ㉡ 과세요건 명확주의, ㉢ 소급과세금지의 원칙, ㉣ 엄격해석의 원칙, ㉤ 합법성의 원칙으로 구체화 된다. 그중에서도 과세요건 법률주의와 과세요건 명확주의는 조세법률주의의 핵심으로 불린다. 우리 헌법은 제38조에서 "모든 국민은 법률이 정하는 바에 의하여 납세의 의무를 진다"라고 규정하였고, 제59조에 "조세의 종목과 세율은 법률로 정한다."라고 규정하였다. 이러한 헌법규정에 근거를 둔 조세법률주의는 조세평등주의와 함께 조세법의 기본원칙으로서, 법률의 근거 없이 국가는 조세를 부과·징수할 수 없고, 국민은 조세의 납부를 요구받지 않는다는 원칙이다. 이러한 조세법률주의는 이른바 과세요건 법정주의와 과세요건 명확주의를 그 핵심적 내용으로 삼고 있다(89헌마38). [15년 지방 7급 1]

우리 헌법은 조세법률주의를 채택하고 있으므로 조세의 종목과 세율뿐만 아니라 과세대상, 과세표준 납세의무자등 조세의 부과징수에 관한 사항은 모두 법률에 의하여서만 규정되어야 할 것으로 해석되며, 조세법의 확장해석이나 유추적용을 금하여 납세의무자에게 불리한 결과가 초래되지 않도록 하여야 할 것이다(70누92).

헌법 제38조, 제59조가 채택하고 있는 조세법률주의의 원칙은 과세요건과 징수절차 등 조세권 행사의 요건과 절차를 국민의 대표기관인 국회가 제정한 법률로써 규정하여야 한다는 것이나, 과세요건과 징수절차에 관한 사항을 명령·규칙 등 하위법령에 위임하여 규정하게 할 수 없는 것은 아니고, 이러한 사항을 하위법령에 위임하여 규정하게 하는 경우 구체적·개별적 위임만이 허용되며, 이러한 법률 또는 그 위임에 따른 명령·규칙의 규정은 일의적이고 명확하여야 한다는 것이다(2013두16876).

조세법률주의 원칙은 과세요건 등 국민의 납세의무에 관한 사항을 국민의 대표기관인 국회가 제정한 법률로써 규정하여야 하고, 법률을 집행하는 경우에도 이를 엄격하게 해석·적용하여야 하며, 행정편의적인 확장해석이나 유추적용을 허용하지 아니함을 뜻한다. 그러므로 법률의 위임 없이 명령 또는 규칙 등의 행정입법으로 과세요건 등에 관한 사항을 규정하거나 법률에 규정된 내용을 함부로 유추·확장하는 내용의 해석규정을 마련하는 것은 조세법률주의 원칙에 위배된다(2015두45700). [17년 국가 7급]

OX 1

조세법률주의는 과세요건 법정주의와 과세요건 명확주의를 그 핵심적 내용으로 하고 있다. [ ] [15년 지방 7급]

정답

1. ○

조세법률주의의 원칙상 과세요건이거나 비과세요건 또는 조세감면요건을 막론하고 조세법규의 해석은 특별한 사정이 없는 한 법문대로 해석할 것이고, 합리적 이유 없이 확장해석하거나 유추해석하는 것은 허용되지 아니하고, 특히 감면요건 규정 가운데에 명백히 특혜규정이라고 볼 수 있는 것은 엄격하게 해석하는 것이 조세공평의 원칙에도 부합한다(2003두7392). [22년 군무원 5급, 08년 국가 7급]

조세의 감면 또는 징수유예의 경우에도 엄격해석의 원칙의 지배를 받는다. 누군가에게 조세 혜택을 주는 만큼 다른 누군가가 더 그 조세를 부담해야 하기 때문이다. 이를 '국민들은 상호 간에 조세전가관계에 있다'고 표현한다.

조례에서 과세면제를 받고자 하는 자는 그 사실을 증명할 수 있는 서류를 갖추어 관할관청에 신청하여야 한다고 규정하고 있더라도, 위의 면제신청에 관한 규정은 면제처리의 편의를 위한 사무처리절차를 규정한 것에 불과할 뿐 그 신청이 면제의 요건이라고 볼 수는 없다(2001두10639). [18년 소방간부]

2. 실질적 측면의 원칙

공평부담의 원칙 (조세공평의 원칙) (조세평등주의)	국민 개개인은 조세법률관계에 있어서 평등하게 취급되어야 하고, 조세부담은 국민들 사이에 담세력에 따라 공평하게 배분되어야 한다.
신의성실의 원칙	납세자가 그 의무를 이행할 때는 신의에 따라 성실하게 하여야 한다. 세무공무원이 그 직무를 수행할 때도 마찬가지이다.
신뢰보호의 원칙	행정청이 국민에 대하여 행한 언동의 정당성과 존속성을 신뢰한 개인은 보호되어야 한다.
조세비례의 원칙 (응능주의)	조세는 담세자의 담세력에 비례하여 부과되어야 한다.
수입확보의 원칙	조세수입은 확실하게 확보되어야 한다. 이를 위해 조세채권의 우선성을 인정하거나, 강제징수제도, 원천징수제도 등을 두고 있다.
능률의 원칙	조세수입의 확보는 최소의 경비로 효율적으로 실현될 수 있도록 행해져야 한다.

3. 과세기술적 측면의 원칙

실질과세의 원칙	과세물건의 법률상 귀속에 관하여 그 형식과 실질이 다른 경우, 실질에 따라 귀속이나 거래내용을 정하여 과세하여야 한다.
근거과세의 원칙	과세표준의 조사나 결정은 원칙적으로 납세의무자가 조세관계법령에 의해 작성한 장부나 증빙자료에 의하여야 한다.

판례

실질과세의 원칙상 과세의 대상이 되는 소득, 수익, 재산, 행위 또는 거래의 귀속이 명의일 뿐이고 사실상 귀속되는 자가 따로 있을 때에는 사실상 귀속되는 자를 납세의무자로 보아야 한다(86누602). [08년 국가 7급]

03 납세의무의 성립과 확정

1. 과세요건

① '과세요건'이란 조세를 부과할 수 있는 요건을 말한다. 과세요건은 납세의무자, 과세물건, 과세표준, 세율로 이루어진다.

개념	의미
납세의무자	납세의무의 주체를 말한다. 조세채무를 부담하는 자를 뜻한다.
과세물건	과세의 대상이 되는 물건뿐만 아니라 행위나 사실도 과세물건이라 한다. 예컨대, 소득세에서의 '소득', 재산세에서의 '재산', 소비세에서의 '소비행위' 등이 과세물건에 해당한다.
과세표준	과세물건으로부터 세액을 산출하기 위해 그 물건·행위·사실을 일정한 가치척도로 나타내는 경우에 그 금액, 가액, 수량, 건수 등을 말한다. 예컨대 소득세의 경우 '甲의 1년간 소득 3,500만 원' 등이 과세표준에 해당한다.
세율	세액산출을 위해 과세표준에 곱해야 할 비율을 말한다.

② 과세요건은 조세실체법에 의하여 구체적으로 정해지고, 법률이 정하고 있는 과세요건에 해당하는 구체적인 사실이 존재하면 그에 의하여 과세권이 발생하고 납세의무가 성립한다. 다만 조세법에서는 국민이 납세의무를 부담하게 되는 과정을 '성립'과 '확정'이라는 두 단계에 걸친 절차로 분석적으로 파악하고 있다.

2. 납세의무의 성립

납세의무는 법률이 정한 과세요건이 충족되면 과세관청의 특별한 행위를 기다리지 아니하고 당연히 성립한다. **[15년 지방 7급]** 소급입법(적용)인지 여부는 성립시점을 기준으로 하여 판단된다.

3. 납세의무의 확정

납세의무의 확정이란 성립한 납세의무를 구체적인 금액으로 구현하는 것을 말한다. 행정청이 과세요건을 이루는 사실이 있음을 인정하고, 관계법령을 해석·적용하여 구체적으로 세액을 확정하는 것이라 표현하기도 한다. 과세요건이 충족되면 납세의무는 당연히 성립되지만, 실제로 납세의무자로부터 조세를 징수하기 위해서는 납세의무의 확정이 필요하다고 본다. 납세의무의 확정은 이미 발생되어 있는 조세채권을 확정하는 것이므로 강학상 확인행위에 해당하는 것으로 본다. **[14년 지방 7급]**

04 조세의 종류

1. 국세와 지방세❶

국세	① 국가가 부과·징수하는 조세로서 소득세, 법인세, 상속세, 부가가치세 등이 그 예이다. ② 국세는 국내세와 관세로 나뉘는데, 관세도 조세의 일종이므로 법률에 의하는 것이 원칙이다. 다만, 관세에 관한 조약에서 이에 관한 특별한 규정을 두고 있는 경우에는 그에 의하는 것이 허용된다. 조세법률주의의 예외인 셈이다. ③ 국세는 보통 국세청장이나 세무서장이 부과한다.

❶ 출제는 주로 국세에 대하여 이루어진다. 이하 특별한 언급이 없는 한 국세에 대한 서술이다.

지방세	① 지방자치단체가 부과·징수하는 조세로서 취득세, 주민세, 자동차세, 재산세 등이 그 예이다. ② 지방세기본법 제5조는 "지방자치단체는 지방세의 세목, 과세대상, 과세표준, 세율, 그 밖에 지방세의 부과·징수에 필요한 사항을 정할 때에는 이 법 또는 지방세관계법에서 정하는 범위에서 조례로 정하여야 한다"라고 규정하여 일정한 지방세에 대해서는 일정한 사항을 조례로 정할 수 있게 하고 있다. ③ 지방세는 보통 지방자치단체장이 부과한다.

2. 직접세와 간접세

직접세	납세의무자와 부담자가 일치하는 조세로서, 소득세, 법인세, 상속세 등이 그 예이다.
간접세	납세의무자와 부담자가 일치하지 않는 조세로서, 주세나 부가가치세가 그 예이다. 간접세는 납세의무자가 아니라 물건을 구매한 사람이나 편익을 제공받은 사람이 부담한다. 예컨대, 甲이 편의점에서 1,100원짜리 빵을 하나 구매한 경우, 실제 빵의 가격은 1,000원이지만, 편의점주 乙이 甲으로부터 부가가치세 100원을 더 받아서 이를 국가에 납부하는 식이다. 이 경우 乙을 납세의무자라 한다.

3. 보통세와 목적세

보통세	국가 또는 지방자치단체의 일반경비에 충당하기 위하여 부과하는 조세를 말한다.
목적세	국가 또는 지방자치단체의 특정경비에 충당하기 위하여 부과하는 조세를 말한다. 조세는 원칙적으로 보통세이며 목적세는 예외적인 경우에만 인정된다.

4. 비례세와 누진세

비례세	과세표준과 관계없이 일정률의 같은 세율이 적용되는 조세를 말한다. 부가가치세, 주세가 대표적인 예이다.
누진세	과세표준금액이 증가함에 따라 적용되는 세율도 높아지는 조세를 말한다. 소득세, 상속세, 증여세, 법인세 등이 그 예이다.

5. 부과납부조세와 신고납부조세

(1) 의의

① 조세는 납세의무의 확정방식에 따라 부과납부조세와 신고납부조세로 구분된다.

② 부과납부조세란 납부하여야 할 세액이 전적으로 세무서장 등의 처분에 의하여 확정되는 조세를 말한다. 현행법상 상속세, 증여세, 양도소득세 등이 부과납부 방식을 취하고 있다.

③ 한편, 신고납부조세란 납부하여야 할 세액이 원칙적으로 납세자의 신고에 의하여 확정되는 조세를 말한다. [20년 국가 7급 1] 현행법상 법인세, 소득세 등이 신고납부 방식을 취하고 있다.

④ 다만, 원천징수하는 법인세와 소득세, 그리고 인지세의 경우에는 예외적으로 납세의무가 성립하는 때에 특별한 절차 없이 그 세액이 확정된다고 보는데, 이를 자동확정방식의 조세라 한다(국세기본법 제22조 제4항). [17년 국가 7급]

OX 1

신고납세방식의 조세의 경우 원칙적으로 납세의무자가 스스로 과세표준과 세액을 정하여 신고하는 행위에 의하여 납세의무가 구체적으로 확정된다. [ ]
[20년 국가 7급]

정답

1. ○

판례

원천징수하는 소득세 등에 있어서는, 소득금액 또는 수입금액을 지급하는 때에 납세의무가 성립함과 동시에 자동적으로 확정되는 것으로서 과세관청의 납세고지는 징수처분이라 볼 것이므로 납세고지서에 필요한 사항의 일부기재를 누락한 것은 징수처분의 하자에 해당한다(83누686). [17년 국가 7급]

(2) 구제방법

구분	내용
부과납부 조세	① 부과납부조세의 경우, 조세부과처분이라는 처분이 존재하게 된다. 따라서 항고소송으로 다툴 수 있다. 다만, 행정심판을 필수적으로 거쳐야 한다. ② 한편, 이미 부과납부조세를 납부한 경우에는, 부과처분의 무효를 전제로 하는 과오납금반환청구소송(부당이득반환청구소송의 일종)을 제기하여 다툴 수도 있다.
신고납부 조세	① 조세신고행위는 사인의 공법행위에 해당하는데, 대법원은 이 신고행위에 공정력이 있는 것처럼 취급하고 있어 비판의 대상이 되고 있다. 즉, 대법원은 납세의무자의 신고행위에 중대하고 명백한 하자가 있는 경우에만 신고행위가 당연무효가 된다고 본다. 위법하지만 무효가 아닌 신고행위에 따라 납부된 금전은 행정주체가 부당이득을 한 것이 아니게 된다는 점에서 의미가 있다. ② 신고납부방식의 조세에 있어서 과세관청이 납세의무자의 신고에 따라 세액을 수령하는 것은 사실행위에 불과할 뿐, 이를 처분에 해당하는 행위로 보지 않는다(96누8321). [20년 5급 승진❶, 17년 국가 7급, 16년 지방 7급, 14년 지방 7급] ③ 따라서 신고납부방식의 조세에 대해서는 ㉠ 과세관청에 대한 경정청구를 하였다가 과세관청이 이를 거부한 경우 경정거부처분 취소소송을 제기하여 다투거나, ㉡ 신고행위의 무효를 이유로 납부한 금전에 대한 부당이득반환청구소송을 제기하는 방식으로 다투어야 한다.

판례

등록세 등과 같은 신고납부방식의 조세의 경우에는 원칙적으로 납세의무자가 스스로 과세표준과 세액을 정하여 신고하는 행위에 의하여 납세의무가 구체적으로 확정되고, 그 납부행위는 신고에 의하여 확정된 구체적 납세의무의 이행으로 하는 것이며, 지방자치단체는 그와 같이 확정된 조세채권에 기하여 납부된 세액을 보유한다. 따라서 납세의무자의 신고행위가 중대하고 명백한 하자로 인하여 당연무효로 되지 아니하는 한 그것이 바로 부당이득에 해당한다고 할 수 없고, 여기에서 신고행위의 하자가 중대하고 명백하여 당연무효에 해당하는지의 여부에 대하여는 신고행위의 근거가 되는 법규의 목적, 의미, 기능 및 하자 있는 신고행위에 대한 법적 구제수단 등을 목적론적으로 고찰함과 동시에 신고행위에 이르게 된 구체적 사정을 개별적으로 파악하여 합리적으로 판단하여야 한다(2012다69203, 2011다15476, 2002다46102 등). [23년 국가 7급❷, 17년 지방 7급❸, 12년 변호사]

➶ 사인의 공법행위인 신고에 마치 행정행위의 효력인 공정력이 있는 것처럼 취급하고 있기 때문에 비판을 받는 판례이다.

신고납부방식의 조세채무와 관련된 과세요건이나 조세감면 등에 관한 법령의 규정이 특정 법률관계나 사실관계에 적용되는지 여부가 법리적으로 명확하게 밝혀져 있지 아니한 상태에서 과세관청이 그 중 어느 하나의 견해를 취하여 해석·운영하여 왔고 납세의무자가 그 해석에 좇아 과세표준과 세액을 신고·납부하였는데, 나중에 과세관청의 해석이 잘못된 것으로 밝혀졌더라도 그 해석에 상당한 합리적 근거가 있다고 인정되는 한 그에 따른 납세의무자의 신고·납부행위는 하자가 명백하다고 할 수 없어 이를 당연무효라고 할 것은 아니다(2012다69203).

➶ 역시 사인의 공법행위인 신고에 마치 공정력이 있는 것처럼 취급하고 있다.

OX 1
신고납세방식의 조세에 있어서 과세관청이 납세의무자의 신고에 따라 세액을 수령하는 것은 사실행위이며 부과처분으로 볼 수 없다. [ ] [20년 5급 승진]

OX 2
신고납세방식의 조세의 경우 납세의무자의 신고행위가 중대하고 명백한 하자로 인하여 당연무효로 되지 아니하는 한 신고에 따라 납부한 세액이 바로 부당이득에 해당하는 것은 아니다. [ ] [23년 국가 7급]

OX 3
신고행위의 하자가 중대·명백하여 당연무효에 해당하는지에 대하여는 신고행위의 근거가 되는 법규의 목적, 의미, 기능 및 하자 있는 신고행위에 대한 법적 구제수단 등을 목적론적으로 고찰함과 동시에 신고행위에 이르게 된 구체적 사정을 개별적으로 파악하여 합리적으로 판단하여야 한다. [ ] [17년 지방 7급]

정답
1. ○ 2. ○ 3. ○

㉠ 납세의무자가 세금을 자진신고납부하는 경우 그 납부시에 과세관청의 확인적 부과처분이 존재한다고 보는 것은 부과납세방식의 조세에 한하는 것이고, 신고납세방식의 조세에 있어서는 자진신고납부한 세금을 과세관청이 수령하는 행위는 단순한 사실행위에 불과하고 확인적 부과처분의 존재를 인정할 여지가 없다.

㉡ 지방세법 제130조, 제151조, 방위세법 제5조 제1항의 규정내용에 비추어 보면, 등록세와 등록세납세의무자가 납부하는 방위세는 신고에 의하여 일단 그 과세표준과 세액이 확정되는 신고납세방식의 조세이고, 신고에 의하여 과세관청이 결정을 함으로써 비로소 과세표준과 세액이 확정되는 부과납세방식의 조세라고 볼 것이 아니다(88누12066).

05 과세전적부심사제도

국세기본법 제81조의15(과세전적부심사) ① 세무서장 또는 지방국세청장은 다음 각 호의 어느 하나에 해당하는 경우에는 미리 납세자에게 그 내용을 서면으로 통지(이하 이 조에서 "과세예고통지"라 한다)하여야 한다. 〈개정 2020. 12. 29.〉

1. 세무서 또는 지방국세청에 대한 지방국세청장 또는 국세청장의 업무감사 결과(현지에서 시정조치하는 경우를 포함한다)에 따라 세무서장 또는 지방국세청장이 과세하는 경우
2. 세무조사에서 확인된 것으로 조사대상자 외의 자에 대한 과세자료 및 현지 확인조사에 따라 세무서장 또는 지방국세청장이 과세하는 경우
3. 납세고지하려는 세액이 100만원 이상인 경우. (단서 생략)

② 다음 각 호의 어느 하나에 해당하는 통지를 받은 자는 통지를 받은 날부터 30일 이내에 통지를 한 세무서장이나 지방국세청장에게 통지 내용의 적법성에 관한 심사[이하 이 조에서 "과세전적부심사"(課稅前適否審査)라 한다]를 청구할 수 있다. (단서 생략) 〈개정 2018. 12. 31.〉

1. 제81조의12에 따른 세무조사 결과에 대한 서면통지
2. 제1항 각 호에 따른 과세예고통지

과세전적부심사제도는 일종의 사전 구제제도로서, 세무조사에 따른 과세처분을 하거나 일정한 과세처분을 하려는 경우에, 미리 앞으로 과세할 내용을 서면통지하거나 과세예고통지하여, 그 내용에 대하여 이의가 있는 경우에 과세의 적법여부심사를 청구할 수 있도록 하는 제도이다(국세기본법 제81조의15, 지방세기본법 제88조). 대법원은 과세전적부심사를 거치지 않은 하자는 무효사유에 해당하는 것으로 보고 있다.

판례

과세예고 통지 후 과세전적부심사 청구나 그에 대한 결정이 있기도 전에 과세처분을 하는 것은 과세전적부심사제도 자체를 형해화시킬 뿐만 아니라 과세전적부심사 결정과 과세처분 사이의 관계 및 그 불복절차를 불분명하게 할 우려가 있으므로, 그와 같은 과세처분은 납세자의 절차적 권리를 침해하는 것으로서 그 절차상 하자가 중대하고도 명백하여 무효라고 할 것이다(2016두49228). [18년 국가 7급 1]

국세기본법 및 구 국세기본법 시행령이 과세예고 통지의 대상으로 삼고 있지 않다거나 과세전적부심사를 거치지 않고 곧바로 과세처분을 할 수 있는 예외사유로 정하고 있는 등의 특별한 사정이 없는 한, 과세관청이 과세처분에 앞서 필수적으로 행하여야 할 과세예고 통지를 하지 아니함으로써 납세자에게 과세전적부심사의 기회를 부여하지 아니한 채 과세처분을 하였다면, 이는 납세자의 절차적 권리를 침해한 것으로서 과세처분의 효력을 부정하는 방법으로 통제할 수밖에 없는 중대한 절차적 하자가 존재하는 경우에 해당하므로, 과세처분은 위법하다(2015두52326). [18년 지방 7급]

OX 1

과세관청이 과세예고 통지 후 과세전적부심사 청구나 그에 대한 결정이 있기 전에 국세부과처분을 한 경우, 특별한 사정이 없는 한 그 하자가 중대·명백하다고 볼 수 없어 당연무효가 아닌 취소사유에 해당한다. [ ]
[18년 국가 7급]

정답

1. ×

06 조세부과처분의 절차상 하자 관련 판례 모음 – 총론 범위 복습

판례

원천징수하는 소득세 등에 있어서는, 소득금액 또는 수입금액을 지급하는 때에 납세의무가 성립함과 동시에 자동적으로 확정되는 것으로서 과세관청의 납세고지는 징수처분이라 볼 것이므로 납세고지서에 필요한 사항의 일부기재를 누락한 것은 징수처분의 하자에 해당한다(83누686). [17년 국가 7급]

과세관청이 취소소송 계속 중에 납세고지서의 세액산출근거를 밝히는 등 보정통지를 하였다 하여, 이것을 종전의 위법한 부과처분을 스스로 취소하고 새로운 부과처분을 한 것으로 볼 수는 없으므로, 이미 항고소송이 계속 중인 단계에서 위와 같은 보정통지를 하였다 하여 그 위법성이 이로써 치유된다고 할 수 없다(83누404). [17년 국가 7급]

> ㉠ 보정통지를 한 것을 두고 종전의 부과처분을 직권취소한 것으로 볼 수 없다는 판시와, ㉡ 이미 취소소송 계속 중이라면 쟁송제기 이후이어서 하자가 치유될 수 없다는 판시를 섞어서 한 판례이다.

본세의 부과처분과 가산세의 부과처분은 각 별개의 과세처분인 것처럼, 같은 세목에 관하여 여러 종류의 가산세가 부과되면 그 각 가산세 부과처분도 종류별로 각각 별개의 과세처분이라고 보아야 한다. 따라서 하나의 납세고지서에 의하여 본세와 가산세를 함께 부과할 때에는 납세고지서에 본세와 가산세 각각의 세액과 산출근거 등을 구분하여 기재해야 하는 것이고, 또 여러 종류의 가산세를 함께 부과하는 경우에는 그 가산세 상호 간에도 종류별로 세액과 산출근거 등을 구분하여 기재함으로써 납세의무자가 납세고지서 자체로 각 과세처분의 내용을 알 수 있도록 하는 것이 당연한 원칙이다(2010두125347). [22년 군무원 5급, 18년 국가 7급 1 16년 지방 9급, 14년 국회 8급]

과세처분을 하면서 장기간 세액산출근거를 부기하지 아니하였다면 납세자가 이를 자진납부하였다 하더라도 처분의 위법성은 치유되지 않는다(84누431). [17년 국가 9급, 13년 국가 7급]

> 처분상대방이 세액을 자진납부하는 것은, 그 과세처분의 하자를 묵과하겠다는 의사가 아니라 일단 가산금 부과등의 불이익을 받지 않으려는 의사일 수 있기 때문이다. 또 행정청이 무언가 보완행위를 한 상황도 아니다.

납세고지서에 증여세의 과세표준과 세액의 산출근거가 기재되어 있지 않더라도, 과세처분에 앞서 납세의무자에게 보낸 과세관청의 과세예고통지서에 과세표준과 세액의 산출근거 등 납세고지서의 필요적 기재사항이 이미 모두 기재되어 있어 납세의무자가 불복 여부의 결정 및 불복신청에 전혀 지장을 받지 않았다는 것이 명백하다면, 납세고지의 하자는 치유될 수 있다(99두8039, 96누12634). [17년 변호사]

변상금부과처분을 하면서 그 납부고지서 또는 적어도 사전통지서에 그 산출근거를 제시하지 아니하였다면 위법한 것이고, 그 산출근거가 법령상 규정되어 있다거나 부과통지서 등에 산출근거가 되는 법령만을 명기하였다는 것만으로는 이유제시의 요건을 충족한 것으로 볼 수 없다(2000두86). [16년 국회 8급]

> 법령만을 명기하였다는 것은 예컨대, 몇조 몇항에 근거한 것인지는 언급하지 않은 채 무슨 법령에 근거한 것인지만을 밝혔다는 말이다.

OX 1

하나의 납세고지서로 본세와 여러 종류의 가산세를 함께 부과하는 경우에 납세고지서에 가산세의 종류와 세액의 산출근거 등을 따로 구별하지 않고 가산세의 합계액만을 기재하였다면 그 부과처분은 위법하다. [ ] [18년 국가 7급]

정답

1. ○

핵심 정리 65 조세의 부과 및 징수에 대한 권리구제

01 이의신청

1. 의의

① 국세의 부과와 징수에 관한 처분에 이의가 있는 자는 당해 처분을 한 세무서장이나(or) 세무서장을 거쳐 관할 지방국세청장에게 이의신청을 할 수 있다(국세기본법 제55조 제3항, 제66조 제1항 본문). [16년 지방 7급, 12년 국가 7급, 11년 지방 7급] 이의신청은 그 처분의 통지를 받은 날로부터 또는 처분이 있었던 것을 안 날로부터 90일 이내에 제기하여야 한다(제66조 제6항, 제61조 제1항).

② 다만, ㉠ 지방국세청장의 조사에 따라 과세처분을 한 경우나, ㉡ 세무서장에게 과세전적부심사를 청구한 경우에는 관할 지방국세청장에게만 이의신청을 하여야 한다(제66조 제1항). 이 경우 세무서장에게 한 이의신청은 관할 지방국세청장에게 한 것으로 본다.

③ 세무서장은 이의신청의 대상이 된 처분이 지방국세청장이 조사·결정 또는 처리하였거나 하였어야 할 것인 경우에는 이의신청을 받은 날부터 7일 이내에 해당 신청서에 의견서를 첨부하여 해당 지방국세청장에게 송부하고 그 사실을 이의신청인에게 통지하여야 한다(제66조 제2항). [12년 국가 7급]

④ 이의신청을 받은 세무서장과 지방국세청장은 각각 국세심사위원회의 심의를 거쳐 결정하여야 한다(제66조 제4항).

2. 법적 성질

이러한 이의신청은 국세에 대한 것인지 지방세에 대한 것인지를 불문하고 임의적 절차이다(국세기본법 제55조 제1항, 지방세기본법 제91조 제3항). 따라서 ㉠ 과세처분에 불복하는 자는 이의신청을 거치지 않고 곧바로 행정심판 절차인 심사청구나 심판청구를 할 수도 있고, 이의신청을 거쳐 심사청구나 심판청구를 할 수도 있다. ㉡ 다만, 이의신청을 거친 후 심사청구나 심판청구를 하는 경우에는 이의신청에 대한 결정의 통지를 받은 날부터 90일 이내에 제기하여야 한다(제68조 제2항, 제61조 제2항). [14년 국가 7급 1]

OX 1

국세기본법상 이의신청을 거친 후 심사청구 또는 심판청구를 하려면 그 이의신청에 대한 결정의 통지를 받은 날부터 90일 이내에 제기하여야 한다. [ ] [14년 국가 7급]

3. 결정의 종류

① 이의신청에서는 그 신청 내용의 당부에 따라, 인용결정과 기각결정이 행해진다.

② 인용결정의 한 유형으로서 재조사결정이라는 것이 존재하는데, 재조사결정이 있으면 처분청은 결정에서 지적된 사항을 재조사하여 그 결과에 따라 과세표준과 세액을 경정하거나 당초 처분을 유지하는 등의 후속 처분을 해야하는 의무를 부과받게 된다. 이를 재조사결정의 기속력이라 한다.

정답

1. ○

판례

심판청구 등에 대한 결정의 한 유형으로 실무상 행해지고 있는 재조사 결정은 재결청의 결정에서 지적된 사항에 관하여 처분청의 재조사결과를 기다려 그에 따른 후속 처분의 내용을 심판청구 등에 대한 결정의 일부분으로 삼겠다는 의사가 내포된 변형결정에 해당하므로, 처분청은 재조사 결정의 취지에 따라 재조사를 한 후 그 내용을 보완하는 후속 처분만을 할 수 있다(2015두37549). [22년 국가 7급]

이의신청 등에 대한 결정의 한 유형으로서 실무상 행해지고 있는 재조사결정은, 처분청으로 하여금 하나의 과세단위의 전부 또는 일부에 관하여 당해 결정에서 지적된 사항을 재조사하여 그 결과에 따라 과세표준과 세액을 경정하거나 당초 처분을 유지하는 등의 후속 처분을 하도록 하는 형식을 취하고 있다. … 재조사결정은 당해 결정에서 지적된 사항에 관해서는 처분청의 재조사결과를 기다려 그에 따른 후속 처분의 내용을 이의신청 등에 대한 결정의 일부분으로 삼겠다는 의사가 내포된 변형결정에 해당한다고 볼 수밖에 없다. 그렇다면 재조사결정은 처분청의 후속 처분에 의하여 그 내용이 보완됨으로써 이의신청 등에 대한 결정으로서의 효력이 발생한다고 할 것이므로, 재조사결정에 따른 심사청구기간이나 심판청구기간 또는 행정소송의 제소기간은 이의신청인 등이 후속 처분의 통지를 받은 날부터 기산된다고 봄이 타당하다(2007두12514 전원합의체). [17년 지방 9급, 16년 국가 7급, 16년 5급 승진]

02 행정심판

1. 국세청장에 대한 심사청구 및 조세심판원에 대한 심판청구

(1) 행정심판법의 배제

조세에 관한 불복에 있어서는 「행정심판법」에 따른 행정심판절차가 배제되고(행정심판법 제3조, 국세기본법 제56조 제1항), 그 대신 「국세기본법」이나 「관세법」, 「지방세법」 등이 정하는 절차에 따른 행정심판절차를 따라야 한다. 다만 「행정심판법」 제15조, 제16조, 제20조부터 제22조까지, 제29조, 제36조 제1항, 제39조, 제40조, 제42조 및 제51조는 적용된다(국세기본법 제56조).

(2) 행정심판의 유형 개관

① 국세에 대한 행정심판절차로는, ㉠ 국세청장에 대한 심사청구와, ㉡ 조세심판원에 대한 심판청구라는 두 가지 종류의 행정심판절차가 마련되어 있다. 이 심사청구와 심판청구 중 하나는 반드시 거쳐야 행정소송을 제기할 수 있다(국세기본법 제56조 제2항). [16년 지방 7급] 다만 동일한 처분에 대하여 심사청구와 심판청구를 중복하여 제기할 수는 없다(국세기본법 제55조 제9항). [15년 지방 7급 1, 14년 국가 7급]

② 한편, 지방세의 경우에도 조세심판원장에 대한 심판청구를 거친 다음에만 행정소송을 제기할 수 있다(지방세기본법 제98조 제3항).

③ 의무이행심판의 형태로서 심판청구 혹은 심사청구를 하는 것도 가능하다. 국세기본법 제55조 제1항은 '필요한 처분을 받지 못함으로 인하여 권리나 이익을 침해당한 자는 … 필요한 처분을 청구할 수 있다'고 규정하고 있는바, 이는 의무이행심판을 의미하는 것으로 본다.

OX 1

국세의 부과처분에 불복하여 행정소송을 제기하고자 하는 경우에는 행정소송 제기 전에 국세청장에 대한 심사청구 또는 조세심판원에 대한 심판청구를 택일하여 청구하여야 한다. [ ]
[15년 지방 7급]

정답

1. ○

OX 1
국세기본법상 심사청구는 처분이 있음을 안 날 또는 처분의 통지를 받은 날부터 90일 이내에 제기하여야 한다. [ ]
[14년 국가 7급]

OX 2
현행법상 국세징수에 대한 불복이 있을 때, 세무서장을 거쳐 중앙행정심판위원회에 심판청구를 할 수 있다. [ ]
[11년 지방 7급]

OX 3
조세심판관회의는 담당 조세심판관 3분의 1 이상의 출석으로 개의하고, 출석조세심판관 과반수의 찬성으로 의결한다. [ ]
[12년 국가 7급]

OX 4
현행법상 국세징수에 대한 불복이 있을 때, 감사원에 심사청구를 할 수 있다. [ ]
[11년 지방 7급]

정답
1. ○ 2. × 3. × 4. ○

⑶ 심사청구

① 심사청구는 대통령령으로 정하는 바에 따라 불복의 사유를 갖추어 해당 처분을 하였거나 하였어야 할 세무서장을 거쳐 국세청장에게 하여야 한다(제62조 제1항). [11년 지방 7급]

② 심사청구는 해당 처분이 있음을 안 날(처분의 통지를 받은 때에는 그 받은 날, 이의신청을 거친 경우에는 그 결정의 통지를 받은 날)부터 90일 이내에 제기하여야 한다(제61조 제1항, 제2항). [14년 국가 7급 1]

⑷ 심판청구

① 심판청구를 하려는 자는 대통령령으로 정하는 바에 따라 불복의 사유 등이 기재된 심판청구서를, 그 처분을 하였거나 하였어야 할 세무서장이나 조세심판원장에게 제출하는 방식으로, 조세심판원장에 대하여 심판청구를 하여야 한다(제69조 제1항). [12년 국가 7급, 11년 지방 7급 2] 세무서장에게 심판청구서가 제출된 경우에는 세무서장이 이를 조세심판원장에게 송부한다.

② 조세심판원장이 심판청구를 받았을 때에는 조세심판관회의가 심리를 거쳐 결정한다. 조세심판관회의는 담당 조세심판관 3분의 2 이상의 출석으로 개의하고, 출석조세심판관 과반수의 찬성으로 의결한다(제72조 제3항). [12년 국가 7급 3]

③ 조세심판관회의는 결정을 할 때 심판청구를 한 처분 외의 처분에 대해서는 그 처분의 전부 또는 일부를 취소 또는 변경하거나 새로운 처분의 결정을 하지 못한다(제79조 제1항, 불고불리의 원칙).

④ 조세심판관회의는 결정을 할 때 심판청구를 한 처분보다 청구인에게 불리한 결정을 하지 못한다(제79조 제2항, 불이익변경금지의 원칙).

2. 감사원에 대한 심사청구

① 감사원법 제43조 제1항은 감사원의 감사를 받는 자의 직무에 관한 처분에 대하여 이해관계 있는 자는 감사원에 심사청구를 할 수 있도록 하고 있다. 따라서 국세·관세·지방세에 관한 처분에 대하여도 감사원에 심사청구를 할 수 있다. [11년 지방 7급 4] 감사원은 국세청, 관세청, 지방자치단체를 다 감사하기 때문이다.

② 다만, 감사원은 심사청구가 이유가 있다고 인정할 때에는 관계기관의 장에 대하여 시정 기타 필요한 조치를 요구할 수 있을 뿐(감사원법 제46조 제2항), 처분을 직접 취소·변경할 수는 없다. 감사원에 대한 심사청구는 행정심판에 해당하지 않는다. 진정에 불과하다.

③ 그러나 감사원법에 의한 이 심사청구를 거친 경우에는 국세기본법에 의한 심사청구나 심판청구를 거친 것으로 본다. 따라서 별도로 국세기본법상의 심사청구나 심판청구를 거치지 않더라도 행정소송을 제기할 수 있다(국세기본법 제56조 제5항). 행정심판 전치주의의 요건을 충족한 것으로 간주하는 것이다.

④ 이 경우 심사청구에 대한 결정의 통지를 받은 날로부터 90일 이내에 처분청을 피고로 하여 행정소송을 제기할 수 있다(감사원법 제46조의2).

03 행정소송

1. 개설

① 심사청구 또는 심판청구를 거친 처분에 대한 행정소송은 심사청구 또는 심판청구에 대한 결정의 통지를 받은 날부터 90일 이내에 제기하여야 한다(제56조 제3항). 행정소송법상 제소기간에 대한 규정인 제20조의 적용을 배제하는 것이다.

② 또한 국세기본법은 행정심판 전치주의 완화에 대한 행정소송법 제18조 제2항(행정심판의 재결을 거치지 않아도 되는 경우)과 제3항(행정심판의 제기조차 하지 않아도 되는 경우)의 규정까지 적용을 배제하고 있다.

2. 조세행정소송의 소송물

부과처분의 취소를 구하는 소송에 있어서 심리의 대상(소송물)이 무엇인지에 대하여 총액주의와 쟁점주의가 대립한다. ㉠ 총액주의는 구체적인 사건에서 적법하게 부과될 수 있는 세금총액이 얼마인지가 조세부과처분 취소소송의 소송물이라고 보는 견해이고, ㉡ 쟁점주의는 계쟁처분 발급 시에 실제로 그 근거로 사용되었던 과세표준 또는 처분사유의 적법 여부가 조세부과처분 취소소송의 소송물이라고 보는 견해이다. 대법원은 총액주의의 입장을 취하고 있다(98두7350, 88누6504). 따라서 잘못된 조세부과사유 이외의 다른 사유로라도 실제 부과된 세액만큼의 부과가 정당화될 수 있다면 당해 과세처분을 위법한 것으로 보지 않는다.

3. 경정처분이 있은 경우 소의 대상

(1) 문제점

① 당초의 조세 부과처분에 오류나 탈루가 있는 경우에, 관세관청은 이를 세액을 감축하거나 확장하는 경정처분을 할 수 있다. 이러한 경정처분은 당초처분을 그대로 유지한 채 수정하는 것에 불과하므로, 당초의 처분을 취소하거나 철회한 다음 새로운 처분을 하는 것과 다르다.

② 당초의 조세부과처분을 증액하거나 감액하는 경정처분을 한 경우에 당초처분과 경정처분 중 무엇이 취소소송의 대상이 되는지가 문제된다.

(2) 당초과세처분과 경정처분의 관계에 대한 대법원의 입장

1) 증액경정처분을 한 경우

취소소송의 대상	① 세액을 고쳐서 증액하는 처분(즉, 증액경정처분)이 있으면 처음에 한 과세처분(즉, 당초처분)은 이에 흡수되어 독립된 존재가치를 상실(소멸)하고 오직 증액경정처분만이 쟁송의 대상이 된다(2002두9971). [18년 5급 승진] ② 다만, 당초처분에 대해 불가쟁력이 발생한 후에 증액경정처분이 있었던 경우, 당초처분에 의한 세액 부분은 확정되기 때문에, 그 당초처분에 의하여 이미 확정된 세액 부분에 대하여 다툴 수는 없다(2002두9971). 증액경정처분에 의하여 증액된 세액을 한도로 취소를 구할 수 있을 뿐이다(2008두22280).
주장 가능한 위법사유	① 당초처분에 불가쟁력이 발생하였는지 여부를 불문하고, 증액경정처분에 대한 취소소송에서 당초처분에 존재하던 위법사유도 함께 주장하여 다툴 수 있다(2010두11733, 2006두17390, 2002두9971). ② 다만, 증액경정처분 전에 당초처분에 불가쟁력이 발생하였던 경우에는, 당초처분에 존재하던 위법사유를 인정하여 증액경정처분의 위법성을 인정할 수 있다 하더라도, 증액경정된 부분만을 취소할 수 있다.

OX 1
과세처분에 대한 증액경정처분이 있는 경우 당초의 과세처분은 증액경정처분에 흡수되어 소멸하고, 소멸한 당초 과세처분의 절차적 하자는 증액경정처분에 승계되지 아니한다. [ ]
[23년 국가 7급]

하자의 승계	증액경정처분에 의해 소멸한 당초처분의 하자가 증액경정처분으로 승계되는 것은 아니라고 본다(2007두16493). [23년 국가 7급 1, 22년 경찰간부, 20년 5급 승진, 19년 지방 7급, 17년 국가 7급, 17년 변호사]

판례

증액경정처분이 있는 경우 당초 신고나 결정은 증액경정처분에 흡수됨으로써 독립한 존재가치를 잃게 되어 원칙적으로는 당초 신고나 결정에 대한 불복기간의 경과 여부 등에 관계없이 증액경정처분만이 항고소송의 심판대상이 되고, 납세자는 그 항고소송에서 당초 신고나 결정에 대한 위법사유도 함께 주장할 수 있으나(2006두17390), 불복기간의 경과 등으로 확정된 당초 신고나 결정에서의 세액에 관하여는 취소를 구할 수 없고 증액경정처분에 의하여 증액된 세액을 한도로 취소를 구할 수 있다 할 것이다(2008두22280).

신고 얘기가 나오는 이유는, 신고납세방식의 조세의 경우에도 동일한 법리가 적용되기 때문이다.

증액경정처분이 있는 경우, 당초 신고나 결정은 증액경정처분에 흡수됨으로써 독립한 존재가치를 잃게 된다고 보아야 하므로, 원칙적으로는 당초 신고나 결정에 대한 불복기간의 경과 여부 등에 관계없이 증액경정처분만이 항고소송의 심판대상이 되고, 납세의무자는 그 항고소송에서 당초 신고나 결정에 대한 위법사유도 함께 주장할 수 있다고 해석함이 타당하다(2006두17390). [22년 국가 7급, 19년 지방 7급 2, 14년 지방 7급]

OX 2
증액경정처분이 있는 경우 원칙적으로는 당초 신고나 결정에 대한 불복기간의 경과 여부 등에 관계없이 증액경정처분만이 항고소송의 대상이 되고, 납세의무자는 그 항고소송에서 당초 신고나 결정에 대한 위법사유를 주장할 수 없다. [ ]
[19년 지방 7급]

과세표준과 세액을 증액하는 증액경정처분은 당초 납세의무자가 신고하거나 과세관청이 결정한 과세표준과 세액을 그대로 둔 채 탈루된 부분만을 추가로 확정하는 처분이 아니라 당초 신고나 결정에서 확정된 과세표준과 세액을 포함하여 전체로서 하나의 과세표준과 세액을 다시 결정하는 것이므로, 당초 신고나 결정에 대한 불복기간의 경과 여부 등에 관계없이 오직 증액경정처분만이 항고소송의 심판대상이 되는 점, 증액경정처분의 취소를 구하는 항고소송에서 증액경정처분의 위법 여부는 그 세액이 정당한 세액을 초과하는지 여부에 의하여 판단하여야 하고(총액주의) 당초신고에 관한 과다신고사유나 과세관청의 증액경정사유는 증액경정처분의 위법성을 뒷받침하는 개개의 위법사유에 불과한 점 등에 비추어 보면, 납세의무자는 증액경정처분의 취소를 구하는 항고소송에서 과세관청의 증액경정사유뿐만 아니라 당초 신고에 관한 과다신고사유도 함께 주장하여 다툴 수 있다고 할 것이다(2010두11733). [18년 지방 9급 3]

OX 3
부가가치세 증액경정처분의 취소를 구하는 항고소송에서 납세의무자는 과세관청의 증액경정사유만 다툴 수 있을 뿐이지 당초 신고에 관한 과다신고사유는 함께 주장하여 다툴 수 없다. [ ] [18년 지방 9급]

원천징수의무자에 대하여 납세의무의 단위를 달리하여 순차 이루어진 2개의 징수처분은 별개의 처분으로서 당초 처분과 증액경정처분에 관한 법리가 적용되지 아니하므로, 당초 처분이 후행 처분에 흡수되어 독립한 존재가치를 잃는다고 볼 수 없고, 후행 처분만이 항고소송의 대상이 되는 것도 아니다(2011두7311). [22년 군무원 5급]

2) 감액경정처분을 한 경우

① 당초 부과처분의 일부를 취소 또는 감액하는 내용의 경정결정을 한 경우, 이 경정처분은 당초 부과처분과 별개 독립의 과세처분이 아니라 그 실질은 당초 부과처분의 변경인 것으로 보아야 하고, 그에 의하여 세액의 일부 취소라는 납세자에게 유리한 효과를 가져오는 처분이라 할 것이므로, 그 경정결정으로도 아직 취소되지 않고 남아 있는 부분이 위법하다고 하여 다투는 경우에는, 항고소송의 대상이 되는 것은 당초의 부과처분 중 경정결정에 의하여 취소되지 않고 남은 부분이 된다 할 것이고, 경정결정이 항고소송의 대상이 되는 것은 아니

정답
1. ○ 2. × 3. ×

라 할 것이므로, 이 경우 적법한 전심절차를 거쳤는지 여부나, 제소기간을 준수하였는지 여부도 당초처분을 기준으로 하여 판단하여야 할 것이다(2006두3957, 91누391). [22년 경찰간부, 22년 국가 7급 1, 16년 서울 7급, 12년 세무사]

② 감액경정처분이 행정심판절차에 의하여 이루어졌는지, 아니면 처분청에 의하여 이루어졌는지는 불문한다. 두 경우 모두, 그 경정결정으로도 아직 취소되지 않고 남아 있는 부분이 위법하다고 하여 다투는 경우에는, 당초 부과처분 중 남아 있는 부분이 항고소송의 대상이 된다고 본다.

OX 1
과세표준과 세액을 감액하는 경정처분에 대해서 그 감액경정처분으로도 아직 취소되지 아니하고 남아 있는 부분을 다투는 경우, 적법한 전심절차를 거쳤는지 여부, 제소기간의 준수 여부는 당해 경정처분을 기준으로 판단하여야 한다. [ ]
[22년 국가 7급]

04 국세에 대한 쟁송 경로

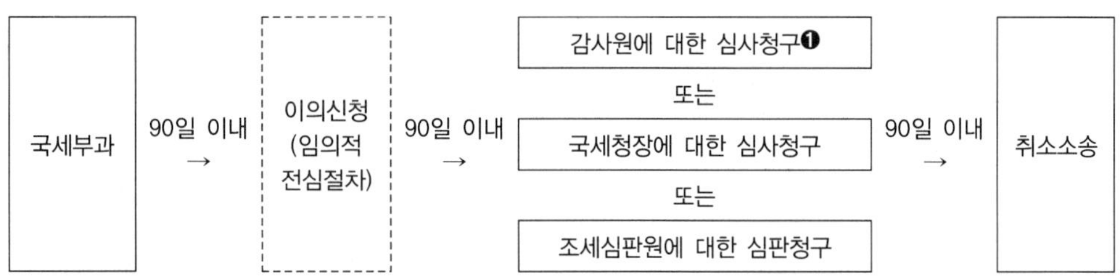

❶ ① 감사원의 심사는 행정심판이 아니지만, 이것을 거친 경우에는 행정심판을 거친 것으로 간주해준다.
② 이 셋 중 하나는 반드시 거쳐야 하는 필수적 전심절차이다.

05 조세의 환급

1. 조세환급금의 의의

> **국세기본법 제51조(국세환급금의 충당과 환급)** ① 세무서장은 납세의무자가 국세 및 강제징수비로서 납부한 금액 중 잘못 납부하거나 초과하여 납부한 금액이 있거나 세법에 따라 환급하여야 할 환급세액(세법에 따라 환급세액에서 공제하여야 할 세액이 있을 때에는 공제한 후에 남은 금액을 말한다)이 있을 때에는 즉시 그 잘못 납부한 금액, 초과하여 납부한 금액 또는 환급세액을 국세환급금으로 결정하여야 한다. (단서 생략) 〈개정 2020. 12. 22.〉

> **지방세기본법 제60조(지방세환급금의 충당과 환급)** ① 지방자치단체의 장은 납세자가 납부한 지방자치단체의 징수금 중 과오납한 금액이 있거나 「지방세법」에 따라 환급하여야 할 환급세액(지방세관계법에 따라 환급세액에서 공제하여야 할 세액이 있을 때에는 공제한 후 남은 금액을 말한다)이 있을 때에는 즉시 그 오납액, 초과납부액 또는 환급세액을 지방세환급금으로 결정하여야 한다. (단서 생략)

납세의무자가 ㉠ 국세나 가산금 또는 강제징수비로 납부한 금액 중 과오납금이 있거나, 지방자치단체의 징수금 중 과오납금이 있는 경우, 또는 ㉡ 세법에 환급하여야 할 환급세액이 있을 때에는 이것을 납세자에게 반환하여야 한다(국세기본법 제51조 제1항, 지방세기본법 제60조 제1항). 이때 반환되어야 할 금액을 '조세환급금'이라 한다.

2. 조세환급금의 유형

(1) 과오납금(過誤納金)

① 과오납금이란 법률상 조세로서 납부할 원인이 없음에도 불구하고 납부되어 있는 금전을 말한다. 법문에서는 이를 "잘못 납부하거나 초과하여 납부한 금액"이라고 표현하고 있다. 과

정답
1. ×

OX 1
부당이득의 반환을 구하는 납세의무자의 국세환급금채권은 오납액의 경우에는 처음부터 법률상 원인이 없으므로 납부 또는 징수 시에 이미 확정되어 있는 것이다. [ ] [22년 경찰간부]

OX 2
조세의 과오납이 부당이득이 되기 위하여는 납세 또는 조세의 징수가 실체법적으로나 절차법적으로 전혀 법률상의 근거가 없거나 과세처분의 하자가 중대하고 명백하여 당연무효이어야 하고, 과세처분의 하자가 단지 취소할 수 있는 정도에 불과할 때에는 과세관청이 이를 스스로 취소하거나 항고소송절차에 의하여 취소되지 않는 한 그로 인한 조세의 납부가 부당이득이 된다고 할 수 없다. [ ] [19년 2월 서울 7급]

OX 3
원천징수의무자가 원천납세의무자로부터 징수하여야 할 세액을 초과하여 징수·납부한 경우, 초과한 세액에 대한 환급청구권은 원천징수의무자가 아니라 원천납세의무자에게 귀속된다. [ ] [23년 국가 7급]

OX 4
원천징수의무자가 원천납세의무자로부터 징수하여야 할 국세의 세액을 초과하여 징수·납부한 경우, 국가에 대한 환급청구권자는 원천징수의무자가 아니라 원천납세의무자이다. [ ] [20년 5급 승진]

오납금은 일종의 부당이득으로서 납부자는 납부 또는 징수 시부터 당연히 반환청구권을 가지며, 국가나 지방자치단체는 이것을 반환할 의무를 진다. [22년 경찰간부 1]

② 과오납금은 ㉠ 착오로 세금을 초과납부하거나 이중 납부한 경우, ㉡ 유효한 과세처분에 따라 세금을 납부하였으나 그 후 과세처분이 직권 또는 쟁송절차에 의하여 취소·변경된 경우, ㉢ 무효인 과세처분에도 불구하고 세금을 납부한 경우 등에 발생한다.

③ 과세처분이 당연무효가 아닌 경우라면, 청구권자는 부당이득반환청구소송을 제기하기 전에 과세처분 취소소송을 제기하거나 양자를 병합하여 제기하여야 한다.

판례

조세의 과오납이 부당이득이 되기 위하여는 납세 또는 조세의 징수가 실체법적으로나 절차법적으로 전혀 법률상의 근거가 없거나 과세처분의 하자가 중대하고 명백하여 당연무효이어야 하고, 과세처분의 하자가 단지 취소할 수 있는 정도에 불과할 때에는 과세관청이 이를 스스로 취소하거나 항고소송절차에 의하여 취소되지 않는 한 그로 인한 조세의 납부가 부당이득이 된다고 할 수 없다(94다28000). [19년 서울 7급 2]

과세처분이 취소되거나 당연무효인 경우, 과오납금은 국가가 법률상 원인 없이 보유하는 부당이득에 해당하므로 납세자는 당연히 그 환급을 청구할 권리가 있고, 국세기본법 제51조에 의한 환급금결정이 있어야만 환급금청구권이 확정되는 것은 아니다(92누 4388).

원천징수 세제에 있어 원천징수의무자가 원천납세의무자로부터 원천징수대상이 아닌 소득에 대하여 세액을 징수·납부하였거나 징수하여야 할 세액을 초과하여 징수·납부하였다면, 이로 인한 국가 등에 환급청구권은 원천납세의무자가 아닌 원천징수의무자에게 귀속되는 것인 바, 이는 원천징수의무자가 원천납세의무자에 대한 관계에서는 법률상 원인 없이 이익을 얻은 것이라 할 것이므로 원천납세의무자는 원천징수의무자에 대하여 환급청구권 상당액을 부당이득으로 구상할 수 있다(2002다68294, 2001두8780). [23년 국가 7급 3, 20년 5급 승진 4, 19년 서울 7급, 15년 지방 7급]

법적으로 국가나 지방자치단체와 관계를 맺는 것은 원천징수의무자이지, 원천납세의무자가 아니기 때문이다. 부당이득은 권리와 의무의 상대방이었던 자들 사이에서 발생하는 문제이다.

(2) 환급세액

① 환급세액이란 세법의 규정 등에 따라 발생하는 환급금으로서, 당초의 납부나 조세부담이 적법한 것이었지만, 국가의 정책적 결단에 의해 돌려주는 세금을 말한다.

② ㉠ 당초에 적법하게 원천납부한 금액이 확정세액을 초과하는 경우, ㉡ 적법하게 세금을 납부한 후에 감면을 받거나 법령이 개정되어 납부의무가 소멸되는 경우, ㉢ 부가가치세와 관련하여 매입세액이 매출세액을 초과하는 경우 등이 환급세액이 발생하는 경우에 속한다.

③ 환급세액의 반환의 본질이 부당이득반환인지 여부에 대해서는 논란이 있다.

3. 환급거부결정의 처분성 여부

(1) 문제점

환급금지급청구에 대한 거부결정의 처분성을 인정할 수 있을지가 문제된다. 환급거부결정의

정답
1. ○ 2. ○ 3. × 4. ×

처분성이 부정된다면 부당이득반환청구소송으로 환급금반환청구소송을 제기해야 할 것이나, 처분성이 인정된다면 항고소송을 제기하여야 하기 때문에 중요하다.

(2) 판례 – 처분성 부정

대법원은 국세환급금결정을 구하는 신청에 대한 환급거부결정은, 납부의무자가 갖는 환급청구권의 존부나 범위에 구체적이고 직접적인 영향을 미치는 것이 아니므로 항고소송의 대상이 되는 처분이 아니라고 보고 있다. 따라서 거부처분 취소소송이나 부작위위법확인소송으로 다툴 수 없다고 본다.

판례

구 국세기본법 제51조의 오납액과 초과납부액은 조세채무가 처음부터 존재하지 않거나 그 후 소멸되었음에도 불구하고 국가가 법률상 원인 없이 수령하거나 보유하고 있는 부당이득에 해당하고, 그 국세환급금결정에 관한 규정은 이미 납세의무자의 환급청구권이 확정된 국세환급금에 대하여 내부적 사무처리 절차로서 과세관청의 환급절차를 규정한 것에 지나지 않고 위 규정에 의한 국세환급금결정에 의하여 비로소 환급청구권이 확정되는 것은 아니므로, 위 국세환급금결정이나 이 결정을 구하는 신청에 대한 환급거부결정은 납세의무자가 갖는 환급청구권의 존부나 범위에 구체적이고 직접적인 영향을 미치는 처분이 아니어서 항고소송의 대상이 되는 처분이라고 볼 수 없다(2007두4018, 88누6436, 86누619). [22년 군무원 5급, 20년 5급 승진, 20년 국가 7급, 19년 2월 서울 7급 1, 14년 지방 7급]

과세처분이 취소되거나 당연무효인 경우의 과오납금은 국가가 법률상 원인 없이 보유하는 부당이득에 해당하므로 납세자는 당연히 그 환급을 청구할 권리가 있고, 국세기본법 제51조에 의한 환급금결정이 있어야만 환급금청구권이 확정되는 것은 아니다(92누4383).

OX 1
국세환급금결정이나 이 결정을 구하는 신청에 대한 환급거부결정 등은 납세의무자가 갖는 환급청구권의 존부나 범위에 구체적이고 직접적인 영향을 미치는 처분으로 항고소송의 대상이 되는 처분이다. [ ]
[19년 2월 서울 7급]

(3) 환급신청권이 법령에 규정되어 있는 경우

이러한 경우에는 환급신청거부가 처분성을 갖게 된다.

판례

㉠ 납부의무자가 적법하게 부과된 기반시설부담금을 납부한 후에 법 제8조 제4항, 제5항, 제17조 제1항에서 정한 환급사유가 발생한 경우에는 증명자료를 첨부하여 행정청에 환급신청을 할 수 있고(구 기반시설부담금에 관한 법률 시행령 제15조 제3항), 이에 대하여 행정청이 전부 또는 일부 환급을 거부하는 경우에, 납부의무자가 환급액에 관하여 불복이 있으면 환급 거부결정에 대하여 취소소송을 제기하여 권리구제를 받을 수 있게 하는 것이 행정소송법 및 기반시설부담금 환급 제도의 입법 취지에도 부합한다. 따라서 납부의무자의 환급신청에 대하여 행정청이 전부 또는 일부 환급을 거부하는 결정은 행정청이 공권력의 주체로서 행하는 구체적 사실에 관한 법집행으로서 납부의무자의 권리·의무에 직접 영향을 미치므로 항고소송의 대상인 처분에 해당한다고 보아야 한다.

㉡ 행정청의 환급 거부대상이 기반시설부담금 그 자체가 아니라 그 납부지체로 발생한 지체가산금인 경우에도 달리 볼 것은 아니다. [21년 국회 9급 2]

㉢ 정당한 환급액 내지 행정청의 환급의무의 범위는 취소소송의 본안에서 심리·판단할 사항이지, 소송요건 심사 단계에서 고려할 요소가 아니다(2016두50990).

OX 2
기반시설부담금의 납부를 지체하여 발생한 지체가산금이 환급대상에서 제외된다는 취지의 환급거부결정은 원고의 환급신청 중 일부를 거부하는 처분으로서 항고소송의 대상이 된다. [ ]
[21년 국회 9급]

정답
1. × 2. ○

4. 조세환급금청구소송

① 판례는 과오납금을 부당이득으로 보는 것을 전제로, 과오납금반환청구소송을 민사소송으로 보고 있다.

② 다만, 부가가치세 환급세액 지급의무에 대해서는, 이는 부당이득반환의무가 아니라 부가가치세법령에 의하여 그 존부나 범위가 구체적으로 확정되는 공법상의 의무라고 판시하여, 부가가치세 환급세액 지급청구를 민사소송으로 다투던 종래의 입장을 변경하여 이를 당사자소송으로 다투도록 하고 있다.❶

❶ 이에 대해서는 대법원은 ㉠ 과오납금과 달리 환급세액 지급청구소송은 당사자소송에 의하도록 하고 있다고 해석하고 있는 견해고 있고, ㉡ 환급세액 지급청구소송도 여전히 원칙적으로는 민사소송에 의하여야 하지만, 부가가치세의 경우에는 규정상의 특수성으로 인해 그 경우에만 환급세액 지급청구소송을 당사자소송에 의하도록 하고 있다고 보는 견해도 있다.

판례

조세부과처분이 당연무효임을 전제로 하여 이미 납부한 세금의 반환을 청구하는 것은 민사상의 부당이득반환청구로서 민사소송절차에 따라야 한다. 개발부담금 부과처분이 취소된 이상 그 후의 부당이득으로서의 과오납금 반환에 관한 법률관계는 단순한 민사 관계에 불과한 것이고, 행정소송 절차에 따라야 하는 관계로 볼 수 없다(94다51253). [22년 경찰간부, 21년 국가 7급]

법령상 이미 존재와 범위가 확정되어 있는 과오납부액은 납세자가 부당이득의 반환을 구하는 민사소송으로 환급을 청구할 수 있다(2013다212639). [19년 2월 서울 7급❶, 16년 국가 7급]

㉠ 부가가치세법령이 환급세액의 정의 규정, 그 지급시기와 산출방법에 관한 구체적인 규정과 함께 부가가치세 납세의무를 부담하는 사업자(이하 '납세의무자'라 한다)에 대한 국가의 환급세액 지급의무를 규정한 이유는, 입법자가 과세 및 징수의 편의를 도모하고 중복과세를 방지하는 등의 조세 정책적 목적을 달성하기 위한 입법적 결단을 통하여, 최종 소비자에 이르기 전의 각 거래단계에서 재화 또는 용역을 공급하는 사업자가 그 공급을 받는 사업자로부터 매출세액을 징수하여 국가에 납부하고, 그 세액을 징수당한 사업자는 이를 국가로부터 매입세액으로 공제·환급받는 과정을 통하여 그 세액의 부담을 다음 단계의 사업자에게 차례로 전가하여 궁극적으로 최종 소비자에게 이를 부담시키는 것을 근간으로 하는 전단계세액공제 제도를 채택한 결과, 어느 과세기간에 거래징수된 세액이 거래징수를 한 세액보다 많은 경우에는 그 납세의무자가 창출한 부가가치에 상응하는 세액보다 많은 세액이 거래징수되게 되므로 이를 조정하기 위한 과세기술상, 조세 정책적인 요청에 따라 특별히 인정한 것이라고 할 수 있다.

㉡ 따라서 이와 같은 부가가치세법령의 내용, 형식 및 입법 취지 등에 비추어 보면, 납세의무자에 대한 국가의 부가가치세 환급세액 지급의무는 그 납세의무자로부터 어느 과세기간에 과다하게 거래징수된 세액 상당을 국가가 실제로 납부받았는지와 관계없이 부가가치세법령의 규정에 의하여 직접 발생하는 것으로서, 그 법적 성질은 정의와 공평의 관념에서 수익자와 손실자 사이의 재산상태 조정을 위해 인정되는 부당이득 반환의무가 아니라 부가가치세법령에 의하여 그 존부나 범위가 구체적으로 확정되고 조세 정책적 관점에서 특별히 인정되는 공법상 의무라고 봄이 타당하다. 그렇다면 납세의무자에 대한 국가의 부가가치세 환급세액 지급의무에 대응하는 국가에 대한 납세의무자의 부가가치세 환급세액 지급청구는 민사소송이 아니라 행정소송법 제3조 제2호에 규정된 당사자소송의 절차에 따라야 한다(2011다95564). [24년 소방간부, 22년 경찰간부, 22년 국가 7급❷, 21년 국가 7급, 19년 10월 서울 7급, 18년 행정사, 18년 국가 7급❸, 17년 서울 7급, 17년 지방 9급]

OX 1
이미 존재와 범위가 확정되어 있는 과오납부액은 납세자가 부당이득의 반환을 구하는 민사소송으로 환급을 청구할 수 있다. [ ] [19년 2월 서울 7급]

OX 2
납세의무자에 대한 국가의 부가가치세 환급세액 지급의무는 그 납세의무자로부터 어느 과세기간에 과다하게 거래징수된 세액 상당을 국가가 실제로 납부받았는지와 관계없이 부가가치세법령의 규정에 의하여 직접 발생하는 것으로서, 그 법적 성질은 부당이득 반환의무가 아니다. [ ] [22년 국가 7급]

OX 3
납세의무자에 대한 국가의 부가가치세 환급세액 지급의무에 대응하는 국가에 대한 납세의무자의 부가가치세 환급세액지급청구는 민사소송이 아니라 당사자소송에 의하여야 한다. [ ] [18년 국가 7급]

정답
1. ○ 2. ○ 3. ○

㉠ 부가가치세법령에서 환급세액의 범위와 그 반환의무를 구체적으로 규정하고 있었는데, 대법원은 이는 조세정책적인 요청에 따라 특별히 환급해주고 있는 것일 뿐 그것이 부당이득에 해당하기 때문에 환급해주고 있는 것이 아니라고 보았다. 순수하게 공법상의 법령에 근거하여 발생한 금전반환의무이므로 당사자소송에 의하여야 한다고 보았다. ㉡ 참고로, 부가가치세는 최종소비자에게 부과되는데, 물건(예 밀가루)의 구매 시에 누가 최종소비자가 될지 알 수 없으므로(예컨대, 밀가루를 사서 식당에서 음식으로 판매한 경우 그 밀가루 구매자는 그 밀가루의 최종소비자가 아니다.) 일단 부가가치세를 징수한 후에 나중에 최종소비자가 아님이 증명되면 이를 환급해주는 체계를 취하고 있다. 대법원은 국가가 징수한 부가가치세는 애초에 환급이 예정된 금전이라 본 것이다.

5. 소멸시효

국세환급금 지급청구권 또는 국세환급가산금 지급청구권은 행사할 수 있는 때부터 5년간 행사하지 아니하면 소멸시효가 완성된다(국세기본법 제54조 제1항).

6. 반환범위(민법 제748조 적용 배제)

민법 제748조(수익자의 반환범위) ① 선의의 수익자는 그 받은 이익이 현존한 한도에서 전조의 책임이 있다.
② 악의의 수익자는 그 받은 이익에 이자를 붙여 반환하고 손해가 있으면 이를 배상하여야 한다.

민법 제748조는 부당이득자가 선의였는지 악의였는지 여부에 따라 부당이득반환의 범위를 달리 정하고 있는데, 조세환급을 하는 경우에는 이 민법 제748조의 적용이 배제된다고 본다. 선·악을 불문하고 세법령에 따라 정해진 금액을 반환하여야 한다.

판례

조세환급금은 조세채무가 처음부터 존재하지 않거나 그 후 소멸하였음에도 불구하고 국가가 법률상 원인 없이 수령하거나 보유하고 있는 부당이득에 해당하고, 환급가산금은 그 부당이득에 대한 법정이자로서의 성질을 가진다. 이때 환급가산금의 내용에 대한 세법상의 규정은 부당이득의 반환범위에 관한 민법 제748조에 대하여 그 특칙으로서의 성질을 가진다고 할 것이므로, 환급가산금은 수익자인 국가의 선의·악의를 불문하고 그 가산금에 관한 각 규정에서 정한 기산일과 비율에 의하여 확정된다(2009다11808).

7. 국세환급금 충당 – 사법상의 행위

국세환급금의 충당은 납세의무자가 갖는 환급청구권의 존부나 범위 또는 소멸에 구체적이고 직접적인 영향을 미치는 처분이라기보다는 국가의 환급금 채무와 조세채권이 대등액에서 소멸되는 점에서 오히려 민법상의 상계와 비슷하다(2003다64435). [20년 지방 7급]

유대웅
행정법각론

핵심정리

www.pmg.co.kr

PART

11

군사행정법

Chapter 01

군사행정법 개설

핵심 정리 66 군사행정법 개설

01 군사행정의 의의

① 군사행정(작용)이란 국토방위를 실현하기 위하여 국가가 행하는 병력의 취득·관리·유지 및 이를 사용하는 모든 행정작용을 말한다.

② 군사행정은 국가의 안전을 보장하기 위한 소극적 작용이라는 점에서 복리행정작용과 구분되며, 보호의 대상이 국가 그 자체라는 점에서 사회질서를 대상으로 하는 경찰행정작용과도 구분된다.

02 군사행정작용과 법률유보원칙

군사행정 영역에서의 국가 권력의 발동, 즉 군정권의 행사는 일반적으로 국민의 자유와 재산에 대하여 침해를 야기한다. 따라서 군사행정작용을 함에 있어서는 법률의 근거가 필요하다.

03 군사행정의 기본원칙

1. 국제평화주의

헌법 전문(前文) 유구한 역사와 전통에 빛나는 우리 대한국민은 … 밖으로는 항구적인 세계평화와 인류공영에 이바지함으로써 우리들과 우리들의 자손의 안전과 자유와 행복을 영원히 확보할 것을 다짐하면서 1948년 7월 12일에 제정되고 8차에 걸쳐 개정된 헌법을 이제 국회의 의결을 거쳐 국민투표에 의하여 개정한다.

헌법 제4조 대한민국은 통일을 지향하며, 자유민주적 기본질서에 입각한 평화적 통일 정책을 수립하고 이를 추진한다.

헌법 제5조 ① 대한민국은 국제평화의 유지에 노력하고 침략적 전쟁을 부인한다.

우리 헌법은 전문에서 국제평화주의를 헌법상 원칙으로 선언하고 있다. 이러한 국제평화주의의 원칙은 침략적 전쟁의 부인(제5조 제1항), 평화적 통일(제4조)에 관한 규정으로 구체화되고 있다.

2. 민주군정의 원칙

헌법 제74조 ② 국군의 조직과 편성은 법률로 정한다.

헌법 제60조 ② 국회는 선전포고, 국군의 외국에의 파견 또는 외국군대의 대한민국 영역 안에서의 주류에 대한 동의권을 가진다.

민주주의의 원칙은 군사행정의 영역에도 적용된다. 따라서 군사행정에 대해서도 국회의 간섭을 받는다. 헌법상 국군의 조직과 편성에 대한 법정주의(제74조 제2항), 선전포고 · 국군의 해외파견에 대한 국회동의권(제60조 제2항) 등의 규정은 이를 구현하기 위한 것들이다.

3. 군의 정치적 중립성

> 헌법 제5조 ② 국군은 국가의 안전보장과 국토방위의 신성한 의무를 수행함을 사명으로 하며, 그 정치적 중립성은 준수된다.

헌법 제5조 제2항에 따라 국군은 정치적으로 중립적인 지위에서 그 임무를 수행하여야 한다. 국군은 국민의 군대로서 정치적 목적으로부터 중립성을 지켜야 한다.

4. 민간우위(문민통제)의 원칙

> 헌법 제86조 ③ 군인은 현역을 면한 후가 아니면 국무총리로 임명될 수 없다.

> 헌법 제87조 ④ 군인은 현역을 면한 후가 아니면 국무위원으로 임명될 수 없다.

① 민간우위의 원칙이란, 군사행정은 문민에 의한 민주적 통제를 받아야 한다는 원칙을 의미한다.

② 군인은 현역을 면한 후가 아니면 국무총리 · 국무위원으로 임명될 수 없다는 헌법 규정과(제86조 제3항, 제87조 제4항) 군의 정치적 중립성에 관한 규정 등이 이러한 민간우위의 원칙이 구체화된 것이다.

③ 따라서 군인은 정치적 행위가 금지되며(군인의 지위 및 복무에 관한 기본법 제33조)❶, 정치단체에 가입하거나 정치적 의견을 공표하거나 정치운동을 하면 처벌된다(군형법 제94조).

❶ 참고로, 과거 대통령령으로 제정되었던 「군인복무규율」은 군 내 기본권 침해를 근절하기 위하며 제정된 법률 「군인의 지위 및 복무에 관한 기본법」의 시행으로 2016. 6. 30. 폐지되었다.

Chapter

02 군사행정조직

핵심 정리 67 군사행정조직

01 군정(軍政)기관

① 군정기관이란 군사행정작용을 할 수 있는 적법한 권한을 가진 행정기관을 의미한다.

② 군정기관은 대통령 및 국무총리 · 국방부장관 · 합동참모의장 · 각군참모총장 · 각군참모총장의 예하부대로 구성된다.

③ 뿐만 아니라 국무회의와 국가안전보장회의 역시 대통령의 자문기관으로서 군정기관에 포함되며, 국방부장관의 보좌기관인 합동참모본부 · 합동참모회의도 군정기관에 포함된다.

02 군공무원

1. 종류

군공무원이란 군정기관의 구성원으로서 계속적으로 군무에 복무하는 공무원을 의미한다. 이러한 군공무원은 군인과 군무원으로 구성된다. 특히 군무원은 특정직 공무원에 해당한다.

2. 군무원의 임용

① 5급 이상의 일반군무원은 국방부장관의 제청으로 대통령이 임용한다. 다만, 대통령으로부터 그 권한을 위임받은 경우에는 국방부장관이 임용할 수 있다(군무원인사법 제6조 제1항).

② 6급 이하의 일반군무원은 국방부장관이 임용한다. 다만, 국방부장관의 위임에 따라 각 군참모총장이나 국방부 직할부대 · 기관의 장, 장성급(將星級) 장교인 부대 · 기관의 장이 임용할 수 있다(군인원인사법 제6조 제2항). [21년 군무원 5급 1]

3. 군무원의 권리

군무원도 대통령령으로 정하는 바에 따라 봉급 외에 수당을 받을 수 있고(군무원인사법 제24조 제2항), 직무수행에 드는 실비(實費)를 변상받을 수도 있다(군무원인사법 제25조). [21년 군무원 5급]

OX 1

5급 이상의 일반군무원은 국방부장관의 제청으로 대통령만이 임용할 수 있으나, 6급 이하의 일반 군무원은 국방부장관과 국방부장관의 위임에 따른 각 군 참모총장만이 임용할 수 있다. [ ] [21년 군무원 5급]

정답

1. ×

Chapter

03 군사행정작용

핵심 정리 68 군사행정작용

01 군사관리작용

① 군사관리작용은 군의 조직과 편성 및 군 유지·관리와 같은 군조직 내부의 비권력적 작용을 의미한다.

② 일반적으로 군사관리작용은 특별행정법관계에서의 작용 또는 사경제적 작용에 속한다.

02 군사권력작용

1. 군사권력작용의 의의

군사권력작용이란 국가방위의 목적을 달성하기 위하여 행하는 국민에 대한 명령·강제 등의 작용을 의미한다. 예컨대, 국민에게 병역의 의무를 과하거나, 군비 확충을 위해 인적 부담 및 물적 부담을 과하는 것 등이 이에 해당한다.

2. 병역

(1) 병역의무의 근거

> 헌법 제39조 ① 모든 국민은 법률이 정하는 바에 의하여 국방의 의무를 진다.

> 병역법 제1조(목적) 이 법은 대한민국 국민의 병역의무에 관하여 규정함을 목적으로 한다.

> 병역법 제3조(병역의무) ① 대한민국 국민인 남성은 「대한민국헌법」과 이 법에서 정하는 바에 따라 병역의무를 성실히 수행하여야 한다. 여성은 지원에 의하여 현역 및 예비역으로만 복무할 수 있다.

> 병역법 제8조(병역준비역 편입) 대한민국 국민인 남성은 18세부터 병역준비역에 편입된다.

① 병역의무는 헌법 제39조에서 규정하고 있는 국방의 의무의 한 내용이다. 헌법은 국방의 의무의 구체적인 이행방법과 내용을 법률로서 정하도록 위임하고 있는데, 이에 따라 병역의무에 관한 일반법으로 「병역법」이 제정되어 있다.

② 국방의 의무는 모든 국민이 부담하는 의무인 반면, 병역의무는 「병역법」상 남성만이 부담하고 있다(제3조 제1항).

판례

㉠ 국방의 의무는 외부 적대세력의 직·간접적인 침략행위로부터 국가의 독립을 유지하고 영토를 보전하기 위한 의무로서, 현대전이 고도의 과학기술과 정보를 요구하고 국민 전체의 협력을 필요로 하는 이른바 총력전인 점에 비추어 (i) 단지 병역법에 의하여 군복무에 임하는 등의 직접적인 병력형성의무만을 가리키는 것이 아니라, (ii) 병역법, 향토예비군설치법, 민방위기본법, 비상대비자원관리법 등에 의한 간접적인 병력형성의무 및 (iii) 병력형성이후 군작전명령에 복종하고 협력하여야 할 의무도 포함하는 개념이다.

헌법재판소는 국방의 의무를 이렇게 셋으로 나누고 있다.

㉡ 일반적으로 국방의무를 부담하는 국민들 중에서 구체적으로 어떤 사람을 국군의 구성원으로 할 것인지 여부를 결정하는 문제는 이른바 '직접적인 병력형성의무'에 관련된 것으로서, (i) 원칙적으로 국방의무의 내용을 법률로써 구체적으로 형성할 수 있는 입법자가 국가의 안보상황, 재정능력 등의 여러가지 사정을 고려하여 국가의 독립을 유지하고 영토를 보전함에 필요한 범위내에서 결정할 사항이고, (ii) 예외적으로 국가의 안위에 관계되는 중대한 교전상태 등의 경우에는 대통령이 헌법 제76조 제2항에 근거하여 법률의 효력을 가지는 긴급명령을 통하여 결정할 수도 있는 사항이라고 보아야 한다.

㉢ 한편, 징집대상자의 범위를 결정하는 문제는 그 목적이 국가안보와 직결되어 있고, 그 성질상 급변하는 국내외 정세 등에 탄력적으로 대응하면서 '최적의 전투력'을 유지할 수 있도록 합목적적으로 정해야 하는 사항이기 때문에, 본질적으로 입법자 등의 입법형성권이 매우 광범위하게 인정되어야 하는 영역이다(2002헌바45).

국방의 의무는 외부의 적대세력의 직접적·간접적인 위협으로부터 국가의 독립을 유지하고 영토를 보전하기 위한 의무를 말한다. 현대전이 고도의 과학기술과 정보를 요구하고 국민 전체의 협력을 필요로 하는 이른바 총력전인 점, 그리고 오늘날 국가안보의 개념이 군사적 위협뿐만 아니라 자연재난이나 사회재난, 테러 등으로 인한 안보 위기에 대한 대응을 포함하는 포괄적 안보 개념으로 나아가고 있는 점 등을 고려할 때, 국방의 의무의 내용은 군에 복무하는 등의 군사적 역무에만 국한되어야 한다고 볼 수 없다. 즉, 전시·사변 또는 이에 준하는 비상사태, 재난사태 발생 시의 방재(防災)·구조·복구 등 활동이나, 그러한 재난사태를 예방하기 위한 소방·보건의료·방재(防災)·구호 등 활동도 넓은 의미의 안보에 기여할 수 있으므로, 그와 같은 비군사적 역무 역시 입법자의 형성에 따라 국방의 의무 또는 그 주요한 부분을 이루는 병역의무의 내용에 포함될 수 있다(2011헌바379).

(2) 병역의무의 개념

① 병역의무란 국가의 복무명령이 있는 경우, 군대의 구성원으로서 군에 복무하여야 할 국민의 의무를 의미한다. 다시 말해, 국가의 군복무명령이 발령되는 때에 이에 응하여야 할 의무를 말한다. 병역의무는 대체 이행이 불가능한 일신전속적 성격을 갖는다.

② 병역의무는 현실적으로 군에서 복무하여야 하는 의무를 지칭하는 것이 아니라, 국가로부터 군 복무의 명령을 받을 수 있는 일종의 법률상의 지위를 지칭하는 것이다. 따라서 예비군 복무의무 및 민방위 응소의무 역시 병역의무에 포함된다.

③ 마찬가지로 병역의무의 면제 역시 현실적인 군 복무의 면제를 의미할 뿐만 아니라, 국가로부터 어떠한 복역의 명령을 받지 않을 것을 포함하는 의미로 사용되기도 한다.

판례

병역의무는 다른 사람에 의한 대체적 이행이 불가능한 일신 전속적 의무이기 때문에, 병역우대조치의 남발은 그에 의하여 병역감경을 받는 특정한 병역의무자들의 병역부담을 다른 병역의무자들에게 전가하는 결과를 가져와 병역평등의 이념에 반하고 국민의 국방의식을 저하시킬 수 있으므로, 입법자는 병역감경대상자를 설정함에 있어서 합리적인 기준에 따라 병역감경이 절실하거나 시급하다고 인정되는 사람으로 그 범위를 최소화할 필요성이 있다(2004헌마804).

PART 11

(3) 병역의 종류(제5조 제1항)

<table>
<tr><td>현역</td><td colspan="2">① 징집이나 지원에 의하여 입영한 병(兵)
② 「병역법」 또는 「군인사법」에 따라 현역으로 임용 또는 선발된 장교(將校)·준사관(準士官)·부사관(副士官) 및 군간부후보생</td></tr>
<tr><td>예비역</td><td colspan="2">① 현역을 마친 사람
② 그 밖에 「병역법」에 따라 예비역에 편입된 사람</td></tr>
<tr><td rowspan="3">보충역</td><td colspan="2">병역판정검사 결과 현역 복무를 할 수 있다고 판정된 사람 중에서 병력수급(兵力需給) 사정에 의하여 현역병입영 대상자로 결정되지 아니한 사람</td></tr>
<tr><td>오른쪽 중 어느 하나에 해당하는 사람으로 복무하고 있거나 그 복무를 마친 사람</td><td>① 사회복무요원, ② 예술·체육요원, ③ 공중보건의사, ④ 병역판정검사전담의사, ⑤ 공익법무관, ⑥ 공중방역수의사, ⑦ 전문연구요원, ⑧ 산업기능요원</td></tr>
<tr><td colspan="2">그 밖에 이 법에 따라 보충역에 편입된 사람</td></tr>
<tr><td>병역준비역</td><td colspan="2">병역의무자로서 현역, 예비역, 보충역, 전시근로역 및 대체역이 아닌 사람</td></tr>
<tr><td>전시근로역</td><td colspan="2">① 병역판정검사 또는 신체검사 결과 현역 또는 보충역 복무는 할 수 없으나 전시근로소집에 의한 군사지원업무는 감당할 수 있다고 결정된 사람
② 그 밖에 「병역법」에 따라 전시근로역에 편입된 사람</td></tr>
<tr><td>대체역</td><td colspan="2">병역의무자 중 「대한민국헌법」이 보장하는 양심의 자유를 이유로 현역, 보충역 또는 예비역의 복무를 대신하여 병역을 이행하고 있거나 이행할 의무가 있는 사람으로서 「대체역의 편입 및 복무 등에 관한 법률」에 따라 대체역에 편입된 사람
양심적 병역거부자에 대한 대체복무 방법을 마련하지 아니한 구 「병역법」 규정에 대한 위헌결정(2011헌바379)이 내려짐에 따라 새로 마련된 병역의 종류이다.</td></tr>
</table>

판례

[병역법 제5조 제1항에서 대체복무제를 인정하고 있지 않은 것은 위헌이라고 본 헌법재판소 결정]

㉠ 청구인들은 병역종류조항의 병역의무가 제한적으로 규정되어 양심적 병역거부자에게 집총 등 군사훈련이 수반되지 않는 대체복무의 선택 기회가 제공되지 아니하기 때문에 기본권이 침해된다고 주장하고 있다. … 대체복무제는 병역의무의 부과를 전제로 그에 대한 대체적 이행을 허용하는 제도이므로, 그 개념상 병역의무의 내용에 포함된다고 봄이 타당하다. … 청구인들의 위 주장은 입법자가 아무런 입법을 하지 않은 진정입법부작위를 다투는 것이 아니라, 입법자가 병역의 종류에 관하여 입법은 하였으나 그 내용이 양심적 병역거부자를 위한 비군사적 내용의 대체복무제를 포함하지 아니하여 불완전·불충분하다는 부진정입법부작위를 다투는 것이라고 봄이 상당하다.

㉡ 일반적으로 양심적 병역거부는 병역의무가 인정되는 징병제 국가에서 종교적·윤리적·철학적 또는 이와 유사한 동기로부터 형성된 양심상의 결정을 이유로 병역의무의 이행을 거부하는 행위를 가리킨다. 양심적 병역거부를 인정하는 것은 … 인류 공통의 염원인 평화를 수호하기 위하여 무기를 들 수 없다는 양심을 보호하고자 하는 것일 뿐, 특정 종교나 교리를 보호하고자 하는 것은 아니다.

㉢ 양심적 병역거부를 인정한다고 해서 양심적 병역거부자의 병역의무를 전적으로 면제하는 것은 아니다. 양심적 병역거부를 인정하는 징병제 국가들은 대부분 양심적 병역거부자로 하여금 비군사적 성격의 공익적 업무에 종사하게 함으로써 병역의무의 이행에 갈음하는 제도를 두고 있는데, 이를 대체복무제라고 한다.

㉣ 대체복무제라는 대안이 있음에도 불구하고 군사훈련을 수반하는 병역의무만을 규정한 병역법 제5조 제1항의 병역종류조항은, 침해의 최소성 원칙에 어긋난다. 따라서 양심적 병역거부자에 대한 대체복무제를 규정하지 아니한 병역종류조항은 과잉금지원칙에 위배하여 양심적 병역거부자의 양심의 자유를 침해한다(2011헌바379).

공익근무요원(현 사회목부요원 및 예술·체육요원)은 구 병역법 제2조 제1항 제9호, 제5조 제1항의 규정에 의하면 국가기관 또는 지방자치단체의 공익목적수행에 필요한 경비·감시·보호 또는 행정업무 등의 지원과 국제협력 또는 예술·체육의 육성을 위하여 소집되어 공익분야에 종사하는 사람으로서 보충역에 편입되어 있는 자이기 때문에, 소집되어 군에 복무하지 않는 한 군인이라고 말할 수 없다(97다4036). [21년 군무원 5급]

(4) 징집

병역법 제20조(현역병의 모집) ① 병무청장이나 각 군 참모총장은 18세 이상으로서 군에 복무할 것을 지원한 사람에 대하여 대통령령으로 정하는 바에 따라 병무청장이나 각 군 참모총장이 실시하는 현역병지원 신체검사(제14조의3 제1항 제3호에 따른 검사를 포함한다)를 거쳐 육군·해군 또는 공군의 현역병으로 선발할 수 있다. 이 경우 병무청장은 각 군 참모총장과 협의하여 체력검사·면접·필기·실기 등의 전형을 실시할 수 있다.

① '징집'이란 국가가 병역의무자에게 현역(現役)에 복무할 의무를 부과하는 것을 말한다(병역법 제2조 제1항 제1호). 이는 행정행위로서 병역판정검사를 거친 후 행한다.

② 징집에 관한 원칙으로는 강제징병주의와 지원병제도가 있다. 현행 병역법은 강제징병주의를 원칙으로 하면서도(제3조 제1항), 지원병제도를 보충적으로 인정하고 있다(제20조 제1항).

(5) 소집

'소집'이란 국가가 병역의무자 또는 지원에 의한 병역복무자(제3조 제1항 후단에 따라 지원에 의하여 현역에 복무한 여성을 말한다) 중 예비역, 보충역, 전시근로역 또는 대체역에 대하여 현역 복무 외의 군복무 의무 또는 공익 분야에서의 복무의무를 부과하는 것을 말한다(제2조 제1항 제2호). 소집은 행정행위에 해당한다.

(6) 병역의무부과 통지서

> **병역법 제6조(병역의무부과 통지서의 송달)** ① 지방병무청장(병무지청장을 포함한다)은 병역의무자에게 병역의무를 부과하는 통지서(이하 "병역의무부과 통지서"라 한다)를 우편 또는 교부의 방법이나 정보통신망을 이용하여 송달(이하 "전자송달"이라 한다)하여야 한다.

> **병역법 제85조(통지서 수령 거부 및 전달의무 태만)** 제6조에 따라 병역의무부과 통지서를 수령하거나 전달할 의무가 있는 사람이 정당한 사유 없이 그 수령을 거부한 경우 또는 이를 전달하지 아니하거나 전달을 지체한 경우에는 6개월 이하의 징역 또는 100만원 이하의 벌금에 처한다.

> **병역법 제88조(입영의 기피 등)** ① 현역입영 또는 소집 통지서(모집에 의한 입영 통지서를 포함한다)를 받은 사람이 정당한 사유 없이 입영일이나 소집일부터 다음 각 호의 기간이 지나도 입영하지 아니하거나 소집에 응하지 아니한 경우에는 3년 이하의 징역에 처한다. (단서 생략)
> 1. 현역입영은 3일
> 2. 사회복무요원・대체복무요원 소집은 3일
> 3. 군사교육소집은 3일
> 4. 병력동원소집 및 전시근로소집은 2일

① 병역의무부과 통지서를 송달받은 병역의무자는 입영 또는 소집의무를 부과받게 된다. 병역의무부과 통지서의 일종인 현역입영통지서는 그 병역 의무자에게 이를 송달함이 원칙이고, 이러한 송달은 병역의무자의 현실적인 수령행위를 전제로 하고 있다고 보아야 하므로, 병역의무자가 현역입영통지의 내용을 이미 알고 있는 경우에도 여전히 현역입영통지서의 송달은 필요하다(2009도3397). **[20년 군무원 9급]**

② 병역법 제85조에 따르면 정당한 사유 없이 병역의무부과 통지서를 수령하기를 거부한 경우에는 6개월 이하의 징역 또는 100만원 이하의 벌금에 처하게 되고, 제88조에 따르면 현역입영통지서를 받은 사람이 정당한 사유 없이 입영일로부터 3일 이내에 입영하지 않은 경우 3년 이하의 징역에 처하게 된다.

③ 제85조와 제88조의 관계가 문제되는데, 현역입영대상자가 정당한 사유 없이 병역의무부과 통지서인 현역입영통지서의 수령을 거부하고 입영기일부터 3일이 경과하여도 입영하지 않은 경우 통지서 수령거부에 대한 처벌만 인정될 뿐 입영의 기피에 대한 처벌은 인정되지 않는다고 본다(2009도3397). **[20년 군무원 9급]**

④ 제88조와 관련하여 과거 대법원은 양심적 병역거부는 이 때의 "정당한 사유"에 해당하지 않는다고 보았으나, 2018년 전원합의체 판결을 통하여 입장을 변경하여 이제는 양심적 병역거부도 "정당한 사유"에 해당하여, 양심상의 이유로 소집을 거부하는 행위는 범죄가 되지 않는다고 보고 있다(2016도10912 전원합의체).

⑤ 한편, 현역입영통지서는 그 상대방이 현실적으로 입영을 하는 경우 그 법적 효력이 소멸하지만, 현역입영대상자가 현실적으로 입영을 하였다고 하더라도, 그는 입영 이후의 법률관계에 영향을 미치고 있는 현역병입영통지처분 등을 한 관할 지방병무청장을 상대로 그 취소를 구할 소송상의 이익을 인정할 수 있다고 본다(2003두1875). **[22년 군무원 5급, 20년 군무원 9급, 19년 국가 9급, 17년 서울 9급]** 다만, 현역병입영대상자로 병역처분을 받은 자가 그 취소소송 중 모병에

의하여 현역병으로 자진입대한 경우에는, 그 처분의 위법을 다툴 실제적 효용 내지 이익이 없으므로 입영 후에는 소의 이익이 없다고 본다(98두9165). [18년 경찰 2차, 14년 사복 9급] 병역처분을 취소한다 하더라도 그자는 여전히 현역병으로서 복무해야 하기 때문이다.

판례

[양심적 병역거부가 병역법 제88조의 "정당한 사유"에 해당한다는 대법원 전원합의체 판결]

㉠ "정당한 사유"는 구체적인 사안에서 법관이 개별적으로 판단해야 하는 불확정개념으로서, 실정법의 엄격한 적용으로 생길 수 있는 불합리한 결과를 막고 구체적 타당성을 실현하기 위한 것이다. 위 조항에서 정한 정당한 사유가 있는지를 판단할 때에는 병역법의 목적과 기능, 병역의무의 이행이 헌법을 비롯한 전체 법질서에서 가지는 위치, 사회적 현실과 시대적 상황의 변화 등은 물론 피고인이 처한 구체적이고 개별적인 사정도 고려해야 한다. 병역의무의 부과와 구체적 병역처분 과정에서 고려되지 않은 사정이라 하더라도, 입영하지 않은 병역의무자가 처한 구체적이고 개별적인 사정이 그로 하여금 병역의 이행을 감당하지 못하도록 한다면 병역법 제88조 제1항의 '정당한 사유'에 해당할 수 있다고 보아야 한다. 설령 그 사정이 단순히 일시적이지 않다거나 다른 이들에게는 일어나지 않는 일이라 하더라도 마찬가지이다.

㉡ 양심적 병역거부의 허용 여부는 헌법 제19조 양심의 자유 등 기본권 규범과 헌법 제39조 국방의 의무 규범 사이의 충돌·조정 문제가 된다. … 병역법 제88조 제1항에서 입영의무의 불이행을 처벌하면서도 한편으로는 '정당한 사유'라는 문언을 두어 입법자가 미처 구체적으로 열거하기 어려운 충돌 상황을 해결할 수 있도록 하고 있다. 따라서 양심적 병역거부에 관한 규범의 충돌·조정 문제는 병역법 제88조 제1항에서 정한 '정당한 사유'라는 문언의 해석을 통하여 해결하여야 한다.

㉢ 양심적 병역거부는 소극적 부작위에 의한 양심실현에 해당한다. 양심적 병역거부자들은 헌법상 국방의 의무 자체를 부정하지 않는다. 단지 국방의 의무를 구체화하는 법률에서 병역의무를 정하고 그 병역의무를 이행하는 방법으로 정한 집총이나 군사훈련을 수반하는 행위를 할 수 없다는 이유로 그 이행을 거부할 뿐이다. 진정한 양심적 병역거부자에게 집총과 군사훈련을 수반하는 병역의무의 이행을 강제하고 그 불이행을 처벌하는 것은 양심의 자유에 대한 과도한 제한이 되거나 본질적 내용에 대한 위협이 된다.

㉣ 자유민주주의는 다수결의 원칙에 따라 운영되지만 소수자에 대한 관용과 포용을 전제로 할 때에만 정당성을 확보할 수 있다. … 일방적인 형사처벌만으로 규범의 충돌 문제를 해결할 수 없다는 것은 이미 오랜 세월을 거쳐 오면서 확인되었다. 그 신념에 선뜻 동의할 수는 없다고 하더라도 이제 이들을 관용하고 포용할 수는 있어야 한다.

㉤ 요컨대, 자신의 내면에 형성된 양심을 이유로 집총과 군사훈련을 수반하는 병역의무를 이행하지 않는 사람에게 형사처벌 등 제재를 해서는 안 된다. 양심적 병역거부자에게 병역의무의 이행을 일률적으로 강제하고 그 불이행에 대하여 형사처벌 등 제재를 하는 것은 양심의 자유를 비롯한 헌법상 기본권 보장체계와 전체 법질서에 비추어 타당하지 않을 뿐만 아니라 소수자에 대한 관용과 포용이라는 자유민주주의 정신에도 위배된다. 따라서 진정한 양심에 따른 병역거부라면, 이는 병역법 제88조 제1항의 '정당한 사유'에 해당한다.

㉥ 양심적 병역거부를 병역법 제88조 제1항의 정당한 사유로 인정할 것인지는 대체복무제의 존부와 논리필연적인 관계에 있지 않다. 대체복무제는 양심적 병역거부를 인정하였을 때 제기될 수 있는 병역의무의 형평성 문제를 해소하는 방안이 될 수 있다. 즉 대체복무제는 양심적 병역거부를 인정하는 것을 전제로 한다. 따라서 현재 대체복무제가 마련되어 있지 않다거나 향후 대체복무제가 도입될 가능성이 있더라도, 병역법 제88조 제1항을 위반

하였다는 이유로 기소되어 재판을 받고 있는 피고인에게 병역법 제88조 제1항이 정하는 정당한 사유가 인정된다면 처벌할 수 없다고 보아야 한다.

ⓢ "정당한 사유"로 인정할 수 있는 양심적 병역거부를 심리하여 판단하는 것은 중요한 문제이다. 여기에서 말하는 양심은 그 신념이 깊고, 확고하며, 진실하여야 한다. … 구체적인 병역법위반 사건에서 피고인이 양심적 병역거부를 주장할 경우, 그 양심이 과연 위와 같이 깊고 확고하며 진실한 것인지 가려내는 일이 무엇보다 중요하다. 인간의 내면에 있는 양심을 직접 객관적으로 증명할 수는 없으므로 사물의 성질상 양심과 관련성이 있는 간접사실 또는 정황사실을 증명하는 방법으로 판단하여야 한다.

ⓞ 정당한 사유가 없다는 사실은 범죄구성요건이므로 검사가 증명하여야 한다. 다만 진정한 양심의 부존재를 증명한다는 것은 마치 특정되지 않은 기간과 공간에서 구체화되지 않은 사실의 부존재를 증명하는 것과 유사하다. 위와 같은 불명확한 사실의 부존재를 증명하는 것은 사회통념상 불가능한 반면 그 존재를 주장·증명하는 것이 좀 더 쉬우므로, 이러한 사정은 검사가 증명책임을 다하였는지를 판단할 때 고려하여야 한다. 따라서 양심적 병역거부를 주장하는 피고인은 자신의 병역거부가 그에 따라 행동하지 않고서는 인격적 존재가치가 파멸되고 말 것이라는 절박하고 구체적인 양심에 따른 것이며 그 양심이 깊고 확고하며 진실한 것이라는 사실의 존재를 수긍할 만한 소명자료를 제시하고, 검사는 제시된 자료의 신빙성을 탄핵하는 방법으로 진정한 양심의 부존재를 증명할 수 있다. 이 때 병역거부자가 제시해야 할 소명자료는 적어도 검사가 그에 기초하여 정당한 사유가 없다는 것을 증명하는 것이 가능할 정도로 구체성을 갖추어야 한다(2016도10912).

3. 군사부담

(1) 군사부담의 의의

① 군사부담이란 군사행정의 목적인 국토방위를 달성하기 위하여 국가가 국민에 대하여 그의 신체나 재산에 대하여 일정한 부담을 과하는 것을 의미한다.

② 이러한 군사부담은 군사행정상의 목적을 위한 것이라는 점에서, 복리행정 목적을 위한 공용부담과 구별된다.

(2) 군사부담의 근거

군사부담은 국민에 대하여 침익적 효과를 가져오므로 반드시 법적 근거가 있어야 한다.

(3) 군사부담의 종류

징발	① 징발은 전시·사변 또는 이에 준하는 비상사태 하에서 군작전을 수행하기 위하여 필요한 토지·물자·시설 또는 권리에 일정한 보상을 지급하면서 부담(수용 또는 사용)을 과하는 것이다(징발법 제1조). 즉, 징발은 물적 군사부담의 성질을 갖는 것이다. ② 징발에 관한 일반법으로 「징발법」이 제정되어 있다.
군사제한	① 군사제한이란 군사행정의 목적을 달성하기 위하여 국민에게 일정한 작위·부작위·수인 의무를 부과하는 것을 의미한다. ② 현행법상 군사제한과 관련된 법률로는 「군사기지 및 군사시설 보호법」과 「방어해면법」 등을 들 수 있다.

핵심 정리 69 기타 군(軍) 관련 기출지문 총정리

1. 신병교육훈련기간 동안 전화사용을 하지 못하도록 정하고 있는 규율은 신병교육훈련생들의 통신의 자유 등 기본권을 과도하게 제한하는 것이라고 보기 어렵다(2007헌마890). [19년 경찰 2차]

   ㉠ 특별권력관계에서도 기본권이 보호됨을 전제로 한 판시이다. ㉡ 신병들을 군인으로 육성하고 교육훈련과 병영생활에 조속히 적응시키기 위한 것일뿐더러(목적의 정당성) 신병훈련기간이 5주의 기간으로서 상대적으로 단기라는 점을 논거로 들었다. 행정법 판례라기보다는 헌법 판례에 해당한다.

2. 군인이 상관의 지시나 명령에 대하여 재판청구권을 행사하는 경우에 그것이 위법·위헌인 지시와 명령을 시정하려는 데 목적이 있을 뿐, 군 내부의 상명하복관계를 파괴하고 명령불복종 수단으로서 재판청구권의 외형만을 빌리거나 그 밖에 다른 불순한 의도가 있지 않다면, 정당한 기본권의 행사이므로 군인의 복종의무를 위반하였다고 볼 수 없다(2012두26401). [23년 군무원 5급, 22년 군무원 5급, 20년 지방 7급, 19년 경찰 2차]

   상관의 지시나 명령 그 자체를 따르지 않는 행위와, 상관의 지시나 명령은 준수하면서도 그것이 위법·위헌이라는 이유로 재판청구권을 행사하는 행위는 구별되어야 함을 논거로 들었다. 특별권력관계의 일종인 군인의 복무관계도 제한 없이 재판의 대상이 된다고 보았다는 점에 의의가 있다.

3. 군인은 국가의 존립과 안전을 보장함을 직접적인 존재의 목적으로 하는 군조직의 구성원인 특수한 신분관계에 있으므로, 그 존립목적을 달성하기 위하여 필요한 한도 내에서 일반 국민보다 상대적으로 기본권이 더 제한될 수 있다(2012두26401). [19년 경찰 2차]

   기본권이 인정되지 않는다는 말은 아니다.

4. 육군3사관학교 사관생도의 경우 일반 국민보다 기본권이 더 제한될 수는 있으나, 그 경우에도 법률유보의 원칙이나 과잉금지원칙 등 기본권제한과 관련된 헌법상 원칙들을 지켜야 한다(2016두60591).

5. 국방의 목적을 달성하기 위하여 상명하복의 체계적인 구조를 가지고 있는 군조직의 특수성을 감안할 때, 군인의 복무 기타 병영생활 및 정신전력 등과 밀접하게 관련되어 있는 부분은 행정부에 널리 독자적 재량을 인정할 수 있는 영역이라고 할 것이므로, 이와 같은 영역에 대하여 법률유보원칙을 철저하게 준수할 것을 요구하고, 그와 같은 요구를 따르지 못한 경우 헌법에 위반된다고 판단하는 것은 합리적인 것으로 보기 어렵다(2008헌마638).

6. 현역병입영대상자로 병역처분을 받은 자가 그 취소소송 중 모병에 의하여 현역병으로 자진입대한 경우, 그 처분의 위법을 다툴 실제적 효용 내지 이익이 없으므로 소의 이익이 없다(98두9165). [18년 경행경채, 14년 사복 9급]

   병역처분을 취소한다 하더라도 계속 현역병으로서 복무해야 하기 때문이다.

7. 현역입영대상자로서 현실적으로 입영을 한 자가 입영 이후의 법률관계에 영향을 미치고 있는 현역병입영통지처분 등을 한 관할 지방병무청장을 상대로 위법을 주장하여 그 취소를 구하는 경우는 협의의 소의 이익이 인정된다(2003두1875). [20년 군무원 9급, 19년 국가 9급, 17년 서울 9급]

   ㉠ 현역병입영통지처분을 취소할 경우 현역병으로서 복무해야 할 의무를 면하게 되기 때문이다. ㉡ 소의 이익이 존재하는지 여부가 문제된 이유는, 현역병으로 입영을 하면 현역병입영통지처분의 효력이 소멸되기 때문이었다. 그럼에도 불구하고 소의 이익을 인정한 사안이다.

8. 병역법에 따른 군의관의 신체등위판정은 처분이 아니지만, 그에 따른 지방병무청장의 병역처분은 처분이다(93누3356). [22년 경찰간부, 19년 소방 9급, 17년 지방 9급, 16년 사복 9급]

8-1. 「병역법」과 관련한 판례의 내용 중 지방병무청장은 군의관의 신체등위판정이 청탁이나 금품수수에 따라 위법 또는 부당하게 이루어졌다고 인정하는 경우에는 그 위법 또는 부당한 신체등위판정을 기초로 자신이 한 병역처분을 직권으로 취소할 수 있다. [22년 군무원 5급]

직권취소는 행정행위(처분)를 대상으로 하는데, 병역처분은 처분에 해당하기 때문이다.

9. 「병역법」상 보충역편입처분과 공익근무요원소집처분이 각각 단계적으로 별개의 법률효과를 발생하는 독립된 행정처분이므로, 불가쟁력이 생긴 보충역편입처분의 위법을 이유로 공익근무요원소집처분의 효력을 다툴 수 없다(2001두5422). [20년 군무원 9급]

하자가 승계되지 않는다는 말이다.

10. 관할 지방병무청장이 병역의무 기피를 이유로 그 인적사항 등을 공개할 대상자를 1차로 결정하고, 그에 이어 병무청장의 최종 공개결정이 있는 경우, 지방병무청장의 1차 공개결정은 병무청장의 최종 공개결정과는 별도로 항고소송의 대상이 되지 않는다(2018두49130). [20년 군무원 7급]

관할 지방병무청장의 공개 1차결정은 내부적 행위이기 때문이다. 병무청장의 최종 공개결정의 처분성만 인정했다.

10-1. 병무청장의 병역의무 기피자의 인적사항 공개결정은 취소소송의 대상이 되는 처분에 해당한다(2018두49130). [20년 군무원 7급]

11. 병무청 담당부서의 담당공무원에게 공적 견해의 표명을 구하는 정식의 서면질의 등을 하지 아니한 채, 총무과 민원팀장에 불과한 공무원이 민원봉사차원에서 상담에 응하여 안내한 것을 신뢰한 경우, 신뢰보호의 원칙이 적용되지 않는다(2003두1875). [18년 2월 서울 7급, 13년 국가 9급]

참고로, 상담은 대국민 서비스 행위에 불과하다.

11-1. 서울지방병무청 총무과 민원팀장이 국외영주권을 취득한 사람의 상담에 응하여 법령의 내용을 숙지하지 못한 채 민원 봉사차원에서 현역입영대상자가 아니라고 답변하였다면 그것이 서울지방병무청장의 공적인 견해표명이라 할 수 없다(2003두1875). [18년 지방 9급]

12. 지방병무청장이 재신체검사 등을 거쳐 보충역편입처분을 제2국민역편입처분으로 변경한 경우, 그 후 새로운 병역처분(제2국민역편입처분)의 성립에 하자가 있었음을 이유로 하여 이를 취소한다고 하더라도 종전의 보충역편입처분의 효력이 되살아난다고 할 수 없다(2001두9653). [16년 서울 7급]

여기서는 보충역편입처분이 원행정행위이다. 그리고 보충역편입처분은 침익적 행정행위이다. 그리고 변경처분은 일부취소처분으로 취급된다. 따라서 침익적 처분을 일부취소하였다가 이를 다시 취소할 수 있는지에 대한 판례이다.

13. 병무청장이 법무부장관에게 '가수 甲이 공연을 위하여 국외여행허가를 받고 출국한 후 미국 시민권을 취득함으로써 사실상 병역의무를 면탈하였다'는 이유로 입국 금지를 요청함에 따라, 법무부장관이 甲의 입국금지결정을 하였는데, 甲이 재외공관의 장에게 재외동포(F-4) 체류자격의 사증발급을 신청하자, 이에 따라 재외공관장이 처분이유를 기재한 사증발급 거부처분서를 작성해 주지 않은 채 6일만에 오로지 13년 7개월 전에 법무부장관의 입국금지결정이 있었다는 이유로 甲의 아버지에게 전화로 사증발급이 불허되었다고 통보한 경우 재외공관장이 한

위 사증발급 거부처분은 위법하다(2017두38874).

✔ ㉠ 위 사안의 경우가, 문서에 의한 처분의 예외로서 행정절차법 제24조 제1항 단서에서 정하고 있는 '신속히 처리할 필요가 있거나 사안이 경미한 경우'에 해당한다고 볼 수도 없으므로, 이 사증발급 거부처분에는 행정절차법 제24조 제1항을 위반한 하자가 있고, ㉡ 재외공관장이 자신에게 주어진 재량권을 전혀 행사하지 않고 오로지 13년 7개월 전에 입국금지결정이 있었다는 이유만으로 그에 구속되어 사증발급 거부처분을 한 것은 재량권을 전혀 행사하지 않은 것으로서 재량의 일탈이나 남용으로 보아야 하기 때문이다. 재량불행사도 '일탈이나 남용'으로서 위법하다고 보았다.

14. 행정절차법 시행령 제2조 제1항에 의해 「병역법」에 의한 소집에 관한 사항에는 행정절차법이 적용되지 않지만, 「병역법」에 따라 지방병무청장이 산업기능요원에 대하여 행하는 산업기능요원 편입취소처분은 이에 해당하지 않아 행정절차법이 적용되므로 처분의 사전통지를 하고 의견제출의 기회를 부여하여야 한다(2002두554). [20년 국가 7급, 20년 국회 8급]

✔ 산업기능요원으로의 편입은 소집이 아니다. 병역의 종류가 산업기능요원으로 편입이 되어 있는 자에 대하여 구체적인 병역의무를 부과하는 작용을 소집이라 한다.

15. 「군인사법」상 보직해임처분에는 처분의 근거와 이유 제시 등에 관한 구「행정절차법」의 규정이 별도로 적용되지 아니한다(2012두5756). [19년 국회 8급]

✔ ㉠ 군인사법에서 별도로 규정을 두어 장교를 보직해임할 때에는 보직해임심의위원회의 의결을 거치도록 하며, 보직해임심의위원회는 회의개최 전에 회의일시, 장소 및 심의사유 등을 심의대상자에게 통보하여야 하고, 심의대상자는 보직해임심의위원회에 출석하여 소명하거나 소명에 관한 의견서를 제출할 수 있으며, 보직해임심의위원회가 의결을 한 경우에는 그 내용을 심의대상자에게 서면으로 통보하도록 하고 있었기 때문이다. ㉡ 참고로 보직해임은 군인에 대하여 이루어지는 처분으로서, 일반공무원에 대한 직위해제와 동일한 제도이다. 공군사관학교의 중국어 조교수에 대한 보직해임이 문제되었던 사건이다.

16. 국내에 거주하는 미합중국 군대의 구성원에 대하여는 '대한민국과 아메리카합중국 간의 상호방위조약 제4조에 의한 시설과 구역 및 대한민국에서의 합중국 군대의 지위에 관한 협정'(이른바 한·미행정협정)에 의해 국내법령의 적용이 제한된다. [10년 국회 9급]

17. 대통령이 한미연합 군사훈련의 일종인 2007년 전시증원연습을 하기로 한 결정은, 국방에 관련되는 고도의 정치적 결단에 해당하여 사법심사를 자제하여야 하는 통치행위에 해당된다고 보기 어렵다(2007헌마369). [20년 소방간부]

18. 군사시설보호구역의 설정·변경 또는 해제와 같은 행위는 통치행위로서, 행정행위와 구별된다(83누43).

19. 군사시설보호구역 밖의 토지에 주유소를 설치·경영하도록 하기 위한 석유판매업 허가를 함에 있어서, 관할 부대장의 동의를 얻어야 할 법령상의 근거가 없음에도 그 동의가 없다는 이유로 행해진 불허가처분에 대한 소송에서, 당해 토지가 탄약창에 근접한 지점에 위치하고 있다는 사실을 불허가사유로 추가하는 것은 허용되지 않는다(91누70). [13년 국가 7급]

✔ 처분사유의 추가·변경과 관련된 판례이다. 기본적 사실관계의 동일성이 없어서 허용되지 않는다는 말이다.

20. 현역병으로 입영하였으나 소정의 군사교육을 마치고 전임되어 법무부장관에 의하여 경비교도로 임용된 자는 국가배상법 제2조 제1항 단서에 따라 손해배상청구가 제한되는 군인, 군무원, 경찰공무원 또는 향토예비군대원에 해당한다고 할 수 없다(92다43395). [19년 경찰 2차, 15년 경행특채 1차]

✔ 참고로, 2016년 11월 이전에는 예비군의 이름이 '향토예비군'이었다.

21. 한 · 일 군사정보보호협정 및 한 · 일 상호군수지원협정과 관련된 각종 회의자료 및 회의록 등의 정보는 정보공개법상 공개가 가능한 부분과 공개가 불가능한 부분을 쉽게 분리하는 것이 불가능한 경우에 해당하므로 부분공개가 불가능하다(2015두46512). [19년 10월 서울 7급]

22. 乙이 군인연금법령에 따라 국방부장관의 인정을 받아 퇴역연금을 지급받아 오던 중 「군인보수법」, 「공무원보수규정」에 의한 호봉이나 봉급액의 개정 등으로 퇴역연금액이 변경되어 국방부장관이 乙에게 법령의 개정에 따른 퇴역연금액 감액조치를 한 경우, 퇴역연금차액지급을 구하는 당사자소송으로 다투어야 한다(2002두3522). [18년 국가 9급]

22-1. 국방부장관의 인정에 의하여 퇴역연금을 지급받아 오던 중 법령개정으로 퇴역연금액이 변경됨에 따라 국방부장관이 행한 퇴역연금액 감액조치에 대해 취소소송을 제기할 수 없다(2002두3522). [19년 5급 승진]

23. 각 군 참모총장이 군인 명예전역수당 지급대상자 결정절차에서 국방부장관에게 명예전역수당 지급대상자를 추천하거나 일부를 추천하지 않는 행위는 처분에 해당하지 않는다(2009두14231). [19년 국회 8급]

행정기관 간의 내부행위에 불과하기 때문이다.

24. 국가배상청구에 있어서 채권자가 동일한 목적을 달성하기 위하여 복수의 채권을 갖고 있는 경우, 어느 하나의 청구권을 행사하는 것이 다른 채권에 대한 소멸시효 중단의 효력이 있다고 할 수 없다(2000다39735). [08년 지방 7급]

군복무 중 폭행 등 구타로 인하여 질병을 취득하였음을 이유로 국가배상청구소송을 제기하였다가, 뒤늦게 「국가유공자 등 예우 및 지원에 관한 법률」에 따른 보상청구를 한 사안이다. 국가배상청구소송을 제기하였다면 국가배상청구권의 소멸시효만 중단될 뿐, 「국가유공자 등 예우 및 지원에 관한 법률」에 따른 보상청구권의 소멸시효까지 중단되는 것은 아니라고 보았다.

25. 乙은 경찰청 소속의 의무경찰대원으로서 순찰업무를 수행하기 위하여 동료 의무경찰대원 B가 운전하던 오토바이 뒷좌석에 타고 가던 중 B의 오토바이와 민간인 C가 운전하던 트럭이 쌍방의 경과실로 충돌하는 사고가 발생하여 상해를 입었다. 한편, C가 상해를 입은 의무경찰대원 乙의 손해를 전부 배상하였다. ① 乙은 국가배상법상 직무집행 중인 경찰공무원에 해당한다(94헌마118). ② 헌법재판소는 C가 자신의 귀책부분을 넘는 B의 부담부분에 관하여 국가를 상대로 구상권을 행사하는 것이 부인되는 경우, 이는 헌법상 평등원칙, 재산권보장규정 및 헌법 제37조 제2항 등의 헌법규정에 반한다고 보았다(93헌바21). ③ 대법원 판례에 의하면 C는 국가를 상대로 자신의 귀책부분을 넘는 B의 부담부분에 대한 구상을 청구할 수 없다(96다42420 전원합의체). [15년 변호사]

25-1. 민간인과 직무집행 중인 군인의 공동불법행위로 인하여 직무집행 중인 다른 군인이 피해를 입은 경우, 민간인이 피해 군인에게 자신의 과실비율에 따라 내부적으로 부담할 부분을 초과하여 피해금액 전부를 배상한 경우에, 대법원 판례에 따르면 민간인은 국가에 대해 가해 군인의 과실비율에 대한 구상권을 행사할 수 없다(96다42420 전원합의체). [18년 국가 9급]

26. 민간인과 직무집행중인 군인의 공동불법행위로 인하여 직무집행 중인 다른 군인이 피해를 입은 경우, 민간인이 공동불법행위자로서 부담하는 책임은 공동불법행위의 일반적인 경우와는 달리 모든 손해에 대한 것이 아니라 귀책비율에 따른 부분으로 한정된다는 것이 대법원의 입장이다(96다42420 전원합의체). [10년 국가 7급]

27. 헌법재판소는 일반 국민이 직무집행 중인 군인과의 공동불법행위로 다른 군인에게 공상을 입혀 그 피해자에게 손해전부를 배상했을 경우, 공동불법행위자인 군인의 부담부분에 관하여 국가에 대한 구상권이 허용된다고 본다(93헌바21). [11년 지방 7급]

28. 전투 · 훈련 등 직무집행과 관련하여 공상을 입은 군인이 「국가배상법」에 따라 손해배상금을 지급받은 다음에 「국가유공자 등 예우 및 지원에 관한 법률」이 정한 보훈급여금의 지급을 청구하는 경우, 국가는 국가배상법에 따라 손해배상을 받았다는 사정을 들어 보훈급여금의 지급을 거부할 수 없다(2014두40012). [19년 경찰 2차, 19년 국가 9급]

㉠ 이중배상 금지규정의 적용조건과 조건이 반대인 상황이다. 이 경우에는 보상금의 지급 근거 법률에 별도의 금지 규정이 없는 한, 보상과 배상은 엄격하게 구분이 되는 것이어서, '보상'을 청구하는 것은 허용된다고 보았다. ㉡ 참고로 손해배상금을 받은 후에 관련법령에 의한 보상금을 받을 수 있는 자격을 취득하게 되거나, 보상금을 받을 수 있는 자격이 있는지 여부에 대한 판단이 어려운 경우가 있어 이런 문제가 발생할 수 있다.

28-1. 전투 · 훈련 등 직무집행과 관련하여 공상을 입은 군인 등이 먼저 「국가배상법」에 따라 손해배상금을 지급받은 다음 「보훈보상대상자 지원에 관한 법률」이 정한 보상금 등 보훈급여금의 지급을 청구하는 경우, 보훈지청장은 「국가배상법」에 따라 손해배상을 받았다는 사정을 들어 지급을 거부할 수 없다(2015두60075). [19년 서울 9급, 19년 국회 8급]

두 사례(2015두60075, 2014두40012)는 보훈급여금 지급의 근거법률만 다를 뿐이고, 국가배상법상의 손해배상금이 지급된 이후에 보훈급여금의 지급이 문제되었다는 점에서는 동일하다.

29. 군인연금법 제31조에서 정한 사망보상금은 불법행위로 인한 소극적 손해배상과 같은 종류의 급여이므로, 군 복무 중 사망한 군인 등의 유족이 국가배상법에 따른 손해배상금을 지급받은 경우, 군인연금법 제31조에서 정한 사망보상금을 지급받을 수 없다(2018두36691).

군인연금법에 따른 사망보상금은 위험한 직무수행에 대한 보상적 성격이 있는 것이어서, 국가배상과 동일한 취지이기 때문이다.

30. 경찰공무원인 피해자가 구 「공무원연금법」의 규정에 따라 공무상 요양비를 지급받는 것은 국가배상법 제2조 제1항 단서에서 정한 '다른 법령'에 따라 보상을 지급받는 것에 해당하지 않는다(2017다16174).

따라서 별도로 국가배상을 받을 수 있다는 말이다. 공무원연금법에 따른 급여는 적은 임금을 받으며 공무원으로서 직무를 수행해온 자의 생활안정을 위한 것이어서 국가배상과 취지가 동일하지 않기 때문이다.

31. 미군부대 소속 선임하사관이 공무차 개인소유차를 운전하고 출장을 갔다가 퇴근하기 위하여 집으로 운행하던 중 사고가 발생한 경우에는 공무원의 직무관련성이 인정된다(87다카1163). [10년 경행특채]

32. 군인 甲은 영외작업 후 부대복귀 중 작업병의 차출을 둘러싸고 언쟁을 하다가 소속부대 선임하사 A로부터 구타당하여 부상을 입었다. 이 경우 甲은 군인연금법 또는 국가유공자 등 예우

및 지원에 관한 법률에 의하여 별도의 보상을 받을 수 없는 경우라면 국가배상법에 따른 배상을 청구할 수 있다(96다42178). [15년 변호사]

직무관련성이 인정됨을 전제로 하여 이중배상금지 규정의 적용 여부를 검토한 것이다.

33. 육군중사 甲이 다음날 실시예정인 독수리 훈련에 대비하여 사전 정찰차 훈련지역 일대를 살피고 귀대하던 중 교통사고가 일어났다면, 甲이 비록 개인소유의 오토바이를 운전하였다 하더라도 실질적·객관적으로 위 甲의 운전행위는 그에게 부여된 훈련지역의 사전 정찰임무를 수행하기 위한 직무와 밀접한 관련이 있다고 보아야 한다(94다6741). [16년 지방 7급]

34. 군인사법령에 의하여 진급예정자명단에 포함된 자에 대하여 의견제출의 기회를 부여하지 아니한 채 업자로부터의 금품수수를 이유로 진급선발을 취소하는 처분을 한 것은 절차상 하자가 있어 위법하다(2006두20631). [19년 국회 8급, 19년 변호사, 18년 국회 8급, 17년 국가 7급]

㉠ 진급선발취소가 침익적 처분이기 때문이다. ㉡ 다만, 다른 판례들과의 비교의 관점에서, 군인사법령상의 진급예정자 명단에 포함된 자에 대하여 진급선발을 취소하는 행위를 처분으로 보았다는 점이 중요하다.

35. 수사과정 및 징계과정에서 자신의 비위행위에 대한 해명기회를 가졌다는 사정만으로 군인사법령에 따른 진급선발취소 처분을 하는 과정에서 사전통지를 하지 않거나 의견제출의 기회를 주지 아니하여도 되는 예외적인 경우에 해당한다고도 할 수 없다(2006두20631). [19년 변호사]

진급선발취소 처분은 수사나 징계과정과는 별개의 행정작용이다.

36. ① 구 군인연금법상 선순위 유족이 유족연금수급권을 상실함에 따라 동순위 또는 차순위 유족이 유족연금수급권 이전 청구를 한 경우, 선순위 유족의 수급권 상실로 청구인에게 유족연금수급권 이전이라는 법률효과가 발생하였는지 여부에 관한 국방부장관의 결정은 강학상 확인으로서 항고소송의 대상인 처분에 해당한다. ② 따라서 만약 국방부장관이 거부결정을 하는 경우 그 거부결정을 대상으로 항고소송을 제기하는 방식으로 불복하여야 하고, 청구인이 정당한 유족연금수급권자라는 국방부장관의 심사·확인 결정 없이 곧바로 국가를 상대로 한 당사자소송으로 그 권리의 확인이나 유족연금의 지급을 소구할 수는 없다(2018두46780).

㉠ 「군인연금법 시행령상」 동순위 또는 차순위 유족이 선순위 유족의 수급권 상실을 이유로 유족연금수급권을 이전받아 취득하려면 국방부장관에게 '유족연금수급권 이전 청구서'를 제출하여 요건을 구비하였는지 여부에 대한 국방부장관의 판단을 받을 것을 요구하고 있었다. 이 결정은 판정행위로서 강학상 행정행위인 확인에 해당한다고 보았다. ㉡ 육군 소령으로 근무하던 甲이 공무수행 중 발생한 사고로 순직하여 그 아들(乙)과 배우자(丙)가 유족연금을 지급받고 있었는데, 乙은 후에 만 18세가 되어 유족연금수급권을 상실하였고, 丙은 재혼을 하여 유족연금수급권을 상실하였던 사안이다. 이에, 甲의 부모였던 丁과 戊가 국군재정관리단장을 상대로 유족연금수급권 이전 청구를 하였던 사안이다.

37. 현역군인만을 국방부의 보조기관 및 차관보·보좌기관과 병무청 및 방위사업청의 보조기관 및 보좌기관에 보할 수 있도록 정하여 군무원을 제외하고 있는 정부조직법 관련 조항은 군무원들의 평등권을 침해한다고 볼 수 없다(2005헌마1257). [20년 군무원 9급]

지상·해상·상륙 및 항공작전임무와 그 임무를 수행하기 위한 교육훈련업무에는 평소 그 업무에 종사해 온 현역군인들의 작전 및 교육경험을 활용할 필요성이 인정된다는 점을 논거로 들었다. 군무원들은 주로 정비·보급·수송 등의 군수지원분야의 업무, 행정 업무 그리고 일부 전투지원분야의 업무만을 담당한다.

38. 전역지원의 시기를 상실하였을 뿐 아니라 의무장교의 인력운영 수준이 매우 저조하여 장기활용가능 자원인 군의관을 의무복무기간 중 군에서 계속하여 활용할 필요가 있다는 등의 이유

로 해당 군의관을 전역대상자에서 제외한 처분에는 재량의 일탈 또는 남용이 없다(98두12253). [20년 국회 9급]

참고로, 장기복무 군의관에 대한 전역허가는 재량행위이다.

39. 과거 소년이었을 때 죄를 범하여 형의 집행유예를 선고받은 사람이 장교·준사관 또는 사가관으로 임용된 경우에, 그것을 임용결격사유로 규정한 구 군인사법 제10조 제2항 제5호에도 불구하고, 신설된 소년법 제67조 제1항 제2호와 그것을 소급적용한다는 부칙 제2조에 따라 그 임용이 유효하게 된다(2017두62587).

40. 「병역법」과 관련한 판례의 내용 중 공익근무요원 소집해제신청을 거부한 후에 원고가 계속하여 공익근무요원으로 복무함에 따라 복무기간 만료를 이유로 소집해제처분을 한 경우, 원고가 입게 되는 권리와 이익의 침해는 소집해제처분으로 해소되었으므로 위 거부처분의 취소를 구할 소의 이익이 없다(2004두4369). [22년 군무원 5급, 12년 세무사]

41. 주한 미군에 근무하면서 북한의 음성통신을 영어로 번역하는 업무를 수행하는 한국인 군무원에 대하여 미군 측의 고용해제 통보 후 국방부장관이 행한 직권면직의 인사발령은 항고소송의 대상이 되는 행정처분이라 보기 어렵다(97누1686). [21년 군무원 5급]

기한부 임용을 받았다가, 임기가 만료되어 주한미군측이 고용해제 통보를 한 사건이다. 위 번역사들은 임기만료로 당연퇴직하게 된다.

42. 6급 이하의 일반군무원은 국방부장관이 임용한다. 다만, 국방부장관의 위임에 따라 각 군 참모총장이나 국방부 직할부대·기관의 장, 장성급(將星級) 장교인 부대·기관의 장이 임용할 수 있다(군무원인사법 제6조 제2항). [21년 군무원 5급]

43. 군무원도 대통령령으로 정하는 바에 따라 봉급 외에 수당을 받을 수 있고(군무원인사법 제24조 제2항), 직무수행에 드는 실비(實費)를 변상받을 수도 있다(군무원인사법 제25조). [21년 군무원 5급]

44. 공익근무요원은 특정한 목적을 위해 소집되어 공익분야에 종사하는 사람으로서 보충역에 편입되어 있는 자이므로 군인이라 판단할 수 없다(97다4036). [21년 군무원 5급]

45. 1급을 제외한 군무원은 형의 선고나 「군무원인사법」 또는 「국가공무원법」에서 정한 사유에 따르지 아니하고는 본인의 의사에 반하여 휴직·직위해제·강임(降任) 또는 면직을 당하지 아니한다(군무원인사법 제26조). [21년 군무원 5급]

46. 장교, 준사관 및 부사관이 전상·공상을 제외한 심신장애로 인하여 6개월 이상 근무하지 못하게 되었을 때나 불임·난임으로 장기간의 치료가 필요하여 휴직을 신청한 때에는 임용권자는 휴직을 명하여야 한다(군인사법 제48조). [21년 군무원 5급]

47. 육군의 경우 장기복무전형에 불합격한 단기 복무하사관에 대하여 일시적으로 전역 지원을 하지 아니하는 한 복무연장을 해주고 있다고 해도 이는 필요에 의한 일시적인 조치에 불과하다(96다52236). [21년 군무원 5급]

유대웅

주요 약력

- 서울대학교 법과대학 법학부 졸업
- Oklahoma State University Research scholar
- 현, 남부고시학원 9 · 7급 전임강사

주요 저서

- 유대웅 행정법총론 핵심정리(박문각)
- 유대웅 행정법총론 기출문제집(박문각)
- 유대웅 행정법각론 핵심정리(박문각)
- 유대웅 행정법총론 불 동형 모의고사(박문각)
- 한 권으로 끝! 군무원 행정법(박문각)
- 유대웅 행정법총론 끝장내기(박문각)
- 유대웅 행정법총론 끝장내기 핸드북(박문각)

유대웅 행정법각론 핵심정리

초판인쇄 | 2024. 5. 10. **초판발행** | 2024. 5. 16. **편저자** | 유대웅

발행인 | 박 용 **발행처** | (주) 박문각출판 **등록** | 2015년 4월 29일 제2015-000104호

주소 | 06654 서울특별시 서초구 효령로 283 서경 B/D 4층 **팩스** | (02) 584-2927

전화 | 교재 주문·내용 문의 (02) 6466-7202

저자와의 협의하에 인지생략

정가 30,000원 ISBN 979-11-6987-541-7